全区公安工作会议

民警在执行安保巡逻

重温入党誓词

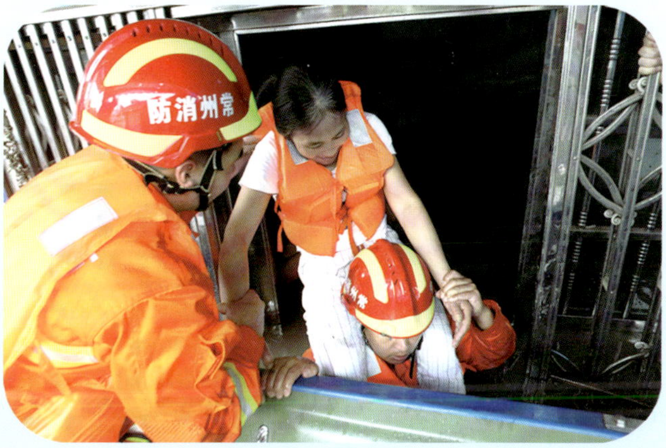

解救被困群众

警营好声音比赛

成功抓获犯罪嫌疑人

点火具

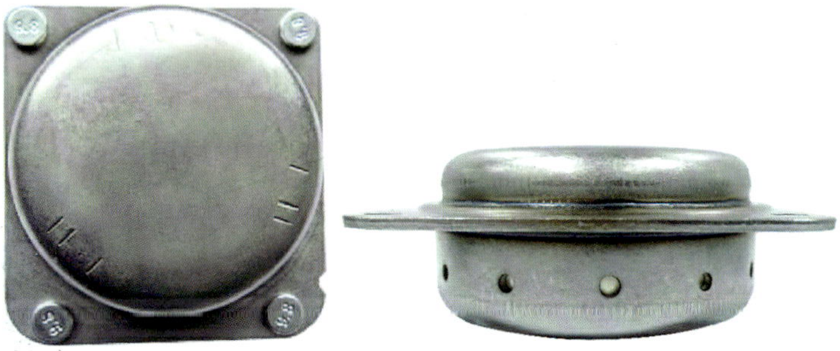

主、副驾驶安全气囊气体发生器

侧安全气囊气体发生器

侧气帘气体发生器

产气药

2017

金坛年鉴

（总第15卷）

常州市金坛区人民政府主办
金坛年鉴编纂委员会 编

方志出版社
Publishing House of Local Records

图书在版编目（CIP）数据

金坛年鉴. 2017/金坛年鉴编纂委员会编. —北京:

方志出版社, 2017.9

ISBN 978-7-5144-2534-5

I.①金…II. ①金…III. ①金坛-2017-年鉴

IV. ①Z525.33

中国版本图书馆CIP数据核字（2017）第235313号

金坛年鉴（2017）

编　　者：金坛年鉴编纂委员会

责任编辑：刘　珊

出 版 人：冀祥德

出 版 者：方志出版社

地址　北京市朝阳区潘家园东里 9 号（国家方志馆4层）

邮编　100021

网址　http://www.fzph.org

发　　行：方志出版社图书经销中心

电话（010）67110500

经　　销. 各地新华书店

印　　刷：常州市武进第三印刷有限公司

开　　本：889×1194　　1/16

印　　张：19.25

字　　数：675千

版　　次：2017年9月第1版　　2017年9月第1次印刷

印　　数：0001～1200册

ISBN　978-7-5144-2534-5　　定　价：200.00元

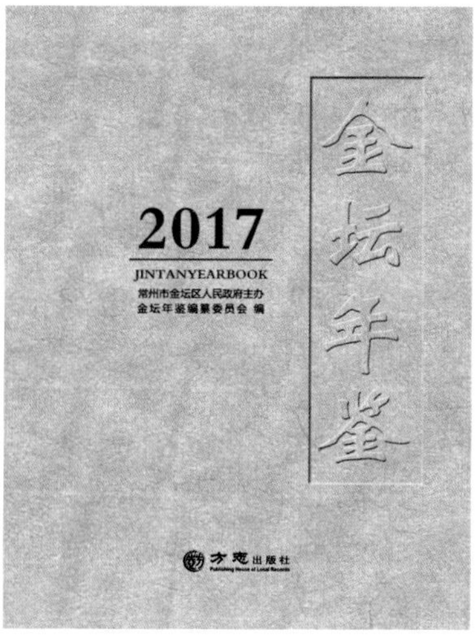

金坛年鉴编纂委员会

主　任：沈　东　中共金坛区委副书记、金坛区人民政府区长

副主任：陈锁龙　中共金坛区委常委、宣传部部长、江苏省金坛长荡湖旅游度假区党工委书记

刘明江　金坛区人民政府副区长

姜金华　中共金坛区委办公室主任

岳惠剑　金坛区人民政府办公室主任

祝洪林　中共金坛区委党史工委、区志办主任

委　员：刘留生　中共金坛区委办公室副主任、区委机要局局长、区委保密办主任

韩双庆　金坛区人大常委会办公室主任

施生华　政协金坛区委员会秘书长、政协办公室主任

史一飞　中共金坛区委农村工作办公室主任

许月平　金坛区档案局局长

李晶阳　金坛区科技局局长、知识产权局局长

廖伟文　金坛区教育局党委书记、局长

王浩明　金坛区文化广电体育局局长

奚云龙　金坛区统计局党组书记、局长

盛南萍　中共金坛区委党史工委、区志办副主任

储　劼　中共金坛区委党史工委、区志办副主任

《金坛年鉴（2017）》编审人员

主　　任：陈锁龙　刘明江

主　　编：祝洪林

副 主 编：盛南萍　陈书明　储　劼

编　　辑：盛南萍　储　劼　夏　冰　方　骊　汤芬娣　刘士科　李华琴　钱国新

摄　　影：王玉华

封面设计：赵　恒

封底篆刻：陈　曦

英文翻译：史　红

7月24~26日，中国共产党常州市金坛区第十三次代表大会召开

2017年1月5~7日，金坛区第十七届人民代表大会第一次会议召开

2017年1月3~6日，中国人民政治协商会议常州市金坛区第十届委员会第一次会议召开

6月29日，中共常州市金坛区委纪念中国共产党建党95周年大会举行，区委书记狄志强讲话

纪念建党95周年大会上，在区委副书记、组织部部长刘国新带领下重温入党誓词

2月15日，金坛区“加快项目引进、加快项目建设”动员暨2015年度工业经济工作表彰大会召开

3月4日，金坛区农村工作会议召开

1月8日，中航绿色电源科技园暨中航锂离子动力电池项目奠基仪式在江苏省金坛经济开发区举行

8月28日，江苏三能动力发动机智能生产基地竣工投产，常州市委常委、常务副市长韩九云（左三）出席投产仪式

10月17日，"东方盐湖城•国际养生城"项目举行签约仪式

12月9日，金坛区首家大型城市商业综合体金坛新城吾悦广场开业

7月11日，东部战区司令员刘粤军（左三）到金坛检察指导防汛工作

7月4日，江苏省委常委、副省长徐鸣（右二）到金坛考察防汛抢险工作

7月6日，武警水电官兵奋力抢险

7月7日，漫堤55小时的指前镇东风圩合龙

2月25日，2016金坛新兴产业发展专题推介会在上海举行，区领导狄志强、沈东、李皓参加活动

10月28日，亚洲青年有机论坛暨一号农场有机嘉年华活动开幕

9月30日，金坛区代区长沈东看望并祝贺夺得里约残奥会金牌的金坛运动员徐夕涵

6月23日，2016年"体彩杯"国际女排对抗赛江苏中天钢铁队与美国大学生国家队比赛在区体育馆开赛

4月23~24日，2016中国山地自行车公开赛西海湖站开赛

3月26日，首届道文化大会暨东方盐湖城开城典礼举行

3月26日，第十一届全国人大常委会副委员长、中国国际交流协会会长周铁农（右二）、国家旅游局副局长吴文学（左一）出席东方盐湖城开城典礼

东方盐湖城景区

东方盐湖城巡游表演

东方盐湖城夜景

1月30日，2016常州乡村过大年暨金坛乡村旅游嘉年华活动在仙姑村开幕

4月9日，2016年常州乡村旅游节暨春到上阮赏花季开幕

10月14日，江苏省金坛长荡湖旅游度假区入选“2016中国年度最佳投资休闲目的地”颁奖现场

12月10日，中国微电影大典金蜂鸟奖颁奖典礼在东方盐湖城举行

编辑说明

一、《金坛年鉴》是由常州市金坛区人民政府主办，金坛年鉴编纂委员会承办的综合性资料工具书，创刊于1994年，本卷为第15卷，国内外公开发行。

二、《金坛年鉴》的指导思想是以马克思列宁主义、毛泽东思想、邓小平理论、“三个代表”重要思想和科学发展观为指导，贯彻落实习近平总书记系列重要讲话精神和治国理政新理念新思想新战略，坚持辩证唯物主义和历史唯物主义的立场、观点和方法。其宗旨是全面系统记载金坛年度经济社会的基本情况和发展状况，为各级领导提供决策依据，为社会多层面提供资讯，是了解金坛、研究金坛的窗口。

三、《金坛年鉴》2017卷主要载录2016年1月1日至2016年12月31日金坛区经济社会发展的基本资料，共设有34个篇目。

四、《金坛年鉴》采用分类编辑法，主体内容分类目、分目、条目3个层次，部分分目下设副分目。分目、副分目下一般设概述，以条目作为记述的主要形式。为便于检索，类目、分目标题使用不同字体加以区别，书眉标示类目；副分目标题用楷体，前后加“•”；条目标题用黑体，并加【】号。卷首有详细目录和英文要目，卷末有索引，全书内容可由目录、书眉、索引等检索渠道查找。

五、《金坛年鉴》2017卷所录用稿件，由金坛区各镇（区）、各部门、各单位负责撰写或提供，并经所在镇（区）、部门、单位领导审核。全区综合统计数据由金坛区统计局提供，各单位提供的数据如与统计局不同，以统计局统计口径为准。

各单位审稿人名单

（按姓氏笔画为序）

丁　强	于　澮	马红星	王　瑶	王一鸣	王一新
王小平	王云平	王永亮	王志东	王国平	王和平
王建国	王跃新	王照洪	卞文燕	邓奋华	田　娟
田粉忠	史益群	史悦平	史锁庚	印建云	匡小红
邢卫东	吕洪力	朱双华	朱志强	刘重兴	刘雪平
汤文斌	汤鹏飞	许国清	许忠平	许海连	孙　遐
纪俊明	严国庆	李　平	李佳真	李建军	李雪华
杨　蔚	杨国忠	杨建新	杨树清	杨晓武	杨颐华
吴　芳	吴卫东	吴平涛	吴志华	吴建军	何云华
沈　颖	沈建国	张叶华	张伟波	陆　辉	陆金国
陆晓翼	陈　云	陈　励	陈　建	陈小华	陈小芳
陈军民	陈纪良	陈学忠	陈晓伟	林　燊	周　玲
周　俊	周召平	周林海	郑文洪	赵　凯	荆　霞
胡彩英	柏虎斌	冒丽萍	俞　慎	施　顺	施生华
姚国定	姚锁生	聂卫斌	徐　忠	徐一新	徐国祥
徐荣华	高　军	唐　亚	曹　波	盛志军	盛南萍
崔旺洪	蒋　炬	蒋　骏	蒋云清	韩云峰	韩双庆
谢长春	虞青平	臧　华	谭益民	樊玉定	颜旭辉
潘明志	潘政权	戴　露			

镇党委书记董龙庆指导村级经济发展工作

副镇长杨年庆慰问老党员

镇党委、政府领导到企业考察

金城镇镇域总面积92.8平方公里，其中耕地面积3623.6公顷。全镇辖有11个行政村，164个村民小组，总人口5.9万人。2016年，全镇实现地区生产总值（GDP）57.27亿元，比上年增长6.99%，三次产业增加值占地区生产总值比重依次为10:69.8:20.2。农村居民人均可支配收入28052元，比上年增长9%。

2016年，全镇完成工业开票销售收入105亿元，一般公共预算收入3.2亿元，工业实际投入11.6亿元。

2016年，全镇新增签约项目30个，计划总投资65亿元，其中亿元以上项目10个。鼎盛泰克汽车热交换器、云隆高铁减振器等6个项目已竣工投产；总投资30亿元、设备投资达10亿元的“新型绿色建材——装配式建筑”项目与广顺电力设备、剑兴环保处理设备等11个项目正在建设中。

目前，金城镇正围绕“打造北部产业新城、创建省级经济开发区”的目标任务，攻坚克难，不断前行。

“两个加快”动员会

金旺包装厂办公楼

翔发丝绸大门

海润公司行政楼

金城镇中心幼儿园

美丽乡村白龙荡一角

白塔兆歧小游园

水美乡村一角

吴中门户 江东福地

上阮新农村美景

薛埠镇位于茅山东麓，古有“吴中门户，江东福地”之称。340省道、沿江高速、扬溧高速穿境而过，区位优势明显。镇域面积234.75平方公里，其中耕地面积6494公顷，辖21个行政村、3个场圃，总人口6.82万人。2016年全镇实现地区生产40.79亿元，财政收入2.99亿元，农民人均可支配收入25980元。

“两个加快”取得突破。2016年全镇共签约项目29个，总投资达25.57亿元，其中亿元以上项目9个，5000万元至1亿元项目12个。新签项目中，已有14个开工。工业开票销售首次突破50亿元大关。

城乡建设不断深化。2016年，规划9.52平方公里集镇核心区域，启动动迁地块6个，总征地动迁面积2055.59亩，租用土地608.29亩；房屋动迁290户，总建筑面积51612.4平方米，全面提升“五纵五横”的交通体系和工业园扩建工程。锦绣二村安置小区总建筑面积75049平方米，共计500套住房，邻里中心总建筑面积14503.28平方米已全面竣工。

广场月月演专场演出

民生福祉持续增进。2016年，完成长效管理优胜考核，山蓬村获评省级美丽乡村，花山村获评常州市级美丽乡村；创成金坛区级示范镇，获得新农村建设项目10个，获项目资金100万元。完成敬老院提档改造工程，21个行政村实现居家养老服务全覆盖。城乡居民养老保险和城乡居民基本医疗保险参保率均保持在95%以上。

鸟瞰常鑫二期工程

大力新科技厂房

宝盛园高俯图

江南孔雀园

仙姑全景图

锦绣繁荣水乡　能源产业新镇

国家级非物质文化遗产——巨村巨龙

国家地理标志农产品“健倡”红香芋

直溪镇位于金坛区西北部，镇域总面积106平方公里，总人口5.8万人，下辖12个行政村、3个社区居委会和1个养殖场，耕地面积5345公顷，水面1675公顷。地势西高东低，为平原圩区，道教圣地茅山余脉延伸入境。地理位置优越，处于沪、宁、杭金三角的中枢位置，对外交通便捷，沿江、扬溧高速穿境而过，距上海、南京、杭州、无锡、苏州等长三角地区17个主要城市车程2小时以内。镇内河网密布、纵横交错，历史悠久，文化底蕴深厚，是典型的水乡古镇。

2016年，全镇实现地区生产总值48.6亿元，完成固定资产投资36亿元，实现工业开票销售收入102.9亿元，农民人均可支配收入26513元，较2011年翻了一番。全镇各主要经济指标总量和增幅在全区各板块中连续多年名列前茅。直溪镇先后获“国家级生态镇”“江苏省卫生镇”“江苏省特色文化之乡”等荣誉称号。

直溪资源禀赋优越，岩盐矿藏探明储量达163亿吨，被誉为“江南第一矿”；配合国家“西气东输”工程，已建成亚洲首座大型盐穴储气库。近年来，直溪农业现

代化水平不断提升，红香芋、大蒜、青虾等农特产品市场供不应求，建昌水产养殖场被认定为江苏省第一批“菜篮子”水产品生产基地，建昌红香芋被评为国家地理标志农产品和全国名特优新农产品。文化事业有序发展，建昌圩、直溪镇妇女儿童公益促进会等社会组织蓬勃兴起，巨村龙灯、董永传说被列入国家级非物质文化遗产名录。社会民生事业持续改善，幼儿园、小学迁建等一大批民生工程有序推进。

上市公司——正信光电

河塘绿化

上市公司——江苏久诺

便捷高效的基础设施

江苏健尔康医用辅料有限公司

发展中的直溪现代产业园区

镇领导在一线指挥抗洪抢险

镇领导在企业调研

科菱库公司生产车间

朱林镇人口3.8万，辖9个行政村和2个集镇居委会。地域面积77平方公里，区域内有规划5.6平方公里金坛经济开发区朱林现代产业园和1个省级农产品加工集中区；有全国文明村和常州市党建示范点黄金村。朱林镇文化站创成国家一级文化站，朱林司法所创成全国先进司法所。

2016年，全区工业开票销售收入37.11亿元，增幅32.06%；完成工业实际投入5.83亿元；公共财政预算收入1.36亿元，同比增17%。装备制造产业规模显著增强，瑞峰新能源等企业净增量超5000万元。税收总体平稳，常州三星级企业——凡登纳税超4000万元，帕卓管路首次纳税超500万元，工业企业累计纳税1.2亿元。

大力实施水稻绿色高产高效创建、高标准农田建设等农业项目，争取配套资金1400万元，指导黄金村等4个村建立128亩永久性集中育秧基地，极大改善了农业基础设施。省级农产品加工集中区通过省农委监督评价，朱林镇被列为省级农产品质量网格化试点和常州市首家农产品质量安全试点镇。

园区形象不断改善。对永兴南路两侧等600余亩地块进行平整，对永兴路实施改造提升，完成杨桥河、砚塘等3条河流河道整治和驳岸、绿化提升工程。推进9个景观绿化节点建设和五联路等4条道路亮化工程，实施龙溪大道东入口1.7万平方米景观绿化工程。邻里中心一期2.2万平方米主体竣工，现正进行景观及配套工程的施工，标准厂房二期3.3万平方米已竣工交付。

民生实事稳步推进。完成朱林自来水厂回购，6月正式移交区自来水公司；完成集镇自来水管网改造升级工程，实现区域联网供水。新建土山公墓服务大厅，推进敬老院消防安全提升工程。启动集镇管道天然气接通工程，新增集镇停车场1处。投入4700余万元组织实施水毁修复工程和水利重点县建设项目，加固达标圩堤42.2公里，改扩建排涝站8座、圩口闸7座、灌溉站2座，各类涵洞及圩堤配套物100余处。改造农桥8座，新改扩建长兴村、黄金村等5个健身广场。

唱响朱林文艺晚会

朱林镇现代产业园

凡登太阳能

三星村遗址

唐王村养殖户捕鱼情景

黄金村道德文化长廊

朱林交通四通八达

常州市金坛区指前镇

指前镇位于金坛西南部，与溧阳市别桥镇接壤。全镇总面积105.2平方公里，其中耕地面积4493公顷。全镇总人口5.35万人，其中非农业人口5441人，下辖12个行政村、2个居委会。2016年，完成地区生产总值27.53亿元，实现财政公共预算收入7600万元，农民人均纯收入23650元。

2016年，全镇完成工业开票销售37.8亿元，比上年增长5.6%；工业实际投入8.01亿元，比上年增长66%。新增规模工业企业3家、民营企业39家。34家规模以上企业实现年销售31.5亿元，占全镇工业销售的83.2%。全年共签约项目18个，总投资21亿元。完善工业园区功能，全面完成园区排涝站移址新建、荷花港内河码头、园区河道生态驳岸；3.54万平方米标准厂房竣工交付，园区110千伏变电所建成投运；快速推进兴旺路延伸、新污水处理厂、园区消防泵站等配套设施建设。

全年实现农业增加值5.67亿元，比上年增长5.2%。粮食生产水平走在全省前列。全镇农机合作社23家，家庭农场126家。成功举办全国农机现场会。

S241拓宽工程顺利实现如期通车。有序推进“四好农路”创建和县道环境整治工作，农村公路提档升级工程全面完成。围绕入湖港口整治、长荡湖西路建设、退田还湖等重点工程的3.8万平方米房屋动迁、9000亩土地歇耕、6258亩长荡湖网围整治工作全面完成。成功创建国家生态文明示范镇，东浦、解放两个村完成常州市美丽乡村和金坛区美丽乡村示范村创建工作。

领导视察卿卿针织厂

镇党委书记徐俊陪同区领导调研

镇长施顺陪同常州市领导视察

文化科技卫生“三下乡”活动

欣越制衣有限公司

路博减震技术有限公司

东浦丝弦锣鼓

华竑科技有限公司

西湖馨宁二期效果图

镇党委书记、长荡湖旅游度假区党工委副书记、管委会主任 孙国林

镇长 刘金保

市委书记费高云视察嘉投项目建设现场

区委书记狄志强赴儒林指导抗洪工作

区长沈东调研儒林镇工作

长湖明珠 大美儒林

儒林镇位于金坛区东南部，人文底蕴深厚，资源禀赋突出，区位交通优越，新兴产业集聚，是全国重点镇、全省首批国家新型城镇化综合试点镇和常州中心镇，是长荡湖畔的一颗璀璨的明珠。

经济运行逆势上扬。2016年，全镇完成工业开票销售52.68亿元，同比增长51.55%；工业实际投入11.5亿元，同比增长26.79%；公共财政预算收入9725万元，同比增长20.26%，增幅均位居全区各镇前列。

两个加快成效显著。全年新签项目17个，总投资47.05亿元，其中，亿元以上项目6个，10亿元、20亿元以上项目各1个。加佳科技产业园一期等14个项目竣工投产，儒嘉生物科技等8个建设项目正紧张施工，威丽新材料等10个建设项目即将开工。

园区建设日新月异。完成2079户、50万平方米的房屋动迁，流转土地1.23万亩，为儒林产镇融合、现代产业园区二期建设和长荡湖旅游开发提供了有力支撑。新建园区道路8.7公里，实施S240儒林段等景观绿化改造工程。5.7万平方米的标准厂房二期、3.2万平方米的邻里中心二期及物流中心建成。

各项工作齐头并进。河蟹出口示范基地创建工作全面推进。特色农产品电子商务发展迅速，网络销售额超3000万元。安置房天香苑二期与湖香苑一、二期加紧办理手续。五叶村便民服务中心启动建设。

儒林村人大代表候选人与选民见面会

区领导调研加佳科技产业园

儒林镇第十六次代表大会

儒林产业新镇镇区城市设计鸟瞰图

江苏儒嘉生物科技产业园奠基典礼

开发区党工委副书记、东城街道党工委书记　王　勇

东城街道党工委副书记、办事处主任　吴军华

东城街道携手港华燃气共同打造用气安全社区

利步瑞公司“两学一做”学习教育推进会

青年说 思想汇活动

东城街道办事处地处金坛城东郊，北连丹阳市里庄桥镇，东与丹阳市皇塘镇毗邻，南邻尧塘街道，西与西城街道接壤。行政区域面积74.49平方公里，常住人口10.04万人。下辖21个行政村（社区）。其中，16个社区，3个村（居委会）合一，2个农业行政村。

服务保障措施有力。有力推进项目交地。全年清障总面积达12700亩，其中园区用地环境提升工程4720亩。完成永臻科技、大唐电力、春江化工、飞马催化剂、上海杰铭、汇信纸业、九阳农机、鑫秀苑8个落户项目3000多亩的交地和园区重点基础设施的全线清障工作。全力推进动迁扫尾工作，如期完成徐塘工业园和碧桂园地块遗留的6家企业动迁任务。

城市管理成效显著。加强日常监督指导。严格贯彻落实《关于进一步推进城市长效综合管理考核工作的意见》《关于进一步推进安置小区物业管理考核工作的意见》精神，确保数字城管案件、12345投诉案件明显下降，其中电胜、华苑、华城、金河、峨嵋、东方、南苑社区的投诉案件处置率达98%以上。规范物业管理程序。完成了金河、金湖、胡姬三个小区的业主大会前期筹备工作；完成了金海、金池、金田三个新安置小区的物业采购以及金海、金田两个小区的安置交付；完成金江苑农贸市场的摊位招标。加大长效管理力度。稳步实施老住宅小区长效管理，在区城市长效管理考核中名列前茅。

三农工作扎实推进。强化农村财务规范管理。做好村、组财务会审工作，配合区审计部门对8个村（社区）

2015年度土地流转费、绿色通道流转费、尧塘河绿化流转费、桑园土地租金的收支开展专项资金审计。组织开展季度财务会审，重点对福利费用发放、工程项目结算、资产资源发包、会务费开支等方面对照财务制度执行情况开展会审。提升农村环境长效管理。积极开展创建国家森林城市工作，完成明星村塘西自然村绿化提升工程、成片林及围村林带、丹金溧漕河圩堤绿化造林等项目。

社会事业统筹发展。民政管理卓有成效。加强对低保、优抚、五保、重残、老龄等家庭的救助力度，全年共发放低保、优抚等各类救助资金1125万元，逐步健全各类弱势对象正常安定生产和生活保障体系。着力推进被征地农民转保工作，全年共完成转保2441人，累计结算资金3600余万元。社会保险扩面征缴工作共计增加1885人次。

“金河莲韵”迎新春廉政文化书画展

华城实验幼儿园连续十五年获全国幼儿基本体操大赛冠军

西城街道地处金坛区政治、经济、文化中心，是区委、区政府的派出机构，肩负着全面提升城市化管理水平的重任。

2016年，西城街道全体党员干部不负众望、勇于担当，紧紧围绕区委、区政府关于“一城一区一山一水”的战略布局，瞄准先进标杆，立足“两个加快”，明确发展定位，扎实推进各项工作，取得了“综合财力较快增长，城市管理和社区建设水平快速提升，基层党建和队伍建设明显加强，社会事业协调发展，在推进滨湖新城和长荡湖度假区重大项目落地前的拆迁清障、落地后的开工建设中服务到位、保障有力”的显著成绩，既得到了广大居民和社会各界的普遍认可，也得到了上级领导的充分肯定。

省委书记李强到西城街道方边村调研

区委书记狄志强到西城街道调研

西城街道区人大代表选举阶段工作会议

西城街道2017年度工作思路研讨会

打造宜居宜商幸福新西城

长风破浪会有时，直挂云帆济沧海。2017年，西城街道将继续前进，锐意创新、开拓奋进，着力理顺街道工作的体制机制，着力跟进老城更新的规划编制，着力做好“两个加快”的推进服务，着力提升城市建设的管理水平，着力推进社区事业的协调发展，着力优化干部队伍的作风能力，满怀豪情抓落实，为全面打造宜居宜商幸福新西城而奋斗。

西城街道机关党支部举行重温入党誓词宣誓仪式

西城街道志愿者参加社区清洁家园行动

西城街道民兵应急队奋战在抗洪一线

西城街道完成良常学校地块最后一户的房屋拆除

机关员工迎新春运动会

常州市委书记阎立到水北文体中心调研

尧塘街道位于常州市金坛区东南部，东邻武进，南望宜兴，北接丹阳，隶属江苏省金坛经济开发区。全街道呈桑叶形，尧塘河、湟里河穿境而过，常合（沿江）高速、常溧、金宜、金武公路等省市公路干线贯穿境内。总面积87.8平方公里，耕地面积5.54万亩，辖11个行政村、2个居委会，常住人口5.9万人。2016年完成农业总产值6.05亿元，增幅达 11%。

尧塘街道庆“七一”，学《党章》《准则》《条例》知识竞赛

新孟河延伸拓浚工程施工现场

中航锂电

森农组培观光园鸟瞰图

新建尧塘中小学效果图

尧塘街道城市设计方案总平面图

尧塘街道总体鸟瞰图

常州市金坛区尧塘街道谢桥村

省政协主席蒋定之到谢桥村调研富民增收工作

尧塘街道党工委书记杨健到谢桥村开展大走访活动

尧塘街道办事处主任孙凯到谢桥村开展大走访活动

谢桥村位于金坛区尧塘街道东部，省道金武公路穿村而过，交通便捷。2013年9月行政村区域优化后辖区总面积10.65平方公里，耕地9816亩。全村总人口5596人，其中妇女儿童2883人，总户数2049户，18个村民小组。村党总支现有党员179名，预备党员1名，下设谢桥、兴隆、陇塘、五家四个党支部。2016年村级可支配收入达到200万元，农民人均纯收入22600元。

谢桥村是远近闻名的花木种植“无粮村”，花卉苗木种植面积过万亩，全村花卉苗木种植面积达100%。2005年成立了苗木专业合作社，2010年，江苏尧塘园林绿化党支部和谢桥村党总支联合组建党委，有力提升了谢桥村的知名度和花木公司的品牌形象。

谢桥村先后获得“常州市卫生村”“常州市文明村”“常州市绿化示范村”“常州市社会治安安全村”“金坛市五好示范村”“金坛市先进基层党组织”等多项荣誉称号，并成功创建成金坛市“三清一绿”合格村、常州市小康家园示范村、常州市“五化三有”达标村及江苏省环境整治试点村，获常州市双拥模范单位、常州市美丽乡村、江苏省文明村、江苏省生态村称号。

随着经济的发展，村党总支部始终把提高村民生活质量、改善村容村貌、美化村庄环境作为大事

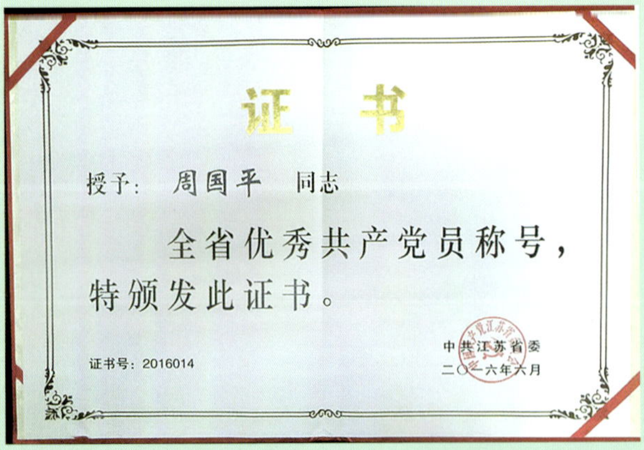

证书

授予：周国平 同志

全省优秀共产党员称号，

特颁发此证书。

证书号：2016014

中共江苏省委

二〇一六年六月

来抓，取得显著成效。全村已完成道路硬化58.4公里，河塘清淤118个，完成沟渠配套14公里，现村庄绿化覆盖率达43%。全村招聘专职保洁员18名，率先实行生活垃圾袋装化收集管理。修建水冲式公厕5座，改水、改厕已达到100%，建立和完善了环境卫生长效管理机制。依托村庄现有道路交通基础，优化线型、拓宽宽度、拉通全村主次干道，形成交通便捷的全村交通系统。修建12米宽谢桥主干道3200米和7米宽陇塘主干道1900米。同时，大力招商引资，在建的生态园艺项目有森农生态科技园、半里生态休闲观光园及谢桥农业科技园三大项目，在洽谈的还有杨塘河生态休闲观光基地。2017年徐家庄自然村启动创建“江苏省美丽乡村”和“江苏省水美乡村”，全力配套打造“中华园艺示范村”。

常州市市长丁纯调研谢桥村农村工作

村党总支书记　周国平

廉政文化验收汇报会

谢桥村徐家庄通村镇公交

一号农场 · 2016 亚洲青年有机论坛

东方盐湖城 · 国际养生城 项目合作签约仪式

第三届中国 · 金坛雀舌茶道会

2016年，江苏省金坛茅山旅游度假区按照“一城一区一山一水”科学决策部署，紧紧围绕“两个加快”工作目标，全面贯彻落实区第十三次党代会精神，加快茅山旅游板块向“生态旅游休闲地”的目标迈进。

完善基建，承载发展。2016年，新开工及续建主要道路、市政综合管线共9条，总里程24公里。其中尚阳路、寻仙路、尚水路、百羊路总里程9.8公里，已具备通车条件；望仙路、致和路总里程4.7公里以及S265市政综合管线工程总里程9.5公里，已全面开工建设。度假区内项目点之间各级道路建设工程、景观提升改造工程都已取得了阶段性的成果。

服务项目，致力发展。截至2016年底，累计完成投资3.96亿元，完成投资进度63%。其中，东方盐湖城巴里岛国际温泉度假酒店项目累计完成投资进度24%；花谷奇缘旅游综合体项目于2017年春节期间正式开园，茅山茶海项目完成投资进度80%。度假区内“东方盐湖城一期•道天下”与一号农场正式开园。2016年，新签约了总投资180亿元的东方盐湖城•国际养生城项目、总投资25亿元茅山颐园项目。

开展活动，助推发展。2016年，度假区陆续主办或协办了常州乡村过大年暨金坛乡村旅游嘉年华、首届世界道文化大会&2016常州旅游节开幕暨东方盐湖城开城大典、常州乡村旅游节暨春到上阮赏花季、2016东方盐湖城杯茅山美食大赛、第三届中国金坛雀舌茶道会、2016中国山地自行车公开赛（西海湖站）、2016常州•金坛乡村采摘节、一号农场有机嘉年华暨亚

茅山颐园鸟瞰效果图

洲青年有机论坛、茅山保朴园道养生文化月、中国围棋甲级联赛等多项旅游节庆活动。其中，中国雀舌茶道会获由新华网评选的“最美中国•首批最具影响力特色节庆”称号。

2016 “东方盐湖城杯“ 茅山美食大赛

首届道文化大会•“道+闲养” 峰会

2016 常州乡村过大年暨金坛乡村旅游嘉年华

中国微电影大典金蜂鸟奖颁奖典礼

东方盐湖城开城大典

江苏省金坛长荡湖旅游度假区

水街夜景

大涪山

水八卦

江苏省金坛长荡湖旅游度假区总面积143.8平方公里。自2016年8月江苏省金坛长荡湖旅游度假区党工委、管委会独立工作以来，坚持规划引领，全面推进基础建设，旅游资源开发建设步伐加快。启动2.6万余亩土地的退田还湖工程；实施网围整治工程，总长约12.5公里，总投资约2亿元的防洪大堤（指前段）已全面开工建设。

湖鲜美食、禅修养生、生态湿地、滨湖度假是度假区四大主题产品，景点主要有“江南第一街”—长荡湖水街、“千年古刹”—大涪山普门禅寺、文物保护重点单位—生态科普馆徽派建筑群、湖畔休闲最佳处—露营基地、湿地景观—水八卦、水上丛林等。

长荡湖丰富的水产资源，孕育出独特的湖鲜美食文化。“长荡湖八鲜宴”更是闻名遐迩的美食品牌，堪称“江南美食一绝”。籽虾节、湖鲜美食节受到众多的中外游客的青睐。

2016年，度假区获得“中国年度最佳投资休闲目的地”称号，长荡湖湿地公园获批国家湿地公园（试点），知名度、美誉度进一步提升。年接待旅游人数超100万人次，已成为长三角地区度假、观光、休闲的首选地。

诸葛八阵图村落

放灯节

生态科普馆

2016年，开发区持续引进重大项目，成功引进总投资62亿元的信维通信射频模组及零部件项目、总投资52亿元的贝特瑞高性能锂离子电池材料项目、总投资50亿元的迈科锂离子电池项目。其中，信维通信项目填补了金坛区通信产业的空白，有望形成开发区的新产业龙头。贝特瑞项目投资方是全球最大的锂离子电池负极材料供应商、全球唯一拥有负极材料完整价值产业链的企业，该项目的落户将推动金坛区在绿色电源产业中占领行业制高点。迈科项目将进一步完善绿色电源产业链，与中航锂电一起形成绿色电源产业“双龙头”发展态势。

贝特瑞项目签约仪式

迈科项目签约仪式

信维通信项目签约仪式

目　录

特　载

大事记

金坛概貌

工　　业

开放·开发

农业·水利

商品贸易

旅　　游

城乡建设·环境保护

建筑·房地产

交通·电力

信息化建设

财政·税收

金　　融

综合管理

中共常州市金坛区委

常州市金坛区人大常委会

常州市金坛区人民政府

政协常州市金坛区委员会

民主党派 · 群众团体

武　　装

法 治

科学技术

教 育

文 化

卫　生

体　育

社　　会

各镇(街道)概览

人 物

荣誉栏

文件选编

统计资料

附 录

索 引

彩色插页

Content

Special Records

Memorabilia

An Overview of Jintan

Industry

Open · Development

Agriculture · Water Conservancy

Merchandise Trade

Tourism

Urban and Rural Development · Environmental Protection

Construction · Real Estate

Traffic · Electrical Power

Informatization Construction

Finance · Tax

Finance

General Management

Changzhou jintan district committee of the communist party of China

Changzhou jintan district people's congress standing committee

Changzhou jintan district people's government

Changzhou Jintan district Committee

Democratic Parties · Mass Organizations

National Defense

Politics and Law

Science and Technology

Education

Culture

Health

Sports

Society

An Overview of Towns(Streets)

Figure

Honor Roll

Documents Selection

Statistical Data

Appendix

Indexes

接轨常州主城区　推动发展新跨越
为实现在苏南板块快速崛起而奋斗

——在中国共产党常州市金坛区第十三次代表大会上的报告

（2016 年 7 月 24 日）

中共常州市金坛区委书记　狄志强

中国共产党常州市金坛区第十三次代表大会，是在持续推进金坛快速发展、开启“十三五”新征程的关键时期召开的一次十分重要的会议。大会的主要任务是：认真总结过去五年工作，研究部署今后五年任务，动员全区各级党组织和广大党员、干部群众，进一步统一思想、坚定信心、凝聚共识，进一步抢抓机遇、勇于突破、苦干实干，为实现在苏南板块快速崛起而奋斗！

一、过去五年的工作

过去的五年，是区委立足金坛实际、科学果断决策、大力推进突破的五年，是我区发展氛围最浓、发展速度最快、发展变化最大的五年，是全区人民奋勇前进、奋力拼搏、奋发有为的五年。五年来，我们在常州市委的领导下，团结带领全区各级党组织和广大党员、干部群众，围绕第十二次党代会确定的发展战略，特别是 2013 年区委作出的“常金一体、东扩南移、苦干三年、强基进位”的战略部署，同心同德，攻坚克难，开拓进取，圆满完成了经济社会发展的各项目标任务。

综合实力显著增强。始终把加快发展作为全部工作的中心，经济发展提速扩量增效。“十二五”末，全区实现地区生产总值 525.5 亿元，是“十一五”末的 1.7 倍，年均增长 11.3%；实现一般公共预算收入 36.2 亿元，是“十一五”末的 2 倍，年均增长 14.9%；实现工业开票销售收入 701.1 亿元，是“十一五”末的 1.9 倍，年均增长 13.6%。特别是 2013 年以来，全区主要经济指标逆势上扬，增幅均位列常州各板块第一、苏南各县市区前列。产业结构得到持续优化，农业基本现代化水平始终位列全省第一方阵，新型工业化基础和主导地位不断巩固，东方盐湖城投入运营，现代服务业增加值实现倍增。

项目引进有效突破。按照“大开发、大建设”的总体部署，高效率实施成片动迁，高标准推进园区基础设施建设，五年累计完成动迁 500 多万平方米，腾出 100 多平方公里可开发空间，开发区和各镇工业园区的项目承载能力大幅增强。五年累计签约引进项目超过 400 个、协议总投资超 800 亿元，众泰汽车、同方威视、中航锂电、埃马克、斯威克等一批重量级项目成功落地，亿晶、金昇、晨风、正信、蓝色星球等一批本土企业增资扩产，形成了金坛工业大发展的良好态势。装备制造、光伏新能源、化工及新材料、纺织服装产业不断壮大，汽车及零部件产业快速成形，金坛制造跃上新台阶。

城乡面貌日益改善。系统开展城市空间发展战略研究、城市总体规划等 100 多项规划编制工作，初步形成科学完善的规划体系。国土资源保障有力，节约集约用地成效明显。交通建设突飞猛进,五年总投资超150亿元,建设道路90余条,总里程超350公里,常溧高速、金武快速路、钱资湖大道、丹金溧漕河航道整治等一批重点工程建成投运。滨湖新城框架全面拉开,核心区基础设施基本成形,市民中心等一批重大项目加快推进。老城区功能不断完善,改造老小区30个,新建及改造提升菜市场15个、停车场13个,建成一批滨水公园和街头游园。"931"城市环境整治行动深入实施,长效管理机制不断完善。镇村面貌得到改善,薛埠、儒林成为全国重点镇。成功抵御两次特大洪涝灾害,有力保障了人民群众生命财产安全。荣获"江苏省人居环境奖""国家节水型城市"等称号。

改革创新持续深化。平稳完成撤市设区工作。调整金城镇、指前镇、尧塘镇行政区划,新设尧塘、东城、西城三个街道,茅山、长荡湖获批省级旅游度假区,行政村从157个优化为93个。开发区"区镇合一"、旅游度假区"区镇分设"管理体制进一步理顺,"扩权强镇"改革有力推进,农村土地承包经营权确权登记颁证工作全省领先。积极推动政府机构改革和职能转变,行政审批事项和行政审批中介服务得到清理规范,企业"三证合一"登记制度正式实施。金融服务体系进一步完善,区镇两级投融资平台优化运行,金坛控股运营高效,为国有企业市场化改革提供了经验。科技创新能力得到增强,连续7次荣获"全国科技进步先进县"称号,3次蝉联"全国科普示范县(市、区)"。

社会事业协调推进。创业富民、保障安民和政策惠民力度进一步加大,城乡居民人均可支配收入分别达到40002元和20427元,收入差距逐年缩小。社会保障体系不断完善,保障标准逐年提高,被征地农民全部纳入社会保障,城乡低保实现应保尽保,困难群体救助体系更加健全。新建和改扩建学校近30所,创成"全国义务教育发展基本均衡区",高考本二以上达线率增幅连续多年位居常州第一。新建和改扩建医院、乡镇卫生院8所,区镇村三级医疗卫生服务体系得到加强,医疗卫生服务能力明显提升。创成省公共文体服务体系示范区,儿童剧《留守小孩》获国家"五个一工程"奖。注重社会管理创新,完善矛盾调处机制,加强食品药品和安全生产监管,获评"全国法治县(市、区)创建工作先进单位""全国六五普法先进单位",连续4次获评"省双拥模范城",连续13年获评"省平安县(市、区)",5次蝉联"江苏省文明城市"。

党的建设全面加强。认真贯彻落实全面从严治党的新要求、新部署,切实履行管党治党责任。扎实开展党的群众路线教育实践活动、"三严三实"专题教育和"两学一做"学习教育,党员干部党性修养和宗旨意识普遍增强。坚持正确的用人导向,崇尚实干、注重基层,把优质干部资源向一线倾斜,注重教育培训和实践锻炼,各级领导班子和干部推动发展的能力明显提升。落实基层党建责任,整顿软弱涣散党组织,深化结对帮扶工作,创成全省村级"四有一责"建设先进县,村党组织和党组织书记"晋档升级"新模式成为全国基层党建创新典型案例。深入贯彻落实习近平总书记系列重要讲话精神,切实严明纪律规矩,全面落实"两个责任",全力抓好巡视整改,寸步不让反"四风",高压态势惩腐败,统筹协调抓治本,形成了风清气正的政治生态。坚持党委总揽全局、党政齐心协力,支持人大、政协履行职责,统战、群团等工作得到加强,形成了各级凝心聚力、各方团结拼搏的良好局面。

各位代表,五年的成绩来之不易,发展的成果令人鼓舞!成绩的取得,归功于全区3.9万党员和56万人民的团结拼搏、扎实工作;归功于历届县、市、区委班子积累的宝贵经验、奠定的坚实基础;归功于各民主党派、工商联和社会各界人士,以及驻坛部队、驻坛单位的关心协助、积极参与。在此,我代表区委向全区人民,向所有关心、支持和参与金坛建设的同志们、朋友们,表示衷心的感谢和崇高的敬意!

五年的历程极不平凡,积累的经验弥足珍贵,我们必须继承和发扬。一是立足实际谋发展。深入分析我区发展现状,准确研判发展所处阶段,始终把加快发展作为第一要务。打破"小打小闹"的发展格局,对标先进、着眼长远,树立大气魄、大手笔、全方位推进开发开放的发展理念。二是凝心聚力保落实。将所有干部的精力集中到事业上来,将全区人民的注意力吸引到发展上来,坚持一张蓝图干到底,心无旁骛抓推进,凝心聚力保落实,为担当者撑腰、为有为者鼓掌。三是勇于创新求突破。针对加快发展过程中遇到的困难和问题,勇于向改革要活力、向创新要效率、向突破要发展,建立完善有利于加快发展的体制机制,为争取后发优势打好基础。四是千方百计惠民生。坚持民生实事与经济发展同规划、同推进、同见效,不让民生实事建设滞后于经济发展步伐,让广大群众感受到经济发展的同时,直接分享到经济发展的红利,真正使加快发展成为全区人民的一致愿望、一致行动。五是从严要求强队伍。坚持党要管党、从严治党,全面加强各级领导班子和干部队伍建设。给干部更多的干事机会、更大的创业舞台,在实践中培养干部、判别干部,同时切实加强干部的考核管理,做到能者上、庸者下,让有为者有位、无为者让位。

在回顾五年来工作取得成绩、积累经验的同时,我们应清醒地认识到发展上还面临诸多挑战和困难,工作中也存在一些不容忽视的问题,具体表现为:一是部分党员干部依然存在"小富即安""小进即满"的心理,持续突破发展的意识不强、决心不大、措施不实,如不尽快改变将错失追赶发展的良好机遇;二是交通道路、城市功能、园区平台等发展的基础条件仍不够完善,与先进发达地区同台竞争的优势仍不够明显,持续追赶发展的难度进一步加大;三是企业数量不多、规模不大,且科技创新能力不强、产业层次不高,抗风险能力普遍偏弱,使我区经济发展的稳固性、持续性不够;四是城乡环境仍需进一步改善,区域性防灾抗灾能力亟需进一步加强,教育、文化、卫生等公共服务水平尚需进一步提升；五是党的建设仍存在一些薄弱环节，干部“断层”问题亟需解决，党员干部讲纪律、守规矩意识仍需强化，全面从严治党的要求仍需进一步落实。对此，我们必须高度重视，采取有效措施，切实予以解决。

二、接轨常州主城区，推动发展新跨越

推动发展新跨越，战略格局是关键。过去五年的实践证明，常州市委、市政府大力推进“四个西进”战略，我区主动融入“常金一体”格局，是金坛快速发展的战略机遇和重要动能。我们必须进一步深化战略格局，接轨常州主城区，推动发展新跨越。接轨常州主城区，是“常金一体”战略部署的延续和深化，是我区未来发展的新动能，是金坛撤市设区后的新使命。

推动战略接轨。准确把握常州市“一中心四片区”的战略布局和金坛纳入“常金统筹核心片区”的战略部署，明确把金坛建成常州西部新区的现实发展目标。主动融入常州市总体发展战略，推进“无缝对接”，借助常州发展大平台，推动金坛发展新跃升。进一步争取常州市委、市政府对我区发展的重视和支持，放大辐射效应，促进加快发展。

推动交通接轨。切实防止交通滞后导致“区域边缘化”“经济低速化”现象的再次发生，努力抓住新一轮铁路、公路大发展机遇，快速补齐交通发展短板，加快形成经济后发、快发态势。加密与常州主城区交通网络，推进交通一体化，缩短时空距离，实现同城发展。同时，积极改善与溧阳、宜兴、丹阳、句容、丹徒等周边县市区的交通条件，推进联动发展、集群发展。

推动产业接轨。借助常州市委、市政府大力推进重大项目的东风，争取我区重大项目持续突破，实现与常州主城区同步快速发展。发挥我区土地空间优势，争取常州市大项目布局金坛，赢得发展先机。对接常州市十大产业发展，做好“补链”“强链”文章，与常州主城区形成互补共赢态势。注重招商选资，把好项目质量关，实现与常州主城区发展同质。

推动城市接轨。坚持与常州主城区“同标准改造、同标准建设、同标准管理”的高位目标，推进我区老城改造更新、滨湖新城建设和城市综合管理。坚持与常州主城区错位发展、优势发展，利用生态资源，做好山水文章，挖掘深厚底蕴，彰显文化特色，打造独具魅力的江南名城，成为常州主城区乃至长三角地区富裕家庭的第二居所。

推动民生接轨。对标常州主城区社会事业建设，加快推进一批教育、文化、卫生重点项目落地，补齐民生事业短板。大力引进常州主城区教育、卫生等优势资源，推进公共服务水平快速提升。按照“同城同待遇”的目标，统筹推进薪资福利、社会保障标准逐步与常州主城区接轨。通过不断推动民生接轨，切实增强广大群众的获得感和幸福感。

接轨常州主城区，是推动发展新跨越的内在要求，是实现在苏南板块快速崛起的路径选择。实现在苏南板块快速崛起，必须确保主要经济指标增幅始终领跑、总量不断进位；必须将全部资源集聚到战略发展上来，以重点发展带动全面发展，切不可自乱阵脚、重点错位而错失良机、贻误发展；必须继续发扬“苦干实干、正气大气”的时代精神，推进开发开放，释放禀赋优势，努力将金坛打造成为苏南独具特色的现代产业集聚区、生态旅游休闲地、宜居宜业幸福城。

打造现代产业集聚区。加快推进以高科技含量、高附加值、低能耗、低污染、自主创新能力强为主要特征的现代产业体系建设，打造现代产业集聚区，创造后发新优势。持续突破重大工业项目引进，带动中小科技型企业集聚，形成具有特色的细分产业链，切实提升制造业发展水平。以滨湖新城、茅山、长荡湖为重点，以项目建设为抓手，大力发展现代服务业。推动农业转型升级，围绕规模化、专业化、集约化方向，大力发展现代农业，进一步打造特色发展优势。

打造生态旅游休闲地。抢抓大众休闲度假需求加速释放的机遇，加快开发山水资源，打造生态旅游休闲地，使生态优势转化为经济优势。不断完善茅山、长荡湖基础设施建设，引进知名开发商实施片区开发，提升整体开发水平，同时切实加强生态保护，在保护中开发，在开发中保护。以“一山一水”为引领，以点串线，由线带面，形成全域联动的大旅游发展格局。深入挖掘品牌价值，加强宣传推介，提升旅游知名度和美誉度，打响长三角旅游金坛品牌。

打造宜居宜业幸福城。围绕满足人的功能诉求和心理需求、适宜人居和就业创业的目标，扎实推进产业发展和城市建设，努力建成产城融合示范区。按照新城建设标准，打开园区开发空间，提升园区建设管理水平。强化精品意识，既做优景观面貌，又做深内涵底蕴，打造形神兼备、秀外慧中的高品位城市。严守“绿色门槛”，治理“脏乱差”，建设“净亮美”，打造生态文明城市。持续加大民生投入，优化公共服务供给，推动百姓幸福指数持续攀升，让宜居宜业成为金坛的“城市印记”。

三、今后五年的总体要求和主要任务

未来五年，对实现在苏南板块快速崛起至关重要。我们必须紧紧抓住这关键的五年，坚持战略方向、坚定发展信念，不动摇、不懈怠，奋发有为、合力作为，全力推动发展新跨越。

今后五年全区工作的总体要求是：**高举中国特色社会主义伟大旗帜，全面贯彻中共十八大和十八届三中、四中、五中全会精神，以马克思列宁主义、毛泽东思想、邓小平理论、“三个代表”重要思想和科学发展观为指导，深入贯彻习近平总书记系列重要讲话精神，按照“五位一体”总体布局和“四个全面”战略布局的要求，解放思想，求真务实，乘势而上，围绕“接轨常州主城区、推动发展新跨越”的总体战略，始终坚持发展第一要务，积极践行五大发展理念，深化推进“一城一区一山一水”发展重点，始终坚持党要管**

党,全面推进从严治党,注重发挥人的积极性、创造性,加快建设现代产业集聚区、生态旅游休闲地、宜居宜业幸福城,为实现在苏南板块快速崛起作出不懈努力。

根据这一总体要求,今后五年全区经济发展的主要目标为:"十三五"期间,全区工业实际投入超1000亿元,是"十二五"的2.9倍;到2020年,工业开票销售收入、一般公共预算收入、地区生产总值分别超2000亿元、80亿元、1000亿元,分别是2015年的2.9倍、2.2倍、1.9倍。

做好今后五年的工作,要把握好以下六个方面的重点,全力推进,确保落实,收到实效。

(一)着力完善发展战略布局

土地空间和山水资源优势,是金坛未来发展的潜力所在。要坚持规划引领,突出重点板块,加快开发进程,拓展发展空间,为推进"两个加快"创造条件,为推动跨越发展奠定基础。

优化重点板块布局。深化推进"一城一区一山一水"发展重点,形成滨湖新城、金坛老城城市发展板块,金坛经济开发区及其华罗庚科技产业园、金城科技产业园和薛埠、直溪、朱林、指前、儒林现代产业园工业发展板块,以及茅山、长荡湖旅游发展板块突破发展、联动发展格局。按照"产城(镇)融合"发展模式,推动东部产业新城、北部产业新城和薛埠、直溪、朱林、指前、儒林产业新镇建设。全力推动金坛经济开发区、华罗庚科技产业园、金城科技产业园分别升格为国家级经开区、省级高新区和省级经开区。

完善交通基础设施。围绕构建区域交通节点城市,加快实施南沿江城际铁路、连镇城际铁路南延、常溧高速北延、233国道、265省道、华城路东延、239省道儒林段改线、240省道改造提升等国省干线建设。高标准完成茅山旅游大道、长荡湖旅游大道,以及直别公路、金茅公路、直荣公路等一批地方干线和连接线建设,推动各重点板块互联互通,切实提升区内交通整体水平。加快推进金坛港、通尧线航道提升和金坛通用机场等工程建设,进一步完善大交通体系。

深化规划指导开发。不断强化规划意识,围绕"每寸土地都经过规划"的目标,实现规划全覆盖,重点板块完成控制性详细规划、城市设计,并制成展示模型。推进经济社会发展规划、城乡规划、土地利用规划和重点板块总体规划等"多规合一",编制空间发展总体规划,形成全域空间管控一张图。创新规划理念,改进规划方法,把以人为本、尊重自然、传承历史、节约集约、绿色低碳等理念融入规划全过程,增强规划的前瞻性、严肃性和连续性,实现一张蓝图干到底。

(二)持续推进"两个加快"

加快项目引进、加快项目建设,是金坛未来发展的第一动力,是全区工作的第一任务。要坚持"一切围绕项目转、一切围绕项目干",不断取得项目新突破,推动发展新跨越。

加快项目引进。注重产业政策研究,把握产业发展方向,瞄准新兴产业、"风口"行业,群策群力,齐心合力,不断突破重大项目引进。围绕"建链""补链""强链",依托龙头型项目,着力引进一大批中小科技型配套企业,形成"铺天盖地"之势,推动企业集群、产业集聚。强化领导带头、全员招商责任,建强专业招商团队,增强项目引进的钻劲、拼劲和韧劲,取得项目引进的持续突破,同时切实防止不计成本乱给政策、不顾质量乱引项目、不择手段弄虚作假。

加快项目建设。加快项目建设,是加快项目引进的根本所在。要进一步完善项目快速推进机制,实行领导挂帅、专人负责、挂图作战,规范审批流程,精简审批事项,提高审批时效,促进项目快动工、快建设、快投产。大力推行重点项目建设审批会商会办制度,打造项目建设"绿色通道"。加强土地、资金、劳动力、住房等要素保障,帮助协调解决项目建设过程中遇到的困难和问题。建立项目建设督查、约束机制,坚决防止圈而不建、建而不投、投而不产。

支持企业发展。恪守"支持企业天经地义、服务企业关爱有加"理念,把握好"亲""清"新型政商关系,切实加强对现有企业的服务。建立与企业家定期沟通机制,交流信息、分析形势、研判走势、鼓舞干劲,有效提振企业家的发展信心。引导和支持企业加大投入、转型升级、创新发展,探索拨改投、拨改贷、拨改保、拨改补、拨改奖等支持企业新模式,优化项目资金支持方式,提高项目资金使用效率。支持行业商会发展,提升行业服务水平。充分发挥企业家在项目引进方面的积极作用。

(三)大力实施创新驱动战略

对照先进地区的发展历程和经验,一方面要加快实施投资拉动战略,尽快走完工业化中期发展阶段,另一方面要大力实施创新驱动战略,步入与先进地区同步发展、同质发展阶段。

强化企业创新主体地位。切实强化企业家科技创新意识,确立企业创新主体地位,增强企业创新能力。鼓励企业与科研机构、高等院校等建立产业技术创新战略联盟,形成联合开发、优势互补、利益共享、风险共担的合作机制。支持企业在上海、北京、深圳等国内人才集聚城市及境外设立研发中心,有效利用全球优质智力资源。支持重点企业、知名机构在我区设立研发中心、科技服务机构,搭建联合研究平台。积极开展创新政策先行先试,激发创新主体活力,收获苏南国家自主创新示范区政策红利。

引进和培育高层次人才。积极实施人才强区战略,努力建设一支素质优良、结构合理、与我区发展需求相匹配的人才队伍。大力实施"金沙英才计划",以海纳百川的宽广胸怀,引进一批专业拔尖、掌握核心技术的产业领军人才。统筹推进经济社会发展需要的其他人才队伍建设,在医疗、教育、文化等领域集聚更多高层次人才。广泛借鉴国内外先进理念和做法,采取务实的新思路、新举措,完善人才激励保障机制,着力解决人才发展面临的突出困难和问题,真正形成重才、聚才、用才的良好氛围。

营造创新创业发展氛围。积极推动众创、众包、众扶和众筹平台建设,大力推进“大众创业、万众创新”,释放民众创造新活力,增添经济发展新动力。加快启动金沙科技金融中心建设,充分发挥金融对创新的促进作用,形成创新链、产业链和资本链的无缝对接。大力发展创业投资,打造“创投集聚区”,促进创业投资和股权投资基金集聚发展。优化整合各类创新资金资源,加大对中小企业尤其是民营科技型企业的扶持力度,形成创新能力强、发展前景好的企业梯队。

(四)加快建设精致生态城市

坚持精致规划、精致建设、精致管理,加快补齐城市建设短板,着力完善城市功能形态,着力塑造城市特色风貌,着力提升城市环境质量,建设以人为核心的精致生态城市。

加快新城建设。滨湖新城是城市建设的重点、亮点。不断深化规划研究,以规划的高水准确保新城的高品位。加快道路、管网、绿化、景观等基础设施建设,推进学校、医院、文化、商业等功能性项目加快实施,真正将环境做美、生地做熟。引进理念相通的一线知名开发商进行片区开发,提高开发的整体性,确保供给的高品质。遵循生态优先原则,全面落实海绵城市建设要求。加快滨湖新城开发建设步伐,做到“一年一个样、五年大变样”,以高水平的城市发展引领中高端产业的加快集聚、加快发展。

推进老城更新。坚持老城改造更新与新城开发建设同步推进、同步见效。准确分析老城现状,科学定位改造方向,深化编制更新规划。加快基础设施改造步伐,优化街区路网结构,完善各类管线敷设,推进路面黑色化改造,有效破解停车难题。着力打造丹金溧漕河城区段景观带,彰显老城独特魅力和现代生机。大力推进棚户区改造,稳步实施城中村更新,有序推进老旧小区综合整治,切实改善群众居住条件。健全公共服务设施,打造方便快捷生活圈。坚持开发与保护相结合,更好地延续历史文脉,展现城市风貌。

强化城市管理。高品质的城市,需要高效能的管理。进一步理顺城市管理体制,推行跨部门综合执法,推动执法重心下移、人员下沉,提升精细化管理水平。推进智慧城市建设,加强市政设施运行管理、交通管理、环境管理、应急管理等城市管理数字化平台建设和功能整合,提升城市治理和服务水平。全面清查并处理各类违法违章建筑,坚决杜绝新增违规建设。加大污染治理力度,实行最严格的环境影响评价制度和环保执法标准,建成城市大外环森林带,构建生态环境安全体系,建设良好人居环境。

(五)全面推动城乡统筹发展

加大统筹城乡发展力度,把镇村发展放在更加重要位置,推动建设重心延伸至农村、各项支持政策覆盖到农村,增强农村发展活力,缩小城乡发展差距,促进城乡一体发展、共同繁荣。

加快新型城镇建设。科学划定集镇开发边界,统筹工业区、商住区、生态区建设,禁止在工业区外新增工业用地,促进产镇融合发展。科学规划村庄布局,本着群众自愿的原则分步推进散落村庄拆除,促进农民居住向城市、集镇转移。加大农村交通投入力度,实现城区与集镇之间全部通上一级公路、镇与镇之间全部通上二级公路、镇与村和村与村之间全部通上等级公路。加大农村社会事业发展力度,实现基本公共服务全覆盖。加大水利建设力度,完成新孟河拓浚、龙山水利枢纽、长荡湖退圩还湖等重点工程建设,推进流域综合治理,提高防灾减灾能力。推进农村环境综合整治,打造美丽乡村,留住乡村记忆。推进以茅山老区为重点的脱贫攻坚,消除绝对贫困,减少相对贫困。

加快农业转型升级。以改革创新的精神,突破传统农业发展模式,用工业理念发展现代农业,推动农业规模化、专业化、集约化。推进现代农业产业园建设,提升农业机械装备,提高科技和信息化水平,推动农业品牌化、产业化、高端化。加大农业招商力度,引进工商资本发展现代农业,大力培育农业企业家和新型职业农民。大力发展观光农业、休闲农业,形成与旅游融合发展态势。在加快农业转型升级过程中,尊重农民意愿,保障农民权益,促进农民增收。

加快农村综合改革。从增强农村发展动力出发,结合农村实际,把握政策要求,推进农村综合改革。深化农村集体产权制度改革,全面完成农村土地确权登记颁证工作,分类推进农村集体资产确权到户和社区股份合作制改革,建设农村集体产权交易市场,保障农民和集体财产权益,提高农村要素资源配置和利用效率。加快构建新型农业经营体系,加强农民合作社、家庭农场规范化建设。立足多渠道创收,通过有效盘活资源、加大转移支付,切实提高村级集体经济收入。

(六)切实提升民生幸福水平

针对群众普遍的需求和期盼,大力发展社会事业,切实提升民生福祉,不断提高社会的满意度和群众的幸福指数,营造既充满活力又和谐有序的社会发展环境。

提供优质公共服务。全面优化教育资源布局,加快改善办学条件,切实加强师资队伍建设,推动教育质量新跃升,提高群众对教育的满意度。引进本科院校在坛办学。深化医药卫生体制改革,健全疾病防控等公共卫生服务网络,完成人民医院移址新建,推进卫计事业发展,努力满足群众对提高医疗卫生服务质量的要求。完善公共文化服务体系,持续繁荣文化事业。推动文化与科技、旅游等产业深度融合,发展文化产业。深化文明城市建设,不断提高市民文明素质和社会文明程度。加快城乡体育设施建设,推进全民健身工程。加快构建广覆盖、保基本、多层次、可衔接的社会保障体系。建立完善养老服务体系,促进养老服务发展。统筹抓好扶贫帮困、社会救助、公益慈善等工作。

加强社会管理创新。完善党委领导、政府负责、社会协同、公众参与、法治保障的社会管理格局,形成符合金坛特点的社会管理体系,激发社会活力,促进社会和谐。充分发挥社区在社会管理中的基础性作用,以群众得实惠、管理出实效、基层有活力为标准,大力加强城乡社区建设。重视发挥社会组织在参与社会管理中的重要作用,善于运用社会资源改进社会管理。大力加强社会工作人才队伍建设,积极倡导志愿者服务,鼓励群众参与社会公益活动。大力加强法治建设,推进公正廉洁执法,切实提高执法公信力,有效协调各种利益关系。

确保社会安全稳定。深入推进社会稳定风险评估,着力从源头上预防和减少社会矛盾。畅通信访渠道,创新信访机制,完善领导接访、下访等工作制度,积极化解信访积案。完善大调解工作体系,积极推动社会矛盾多元化解机制建设,做实各类专业调处平台,有效化解社会矛盾。切实加强社会治安防控体系建设,完善自然灾害、事故灾难、食品药品安全、企业生产安全等突发事件的预防预警和应急处置机制。完善预防和减少犯罪工作体系,依法打击各种违法犯罪活动。健全互联网管理机制,加强虚拟社会动态管理和网络舆情引导,坚持正面宣传,疏导好、培育好社会心理,促进社会心态更加理性健康。

四、全面加强党的建设

在新的起点上,要把全区人民的智慧和力量凝聚起来,为实现在苏南板块快速崛起和未来五年的工作目标而共同奋斗,关键在于加强党的建设。要牢牢把握"党要管党、从严治党"的要求,充分发挥党在各项事业中的领导核心作用,把党的政治优势和组织优势转化为推动发展新跨越的强大动力。

只要我们不忘初心、继续前进,牢记职责、不辱使命,坚定不移加强党的自身建设,抓好各级领导班子建设,真正打造一支特别有理想、特别有闯劲、特别能干事、特别守纪律的党员干部队伍,就一定能够克服前进道路上的各种困难,就一定能够开创各项事业发展的新局面。

(一)加强思想政治建设

切实强化理论武装工作,以建设学习型党组织为引领,不断完善党委(党组)中心组学习制度,举办"金沙大学堂",组织广大党员干部深入学习中国特色社会主义理论体系,深入学习党章党规和习近平总书记系列重要讲话精神,坚持中国特色社会主义道路自信、理论自信、制度自信、文化自信,坚定理想信念,提高党性觉悟,增强政治意识、大局意识、核心意识、看齐意识,不为任何困难所惧,以矢志不渝的精神推动发展新跨越。扎实开展"两学一做"学习教育,切实加强领导、层层落实责任、强化组织保障、注重分类指导,进一步解决党员队伍在思想、政治、作风、纪律等方面存在的问题,保持发展党的先进性和纯洁性,确保"两学一做"学习教育收到明显实效。

(二)加强干部队伍建设

牢固确立德才兼备、以德为先的用人标准,坚持五湖四海、反对团团伙伙,坚持公道正派、反对徇私偏袒,坚持任人唯贤、反对任人唯亲,真正把肯干、能干的干部选拔到领导岗位上来,建设一支堪当发展重任的干部队伍。注重基层导向,选拔具有基层经历和经过重点工程、重大项目历练的优秀干部充实领导班子,形成人才到一线锻炼、干部从一线选拔的党政干部培养选拔链。拓宽干部选拔视野,贯通党政机关、国有企业、事业单位领导干部交流渠道。开展大规模培训干部、大幅度提高干部素质工作,注重在实践中、在新挑战新考验中培养锻炼,使党员干部具备金坛跨越发展所需要的招商引资、科技创新、城市建设、社会管理等方面知识,加快提高推动发展的能力和本领。健全干部实绩考核评价办法,建立"有为激励、无为问责"的制度体系。加强对领导干部的严格教育、严格管理、严格监督,建立健全经常性提醒和帮助机制。着眼未来事业发展需要,高度重视、下大力气培养年轻干部。认真做好培养选拔妇女干部、党外干部工作。积极做好新形势下老干部工作。

(三)加强基层组织建设

进一步落实党建工作责任制,以改革创新的精神抓好基层组织建设,努力实现党的组织、党的工作和党员作用发挥"三个全覆盖"。主动适应经济和社会发展的变化,积极建立和调整优化基层组织。以服务群众、做群众工作为主要任务,加强基层服务型党组织建设。进一步做好发展党员工作,及时处置不合格党员。创新流动党员管理机制,加强"两新"组织党员管理,推动各领域党员立足岗位发挥作用。以增强党性、提高素质为重点,不断创新方式方法,加强党员教育管理工作。落实党员干部直接联系服务群众制度,拓展"党群服务团""党员义工"等服务载体,打通服务群众"最后一公里",更好地发挥党员的先锋模范作用。按照真正重视、真情关怀、真心爱护的要求,加强基层干部队伍建设,最大限度保护和调动他们的积极性、创造性。做好先进典型培育,推进典型引路,以点带面、全面提升。

(四)加强党风廉政建设

严格落实全面从严治党政治责任,强化责任追究,倒逼各级党组织和纪检监察组织把党要管党、从严治党作为分内之事、应尽之责。尊崇党章党规党纪,牢牢抓住政治纪律这个根本,带动其他纪律立起来、严起来、执行到位。加强对各项决策执行情况的监督检查和执纪问责,坚决纠正落实中有令不行、工作中投机取巧、考核中弄虚作假等行为。认真贯彻执行《廉洁自律准则》《纪律处分条例》和《问责条例》,健全完善配套制度,织密管权管事管人的制度笼子。完善改进作风建设长效机制,对顶风违纪问题,从严查处、一寸不让。把握运用监督执纪"四种形态",坚决遏制腐败蔓延势头。进一步推进源头治理,规范权力运行，加快形成不敢腐、不能腐、不想腐的有效机制。深化基层党风廉政建设，坚决整治和查处侵害群众利益问题。认真抓好巡视整改落实，建立巡察工作机制，推动全面从严治党向基层延伸。

（五）发挥领导核心作用

充分发挥区委总揽全局、协调各方的领导核心作用，实行政治、思想和组织领导，把方向、管大局、作决策、保落实。支持和保证人大、政府、政协、法院、检察院等依法依章程独立负责、协调一致地开展工作，发挥这些组织中党组的领导核心作用。加强对宣传思想文化工作的领导，牢牢掌握意识形态工作的领导权、管理权、话语权。加强和改进对工会、共青团、妇联等人民团体的领导，充分发挥其在组织群众、引导群众、服务群众和维护群众合法权益方面的重要作用，成为党和政府联系群众的桥梁纽带。加强对统一战线工作的领导，发挥统一战线的独特优势和重要作用，为推动跨越发展争取更广泛的力量支持。加强对全面深化改革工作的领导，突破重点领域，确保有效推进，务求收到实效。坚持党管武装，加强国防教育、国防动员和后备力量建设，做好拥军优属、拥政爱民工作。

同志们，推动发展新跨越，是当代金坛人神圣而光荣的使命，我们不应有丝毫懈怠。只有奋力拼搏，才能实现在苏南板块快速崛起，才能把金坛带到一个新的发展高度。让我们在常州市委的坚强领导下，团结带领全体党员、全区人民，以锐意创新的勇气、敢为人先的锐气、蓬勃向上的朝气，咬定目标不放松，凝心聚力抓发展，努力谱写跨越发展的美好篇章，努力实现快速崛起的美好蓝图，努力开创辉煌灿烂的美好未来！

政府工作报告

——在常州市金坛区第十七届人民代表大会第一次会议上

（2017年1月4日）

常州市金坛区代区长　沈　东

本届政府工作回顾

本届政府组成以来，在区委的坚强领导下，在区人大和区政协的监督支持下，紧紧依靠全区人民，团结拼搏、开拓进取，解放思想不停步，坚定信心不动摇，攻坚克难不松懈，经济发展、城乡建设、民生改善和社会治理都取得了长足进步，圆满完成了区第十六届人大历次会议提出的目标任务。

五年来，我们全力以赴推动协调发展，综合实力明显增强。2016年，预计全区实现地区生产总值600亿元，是2011年的1.6倍，年均增长10.4%；完成固定资产投资403.5亿元，是2011年的2倍，年均增长14.3%；实现工业开票销售收入880亿元，是2011年的1.7倍，年均增长11.1%；实现一般公共预算收入43.4亿元，是2011年的1.9倍，年均增长13%。特别是近三年来，全区主要经济指标增幅持续位列常州各板块第一、苏南各县（市、区）前列。工业经济量质齐升。重点企业的支撑作用更加明显，2016年全区433家规模企业实现开票销售766亿元，同比增长25.4%，亿元以上企业占规模工业的比重达到88%，亿晶、金昇入库税收均突破3亿元。汽车及零部件产业爆发式增长，实现开票销售138亿元，同比增长244%，众泰汽车成为金坛首家销售突破百亿元企业。新能源、装备制造产业逐步壮大，占工业总产值的比重达到47.4%，高新技术企业产值占规模工业比重达45%。亿晶、金昇、晨风、正信、蓝色星球等一批本土企业稳步发展，金昇集团成功收购德国埃玛克、瑞士欧瑞康公司，成为我区首家中国民营企业500强。品牌建设取得新成绩，拥有中国驰名商标3件、江苏省著名商标48件。积极推进企业股改上市，累计新增新三板挂牌企业6家，完成股改企业15家。建筑业保持较快增长，五年实现总产值超过1200亿元。科技实力不断增强，新增高新技术企业60家，省级“三站三中心”56家。开发区通过省级知识产权示范园区验收，高新技术创业服务中心晋升为国家级科技企业孵化器。蓝色星球荣获“国家技术发明奖”二等奖，旺达喷灌荣获“国家科技进步奖”二等奖，斯威克和华德机械被评为“江苏省科技小巨人”。我区连续7次荣获“全国科技进步先进市”称号，连续3次蝉联“全国科普示范区”。现代服务业集聚发展。茅山和长荡湖先后获批省级旅游度假区。华夏宝盛园、一号农场、长荡湖水街等一批旅游项目相继建成，被农业部评为“全国休闲农业与乡村旅游示范县”。东方盐湖城道天下景区盛大开城，全年接待游客突破百万人次。成功举办第七届世界盆景友好联盟大会，金坛雀舌茶道会被列为全国首批最具影响力特色节庆。商业活力不断增强，新城吾悦广场、八佰伴开业运营，江南银行三大中心、中景博道商务中心等项目开工建设。积极吸纳外部金融资源，五年共引进银行业金融机构6家，累计达18家，被评为“省金融生态优秀县”。2016年，服务业增加值占地区生产总值的比重达44.2%。现代农业稳步推进。农业基本现代化水平稳居全省第一方阵，建成2个省级农业产业园。新增高标准农田25万亩，创成“粮食亩产吨粮县”，建成省级粮食储备示范库。农业机械化水平达85.5%，成为全国首批“主要农作物生产全程机械化示范县”。薛埠镇成为“全国名茶之乡”，尧塘街道获评“全国一村一品示范镇”。2016年，预计城镇、农村居民人均可支配收入分别达到43200元和22200元，分别是2011年的1.5倍和1.6倍。

五年来，我们坚定不移优化发展环境，重大项目强势突破。开放开发格局全面拉开。高起点开展《城市空间发展战略研究》等一系列重大规划的编制，形成科学完善的规划体系。高效率实施成片动迁，五年累计完成动迁500余万平方米，新建安置房545万平方米，安置拆迁户近2万户，为产业集聚和城乡建设腾出100多平方公里的宝贵空间。高标准打造发展载体和平台，开发区产业规划面积达78平方公里，国际工业城、腾创工业园、青年公寓、清香苑一期建成投用，配套水平进一步提升；各镇工业集中区“七通一平”全面到位，总面积达17平方公里。全区累计建成标准厂房110万平方米，形成了“以经济开发区、华科园、金科园为城区主战场、其他五个镇现代产业园为镇域战场相配套”的工业发展格局。2016年，开发区工业开票销售首超500亿元，金城镇、直溪镇均迈上百亿元台阶。项目引进建设成效显著。五年累计签约引进项目超过600个、协议总投资超1500亿元，其中10亿元以上项目25个，50亿元以上项目7个。投资180亿元的“东方盐湖城·国际养生城”项目、投资125亿元的中航锂电项目、投资85亿元的众泰汽车项目、投资62亿元的信维通信项目、投资52亿元的贝特瑞高性能锂电池材料项目、投资50亿元的迈科锂电池项目成功落户。项目建设有力推进，五年累计完成工业实际投入超420亿元。中航锂电、同方威视、奥托立夫、众泰三能发动机等一批优质项目建成投产，大唐热电联产、蓝色星球环氧丙烷等一批重大项目加速推进。要素保障持续加强。落实财税惠企政策，五年累计减免税金56.8亿元，为企业办理各类退税超40亿元，企业固定资产抵扣近20亿元。积极帮助企业向上争取政策扶持，五年累计争取各类专项扶持资金超过10亿元。金融支持经济发展不断深化，全区银行业金融机构2016年末存款余额871亿元，贷款余额605亿元，比2011年分别增加535亿元、377亿元。突出土地资源保障，通过调整完善、增减挂钩、独立选址等途径，获批建设用地指标4.3万亩，获评首届“全国国土资源节约集约模范市”。加强人力资源保障，五年累计引进高层次人才1471人，新增高技能人才8013人。

五年来，我们坚持不懈完善基础设施，城乡面貌日新月异。交通建设突飞猛进。五年累计总投资超过150亿元，建设道路90余条，总里程超350公里，城乡综合交通网络进一步优化。常溧高速、233国道先导段、240省道、241省道等8条干线公路建成通车，金武快速路、钱资湖大道、金坛大道改扩建全面完成。金城港竣工启用。提档升级农村道路140公里，全面完成城乡主干道景观亮化工程。功能配套不断完善。钱资湖水环境综合整治、钱资湖风光带一期、下塘河景观五期工程全面完工。老城基础设施得到改观，深入开展城区静态交通治理，新增停车位1300多个。南门桥改造工程如期竣工通车，有效缓解了老城区的交通压力。综合公交站场、薛埠客运站建成投用，公共自行车租赁服务系统运行良好。天然气主管道、区域供水主管网实现镇级全覆盖，改造供水管网530公里，长荡湖水厂主体工程基本完工。五年累计实施“931”项目230个，整治城郊结合部12处、城中村18个、易淹易涝区14片、老旧小区30个，新建和改扩建农贸市场15个，建设停车场13个。人居环境持续改善。切实加强污染源整治，五年共关闭化工企业56家，关停并转“两高一低”企业20家，完成企业废气、臭气专项整治53家。坚决淘汰落后产能，完成“地条钢”清理工作。强化水环境治理，五年累计整治河道59条131公里、河塘1817个，圩堤达标建设225公里。完成114个自然村的环境综合整治，创成4个国家级生态村。二污厂扩建竣工投运，新建污水管网150公里，全区污水集中处理能力达11万吨/日。饮用水源地水质全部达标，愚池湾跻身国家级水利风景区行列。助力常州市创成国家森林城市，全区森林覆盖率达43.9%。国家节水型城市、国家卫生城市创建成功，荣获江苏人居环境奖。

五年来，我们大刀阔斧实施改革创新，发展活力不断迸发。各项改革有力推进。“扩权强镇”改革全面实施，薛埠、儒林成为全国重点镇。开展省级开发区行政审批制度改革试点，推行企业“五证合一”、个体工商户“两证整合”登记制度。基本完成农村土地承包经营权确权登记，农村产权制度改革稳步推进。大力实施公立医院医药价格综合改革，被评为“江苏省医改工作先进市”。管理体制不断创新。平稳完成撤市设区工作。理顺开发区体制机制，实施“区镇合 ”。完成新一轮行政区划调整，新设尧塘、东城、西城三个街道，行政村从157个优化为93个。完善政府组织架构，设立区卫生和计划生育局、市场监督管理局，政府工作部门调整为26个。组建常州市不动产登记交易中心金坛分中心，初步构建“一办四中心”政务服务新框架。资源整合大力推进。先后完成4批次国有资产整合，累计盘活国有存量资产超过20亿元。申报发行专项建设基金31.3亿元。着眼政府性投资项目推进、融资体系优化和国有资产保值增值等，完善金坛控股、金坛建设的组织架构，创新公司管理机制，推动国有企业做大做强，金坛控股被评为常州市“五星级企业”。

五年来，我们持之以恒抓好民生改善，社会事业均衡发展。五年累计投入财政资金138.3亿元，实施民生实事

48项。保障体系不断健全。累计发放社会保障卡42.4万张，城乡社会保险覆盖率持续保持在98%以上。安居工程保障有力，累计开工建设保障性住房近4.9万套，总建筑面积592万平方米，成为“江苏省住房保障体系建设综合示范市”。就业富民扎实推进，累计新增城镇就业8.1万人，失业人员再就业1.3万人，农村劳动力转移就业2.1万人，扶持创业4500人。养老服务体系初步建立，养老床位总数超过5000张，建成居家养老服务站125家。残疾人庇护托养中心建成投用。累计发放困难群体救助金5.3亿元，救助13.3万人次。社会事业全面进步。教育硬件设施得到改善，五年共新建和改扩建指前镇实验学校、东城实验小学等学校30所，累计投入超40亿元。教学质量稳步提升，本二以上达线率增幅连续4年位居常州第一，创成“全国义务教育基本均衡发展示范区”。医疗资源布局更趋合理，第二人民医院移址新建全面完成，新建和改扩建直溪、朱林等镇卫生院7所，社区卫生服务机构覆盖率达100%。档案新馆建成投用。文体事业蓬勃发展，故事作品《茅山兵魂》荣获中国民间文艺最高奖“山花奖”，儿童剧《留守小孩》获国家“五个一工程”奖。社会保持和谐稳定。依法完成120个村(居)委会换届选举，省级城乡和谐社区达标率100%。优抚安置实现城乡一体化，荣获省双拥模范城“四连冠”。强化安全生产监管，未发生重特大安全事故。健全社会治安防控体系，刑事案件发案率年均下降15%，连续13年获评“省平安县(市、区)”，群众安全感持续提升。对外交流不断拓展，与荷兰克伊克市缔结为友好城市。“六五普法”成为全国先进单位，群众法治意识全面增强。获评“全国法治县(市、区)创建工作先进单位”，5次蝉联“江苏省文明城市”。

五年来，我们切实加强政府自身建设。自觉接受人大法律监督、政协民主监督，累计办理人大代表建议和政协委员提案1333件，满意率达98%以上。创新审批方式和审批机制，坚决打通简政放权、优化服务、政策落实的“最先和最后一公里”，承诺件平均办结时间压缩到3.3个工作日。开通“12345”政府服务热线，畅通民意诉求渠道，累计受理事项超过5万件，办结满意率达98%以上。充分发挥监察、审计部门的监督职能，强化招投标、土地出让、政府采购、国有资产产权交易等关键环节的监管。从严落实中央八项规定精神，深入开展“三公”经费支出、违规公款吃喝和扶贫领域专项督查，近两年“三公”经费下降幅度均在20%以上。

此外，广电、统计、消防、应急、信访、烟草、气象、地震等部门积极作为，作出了新的贡献；人武人防、海关国检、市志侨台、供电供销、邮政电信、妇女儿童、民族宗教、慈善红十字等工作不断进步，取得了新的成绩。特别是在2015年和2016年两次特大洪涝灾害面前，全区干部群众齐心协力，积极投身抗洪抢险，夺取了抗洪救灾的重大胜利。

各位代表，本届政府各项工作的落实和成绩的取得，得益于区委的坚强领导、科学决策，得益于区人大、区政协的有效监督、鼎力支持，得益于历届政府的开拓进取、励精图治，得益于全区人民的辛勤付出、无私奉献。在此，我谨代表区政府，向始终理解、信任、支持政府工作的人大代表、政协委员，向全区各条战线的广大干部群众，向驻坛部队、武警部队、公安干警，向各民主党派、工商联、无党派爱国人士、人民团体，向离退休老同志和社会各界人士，向所有关心、支持金坛建设与发展的海内外朋友，表示衷心的感谢和崇高的敬意！

各位代表，奋斗的历程难以忘怀，发展的经验弥足珍贵。五年来的实践给了我们许多有益的启示，也使我们积累了许多宝贵的经验。一是必须突出规划控制的引领作用。只有坚持高起点规划，通过规划引领发展的路径，让规划覆盖金坛的每一寸土地，才能引领高标准建设、高标准管理，保证区域的科学发展和可持续发展，实现一张蓝图绘到底的美好愿景。二是必须强化基础设施的支撑作用。只有打造完备的交通基础条件，配套完善的城市功能设施，才能吸纳更多的人流、物流、资金流、信息流，汇集更多的发展资源要素，推动区域经济又好又快地发展。三是必须提升载体平台的承载作用。只有打造一流的产业平台、创新平台、城市平台、旅游发展平台，留足连片开发的区域空间，配套便利的公共服务，才能在引进重特大项目上凸显优势和竞争力，使大项目引得进、落得下、留得住，实现优质平台承载优质项目的目标。四是必须发挥民生改善的激励作用。只有在经济发展的基础上，更加注重社会建设，着力保障和改善民生，努力使全体人民学有所教、劳有所得、住有所居、老有所养、病有所医，才能凝聚民心、集中民智、激发民力，我们的事业才会有不可动摇的根基和源源不断的动力。五是必须激发干部队伍的主观能动作用。只有培养和造就一支思想解放、敢于担当、甘于奉献的干部队伍，影响并带动更多的人为发展凝心聚力、出谋划策，充分激发群体的智慧和力量，才能实现在逆势中奋进。

各位代表，在取得成绩的同时，我们也清醒地看到经济社会发展还存在不少问题，政府工作与人民的期待相比仍有差距，主要是：经济发展质量有待提升，引进重大项目尽管取得突破，但经济的总量仍然偏小，产业层次仍然偏低，自主创新能力还不够强，加快产业结构优化升级的要求更加迫切。公共服务的供给仍显不足，学校、医院、文化休闲、体育场馆等公共设施还不能充分满足群众需求，公共服务、公共产品供给与共享水平还存在短板，完善公共服务体系的要求更加迫切。城市功能配套尚待完善，商业办公、商务接待、星级酒店等配套设施匮乏，无法满足商业机构进驻和各类大型活动开展的需求，完善城市配套功能的要求更加迫切。专业人才队伍相对缺乏，规划建设、资本运作、招商引资的专业队伍不足，部分政府工作人员存在本领恐慌，社会管理和公共服务水平急需提升，建设高效服务型政府的要求更加迫切。攻坚克难意识仍需强化，面对经济发展取得的成绩，部分人员产生“小富即满”“小进即安”的心理，出现骄傲自得、盲目乐观的情绪，对未来发展可能面临的困难和问题准备不足，树立持续突破的意识更加迫切。对此，我们将高度重视，采取切实有效措施，认真加以解决。

今后五年工作的总体要求

各位代表，今后五年，是我区全面建成更高水平小康社会、开启基本实现现代化建设新征程的关键期。从我们所处的发展环境来看，“四个全面”的战略部署正在实践中不断深化，经济发展步入新常态，经济增速“换了一挡”，经济转型“升了一级”，动能转换“进了一步”，向着形态更高级、分工更优化、结构更合理的阶段演进。经济发展方式从规模速度型转向质量效益型，从粗放增长转向集约增长。在新一轮的绿色发展中，金坛的生态优势、空间优势将得到充分彰显。尽管今后区域竞争日趋激烈，生产要素越来越紧，资源环境压力不断加大，经济社会转型期的各种矛盾日益凸显，但只要全区上下大力发扬“苦干实干、正气大气”的时代精神，推进开发开放、释放禀赋优势，聚力创新、聚焦富民，就一定能实现既定的目标，完成时代赋予我们的光荣使命。

今后五年，我区经济和社会发展的总体要求是：**全面落实区委的决策部署，深入贯彻“接轨常州主城区，推动发展新跨越”的总体战略，积极践行创新、协调、绿色、开放和共享的发展理念，按照“五个接轨”的具体要求，继续深化“一城一区一山一水”建设的战略布局，着力加快项目引进和项目建设，倾力打造现代产业集聚区、生态旅游休闲地、宜居宜业幸福城，确保全区主要经济指标增幅高于省市平均水平，奋力实现在苏南板块上快速崛起的目标。**

今后五年我区经济社会发展的目标是：

——*经济发展更加繁荣*。接轨常州市发展战略，围绕把金坛建成常州西部新区的发展目标，对接常州十大产业发展，做好“补链”“强链”文章，与常州主城区形成互补共赢态势。“十二五”期间，累计完成工业实际投入超1000亿元；到2020年，工业开票销售收入超2000亿元，一般公共预算收入超80亿元，地区生产总值超1000亿元，其中服务业增加值占地区生产总值比重达46%以上。形成2个500亿级的产业集群，规模企业达600家以上，其中亿元以上企业180家，百亿元企业2—3家，高新技术产业产值占规模以上工业总产值比重达48%以上。

——*城乡环境更加宜居*。坚持与常州主城区“同标准改造、同标准建设、同标准管理”的高位目标，推进老城改造更新、滨湖新城建设和城市综合管理，配套完善基础设施和生活服务设施，推进新一轮城市环境综合整治。建成城市防洪大包围圈，设防标准达50年一遇。全面接轨长三角交通路网布局，实施南沿江铁路和连镇铁路南延工程，构建区域内“十”字型高铁网络，并设综合交通枢纽站。完成233国道等国省干线和一批地方干线建设，全区高速公路里程超70公里，一级公路里程超280公里。城市外围构建一级公路交通环、城区与各镇一级公路联通、与周边县市一级公路对接的目标顺利实现。

——*生态质量更加优化*。积极倡导绿色、低碳的生产方式和生活方式，利用生态资源，做好山水文章。持续开展“两减六治三提升”专项行动，环境风险得到有效控制。土地节约集约利用水平进一步提高。切实保障饮用水安全，区域供水覆盖所有镇村。城乡污水集中处理率达到80%以上，主要污染物排放逐年下降，单位GDP能耗下降20%以上。水、大气、土壤环境质量逐年改善，生态红线得到有效管控，主体功能区和生态安全屏障基本形成，生态系统稳定性不断增强，生态文明建设初显成效。

——*人民生活更加殷实*。对标常州主城区社会事业发展，完成金坛第一人民医院移址新建，建成华罗庚中学滨湖校区等一批民生重点项目，补齐民生事业短板。统筹推进薪资福利、社会保障标准逐步与常州主城区接轨。城镇、农村居民人均可支配收入分别超过6万元和3.5万元。住房公积金覆盖率达到98%，城镇家庭住房成套比例超过90%，农民家庭住房成套比例超过88%。城乡社会保险覆盖率保持98%以上，社会保障待遇稳步提高。全面建成多层次、广覆盖的公共服务体系，切实增强广大群众的获得感和幸福感。

——*社会文明更加进步*。推进智慧城市建设，信息化、智能化水平显著提高。文体事业和文化产业繁荣发展，公共文化服务体系更加健全，文化影响力进一步扩大。文化产业增加值占比超过8%，人均拥有公共文化体育设施面积3.5平方米以上。人民思想道德素质、科学文化素质、健康素质明显提升，全社会法治意识不断提高。社会利益协调机制逐步完善，社会安全保障有力，社会创新活力持续增强。

2017年工作安排

各位代表，2017年是新一届政府的开局之年，也是“十三五”规划落地深耕之年。做好今年的政府工作，责任重大，意义深远。

全区经济社会发展的主要目标是：地区生产总值增长11%；一般公共预算收入增长15%以上，总量突破50亿元；工业开票销售收入增长20%以上，总量突破1000亿元；工业实际投入增长15%；城镇、农村居民人均可支配收入分别增长8%和9%；单位GDP能耗、主要污染物减排完成省及常州市下达指标。

围绕上述目标，我们将重点抓好以下五个方面的工作：

一、聚焦“两个加快”，增强经济发展新动能

持续加快项目引进。进一步强化载体建设，在修好道路、美化环境的基础上，不断完善服务功能和人才集聚功

能,尽快实现从形态开发到功能完善的转变,形成"龙头项目在城区、配套项目在镇区、城乡协同共发展"的良好格局。经济开发区要积极争创国家级园区,华科园、金科园要争创省级高新区和省级经开区。加强驻点招商,紧盯与本地产业关联度高的行业领军企业、央企和上市企业,加强对在谈重大项目信息的跟进,力求在旗舰型项目、产业链延伸型项目的引进上取得新突破。围绕信息技术、新能源、新材料、智能制造等新兴产业,瞄准"互联网+""3D打印"等新技术、新产品和新业态,大力引进创新型、成长型优质项目,形成重大项目"顶天立地"、优质项目"铺天盖地"的生动局面,推动节能与新能源汽车、绿色电源、高端装备、现代通信等产业形成集群效应。确保全年签约引进工业项目协议总投资超500亿元,力争招引10亿元以上项目20个,其中超50亿元、30亿元项目均不少于2个。同时,保持招商定力,从理念和行动上尽快完成由招商引资向招商选资转变,严把项目落地审核关,坚持做到宁缺毋滥,为大项目好项目落地留足空间。

持续加快项目建设。进一步完善项目联审联办制度,将符合要求的重大项目及时纳入"绿色通道"。制定流程图、明确责任人、确定时间表,提高项目服务的精准性、有效性。要着力化解土地、资金、人才等要素制约,使项目建设全程"零障碍",确保项目早开工、早建设、早投产,加速形成经济新增长点。重点保障中航锂电二期、同方威视二期、信维通信等一批重大项目建设,全年要完成工业项目实际投入超160亿元,力争工业开票销售收入超10亿元企业达22家。充分发挥金坛控股和金坛建设在产业投资和政府性项目建设方面的重要作用,加快推进第一人民医院、人力资源市场等重点项目的实施。继续强化项目的筛选和储备,统筹做好策划和报批,争取一批重大项目获得国家和省立项支持。准确把握适度负债与经济发展的关系,完善政府性债务管理体系,有效控制好融资成本,提高资金使用效率。

持续创优企业服务。多渠道向上争取专项扶持资金,助力企业加快发展。贯彻落实降低企业成本的政策措施,努力为企业减负松绑。设立企业应急转贷专项资金,减轻企业转贷压力。加大对本土企业的支持力度,确保在土地供应、政策支持、专项服务等方面与新引进项目"同质同量同待遇"。加快传统产业转型升级,力求涌现更多的行业"隐形冠军"。鼓励以晨风为龙头的服装企业向研发设计、品牌打造拓展。加强与北京中关村的合作,创新联动方式,激活中关村协同发展基金的撬动效应,为高新技术企业的引进和产业的集聚提供资金、人才、技术等多方面的支持。优化金融生态环境,新引进银行业金融机构2家。加强政银企对接合作,鼓励银行业金融机构加大对重点产业项目和中小微企业的信贷投放力度,力争制造业年末贷款余额占各项贷款余额的比重达到30%。着力推进企业股改上市,年内新增新三板挂牌企业4家,完成股改企业12家,全力支持卓郎智能、朗博科技主板上市。深入实施"金沙英才计划",全年引进高层次人才180名。发挥企业创新主体作用,新增省级以上"三站三中心"8家,产学研合作项目55个,高新技术企业10家。新申请专利2500件,其中申请发明专利800件。新增著名商标3件,培育驰名商标1件。

二、围绕"两个提升",打造城市建设新形态

提升老城改造品质。进一步完善老城更新规划,准确分析老城现状,有序实施老城改造。整治梳理老城路网体系,对盐港路、南环一路等道路进行提升改造,改善居民出行条件。实施东门大街、华城路等道路两侧楼宇亮化工程,提升城区主干道重要节点景观绿化,继续推进老小区环境综合治理。扎实开展电胜河等河道整治,完成思母路、工兴路等道路污水管网改造。加快金坛新天地、105大院等项目建设,增强老城商业活力。完成丹金溧漕河老城区段改造方案,适度恢复老城旧貌,延续历史文脉,留住、呵护并活化金坛的城市记忆。

提升新城建设品位。遵循生态优先原则,按照海绵城市的要求推进新城建设,大力推广综合管廊、绿色建筑等新标准的运用。完善滨湖新城的河道、管网、景观等基础设施配套,进一步健全新城路网体系,确保环湖路建成通车。开工建设钱资湖景观二期工程和钱资湖广场,全面提升滨湖的景观美化效果。继续加快红星美凯龙、规划馆等重点功能项目建设,人防指挥中心建成投用,打造高品质的新城形态。深入开展重点板块、重要地块的招商策划,有序引进国内外知名的开发企业对新城进行高品质开发,完善星级酒店、高档写字楼等商务配套功能,逐步提升新城建设品位。围绕钱资湖的开发建设,积极策划有影响力的文体活动,赋予新城建设新的内涵,提升区域的知名度。

改进城市管理模式。进一步理顺城市管理体制,建立健全"区级领导、属地负责、部门协同"的城市管理模式,推行城管执法队伍下沉、重心下移。充分发挥尧塘、东城、西城三个街道在城市管理中的作用,完善社区公共设施,提升物业服务水平。推行城市网格化管理,真正做到管理无盲区、责任全覆盖。继续开展"931"环境整治工程,并推行长效管理。持续保持城乡拆违控违高压态势,完成年度城市建成区内违建拆除任务。全面启动"两减六治三提升"专项行动,深入推进"生态绿城"建设,更大力度治理各类环境污染。加强环境保护督查,对各类违法行为坚持零容忍,切实解决群众身边的突出环境问题。

三、聚力"两个区域",激活旅游发展新空间

提速茅山旅游开发进程。编制省级风景名胜区控规、南部片区控制性详规。全力保障国际养生城、茅山颐园等重点项目建设,花谷奇缘旅游综合体对外营业,加快推进巴厘岛温泉酒店、茅山茶海等项目。东方盐湖城力争创成国家4A级旅游景区。开工建设游客综合服务中心、仙姑游客服务次中心。启动景观农业培育、石宕水库环境修

复、重点塘坝除险加固工程。完成望仙路、致和路等道路工程,新建尚阳路东延、新湖路等5条道路。实施尚阳路等4条主干道亮化以及新浮水库等6个景观提升工程,进一步完善茅山旅游的配套功能。

加快长荡湖基础设施建设。编制综合交通、给排水、电力燃气等10个专项规划。完成全湖1.76万亩养殖网围拆除,实施退圩还湖、防洪大堤、环湖西路等重点工程。启动大浦港、白石港等6条入湖河道综合整治,减少上游来水污染。开展环湖生态修复,争创国家级湿地公园。提升长荡湖水街、水城、水八卦等景点品质,加快旅游产品开发。扎实办好"籽虾节""湖鲜美食节"两大节庆活动,打响长荡湖"美食+旅游"品牌。努力破解生态红线、基本农田、渔业保护等硬性条件的约束,探索在开发中保护、在保护中开发的新模式新路径。

彰显金坛旅游品牌影响力。秉承"生态优先、文化挖掘、创意创新、产业融合"的理念,打造全域旅游大空间,争创国家全域旅游示范区。加快完善规划体系和公共服务功能,着力推进全区旅游项目和配套设施建设,推动现代旅游休闲产业规模扩大、层次提升。实施乡村旅游提档升级工程,推进乡村旅游集聚区建设,加快打造特色旅游小镇,不断扩大"春赏花、夏采果、秋美食、冬养生"四季旅游节庆品牌知名度。坚持保护与开发并重,深入实施生态源保护、生态细胞、生态廊道等工程,启动城市大外环森林带建设,提升河流、湿地、森林等自然生态系统稳定性和生态服务功能。

四、坚持"两个统筹",提升三农发展新水平

统筹建设城乡基础设施。编制空间发展总体规划,推进经济社会发展规划、城乡规划、土地利用规划等"多规合一",形成全域管控一张图。完善产业新镇总体规划,推进产镇融合发展,启动特色小镇培育计划。有序编制村庄规划,实现规划区域全覆盖。加快南沿江铁路建设,同步开展连镇铁路南延前期工作。着力推进茅山旅游大道、直别公路、金茅公路东延等工程,233国道中段、265省道金坛段、长荡湖大道、直荣公路建成通车。全面完成120公里"四好农村路"及农村公路提档升级,进一步改善城乡交通条件。完善供水设施,新建长荡湖水厂供水主管道88公里。实施一污厂移址新建,推进指前污水厂建设,加快儒林、薛埠、直溪污水厂的移交、回购及配套管网建设。长荡湖清淤一期、城区河道防洪治理等工程全面竣工,推进新孟河延伸拓浚、丹金溧漕河消险、大墩枢纽、圩区防洪除涝等重点水利工程,完善区域防洪除涝体系。推进农村环境综合整治,打造美丽乡村。

统筹推进农村各项改革。深化农村土地制度改革,巩固农村土地确权登记成果,新增土地流转1万亩以上。加快推进农村社区股改工作,全面完成年度股改任务。建立农村产权交易市场体系,健全农村产权交易流程和规则,实现产权交易市场镇级全覆盖。启动农村宅基地置换城镇住房工作。开展农民合作社规范化建设,深化农民合作社融资改革,新增区级以上示范合作社20家、示范农场25家。启动第五轮结对帮扶工程,通过创新发展物业、规范村有资金运行、加强资源开发、盘活存量资产等方式,进一步发展壮大村级集体经济。

加快推进农业现代化建设。实施农业产业结构调整"2222工程",逐步打造10个特色产业集聚区。新增常州市级以上农业园区2个,新增高效设施农业面积5000亩以上。启动洮湖粮食物流园项目建设。提升大中型农机具规模,总量达到6500台以上,实现粮食生产全程机械化。加强农业品牌建设,提升"长荡湖"等区域公用品牌知名度,申报地理标志证明商标2件。推进智慧农业建设,物联网技术应用面积增长20%,农业电商网络营销额增长20%以上。深化农产品质量安全网格化监管,健全农产品可追溯体系,严把从农田到餐桌的每一道防线。

五、突出"两个优质",促进民生福祉新提高

全力提供优质的公共服务。坚持普惠性、保基本、均等化、可持续的发展方向,增加公共服务供给,提高共建能力和共享水平。加快完善教育设施配套,新建和改扩建河滨小学、汇贤实验幼儿园等10所学校,确保华罗庚实验学校新城分校、段玉裁中小学年内竣工招生。启动金坛第三人民医院、薛埠中心卫生院改扩建,完成20个村(社区)卫生服务站提档升级工程。提升医疗服务水平,继续深化医疗卫生体制改革,实现各级各类医疗机构质量监管全覆盖。新图书馆建成开放,举办第八届文化艺术节、金坛茅山国际半程马拉松赛,提升区域文化运动品牌影响力。

全力提供优质的社会保障。把富民优先放在更加突出的位置,深入推进城乡居民收入倍增计划,确保居民收入增长和经济增长同步。精准实施建档立卡低收入农户脱贫项目,力争脱贫率达40%。坚持以创业带动就业,新增城镇就业9000人,就业技能培训4500人,城镇登记失业率控制在4%以内。进一步提升社会保障水平,逐步实现与常州主城区保障标准接轨。开工建设公共租赁住房200套、经济适用房300套、城市棚户区改造房6000套。落实城乡低保标准自然增长机制,扩大社会救助覆盖面。协同推进助残、救孤、优抚等福利事业发展。

创造和谐稳定的社会环境。以社会治理创新、社会矛盾化解、公正文明执法为重点,深化"平安金坛""法治金坛"建设。深入推进城乡社区"三社联动",提升社区管理服务能力。持续开展"七五"普法,加强法律宣传载体建设。强化安全生产监管,坚决预防和杜绝重特大安全事故。完善应急管理机制,妥善处置各类突发事件。健全立体防控体系,提高技防设施运用水平,依法防范和惩治各类违法犯罪行为。开展军地军政共建,加强全民国防教育。深化全国文明城市创建,不断提高市民文明素质和社会文明程度。

与此同时,我们要把促进经济增长与增进百姓福祉高度统一起来，更加突出民本核心地位，从群众需求着眼，从群众期盼入手，把有限的财力更多地投向民生工程，今年将着力办好10件民生实事，实现发展成果普惠和共享。

全面加强政府自身建设

各位代表，奋斗目标的实现，是靠干出来的。新一年的任务已经确定，我们将以全新的姿态、踏实的作风，奋发进取、埋头苦干，切实加强和改进政府自身建设，全面树立“团结、高效、为民、清廉”的政府新形象，不断开创政府工作的新局面。

*坚持务实求真，确保群众满意。*大力弘扬求真务实的作风，说实话、办实事、求实效。坚持问题导向、需求导向、效果导向，从群众欢迎的小事抓起，多做排民忧、解民难、帮民困的好事实事。大力倡导抓铁有痕、踏石留印的务实作风，注重从细节入手，力求目标思路更细化，政策措施更细密，工作推进更细致，充分激发各级各部门干事创业的激情。对确定的目标、制定的政策、部署的任务，一抓到底、务求实效。

*提高行政效能，确保服务高效。*深入推进简政放权，逐步建成上下联动、功能完善、运行高效的政务服务体系。创优政务服务载体，建设“政务超市”和“中介超市”，消除权力设租寻租空间。大力推行“互联网＋政务服务”，建立网上办事大厅，优化审批流程，缩短审批时限，让企业和群众切实感受到便利。加快项目信息共享工程建设，升级改造现有平台，努力实现政务服务数据互联互通和业务协同。构建便民快捷的依申请公开机制，确保权力在阳光下运行。深化公共资源交易中心和电子政务中心建设，提升政府服务水平。

*注重科学决策，确保依法行政。*着眼新形势、新任务，严格按照法定权限和程序履行政府职责，建立权力清单、责任清单和负面清单，做到法无授权不可为、法定职责必须为，把政府工作全面纳入法治轨道。自觉接受人大法律监督、政协民主监督、司法监督和社会公众监督，认真办理人大代表建议和政协委员提案。搭建民主决策、民主管理和民主监督的有效平台，完善公众参与、专家咨询论证、社会风险评估等重大决策程序，提高政府民主决策能力。严格规范行政执法行为，完善自由裁量标准，大力推行柔性执法，有序推进“两法衔接”工作。

*加强廉政建设，确保风清气正。*深入贯彻党的十八届六中全会精神，认真抓好《关于新形势下党内政治生活的若干准则》《中国共产党党内监督条例》和《中国共产党问责条例》等党内法规学习教育，推动党的纪律规矩内化于心，外化于行。坚持“高线、底线”一起守、“不正、不为”一起治、“容错、纠错”一起抓，培养一支敢于负责、勇于担当、善于突破、勤于落实的公务员队伍。强化审计监督，突出对重点领域、关键环节的全程监控。严控“三公”经费支出，降低行政运行成本。严格落实党风廉政建设责任制，健全体制机制，规范行政行为，强化监督制约，严格“一岗双责”和追究问责，把为民务实清廉落实到政府工作的各个环节，促进干部清正、政府清廉、政治清明，保障各项事业顺利发展。

各位代表，过去五年的辉煌成绩已经留存史册，未来五年的美好愿景正式拉开帷幕。站在加快发展的新征程上，我们将勇敢肩负起历史的责任、肩负起发展的使命、肩负起56万金坛人民的重托，在中共金坛区委的正确领导下，团结和依靠全区人民，以更加饱满的激情、更加昂扬的斗志、更加务实的作风，锐意进取、苦干实干，不辱使命、不负众望，为实现金坛在苏南板块快速崛起而努力奋斗！

名词注释

1. *新三板*：又称全国中小企业股份转让系统，定位于非上市公司股权交易平台。

2. *三站三中心*：院士工作站、博士后科研工作站、企业研究生工作站和工程技术研究中心、工程中心、企业技术中心。

3. 931：江苏省城市环境综合整治行动。以“九整治、三规范、一提升”为主要内容，简称“931”行动。九整治：整治城郊接合部、城中村、棚户区、老旧小区、背街小巷、城市河道环境、低洼易淹易涝片区、建设工地、农贸市场；三规范：规范占道经营、车辆停放、户外广告设置；一提升为提升城市长效管理水平。

4. *五证合一*：指在全面实施工商营业执照、组织机构代码证、税务登记证“三证合一”登记制度改革的基础上，再整合社会保险登记证和统计登记证，实现“五证合一”。

5. *两证整合*：指将个体工商户登记时依次申请，分别由工商行政管理部门核发营业执照、税务部门核发税务登记证，改为一次申请、由工商行政管理部门核发一个营业执照的登记制度。

6. *一办四中心*：政务服务办公室和行政服务中心、电子政务中心、政府公共资源交易中心、市民服务中心。

7. 12345：即政府服务热线，旨在为畅通社情民意，搭建政府与市民沟通渠道而建立快捷、高效的综合服务平台，主要为市民提供咨询、投诉、求助、举报服务，听取市民的意见与建议。

8. *两减六治三提升*：减少煤炭消费总量、减少落后化工产能；治理太湖水环境、治理生活垃圾、治理黑臭水体、治理畜禽养殖污染、治理挥发性有机物污染、治理环境隐患；提升生态保护水平、提升环境经济政策调控水平、提升环境执法监管水平。

9. *3D打印*：一种快速成型技术，以数字模型文件为基础，运用粉末状金属或塑料等可粘合材料，通过逐层打印的方式来构造物体的技术。在工业设计、工程和施工（AEC）、土木工程、航空航天、汽车、牙科、医疗产业以及其他领域有所应用。

10. 四个全面:全面建成小康社会、全面深化改革、全面推进依法治国、全面从严治党。

11. 四好农村路:即“建好、管好、护好、运营好”农村公路。通过建立农村公路“建、管、养、运”长效体制机制为重点,加快提升农村公路安全条件、通畅水平和路域环境。

12. 2222 工程:到 2020 年,全区基本形成 23 万亩优质稻米、23 万亩生态林业、22 万亩现代园艺、21 万亩高效渔业的产业格局。

13. 三社联动:指通过社区建设、社会组织培育和社会工作现代化体制,形成资源共享、优势互补、相互促进的良好局面,加快形成政府与社会之间互联、互动、互补的社会治理新格局。

14. 两法衔接:指行政执法与刑事司法衔接。是检察机关、监察机关、公安机关、政府主管部门和有关行政执法机关探索实行的旨在防止以罚代刑、有罪不究、渎职违纪等社会管理问题而形成行政执法与司法合力的工作机制。

(编辑　盛南萍)

金坛刻纸《庄周梦蝶》　　(作者　杨兆群)

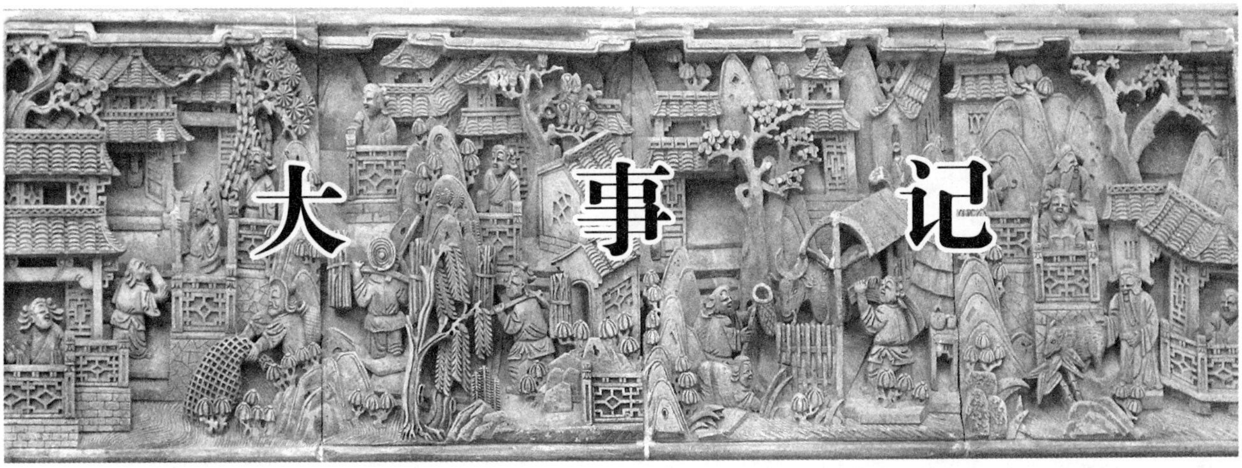

大　事　记

1 月

14 日　江苏省政府公布第四批省级非物质文化遗产代表性项目名录，金坛区“东浦丝弦锣鼓”入选。

17 日　金坛校车安全工程启动。

20 ~ 22 日　区政协九届五次会议举行。

21 ~ 23 日　区十六届人大五次会议举行。

30 日　2016 年常州乡村过大年暨金坛乡村旅游嘉年华活动在仙姑村开幕。

1 月　正信光伏获 OFweek“2015 中国太阳能光伏最佳电站 EPC 企业”称号。

同月　在全国基层供电所建设会议上，尧塘供电所获中国最美供电所(文明创建奖)称号，尧塘供电所所长王平作交流发言。

同月　金坛区在全省率先试点农机金融租赁。

2 月

15 日　全区“加快项目引进、加快项目建设”动员暨 2015 年度工业经济表彰大会召开。

19 日　常州市市委书记阎立到金坛调研重点项目开工建设。

22 日　金坛书画家范石甫被省政府聘为省文史研究馆馆员。

25 日　2016 金坛新兴产业发展推介会在上海举行，区领导狄志强、沈东、李皓参加活动。

28 日　朱林镇黄金村获得由中央精神文明建设指导委员会授予的第四届全国文明村称号。

2 月　江苏盐道物流园在开发区开工新建，投资近 5 亿元。

3 月

4 日　全区农村工作会议召开。

同日　全区党建工作会议召开。

7 日　省经信委发布 50 家省科技小巨人企业名单，金坛区常州斯威克光伏新材料有限公司、常州华德机械有限公司入选。

10 日　江苏省委常委、组织部部长王炯在金坛调研经济社会发展和基层党建工作。

18 日　金坛区在上海旅游集散中心向上海市民推介金坛旅游系列产品和特色旅游路线。

25 日　江苏省副省长许津荣在金坛考察东方盐湖城道天下景区。

25 ~ 26 日　由高工锂电产业研究所、中航锂电(江苏)有限公司及金坛区政府共同主办的第三届 G20—锂电峰会在金坛举行。

26 日　2016 年常州旅游节开幕，首届道文化大会暨东方盐湖城开城典礼同时举行。第十一届全国人大常委会副委员长、中国国际交流协会会长周铁农和国家旅游局副局长吴文学及常州市领导出席活动。

同日　常州旅游集散中心开通东方盐湖城旅游专线车。

4 月

1 日　金坛区召开全区领导干部大会，宣布常州市委关于金坛区领导班子调整的决定：免去范寿柏中共常州市金坛区委书记、常委、委员职务，不再担任金坛区人大常委会主任职务；狄志强任中共常州市金坛区委书记，不再担任金坛区人民政府区长职务；沈东任中共常州市金坛区委副书记，被提名为金坛区人民政府区长人选。

7 ~ 8 日　全省推进供给侧结构性改革工作会议上，金昇实业入选省百家优秀企业，荀建华入选省百名优秀企业家。

9 日　2016 常州乡村旅游节暨上阮赏花季开幕。

11 日　南通市市长韩立明到金坛调研工业经济发展。

18 日　朱林镇黄金村土地有机稻米专业合作社被评为2015 年度全国农民合作社加工示范单位。

20 日　区十六届人大常委会召开第三十次会议,任命沈东任金坛区人民政府代理区长,秦凯任金坛区人民政府副区长,于炳才为金坛区十六届人大常委会代理主任。

23 日　以"茶道天下"为主题的第三届中国·金坛雀舌茶道会在东方盐湖城开幕。

26 日　金坛举办首届青年创新创业大赛。

5 月

4 日　区供销合作总社入选 2015 年度全国百强县级社。

6 日　金坛区委召开"两学一做"(学党章党规、学系列讲话,做合格党员)学习教育座谈会。随后,在全区党员中开展"两学一做"学习教育活动。

9 日　虹桥小商品城试运营。

10 日　江苏省副省级以上老干部到金坛区参观考察。

同日　金坛区残疾人创业孵化基地揭牌。

13 日　中共常州市金坛区第十二届委员会召开第十一次全体会议。

21 日　金坛区池塘蟹虾"155"生态高效养殖技术被认定为江苏省地方标准。

27 日　江苏省政协副主席范燕青到金坛调研旅游业发展情况。

27～31 日　全区各镇党员代表大会分别举行,选举产生各镇新一届党委、纪委领导班子。

6 月

6 日　中石化金坛储气项目一期工程投产仪式举行。该储气库是中石化第一座盐穴储气库。

11 日　由区政府及区委宣传部主办的"世界级中国文化遗产保护"专题邮展在金坛博物馆举行。

12 日　常州市不动产登记交易中心金坛分中心揭牌。

15 日　常州 102 医院与金坛二院军民共建合作仪式在金坛二院举行。

21 日　江苏省人大常委会副主任蒋宏坤率调研组到金坛,开展贯彻落实《中华人民共和国村民委员会组织法》和江苏省实施办法情况调研。

23 日　金沙高级中学启用全省最大室外游泳池。该项目投资1000 多万元,泳池格局为 120×41 米,12 泳道。

28 日　刘国新任中共常州市金坛区委副书记,陈锁龙、李皓、朱建清任中共常州市金坛区委常委。

29 日　周新生、周文俊任金坛区人民政府副区长。

同日　中共常州市金坛区委纪念中国共产党成立 95 周年大会举行,区委书记狄志强讲话。

7 月

1～3 日　全区普降大到暴雨,局部大暴雨,河湖普遍超警戒水位。金坛区防汛防旱指挥部决定自 7 月 3 日 8 时进入紧急防汛期。

2 日　全区 2016 年度"两个加快"第一次现场集中督查会暨半年度工作会议召开。

4 日　江苏省委常委、副省长徐鸣到金坛考察防汛抢险工作。

5 日　指前镇东风圩凌晨 0 点 16 分漫堤,2000 多名军民投入抢险。常州市市长费高云带队赴指前镇指挥抢险救灾工作。7 日,漫堤 55 小时的东风圩合龙。常州市市委书记阎立到金坛考察汛情,慰问抗洪官兵。

7 日　武警水电指挥部政委唐晓少将到金坛慰问一线抗洪官员。

11 日　东部战区司令员刘粤军到金坛检察指导防汛工作。

19 日　中央党校副局级离休干部,著名马克思主义哲学家、教育家和革命家艾思奇夫人王丹一在北京逝世。习近平等党和国家领导人敬献花圈,表示悼念。王丹一是江苏金坛人,1919 年出生。

24～26 日　中国共产党常州市金坛区第十三次代表大会召开。狄志强代表中共常州市金坛区第十二届委员会向大会作题为《接轨常州主城区,推动发展新跨越,为实现在苏南板块快速崛起而奋斗》的报告。纪海平代表区纪委作工作报告。大会审议通过这两个报告,并作出相应决议。会议选举产生中共金坛区第十三届委员会、中共金坛区纪律检查委员会和出席常州市第十二次党代会代表。

26 日　中国共产党常州市金坛区第十三届委员会第一次会议召开。会议选举产生区委常务委员会委员,狄志强为区委书记,沈东、刘国新为区委副书记。会议批准了中共常州市金坛区纪律检查委员会第一次会议选举产生的书记、副书记、常务委员会委员人选,纪海平任区纪委书记。

8 月

3 日　江苏省委常委、副省长杨岳到金坛考察防汛工作。

4 日　江苏省军区司令员李大清到金坛调研征兵工作。

5 日　"讲党性、守底线、强担当"专题教育活动党章党规知识竞赛决赛在金坛广播电视台演播大厅举行,区领导刘国新、陈锁龙、纪海平等参加活动。

7 日　江苏儒嘉生物科技产业园在金坛区儒林镇工业园区奠基,项目投资 20 亿元。

18 日　江苏省金坛长荡湖旅游度假区党工委、管委会正式挂牌成立。

22日 金坛区科技创新大会、科学技术协会第九次代表大会召开。

26日 金坛区南门桥正式通车。新建的南门桥最高点与两侧路面的落差比原来降低1.8米,原来的双向两车道变为双向六车道。

28日 江苏三能动力发动机智能生产基地竣工投产。常州市委常委、常务副市长韩九云出席投产仪式。

同日 中国道教协会会长李光富赴茅山,就金坛区申办2020年第五届国际道教论坛进行考察。

8月 落户金坛区的同方威视有限公司为里约奥运会提供200多台手提行李和大型货物的X射线扫描设备。

9月

11日 金坛运动员徐夕涵夺得里约残奥会女子S5级50米蝶泳金牌,中共常州市委、市政府和金坛区委、区政府致电祝贺。

13日 江苏省副省长马秋林到金坛调研工业产业发展。

同日 2016国际产业技术合作金坛对接会在金坛区举行,常州市副市长方国强,金坛区领导狄志强、陈锁龙、周新生出席活动。

19日 金坛经济开发区商会与上海交通大学签订筹办企业联合大学协议,这也是常州市首家企业联合大学。

21日 金坛区与澳大利亚大谢珀顿市签约结为友好城市。

28日 总投资10亿元的金坛红星美凯龙项目奠基。

同日 一号农场开园,总投资2.3亿元,占地133.33公顷,提供六大类200多种农产品。

30日 金坛区在烈士陵园举行公祭活动。

10月

12日 中国最美湿地场馆评选揭晓,华夏宝盛园博物馆自然分馆获得中国最佳展示湿地场馆奖项。

14日 2016中国(国际)休闲发展论坛在杭州开幕,东方盐湖城道天下景区获2016中国年度最佳休闲小镇称号,江苏金坛长荡湖旅游度假区入选“2016中国年度最佳投资休闲目的地”。

19~22日 2016年中国技能大赛“绿宝石杯”第三届全国茶艺职业技能竞赛总决赛中,代表江苏省参赛的鑫品茶艺队摘得1金2铜。

23日 2016茅山健身大会在茅山旅游度假区举行,来自全国各地600多名选手参赛。

23~24日 常州市市委书记阎立就贯彻落实党代会精神到金坛调研。

28日 金坛区政府、龙城旅游控股集团、雅居乐地产置业签约,共同出资180亿元,在金坛茅山建设东方盐湖城·国际养生城。

11月

23日 庆祝“茅山竹海”商标注册三周年暨《茅山竹海》金坛作家作品集首发式举行。

24日 国家档案局副局长、中央档案馆副馆长杨继波到金坛调研档案工作。

28日 全省冬春水利建设现场会在金坛召开,省委常委、副省长杨岳参加活动。

11月 金坛开设金沙大学堂,各级领导干部每月一次进学堂。

同月 众泰汽车金坛基地累计完成开票销售110.3亿元,实现金坛区百亿工业企业零的突破。

同月 金坛入选农业部2016年全国休闲农业和乡村旅游示范区。

同月 金坛区被国家旅游局列入第二批“国家全域旅游示范区”创建单位。

12月

5日 金坛区举行区、镇两级人大代表换届选举。

同日 园林大酒店总经理潘小平作为全国先进个体工商户代表,在北京人民大会堂受到李克强接见。

9日 金坛新城吾悦广场开业,这是金坛区首家大型城市商业综合体。

10日 中国微电影大典金蜂鸟奖颁奖典礼在东方盐湖城举行。

19日 中共常州市金坛区委十三届二次全体(扩大)会议召开,区委书记狄志强作《突出两个加快,强化推进落实,为在苏南板块快速崛起夯实基础》的报告。

(编辑 盛南萍)

金坛概貌

地情概述

【地理位置】 常州市金坛区地处江苏省南部,位于北纬31°33′42″~31°53′22″,东经119°17′45″~119°44′59″,是宁(南京)、沪(上海)、杭(杭州)三角地带的中枢。东与常州市武进区相连,西与句容市接壤,南与溧阳市、宜兴市依水相望,北与丹阳市、镇江丹徒区毗邻。 (刘士科)

【行政区划】 2016年年末,金坛区行政区域面积975.7平方公里,户籍人口55.04万人,辖6个镇、3个街道,下设93个村委会、32个社区居委会。

金坛区区级行政区域界线主要涉及金坛区儒林镇、尧塘街道、东城街道、直溪镇、薛埠镇、指前镇6个行政区域单位,与周边地级市相邻的有无锡市、镇江市,与区(县、区)相邻的主要有武进、溧阳、句容、丹徒、丹阳、宜兴6个行政区域单位。

全区有常(州)镇(江)线、锡(无锡)常线两条市界,武(进)金(坛)线、金(坛)溧(阳)线两条区界,4条界线总长251.43公里。累计管护界桩14颗。其中,常镇线135.23公里,管护界桩7颗;锡常线14.26公里,管护界桩2颗;武金线37.27公里,管护界桩2颗;金溧线64.67公里,管护界桩3颗。

2016年金坛区行政区划统计表

表1

街道办事处乡镇	面积(平方公里)	人口(万人)	村(居)民委员会(个)	
东城街道	74.49	7.12	5	村:柘荡、河头、中塘、五联、明星
			12	居:华苑、峨嵋、东方、华胜、华兴、华城、电胜、金河、南苑、新城、汇贤、聚贤
西城街道	64.87	11.74	6	村:城南、涑渎、方边、小坵、黄庄、岸头
			16	居:西门、文化、小南门、春风、丹阳门、花街、河滨、北园、东园、北门、虹桥、翠园、愚池、西城、朱庄、南洲
尧塘街道	85.49	5.37	11	村:西华、谢桥、尧塘、汤庄、红旗、水东、迎春、万新、下庄、水北、林丰
金城镇	92.83	5.62	11	村:元巷、冯庄、后阳、南瑶、白塔、庄城、长竹埂、沈渎、培丰、前庄、联丰
薛埠镇	234.80	6.72	21	村:上阮、花山、致和、仙姑、西旸、东进、上阳、薛埠、连山、方麓、山蓬、罗村、长山、茅庵、东窑、泉江、下杖、神亭、石马、茅东、倪巷
直溪镇	106.51	5.80	12	村:汀湘、王甲、建昌、新河、吕坵、坞家、西溪、巨村、溪滨、天湖、井庄、迪庄
			3	居:溪城、直溪、直里
朱林镇	77.02	3.67	9	村:朱林、龙溪、长兴、西岗、三星、唐王、红旗圩、沙湖、黄金
指前镇	102.40	5.52	12	村:社头、解放、建春、芦溪、清水渎、庄阳、指前、东浦、丰产、王母观、新河、岳阳
儒林镇	61.21	3.48	6	村:南社、儒林、后庄、五叶、柚山、湖头
			1	居:河下

说明:全区另有湖泊等面积76.07平方公里未统计在上述街道、乡镇内 (陈 干)

【物产资源】 金坛区有丰富的土地资源和水资源,山丘、水域、平原齐全,条件优越。全区耕地面积3.40万公顷,水域面积1.94万公顷。生物资源丰富,是江苏省茶叶主要产区;有药用植物782种,其中茅山苍术为本地特产。珍贵动物有金丝雀、银鱼、穿山甲、刺猬、野山羊等。

矿产资源主要有岩盐、石灰岩、油页岩、玄武岩、黏土、煤、泥炭、矿泉水、建筑石料等10余种,部分已开采利用。被誉为“苏南第一矿”的金坛盐矿位于境内西北部直溪、薛埠2个镇范围内的丘陵地区,盐矿总面积60.5平方公里,矿储量163亿吨,矿体品位高,平均氯化钠含量85%。 (刘士科)

【气候】 金坛区2016年度总的气候特点是气温正常,降水异常偏多且创历史新高,日照时数正常。年平均气温16.9℃,比常年同期偏高0.9℃。各月平均气温和常年值比较:4月、12月异常偏高,最大偏高值为2.3℃(12月),2月、3月、8月显著偏高,其他月份正常。年极端最高气温为39.1℃(7月25日),年极端最低气温为-9.4℃(1月24日),全年日最高气温≥35℃的高温日数计25天。年总降水量2251.9毫米,较常年偏多1143.5毫米。各月降水量和常年值比较:2月显著偏少,1月、3月、8月偏少,4~6月、11~12月显著偏多,7月、9月、10月异常偏多,其中10月雨量比常年同期偏多近6倍,创历史同期之最。2016年,金坛区于6月18日入梅,7月20日出梅,梅期32天,总梅雨量641.8毫米,仅次于1991年,属入梅正常、出梅偏晚、梅期偏长、梅雨异常偏多年份。年总日照时数1803.1小时,比常年偏少102.2小时,属正常年份。

1月20~24日,相继出现中到大雪和强寒潮天气,最大积雪深度4厘米,过程降温幅度达9.7℃,24日最低气温-9.4℃,创1991年以来极端最低记录。雨雪对园林苗木和农作物设施影响不大,但路面积雪给市民的日常生活、出行造成一定影响,同时,罕见低温造成部分小区水管爆裂,引起生活不便。3月气温高,降水和日照适宜促越冬作物早春发。4~6月降水持续偏多,不利于夏熟作物的中后期生长。其中,4月高温高湿导致小麦赤霉病多发,防治不到位的田块发病较重。5~6月阴雨寡照对夏熟作物的成熟与收获极为不利,导致夏收进度慢,部分田块出现穗上长芽现象,夏粮产量减产、品质下降。7月上旬,全区普降大暴雨和特大暴雨,丹金溧漕河金坛站水位长时间超历史最高水位,全区圩区几十余处发生圩堤漫堤,指前镇受淹,儒林镇也出现塌方险情,农业生产遭受巨大损失。8月中旬出现连续10天高温。9月受台风“莫兰蒂”“鲇鱼”外围和冷空气共同影响,出现暴雨和大暴雨天气,低洼田块渍涝程度达中度以上,对水稻籽粒灌浆稍有不利。10月、11月均出现罕见连续阴雨天气,导致秋收困难,田间积水、水稻倒伏和穗发芽现象普遍,稻米品质和效益大受影响,秋种大幅度推迟又造成小麦、油菜苗情不佳。12月气温异常偏高,降水多。

上年度终雪日出现在2月14日,终积雪日为2月1日,结冰终日为2月18日,终霜出现在3月12日。本年度初霜日为11月24日,结冰初日为12月15日,无霜期256天。

年内,气温正常,降水创历史最高记录,极端异常天气多,影响程度大,全区因灾损失大。农业气象条件总体弊大于利,特别是夏熟作物和秋熟作物最后成熟及收获关键期均出现长时间阴雨天气,导致小麦、油菜、水稻等全面减产,属歉收年景。 (黄玲玲)

2016年金坛区气象资料一览表(一)

表2

项目	1月	2月	3月	4月	5月	6月	7月	8月	9月	10月	11月	12月	全年平均
平均气温(℃)	3.2	6.5	10.9	17.2	20.2	24.3	29.2	29.4	23.9	18.8	11.7	7.6	16.9
极端最高气温(℃)	17.3	21.0	25.0	28.6	31.5	34.0	39.1	38.3	34.5	27.2	23.8	20.8	39.1
出现日期	2	10	5	30	12	23	25	19	2	5	5	5	25/7
极端最低气温(℃)	-9.4	-4.0	0.2	9.8	12.4	15.6	22.0	18.7	15.9	9.6	-1.6	-1.8	-9.4
出现日期	24	2	11	4	16	5	2	30	20	30	24	30	24/1
降水量(毫米)	39.8	18.6	68.6	152.3	171.4	279.4	447.8	95.7	437.8	395.2	95.8	49.5	2251.9
单日最大降水量(毫米)	6.6	10.8	34.2	42.4	38.3	64.4	110.7	31.9	130.9	116.4	21.7	15.4	130.9
出现日期	11	22	8	6	27	22	3	20	30	26	7	26	30/9
降水日数(≥0.1毫米)	12	5	7	12	18	19	13	6	9	19	12	9	141
最长连续降水日数及其量(毫米)	3	2	2	3	4	7	7	2	4	7	7	3	7
	7.2	7.0	62.2	13.4	49.2	95.7	333.6	42.5	164.5	189.5	50.1	26.3	333.6

续表2

项目	1月	2月	3月	4月	5月	6月	7月	8月	9月	10月	11月	12月	全年平均
起止日期	21~23	13~14	8~9	25~27	26~29	19~25	1~7	20~21	14~17	25~31	17~23	25~27	1~7/7
最长连续无降水日数	8	9	10	8	4	3	10	11	15	4	6	7	15
起止日期	26/12~2	2~10	2次	8~15	2次	9~11	17~26	9~19	22/8~5	16~19	2次	5~11	22/8~5/9
日照时数（小时）	101.4	199.4	137.8	156.4	160.1	101.3	204.5	279.1	166.4	43.8	98.7	154.2	1803.1
日照百分率（%）	32	63	37	40	38	24	47	68	45	12	31	49	41
相对湿度（%）	78	66	70	78	79	85	81	73	79	87	83	79	78
最小相对湿度（%）	26	19	20	28	23	45	41	27	21	50	40	29	19
出现日期	19	20	26	15	2天	2天	25	29	2	2天	27	7	20/2
最多风向（十六方位）	NE	ESE	ESE	SE	SE	SE	ESE	ESE	E	ENE	ENE	E	ESE
及其频率（%）	18	14	17	21	16	19	11	17	17	20	15	11	11
平均风速（米/秒）	2.3	2.1	2.6	2.4	2.2	2.0	1.9	2.3	2.3	2.3	2.1	2.0	2.2
大风日数（≥17.0米/秒）	-	1	-	-	-	-	1	-	-	-	2	-	-

2016年金坛区气象资料一览表（二）

表3

时间		霜	雪	积雪	结冰	最低气温≤0℃	地面最低温度≤0℃	当年无霜期（天）
上年度	初日	26/11	12/1	21/1	26/11	26/11	27/11	256
	终日	12/3	14/2	1/2	18/2	17/2	11/3	
	初终间日数（天）	108	34	12	85	84	106	
本年度	初日	24/11	23/11	15/12	24/11	24/11	23/11	

（黄玲玲）

【水文】 2016年，全区于6月18日入梅，7月20日出梅，梅雨期32天，梅雨量641.8毫米，较常年偏多126.8%。5~9月总降雨量1282.5毫米，比历年同期多91.64%。入梅后，全区连续遭遇3次强降雨过程（6月22日、6月27~28日、7月1~8日），其中7月1日3时30分至7月8日8时，金坛站累计降雨量326毫米，王母观站累计降雨量363.5毫米。整个梅雨期，全区平均雨量617.1毫米，为历史同期雨量第2大值。

受强降雨影响，金坛区河、湖、库水位上涨速度快、涨幅大。丹金溧漕河金坛站水位至7月3日8时40分开始超历史最高水位（2015年6.54米），5日9时30分达最高水位6.65米（超警戒水位1.65米），超历史水位维持近60小时。长荡湖王母观站7月2日16时10分开始超历史最高水位（1991年6.12米），5日11时10分达最高水位6.55米（超警戒水位1.95米），超历史水位维持70小时。

第三轮强降雨致金坛区在册25

座中小型水库全部溢洪，11 座重点塘坝除横山塘坝空库运行外，其余全部溢洪。强降雨来临前，除白石里水库外，所有水库塘坝开闸预排，将水位降低至汛限水位以下 0.5～1.0 米，其中白石里水库根据金坛区防汛防旱指挥部要求预降 2 米，并保持水库水位控制在 55 米以下。

全区受灾范围涉及 6 个镇、3 个街道，共 89 个行政村、25 个社区居委会，受灾人口 5.02 万人，住宅受淹 14502 户，损坏房屋 4897 间，倒塌房屋 135 间；农作物受涝面积 2.36 万公顷，受灾面积 1.68 万公顷，成灾面积 13 公顷，绝收面积 0.36 公顷，苗木损失 0.33 公顷，水产养殖损失 0.743 公顷 1.75 万吨，农、牧、渔业直接经济损失超 8.84 亿元；受淹企业 244 家，受淹仓库 233 个，停产工矿企业 187 家，公路中断 106 条次 397 小时(241 省道中断 189 小时)，供电中断 129 条次 12196 小时，工业交通运输业直接经济损失约 9.03 亿元；损毁堤防 193 处 20.61 公里，损坏水闸 16 座、灌溉设施 356 座、机电泵站 30 座，水利设施直接经济损失 0.64 亿元，累计直接经济损失约 18.97 亿元。 （吴　洁）

历史文化

【建置沿革】 金坛区历史悠久，早在石器时代即有先民栖息、生存。春秋时期，金坛属吴地，战国时期为越、楚所割，秦汉归曲阿县，晋系延陵县金山乡。隋末农民起义中，乡人自立金山县。唐武周垂拱四年(688 年)，改为金坛县。此后县名一直未变，但境域和隶属关系多有变动。

1949 年 4 月 24 日，金坛解放，属苏南行政公署武进行政分区，11 月改属常州专区。1953 年 1 月，撤常州专区，属镇江专区。1958 年 8 月，撤镇江专区，属常州专区。1959 年 9 月，撤常州专区，属镇江专区。1983 年 3 月，实行市管县体制，金坛县属常州市。1993 年 11 月 10 日，经国务院批准，撤销金坛县，设立金坛市(县级)，以原县行政区域为市行政区域，金坛市由江苏省直辖。2015 年 5 月，撤销县级金坛市，设立常州市金坛区。

【风景名胜】 金坛，处江南丘陵地带，独特的山水资源造就了独特的地域景观。古时，曾有文人将金坛的景观归纳为“金沙八景”，即乌龙叠翠、南洲渔笛、白龙澄碧、漫塘春水、北渚莲舟、洮湖夜月、四平夕照、三峰晓云。“金沙八景”适应时代和社会的变化，以山边、水边、城边为轴线，以道教养生文化、山水农耕文化和城市名人文化为底蕴，勾勒出一幅新的金坛风光画卷，焕发出新的生命力。

茅山——中国道教圣地，林荫覆盖，云蒸霞蔚，道家的三宫五院和洞、泉、池等自然景观，令人顿生“花飞佛地三千里，人在瑶峰十二层”之感。“凉月如钩挂水湾，江南风物镜中看”的洮湖以及众多河流、芦荡组成的密集水网，使人领略“鱼米之乡”的无穷韵味和意境。戴王府、段玉裁纪念馆、华罗庚公园、龙山禅寺等名胜古迹层楼叠阁、鳞次栉比。

【人文荟萃】 金坛人杰地灵，人才辈出。自三国至清末，金坛有影响力的诗人、学者、著述家、政治家有百人以上，其中佼佼者有唐代诗人储光羲、戴叔伦，明代医学家王肯堂，清代训诂学家、经学家段玉裁，近现代有《神曲》译者王维克、《民立报》主编徐血儿、数学家华罗庚、物理学家汤定元、地质学家孙枢、自动控制学家冯纯伯、生物学家王志新、物理学家周远、微电子专家胡正明等，还有人造地球卫星功臣钱骥、法学家杨兆龙、教育家段力佩等。 （刘士科）

土特产

【茶叶】 主产区：薛埠镇。金坛茶树分布于西部丘陵山区，茅山东麓低山丘陵缓坡地带，现有茶园面积 4.1 万亩，年产干茶 750 余吨。金坛雀舌茶以其形如雀舌的精巧造型、翠绿的色泽和鲜爽的嫩香屡获好评。金坛雀舌成品条索匀整，状如雀舌，干茶色泽绿润，扁平挺直；冲泡后香气清高，色泽绿润，滋味鲜爽，汤色明亮，叶底嫩匀成朵明亮。茶多酚、氨基酸、咖啡碱含量较高。茅山青锋茶叶外形扁平，挺直如剑，色泽绿润，平整光滑，内质香气高爽，鲜嫩高长，汤色绿明，滋味鲜醇，叶底嫩绿，明亮完整。

【长荡湖大闸蟹】 主产区：长荡湖。长荡湖水质呈弱碱性，是太湖流域典型的浅水型、草型湖泊。湖内水草繁茂，螺蚬众多，非常适宜大闸蟹的生长发育。长荡湖大闸蟹，又名玉爪蟹，采用生态养殖模式，以螺蛳、野杂鱼、水草、玉米、小麦为饵料，体型健壮硕大，青背、白肚、黄毛、金钩；色泽鲜亮，蟹体肥满，蟹黄厚实，蟹膏肥糯，白似玉而黄似金，色、香、味三者兼具。获中国十大名蟹、江苏省名牌产品、江苏省名优农产品等称号，在国内具有较高声誉，出口韩国、中国香港、东南亚等国家和地区。

【无节水芹】 主产地：朱林镇。水芹种植在金坛已有 800 多年历史，尤以朱林无节水芹有名。朱林镇的国家级无节水芹示范种植区，每亩效益在 2 万元左右。金坛无节水芹于 2013 年被国家工商总局认定为国家地理标志证明商标。每 100 克无节水芹含蛋白质 21 克、脂肪 0.3 克、钙 154 毫克、磷 9.8 毫克、铁 23.3 毫克、维生素 C47 毫克、胡萝卜素 4.5 毫克。无节水芹具有清血脂、降血压和抑癌的功效。

【建昌红香芋】 主产地：直溪镇建昌。建昌红香芋产于金坛境内第一大圩——建昌圩，圩区内水质清澈、气候温湿、土壤肥沃，土壤质地为乌散土，pH 值 7.0，适于红香芋生长。

红香芋皮红、透白，性糯、味香。经江苏省农科院化验分析，红香芋富含粗蛋白、淀粉、聚糖(黏液质)、粗纤维以及钙、磷、铁、钾、镁、钠、胡萝卜素、烟酸、维生素 B1 和 B2 等元素，营养丰富,对预防高血压、高血脂有独特疗效,是典型的低脂、高蛋白滋补品。

种植区域为直溪镇蔡甲村、吕坵村、迪庄村、下蔡村、建昌村、天湖村、井庄村、杨家舍村、新河村。

【建昌白蒜】 主产地:直溪镇。建昌圩有着栽培大蒜的悠久历史,蒜农经长期以来的生产实践,筛选出具有独特风味的地方大蒜品种,形成一套大蒜优质高产栽培技术。建昌白蒜,其蒜苔色泽暗绿发亮,粗长嫩脆,含水分较多;蒜头皮色为白皮,略呈球形,辛辣带甜味。主要种植区域为直溪镇蔡甲村、迪庄村。

【管庄小香葱】 主产地:金城镇。香葱是金城镇的一个特色产业。香葱种植主要分布在管庄、元巷、前庄、白塔等村,是该镇高效农业中的典型。

【金坛大米】 主产地:指前镇、金城镇。金坛指前标糯米曾获巴拿马国际博览会金质奖,1958年斯里兰卡科伦坡国际稻谷展览会上再次名列诸米之首。米色晶莹剔透,柔软丰腴,清香四溢,颗粒饱满。现形成无公害大米、绿色大米、有机大米的金字塔式梯度结构。"苏"牌大米、"黄金村"牌有机软米系列农产品畅销省内外。

【封缸酒】 金坛"丰登"牌封缸酒是江南地区的传统名酒,产品选用金坛标糯米为原料,引用钱资湖天然水源。好米配好水,再加上传统秘方精心酿制窖藏,陈酿而成。酒清澈爽冽,浓郁香醇,鲜甜可口,富含人体所必需的18种氨基酸、维生素、矿物质,营养丰富。

【金坛米猪】 在外形上,金坛米猪以额宽嘴尖、短肋方臀而特出,骨骼软弱,龙腰较普遍,四肢多卧系,肚腹显紫红色,耳和尾都稍大,毛较稀软,皮薄而松驰。该猪整体体型较小且两头尖,形如米粒状因而得名"米猪"。米猪生长期长,不饲喂任何添加剂,以青绿饲料为主。肉质嫩而多汁,不饱和脂肪酸含量较高,对人体非常有益。

【水磨糯米粉】 水磨糯米粉以粉质细腻、色泽白净、香糯甜软、口感韧滑而著称,其含有丰富的蛋白质、脂肪、糖类、钙、磷、铁、维生素B1、维生素B2、烟酸及淀粉等,为温补强壮食品。水磨糯米粉选用优质糯米为原料,采用国内先进水磨加工技术,确保粉质细腻,保留糯米原香Q弹。水磨糯米粉味甘,性温,入脾、胃、肺经。其制作而成的食品,具有补中益气、健脾养胃、止虚汗之功效。 (周秋娟)

国民经济和社会发展

【概述】 2016年,全区上下紧紧围绕"接轨常州主城区、推动发展新跨越"总体战略,集中精力打造"一城一区一山一水"四大重点板块,持之以恒推进"两个加快"(加快项目引进,加快项目建设),切实加大有效投入、壮大产业规模、深化改革创新、打造宜居环境、保障改善民生,实现"十三五"规划良好开局。工业开票销售收入、一般公共预算收入、地区生产总值增幅居常州辖市区首位、苏南41个县市区前列。全年完成地区生产总值600.02亿元,同比增长12.8%;一般公共预算收入43.38亿元,同比增长20%,税收占比88.1%。

【工业经济量增质升】 重点企业支撑作用明显。2016年,全区433家规模企业实现开票销售766亿元,同比增长25.4%。亿元以上企业占规模工业的88%,亿晶、金昇入库税收均突破3亿元。汽车及零部件产业爆发式增长,实现开票销售138亿元,同比增长244%,众泰汽车完成工业开票销售收入110.3亿元,实现金坛百亿工业企业零的突破。新能源、装备制造产业逐步壮大,占工业总产值的47.4%,高新技术企业产值占规模工业的45%。节能与新能源汽车产业迅猛发展,绿色电源产业初具雏形。金昇实业重组新疆城建取得重大进展,威龙灌装、正信光电、久诺股份在"新三板"成功挂牌。

【现代农业稳步推进】 2016年,金坛农业现代化水平位列江苏省第一方阵,新增高标准农田1300余公顷、高效设施农(渔)业500余公顷。农业机械化85.5%,成为"全国首批率先基本实现主要农作物生产全程机械化示范县"。农业和旅游业融合发展,成为常州市首家"全国休闲农业和乡村旅游示范县",上阮村入选首批"江苏省休闲观光农业示范村"。全区村级集体经营性收入8661万元,16个经济薄弱村年收入均超100万元。

【现代服务业集聚发展】 东方盐湖城"道天下"景区自2016年3月26日开城以来,至2016年年底,共接待游客百万人次,获全国唯一"2016年度最佳休闲小镇"称号。长荡湖湿地公园通过江苏省级专家评审。商业活力不断增强,新城吾悦广场开业运营,江南银行三大中心、中景博道商务中心等项目开工建设。举办长荡湖湖鲜美食节、长荡湖籽虾节、上阮赏花季和乡村旅游嘉年华等宣传推介活动。2016年,服务业增加值占地区生产总值的44.2%。

【夯实发展基础】 2016年,通过不断完善园区建设,优化全区投资环境,围绕节能与新能源汽车、锂电池等产业领域实施重点招商,着力引进一批符合产业导向、利于产业链延伸的项目,有效落实2016年重点产业类项目清单。开发格局全面打开,基本形成"以经济开发区、华科园、金科园为城区主战场、其他5个镇现代产业园为镇域战场相配套"的工业发展格局。2016年,开发区工业开票销售首超500亿元,金城镇、直溪镇均迈上百亿元台阶,薛埠镇、儒林镇均超50亿元。项目引进成效显著。全年签约引进项目超200个,协议总投资超800亿元,增长60%以上。签约引进工业项目超180个,协议总投资超550亿元,增长30%以上。其中,50亿元以上项目3个。30亿~50亿元项目2个。10~30亿元项目6个;5亿~10亿元项目12个。投资62亿元的信维通信射频模组及零部件项目填补金坛区通信产业空白,投资52亿元的贝特瑞高性能锂电池材料项目和投资50亿元的迈科锂电池项目推动全区绿色电源产业进一步做实做强。项目建设有序推进,区委、区政府综合运用每月座谈、每两月常委会听取情况、每季度现场督查等推进机制,引导全区上下合力攻坚项目建设,提高签约项目开工率,加快投资进度。蓝色星球环氧丙烷、大唐热电联产、海润新能源等项目顺利推进,众泰三能发动机、同方威视、中航锂电等项目按期竣工投产。要素保障支持有力。积极帮助企业向上争取政策扶持,全年争取各类专项扶持资金超16亿元。金融支持经济发展不断深化,全区银行业金融机构2016年年末存款余额871.9亿元,贷款余额603.3亿元,比年初分别增长29.2%、15.6%。加快引育"两高"(高层次人才和高技能人才)人才,建成"金沙名技师工作室""高技能人才培养试点企业"各1家,新增高技能人才3343人。

【加快城乡建设】 2016年,编制城市空间总体规划暨多规合一规划,科学推进土地利用规划、重点板块和镇村总体规划等融合发展,在规划的引领下,主动对标常州主城区,不断加快城乡建设。基础设施加强,南沿江城际、连镇铁路南延前期工作取得阶段性成果。233国道先导段、241省道指前段、240省道开发区段景观快速化改造等工程完成建设。265省道金坛段新建、长荡湖旅游大道加快实施,推动区域交通网络主干贯通、内外衔接。长荡湖网围拆除和清淤等生态治理、新孟河先导段拓浚、龙山水利枢纽等一批水利重点项目顺利实施,完成73公里千亩以上、32公里千亩以下圩堤达标建设。长荡湖水厂主体工程基本完工,改造乡镇供水管网200公里,完成朱林、薛埠水厂的回收管理。有序推进乡镇燃气管道建设,茅山旅游度假区建成管线19公里。顺利投运110千伏指前变,新建110千伏五联变。功能配套不断完善。新市民中心建成,钱资湖滨河风光带、环钱资湖大道、下塘河景观带等重大基础设施项目推进有力,新城人口导入能力提升。同步推进老城有机更新,老市政府、金虹纺织地块市场化改造开发全面启动,老小区、背街小巷整治初见成效。南门桥改造工程如期竣工通车。镇村建设全面加强,集镇建成区交通物流、商贸人居等基本功能提升。新辟(优化)城市公交线路3条,新设镇村公交线路2条。人居环境持续改善。全面开展生态绿城建设,"931"城市环境整治行动深入实施,整治城郊结合部5片、城中村5个、老旧小区4个、城市河道2条、低洼易淹易涝片区2片。城乡生态环境不断提升。城区静态交通综合治理等工程完成,全年累计增加停车位约1300个。淘汰落后产能,完成"地条钢"清理工作。开展锅炉淘汰工作,淘汰锅炉106台。助力常州市创建成国家森林城市,全区森林覆盖率43.9%。

【民生事业】 全年紧扣同城化标准,切实推进保障和改善民生各项工作,加大新增财力向民生领域倾斜,扎实推进教育惠民、卫生利民等12类38项民生实事工程。保障体系不断健全。创业富民、政策惠民力度加大,全年新增就业12620人,支持成功自主创业1341人。各项社会保险覆盖率均保持在98%以上,城乡居民基本养老保险覆盖率99.7%。被征地农民实现"即征即保,应保尽保",2016年,转入企业职工养老保险1.7万人。城乡居民基础养老金由105元提至150元,城乡居民基本医疗保险筹资标准由550元提至700元。城镇、农村居民人均可支配收入分别达43246元、22265元,增幅分别为8.1%、9.0%。公共租赁住房和棚户区改造项目共10999套,超额完成全年目标任务。徐塘四期、岸头佳园北区、九洲里花园一区、新城东苑四期竣工交付。社会事业全面进步。教育硬件设施继续改善,段玉裁中小学等9所学校新建和改建工程加快建设。教学质量稳步提升,高考本二以上达线率连续5年增长。医疗资源布局更趋合理,金坛第一人民医院、金坛血站整体迁建加速建设,城东卫生院创成省示范乡镇卫生院。新档案馆建成投用。面对7月的洪水灾害,救灾救济工作迅速开展,灾民安置保障扎实有力。送文艺下乡等文体惠民活动有序实施,成功举办"2016年中国山地自行车公开赛常州金坛茅山西海湖站"赛事,徐夕涵获里约残奥会游泳金牌,这也是金坛籍选手获得的首枚奥运会金牌。社会保持和谐稳定。着力推进社区"减负增效""政社互动""三社联动",深化持续推进"平安金坛""法治金坛"建设,治安防控体系进一步完善,启动开展"七五"普法,获省"技防先进城市"称号。 (何 彬)

人民生活

【城镇居民生活】 据城乡一体化住户抽样调查资料显示,2016年,金坛区城镇居民人均可支配收入43246元,同比增长8.1%;城镇居民人均生活消费支出22544.6元,同比增长6%。

从收入结构看,2016年,金坛区城镇居民人均工资性收入27096元,同比增长7.8%,占人均可支配收入的62.7%;人均经营净收入6133元,同比增长8.5%;人均财产净收入4366元,同比增长9%;人均转移净收入5651元,同比增长8.7%。

城镇居民人均居住建筑面积46平方米。

2016 年金坛区每百户城镇居民耐用品一览表

表 4

项目	单位	2016 年	项目	单位	2016 年
1. 摩托车	辆	35	10. 摄像机	架	9
2. 助力车	辆	129	11. 照相机	架	40
3. 家用汽车	辆	43	12. 微波炉	台	94
4. 洗衣机	台	103	13. 空调器	台	189
5. 电冰箱	台	105	14. 淋浴热水器	台	111
6. 彩色电视机	台	184	15. 健身器材	套	7
7. 中高档乐器	件	9	16. 普通电话	部	93
8. 家用电脑	台	103	17. 移动电话	部	232
9. 组合音响	套	11			

(姚　莉)

【农村居民生活】 2016 年,金坛区农村居民人均可支配收入 22264.9 元,同比增长 9%。其中人均工资性收入 14399.9 元,同比增长 8.8%;人均经营净收入 5120 元,同比增长 9.4%;人均财产净收入 625 元,同比增长 9.8%;人均转移净收入 2120 元,同比增长 9.3%。全区农村居民人均生活消费支出 14172 元,同比增长 11.8%。

农村居民人均居住建筑面积 56 平方米。

2016 年金坛区每百户农村居民耐用品一览表

表 5

项目	单位	2016 年	项目	单位	2016 年
1. 洗衣机	台	100	8. 普通电话	部	89
2. 电冰箱	台	107	9. 移动电话	部	211
3. 空调机	台	130	10. 彩色电视机	台	165
4. 抽油烟机	台	56	11. 摄像机	台	3
5. 微波炉	台	85	12. 照相机	架	8
6. 热水器	台	104	13. 家用电脑	台	36
7. 家用汽车	辆	17			

(姚　莉)

社会主义精神文明建设

【概述】 2016 年,全区精神文明建设以培育和践行社会主义核心价值观为主线,广泛开展文明城市和群众性精神文明创建活动,扎实推进未成年人思想道德建设,着力提高市民文明素质和社会文明程度。

【思想道德建设】 2016 年,全区将社会主义核心价值观宣传引导与实践养成相结合,在广场、公园、主要商业大街和主干道设置、张贴公益广告 2 万余份,制作、发放餐饮店文明餐桌温馨提示牌 1 万余份,编写文明城市创建应知应会,并在社区醒目位置张贴海报 2000 份,入户发放宣传单 10 万份。开展以"邻里守望,情暖万家"为主题的第十届社区邻里节活动。贯彻落实《公民道德建设实施纲要》,推进公民道德建设进机关、进企业、进学校、进村镇。联合区公安分局和交通运输局开展"文明行车·礼让斑马线"活动,倡导市民文明出行。

【道德讲堂建设】 2016 年,利用道德讲堂为载体,宣讲身边好人好事。将道德教育与生活节点相结合,将传统文化与现代文明相结合,开展各类主题道德讲堂。围绕家风家训,开展"传承勤廉家风,建设幸福港湾"道德讲堂,弘扬家庭美德。探索、推广道德讲堂新模式,结合社会热点问题,创作《股海兄弟》,引导市民理智应对股市。区总堂全年开讲 24 场,送课进常州市总堂 3 场。组织百姓视角进社区、村镇巡演 15 场。金坛区地方税务局道德讲堂入选常州市道德讲堂五星级示范点,公安分局道德讲堂入选常州市道德讲堂优秀示范点,全区共建成常州市道德讲堂五星级示范点 1 个、优秀示范点 4 个、示范点 21 个。

【宣传先进典型】 2016 年,开展身边好人推选、宣传工作,全年有 7 人入选"常州好人榜",1 人入选"江苏好人榜”。创新宣传载体,在社区和村镇广泛设立善行义举榜,利用报纸、网络、微信等媒体宣传好人善行,制作播出模范好人音频、视频,发挥先进典型示范引领作用,营造尚德向善浓厚氛围。关爱礼遇道德典型,向全区59名道德典型赠送道德礼遇卡,发放现金奖励11.8万元。

【文明城市创建】 2016年,每季度召开城市文明程度指数测评点评会,组织文明程度指数自测,整改测评中存在的问题和薄弱环节。定期开展文明城市专项整治行动,联合东城街道、西城街道、市场监管局、城管局、商务局、交警大队等单位对整改情况进行现场督查,立查立改。召开公益广告宣传、餐饮店管理等专题协调会,专项整治突出问题。组织巡访团开展日常巡访和专题巡访,召开巡访问题办理会,全年共巡访180余次,发现、整改问题近700条。利用电视台、电台、《今日金坛》等主要媒体开设专题专栏,全面报道文明城市创建情况。

【群众性精神文明创建】 2016年,组织开展2013~2015年度江苏省文明村镇、文明单位和2013~2015年度常州市文明单位总评,加强创建工作指导,强化“文明单位”在线动态管理。全区共建成全国文明村1个、省文明镇5个、省文明村11个、省文明单位21个、省文明社区2个、省文明校园3个。深入推进“金坛区第五批优质服务品牌”创建,调研指导创建情况,举办观摩会,总结交流品牌建设经验,提升品牌创建水平。持续推进农村精神文明建设,黄金村、方边村和南瑶村成功创成“常州市农村精神文明建设示范点”,促进农村物质文明与精神文明协调发展。

【文明关爱工程】 2016年,整合全区志愿服务社会资源,建成1个区级志愿服务指导协调中心,9个镇、街道志愿服务指导协调中心和32个社区志愿服务指导站。组织“志愿江苏”平台注册、管理培训,推进全区志愿团队和志愿者注册工作,打造志愿者服务数字化平台。初步建成党员志愿服务队、专业志愿服务队和民间特色志愿服务队三类志愿服务组织,发起成立金沙公益组织联合会。开展老年人志愿互助、“唱响爱的分贝”大型公益行动第二季、“益家行动,九九圆梦”助残爱老等志愿服务活动。金坛蓝天救援队杨卫昕、阳光行动——社区戒毒康复服务行动、金坛区茅驴志愿者协会获常州市志愿服务“四个优秀”先进典型。

2016年8月,道德讲堂百姓视角《股海兄弟》表演 (区文明办 供稿)

【未成年人思想道德建设】 2016年,实施年度未成年人思想道德建设工作目标化项目管理,细化、量化各责任部门的工作成效,有序推进江苏省常州市未成年人实践基地建设。持续优化乡村学校少年宫建设,及时拨付省彩票公益金25万元,对“十二五”期间全区乡村学校少年宫建设情况进行总结展示。建成东城街道、西城街道、儒林镇3个街道(镇)未成年人成长服务中心。升级改造未成年人成长指导中心,添置相关设施,提升服务水平。

积极开展“我们的节日”“缤纷的冬日”“七彩的夏日”活动。开展“沐浴阳光”公益宣讲,强化未成年人心理健康教育。组建“青苗义教团”,开展蛋塑指导、舞蹈培训等活动。深入开展文明校园创建,优化校园内环境,牵头相关部门联合执法,整治校园周边环境。组织音乐儿童剧《田梦儿》进9所学校巡演,开展首届少儿才艺大赛,丰富学生校园文化。 (吉 瑶)

2016年金坛区组织机构与负责人名单

区领导

中共金坛区委员会

书　　记　范寿柏(至3月)
　　　　　狄志强(3月任)
副 书 记　狄志强(至3月)
　　　　　陈春洪(至6月)
　　　　　沈　东(3月任)
　　　　　刘国新(6月任)
常　　委　沈　东
　　　　　王跃中(至7月)
　　　　　刘国新
　　　　　刘东升(至7月)
　　　　　陈锁龙(6月任)
　　　　　纪海平*
　　　　　朱柏松
　　　　　沈新峰(至5月)
　　　　　王建斌(至6月)
　　　　　田杰亮(至7月)

李　皓(6月任)
陶　伟(11月任)
朱建清(6月任)
董龙庆(7月任)
刘小平(7月任)
孟敖祥(7月任)

金坛区人大常委会

主　　任　范寿柏(至4月)
党组书记　范寿柏(至4月)
　　　　　陈春洪(7月任,至12月)
　　　　　王跃中(12月任)
党组副书记　刘东升(7月任)
代理主任　于炳才(4月任)
副 主 任　于炳才
　　　　　杜跃华(享受正处级生活待遇,至1月)
　　　　　王艳红*(1月任)
　　　　　赵钢超
　　　　　王新辉
　　　　　李留清(1月任)

金坛区人民政府

党组书记　狄志强(至4月)
　　　　　沈　东(4月任)
区　　长　狄志强(至4月)
代理区长　沈　东(4月任)
党组副书记　朱柏松
　　　　　陶　伟(12月任)
副 区 长　沈　东
　　　　　朱柏松
　　　　　陶　伟(12月任)
　　　　　王艳红*(至1月)
　　　　　陈锁龙(至6月)
　　　　　刘明江
　　　　　杨金忠(至12月)
　　　　　李　皓(至6月)
　　　　　周新生(6月任)
　　　　　周文俊(6月任)
　　　　　王晓航(12月任)
　　　　　田杰亮(至7月)
　　　　　杨　琦(至8月)
　　　　　秦　凯(4月任)
　　　　　卢方承(12月任)
党组成员　葛惠明(享受副处级待遇)

政协金坛区委员会

主　　席　王国胜
党组书记　王国胜(至7月)
　　　　　王跃中(7月任,至12月)
　　　　　陈春洪(12月任)
党组副书记　刘国新(12月任)
副 主 席　段振国(至1月)
　　　　　潘双林
　　　　　姜　玲*
　　　　　吴欲晓
　　　　　周新生(至6月)
　　　　　黄克洪(1月任)
秘 书 长　李　达(至1月)
　　　　　徐忠敏(1月任,至11月)
　　　　　施生华(11月任)

区级机关和区直单位

中共金坛区纪律检查委员会

书　　记　纪海平*(兼)
副 书 记　俞云法(至6月)
　　　　　张小平(6月任)
　　　　　樊　莹*(6月任)
常　　委　俞云法(至7月)
　　　　　史金兔(至7月)
　　　　　陆　斌
　　　　　汤国忠(7月任)
　　　　　于　方(7月任)
　　　　　冒丽萍*(7月任)
办公室主任　冒丽萍*
纪检监察干部管理监督室　李根东(8月任)
宣传教育室主任　孙　遐*(至8月)
信访室主任　汤云峰
案件监督管理室　任立新(8月任)
第一纪检监察室主任　于　方
第二纪检监察室主任　蒋志军
案件审理室主任　张　铧(至8月)
党风政风监督室主任　田永灿
执法和效能监督室主任　许志明(至5月)

注:2015年9月1日坛编字〔2015〕51号文,决定撤销干部管理室,设立纪检监察干部管理监督室;撤销执法和效能监督室,职能划入党风政风监督室,党风政风监督室保留“区政府纠正行业不正之风办公室”牌子;案件监督管理室由在第二纪检监察室挂牌改为单独设置;撤销办公室所挂“综合监察室”牌子,党风政风监督室所挂“预防腐败室”牌子,信访室所挂“区行政监察举报中心”牌子。

中共金坛区纪律检查委员会、金坛区监察局农村纪检监察工作一室(副科级建制)

主　　任　汤国忠(8月任)

中共金坛区纪律检查委员会、金坛区监察局农村纪检监察工作二室(副科级建制)

主　　任　陆　斌

中共金坛区委办公室

主　　任　徐　俊
副 主 任　杨国平
　　　　　杨龙军(至8月)
　　　　　秦文斌(8月任)
　　　　　韦国猛

中共金坛区委研究室

主　　任　秦文斌(8月任)
副 主 任　秦文斌(至8月)
　　　　　肖　巍(12月任)

中共金坛区委保密委员会办公室(国家保密安全局)

主　　任　杨龙军(至8月)
　　　　　杨国平(8月任)
副 主 任　陈纪良

中共金坛区委机要局(国家密码管理局)

局　　长　杨国平
副 局 长　徐　重

中共金坛区委督查室

副 主 任　韦国猛(11月任)

金坛区信访局

局　　长　朱国杰
副 局 长　谢长春*
　　　　　庄月芳(至5月)
信访督查专员　陈　军(10月任)

注:2016年10月13日坛编字〔2016〕29号文,同意设立信访督查专员1名(副科职)。

**中共金坛区委台湾工作办公室
金坛区人民政府台湾事务办公室**

主　　任　张志荣

金坛区档案局(馆)

党组书记、局(馆)长　周庭凯(至10

月）
许月平（11月任）
副局（馆）长 蔡 俊
陈 励*

中共金坛区委组织部

部 长 刘国新（兼）
副部长 史益群
周 俊

金坛区综合考核办公室

主 任 周 俊

中共金坛区委非公有制企业和社会组织工作委员会

副书记 罗 祎

注：2016年6月13日坛编字〔2016〕13号文，明确区委新经济社会组织工作委员会更名为区委非公有制企业和社会组织工作委员会，调整后在区委组织部挂牌。

中共金坛区委老干部局

局 长 刘菊香*（至12月）
副局长 周召平

中共金坛区委区级机关工作委员会

书 记 史益群
副书记 王洪庆
徐国祥
纪委书记 徐国祥

中共金坛区直属机关委员会

书 记 王洪庆

中共金坛区委宣传部

部 长 王跃中（兼，至7月）
陈锁龙（兼，7月任）
副部长 褚玉平
徐忠敏（至1月）
吕洪力
匡小红*（10月任）

金坛区精神文明建设指导委员会办公室

主 任 吕洪力
副主任 王 彤

中共金坛区委对外宣传办公室
金坛区人民政府新闻办公室

主 任 徐忠敏（至1月）
吕洪力（10月任）
副主任 巫政强（至5月）
匡小红*（至10月）
陈 新（10月任）

金坛区新闻中心（副科级建制）

主 任 孙忠民

金坛区广播电视台

党委书记 褚玉平
台 长 褚玉平（至11月）
徐忠敏（11月任）
副台长 钱志坤
许 靖*
薛忠明
倪益民（至8月）
纪委书记 林 燊

中共金坛区委统战部

部 长 吴欲晓（兼，至5月）
孟敖祥（兼，5月任）
副部长 柏虎斌
汤文斌

中共金坛区委政法委员会

书 记 刘东升（兼，至7月）
孟敖祥（兼，7月任）
副书记 杨金忠（兼，至12月）
王晓航（兼，12月任）
印荣生
何云华

金坛区社会治安综合治理委员会办公室

主 任 印荣生
副主任 王国锋
陈 嵘*

金坛区国家安全领导小组办公室

主 任 何云华

金坛区机构编制委员会办公室

主 任 杨亚明
副主任 张伟波

中共金坛区委农村工作办公室

主 任 姚洪芳（享受副处级生活待遇）
副主任 李志鹏（至7月）
李久生
曹 波

中共金坛区委党校
金坛区行政学校

校 长 凌 涛
副校长 陈 建
王慰东

中共金坛区委党史工作委员会

金坛区地方志编纂工作办公室

主 任 赵利群（至8月）
祝洪林（8月任）
副主任 孔繁俊（至8月）
盛南萍*
储 劼（10月任）

金坛区人大常委会办公室

主 任 许月平（至11月）
韩双庆（11月任）

金坛区人大常委会研究室

主 任 姚锁生（至8月）
杨龙军（8月任）
副主任 韩双庆（至11月）

金坛区人大常委会内务司法工作委员会

主 任 陈建平
副主任 徐 伟

金坛区人大常委会民族宗教侨务工作委员会

主 任 陈建平
副主任 张国庆

金坛区人大常委会财政经济工作委员会

主 任 臧国锋（至11月）
吴文琴*（11月任）
副主任 王秀生

金坛区人大常委会农业和农村工作委员会

主 任 臧国锋
副主任 李久生（11月任）

注：2016年10月13日坛编字〔2016〕27号文，同意农业和农村工作委员会由在财政经济工作委员会挂牌调整为单独设置。

金坛区人大常委会环境资源城乡建设工作委员会

主 任 王一新（至11月）
杨金南（11月任）

金坛区人大常委会教科文卫工作委员会

主 任 吴文琴*（至11月）
贺进军（11月任）

金坛区人大常委会人事代表工作委员会

主 任 吕 庆*
副主任 曹 霞*
专职委员 曹 霞*（至8月）

政协金坛区委员会办公室

主　　任　李　达(至1月)
　　　　　徐忠敏(1月任,至11月)
　　　　　施生华(11月任)
副 主 任　施生华(至11月)
　　　　　蒋利军(10月任)

政协金坛区委员会研究室

主　　任　施生华(至11月)
副 主 任　陈　政

政协金坛区委员会
学习文史委员会

主　　任　朱亚群*

政协金坛区委员会提案委员会

主　　任　钱争艳*

政协金坛区委员会经济科技委员会

主　　任　张根水

政协金坛区委员会社会事业和
法制委员会

主　　任　赵利群(8月任)

政协金坛区委员会港澳台侨
民族宗教委员会

主　　任　唐国和(至10月)
　　　　　唐志明(11月任)

金坛区人民政府办公室

党组书记、主任　刘亦波(至8月)
　　　　　　　　岳惠剑(8月任)
副 主 任　巫政强(至5月)
　　　　　季明华(至11月)
　　　　　陈小华
　　　　　李佳真*(11月任)
　　　　　徐海平(至8月)
　　　　　夏玉良
　　　　　邢卫东
　　　　　于立俊(至8月)
　　　　　刘　坚
　　　　　周忱成
　　　　　徐　俊(10月任)

金坛区人民政府研究室

主　　任　邢卫东(12月任)

金坛区人民政府法制办公室

主　　任　巫政强(至5月)
副 主 任　纪俊明

金坛区人民政府侨务办公室

主　　任　季明华(至11月)
　　　　　李佳真*(11月任)

金坛区人民政府外事办公室

主　　任　陈小华
副 主 任　石连华

金坛区应急管理办公室

主　　任　艾兆林
副 主 任　李锁健

金坛区接待办公室
(副科级建制)

主　　任　刘　坚

金坛区发展和改革委员会

党委书记　谭明罗
主　　任　郭小剑(5月任)
党委副书记　郭小剑(5月任)
　　　　　　崔旺洪
副 主 任　谭明罗
　　　　　贺美华*
　　　　　曹志荣
　　　　　唐文武
　　　　　黄建南(至5月)
　　　　　傅小平
　　　　　孟明刚
纪委书记　崔旺洪

金坛区物价局

局　　长　郭小剑(5月任)

金坛区价格检查局
(副科级建制)

局　　长　傅小平

金坛区服务业发展办公室

主　　任　贺美华*(至8月)

金坛区旅游局

局　　长　杨国忠

金坛区粮食局

党委书记、局长　奚云龙
党委副书记　倪小庭
副 局 长　徐荣华
　　　　　潘卫民

金坛区经济和信息化局

党委书记　黄建南(5月任)
局　　长　李　祁(至5月)
　　　　　黄建南(5月任)
党委副书记　李　祁(至5月)
　　　　　　徐荣坤
副 局 长　游诸林
　　　　　谢臣相(至8月)
　　　　　黄旺平(至6月)
　　　　　陆小虎(11月任)
　　　　　杭爱民
　　　　　许小云*
纪委书记　孙　遐*(8月任)

金坛区中小企业局

局　　长　游诸林(至8月)
　　　　　黄建南(8月任)

金坛区科学技术局

党组书记、局长　王洪祥(享受副处级生活待遇)
副 局 长　陈林凤*
　　　　　陈　云(至12月)
　　　　　倪小平
　　　　　许国清

金坛区知识产权局

局　　长　陈林凤*(至8月)
　　　　　王洪祥(8月任)

金坛区教育局

党委书记　柯建强(至5月)
　　　　　廖伟文(5月任)
局　　长　柯建强(至5月)
　　　　　廖伟文(8月任)
党委副书记　孙　坚(至8月)
副 局 长　廖伟文(至8月)
　　　　　姚水虎
　　　　　陈金娣*
　　　　　吴　芳*
　　　　　潘建华
纪委书记　王三龙

江苏省华罗庚中学

校　　长　廖伟文(至8月)
　　　　　谭瑞军(8月任)
党总支部书记　谭瑞军
党总支副书记　廖伟文(至8月)
　　　　　　　林　静*
副 校 长　谭瑞军(至8月)
　　　　　陈玉中
　　　　　周双平

金坛区第一中学
(副科级建制)

党总支部书记　陈　虹*
校　　长　沈旺盛

江苏省金坛中等专业学校
(副科级建制)

校长、党总支部书记　张洪虎

金坛区教师进修学校
(副科级建制)

校　　长　张洪虎

常州市公安局金坛分局

党委书记、
局长、督察长　杨金忠(兼,至12月)

王晓航(兼,12月任)
党委副书记、政委 贺国洪
副政委 韩云峰
副局长 王菊芳
冯罗金
马建春
王国元
王留林
王和荣
纪委书记 黄建平

注:2015年6月29日常编〔2015〕87号,明确金坛区公安局更名为常州市公安局金坛分局。

金坛区维护稳定工作领导小组办公室

主任 王菊芳
副主任 俞巧华(至10月)
栾春林(至10月)
刘建忠(10月任)

常州市公安局金坛分局指挥中心

主任 马建春
副主任 李立忠
徐建平
夏金华(至10月)
朱小骏
汤惠东

注:2016年5月3日坛编字〔2016〕8号,同意金坛区公安局指挥中心更名为常州市公安局金坛分局指挥中心。

常州市公安局金坛分局办公室
(副科级建制)

主任 孔海军

注:2016年5月3日坛编字〔2016〕8号,同意金坛区公安局办公室更名为常州市公安局金坛分局办公室。

常州市公安局金坛分局政治处
(副科级建制)

主任 韩云峰

注:2016年5月3日坛编字〔2016〕8号,同意金坛区公安局政治处更名为常州市公安局金坛分局政治处。

常州市公安局金坛分局情报中心
(新闻发言人办公室)
(副科级建制)

主任 陈建英*
教导员 冯恺(11月任)

注:2016年5月3日坛编字〔2016〕8号,同意金坛区公安局情报中心(加挂"新闻发言人办公室"牌子)更名为常州市公安局金坛分局情报中心(加挂"新闻发言人办公室"牌子)。

常州市公安局金坛分局国内安全保卫大队
(对外联络办公室)
(副科级建制)

大队长 王殿华
主任 王殿华
教导员 徐国荣(至10月)
张柏盛(10月任)

注:2016年5月3日坛编字〔2016〕8号,同意金坛区公安局国内安全保卫大队(加挂"对外联络办公室"牌子)更名为常州市公安局金坛分局国内安全保卫大队(加挂"对外联络办公室"牌子)。

常州市公安局金坛分局治安管理大队
(单位内部安全保卫大队)
(副科级建制)

大队长 庄金中
教导员 陈寅光(至10月)
张柳柳(10月任)

注:2016年5月3日坛编字〔2016〕8号,同意金坛区公安局治安管理大队(加挂"单位内部安全保卫大队"牌子)更名为常州市公安局金坛分局治安管理大队(加挂"单位内部安全保卫大队"牌子)。

常州市公安局金坛分局交通警察大队

大队长 顾荣春(副科)
教导员 陈俊华(副科,10月任)

注:2016年5月3日坛编字〔2016〕8号,同意金坛区公安局交通警察大队更名为常州市公安局金坛分局交通警察大队。

注:2016年9月30日坛编字〔2016〕32号,同意常州市公安局金坛分局交通警察大队机构规格明确为正科级。

常州市公安局金坛分局刑事警察大队
(刑事科学技术室、物证鉴定所)
(副科级建制)

大队长 吴文忠
主任 吴文忠
教导员 王建中(至10月)

注:2016年5月3日坛编字〔2016〕8号,同意金坛区公安局刑事警察大队(加挂"刑事科学技术室、物证鉴定所、区禁毒委员会办公室"牌子)更名为常州市公安局金坛分局刑事警察大队(加挂"刑事科学技术室、物证鉴定所、区禁毒委员会办公室"牌子)。

注:2016年9月30日坛编字〔2016〕31号,撤销原挂在刑警大队的"常州市金坛区禁毒委员会办公室"。

常州市公安局金坛分局经济犯罪侦查大队
(副科级建制)

大队长 黄祥生(至10月)
杨凯(10月任)
教导员 王忠良

注:2016年5月3日坛编字〔2016〕8号,同意金坛区公安局经济犯罪侦查大队更名为常州市公安局金坛分局经济犯罪侦查大队。

常州市公安局金坛分局出入境管理大队
(国际合作大队)
(副科级建制)

大队长 曹郁(至10月)
徐明华(10月任)
教导员 臧伟芳*(至10月)
冯力(10月任)

注:2016年5月3日坛编字〔2016〕8号,同意金坛区公安局出入境管理大队(加挂"国际合作大队"牌子)更名为常州市公安局金坛分局出入境管理大队(加挂"国际合作大队"牌子)。

常州市公安局金坛分局网络安全保卫大队
(副科级建制)

大队长 蒋志平(10月任)

教 导 员 瞿 斌(至10月)

注:2016年5月3日坛编字〔2016〕8号,同意金坛区公安局网络安全保卫大队更名为常州市公安局金坛分局网络安全保卫大队。

常州市公安局金坛分局法制大队(信访室)
(副科级建制)

大 队 长 汤明津
主 任 汤明津
教 导 员 周 炯*(至4月)

注:2016年5月3日坛编字〔2016〕8号,同意金坛区公安局法制大队(加挂"信访室"牌子)更名为常州市公安局金坛分局法制大队(加挂"信访室"牌子)。

常州市公安局金坛分局巡特警大队
(副科级建制)

大 队 长 陈火明
教 导 员 陈洪新

注:2016年5月3日坛编字〔2016〕8号,同意金坛区公安局巡特警大队更名为常州市公安局金坛分局巡特警大队。

常州市公安局金坛分局警务督察大队(维护民警正当执法权益委员会办公室)
(副科级建制)

大 队 长 韩海良(至10月)
马锁平(10月任)
教 导 员 马锁平(至10月)
黄祥生(10月任)

注:2016年5月3日坛编字〔2016〕8号,同意金坛区公安局警务督察大队(加挂"维护民警正当执法权益委员会办公室"牌子)更名为常州市公安局金坛分局警务督察大队(加挂"维护民警正当执法权益委员会办公室"牌子)。

常州市公安局金坛分局案审大队
(副科级建制)

大 队 长 李生娣*(至10月)
张留方(10月任)
教 导 员 窦洪波

注:2016年5月3日坛编字〔2016〕8号,同意金坛区公安局案审大队更名为常州市公安局金坛分局案审大队。

常州市公安局金坛分局科技信息通信大队
(副科级建制)

大 队 长 张柳柳(至10月)
张 华(11月任)
教 导 员 张国平

注:2016年5月3日坛编字〔2016〕8号,同意金坛区公安局科技信息通信大队更名为常州市公安局金坛分局科技信息通信大队。

常州市公安局金坛分局禁毒大队(区禁毒委员会办公室)
(副科级建制)

大 队 长 景 胜(11月任)
教 导 员 王 华(11月任)

注:2016年9月30日坛编字〔2016〕31号,同意设立常州市公安局金坛分局禁毒大队,挂"常州市金坛区禁毒委员会办公室"牌子,机构规格为副科级。撤销原挂在刑警大队的"常州市金坛区禁毒委员会办公室"。

常州市金坛区看守所(监管大队)
(副科级建制)

所 长 汤建浩
大 队 长 汤建浩

注:2016年5月3日坛编字〔2016〕8号,同意金坛区看守所(加挂"监管大队"牌子)更名为常州市金坛区看守所(加挂"监管大队"牌子)。

常州市金坛区拘留所
(副科级建制)

所 长 徐生荣(至10月)
练文斌(11月任)
教 导 员 丁和平

注:2016年5月3日坛编字〔2016〕8号,同意金坛区拘留所更名为常州市金坛区拘留所。

常州市公安局金坛分局西城派出所
(副科级建制)

所 长 王 鸣
教 导 员 邹 勇

注:2016年5月3日坛编字〔2016〕8号,同意金坛区公安局西城派出所更名为常州市公安局金坛分局西城派出所。

常州市公安局金坛分局滨湖派出所
(副科级建制)

所 长 尹黎平
教 导 员 刘建忠(至10月)

注:2016年5月3日坛编字〔2016〕8号,同意金坛区公安局滨湖派出所更名为常州市公安局金坛分局滨湖派出所。

常州市公安局金坛分局东城派出所
(副科级建制)

所 长 孙 凯
教 导 员 徐奕平

注:2016年5月3日坛编字〔2016〕8号,同意金坛区公安局东城派出所更名为常州市公安局金坛分局东城派出所。

常州市公安局金坛分局金城派出所
(副科级建制)

所 长 严 冬
教 导 员 武国华(至10月)
王建国(10月任)

注:2016年5月3日坛编字〔2016〕8号,同意金坛区公安局金城派出所更名为常州市公安局金坛分局金城派出所。

常州市公安局金坛分局薛埠派出所
(副科级建制)

所 长 杨 凯(至10月)
张卫忠(10月任)
教 导 员 冯志明(至10月)
徐伟亮(11月任)

注:2016年5月3日坛编字〔2016〕8号,同意金坛区公安局薛埠派出所更名为常州市公安局金坛分局薛埠派出所。

常州市公安局金坛分局儒林派出所
(副科级建制)

所 长 柏国新
教 导 员 张柏盛(至10月)

注:2016年5月3日坛编字〔2016〕8号,同意金坛区公安局儒林派出所更名为常州市公安局金坛分局儒林派出所。

常州市公安局金坛分局水北派出所
(副科级建制)

所 长 汪云涌(至10月)

教导员　冯　力(至10月)

注:2016年5月3日坛编字〔2016〕8号,同意金坛区公安局水北派出所更名为常州市公安局金坛分局水北派出所。

常州市公安局金坛分局
尧塘派出所
(副科级建制)

所　　长　蒋志平(至10月)
　　　　　汪云涌(10月任)
教导员　王建国(至10月)
　　　　　徐志兵(10月任)

注:2016年5月3日坛编字〔2016〕8号,同意金坛区公安局尧塘派出所更名为常州市公安局金坛分局尧塘派出所。

常州市公安局金坛分局
直溪派出所
(副科级建制)

所　　长　栾留康
教导员　尹　辉(11月任)

注:2016年5月3日坛编字〔2016〕8号,同意金坛区公安局直溪派出所更名为常州市公安局金坛分局直溪派出所。

常州市公安局金坛分局
建昌派出所
(副科级建制)

所　　长　徐明华(至10月)
　　　　　纪卫平(10月任)
教导员　纪卫平(至10月)

注:2016年5月3日坛编字〔2016〕8号,同意金坛区公安局建昌派出所更名为常州市公安局金坛分局建昌派出所。

常州市公安局金坛分局
指前派出所
(副科级建制)

所　　长　曹年波
教导员　花敖庆(11月任)

注:2016年5月3日坛编字〔2016〕8号,同意金坛区公安局指前派出所更名为常州市公安局金坛分局指前派出所。

常州市公安局金坛分局
社头派出所
(副科级建制)

所　　长　于青华(11月任)
教导员　徐志兵(至10月)

注:2016年5月3日坛编字〔2016〕8号,同意金坛区公安局社头派出所更名为常州市公安局金坛分局社头派出所。

常州市公安局金坛分局
朱林派出所
(副科级建制)

所　　长　张卫忠(至10月)
　　　　　冯　龑(11月任)
教导员　卢　涛(11月任)

注:2016年5月3日坛编字〔2016〕8号,同意金坛区公安局朱林派出所更名为常州市公安局金坛分局朱林派出所。

常州市公安局金坛分局
西岗派出所
(副科级建制)

教导员　潘志慧(11月任)

注:2016年5月3日坛编字〔2016〕8号,同意金坛区公安局西岗派出所更名为常州市公安局金坛分局西岗派出所。

常州市公安局金坛分局
茅麓派出所
(副科级建制)

所　　长　张留方(至10月)

注:2016年5月3日坛编字〔2016〕8号,同意金坛区公安局茅麓派出所更名为常州市公安局金坛分局茅麓派出所。

常州市公安局金坛分局
水上派出所
(水上警察大队)
(副科级建制)

所　　长　陈俊华(至10月)
大队长　武国华(10月任)
教导员　周洪俊(11月任)

注:2016年5月3日坛编字〔2016〕8号,同意金坛区公安局水上派出所(加挂"水上警察大队"牌子)更名为常州市公安局金坛分局水上派出所(加挂"水上警察大队"牌子)。

金坛区监察局

局　　长　俞云法
副局长　史金兔(至8月)
　　　　　樊　莹*(至8月)
　　　　　陆　斌(8月任)
　　　　　汤国忠
　　　　　张永明(至8月)

金坛区民政局

党委书记　刘留生
局　　长　史荣生(享受副处级)
党委副书记　史荣生
副局长　丁秀良
　　　　　聂卫斌
　　　　　金朝霞*(5月任)
　　　　　赵济红*
纪委书记　张国强

金坛区老龄工作委员会办公室

主　　任　史荣生(享受副处级)
副主任　唐彤煜
　　　　　王　瑶*

金坛区司法局

党组书记、局长　岳惠剑(至8月)
　　　　　　　　朱珍娣*(8月任)
副局长　冯　琴*(至10月)
　　　　　马红星
　　　　　郭小强

金坛区财政局

党组书记　李留清(兼,至5月)
　　　　　于忠俊(5月任)
局　　长　李留清(兼,至1月)
　　　　　于忠俊(5月任)
副局长　吴振华
　　　　　张建俊(至8月)
　　　　　张永明(8月任)
纪检组长　严国庆
总会计师　刘国平

金坛区建设资产经营有限公司
(参照副科级管理)

董事长、总经理　黄国忠

金坛区惠金建设投资发展有限公司
(参照副科级管理)

执行董事、总经理　郑美华*(至8月)

金坛区人力资源和社会保障局

党委书记　毛卫平(至5月)
　　　　　王少云(5月任)
局　　长　李戈保(至5月)
　　　　　王少云(5月任)
党委副书记　李戈保(至5月)
　　　　　　刘建华

副局长 杨亚明
王俊平
王志东
王金华
陈国强
纪委书记 汤洪俊

金坛区社会保障服务中心
(副科级建制)

主　任 冯东晖(10 月任)

金坛区就业和人力资源服务中心
(副科级建制)

主　任 王洪俊(10 月任)

金坛区劳动监察大队
(副科级建制)

大队长 陈俊平(10 月任)

常州市国土资源局金坛分局

党委书记、局长 黄克洪(兼)
党委副书记 汤　芳*
副局长 陈建忠
汤　芳*
潘洪军
潘政权
纪委书记 王立兴

注:2015 年 7 月 17 日常办发〔2015〕46 号,明确金坛市国土资源局更名为常州市国土资源局金坛分局。

金坛区住房和城乡建设委员会

党委书记 杨晓武
主　任 陈建军(至 5 月)
杨晓武(5 月任)
党委副书记 陈建军(至 5 月)
尹志文
副主任 高国俊(至 4 月)
庄新民
杨金南(至 11 月)
孟国芳(至 12 月)
李洪年
王芝滨
林　燕*(至 5 月)
纪委书记 尹志文
总工程师 李洪年

金坛区民防局

党组书记、局长 唐志明(至 11 月)
季明华(11 月任)
副局长 柏国平
杨树清
纪检组长 徐国强

金坛区地震局

局　长 高国俊(至 4 月)
王一新(11 月任)

金坛区人民政府住房制度改革办公室
(副科级建制)

党支部书记 邓　钰*
主　任 林　燕*(至 5 月)

金坛区园林管理处
(副科级建制)

党支部书记 庄新民(至 10 月)
主　任 庄新民(至 10 月)
沈　钢(10 月任)

金坛区人民政府房屋征收与补偿办公室
(副科级建制)

主　任 杨晓武(至 10 月)
李铁锋(10 月任)

金坛建设产业集团有限公司
(参照副科级管理)

董事长、总经理 李文俊

金坛区交通运输局

党委书记 陈忠平
局　长 陆礼军(至 5 月)
陈忠平(5 月任)
党委副书记 陆礼军(至 5 月)
王小平
副局长 陈忠平(至 5 月)
徐科峰
孙俊华
陈锁连
纪委书记 吕双贵
总工程师 俞云翔(10 月任)

金坛区公路管理处
(副科级建制)

党支部书记 孙俊华(至 10 月)
戴息林(10 月任)
主　任 孙俊华(至 10 月)
张永浩(10 月任)

金坛区航道管理处
(副科级建制)

党支部书记 史顺忠

金坛区运输管理处
(副科级建制)

党支部书记 马国盛(10 月任)
主　任 陈国平(至 4 月)
马国盛(10 月任)

金坛区地方海事处
(副科级建制)

党支部书记 戴息林(至 10 月)
李国华(10 月任)
处　长 谢息连(至 9 月)
李国华(10 月任)

金坛区乡镇交通运输综合管理所
(副科级建制)

党支部书记 张海燕*
所　长 朱　俊

金坛区交通产业集团有限公司
(参照副科级管理)

董事长、总经理 李国华(至 10 月)

金坛区水利局

党委书记 刘海明
局　长 钱为民
党委副书记 钱为民
陈荣斌
副局长 朱网富
徐小龙
刘海祥
王卫国
纪委书记 陈荣斌(至 8 月)
李志根(8 月任)
总工程师 张建成

金坛区水务局

局　长 钱为民

金坛区农林局

党委书记 闫炳泉(8 月任)
局　长 闫炳泉
党委副书记 闫炳泉(至 8 月)
姚江隽
副局长 束卫平
任林勇(至 5 月)
周建立(至 8 月)
胡国强
李亚东(5 月任)
蒋林忠
邓九胜
纪委书记 姚江隽
总农艺师 吴志华

金坛区茅山老区经济开发办公室

主　任 束卫平(至 8 月)
闫炳泉(8 月任)

金坛区农业技术推广中心

副主任 胡国强

金坛区商务局

党组书记、局长 宗 华
副局长 杨颐华
束鸣东(11月任)
虞青平*
聂文辉

金坛区文化广电体育局

党委书记 臧 华
局 长 贺进军(至11月)
党委副书记 贺进军(至11月)
吕 品*(至8月)
副局长 汤慧兵
李国平
徐罗林
纪委书记 吕 品*(至8月)
李 玮(8月任)

金坛区新闻出版局

局 长 臧 华

金坛区卫生和计划生育局

党委书记、局长 李志芳
党委副书记 李建军
袁永炜
副局长 袁永炜
张 萍*(至8月)
庞巧红*
董文兵
苏建华(至5月)
纪委书记 林金祥

金坛区人民医院

党委书记 李国民
院 长 苏建华(8月任)
代理院长 苏建华(至8月)
党委副书记 苏建华
副院长 田声望
徐 群
丁需清(至9月)
徐 颖(10月任)
纪委书记 吴平涛*

金坛区中医医院
(副科级建制)

党总支部书记、院长 吴 杰

金坛区卫生监督所
(副科级建制)

党支部书记 李小平
所 长 林小俊

金坛区疾病预防控制中心
(副科级建制)

党支部书记 王小忠
主 任 杨小平

金坛妇幼保健计划生育服务中心
(金坛妇幼保健所)
(副科级建制)

主 任 潘凌燕*(10月任)

注:2016年1月25日坛编办字〔2016〕3号,明确中心机构规格为相当副科级建制。

金坛区市场监督管理局

党委书记 李晶阳
局 长 彭田夫
党委副书记 彭田夫
万冬平
副局长 李晶阳
郭小平(至4月)
王伟政
喜晶颖
邓奋华
于炳忠
张 俊
王东方
马迎俊
纪委书记 周 群

金坛区食品药品监督管理局

局 长 彭田夫

金坛区食品安全委员会办公室

主 任 彭田夫

金坛区市场监督管理局东城分局
(副科级建制)

局 长 宋志龙(10月任)

金坛区市场监督管理局西城分局
(副科级建制)

局 长 李建军(10月任)

金坛区市场监督管理局金城分局
(副科级建制)

局 长 陈春梅(10月任)

金坛区市场监督管理局薛埠分局
(副科级建制)

局 长 陈国富(10月任)

金坛区市场监督管理局直溪分局
(副科级建制)

局 长 沈 斌(10月任)

金坛区市场监督管理局朱林分局
(副科级建制)

局 长 葛洪俊(10月任)

金坛区市场监督管理局指前分局
(副科级建制)

局 长 储 庆(10月任)

金坛区市场监督管理局儒林分局
(副科级建制)

局 长 王光明(10月任)

金坛区市场监督管理局尧塘分局
(副科级建制)

局 长 范卫庆(10月任)

金坛区市场监督管理稽查大队
(副科级建制)

大队长 张防俊(10月任)

金坛区审计局

党组书记、局长 闵国华
副局长 戴国忠
张小华
谭益民

金坛区环境保护局

党组书记、局长 吴 寅
副局长 薛金华
陈 云
戴卫忠
钱 炜
纪检组长 尹虹琰*(至12月)

金坛区太湖水污染防治办公室

主 任 吴 寅

金坛区环境监察大队
(副科级建制)

大队长、教导员 杨年庆(至5月)

金坛区规划局

党组书记 陈建军
局 长 陈建军(5月任)
副局长 杨建忠
张小平
彭云俊
总规划师 张小平
纪检组长 王跃新(10月任)

金坛区城市管理局

党委书记 潘国康(至10月)
局 长 樊玉定
党委副书记 樊玉定
陈 旭*(至12月)
副局长 童国云
殷金林
沈菊才(至9月)
姜秋生
纪委书记 陈 旭*(至12月)

金坛区城市管理行政执法局

局　　长　樊玉定
副 局 长　童国云
　　　　　殷金林
　　　　　沈菊才(至9月)
　　　　　姜秋生

金坛区城市管理监督指挥中心

主　　任　樊玉定
副 主 任　周建华

金坛区城市管理行政执法大队
(副科级建制)

大 队 长　黄国庆
教 导 员　邓爱乐

金坛区统计局

党组书记　丁建新
局　　长　周新生(兼)
副 局 长　丁建新
　　　　　李卫平

金坛区综合抽样调查队
(副科级建制)

队　　长　史悦平*

江苏省统计局金坛调查局局长
(副科级建制)

局　　长　史悦平*

金坛区安全生产监督管理局

党组书记、局长　王少云(至5月)
　　　　　　　　韩巧生(5月任)
副 局 长　薛明生
　　　　　孙伟良
　　　　　于国忠
纪检组长　陈晓伟*(10月任)

金坛区民族宗教事务局

局　　长　柏虎斌

金坛区供销合作总社

党委书记、理事会主任　史一飞
理事会副主任　周林海
　　　　　　　高勇军(10月任)

江苏省金坛经济开发区

党工委书记　沈新峰(兼,至5月)
　　　　　　李　皓(兼,6月任)
管委会主任　李　皓(兼,至6月)
党工委副书记　李　皓(兼,至6月)
　　　　　　　陈国荣(至5月)
　　　　　　　张小平(至7月)
　　　　　　　李佳真*(至11月)
　　　　　　　杨　健(5月任)
　　　　　　　王　勇(5月任)
管委会副主任　卢建新
　　　　　　　杨　健(至5月)
　　　　　　　周　涌(至5月)
　　　　　　　朱粉扣
　　　　　　　谢晓骏
　　　　　　　李　俊
　　　　　　　唐友明(8月任)
纪工委书记　李佳真*(至8月)
　　　　　　施小民(8月任)

江苏省金坛经济开发区综合办公室
(副科级建制)

主　　任　徐　忠

江苏省金坛经济开发区组织人事局
(副科级建制)

局　　长　施小民

江苏省金坛经济开发区科技经贸局
(副科级建制)

局　　长　李冬英*(至8月)
　　　　　刘　纲(8月任)

江苏省金坛经济开发区规划建设局
(副科级建制)

局　　长　唐友明(至8月)
　　　　　朱海俊(8月任)

江苏省金坛经济开发区财政局
(副科级建制)

局　　长　谢晓骏(至8月)
　　　　　严云霞*(8月任)

金坛区华罗庚科技园

管委会主任　卢建新(至8月)

金坛华罗庚科技产业园

党工委书记　李　皓(兼,8月任)
管委会主任　杨　健(8月任)
党工委副书记　杨　健(8月任)
管委会副主任　于立俊(8月任)
　　　　　　　李　俊(8月任)
　　　　　　　李冬英*(8月任)
　　　　　　　邹文龙(8月任)
　　　　　　　陈　云(12月任)

注:2016年10月14日坛委发〔2016〕45号,设置中共金坛华罗庚科技产业园工作委员会、金坛华罗庚科技产业园管理委员会,分别为区委、区政府正科级派出机构,在江苏省金坛经济开发区党工委、管委会统筹下独立运行。

东城街道

党工委书记　张小平(至7月)
　　　　　　王　勇(7月任)
人大工委主任　黄立群
办事处主任　王　勇(至5月)
　　　　　　吴军华*(5月任)
党工委副书记　王　勇(至5月)
　　　　　　　吴军华*(5月任)
　　　　　　　黄立群
办事处副主任　何一琪(至5月)
　　　　　　　徐明贤(至5月)
　　　　　　　杨震龙(5月任)
　　　　　　　庄月芳(5月任)
　　　　　　　陈云翔
纪工委书记　田粉忠

尧塘街道

党工委书记　陈国荣(至5月)
　　　　　　杨　健(5月任)
办事处主任　刘国荣
政协工委主任　吴　俊(至5月)
党工委副书记　刘国荣
　　　　　　　张罗明
人大工委副主任　岳国林(至5月)
　　　　　　　　郭和平(5月任)
办事处副主任　汤留忠(至5月)
　　　　　　　郭和平(至5月)
　　　　　　　顾永华(至11月)
　　　　　　　岳　松(5月任)
　　　　　　　朱丹俊(5月任)
纪工委书记　孙红琴*

西城街道

党工委书记　史顺年
人大工委主任　殷　俊
办事处主任　史顺年(至5月)
　　　　　　林　燕*(5月任)
党工委副书记　林　燕*(5月任)
　　　　　　　殷　俊
　　　　　　　尹　韧
办事处副主任　尹　韧
　　　　　　　吴军华*(至5月)
　　　　　　　蒋玉新
　　　　　　　季锁平(5月任)
纪工委书记　张祥生(至5月)
　　　　　　许志明(5月任)
党政办主任　周　玲*(5月任)

江苏省金坛茅山旅游度假区

党工委书记　刘小平(兼)
管委会主任　刘小平(至7月)
党工委副书记　于忠俊(至5月)
　　　　　　　李戈保(5月任)

陆礼军(5月任)
史云峻(兼,8月任)
副主任 刘 斌(至5月)
李戈保(5月任)
史云峻
王益民
佘义洪
纪工委书记 吴 英*

江苏省金坛茅山旅游度假区财政局
(副科级建制)

局 长 黄勤萍*(8月任)

江苏省金坛长荡湖旅游度假区

党工委书记 陈锁龙(兼)
管委会主任 孙国林(享受副处级,至5月)
党工委副书记 孙国林(享受副处级)
陶 俊(兼,8月任)
孙 坚(8月任)
管委会副主任 孙国林(5月任)
陶 俊(兼,8月任)
周建立(8月任)
李志根(至8月)
刘 军(至8月)
纪工委书记 孙 坚(8月任)

江苏省金坛长荡湖
旅游度假区党政办
(副科级建制)

主 任 丁 皓(8月任)

江苏省金坛长荡湖
旅游度假区规划建设局
(副科级建制)

局 长 张大勇(8月任)

江苏省金坛长荡湖旅游
度假区综合管理局
(副科级建制)

局 长 孙伟忠(8月任)

江苏省金坛长荡湖
旅游度假区财政局
(副科级建制)

局 长 宋建春(8月任)

注:2016年1月29日常编〔2016〕28号,明确江苏省金坛长荡湖旅游度假区管委会规格为副处级。

金坛区政务服务管理办公室

党工委书记 曹国民
主 任 郭小剑(至5月)
巫政强(5月任)
党工委副书记 郭小剑(至5月)
巫政强(5月任)
副主任 王云平
奚屹峰
纪工委书记 蒋学军

金坛区政务服务中心

主 任 郭小剑(至5月)
巫政强(5月任)

金坛区公共资源交易中心

主 任 郭小剑(至5月)
巫政强(5月任)

金坛区人民法院

党组书记、院长 宋文良
党组副书记 庄克平
副院长 庄克平
翁生荣(至10月)
庄 严
胡 哲
纪检组长 包水平
审委会专职委员 汤罗兆
俞卫忠
政治处主任 于 进(至8月)
吴卫东(12月任)

金坛区人民法院执行局
(副科级建制)

局 长 金昌大

金坛区人民法院司法警察大队
(副科级建制)

大队长 姚为民

注:2016年10月13日坛编字〔2016〕30号文,同意朱林、薛埠、水北3个基层人民法庭机构规格为副科级。

金坛区人民检察院

党组书记 蔡和方(至12月)
王 强(12月任)
检察长 蔡和方(至12月)
代理检察长 王 强(12月任)
副检察长 王 强(12月任)
沈宏伟
王 初
蒋志书(8月任)
纪检组长 蒋 涛
检委会专职委员 田 娟*(8月任)
政治处主任 田 娟*

金坛区人民检察院反贪污贿赂局
(副科级建制)

局 长 王 初(至8月)
王 伟(8月任)

金坛区人民检察院反渎职侵权局
(副科级建制)

局 长 王 伟(至8月)

金坛区人民检察院司法警察大队
(副科级建制)

教导员 杨国平(8月任)

金坛区人民武装部

党委第一书记 范寿柏(至3月)
狄志强(3月任)
政 委 朱建清
部 长 王建斌(至5月)
副部长 印建云

民主党派和群众团体

民盟

主任委员 杜跃华(兼,享受正处级生活待遇)
副主任委员 朱亚群*
姚锁生
庄 严

金坛区总工会

党组书记、主席 冯锁强
副主席 石新华
荆 霞*(10月任)

共青团金坛区委员会

党组书记、书记 许海连
副书记 张 婕*
李俊平(至8月)
袁海涛

金坛区妇女联合会

党组书记、主席 朱珍娣*(至8月)
钱永锋*(8月任)
副主席 钱永锋*(至8月)
戴 露*(10月任)

金坛区科学技术协会

党组书记、主席 王浩明
副主席 蒋云清
束鸣东(至11月)
范献忠(11月任)
董文兵(8月任)

陈　云
邓九胜
吴　芳*(8月任)
盛荣生(8月任)
孙铁囤(8月任)
姜方俊(8月任)

金坛区工商业联合会

党组书记、主席　朱　霞*
副 主 席　邓建平
王建国
朱留洪
陈葆华
曹建国
张伟华
陈国平
荀建华
王建华
韩永祥
李国庆*
潘雪平
戚建国
李连富
费建林
周国平
吴长全
王向东

金坛区归侨侨眷联合会

主　　席　李佳真*(11月任)
副 主 席　季明华(至11月)
王　跃
孙铁囤
谈东华
郑满香*
李　晴*(11月任)

金坛区文学艺术界联合会

党组书记　李　平
主　　席　祝洪林(至8月)
姚锁生(8月任)
党组副书记　祝洪林(至8月)
副 主 席　李　平
金寿彭
李国平
许　靖*
程云仲

金坛区残疾人联合会

党组书记、理事长　曹玉芳*
副理事长　许忠平

金坛区红十字会

会　　长　王艳红*(兼)
副 会 长　沈建国
徐海平(至8月)
聂卫斌
苏建华

各　镇

金城镇

党委书记　孟敖祥(至5月)
董龙庆(兼,5月任)
人大主席　王　涛
镇　　长　吴志高(至5月)
李　祁(5月任)
政协工委主任　王国新
党委副书记　吴志高(至5月)
李　祁(5月任)
王国新(5月任)
潘明志
人大副主席　朱国平(至5月)
陈丹锋(11月任)
副 镇 长　黄　强(至4月)
李亚东(至5月)
孙桂华(5月任)
谢　栋
杨年庆(5月任)
曹丽珺*(至5月)
陈旭清
纪委书记　潘明志(至5月)
耿新民(5月任)

金坛金城科技产业园

党工委书记　董龙庆(兼,8月任)
管委会主任　李　祁(8月任)
党工委副书记　李　祁(8月任)
管委会副主任　王国新(8月任)
谢　栋(8月任)
杨年庆(8月任)
陈旭清(8月任)

薛埠镇

党委书记　于忠俊(至5月)
陆礼军(5月任)
镇　　长　刘　斌
人大主席　周金柱(至5月)
吕金平(5月任)
政协工委主任　吕金平(至5月)
党委副书记　刘　斌
周金柱(至5月)
张叶华(5月任)
人大副主席　鞠土华(至5月)
崔鑫福(11月任)
副 镇 长　孙桂华(至5月)
耿新民(至5月)
胡国英*
杨小保
章成荣(5月任)
陆游如
纪委书记　许荣俊

直溪镇

党委书记　董龙庆(至5月)
吴志高(5月任)
人大主席　钱国祥
镇　　长　韩巧生(至5月)
徐　飞(5月任)
政协工委主任　王留春(至5月)
党委副书记　韩巧生(至5月)
张叶华(至5月)
徐　飞(5月任)
王和平(5月任)
人大副主席　吕爱福(至5月)
陈锁平(11月任)
副 镇 长　金朝霞*(至5月)
陈锁平(至11月)
谢晓贤
罗　斌
范水庆
尹冬妹*(11月任)
纪委书记　王和平(至5月)
周君华(5月任)

朱林镇

党委书记　周文俊(至5月)
王新强(5月任)
镇　　长　王新强(至5月)
周　涌(5月任)
人大主席　朱福金
党委副书记　王新强(至5月)
周　涌(5月任)
于建林
人大副主席　杨文君(11月任)
副 镇 长　周金虎(至5月)
胡卫平
陈小芳*(5月任)
顾照平
杨擒龙

纪委书记　朱训杰（至5月）
　　　　　徐程萍*（5月任）

指前镇

党委书记　诸葛林
人大主席　王月林
镇　　长　姜金华
党委副书记　姜金华
　　　　　　施　顺
人大副主席　邹国俊（至5月）
　　　　　　唐　亮（11月任）
副 镇 长　张国忠（5月任）
　　　　　冯　梁
　　　　　赵林华
　　　　　徐建华（至5月）
　　　　　朱训杰（5月任）
纪委书记　韩寅飞

儒林镇

党委书记　孙国林（享受副处级）
镇　　长　徐　飞（至5月）
　　　　　刘金保（5月任）
人大主席　庄振华（至5月）
　　　　　周金柱（5月任）
党委副书记　徐　飞（至5月）
　　　　　　刘金保
　　　　　　任林勇（5月任）
人大副主席　张柯林（至5月）
　　　　　　徐建华（11月任）
副 镇 长　徐沪平（至5月）
　　　　　张国忠（至5月）
　　　　　范献忠（至11月）
　　　　　顾永华（11月任）
　　　　　徐建华（5月任，至11月）
　　　　　朱云冰
　　　　　刘　军（8月任）
　　　　　严　波（5月任）
纪委书记　庄振华（至5月）
　　　　　王　薇*（5月任）

区属国有公司

江苏金坛投资控股有限公司

董 事 长　葛惠明
总 经 理　葛惠明（至5月）
　　　　　毛卫平（5月任）
副总经理　周　胜
　　　　　陆小虎（至11月）
　　　　　徐留军（11月任）
　　　　　张国庆（12月任）
监事会主席　张　铧（8月任）
总经理助理　潘忙青（12月聘）

注：2016年4月20日坛政发〔2016〕34号，明确江苏金坛建设发展有限公司为区政府作为唯一出资人的从事城市建设和旅游开发的国有独资公司，为区政府管理的国有资本投资公司。

注：2016年8月5日区委常委会研究讨论决定，江苏金坛投资控股有限公司董事长、总经理按照正科领导职务序列进行管理。公司副总经理、监事会主席按照副科领导职务序列进行管理。

江苏金坛建设发展有限公司

董 事 长　刘亦波（8月任）
总 经 理　张建俊（8月任）
副总经理　李俊平（8月任）
　　　　　倪益民（8月任）
　　　　　李文俊（8月任）
　　　　　郑美华*（8月任）
监事会主席　徐海平（8月任）

注：2016年4月20日坛政发〔2016〕34号，明确江苏金坛建设发展有限公司为区政府作为唯一出资人的从事城市建设和旅游开发的国有独资公司，为区政府管理的国有资本投资公司。

注：2016年4月16日区委常委会研究讨论决定，江苏金坛建设发展有限公司董事长、总经理按照正科领导职务序列进行管理。公司副总经理、监事会主席按照副科领导职务序列进行管理。

江苏金坛华罗庚科技产业发展有限公司

总 经 理　谢臣相（8月任）
副总经理　王崇岭（10月聘）

注：2016年11月18日坛政办发〔2016〕157号，明确组建江苏金坛华罗庚科技产业发展有限公司，作为华科园开发建设的国有的企业主体。金坛华科为区政府管理的国有资本运营公司，由金坛控股、常投集团履行出资人职责。

注：2016年8月5日区委常委会研究讨论决定，江苏金坛华罗庚科技产业发展有限公司董事长、总经理按照正科领导职务序列进行管理。公司副总经理按照副科领导职务序列进行管理。

江苏茅山旅游控股有限公司

董 事 长　史云峻（8月任）
总 经 理　史云峻（8月任）

注：2016年11月18日坛政办发〔2016〕156号，明确组建江苏茅山旅游控股有限公司，作为茅山区域开发建设的主要国有的企业主体。茅山控股为区政府管理的国有资本运营公司，由金坛建设履行出资人职责。

注：2016年8月5日区委常委会研究讨论决定，江苏茅山旅游控股有限公司董事长、总经理按照正科领导职务序列进行管理。公司副总经理按照副科领导职务序列进行管理。

江苏长荡湖旅游控股有限公司

董 事 长　陶　俊（8月任）
总 经 理　陶　俊（8月任）

注：2016年4月20日坛政办发〔2016〕32号，明确组建江苏长荡湖旅游控股有限公司，作为度假区开发建设的国有的企业主体。长荡湖控股为区政府管理的国有资本运营公司，由金坛建设履行出资人职责。

注：2016年4月16日区委常委会研究讨论决定，江苏长荡湖旅游控股有限公司董事长、总经理按照正科领导职务序列进行管理。公司副总经理按照副科领导职务序列进行管理。

注：1. 区委、区人大常委会、区政府、区政协及其他机构领导人均收录至2016年12月。
2. 姓名右上角有*者为女性。

（区委组织部、区志办）

（编辑　方　骊）

工　业

综　述

2016年，全区工业战线围绕“两个加快”主基调，狠抓招商引资和项目推进，强化运行监测，不断巩固、完善工业园区基础设施建设，工业经济逆势前行，在保增长、调结构、促转型等方面取得较好业绩，主要经济指标增幅均位列常州地区前列。

全年完成工业总产值1332.16亿元，比上年增长20.19%，实现销售收入1273.98亿元、增加值293.56亿元、利税157.85亿元、利润109.54亿元，分别增加20.18%、18.57%、18.45%和15.49%。其中，规模工业总产值1217.76亿元，增长20.96%；实现销售收入1216.58亿元，增长22.16%；实现工业增加值292.18亿元，增长16.50%；实现利税总额139.87亿元，增长18.93%；实现利润94.59亿元，增长19.69%。全年新办民营企业1428家，新增个体工商户3159户，新增注册资本122.39亿元。

汽车及零部件行业成为全区第五大支柱行业。光伏新能源业与装备制造业占比领先；纺织服装业表现稳定，增幅扩大；五大行业仅化工及新材料业同比微跌。装备制造业127家规模企业实现开票销售181.95亿元，同比增长14.97%；光伏新能源行业33家规模企业实现开票销售181.12亿，同比增长21.98%；纺织服装行业109家规模企业实现开票销售106.38亿元，同比增长6.26%；汽车及零部件行业31家规模企业实现开票销售138.45亿元，同比增长244.01%；化工及新材料行业120家规模企业实现开票销售135.32亿元，同比下降1.59%。

（杨兆平　贺金元）

【转型升级】 2016年，全区企业在技术创新、两化融合、品牌建设方面持续发力。赛尔交通的“高速列车高照度高可靠智能型前照灯系统”获评省中小企业专精特新产品；金坛汽车、斯威克光伏、南方光纤3家企业生产线被认定为省示范智能车间，盛利维尔、凯灵电器、久诺建材3家企业生产线被认定为常州市级智能车间；凡登、盛利维尔2家企业获得省级企业技术中心称号；中盐金坛、凯灵电器、斯威克光伏3家企业获得省级工程中心称号；省经信委授予中盐金坛、斯威克光伏、金坛汽车3家企业五星级数字企业；丰登作物保护股份有限公司的“丰登”商标获中国驰名商标称号，威龙制药机械、易成电力、银晶光电3个企业的商标获省著名商标称号；4项标准被批准为国家标准，8项标准被批准为行业标准。

【节能降耗】 推动节能降耗，加大淘汰落后产能力度，引导企业绿色发展，提高综合效益。加强重点用能企业监管，积极开展节能宣传周活动，督促重点用能企业加强用能管理，提高能源使用效率。全年组织22家企业开展清洁生产审核，对27家重点用能企业进行节能专项监察。鼓励企业采用先进技术，实现节能减排增效，完成3家工业技改投资项目的节能评估。2016年，全区规模以上工业万元产值能耗比上年下降12.39%。

【墙材革新和散装水泥发展】 强化新墙材和散装水泥的执法和政策宣传，不断巩固省“禁粘”示范镇、散装水泥示范镇创建成果，开展专项执法行动，加快关闭黏土砖窑，进一步规范新型墙材、预拌砂浆、散装水泥的生产、应用，促进生产企业资质认定，改变无序竞争状况，保护生产企业利益。全年散装水泥供应量401.1万吨，比上年下降7.28%；预拌砂浆供应量21.65万吨，下降3.05%；预拌混凝土供应量143.8万立方米，下降20.11%。区墙散办先后获得2016年度全省墙材革新工作先进单位、2016年度全省散装水泥工作先进单位、2015～2016年省散装水泥宣传工作先进单位、常州市墙材革新工作考核优秀奖、常州市散装水泥工作考核优秀奖等荣誉称号。

【信用体系建设】 年内，成立社会信用体系建设工作办公室，增强社会成员诚信意识，营造优良信用环境，提升整体竞争力，促进社会发展与文明进步。信用办加大对担保公司监管力度,提高其经营规范性,增强其业务运作能力和风险防控能力,充分发挥其对小微企业融资的支持作用。全年新增担保4.19亿元,比上年下降19.42%;在保余额3.36亿元,比上年下降13.85%。

【两化融合】 年内,推进两化深度融合,加快产业转型升级,提升智能制造水平。金坛汽车、中盐金坛获评工信部两化融合管理体系贯标试点企业;金坛汽车、中盐常化、盛利维尔3家企业获评省两化融合管理体系贯标试点企业,中盐常化已完成认定,成为全区首家获得证书的两化融合贯标企业;金坛汽车获评省互联网与工业融合创新示范企业,盛利维尔和埃马克获评省互联网与工业融合创新试点企业;金坛汽车获评省两化融合网络信息安全试点企业。

鼓励传统工业企业积极开展电商拓市,在网上购销、供应链管理和服务等重点环节加快电商应用和平台建设,建设具有行业特色B2B电子交易平台或大宗商品电子交易平台。金坛汽车、华兴电子、埃马克、君诚新材料、利步瑞5家企业获得省企业互联网化提升项目,凯灵电器获得2016年常州市信息化推进专项资金。

【交流提升】 年内,组织企业参加江苏产品万里行、江苏国际服装节、常州先进制造技术成果展示洽谈会等活动,帮助企业展示自身形象,扩大企业影响,开拓国内外市场。组织企业参加"第十一届中国常州先进制造技术成果洽谈会"等活动,组织企业参加宁夏、成都等地的展会。加强与常州科教城的对接,组织企业走进科研院所,巩固与上海交大、南航、华东理工等高校院所的合作,引进国内外人才智力。开展"互联网与中小企业转型升级"等专题培训,帮助企业经营管理人员明确下一步发展的方向。组织企业参加第二期产城融合(创新创业工业领军人才)专题班(清华大学)、2016年智能制造专题培训班(中山大学)等培训。

【地条钢企业专项整治】 年内,按照供给侧结构性改革"去产能"和环保专项整治的统一部署,区经信局联合发改委、市场监管局,对全区涉钢企业进行全面排查,对6家地条钢企业对照政策做到彻底断电断水,彻底捣毁生产设备,彻底清理厂房,彻底没收生产原材料,彻底没收产品,完成专项整治工作任务。

重大项目建设

【概述】 2016年,全区完成工业实际投入141.81亿元,比上年增长0.89%,完成年计划70.91%。159个重点项目完成实际投入94.29亿元,占全部投入的66.49%。其中,59个续建项目完成实际投入49.16亿元,占全部投入的34.67%;100个新增拟建项目有76个开工建设,完成实际投入45.13亿元,占全部投入的31.82%。其他项目完成实际投入46.31亿元,占全部投入的32.66%。实际投入1000万元以上的项目有206个,完成实际投入130.92亿元,占全部投入的92.32%。

2016年金坛区工业系统创省级以上品牌一览表

表6

品　　牌	产品(商标)	生产企业
江苏省著名商标	BOST及图	常州博瑞油泵油嘴有限公司
	双鑫	江苏鑫隆复合工程材料有限公司
	斯威克英文及图	江苏斯威克新材料有限公司
	巨鹿及图	常州金坛茅麓茶厂

(贺金元)

汽车及零部件行业

【概述】 2016年,全区汽车及零部件行业31家规模企业实现开票销售138.45亿元,比上年增长244.01%,净增开票销售98.20亿元,占规模企业的比重达18.07%,超过纺织服装、化工及新材料业所占比重,位列行业第三。金坛汽车工业所属企业实现工业开票销售111.84亿元,成为全区首家百亿元企业集团;奥托立夫实现开票销售10.66亿元,增长407%,首次跃上10亿元台阶,并呈现良好的成长趋势。汽车及零部件业已真正成为全区工业经济支柱行业。

【众泰汽车获"中国消费者贡献奖"】 "2015年度中国汽车品质总评榜"发布,众泰汽车获评"中国消费者贡献奖"。中国汽车品质总评榜是国内唯一一个以产品质量和客户满意度为导向的汽车评价奖项。

【金坛汽车工业有限公司进入省级互联网与工业融合创新示范企业试点】 5月12日,省经信委发布《关于公布2016年江苏省互联网与工业融合创新示范试点企业名单(第一批)的通知》,区金坛汽车工业有限公司被列为示范企业。金坛汽车工业有限公司以德国工业4.0的国际化工厂为蓝本,将信息化、智能化贯穿于每一个重

众泰汽车金坛基地　　　　（经信局　供稿）

要环节，是具有国际化、智能化和时代感的“智能工厂”，全力打造集整车、新能源汽车、发动机及新能源核心零部件于一体的综合型制造基地。

【金坛汽车工业有限公司入围工信部两化融合贯标试点】 6月1日，工信部公布2016年两化融合管理体系贯标试点企业名单，金坛汽车工业有限公司榜上有名，成为区首家入选工信部两化融合贯标试点的企业。常州共有3家企业入围。2016年两化融合管理体系贯标试点是按照《信息化和工业化深度融合专项行动计划(2013～2018年)》和《工业和信息化部贯彻落实〈国务院关于积极推进“互联网+”行动的指导意见〉的行动计划(2015～2018年)》工作部署，根据《两化融合管理体系要求(试行)》要求制定的。

【江苏凯灵汽车电器有限公司获批组建省级工程中心】 年内，江苏凯灵汽车电器有限公司获批组建省级工程中心。江苏凯灵汽车电器有限公司始创于1981年。多年来，该企业始终坚持“企业进步、技术先行”理念，无触点防水电子喇叭、集成式模块化组合开关等3项专利产品被授予江苏高新技术产品称号，集成式模块化组合开关已通过省火炬项目验收，其中无触点防水电子喇叭和新型高级轿车组合开关已达到国际先进水平，已成为中国汽车零部件业具有系统设计开发、生产配送、市场服务能力的企业，在行业内享有较高的知名度。至2016年年底，区省级以上工程中心达5家、工程研究中心1家。

光伏新能源行业

【概述】 2016年，全区光伏新能源行业33家规模企业实现开票销售181.12亿元，比上年增长21.98%，占规模工业的比重为23.63%，比上年下降0.66个百分点。亿晶、海润(含瑞欣等)、正信在下半年组件价格波动较大的情况下仍然实现较大增长，开票分别达58.25亿元、36.15亿元和31.72亿元，其中海润增幅达87.83%，正信增幅达24.16%。光伏配套企业中信博、泰明同比翻番，中信博以入库税收5310.96万元的业绩首次跨入四星级企业行列；斯威克、天马光伏、裕能石英等企业均实现较快增长。

【亿晶光电新品“彩虹208”居国际领先水准】 年内，常州亿晶光电公司最新研发成功高效太阳能组件新品“彩虹208”，太阳能电池片转换效率超过20.8%，组件转换效率高达18.7%。“彩虹208”系列新品的指标居国际领先水准，而与国家要求的“领跑者”组件标准相比，“彩虹208”系列已超越其中的最高标准——1级标准。“彩虹208”系列主体核心为自行研发的背钝化高效太阳能单晶电池(PERC电池)。电池主要采用原子层沉积三氧化二铝、激光开孔及特殊银铝浆接触技术制备而成。该技术的导入，可有效降低硅表面少子复合速度，提高电池片的开路电压及短路电流，电池片量产转化效率可稳定提高1%以上。使用60片该类PERC电池制备组件，其功率最高可达305瓦，即组件转换效率达18.7%。目前，市场主流单晶组件(60片电池规格)转换效率一般为16.8%左右，亿晶“彩虹208”系列较市场常规组件提高10%以上，具有较大的效率优势。

【正信组件获莱茵TüV发电量最高奖】 4月13日，被誉为“光伏行业奥斯卡颁奖盛典”的2016德国莱茵TüV质胜中国系列光伏峰会在浙江嘉兴开幕。正信光电科技股份有限公司的光伏组件获“PVS莱茵之星2015组件发电量最高奖”，这是继正信获“2015最佳电站EPC企业奖”之后，业界对正信组件的又一次极大肯定。德国莱茵TüV质胜中国系列光伏峰会暨颁奖典礼旨在表彰为行业发展做出突出贡献的优秀企业与行业精英，设置了德国莱茵质胜系列等多个奖项，在为业内领先企业打造完美形象的同时，也让业内人士共同见证企业的成就，树立行业的标杆。

【荀建华入选省百名优秀企业家】 4月8日，在省委、省政府召开的全省推进供给侧结构性改革工作会议上，亿晶光电科技有限公司董事长荀建华入选全省百名优秀企业家。多年来，荀建华带领亿晶光电抵御金融风暴、完善产业链条，从单晶硅棒、单晶硅片到太阳能电池片再到太阳能电池组件，企业在一步步探索中形成了一条完整的产业链。

装备制造行业

【概述】 2016年,全区装备制造行业127家规模企业累计实现开票销售181.95亿元,比上年增长14.97%,占规模工业的比重为23.74%,比上年下降2.15个百分点。从全年来看,全行业1~8月开票销售上半年整体实现增长,7、8两个月连续走低,整体再次呈现负增长状态。源美新材料公司受让武矿股权并恢复生产后,四季度该公司实现开票销售28.13亿元,装备制造业全年实现两位数增长。

【江苏金昇实业股份有限公司入选省百家优秀企业】 4月8日,全省推进供给侧结构性改革工作会议表彰省先进开发区、省优秀企业和省优秀企业家。区江苏金昇实业股份有限公司入选全省百家优秀企业,进一步提升全区民营企业在全省的知名度和影响力。江苏金昇实业股份有限公司是一家以高端装备制造为主的多元化产业集团,业务领域涉及机械制造、纺织工程、建筑房产、生物工程等产业,在全球拥有77处生产工厂和分支机构,业务遍及132个国家和地区,在专用数控机床领域和纤维纺织机械领域领先全球细分市场。

【同方威视科技园项目开工建设】 年内,总投资23亿元的同方威视科技园项目开工建设,项目占地445亩,规划总建筑面积32万平方米,重点建设"一个基地三大中心"(生产基地、产品研发中心、产品展示中心和国际培训中心)。公司依托清华大学和同方威视的研发创新资源,依托南京高校人才聚集地,面向长三角地区的经济、科技和信息前沿,促进新一代安检技术的产品化,推动安检产品智能化转型升级,保持全球竞争中的技术引领优势,为客户提供高效便捷的个性化产品和全方位的体验式培训,竭诚为客户提供最优质的产品和服务。2016年年底,项目竣工并进入试生产阶段。

【埃马克(中国)机械有限公司再次增资】 年内,作为全区投资规模最大的外商投资企业——埃马克(中国)机械有限公司再次增资,本次净增投资总额900万欧元、注册资本300万欧元,由埃马克(亚洲)投资有限公司投入。该公司已连续3次增加投资。增资后,该公司投资总额约2亿欧元。

化工及新材料行业

【概述】 2016年,全区化工及新材料行业120家规模企业实现开票销售135.32亿元,比上年下降1.59%,占规模企业的比重为17.66%,下降4.84个百分点。从全年走势看,全行业处于低迷状态。上半年实现销售66.44亿元,同比下降0.93%。7月、8月全行业实现低位增长。9月全行业再次呈现下滑,并持续低迷到年底。

【中盐金坛推出两款新品盐】 11月16日,中盐金坛公司举办2017年新品发布会,强化抑菌肠衣加工专用盐和抗疫肠衣加工专用盐两种服务型新品首次推向市场,与国内常用普通肠衣盐相比,在保证肠衣微生物水平、灭活病毒、保持弹性和色泽等方面达到国际先进水平,且在成本上有很大优势,是国内肠衣企业取得国际通行证的重要砝码。中国天然肠衣协会会长何德康以及日本、中国台湾和国内各地经销商代表100余人到会。

【沃尔核材公司获评省五星级数字企业】 1月,省经信委公布2015年度江苏省五星级数字企业名单,常州沃尔核材有限公司榜上有名,实现全区企业在该领域零的突破。作为上市公司沃尔核材在长三角地区重点布局的高科技生产基地,常州沃尔核材有限公司的主营业务为新型核辐射改性新材料的研发、生产制造和销售。依托总公司的人才、技术等优势,自2013年投产以来,金坛基地始终坚持走自主科技创新与管理创新相结合的道路,成功将人、财、物、产、供、销六大企业要素有机结合,全面实现信息管理公开化和透明化。

纺织服装行业

【概述】 2016年,全区纺织服装行业109家企业实现开票销售106.38亿元,比上年增长6.26%,占规模工业比重13.88%,下降2.5个百分点。从细分行业看,26家纺织企业实现销售39.65亿元,增长7.77%;83家服装企业实现销售66.73亿元,增长5.38%。全行业净增开票销售6.27亿元,其中晨风公司全年实现销售20.16亿元,净增6.15亿元,首次跨上20亿元台阶。

【晨风集团获全国首个消费品"三同"平台认证】 11月11日,江苏省以常州为试点,开展的国内首个消费品"三同"(即同线、同标、同质,是指出口企业在同一条生产线上,按照相同的标准生产出口和内销产品)公共服务平台正式上线,在首批12家企业当中区晨风集团成功入围。对于企业而言,"三同"是巩固和扩大内销市场、满足国民"消费升级"需求的必然途径。"三同"标准最先在出口食品企业中使用,江苏省率先将"同线、同标、同质"推广至消费品领域。

【晨风(金坛)服饰有限公司获"全国绿化模范单位"】 3月15日,全国绿化委员会作出关于表彰全国绿化模范单位和颁发全国绿化奖章的决定,晨风(金坛)服饰有限公司获得"全国绿化模范单位"荣誉称号,全省共有9家单位获此荣誉,金坛仅1家。近年来,晨风(金坛)服饰有限公司大力弘扬生态文明理念,积极参与国土绿化建设,全面提升厂区绿化水平,不断推进文明和谐的发展环境建设,努力实现人与自然和谐发展。 (杨兆平)

2016 年金坛区五大支柱产业主要经济指标情况表

表 7

指 标 名 称	计量单位	累计实绩	累计 ± %
规模工业总产值			
五大支柱产业合计	亿元	1198.06	21.6
(1)装备制造	亿元	293.50	15.3
(2)汽车及零部件	亿元	190.51	328.3
(3)化工及新材料	亿元	338.89	-0.8
(4)光伏新能源	亿元	246.82	15.3
(5)纺织服装	亿元	128.34	-1.7
规模工业主营业务收入			
五大支柱产业合计	亿元	1195.55	22.9
(1)装备制造	亿元	282.97	14.9
(2)汽车及零部件	亿元	186.52	326.4
(3)化工及新材料	亿元	329.36	-2.8
(4)光伏新能源	亿元	244.96	19.1
(5)纺织服装	亿元	151.75	9.4
规模工业利税总额			
五大支柱产业合计	亿元	137.80	19.5
(1)装备制造	亿元	25.42	11.5
(2)汽车及零部件	亿元	20.49	227.3
(3)化工及新材料	亿元	45.62	-0.6
(4)光伏新能源	亿元	30.91	16.8
(5)纺织服装	亿元	15.36	10.3
规模工业利润总额			
五大支柱产业合计	亿元	92.53	19.9
(1)装备制造	亿元	17.78	23.6
(2)汽车及零部件	亿元	12.36	192.0
(3)化工及新材料	亿元	32.18	0.0
(4)光伏新能源	亿元	21.47	11.1
(5)纺织服装	亿元	8.74	24.3

(赵 峰)

(编辑 储 劼)

开放·开发

综　述

2016年，金坛区委、区政府立足区情，把握大势，谋划全局，把“两个加快”确定为全区工作的第一任务、跨越发展的第一动力，主攻招商引资，强化推进落实，在复杂多变的环境中加快推进开放型经济发展，圆满完成全年各项目标任务，实现“十三五”良好开局。全年完成新增协议注册外资4.67亿美元，同比增长464.1%；完成实际到账外资3.2亿美元，同比增长373.7%，完成协议注册外资3000万美元以上大项目5个。全区完成进出口贸易总值16.71亿美元，同比增长7.2%，完成全年计划的105.1%，进出口和出口两项考核指标完成全年目标任务比和增幅在常州各辖市区均名列第一。共新签外经合同额14228万美元，完成外经营业额15607.96万美元，新批境外投资企业6家，总投资12323.35万美元，同比增加2家，继续保持快速发展的势头。

利用外资及港澳台资

【概述】　2016年，全区完成常州下达的利用外资主要指标，完成新增协议注册外资4.67亿美元，同比增长464.1%；完成实际到账外资3.2亿美元，同比增长373.7%；完成协议注册外资3000万美元以上大项目5个。

2016年以来，由于常州区划调整，外资窗口办件数量大幅增长。在办理外商投资企业合同章程审批和变更过程中，为企业提供详细的政策咨询和业务指导，特别是对重大项目开展全程陪同和跟踪服务。2016年，共办理批准、备案案件181件，同比增长42.5%，提前办结率100%。2016年行政服务中心商务局窗口再次被评为红旗窗口。

【创新行政服务举措】　自2016年10月1日外商投资企业设立变更由审批制改为备案制后，为进一步方便企业办理备案，区商务局窗口工作人员为外商投资企业和外国投资者开通了全程保姆式服务，外商投资企业只要有需求，与窗口工作人员预约代办服务事项后，窗口工作人员就全程指导帮助企业在线填报相关信息，上传相关文件，企业不需要自己动手就可以轻松完成备案登记。成功帮助丰顺文化产业发展（江苏）有限公司等近10家企业完成了设立变更备案，受到企业好评。

【助力项目落户】　年内，加强对外资重点项目进展情况的跟踪力度，为项目报批登记提前提供业务指导。加强与工商、外管等前后道审批登记部门沟通联系，为项目提高落户效率奠定基础，2016年，金坛区新设立的12家外商投资企业全部当天获得商务批准或备案，缩短工商登记时间至1个工作日，促进雷诺德传动、新碧房产、默元养老、丰顺文化产业等一批外商投资企业的快速落户。

【走访企业提升服务】　2016年，区商务局加大走访各类外资企业力度，掌握企业实际诉求，以提高服务外企的针对性。对凡登江苏新材料、思诺高工程机械、司达磁电、大力新科技、凯姆乐电子、兢业制药等20余家企业进行走访服务，帮助企业协调解决运营中遇到的问题。组织开展“外企结对”“外企走访”和招商项目“回头看”活动，通过走访座谈、问卷和专题调研等方式，及时了解企业面临的突出问题，帮助解决困难。

对全区外资企业进行排查，针对符合外商投资鼓励条目的企业，帮助卓郎纺织机械、山进特殊钢、凯姆乐等企业向省商务厅做好进口设备免税备案和申请。针对外商投资企业股份制进一步放开有利条件，区商务局进行主动宣传，引导区内外商投资企业股改运作，并提供全程跟踪服务。积极服务正信股改、盛利维尔、朗博等一批有股改意向的企业，并陪同相关企业获得上级商务部门批准。

对外及对港澳台贸易

【概述】　2016年，面对国内外经济形

势和外贸运行的新情况新变化,全力推动外贸稳定发展。全区完成进出口贸易总值16.71亿美元,同比增长7.2%,完成全年计划的105.1%。其中,出口13.2亿美元,同比增长14.5%,完成年计划的108.2%;进口3.51亿美元,同比下降13.4%,进口和出口两项考核指标完成全年目标任务比和增幅在常州各辖市区均名列第一。全区有进出口实绩企业347家,其中同比增长企业198家,占总量的57%,增量在300万美元以上企业21家,净增进出口额4亿美元,为金坛区外贸发展奠定良好的基础。2016年度进出口500万美元以上企业56家,同比增加5家,进出口总额13.89亿美元,占全年进出口的83.12%。其中,进出口超亿美元企业4家,同比增加2家,分别为晨风、奥托立夫、亿晶、卓郎(江苏)。外贸队伍进一步扩大,新注册海关登记企业114家,为金坛区外贸后续发展集聚了新生动力。2016年,全区外贸以纺织服装、医药化工、机械电子、光伏产品四大类产品为主导。其中,光伏出口占比为8%;传统的纺织服装占比34.54%,居各行业榜首;机电产品出口保持小幅增长,出口占比26.2%,比上年增长0.7%。

传统市场态势良好,"一带一路"较快增长。欧盟经济稳步回暖以及中国"一带一路"战略不断深化成为中欧贸易发展新的增长点。2016年,对日本、欧盟、美国等传统市场出口好于整体水平,出口分别为2.37亿美元、2.17亿美元和3.1亿美元,同比增长71%、27.28%和4.74%。对部分"一带一路"沿线国家出口实现较快增长。其中,对印度尼西亚出口2963万美元,同比增长46.34%;对越南出口2488万美元,增长51.03%。

【开展调研培训】 年内,与各镇区及相关部门进行工作对接交流,对各镇区重点企业开展集中服务性调研活动。发放《对外贸易服务指南》等宣传手册。坚持定期走访,深入了解企业当前的生产经营情况,帮助企业破解难题。联合海关、国检、外管等部门开展政策宣讲会,帮助企业了解进出口通关、检验检疫业务流程、外管新政和外贸扶持政策,全年共开展各种形式宣讲会4场,参训人数400余人次。

【开拓市场】 年内,鼓励企业通过参加国内外展会和贸易促进活动,有针对性的开拓国际市场,拓展销售渠道。2016年,引导和组织企业参加广交会、华交会、阿根廷汽配展、澳大利亚纺织服装展以及推动企业拓展"一带一路"沿线市场的马来西亚汽配展、印度尼西亚面料展等一系列展会,帮助企业巩固传统市场的同时,积极开拓新兴市场。

区商务局领导走访企业　　（商务局　供稿）

【用好外贸扶持政策】 2016年,加强政策宣传,帮助企业挖掘、包装和申报各类扶持资金。全年申报省级商务发展专项资金、中小企业国际市场开拓资金1540万元,受益企业150多家。支持企业境外参展、认证、信用保险、电子商务、境外商标注册。修订《金坛区省级商务发展专项资金实施意见》,进一步强化对外贸企业开拓国际市场的支持,发挥财政资金的杠杆作用。

【促进电商发展】 以常州市创建国家电子商务示范城市为契机,加快推进金坛区电子商务应用普及和创新发展,其中农村电子商务领域发展迅速。2016年,金坛区儒林镇湖头村获评第四批江苏省农村电子商务示范村,薛埠上阮村、儒林镇湖头村获评第二批常州市农村电子商务示范村。截至2016年年底,全区累计建成省、市电商示范主体6个,为全区农村电子商务发展发挥了示范和引领作用。

对外经济合作

【概述】 2016年,全区外经合作坚持服务引导、规范促进的理念,提升综合服务能力,紧抓"一带一路"、互联互通发展的新机遇,努力促进外经合作工作健康、稳步发展。全年共新签外经合同额14228万美元,完成外经营业额15607.96万美元,新批境外投资企业6家,总投资12323.35万美元,同比增加2家,继续保持快速发展的势头。

【新市场拓展】 2016年,阿尔及亚、阿联酋等亚非传统市场继续巩固,新市场拓展取得明显成效。境外投资快速发展,新办境外投资企业6家,在谈项目3家。对外承包工程支撑有力。全年累计新签对外承包工程合同额为

1280.5万美元，完成营业额为13807.13万美元。大项目不断涌现，境外并购中，1000万美元以上项目2个，500万美元以上项目3个；对外承包工程中3000万美元项目2个，1000万项目6个。

【对外投资】 2016年，对外投资工作拓展有力，规模持续扩大。金昇实业股份有限公司以总投资5668.35万美元完成瑞士建赫伯陶瓷利股份有限公司并购新建，金坛桃园家庭农场投资1600万美元完成加拿大国际飞行员培训学校并购。

【推进"一带一路"投资合作】 年内，把握"一带一路"倡议机遇，加强与推进"一带一路"沿线国家的投资合作。江苏杰中杰建设工程有限公司与江苏恒信建筑劳力有限公司、南京金属材料有限公司等3家企业在斯里兰卡投资近2亿元的斯里兰卡JieJie大酒店建成运营，金昇实业有限公司的昶金公司投资乌兹别克项目建设正在进行之中，金坛杰中杰新办的新能源公司已完成报批手续。

【外经企业管理】 年内，对外经企业在外项目、人员信息等跟踪监管不间断，严格按照《对外承包工程管理条例》《对外劳务合作管理条例》等法律法规要求，切实做好管理制度、应急处理机制细化落实。

招　商

【概述】 2016年，全区签约项目213个，协议投资总额793.41亿元，其中工业项目签约201个，协议投资总额523.61亿元。金坛跨越发展的产业基础不断夯实，其中50亿元以上重大项目有：协议投资额180亿元的东方盐湖城国际养生城项目、协议投资额62亿元的射频模组及零部件项目、协议投资额52亿元的高性能锂离子电池材料项目以及协议投资额50亿元的锂离子动力电池项目。

【招商活动】 2016年，金坛区组织举办和参与多项招商活动。3月，组织举办"常州—上海经贸活动周"金坛新兴产业发展专题推介会专题活动和第三届G20—锂电峰会第二次CEO会议；4月，组织外商参加第三届中国·金坛雀舌茶道会活动；5月，组织参加第十一届中国常州先进制造技术成果展示洽谈会开幕式上的重大科技项目签约活动、常州德国企业协会成立及中德创新园区投资说明会活动和常州企业投资欧洲研讨会；9月，组织举办2016国际产业技术合作金坛对接会活动，组织参加2016中国常州科技经贸洽谈会，以及组织举办常州江西商会招商对接活动、常州海外社团联席工作会议；10月，组织举办"金坛产业发展推介会"金坛和深圳两场专题活动；11月，组织企业参加常州2016智电汽车投资者大会活动。组织举办德国、中国香港、韩国、乌兹别克斯坦等8场境外招商活动。

【招商培训】 2016年度，全区共组织8场专题培训活动，内容涉及产业知识、商务礼仪、招商技巧等，采用丰富多样的培训方式，包括走出去学习、部门授课、PPT大赛等形式。其中，"走出去"学习活动2场，分别是7月组织招商人员赴杭州市下沙经济技术开发区进行考察学习，10月组织人员参加常州招商培训。 （潘菲菲）

2016年金坛区新设外商投资企业一览表

表8　　　　单位：万美元

序号	企业名称	住所	法定代表人	注册资本	外方认缴	投资者国别/地区	投资总额
1	常州达丰兆茂机械工程有限公司	常州市金坛区朱林镇金西工业园88号	沈世平	300.7	300.7	中国香港	601
2	江苏格罗博电气有限公司	常州市金坛区华城中路168号	Nadeem Anjum	500	500	印度	1000
3	星代光学科技（常州）有限公司	常州市金坛区金城镇培丰村官庄68号	LAI SAU PHENG	8	8	新加坡	8
4	依里丽颜时装（常州）有限公司	常州市金坛区丹荆路7号	FOK, Wai Ming	7.7	7.7	中国香港	10.78
5	海斯泰格机械（常州）有限公司	常州市金坛区华城路1668号，国际工业城13栋南楼1层东侧	Susan Mullerova	11.54	11.54	捷克	11.54
6	雷诺德（中国）传动产品有限公司	常州市金坛区华城中路168号	MATTHEW ANTHONY TAYL	1200	1200	英国	3600
7	丰顺文化产业发展（江苏）有限公司	常州市金坛区长荡湖花苑6幢9号	WANG MING JIAN	29500	24000	中国香港	29800

续表8

序号	企业名称	住所	法定代表人	注册资本	外方认缴	投资者国别/地区	投资总额
8	江苏默元养老服务管理有限公司	常州市金坛区直溪镇天湖村委排年桥99号	莫亚青	9522. 5	9522. 5	中国香港	9522. 5
9	常州金坛新碧房地产开发有限公司	常州市金坛区华城中路168号	杨文杰	1000	1000	英属维尔京群岛	2000
10	常州金坛启发建设发展有限公司	常州市金坛区华城中路168号	王伟方	26100	26100	中国香港	26100
11	常州金坛钱资湾建设发展有限公司	常州市金坛区华城中路168号	王俊伟	23000	23000	中国香港	23000
12	常州金坛启泰建设发展有限公司	常州市金坛区华城中路168号	李志平	21810	21810	中国	21810

2016年金坛区新增境外企业情况一览表

表9 单位:万美元

序号	项目名称	国别地区	主办单位	合作方式	经营范围	总投资	注册资本	中方出资额	出资比例		
									中方		外方
									出资	现汇	
1	斯里兰卡杰中杰开发建设工程有限公司	斯里兰卡	江苏杰中杰建设工程有限公司	增资	酒店开发建设、经营及管理和配套服务等	1203. 00	1203. 00	1200	99. 0%	1100. 00	1. 0%
2	斯里兰卡杰中杰新能源科技有限公司	斯里兰卡	常州杰中杰新能源科技有限公司	新设	服装、服饰品销售	780. 00	780. 00	780	100. 0%	780. 00	
3	祥星(香港)有限公司	中国香港	金坛国发国际投资有限公司	新设	财务与投融资、信息服务咨询、商贸业务	128. 00	128. 00	128	100. 0%	128. 00	
4	赫伯陶瓷材料有限公司并购成立赫伯利股份有限公司	瑞士	赫伯陶瓷材料有限公司(金昇实业)	并购	陶瓷新材料的开发、生产和销售	5668. 35	100. 00	5668. 35	100. 0%	5668. 35	
5	加拿大国际飞行员培训学院	加拿大	常州市金坛桃源家庭农场	并购	公务飞行、医疗救护、飞行培训、水路观光	1600. 00	1000. 00	1600	100. 0%	1600. 00	
6	经沙(香港)投资有限公司	中国香港	金坛经济技术发展有限公司	新设	财务与投融资、信息服务咨询、商贸业务	2944. 00	2944. 00	2944	100. 0%	2944. 00	
	合计					12323. 35	6155. 00	12320. 33		12220. 35	

开发区建设

【概述】 2016年,金坛经济开发区实现工业开票销售506. 3亿元,同比增长34%,占金坛区工业开票销售总量的56%;完成公共财政预算收入16. 5亿元,增长43%;完成工业实际投入75亿元,增长12. 8%;完成规模以上工业总产值667亿元,增长25. 8%。

产业发展。光伏新能源产业规模以上企业实现开票83. 8亿元,同比增长24. 3%;高端装备制造产业规模以上企业实现开票130. 7亿元,增长77. 7%;新材料产业规模以上企业实现开票44. 2亿元,增长12. 3%;纺织服装产业规模以上企业实现开票70. 5亿元,增长10. 6%;盐化工产业规模以上企业实现开票40. 9亿元,下降17. 2%。

招商引资。全年累计签约引进项目75个,协议总投资额达315亿元。其中,总投资50亿元以上项目3个,分别是总投资62亿元的信维通信射频模组及零部件项目、总投资52亿元的贝特瑞高性能锂离子电池材料项目、总投资50亿元的迈科锂离子电池项目。外资招商实现新突破,引进总投资5000万英镑的英国雷诺德高精密工程动力传动产品项目,填补了金坛区对英联邦地区招商的空白。

项目建设。项目的开工率、竣工率和达产率,尤其是重大项目的竣工达产率提高。截至2016年年底,2015年签约的52个项目中,已开工42个,项目开工率81%,其中18个项目竣工进入试生产阶段;2016年新签的75个项目中,已竣工投产6个,已开工18个,当年签约、当年开工项目近三成,其中蓝色星球环氧丙烷、大唐热电联产等项目顺利推进,众泰三能发动机、同方威视按期竣工投产,中航锂电从启动建设到试生产仅用13个月,创造了国内锂电池行业建设的最快记录。

科技创新。通过省知识产权试点园区验收,创成省级知识产权示范园区,与南京工业大学和北京中关村发展集团建立合作关系,引进清华大学创业典范项目——“紫金立方”3D打印项目。创成同方威视、南方光纤等高新技术企业17家,同比增长70%。获批省科技计划项目9个,获评省优秀科技工作者1人、常州“龙城英才计划”项目9个,专利申请量、发明专利申请量、专利授权量、发明专利授权量分别达到1300件、490件、430件、65件,占全区比重进一步提高。

园区建设。编制完成开发区总体规划、控制性详细规划,城市照明、水系、电力等专项规划,以及产城融合试点方案、尧塘街道城市设计、华科园城市设计和开发区生态农业板块规划。完成动迁2.5万平方米,清障土地近1600公顷,电力线路改造40公里,平整地块20处共计519.3公顷,进一步拓展和提升项目承载空间。投资近60亿元推进园区道路、保障性住房、标准厂房等基础设施及功能平台建设,不断缩小与东部发达园区在基础设施方面的差距。其中,开发区核心区全年投资55亿元,建成兴隆路、复兴南路等道路13.3公里,腾创工业园、青年公寓三期等平台项目39.2万平方米,金江东苑二区、二村等保障性住房138.4万平方米;开发区华科园全年投资4.8亿元,建成明湖路、金龙大道等道路4.1公里,竹香苑一期等平台项目5.1万平方米。

【总投资50亿元以上重大项目引进持续突破】 年内,引进总投资62亿元的信维通信射频模组及零部件项目、总投资52亿元的贝特瑞高性能锂离子电池材料项目、总投资50亿元的迈科锂离子电池项目。信维通信项目填补了金坛区通信产业的空白。贝特瑞项目投资方是全球最大的锂离子电池负极材料供应商、全球唯一拥有负极材料完整价值产业链的企业,该项目的落户推动金坛区在绿色电源产业中占领行业制高点。迈科项目进一步完善了绿色电源产业链,与中航锂电一起形成绿色电源产业“双龙头”发展态势。

【众泰汽车金坛基地开票销售超百亿元】 2016年,众泰汽车金坛基地主打产品大迈X5投放市场后,供不应求,保持强劲增长势头。该基地全年全系产品产销近10万台,完成工业开票销售110亿元,实现金坛区百亿工业企业零的突破。

【三能发动机项目竣工投产】 8月28日,总投资15亿元、占地13.33公顷的江苏三能发动机智能生产基地竣工投产,可年产高效节能汽车发动机30万台(套)。三能发动机将率先搭载在众泰大迈系列车型上,同时,该基地也与国内部分自主汽车品牌公司达成配套合作意向。

【国企改革成效显著】 年内,国发公司实体化运作稳步推进,顺利通过AA级信用评级,投融资双轮驱动初见成效。完成年度融资任务的139%,融资成本同比下降23%,节约财务成本11亿元,建筑安装、光伏发电、物业管理等投资板块稳步推进。该公司率先在常州市成功发行18亿元“双创”债券,创造了金坛发债史上单个债项募集资金最多、发行成本最低、申报发行速度最快的“三个之最”。 (张 健)

海 关

【概述】 常州海关驻金坛综合业务科主要承担金坛区企业加工贸易手册前期监管,企业注册、变更、认证,海关政策宣传等职责。2016年,相继推行了取消部分预录入收费、企业网上自主授权、加工贸易监管一体化等重大业务改革,积极落实严密监管、简政放权、服务经济的工作要求。2016年,金坛区实现进出口总值112.97亿元,同比增长16.7%。其中,出口88.92亿元,增长24.2%;进口24.05亿元,减少4.6%。

【加工贸易】 2016年,常州海关驻金

12月21日,贝特瑞高性能锂离子电池材料项目签约仪式举行

(经信局 供稿)

坛综合业务科共办理加工贸易手册设立516票,同比减少8.02%,设立金额15.5亿元,增长1.74%。其中,进料加工275票,减少0.31%,设立金额13.78亿元,同比增加1.13%;来料加工241票,减少1.29%,设立金额17.26亿元,增加11.84%。办理手册变更731票,增加1.42%。办理零星辅料748票,减少1.75%。办理深加工结转48票。办理外发加工5票。

【企业管理】 2016年,常州海关驻金坛综合业务科办理新企业注册114家,同比减少0.95%;企业变更304家,同比增加36.06%。有580家企业通过登录"中国电子口岸"自行报送年报,同比增加1.67%,69家企业通过人工审核年报。至2016年年底,金坛区共有37家企业通过海关一般认证,有1家企业通过海关高级认证。

【服务经济】 2016年,常州海关驻金坛综合业务科开展政策宣讲活动4次,共有100家企业,计200人次参与培训;参与"百企帮促,千企挂钩"活动,对3个乡镇、12家重点企业进行走访调研;参加地方招商引资活动,为企业提供海关方面的政策咨询服务;主动保持与金坛区政府和相关部门的沟通联系,积极为金坛区的经济发展建言献策;简化审批手续,精简随附资料,降低服务收费。2016年,取消企业管理、企业授权以及手册打印3项业务收费共计6万余元,同比降低27%,有效减轻企业负担。

【海关业务改革】 11月,企业自助报关系统在金坛区全面开通,企业可以在网上自主进行报关授权,简化了手续、降低了成本。12月,南京海关全面启动加贸监管一体化改革。常州海关驻金坛综合业务科通过召开政策宣讲会、创建微信服务群、设立柜台受理点等多种形式,推动金坛地区的加贸监管一体化改革顺利进行,截至2016年底,金坛区已有40多家企业办理相关授权。 (黄晨婧)

2016年金坛区进出口(按贸易方式分)总值表

表10 单位:万元

序号	项 目	进出口	出口	进口	累计比上年同期±%		
					进出口	出口	进口
1	进出口贸易总值	1129685	889197	240488	16.7	24.2	-4.6
2	一般贸易	905411	735444	169967	19.9	30.6	-11.4
3	加工贸易	210485	152862	57623	3.1	1.7	7.1
4	来料加工装配贸易	16403	8569	7834	52.7	14.9	138.7
5	进料加工贸易	194082	144283	49789	0.3	1.0	-1.6
6	外商投资企业作为投资进口的设备、物品	9353	0	9353	188.3	-	188.3
7	其他	4436	892	3544	-16.6	-57.5	10.0

2016年金坛区进出口(按企业类型分)总值表

表11 单位:万元

序号	项 目	进出口	出口	进口	累计比上年同期±%		
					进出口	出口	进口
1	进出口贸易总值	1129685	889197	240488	16.7	24.2	-4.6
2	国有企业	11553	10765	787	2.4	0.4	40.0
3	外商投资企业	539711	410857	128854	15.3	10.3	34.9
4	其中:中外合作企业	9145	9145	0	-13.4	-13.2	-100.0
5	中外合资企业	223358	183172	40186	3.1	7.7	-13.5
6	外商独资企业	307208	218540	88668	27.6	14.0	80.7
7	集体企业	5933	5891	43	-14.5	-15.1	2386.9
8	民营企业	572488	461684	110804	18.8	41.8	-29.0

(编辑 盛南萍)

农业·水利

农　业

【概述】 2016年，金坛区紧紧围绕国家现代农业示范区建设年度目标，致力优化产业结构，大力转变发展方式，聚力实现精准突破，着力彰显发展成效。

2016年是历史罕见的多灾之年，自然灾害给全区农业生产造成重创。全区小麦公顷单产、水稻公顷单产、粮食总产分别比上年减产825公斤、316.5公斤、2.72万吨；实现农业总产值、增加值分别为69.76亿元、36.44亿元，增幅仅为5.12%、5.08%，多年来持续稳定增长的良好态势有所放缓。

2016年，全区共建设省级水稻绿色高产高效创建示范片9个，建成省级小麦高产增效创建万亩片8个。金坛稻麦科技示范中心成为江苏省首批现代农业科技综合示范基地（2016～2018年度）。微喷灌旱地硬地育秧、封闭除草、水肥一体化、食用菌下脚料综合利用等新技术推广成功经验在全省交流。

全年水产品总产量4.68万吨，比上年下降6%左右，总产值21亿元，下降7.6%。全区改造标准化池塘面积473.33公顷，推广渔业物联网系统、渔业新机械1200余台（套），渔业综合机械化水平保持在90%以上，新增高效设施渔业面积240公顷。繁育各类优质鱼苗12亿尾，良种覆盖率100%。蟹业科技始终处于全国领先水平，成功举办全国河蟹“小精高”（即养殖面积小、精细化管理、产出效益高）家庭养殖金坛模式培训班。长荡湖大闸蟹进入北京市场，采取“直供社区”的模式，115家OK家社区店设立长荡湖大闸蟹专卖柜。金坛永强水产科技有限公司和国内知名超市永辉超市开展农超对接，全年实现大闸蟹销售600吨，总金额超1亿元。江苏长荡湖水产科技有限公司和江苏长荡湖水资源综合利用开发有限公司共向台湾、香港出售大闸蟹100多吨，销售额500余万美元。金坛区水产站获国家海洋局和江苏省海洋与渔业局“青年文明号”称号。

结合金坛区城市建设开发和农业生产实际情况，对全区范围内禁止养殖区、限制养殖区和适度养殖区进行了划分，在转变原有发展方式的同时，提高了全区生态养殖水平。天牧、三德利畜禽屠宰加工项目建成投产，构筑了畜牧全产业链。推动金坛区规模种畜禽场疫病净化工作全面开展，江苏兴牧农业科技有限公司（花山种鸡场）成为全省首家通过农业部“禽白血病净化”的创建场。江苏永康农牧科技有限公司被选为省疫控中心承担的省三新工程项目“猪伪狂犬病净化”示范场。

新推广大中型农机具1000多台（套），新增高标准农田2万多亩、高效设施农（渔）业8000多亩，新增常州市级园区2家，林火远程监控系统全面开工建设。

新增常州市级农业龙头企业8家，百涛实业、永强水产、“小果娘”水果罐头等农产品出口总部经济建设成为全区农产品出口创汇新的增长点。建昌红香芋入选全国名特优新农产品，总量达4种；“蘇”牌大米获评“江苏好大米十大品牌”。

新增41个行政村秸秆综合利用整村，新建成秸秆收储中心或大棚14个，秸秆禁烧变堵为疏。加快推广绿色防控技术，全面普及主要农作物测土配方施肥，启动畜禽养殖污染整治，有效压减农业面源污染。大力推进林地规划调整，合力调处重大项目征占用林地事宜，有效缓解了经济发展、旅游开发与林地保护之间的矛盾，助力全区“两个加快”。

【新增8家常州市级农业产业化龙头企业（合作社）】 2016年，江苏方麓茶场有限公司、江苏长荡湖水产科技有限公司、常州天牧家禽有限公司、常州市金坛区金土地有机稻米专业合作社等8家企业（合作社）被常州市政府办确定为常州市农业产业化经营重点龙头企业。至此，全区市级农业产业化龙头企业（合作社）达到23家。

【农业产业化示范创建】 2016年，常州市在原有“五个一”示范龙头企业

建昌红香芋种植　　　　　　　　（农林局　供稿）

和“一村一品”示范村(镇)评选的基础上,开展“双十佳”创建活动。江苏三德利牧业发展有限公司等3家企业获常州市“联农惠农”十佳龙头企业,尧塘街道谢桥村等3个村民委员会获“一村一品”十佳示范点称号。金坛区黄金村有机稻米专业合作社获全国农民合作社加工示范单位称号。常州市金坛江南春米业有限公司获江苏省农业龙头企业“双带”贡献奖。

【“互联网+”农业】 2016年,全区新建成物联网技术应用示范点2个、省级农业信息化示范基地2个,完成省级农产品电子商务万人培训任务,全年累计培训317人次。新培育农产品电商企业11家,新挖掘各类电商平台涉农店铺35家,培育电子商务线上销售超千万元企业4家。薛埠镇上阮村成为首批“江苏省休闲观光农业示范村”;一号农场被认定为常州市服务业优势企业。开展“一村一品一店”建设,培育省、市级农村电子商务示范村各1家,市农产品电子商务示范村3家,省级农业电子商务示范单位2家,市级农产品电子商务示范企业6家。5月,新版“农务通”服务平台数据库录入了各类农户通信信息4237条,分成各农业相关通信小组20个,新增服务对象928人。全年共计推送政策宣传、天气预警、行政通知等各类信息34353条,“12316”服务热线全年共接听群众来电584个。

【开放型农业】 2016年,金坛区农产品出口企业参加中国香港、中国台湾、法国等各类境内外农产品展销推介5批次,全区拥有出口资质的农产品出口企业15家,农产品外贸公司5家,比2010年增加13家。全年农产品进出口总额为8730.68万美元,其中出口创汇5529.56万美元,占常州出口总量的64%。　　　　（周秋娟）

【上阮现代农业产业园区获全省建设水平总体测评优秀园区】 在省农委组织实施的园区监测评价工作中,江苏金坛上阮现代农业产业园区被评为全省23个建设水平总体测评优秀园区之一,参加测评的园区全省共91个。测评过程共分研究确定评价方案和指标体系、各园区上报数据、市级互查互评、省级专家现场考查、各园区集中答辩并接受专家质询、民意抽样调查和评价指标分析、综合评分7个阶段。评价体系共从物质装备与建设水平、经营管理与效益水平、生产转型与升级水平、科技推广与社会服务水平、投入保障与支持水平、领先与辐射带动水平六大方面31项具体指标予以评价,其中高标准农田面积比重、园区组织管理水平、土地农业产出率、公共服务平台建设水平、“三新”展示基地建设水平、农业电子商务发展水平、政府出台支持园区建设、园区社会投入资金相对强度、农村居民收入领先系数等12项指标排序位于园区前10位。

【农业企业家赴武汉大学研修】 11月27日至12月1日,金坛区组织江苏三德利、江苏金坛现代农业产业园、金坛昌玉红香芋合作社、常州龙翔等企业负责人赴武汉大学参加常州市农委举办的第八期常州市农业企业家研修班。中组部全国干部教育培训武汉大学基地为本期学员安排了“大数据时代的战略思维——互联网+”“经济新常态下农业发展形势分析展望”“农产品质量安全建设”“基于互联网+农业转型升级与现代农业发展”“供给侧改革与现代农业发展”等课程,参训企业实地考察武汉白沙洲农副产品大市场,为金坛区农业企业的转型升级、企业的营销与管理等提供坚实的理论基础和实践依据。

【金坛区基层农技推广补助项目(农业科技入户工程)绩效考评成绩优异】 2016年,金坛区持续实施基层农技推广补助项目(农业科技入户工程),以稻麦、高效园艺和畜牧等为项目实施重点产业,成立领导小组,组建专家组和技术顾问组,选聘197名技术指导员,培育2620户科技示范户,重点打造3个农业科技试验示范基地,进一步巩固和加强了93个村级服务站,健全率达100%。举办各类技术培训班71期,培训人数5400余人,编印发放手册、明白纸等各类技术培训资料3万余份,在各类农业网站上发布信息368条,订购农业科技网络书屋,开通《农家致富》手机报,开展“农技耘APP”推广月活动,发放物化补贴60.6万元,各产业主导品种及主推技术入户率均在95%以上。金坛区实施的2016年基层农技推广体补助项目和稻麦、生猪和高效园艺三类科技入户工程已全部完成了合同规定的各项指标,并在技术推广、媒体宣传、资料完善等方面寻求创新,促进了当地主导产业的健康持续稳步发展,提升了农技人员的推广服务水平,增产增效成效显著,并在省农委组织的项目绩效考评中成绩优异,在全省名列前茅。 (孙云玉)

【农民培训】 2016年,全区共举办农业职业技能培训班17期,涉及粮油、园艺、水产、农机等,培训1170人次(其中农业行业职业技能鉴定65人);举办电子商务培训班1期,培训130人次;组织青年农场主、新型农业经营主体带头人到苏州农业职业技术学院、句容农业职业技术学院学习,培训106人次。 (陈 乐)

【农业行政执法】 2016年,金坛区农林局执法大队出动执法人员194人次,检查企业122家,办结案件10起,查获假劣农资15235公斤,货值4.67万元,罚没款1.87万元。检查渔业生产单位152家、渔船215艘,查处纠正各类生产隐患5起。检验机动渔船852艘,为全区861艘机动渔船发放油价补助资金113万元。检查各类农业机械2404台次,纠正各类违章违规8次,排查治理各类隐患17起。抽样检测“瘦肉精”等违禁物投入品12446份,无害化处理生猪19056头、家禽180万羽,查处违反《中华人民共和国动物防疫法》案件9起。查处林业行政案件7起,罚款共计8.69万元,查处木材运输案件38起。

【农业行政服务】 围绕行政服务创新改革主题,巩固五轮审改成果。由分管局长牵头组织,多次召开内部各业务科室协调通报会。按照“目录之外无审批”的要求,对行政权力库进行了清理。细致认真迎接省市督查指导,省市领导对金坛农业行政许可工作给予了较高评价,尤其对一些创新作法表示肯定。2016年年底被省农委评为全省“十佳”行政服务窗口。

(柳民强)

【农产品质量安全检测技能比赛获佳绩】 2016年11月,金坛区农产品质量检验检测中心选派的参赛选手李新梅在第三届全国农产品质量安全检测技能竞赛江苏选拔赛中获二等奖,江苏省农委、省海洋与渔业局、省总工会、省职业技能鉴定中心联合授奖,省总工会还授予李新梅江苏省“五一”创新能手荣誉称号。此次选拔赛于2016年11月9~11日在南京举行,竞赛采取理论知识考试和定量检测操作考核相结合的形式进行。

【生态农业】 生态农业建设持续进展。金坛区2016年秸秆综合利用稳步前进,新建村级秸秆收储点13个,新建成秸秆收储中心1处,整村推进合格行政村77个。开展畜禽养殖场(户)污染整治。进一步明确了畜禽养殖禁养区、限养区、适度养殖区的分区管理,对禁养区内的一定规模的生猪、水禽(鸭、鹅)养殖场(户)原则上全部关停取缔,对其他类型的养殖场(户)必须关停取缔的也一律关停取缔。各镇(街道)列入关停取缔计划的养殖场(户)238家。(白洁瑞)

·粮油种植业·

【概述】 2016年,全区粮食作物总面积3.44万公顷,比上年缩减0.12万公顷,减3.4%,连续6年缩减;公顷单产7020公斤,比上年减少523.5公斤,减6.9%;总产24.16万吨,比上年减2.72万吨,减10.1%。

夏粮总面积1.45万公顷,比上年缩减352.27公顷,减2.4%;公顷单产4569公斤,比上年减少801公斤,减14.9%;总产6.62万吨,比上年减1.35万吨,减17%。主要作物小麦面积1.41万公顷,比上年减少343.2公顷,减2.4%;公顷单产4606.5公斤,比上年减少825公斤,减15.2%;总产6.50万吨,比上年减少1.35万吨,减17.2%。大麦面积126.47公顷,比上年减少1公顷,减0.8%;公顷单产4168.5公斤,比上年减少91.5公斤,减2.1%;总产542吨,比上年减少1吨,减0.2%。

秋粮面积1.99万公顷,比上年减少0.09万公顷,减4.1%;公顷单产8803.5公斤,比上年减少292.5公斤,减3.2%;总产17.54万吨,比上年减少1.37万吨,减7.3%。主要作物水稻面积1.79万公顷,比上年减少0.08万公顷,减4.3%;公顷单产9358.5公斤,比上年减少316.5公斤,减3.3%;总产16.8万吨,比上年减少1.35万吨,减7.4%。其中,中稻面积347.67公顷,公顷单产9358.5公斤,总产3254吨,分别比上年增加192.53公顷、1861.5公斤、1775吨;晚稻面积1.76万公顷,公顷单产9358.5公斤,总产16.47万吨,分别比上年减少0.1万公顷、减316.5公斤、减1.53万吨。

全区油菜总面积0.21万公顷,比上年减少424.27公顷,减16.7%,连续7年缩减;公顷单产2460公斤,比上年增加15公斤,增0.6%,创历史新高;总产5202吨,比上年减少1005吨,减16.2%。

2016年,水稻平均销售单价每公斤2.8元,比上年降低0.1元;公顷产值25767元,比上年降低2259元;公顷成本14007元,比上年增加688.5元;公顷效益11758.5元,比上年降2965.5元/公顷。小麦平均销售单价每公斤1.3元,比上年减少1.06元;公顷产值5574元,比上年减少9534元;公顷成本6891.75元,比上年降1001.7元;公顷效益减少1317.75元,比上年减少8532.3元。油菜籽单价每公斤3.7元,比上年降低0.9元;公顷产值9335.1元,比上年降低2919.3元;公顷成本6696元,比上年减少1695.6元;公顷效益2639.55元,比上年减少1223.25元。

从2016年起,在全区范围内开展农业"三项补贴"改革,将原农作物良种补贴、种粮农民直接补贴和农资综合补贴合并为农业支持保护补贴,政策目标调整为支持耕地地力保护和粮食适度规模经营。其中,农业支持保护补贴(耕地地力保护)补贴面积26364.629公顷,补贴标准为1725元/公顷,共计发放补贴资金45478985.03元。

全区稻麦油参保总面积3.28万公顷,参保保费1101.9万元,全部由各级政府承担,总保额27668万元。其中,参保面积水稻1.75万公顷,小麦1.48万公顷,油菜0.05万公顷。2016年赔付受灾定损面积9512.67公顷,赔付资金2919.31万元。其中,水稻受灾定损面积5813.27公顷,赔付资金2144.65万元;小麦受灾定损面积3699.4公顷,赔付资金774.66万元。

2016年,共建设省级水稻绿色高产高效创建示范片9个,总面积0.61万公顷,涉及46个行政村,理论平均公顷单产9390公斤,重点推广水稻规模化集中育供秧、机插秧、测土配方施肥等绿色高产高效技术。建成省级小麦高产增效创建万亩片8个,总面积0.56万公顷,涉及26个行政村,理论平均公顷单产6895.5公斤。

区稻麦科技示范基地影响力持续扩大,承接了全国主要农作物全程机械化推进现场会、粮丰工程江苏实施区2016年秋播工作总结暨现场观摩会两次大型活动。被南京农业大学确定为国家重大农技推广服务试点工作稻麦产业示范基地,被省农委认定为首批江苏省现代农业科技综合示范基地和省级现代农业产业技术体系推广示范基地。金坛区作物栽培技术指导站站长孙和平受邀在农业部科教司组织的农业科技试验示范基地建设运行培训与交流研讨会上就基地建设的做法和经验进行了典型交流,受到省内外专家、同行的一致肯定。科研院所把更多的试验、示范落实到基地,更多的观摩、培训组织在基地。

2016年,区植保植检站以生产安全、质量安全为主线,以项目建设为抓手,精准测报、主动作为、科学指导、有效防控,保障了粮食的安全生产,实现了农药使用减量增效目标,全年共计挽回粮食损失68487.33吨。其中,水稻50064.5吨,小麦18422.83吨。

(段云辉)

【灾后补救】 2016年7月1日5时至7月4日5时,金坛区连降大雨,72小时累计降水278.9毫米,造成全区0.63万公顷稻田被淹,淹水程度深,时间长,造成3163.81公顷绝收。灾害发生后,为及早恢复生产,避免抛荒,区农林系统积极行动,委托常州市金坛种子有限公司累计调运中粳类型品种武运粳27号163860公斤作为救灾种,实际发放和使用142249.5公斤;补育秧苗670公顷。共完成补种水稻面积2730.54公顷,其中机插1131.3公顷,直播1582.57公顷,手栽16.67公顷;改种玉米、豆类、荞麦等短生育期作物面积113.4公顷。

7月11日,区农林局在区稻麦科技示范中心组织召开了全区水稻涝灾后复产工作会议,对不同受淹程度水稻田进行诊断,就受淹秧苗死活的鉴定方法进行讲解,就涝灾后水稻管理和复产技术进行培训,就当前病虫害发生动态及防治策略进行分析、部署,强调根据植保情报科学用药防治,控制虫害草害,切实减轻危害。

【耕地质量建设】 配合常州市农委完成金坛区国土局申报的2016年金坛区补充耕地质量评定工作。在全区主要粮油作物(稻、麦、油菜)上全面推进测土配方施肥技术,推广商品有机肥3600吨,冬绿肥种植200公顷,稳步提升耕地质量。运行维护5个省级、8个市级耕地质量监测点和23个长期施肥观察哨,对耕地质量进行长期、定位监测。以土肥站为主完成的"小麦全程机械化精准施肥关键技术集成应用"成果,获2016年金坛区科技进步奖三等奖。 (沈家禾)

【种子管理】 2016年,为全面贯彻落实新修订的《中华人民共和国种子法》,举办培训班一期,参训人员132人次;8月15日,新修订的《农作物种子生产经营许可管理办法》施行,举办专题培训班一期,参训人员99人次。全区各种子经营网点累计销售水稻种子617.62吨,小麦种子702.57吨,油菜种子3.68吨。全年核发水稻种子生产许可证1个,小麦本地生产品种备案2个。小麦繁种面积106.67公顷,因自然灾害原因未收获达标小麦种子;水稻繁种面积260公顷,达标种子数量1272.84吨。 (季 忠)

【水稻二次封闭除草技术推广】 选用47%氯吡嘧·丙草·异丙、50%瑞飞特(丙草胺)、39.8%稻悠(五氟磺草胺·丁草胺)、53%苄嘧·苯噻酰等药剂在水面自然扩散成药膜,再利用药膜的黏附、包裹、封闭作用,分别于水稻移栽前2~3天和移栽后7~10天进行两次除草处理,抑制杂草的萌芽,防除杂草的滋生,实现稻田内杂草防除效果92%以上。2016年,全区共推广应用水稻二次封闭除草技术1.1万公顷,挽回水稻损失1009.8吨。

【水稻绿色防控技术推广】 综合利用物理、生物、化学等防控措施，保障水稻作物的正常生长。2016年，中央财政重大农作物病虫害统防统治项目子课题——水稻绿色防控示范，分别在指前镇建春村、朱林镇沙湖村、薛埠镇下杖村建立示范基地，计513.33公顷。带动全区建立绿色防控示范区共11个。示范区应用优质品种、药剂浸种、育秧无纺布全程覆盖，高效低毒低残留农药防控等技术措施，实现水稻丰产丰收。

【金坛稻麦科技示范中心被认定为首批江苏现代农业综合示范基地】 2016年，经自主申报、市级推荐、专家评审、网络公示、现场复核等程序，金坛区稻麦科技示范中心被认定为首批江苏现代农业科技综合示范基地。

稻麦科技示范中心位于指前镇建春村，占地面积20余公顷，由区作栽站、种子站、植保站、土肥站、农试站、农机推广站等部门共同建设。该中心科研功能完善、田间设施配套、生产设施齐全，有农机仓库360平方米、物资仓库300平方米、培训教室120平方米、晒场1500平方米；拥有收割机、中拖、高速插秧机等农机具30台(套)。设有新品种示范区、新技术示范区、新产品示范区、新技术储备区、百亩高产示范区、商品化育供秧示范区六大功能区，开展各类试验、示范近100项，每年承接省、市、县、镇等培训观摩300余人次，为"三新"技术的推广发挥了巨大的示范带动作用。2015年被南京农业大学列为国家重大农技推广服务试点工作稻麦产业苏南示范基地。

·水 产 业·

【概述】 2016年，金坛区渔业按照稳增长、调结构、提质效的发展思路，加快推进渔业供给侧结构性改革，进一步做强做优蟹虾优势产业，调优调好常规鱼养殖结构，大力发展了农超对接、农社对接、电子商务等水产现代流通服务业和以长荡湖地区为主的休闲观光渔业，科学指导渔业抗灾复产，使渔业经济总体保持了稳定的发展态势，全区水产品总产量4.68万吨，比上年下降6%左右，总产值21亿元，下降7.6%。

全区改造标准化池塘面积473.33公顷，使全区标准化池塘面积达1.23万公顷，占全区池塘养殖总面积的87.3%；推广渔业物联网系统、渔业新机械1200余台(套)，渔业综合机械化水平达90%以上；新增高效设施渔业面积240公顷，全区高效设施渔业总面积0.57万公顷，占全区水产养殖总面积的37.4%。

全区繁育各类优质鱼苗12亿尾，比2015年增加20%，良种覆盖率100%；以长荡湖周边地区为主的400公顷优质蟹种培育基地，引进"长江2号"大眼幼体4872公斤，良种率90%以上；青虾繁育虾苗13亿尾，比2015年增加25%，良种率90%以上。有3家苗种场新申领苗种生产许可证，其中2家通过常州市级良种能力考核。

重点推广以"小精高"为主的河蟹养殖单产型和蟹池"155"混养型等生态高效养殖模式，使主推技术推广覆盖率达90%以上，提高了蟹池综合产出率和渔民效益。"基于物联网的河蟹生态高效养殖技术开发与推广应用"项目成果获第四届江苏省海洋与渔业科技创新二等奖，实现了水产精准化养殖。

大力实施渔业科技入户和职业渔民培训工程，全年举办培训班42期，培训人数5600余人次，发放《水产养殖》等资料5100余份。成功举办全国"小精高"河蟹家庭养殖金坛模式培训班，为来自全国10余个省的100余名技术管理人员培训"金坛模式"河蟹家庭养殖；举办3期2016年省渔业科技入户重点研修班，为全省县市培训指导员和示范户101名；金坛区养殖户金明生、钱瑞平获得"首届全国十大民间河蟹养殖达人"称号。

加强国家级长荡湖河蟹标准化示范区和江苏省四大家鱼标准化示范区建设，制定江苏省地方标准1项、企业标准6项，修订常州市地方标准3项，为常州市创建国家水产养殖综合标准化示范区作出贡献。新增8家水产品企业快速检测实验室，全区快速检测实验室达到14家，共完成样品508个；完成病害检测样品43个，开展药敏实验12批次；接受农业部和省市有关部门水产品质量抽样47个，无公害水产品产地环境抽样50个，检测合格率100%。

重点扶持面积50～200亩、公顷效益75000元以上的家庭渔场和运用电子商务、产销额100万元的产销大户，全区家庭渔场总数152家，其中有3家获得江苏省省级示范家庭农场认定。拥有水产企业数或养殖场153家，其中区级以上龙头企业4家，渔业专业合作经济组织总数110余家，连接农户9600余户，渔户参合率85%。

"长荡湖"商标转归金坛区水产技术指导站(以下简称水产站)，真正做到区域性公共品牌与资源、资本、技术的有机整合。与北京青年报集团合作，长荡湖大闸蟹进入北京市场，采取"直供社区"的模式，115家OK家社区店设立长荡湖大闸蟹专卖柜，并通过网络平台，线上线下同时销售。金坛永强水产科技有限公司和国内知名超市永辉超市开展农超对接，实现大闸蟹销售600吨，总金额超1亿元。江苏长荡湖水产科技有限公司和江苏长荡湖水资源综合利用开发有限公司共向台湾、香港出售大闸蟹100多吨，销售额500余万美元。

渔业产业融合有新发展。2016年，金坛区金坛茅山竹海农产品商贸有限公司研制了独特配方，用金坛封缸酒制作长荡湖醉蟹，2个月销量超过5万只。同时，以长荡湖水街品湖鲜、观湖景、购湖蟹为主的休闲观光渔业全年接待游客近100万人次，营业额超3亿元，实现现代渔业融合发展。

【中国渔业协会河蟹分会会长李国平到金坛调研指导】 8月26日，中国渔业协会河蟹分会会长李国平、副会长王小林等一行深入金坛示范户塘口调研指导当前河蟹养殖生产情况。李国平一行先后来到金坛区示范户钱洪富、陈小林的塘口,详细询问河蟹养殖生产情况和2015年销售效益情况。2015年,两位养殖户的河蟹平均公顷2625公斤以上、公顷效益超过15万元;而2016年河蟹养殖生产总体受天气影响较大,前期阴雨寡照,中期洪涝灾害,后期长时间高温,预计2016年养殖产量和规格比上年有所降低,但是看到示范户塘口环境整体良好,水草茂盛、水质清新,李国平连连称赞,金坛是全国河蟹科技创新模范县,河蟹养殖水平一直占领着全国最高点,并且每年都在不断创新、不断提升,特别是金坛这种"小精高"家庭养殖模式,节约资源、便于管理、效益直接,为推动河蟹产业的快速发展和转型升级、提升农民效益发挥了巨大的作用。同时,李国平也为养殖户积极鼓劲,他说,2016年,全国河蟹主产区都受到不同程度的不利因素影响,包括极端天气、病害等,下半年河蟹价格肯定比较乐观,希望示范户们能加强后期的养殖管理,做好适时销售,争取取得最大的收益。

【农业部渔业渔政管理局局长张显良指导金坛灾后复产】 8月8日,农业部渔业渔政管理局局长张显良一行赴常州市金坛区,指导养殖户做好灾后复产,常州市副市长张耀钢、常州市农委副主任李国平和金坛区有关领导陪同指导。2016年,金坛连续遭遇三轮强降雨袭击,渔业遭受重创,池塘坍塌、决堤、漫塘、串塘、并塘现象严重,有0.614万公顷池塘、河沟被淹,1170公顷湖泊网围没顶,大批鱼虾蟹逃逸,损失水产品1.2万吨,直接经济损失超过4亿元,涉及渔民4225户。灾后,金坛区立即行动起来,与江苏省淡水水产研究所、上海海洋大学专家举办4场抗灾复产专题培训班,及时编印5000册灾后复产技术手册,开展调剂5亿余尾苗种,发放80吨生物制剂。张显良一行在金坛区指前镇清水渎村丁和平和儒林镇南社村王志强塘口,详细了解了2016年雨情、水情和受灾情况,以及灾后复产情况。对金坛采取的灾后加强科学管理等复产措施给予赞赏。

【金坛区蟹虾"155"养殖技术被认定为江苏省地方标准】 2016年5月,金坛区池塘蟹虾"155"(亩产河蟹100公斤,青虾50公斤或青虾30公斤、塘鳢20公斤,亩效益5000元以上)生态高效养殖技术通过江苏省地方标准评审会,经相关专家的审议和评定,被认定为江苏省地方标准。在评审会上,专家组首先听取了标准编制单位金坛区水产站关于标准制定的编制说明和征求意见情况,对池塘蟹虾"155"养殖技术规程的内容进行逐字逐句的审查,并将蟹虾"155"认定为蟹虾金坛模式。专家组组长、中国水科院淡水渔业研究中心研究员周鑫充分肯定了蟹虾"155"技术在全省的推广应用前景,并对池塘蟹虾"155"术语定义、水质管理、病害防治等章节提出修正和补充意见,从而确保标准的规范性和易操作性。通过此次评审,蟹虾"155"从技术模式上升到江苏省地方标准,不仅为全区渔业科技入户工作增添新亮点,更推动渔业标准化进程,不断推进渔业现代化。

8月26日,中国渔业协会河蟹分会会长李国平深入金坛示范户塘口调研指导

(农林局 供稿)

【金坛两家家庭渔场入选省级示范家庭渔场】 11月25日,省海洋与渔业局公布了江苏省第二批43家省级示范家庭渔场名单,金坛有2家榜上有名,金坛市指前镇明生水产养殖家庭农场和金坛市城西皓雯家庭农场,分别由指前镇示范户金明生创办和金城镇示范户冯爱忠创办。2015年,金坛示范户宋鑫创办的金坛泽轩家庭农场被认定为江苏省第一批省级示范家庭渔场,金坛区省级示范家庭渔场已达3家。

【金坛养殖户获"全国十大民间河蟹养殖达人"称号】 11月14日,由上海海洋大学发起,中国渔业协会河蟹分会、《水产前言》杂志、中国水产频道协办的第一届"寻找民间河蟹养殖达人"活动落下帷幕,并在"第一届中国河蟹产业发展高峰论坛"上进行颁奖,金坛养殖户金明生、钱水平作为河蟹养殖"金坛模式"代表双双获得"全国十大民间河蟹养殖达人"称号。围绕河蟹产业升级的重要技术问题,金坛先后创立了一批在江苏省乃至全国处于领先水平的新技术、新模式，特别是金坛当前主推的蟹池“155”生态养殖技术和“小精高”河蟹生态高效养殖技术单位面积放养密度高、投入高、产量高，常年每公顷放养蟹种24000～30000只，每公顷养殖成本12万元左右，每公顷产量3000公斤左右，公顷效益9万～15万元，在河蟹平均产量、规格和效益方面都明显高于其他地区，也被称为“金坛模式”，在全省乃至全国推广。

【金坛示范户金明生再获全国河蟹大赛“金蟹奖”】 11月15日，在上海举办的2016年“王宝和杯”全国河蟹大赛上，金坛养殖户金明生以金坛指前镇明生水产家庭农场为单位送选的河蟹从全国近70家单位选送的1900余只河蟹中脱颖而出，取得大赛“金蟹奖”。

·畜　牧　业·

【概述】 2016年，金坛区畜牧兽医工作以推动绿色生态、健康安全、协调可持续发展为主基调，围绕畜牧业现代化建设，践行新理念、实施新规划、破解新难题三大导向，着力推进畜牧业绿色发展、畜禽种业保护提质、畜牧业安全生产保障三大工程。做好产业结构优化升级、重大动物疫病防控、畜产品质量安全监管等方面工作，很好的完成了年度工作任务与目标。在全省畜牧工作检查考核中，获“江苏省畜牧工作先进县”称号，在常州市畜牧兽医工作年终绩效考评中获得第一名，区畜牧兽医站被评选为“全国畜牧技术推广示范站”。

全区畜禽生产基本稳定，生猪价格高位运行，家禽价格稳中有降，玉米和豆粕等主要饲料原粮价格相对平稳，苗禽价格与上年相比明显增长，养殖效益相对稳定。2016年，全区生猪存栏11.55万头，比上年减少15.2%；全年出栏13.72万头，减少18.9%。2016年10月底，家禽存栏627.117万羽，减少7.1%；全年出栏家禽出栏2451.38万羽，减少6.3%。

从2016年年初开始，生猪价格一直呈上升趋势，5月，生猪价格上涨至历史最高，其后价格又小幅度回落，每出栏一头肉猪可盈利500～600元。

家禽价格稳中有降。江苏天牧家禽有限公司、江苏三德利牧业发展有限公司作为金坛区养殖龙头企业，采用“公司＋合作社＋农户”的模式发展肉鸡养殖。2016年，两大公司基本保持在微利状态，农户每只鸡毛利2.8元，比上年提高0.2元。

苗禽价格增长。金坛区的苗禽生产主要以江苏八达畜禽有限公司和江苏省广大畜禽有限公司公司为主，2016年价格与2015年相比明显增长。售价最高时，每只苗禽售价3.8元，同比提高0.7元。

2016年，全区共防疫生猪口蹄疫34.18万头次、羊口蹄疫1.92万头次，高致病性猪蓝耳病30.16万头次、猪瘟33.90万头次，小反刍兽疫1.40万头次，高致病性禽流感4062.79万羽次、鸡新城疫3885.40万羽次，其他的病种也做到了应免尽免。

2016年，金坛区动物卫生监督所共产地检疫生猪82429头、商品禽8404万羽，屠宰检疫生猪203278头，检出病害生猪492头、病害产品22吨，病害猪及病害产品全部监督实施无害化处理。全区共抽样检测“瘦肉精”等违禁物投入品12446份，无害化处理生猪19056头、家禽180万羽，查处违反动物防疫法案件9起。

（徐梦泽）

【完成生猪屠宰清理整顿工作】 2016年2月底，全区8家不合格生猪屠宰企业全部关停。4月7日通过市级验收，4月23日通过省级验收，3家获证企业开展设施设备提档升级，全区日屠宰量比上年增加20%。生猪屠宰行业管理能力、市场服务水平得到显著提升。（汤明庚）

【推进畜禽养殖污染整治工作】 10月，结合金坛区城市建设开发和农业生产实际情况，对全区范围内禁止养殖区、限制养殖区和适度养殖区进行了划分。按照养殖区域划分，禁养区共涉及9个乡镇，应关闭拆迁养殖场238家。此次畜禽养殖污染治理行动，不仅搬迁不符合政策规定的养殖场，还为合规合法的养殖场打通出路。在转变原有发展方式的同时，还提高了全区生态养殖水平。

（徐　卉）

【强化动物疾病监测预警】 动物疫病监测预警是疫病防控的有效手段之一，可及时发现问题，消灭于萌芽状态。通过制定翔实的监测方案，按照日常监测和集中监测相结合的方法，使疫病监测做到量化、日常化，点面结合，动态反馈。2016年，共监测重大动物疫病样品7456份，免疫抗体合格率94.3%，向省、市送样3340份。

【动物疫病净化工作】 2016年，以贯彻实施国家和江苏省中长期动物疫病防治规划为契机，通过加强引导和政策扶持，鼓励和督促规模养殖场主动加入到疫病净化工作中，采取从种畜入手、由易到难、从场入手、逐步推进的方法，推动金坛区规模种畜禽场疫病净化工作全面开展。江苏兴牧农业科技有限公司（花山种鸡场）成为全省首家通过农业部“禽白血病净化”的创建场。江苏永康农牧科技有限公司被选为省疫控中心承担的省三新工程项目“猪伪狂犬病净化”示范场。

（徐荣军）

【洪灾期间病死动物无害化处理】 6月底至7月初，金坛区连降暴雨引发洪涝灾害，全区共死亡家禽162.23万羽、生猪32头、肉羊10头，大量死亡畜禽在养殖圈舍内泡水腐烂，加之暴雨过后的持续高温，极易引发动物疫情的爆发，危害公共卫生安全。区动物卫生监督所第一时间深入受灾养殖场点，联合各级政府部门及受灾企业，摸清受灾情况，确定各受灾养殖场点

进行病死无害化处理的时间及其他事项,历时7天,所有受灾场点的病死动物均无害化处理完毕,未爆发动物疫病。 (纪 康)

【徐洪庆获全国“最美基层兽医”和“百佳基层兽医”称号】 在2016年由中国兽医协会、中国兽药协会等单位联合主办的全国兽医“四个一行动”评选活动中,金坛区朱林畜牧兽医站徐洪庆被评为全国“最美基层兽医”、十佳基层兽医服务团队和百佳基层兽医,成为江苏省唯一获选人。

(徐梦泽)

·林 业·

【概述】 2016年,全区完成绿化造林面积879.5公顷,其中成片造林508.9公顷(丘陵岗地森林植被恢复158.72公顷,城郊森林162.33公顷,江河湖海防护林105.45公顷,绿色通道70.93公顷,优势特色经济林11.47公顷),占江苏省林业局下达全年成片造林任务的127%;完成四旁植树101万株,森林抚育733.33公顷,完善提高农田林网0.11万公顷,新建农田林网133.33公顷,全区林木覆盖率稳步增长,达到26.84%;新创省级绿化示范村9个,省级森林生态示范村4个,新增绿化面积26.5公顷,建成公共绿地1.47万平方米,栽植各类树木42.08万株。其中,乔木2.68万株,灌木39.4万余株。创建省级森林生态示范村的村庄绿化覆盖率达到35%以上。

2015年冬至2016年春,全区没有发生森林火灾。共新添置灭火弹3000枚,扑火服50套,扑火鞋50双,割灌机6台,油锯3台,消防水泵10台。

新建茅东林场青龙山引水上山工程,总线路长度4.5公里,蓄水量100立方米,有效管控森林面积133.33公顷。新建西旸公墓集中焚烧设施(焚烧塔)1座。

林业有害生物防治面积达373.33公顷,森林病虫害受害率控制在0.2%内,特别在松材线虫病除治上,共完成清理线虫病引起的死松木面积234.2公顷,占发生面积的100%,清理出病死树1320株,清理出松材疫木蓄积70立方米,病枝材送江苏大亚人造板集团有限公司切片处理6吨多。

按照省局统一部署,开展“缉枪治爆”“查隐患、破火案”“利剑行动”“盘羊二号行动”等专项活动,全年共查处林业行政案件7起,涉及擅自改变林地用途、盗伐以及毁林开垦,罚款共计86941.5元,森林警察大队干警在处理案件的过程中采取多措并举,受理的案件全部按期予以结案,查处率和结案率100%。全年共出动警力280人次,出动车辆105次,开展普法教育10余次,检查全区18家集贸市场、8家野生动物养殖场,检查山区16家饭店,共收缴并销毁8个猎捕鸟类的围网,放生斑鸠6只、王锦蛇12条、乌梢蛇23条、野猪(幼体)2只。

规范伐区作业设计,2016年,实际实施森林采伐总蓄积量2909.34平方米,毛竹间伐面积11.18公顷,采伐株数8384株,桂竹间伐面积2.73公顷,间伐株数60933株。

严格执行林地征占用规定,积极主动服务好区重大项目推进工作。薛埠镇东进村东进水厂扩建项目使用林地1.32公顷,新建花谷奇缘旅游综合体项目使用林地0.4422公顷,新建东方盐湖城国际温泉度假酒店项目使用林地7.5134公顷,265省道(金坛段)项目使用林地16.3872公顷获省林业局批准。区农林局批准了薛埠镇东进村修建观音山防火通道使用林地和薛埠镇仙姑村修建白马岗山防火通道使用林地。

积极宣传《江苏省野生动物保护条例》以及新修订的《中华人民共和国野生动物保护法》,4月17日,举办2016年常州市第四届“爱鸟周”活动,宣传野生动植物保护的重要性,同时规范野生动物的驯养繁殖和经营利用行为。全年新增野生动物驯养繁殖企业6家,办理野生动物经营利用(备案)企业10家,终止两家已不具备野生动物驯养繁殖条件企业的驯养繁殖行为,同时,积极开展野生动物救助工作,全年共救助野生动物6次。

2016年,申请建立的江苏长荡湖国家级湿地公园(试点)通过国家林业局专家实地考察论证和专家评审。扎实做好南洲市级湿地公园基础建设,长荡湖、钱资湖、尧塘河3处湿地保护小区的建设督促工作。

全年争取到各类林业项目资金1603.33万元,为金坛区生态文明建设持续发展提供了资金保障。区林业技术指导站申报的“无刺枸骨繁育技术研究与示范”项目取得金坛区人民政府授予的科技进步一等奖。

【植物检疫】 全年共签发森林植物检疫证书17718份、木材运输证9623份、森林植物检疫要求书66份。经检疫合格调出各种植物13400万株,其中苗木10500万株;外运各类木材折合材积680多立方米。未发生错检、漏检事件。

【木材检查】 2016年,金城木材检查站共查处木材运输案件38起。工作中以“和谐木检,文明执法”为工作理念,深入开展练内功、强素质,重管理、树形象,做到内有凝聚力、外有战斗力。 (马 骧)

·园 艺 业·

【概述】 2016年,金坛区园艺业紧紧围绕农业现代化工程这个核心,以“更有效益、更有效率、更可持续”为主线,以生产方式转型、技术装备提升、经营模式创新、产业融合互补为重点,以实施高效设施农业建设、园艺作物标准园创建、休闲农业升级工程和科技入户工程为抓手,推进园艺业供给侧结构性改革,强化质量品牌建设,不断提升全区园艺业的竞争力。

2016年,园艺业生产规模稳定在1.59万公顷,其中茶园面积0.27万公顷,蔬菜面积0.33万公顷,食用菌生产面积61.8万平方米,果树种植面积

0.126万公顷，花卉苗木面积0.86万公顷。新增设施农业面积0.02万公顷，设施化比重达21.3%。全区休闲农业经营主体153家，推介10条精品农游线路，年接待游客198万人次，接待游客收入（包括产品销售）4.9亿元。由于受持续强降雨等不利气象和市场因素的影响，全年园艺业总产值10亿元，比上年减少12.9%。全区园艺从业人员克难求进，积极在示范创建、技术创新及品牌提升上做文章。积极开展园艺技术创新示范集成，对蔬菜、水果、茶叶等园艺产业领域进行主要病虫害绿色防控技术的研究，保证了主要园艺产品的质量安全；持续推进双孢蘑菇生产组织模式与相关技术创新集成工作，提升双孢蘑菇培养料隧道发酵生产的能力。稳步提升园艺产品质量品牌，组织园艺企业参加各类评比活动，重点宣传推介区域公共品牌。持续举办金坛雀舌茶道会、上阮赏花节、水果市民品鉴会等农业节庆，配合开展休闲农业体验惠民卡活动，推介"春赏花、夏采果、秋品蟹、冬养生"四季农游名片，提升产品品牌的同时，也增加了产品的销量和附加值。

编制《金坛区休闲农业和乡村旅游发展总体规划》，优化调整产业结构，突出特色农业为依、农耕文化为魂、美丽田园为韵、生态农业为基、创新创造为径，推进农业与旅游、教育、文化、健康养老等产业的融合。组织编制《建昌圩重要农业文化遗产保护规划》和《金坛茶产业园区发展规划》，进一步发掘建昌圩农耕文化和推动茶产业的可持续发展，引领休闲农业和乡村旅游的深度开发。

金坛区成功创建全国休闲农业与乡村旅游示范县，成为常州首家上榜单位，全省仅4家；薛埠镇上阮村成功入选首批江苏省休闲观光农业示范村；常州市昌玉红香芋专业合作社、金坛市海之客果蔬专业合作社和常州后稷农业发展有限公司成功入选省级园艺作物标准园建设单位，品种涵盖蔬菜、水果等；在上海国际农展中心举行的长三角休闲农业与乡村旅游博览会上，金坛区代表常州市布展，并取得丰硕的成绩。常州市展区获得"优秀设计奖"，区农林局获得优秀组织奖。常州久红生态农业观光园获得"我喜爱的2016长三角休闲农业与乡村旅游景点"，长荡湖水庄获得"2016长三角休闲农业与乡村旅游博览会推荐景点"，一号农场获得"2016长三角休闲农业与乡村旅游博览会优秀参与奖"；金坛区一号农场被认定为市级休闲观光农业五星级企业，久红农业生态观光园、长荡湖水庄、超群果品被认定为市级休闲观光农业四星级企业，白龙山庄、桐春源等7家单位被认定为市级休闲观光农业三星级企业。

在农业部办公厅等多个部门主办的"2016年全国百个合作社百个农产品品牌公益推选"活动中，常州昌玉红香芋专业合作社的"健倡"牌红香芋成为常州唯一入选品牌，被评为2016年度江苏省十个网络畅销产品。

【3家单位获全国休闲农业与乡村旅游星级示范企业】 农业部农村社会事业发展中心公布2016年全国休闲农业与乡村旅游星级示范企业创建名单，长荡湖水庄、久红农业生态观光园获全国休闲农业与乡村旅游四星级示范企业，一号农场获三星级示范企业，金坛区在此次评定中实现零的突破。

【举办第三届中国·金坛雀舌茶道会】 4月23日，以"茶道天下"为主题的第三届中国·金坛雀舌茶道会在东方盐湖城开幕。本届茶道会结合2016全民饮茶日活动，重点开展万人品雀舌、"华罗庚杯"名特茶评比、发布首批金坛雀舌茶国家地理标志产品保护授权使用企业、寻找雀舌茶仙子、金坛雀舌茶市、手工炒茶技艺秀、茶产业发展恳谈会、茶知识讲堂等一系列活动，邀请了中国茶叶学会、省农委、省质监局、区政府的专家领导，以及茶企合作伙伴代表及媒体记者等200余名各界嘉宾，进一步提升金坛茶产业区域公用品牌，打造精彩纷呈的茶文化主题体验之旅。中国·金坛雀舌茶道获2016最美中国榜——首批最具影响力特色节庆。

【中国茶叶学会茶叶科技示范基地创新驱动交流会在坛举行】 10月13～14日，2016年中国茶叶学会茶叶科技示范基地创新驱动交流会在金坛举行，来自全国的有关茶叶研究所、高校茶叶科技推广人员，50名全国茶叶科技示范基地负责人和技术骨干以及金坛区20多名规模茶企负责人聚焦科技创新，共谋科技兴茶。江苏鑫品高庄茶叶基地被授予"中国茶叶学会第十三批茶叶科技示范基地"。

【参加第十七届"陆羽杯"名特茶评比】 4月28日，在江苏省茶叶学会、江苏省茶叶协会、宜兴市人民政府主办的第十七届"陆羽杯"名特茶评比中，江苏鑫品茶业有限公司"鑫品"牌金坛雀舌、江苏茅山青锋茶叶有限公司"金鹿"牌茅山青锋荣获特等奖，"露源"牌金坛雀舌、茅山青锋和"石马"牌金坛雀舌、茅山青锋均获"陆羽杯"名特茶评比一等奖。

【首届江苏名茶展销暨休闲观光农业博览会获1金3银】 5月13～15日，金坛区组织7家茶企参与首届江苏名茶展销。江苏茅山青锋茶叶有限公司"金鹿"牌茅山青锋茶被授予首届江苏名茶展销暨休闲观光农业博览会"金奖名茶"，江苏鑫品茶业有限公司"鑫品"牌金坛雀舌茶、江苏方麓茶场有限公司"百园春"牌金坛雀舌茶、金坛区锡峰茶场"锡峰"牌金坛雀舌茶获"银奖名茶"。

【举办第三届"华罗庚杯"名特茶评比】 4月19日，金坛区举办第三届"华罗庚杯"名特茶评比活动。专家采取内质和外形双密码方式感官审评，最终评出特等奖6个、一等奖12个。获得特等奖的有：江苏鑫品茶业有限公司"鑫品"牌金坛雀舌茶、金坛区生态良种茶场“露源”牌金坛雀舌茶、常州市御庭春茶业有限公司“天壶”牌金坛雀舌茶、金坛区茅麓锡峰茶场“锡峰”牌金坛雀舌茶、江苏茅山青锋茶叶有限公司“金鹿”牌茅山青锋茶和金坛区石马茶场“石马”牌茅山青锋茶。

【茶艺职业技能竞赛】 5月20～22日,在首届省级茶艺职业技能竞赛中,鑫品代表队获团体比赛二等奖,史云霞、戴莹莹两人获个人比赛二等奖。在第三届全国茶艺职业技能竞赛中,江苏代表队在本次大赛中获得1金1银6铜,其中江苏鑫品茶艺表演队独占1金2铜。

【举办第二届“水果市民品鉴会”】 8月7日,由区果品协会主办,区农林局协办的“品金坛水果、享精彩生活”2016第二届金坛时令水果市民品鉴会在金沙广场举行。超群果园、何氏果园、金沙葡萄种植园、小谢家果园、锦绣黄桃等30多家果品专业合作社、家庭农场、水果种植户,选送葡萄、梨、桃等近10种果品参加了果品评比与现场品鉴,专家组按照评比标准对参评的果品进行打分,市民现场对参评的葡萄进行投票,最终评选出“最受市民欢迎奖”和“优质水果”金奖和银奖。

【金坛葡萄在第九届“中山杯”获4金2银】 7月26日,江苏省第九届“中山杯”早中熟优质葡萄评比在无锡成功举行,金坛区选送的葡萄样品再次斩获4金2银,体现了金坛区近年来推进葡萄优质安全生产技术的成果。

（曹丽华）

·农业机械化·

【概述】 2016年,全区农机总动力43.9万千瓦,共落实国家和省级补贴资金1354.155万元,比上年增长9.1%,受益农民756户,补贴各类机具813台(套)。

农机装备水平。2016年,新增各类机具1224台(套),其中粮食烘干机224台、高速插秧机85台、育秧播种流水线16台、联合收割机28台、大中型拖拉机101台、与大中拖配套的秸秆还田机械203台、高地隙喷杆式植保机械23台,高效设施农业装备增加近220台(套)。农机具向复式、智能、高效方向发展。75马力以上中拖占当年增量的比例从2011年的27.28%增长到2016年的82%,6行高速插秧机占当年增量的比例从2011年的45.4%增长到2016年的83%。动力与配套机具比由2011年的1∶2.12调整到2016年的1∶3.68,高性能新型作业机械快速增长,配套机械协调发展,促进农机装备结构的优化升级。

农机技术推广。建有8个万亩绿色高产示范片,集中育供秧40家,秧田面积6666.67公顷,全年机插秧总面积1.61万公顷,机插率90%;完成麦、稻秸秆机械化全量还田面积1.65万公顷,还田率54.14%。引进防缠绕复式带状条播机进行试验,大力推广小麦精少播种机械化技术,攻关稻麦秸秆机械连续还田分析、水稻机插侧深施肥、高效植保机械、犁旋一体机灭茬整地作业、有机肥机械化撒施等关键技术,在部分农机合作社得到推广应用。

农机组织化建设。全区2016年新成立农机专业合作社16家,新建农机机库20家,面积1.3万平方米,扩建农机机库26家,面积1.35万平方米,43家合作社新安装了粮食烘干机。2016年,创建成常州市A级合作社总数达45家。其中,5A级农机合作社11家,4A级9家,3A级25家。农机专业合作社拥有大中型农机具5053台(套),占全区的75%,农机服务组织作业面积占全区机械作业总面积的81%。

农机安全监理。全区新注册登记小型方向盘式拖拉机15台、手扶式运输机组18台、联合收割机37台、大中拖107台,驾驶员初次申领61人,发放双优卡85张。完成各类农机年检2404台、收割机129台。

农机教育培训。全年完成拖拉机驾驶员培训、农机职业技能鉴定培训、烘干机培训、大中型拖拉机耕整及机具的维修保养技术培训等农机化教育培训33期次,培训人次达1542人次。取得职业资格证书共79名。其中,初级农机修理工62名,中级农机修理工12人,高级农机修理工3人和农机修理技师2人。

【高标准建设全程机械化示范片】 金坛区依托省水稻绿色高产高效创建和增产模式攻关、小麦绿色高产创建等项目,在指前、薛埠、朱林、直溪、金城等5个镇建设8个稻麦全程机械化万亩示范片区和8个千亩核心示范方,示范面积共计5960公顷,占全区水稻总面积的31.5%,涉及44个行政村、2.1万农户,38个农机专业合作社负责承担全程机械化服务。每个示范区建有一个千亩核心示范方,核心示范方实行“四统一”,即实行统一育供秧,统一机械插,统一植保施肥,统一病虫防治。示范片稻麦生产主要环节耕、种、收综合机械化水平分别达到99%、96%和99%。据测产,2016年示范区水稻平均公顷单产9391.55公斤,较其他非示范区域增加375公斤。通过示范带动,极大地激发了广大农民购买新型农机的热情,2016年全区有756户农民或服务组织参与购机,享受了国家、省级购机补贴。

【全国主要农作物生产全程机械化现场会】 6月3日,全国主要农作物生产全程机械化推进行动现场会在金坛区召开,农业部农机化司及有关司、局、站负责人,各省、自治区、直辖市和计划单列市及新疆生产建设兵团,黑龙江省农垦总局农机管理局负责人等参加会议。常州市副市长张耀钢,金坛区领导陈春洪、陈锁龙参加会议。

金坛区在水稻、小麦等主要农作物生产过程中,从育秧、栽插、植保、收割、秸秆处理到粮食烘干,积极探索全程机械化作业。苏南稻麦科技示范中心在水稻、小麦、油菜生产中,从耕整地、种植、收获、植保、烘干到秸秆处理,率先实现生产全程机械化,得到了与会人员的一致称赞。

近年来,金坛区农业现代化进程位居全省第一梯队,农机化水平走在全国前列。全区农机总动力超过50万千瓦,高性能、大功率、一体化农机装备占主导地位,粮食烘干机保有量突破300台,粮食单位面积烘干能力位居全省前列,稻麦生产全程机械化水平90%,机插率95%,全年稻麦秸秆还田率60.4%,基本实现粮食生产全程机械化。

【金坛区被评为全国首批基本实现主要农作物生产全程机械化县】 6月,农业部在金坛召开全国主要农作物生产全程机械化推进行动现场会。会上,金坛区和常熟市被评为全国首批基本实现主要农作物生产全程机械化县,江苏省被授予全国粮食生产全程机械化示范省称号。

2016年,全区粮食生产全程机械化水平90.3%。其中,耕整地机械化水平96.04%;水稻机插率86.04%,小麦机械化播种水平83.4%;植保机械化水平98%(其中高效植保机械化水平86.42%);稻麦机收水平89.73%;烘干机械化水平86.4%(其中产地机械化烘干能力75.7%);秸秆处理机械化水平86.12%。

(朱 冰)

·农业综合开发·

【概述】 2016年,全区立项实施各级各类农业综合开发项目共16个。其中,国家级项目5个(包括土地治理高标准农田建设项目2个,产业化财政补助项目1个,产业化贷款贴息2个),省级丘陵山区开发项目7个,常州市级高标准农田项目4个。全年争取各级各类农业综合开发项目财政资金共3457万元,其中中央财政资金962万元,省级财政资金1710万元,常州市级财政资金679.99万元。

全年累计项目总投入4185.63万元。其中,财政资金投入3457万元,项目单位自筹资金728.63万元。通过项目建设建成高标准农田833公顷,建成高效农业示范基地510公顷。项目区共修筑水泥道路31.83公里、砂石道路33.78公里,衬砌沟渠73.28公里、暗渠0.55公里,新建电站10座,扩建蓄水塘坝11座,机耕桥、涵、闸等配套建筑物3109座,新发展花木园54公顷,新建茶园、果园18公顷。扶持农业产业化经营省级龙头企业4家,新发展农业企业2家、新型农业经营主体2家。

【通过2013~2015年国家级项目国家综合检查】 2016年9月9~13日,财政部国家农业综合开发办公室委托财政部驻江苏省财政监察专员办事处,对金坛区承担的2013~2015年度国家级农业综合开发17个项目进行综合检查。检查组通过查阅项目建设全过程档案资料、账务档案资料和实地核查项目现场工程数量及质量、设备购置及运行、工程移交及管护等,重点检查了全区项目建设管理制度执行情况、资金管理制度执行情况。

最后,检查组对金坛区三年以来农业综合开发项目取得的成绩给予了充分肯定,同时,也对检查中发现的问题与全区项目管理部门进行交流反馈。金坛区财政局、农业资源开发局根据检查组提出的问题和意见逐条整改,并以此为契机,推动全区农业综合开发各项工作不断取得新突破。

·农林场圃·

【茅东林场】 茅东林场位于金坛区西部,全场总面积1973.33公顷,生态林面积1590.46公顷,用材林面积1166.66公顷,经济林果面积193.33公顷,森林覆盖率达85%。全场有职工600余人,其中退休职工230余人。2016年,实现收入229万元,全年实现利税27万元。林区主要植被乔木树种有榉树、朴树、冬青树等30余种,灌木及小乔木有六月雪、小叶女贞、乌饭树等40余种,林下草本植物沙参、苍术、苔藓、玉竹等近百余种。林区常见的野生动物有野猪、狼、猴、白鹭、刺猬等30余种。

随着旅游业的快速发展,林区内景点有东方盐湖城、华夏宝盛园、省气象研究试验基地、乾元观、三清观、元阳观、崇寿观、茅山索道、金牛山庄农家乐等,各景区之间交通便捷、相互贯穿,是集旅游、餐饮、休闲、观光的游览胜地。

2016年,场部对职工居住的小区环境进行改造整治,投入资金700余万元对金牛山庄进行景观提升,建面积达13000平方米的九龙潭垂钓中心一座,景观长廊一座,石亭、竹木亭四座,推动金牛山庄林家乐的开展,到年底已有20余户林家乐建成并对外服务营业。

2016年,林场林业投入400余万元,其中投入资金300余万元完成中幼林抚育267公顷,投资80余万元新建自备水厂一座,投入资金60余万元新建、修建山区林间防火通道3.5公里。护林防火成绩显著,分别被金坛区森林防火指挥部和江苏省森林防火指挥部评为“森林防火先进单位”。

(王忠胜)

【茅麓茶场】 茅麓茶场有限公司坐落于茅山东麓,距离金坛城区20公里,占地总面积1026公顷。2003年10月,金坛市茅麓茶场在全省农林场圃系统率先进行整体改制,改制为金坛市茅麓茶场有限公司,新组建江苏茅山青锋茶叶有限公司。

2016年,公司拥有茶园365公顷、林地308公顷、耕地203公顷。有股民职工220人、科技人员28人。辖有1个综合性茶叶加工厂、8个茶叶工区、1个国家级茶树良种繁育示范场。茶树良种有龙井43、龙井长叶、福鼎、浙农113、舒茶早、迎霜、碧云、乌牛早、元农绿、白茶等50多个优良品种。年产成品茶52万公斤,年出产优质无性系良种茶苗1000万株。主要产品有茅山青锋、雨花茶、银毫茶、烘炒青绿茶、袋泡红绿茶和供糖尿病患者饮用的薄玉茶。2011年,新开发了铁观音、红珠茶。产出的茶叶全部使用“金鹿”牌商标,该商标被江苏省认定为著名商标。“金鹿”牌茅山青锋茶被江苏省认定为绿色食品,2005年通过ISO 9001:2000质量体系认证。2007年被认定为有机食品,获江苏省名牌产品称号。2009年,公司被定为江苏省农业科技型企业,2016年获得无公害农产品证书,在2016年江苏省第十七届“陆羽杯”名特茶评比活动中,获特等奖。

茶场改制后,公司加快优质无性系良种茶的引进、繁育和推广,建成国家级茶树良种繁育示范场,达到年出圃1000万株良种茶苗的能力,建成高效生态复合优质高产绿色食品茶叶示范园66.7公顷。同时,公司利用科技手段积极探索技术革新,从日本引进色选机,提高产品质量,以质量创品牌,以品牌拓市场,建成全省最大的名优绿茶清洁化连续机械化加工生产流水线以及生态园式的加工生产基地。茶树种苗繁育种植、生产、加工通过ISO 9001:2000质量体系标准认证。推广茶叶生产优质化、机械化、规模化、产业化、绿色化、现代化,带动产业结构调整,促进农民增收,使企业不断壮大和发展。成立金坛区茶叶经济合作社,以江苏省茅山青锋茶叶有限公司为龙头企业,制定《茅山青锋茶生产技术规程》江苏省地方标准,开发机制名优茶,依托“金鹿”牌茅山青锋品牌优势,成为集“公司+基地+农户”名优茶生产、加工、销售、茶文化为一体的茶叶产业化经济合作组织,订单收购茶叶的产业化经营模式,带动农户500户,带动基地666.7公顷。2016年,为建设社会主义新农村,加快棚户区改造,实现资源共享,对居住较散的三、四、七、八工区的281户居民进行动迁,建设青锋安置小区,安置职工建房87户。2016年,公司实现产值2150万元,销售收入1878万元,利税413万元。 (王柳松)

【方麓茶场】 金坛区薛埠镇方麓茶场地处茅山东麓,总面积250公顷,为市重点茶叶龙头企业,“百园春”牌金坛雀舌为江苏著名商标、江苏省名牌产品。境内山峦起伏,林荫覆盖,景色秀丽,土壤肥沃,有机质含量丰富,生态环境良好,适宜茶树生长。现有住户232户,下设6个工区及种猪场,居民712人。

2016年,方麓茶场管委会社区建设,围绕“稳定、发展、服务”的主线,凝聚人心,投入100万元资金,开展拉网式环境整治项目,对场部进行污水管网建设和环境整治,共建铺设管网650米,浇筑水泥路1500米,绿化面积120平方米,新建公厕2座,撤除低矮残房6间,新建污水处理站1座,挡土墙200米。通过3个月的工程建设,场部环境得到彻底改善。同时,积极推广有机茶的种植与生产,加快有机茶生产基地建设。继续发挥农业龙头企业的带动作用,与茶农建立利益共同体,形成规模经营优势,提升市场竞争力。鼓励茶农发展有机茶生产,加快茶叶管理“五统一(统一规划、统一机耕、统一种苗、统一销售、统一技术)”实现产加销一体化经营,获取最大经济效益和社会效益,有效地增加了茶农收入。 (葛志祥)

·长荡湖水产管理·

【概述】 2016年,长荡湖管委会管理处紧紧围绕长荡湖渔业资源和生态保护,创新管理模式,重点实施金坛区长荡湖网围(捕捞)整治,开展渔业资源生态养护与本底调查、渔政“打非治违”、渔业安全生产管理等工作。受湖区洪涝灾害的影响,网围养殖跌入低谷,网围全年养殖产量1800吨,网围养鱼单产只有正常年景的70%,网围养蟹单产只有正常年景的2~3成。湖泊捕捞产量呈稳定增长态势,全年实现渔业捕捞产量1780吨,同比增长8%。

【开展新一轮的湖泊水生生物资源调查】 长荡湖水生生物资源本底调查是2016年常州市“生态绿城”建设项目中的一项重要工作,于5月下旬启动,委托中国水产科学院无锡淡水渔业研究中心承担实施,计划实施时间为1年半,至2017年年底全面完成。具体调查内容包括水质理化指标、长荡湖浮游植物、浮游动物、底栖生物、水生植物以及渔获物的群落结构组成和时空变化情况等。

【网围(捕捞)整治】 实施长荡湖网围(捕捞)整治是新一轮太湖流域综合治理的重要内容,此轮长荡湖网围(捕捞)整治工作于10月中旬正式启动,整治范围涉及长荡湖金坛范围内的东南、西两个安置区全部网围1171.2公顷和湖区渔业捕捞户102户、备案渔民101户。

【水产种质资源保护区改建】 2016年,根据金坛区生态红线保护的总体部署,投资50万元左右,对总面积约670公顷的长荡湖国家级水产种质资源保护区设施进行更新。将保护区原先损毁的水泥界桩拆除,四周采用镀锌钢管作界桩,每5米一根,桩与桩之间实行封闭式连接。改建后的保护区将更好地实行封闭式管理,集种质资源与生态保护、安全行驶导航、生态红线宣传等多功能于一体,并与长荡湖旅游观光相配套。

【增殖放流】 通过政府采购、公证放流的形式,2016年1月放流鲢鳙鱼冬片2万余公斤(约60万尾),7月初放流鲢鳙鱼夏花3700余公斤(约1500万尾)。根据近年来湖区青虾资源量明显下降的现状,积极争取上级项目资金,投入近25万元开展青虾增殖放流,投放总量6400多公斤(约700余万尾)。

【养殖管理】 3月,对全湖1562张网围养殖证进行使用期限延展,同时,征收渔业资源保护费191.6万元;加强长荡湖水产品质量安全监管，对养殖户2016年《网围养殖生产日志》填写情况进行监督检查，不定期组织开展水产品抽样检测，确保长荡湖大闸蟹质量符合出口标准和要求；加强网围生态小区管理，对南安置区航道内的违章小渔簖及私扩乱建设施等进行集中清理，拆除违章设置小渔簖12只，拆除违章搭建的网皮2500米、毛竹桩1500余根。

【长荡湖大闸蟹出口】 江苏长荡湖水资源综合利用开发有限公司与江苏诺亚方舟生态农业发展有限公司强强联合，进一步拓展长荡湖大闸蟹出口业务，年内，共向台湾、香港出口大闸蟹20多吨，实现销售近100万美元。

【渔政执法】 结合封湖禁渔和开捕管理工作，组织开展"打非治违"专项整治行动。其间，渔政执法人员累计出艇巡查2500余次，组织渔政执法大检查12次，巡航总里程近5万公里，共查处渔业违法违章案件72起，其中实行"警渔联动"向公安部门移交渔业涉刑案件10起。

【创新开展涉刑案件诉前生态补偿】 2016年，联合溧阳市检察院，在全省率先实行湖泊涉刑渔业违法案件诉前生态补偿制度，共涉及5起案件，收到补偿资金5000元，用生态补偿金放流鱼种500余公斤，达到了严惩渔业违法行为与弥补渔业资源损失的双重效应。

【渔业安全生产】 安全生产管理工作步入常态化轨道，每月不定期组织各中队开展安全生产检查活动，排查渔民安全生产隐患，开展各中队燃油、执法艇使用等自查。重点开展防汛防台风工作，在2016年抗击百年未遇特大洪涝灾害的过程中，湖管会专门成立防汛抗洪领导小组，启动防汛应急预案，对抗洪救灾工作周密部署，抗洪期间，发布防汛预警信息5万余条，动员、协助1200余条养殖住家船迁移靠岸，转移渔民2000余人，救援涉险船只28条、涉险群众19人，全力保障了渔民群众的生命财产安全，湖区未发生一起人员伤亡事故。长荡湖渔政监督大队被金坛区政府评为2016年"抗洪抢险救灾先进集体"。

（杨建新　付言言）

水　利

【概述】 2016年，金坛区水利工作认真谋划，精心组织，扎实推进，各项水利建设与管理进展顺利，全年完成水利投资9亿元。

完成水利"十三五"发展规划、水库河道保护规划、长荡湖退圩还湖实施方案、出入湖河道整治可行性研究、长荡湖堤防建设可行性研究、"十三五"农田水利基本建设规划编制和2017～2019年建设方案、"十三五"河塘轮浚规划、"十三五"水库移民后扶及小水库自主搬迁规划等一系列规划、可行性研究报告、方案的编制。

重点水利工程建设推进有力。推进流域治理新孟河延伸拓浚先导段工程、区域治理龙山水利枢纽工程、水环境综合治理工程、太湖治理和长荡湖清淤工程计划、中央财政小农水重点县工程、圩区防控除涝灾后修复工程、水库移民后期扶持及小水库自主搬迁项目建设。

在抗御2016年特大洪涝灾害中，水利部门积极配合，各镇全力拼搏，迅速制定防汛抢险方案，组织8个抢险救灾指导小组日夜坐阵抗洪抢险一线，现场指导抗洪抢险工作；有序组织调拨抢险设备、救灾物资；及时启动防汛各级别应急响应，科学调度水库、塘坝、水利枢纽、排涝站溢洪、排涝。

全区投入防汛抢险经费5000余万元，出动抢险人员3.2万余人次，使用编织袋57.04万只、麻袋2.6万只、编织布12.59万平方米、木材3.13万立方米、砂石料30.81万立方米、钢材112吨、汽柴油24.95吨、抢险运输设备1658班次、机械设备596台（班）。

创新举措，精心组织开展全国首批河湖管护体制机制创新试点、河湖及水利工程管理范围划界省级试点、省级水生态文明城市创建、法治水利建设省级示范点4个部、省级试点创建工作。落实河道"河长制"管理，深入推进水利工程"四位一体"长效管护，持续推进水生态文明建设，在创成国家级水利风景区的基础上，进一步推进水美乡村、美丽库区幸福家园建设，2016年，有14个村创成省级"水美乡镇"和"水美村庄"，11家单位、社区、学校创成常州和省级节水型单位。加强法治水利建设，建立多部门联合执法机制，形成合力，打击各种水事违章行为。

国家172项重大水利工程之一的太湖流域水环境治理骨干工程新孟河延伸拓浚工程先导段在金坛实施。水利投融资工作取得实质性成效。水利自身完成融资贷款3.3亿元；为财政、开发区融资13亿元，并以新孟河延伸拓浚工程为载体，结合开发区、茅山旅游度假区、区住建委、金城镇等建设需要，与国开行合作融资，融资规模70亿元；同时，积极与上级部门沟通、协调，争取到各类水利建设补助资金3.8亿元（不含新孟河工程）。

（姚锁洪）

【新孟河（金坛段）延伸拓浚工程】 2016年4月11日，江苏省发展和改革委员会以《关于新孟河延伸拓浚工程初步设计的批复》，批复了新孟河延伸拓浚工程初步设计，金坛区工程总投资为103084万元，其中建设征地移民补偿投资为63379万元。工程主要建设内容：南延段新开挖河道6.75公里，北干河拓浚河道5.84公里，新建桥梁5座，拆建或加固桥梁4座，以及沿线水系调整及影响工程。其中，新孟河延伸拓浚工程2015年度实施方案批复总投资49168万元。主要建设内容包括尧塘街道范围内的征地拆迁与移民安置工作，平地开挖河道2.1千米，新建大前巷桥1座。2015年度实施方案工程自开工以来，完成河道土方开挖244万立方米、防汛道路路

新孟河延伸拓浚工程施工现场　（尧塘街道　供稿）

基4000米、联锁块铺设2.1万平方米、黏土包坡3600米、排水沟渠8860米,大前巷桥基本完成,整体进度为95%。征迁工作。尧塘街道范围内房屋拆迁240户,已完成239户。儒林镇8户全部完成,地上青苗及附属物的迁移工作完成95%。截至2016年年底,两年完成总投资7.8亿元,其中2016年完成5.3亿元。

（张　静）

【龙山枢纽工程】　龙山水利枢纽是省区域治理竞争项目,太湖湖西通胜地区下游新丹金溧漕河重要的防洪控制工程,是金坛区城市防洪大包围重要节点工程,也是金坛第一个试行代建制的重点水利项目。工程位于新丹金溧漕河下游河口以东约600米处,由1座泵站和1座节制闸组成。节制闸净宽240米,共2孔,升卧式平面钢闸门;泵站设计排涝流量70立方米/秒,装机5台(套)竖井贯流泵,其中3台单向泵、2台双向泵,单机流量14,配10千瓦异步电动机,总装机容量2200千瓦。工程防洪标准按50年一遇设计、100年一遇校核,排涝标准为20年一遇,抗震设防烈度为7度。工程初步设计批复概算总投资1.05亿元,施工工期16个月。于2016年2月18日开工建设,截至12月,完成投资9380万元,占工程投资计划的89.3%。

龙山水利枢纽还集成建设水利信息化中心、城市防洪控制调度中心、防汛防旱应急调度中心。该枢纽的建成,构建起金坛地区流域、区域、城市三大防洪体系,为防洪排涝、灌溉、水环境改善发挥坚实作用。

（姚锁洪）

【2015年度太湖流域水环境综合治理和金坛河道整治工程】　该项目主要建设内容为对全区范围内12条河道进行清淤、岸线综合整治,根据批复,计划疏浚清淤河道长23.25千米,清淤疏浚土方53.84万立方米,岸线整治26.58千米。工程于2015年12月26日开工建设,工程总投资概算6750万元,省级补助50%,其余自筹。截至2016年年底,本工程已全部完工,并完成合同工程完工验收,共计完成清淤量50.52立方米,新建格宾网箱挡墙7767米、砌块生态挡墙15781米、木桩挡墙2002米、格宾网垫护坡16816平方米。

【太湖流域水环境综合治理天荒湖整治工程】　该项目主要建设内容为对金坛区直溪镇天荒湖清淤整治,工程于2016年4月1日开工建设,概算总投资502.79万元。截至2016年年底,主体工程已基本完工,共完成清淤疏浚土方1.1万立方米,岸线整治2.4千米。

【2016年度太湖流域水环境综合治理和金坛区河道整治工程】　该项目的主要建设内容为对全区范围内的10条河道进行综合整治,整治长度19.34千米,疏浚土方22.76万立方米,岸线整治(生态护岸)15.77千米,建设水环境改善建筑物4座。项目计划总投资5207.81万元,其中太湖流域专项切块资金1500万元,单位自筹3707.81万元。项目建设期限为2016年12月至2017年6月,工程于2016年年底开工,年内完成投资500万元。

（规建科）

【中央财政小型农田水利重点县项目】　2015年度中央财政小型农田水利重点县项目分布在指前、金城、朱林3个镇,主要建设内容为新改建排涝站14座、灌溉站3座,更新改造排水涵闸13座,水系沟通桥梁1座,改造渠道12.55千米,配套渠系建筑物380座。工程总投资4800万元,其中中央财政补助1200万元,省级财政补助1200万元,其余由地方配套。2016年,项目完工。

2016年度中央财政小型农田水利重点县项目分布在薛埠、儒林、东城、尧塘4个镇(街道),主要建设内容为新改建排涝站10座、灌溉站22座,新改建塘坝5座,更新改造排水闸13座,改造渠道39.11千米,配套渠系建筑物1259座,整治排涝沟道6.3千米。工程总投资4800万元,其中中央财政补助1200万元,省级财政补助1200万元,其余由地方配套。项目已完工。　（李　玲）

【灾后水毁修复项目】　2016年度水毁修复工程主要分布在全区金城、朱林、指前、直溪、薛埠、儒林6个镇和东城、尧塘、西城3个街道,主要建设内容有:修复千亩以上圩区26座,总长32.78公里;改造圩口闸3座;维修、改造排涝泵站9座;增设河道护岸1.17

公里。总投资约4000万元。

（李 玲）

【水库移民后期扶持项目】 2016年度水库移民后扶项目分为大中型水库移民后期扶持结余资金项目和小型水库库区扶持项目两类。大中型水库移民后期扶持结余资金项目4个，批复概算资金1336万元，分别为薛埠镇薛埠村标准厂房建设工程（一标段）、薛埠镇薛埠村标准厂房建设工程（二标段）、薛埠镇锦绣家园环境综合整治工程、薛埠镇东进村道路两侧环境整治工程。小型水库库区扶持项目2个，批复概算资金720万元，分别为新浮水库环境提升工程、东沟水库苏家洼村环境综合整治工程。

（汤小军）

【水利工程“四位一体”长效管护】 全区水系以丹金溧漕河为总纲，圩区河道众多，水网密布。有大小河道402条，河道总长为1195.7公里；万亩（15亩为1公顷）以上圩区11个，千亩以上圩区38个，圩堤总长度359公里，有1千亩以下圩区57个，圩堤长105公里；大小水闸302座，其中3.5米及以上圩口闸66座；有10英寸以上固定灌、排站681座，装配水泵816台（套）；农渠级以上固定灌溉渠道长1992公里，其中防渗渠662公里，沟渠配套建筑物1.02万处，排水沟渠1735公里；山丘区有在册水库25座，塘坝3094座。

金坛区从2014年开始，按照“十个一”标准重新制定了考核办法及经费补助标准，其中河道统一按2500元/公里，排涝站按每座1万元，灌溉站按每座1000元，圩堤按每公里5000元，田间工程按每行政村1万元给予补助，村庄河塘每村2000元，财政管护经费全年计划安排760万元，各区镇、街道在河道、圩堤、排涝站、田间工程管护上按1∶0.5配套，全区全年管护经费超过1000万元，同时，在管理体制机制上作了一些探索，基本做到了“管养分离”，向社会公开招聘管护公司，实行河道、圩堤、泵站、田间工程“四位一体”综合管护。2016年，全区共有管护公司14家，管护人员300余名、管护船只87艘、管护设备300余套。全年区对乡镇考核4次，乡镇对管护公司考核12次，考核结果与管护经费下达挂钩。

【河道划界确权】 2016年12月21日，试点河道划定工作通过江苏省水利厅组织的抽检，结论为：金坛区河道和水利工程试点项目（通济河、简渎河）管理范围划定工作满足相关技术要求。通济河共埋设界桩259根、界牌19块、告示牌11块、公示牌1块。简渎河共埋设界桩60根、界牌1块、告示牌2块、公示牌1块。2016年12月31日，通济河、简渎河河道管理范围划定工作通过由常州市金坛区人民政府组织的验收。截至2016年年底，丹金溧漕河、尧塘河、中干河、湟里河、薛埠河完成界桩设立工作。

【河道“河长制”管理】 2016年，金坛区按照属地管理原则，依托骨干河道“河长制”管理经验，推进落实26条区级、190条镇级河道的“河长制”管理，以镇政府领导为河长、水利站人员为技术负责人，全面建立区、镇河道“河长制”管理制度。全年依法开展水行政管理和执法，共拆除围网14处、鱼罾4处、鱼簖21处。 （刘国华）

【水生态文明建设】 按照《金坛市水生态文明城市建设方案》和《2016年常州市金坛区水生态文明城市创建工作考核办法》的相关要求，对2016年新建、续建工程项目内容重新核定；与各相关责任部门签订《2016年水生态文明城市建设责任书》；出台《2016年常州市金坛区水生态文明城市创建工作考核办法》；按照省水利厅《关于开展水生态文明建设试点评估工作的通知》的相关要求，积极开展试点期中评估工作，召开水生态文明建设工作会议，组织相关部门落实责任，并委托太湖流域管理局水利发展中心开展水生态文明建设期中评估的相关技术工作，为水生态文明建设评估考核提供基础支撑。 （徐 莹）

【最严格的水资源管理】 严格用水计划管理，倡导企业合理用水需求。对7家公共供水单位下达1971万立方米的用水计划；对工业企业自备水源下达用水计划23份，计1423万立方米。加强对取水户计量设施安装的督促，全市在册取水户表计安装率100%。积极做好省、市水资源项目和节水技改项目的申报工作。根据2016年省级水资源费、节水技改项目的申报要求，完成常州市金坛区茅东、新浮水库连接渠工程（一期）和省级节水型学校创建申报工作。工程总投资1744万元，其中申请省级补助510万元。完善水功能区监督管理制度，加强水资源保护。加强与区水文中心的工作联系，建立常态化的协调沟通机制，配合做好辖区内23个水功能区的月常规监测以及5个地下水动态监测工作；完成了在重要河道、湖泊设立水功能区标志牌；投入40万元编制完成《长荡湖出入湖水量、水质监测成果报告》和《简渎河健康评估报告》，通过对长荡湖重要入湖河道的水质、水量定期监测，形成“有效控制、河湖健康的水生态保护体系”。3月，省水利厅、常州市水利局对金坛区实行最严格水资源管理制度进行考核，考核结果为优秀。 （徐 莹）

【节水载体创建】 2016年开展节水宣传，共制作“世界水日”“中国水周”的主题宣传横幅6条和节水展板5块，并发放宣传单1000份、节水手册500份、节水宣传袋800个等。全年通过节水载体创建工作，共投入147万元进行管网改造和更换节水型器具，共安装二级水表114个，更换节水型器具1833只。全年全区完成8所学校、1家社区、2个机关（单位）的载体创建任务，联合区教育局等部门召开动员大会并举行全区水平衡测试培训班,分阶段对创建单位的供水管网、设备改造现场指导,积极推广节水型设备和器具,鼓励单位利用非传统水源,进一步提高了水资源利用率。

(徐　莹)

【法治水利建设】 2016 年,建立由主要负责人牵头的法治水利建设领导协调机制,将法治水利建设纳入全面深化水利改革总体规划和年度工作计划,定期听取法治水利建设汇报;落实经费保障。将水利法治建设工作经费纳入本级财政预算,确保本区法治水利示范点建设工作顺利开展,并争取一次性通过上级部门验收;建立法治水利示范点建设考核督查机制。对照省、市两级权限清理出行政权力事项 181 项,并完成服务指南,基本建立行政处罚自由裁量基准 150 项,实现行政权力"网上公开、网上办理、网上监督"的目标。已实现行政审批流程全过程网上监督,行政许可事项目录管理系统成熟。开展进驻公共资源交易中心的水利工程项目清理,规范招投标工作的管理和行政监督。

(张　芸)

【水行政综合执法】 开展丹金溧漕河专项整治,对沿河建房搭棚、种植养殖、倾倒垃圾等乱象进行治理,保障丹金溧漕河防洪安全和航道整洁畅通。与区环保部门建立水污染执法联动机制,出台《关于建立水污染执法联动机制的意见》,与公安、检察机关建立水行政执法联动机制,出台《关于建立水行政执法联动机制的意见》;开展汛期河道专项清障,与地方政府、渔政、航道、城管、公安等开展联合执法行动,组织强制清障行动 4 次,出动执法人员 80 余人次,执法车辆 13 辆次,航政、渔政等执法艇 12 航次,地方公安出警 5 次,共清除大坝铁栏网 1 处、鱼罾 24 处、鱼簖 124 只、围网 16 处、违章种植树木近 1000 棵;开展重点水利工程专项执法,为保障太湖流域水环境综合治理金坛区河道整治工程、新孟河延伸拓浚工程、龙山枢纽等重点水利工程的建设与推进,联合区规划、农林、国土、交通等部门,妥善处理历史遗留问题,肃清工程建设障碍;建立"三片"联合巡查制度,根据地形特点,将全区划分为"三片"[山区片、圩(湖)区片、东部高亢平原片],分片开展联合巡查,确保巡查不留死角。2016 年,共组织各类巡查 68 次,其中专项执法巡查 2 次,与河湖处联合巡查 4 次,与区航道处联合巡查 2 次,与区环保局联合巡查 1 次。全年共办理水事案件 25 起,其中立案查处 5 起,省级督办案件 1 起,申请法院强制执行 1 起。

(于亮亮)

(编辑　夏　冰)

金坛刻纸《水乡情》　　(作者　杨兆群)

商品贸易

综　述

2016年，全区内贸经济水平在国家各项消费政策的拉动和促进内需政策的调控下，在整体经济运行中仍处于相对平稳状态。城乡市场体系结构在发展中不断得到完善，市场体系建设形态正在向多元化结构横向发展，市场货源保障结构呈多元化，货品保供市场产品质量得到提升，商品种类齐全，供应量富足，商贸领域整体发展呈繁荣且向新业态发展趋势，市场新型化程度进一步提升，市场竞争力和市场调节功能作用不断得到增强并逐步优化，市场发展在走向全面开放的同时，逐步完善相关体制机制，将传统的产商结构与信息化科技融为一体，商贸领域的经营模式由传统的经营方式向线上与线下交易等多种经营方式转变，逐步形成产销融合的新模式。全区人民日常生活的物质需求得到进一步丰富和满足，综合保障能力不断加强并得到优化，企业销售与人民消费互惠进一步体现。2016年，全区实现社会消费品零售总额252.4亿元，同比增长13.4%。全区大型家电销售企业的销售额同比下降2.8%。全区大型零售企业的销售金额同比持平，但销售量有较大幅度的提升，市场的量与价在一定程度上没有形成对等。

商业网点不断升级。各类商业批发市场、大型商业零售和百货市场、各类综合类市场、专业市场、农贸市场、建材、家具等市场网点布局，在优化结构的基础上不断完善经营方式，扩大经营规模。种类分布齐全，产品档次结构合理，能够基本满足各类消费群体的需求。随着互联网经营方式的介入，使得销售方式趋于灵活，经营品种逐步向多元化、高品质迈进，经营模式向信息化、方便、快捷、实惠方向发展。随着市场发展和消费需求的改变，市场经营主体经营理念快速更新，推出新的经营模式。各类相配套的中小型商业网点发展也日趋成熟，跟随大型商业网点的发展之路，不断升级经营规模、改变经营策略、提升经营层次，弥补大型商业网点在流通领域内的不足。

市场机制逐步多元化。城区内商业发展不断优化结构，城市商业设施不断完善，社区商业开始发展，苏果超市根据居民的日常生活需求，完善社区服务功能，开始发展便民服务商业；各类特色产品、农副产品直销店、食品加盟店、直营店、连锁店等相继在社区、小区加大服务功能建设，社区商业体系功能得到完善，推进社区商业发展，弥补大型商业服务中的不足，逐步便民化。农村市场体系建设也在加快步伐，部分镇开始完善和配套商贸中心功能的规划建设。在中等规模商贸企业的引领下，村镇商业发展采取提升改造、加盟、新建等形式，发展村镇便民超市、便捷连锁店，部分大型商场开始转移投资方式，逐步向发展四级市场迈进。

商贸流通产业。2016年，新建大型综合性商业广场——吾悦广场，建设城南、九洲里2个菜市场。规划建设新天地、红星美凯龙等大型商业场所。城区内各类综合市场功能不断优化，各类大型和知名品牌不断进入商场和超市，市场消费档次和消费水平得到提升。企业自身不断完善和提升服务功能，优化经营方式，灵活组合营销策略，改进商贸服务体系功能，商贸服务呈多元化互补趋势，带动商贸业的良性发展。五星电器、大统华、八佰伴、苏宁电器、苏果超市、吾悦广场等商贸企业对各自服务功能完善和提升，改进传统服务模式和营销模式，带动商贸经济的繁荣。加大对农村市场改造和发展力度，2016年，对镇级菜市场进行调研规划论证，城镇菜市场发展需求的配套要与城镇发展规模适度超前，服务功能得到优化。城区市场建设规划日趋完善，市场兴旺，带动商贸经济的持续发展。城乡商贸经济统筹规划，整体协调同步发展，将镇级农产品市场与城区大型商场超市有机对接，逐步形成产销一体模式。

餐饮服务业。截至年底，全区有星级酒店8家。其中，五星级有金坛润澳花园大酒店，四星级有樱花大酒店、九九宾馆、颐丰大酒店，三星级有皇廷大酒店、九龙宾馆，二星级有华电宾馆、凯利大酒店。新开设规模酒店

2家,为维也纳国际大酒店、泰豪国际大酒店。便捷式连锁酒店相关品牌七天、骏怡陆续入驻金坛区。在常州市组织的餐饮名店、名菜和规范化厨房的创办活动中,园林大酒店、天成大酒店、非常大酒店、开一天酒家等企业的10多个菜品获得国家和省名菜称号,并进入名菜录。园林大酒店总经理潘小平被评为优秀个体工商户。金碧源大酒店刘怀亚、园林大酒店王卫东、冯继明相继取得2016年中国技能大赛名菜个人称号。园林、天成、非常大酒店等餐饮名店继续创新,进一步完善餐饮名店特色,为金坛餐饮业发展起到引领作用。

现代流通业。2016年,全区有各类物流机构10余家,基本形成多功能联运的现代物流网。其中最大的天誉物流基地总投资2亿多元,占地面积85739平方米,总建筑面积12万平方米,是常州地区重点发展的四大物流产业园之一,是金坛区启动最早、最重要的一家专业物流市场。全区家政服务业通过多年的不断培育建设,正在向规范化、规模化和节约化方向发展,家政服务业从业人员正在向专业化要求上发展。 (杨前保)

供销合作

【概述】 2016年,区供销总社围绕区委、区政府中心工作,做好农资保供、农村商品流通、服务"三农"工作。全年完成农产品购进10.69亿元,同比增长6%;商品销售总额30.96亿元,增长3.05%;农资供应8610万元,略有下降;工业产品销售1.06亿元,增长4.3%。

【农资供应与服务】 2016年,区供销总社加强农资综合化服务,做足储备,保证平时和应急需求。至2016年底,有农资网点74个。其中,区公司直营点7个,基层社农资网点67个。建立农资短信服务平台,对接360多户农户,发送各类信息80多条,指导农民科学施肥合理用药。与农林部门、各镇农科站所合作,推广专用复合肥1200吨、育秧基质料2100吨、秧盘3万只。区、基两级供应各类化肥9300吨、农药260吨、综防15万亩次。与农民合作社对接32家,直供肥、药450吨。水灾期间,及时准备育秧基质料200吨、尿素500吨、复合肥600吨、农药(主要是浸种药、除草剂等)约500吨,保证农业复耕顺利开展。

【基层社、专业社、服务社建设】 2016年,朱林、直溪供销社建成"三体两强"(自主经营实体、农民社员主体、合作经济组织联合体和综合实力强、为农服务能力强)标杆基层社,建设一、二、三产业融合发展农民专业合作社2家,改造提升农村综合服务社3家,升级改造农资连锁网络9家("技物结合"示范店建设点2个),联办农民专业合作社8家。农民技能培训595人。

【农产品销售网络建设】 培育"茅山竹海"品牌,打造为农服务综合平台。发展北京、汤庄、朱林"茅山竹海"农产品实体店3家,"茅山竹海"电商实体体验店(电商服务站)2家。组织区域特色农产品和专业社参加2016年度海峡两岸(江苏)名优农产品展销会,年末,组织参加常州市年货大街农展、金坛旅游局乡村嘉年华等农旅节庆活动,发行《茅山竹海》金坛作家作品集并举办首发仪式。

【社有资产管理】 加强社有资产确权,维护社有资产的权益,成功理顺5400平方米土地和资产。确保社有资产的保值增值,对全系统营运到期的资产采取公开、公正、公平的原则承招营运商,年内,成功招租儒林供销社500平方米商厦。

【安全监管】 农资市场管理。明确基层供销社主任是辖区农资安全第一责任人,加强对基层农资网点管理,确保农产品安全。食品安全监管。定期对食品销售、餐饮服务单位进行检查。严格核查经营单位商品购销台账、食品生产日期和合格证,进货查验记录制度、食品安全承诺制度、不合格食品下架退市制度等落实情况。营造安全宣传氛围。参加区安监局、总工会举办的"生命、安全、幸福"主题安全知识演讲竞赛,选送的"心中的警钟长鸣"获一等奖。 (焦志芳)

粮 食

【概述】 2016年,区粮食部门坚持以保障粮食安全和促进农民增收为中心,围绕打造"金坛五粮"(粮食收储,安全粮食、法治粮食、品牌粮食、人才兴粮),勇于担当,主动作为,真抓实干,各项工作取得明显成效。国内粮食市场价格低迷,库存高企,全区又遭遇罕见自然灾害,粮食质量普遍下降,托市收购政策价居高不下,面临前所未有的困难和挑战。全年累计购进粮食41.12万吨,同比减少10.02%,其中,国有企业购进12.14万吨,减少19.92%。累计销售粮食43.04万吨,同比减少6.68%,其中国有企业销售13.31万吨,减少8.65%。

【粮食收储】 2016年,受国内粮食"高库存、高进口、高成本"和自然灾害影响,2015年,粮食收购、储存、销售面临严重困境,粮食部门创新思路,攻坚克难,做到购得进、储得好、销得出。顺应行情去库存。细研判,早谋划,及早启动在库4.3万吨小麦和3.05万吨稻谷预销售工作。联系老客户,开辟新市场,根据市场行情和粮食质量不断调整销售策略,多措并举消化粮食库存。两季收购前,去库存合计6万余吨,减亏1800万元,既缓解仓容紧缺压力,又在逆市中站稳脚跟,保持稳定发展态势。应对灾害抓收储。初夏暴雨引发洪涝,致使全区7个库点受淹,区粮食局迅速反应、抢险排涝,成功处置指前、唐王、花山粮库等多处险情,保住了粮食。在粮食生产总体呈现量、质齐降的严峻形势下,粮食、农林等部门和各镇政府勇于担当,召开媒体通气会和全区饲料企业负责人会议,正面引导舆论导向,及早谋求不合格粮的销售出路。国有粮食企业开展“托市收购、订单收购、包购包销”等8种收购方式,改进整理技术,提高合格粮数量,并制定等外粮收购办法,实施以质论价、托底收购、分仓储存、分类处置,有效解决农民卖粮难。全区粮食企业全年收购粮食183599吨,其中国有企业收购64523吨。粮食保供有落实。全年累计发放各项粮油贷款11363万元。完成地储、省储轮出、轮进及认定工作。制定《常州市金坛区粮食应急供应网点暂行管理办法》,将应急保供网点与“放心粮油”工程有机结合,在全区每个乡镇均落实1家以上保供网点,2016年挂牌9家,全区基本建成粮食应急保供网络。

【产业发展】 全年,推动粮食品牌化。前几年“金坛软米”品质好但市场小,优质粮销路不宽。近年来实施品牌升级工程,陆续推出“富硒软米”“长粒香”“绿色有机”软米等新产品,以品牌带动结构和品质优化。以江苏省薛埠粮食储备直属库、江苏南顺、江南制粉为代表,在大米、面粉、糯米粉上的品牌效应带来的市场竞争力和效益进一步提高。收储与加工有效对接。建立优质稻米稳定粮源基地,将粮源优势转化为经济发展优势、转化为优质产品,延长产业链,提升价值链。较为突出的有面粉企业代表江苏南顺食品有限公司和稻米企业代表金土地有机稻米专业合作社,最大限度地获得了产业链增值收益。发展新型经营业态。在电子商务信息化的大背景下,加快发展粮油网络经济是态势所需。全区有6家粮食企业在生收储加有机衔接的基础上,进行“线上线下”联合销售,全年销售额7.3亿元,粮食营销渠道正不断拓宽,为进一步推动粮食一、二、三产融合发展打下基础。

【设施投入】 全年,加强粮食基础设施建设,用现代物质条件装备粮食,全面增强安全保障水平。配套设施建设持续投入。投入85.7万元装备粮食烘干、整理和质检等设施设备。大力推广“四项储粮”(粮情测控系统、机械通风技术、环流熏蒸技术、低温储粮技术)技术运用,中心粮库全面采用低功率风机通风降温降湿技术,全面运用膜下投药低药量环流熏蒸技术,作业机械化、“四散化”(散储、散运、散装、散卸)、规范化、智能化管理水平逐步提高。信息化水平不断提升。投入200万元,完成以物联网、云计算、大数据现代信息技术为支撑的“智慧粮库”和收储可视化信息系统的升级改造,创建智能仓储示范仓,实现温度、湿度、氮气、霉变等重要粮情监测指标的实时感知、远程传输和在线监管,并通过相应的自动气调系统,实现智能调节。在移动终端即手机上,实现远程实时监测粮仓内粮食情况。洮湖粮食物流园前期工作有序推进。2016年,洮湖粮食物流园项目以金坛港指前作业区通过独立选址取得用地计划。在区国土局、指前镇政府的大力支持下,土地计划审批已委托第三方审报,完成项目总平面设计方案和技术选型,并通过专家论证,与会专家认为方案符合全省粮食仓储物流规划总体布局,具有较高的实用性、科学性、前瞻性和可操作性。

【依法管粮】 2016年,区粮食局结合常州市健全完善粮食安全责任制的实施意见和安全责任制考核办法,将全区粮食安全责任制考核任务分解到区发改委、财政、国土、水利、农林、市场监管、环保、粮食、区委农工办、农发行金坛支行10个部门,各部门明确责任、各司其职、落实任务。法治粮食取得进展。梳理52项行政权力事项,按照标准将行政权力事项清单和办事指南入库。实施2016年度粮食库存大检查工作,查找出储粮安全、安全生产、质量安全3个方面共17个问题。针对存在问题,党委召开专题会议,总结反思库存检查发现的问题,要求职能科室和企业根据自身职能对仓储管理的薄弱环节提出整改意见和强化措施。会后及时细化各库点考核办法,实行百分制考核,存在问题基本得到解决。监管执法力度加大。落实全区粮食流通监督检查工作联席会议制度,推动联合执法常态化,通过日常巡查、专项检查、联合执法等形式,规范市场经营主体行为。全年开展各类检查18次,核查粮食收购许可证51家,抽检220个批次成品粮油样品。全区有金坛区级以上“放心粮油示范企业”17家。其中,国家级4家,常州市级7家,区级企业6家。全国粮油行业诚信企业2家。 (万慧瑾)

烟草专卖

【概述】 2016年,区烟草专卖局以全省烟草系统战略规划为统领,有效落实“楷模、规范、创新、质效、管理、文化、队伍”七个关键词,专卖管理成效突出,销售结构稳中有升,完成利税2.57亿元。区局被评为2013～2015年度江苏省文明单位、常州市文明单位。

【专卖管理】 全年,紧盯市场净化,提升专卖管理质效。深入推进大数据专卖网格化管理工作,实现网格区域优化,考核问效到位,提高市场监管的针对性和有效性;先后开展六轮专项整治行动,打击和震慑违法经烟行为,全年共查处违法案件148起,查获违法卷烟5056.5条,市场净化率98.43%。成功破获首起利用微信销售假烟的“3·28”互联网案件,该案被公安部三局列为2016年“利剑”行动第三批督办案件。

【市场营销】 全年,紧贴市场需求,提升营销核心能力。强化市场状态监测,提高信息采集数据的质量,更换调整样本客户91户。深化品牌培育工作,组织开展品牌竞赛1次、宣传促销活动15次,重点抓好五大工业销量波动率以及重点品规的考核。优化客户服务指导,帮助客户提高去库存能力,

3 月 15 日,金坛烟草局组织稽查人员在金沙广场开展普法宣传活动

(烟草专卖局　供稿)

组织开展终端陈列活动,发展终端个性化、主题化陈列客户 129 户。全年销售卷烟 2.295 万箱,单箱销售额 3.87 万元/箱。

【创新驱动】　全年,紧扣四个导向(政策导向、目标导向、需求导向、问题导向),提升创新驱动发展。全年开展创新工作推进会 4 次,新增 QC(质量管理)创新课题 11 个,2 个 QC 小组获常州市优秀质量管理小组称号;在常州烟草系统 QC 成果发布会上,2 个 QC 课题分获二等奖和三等奖,2 个精益课题分获二等奖和三等奖,3 项精益工具入选市局精益十佳工具。

【三型文化追求】　全年,以“学习型、服务型、责任型”为文化追求,定期开展荐书悦读、思悟分享、道德讲堂等活动,营造“书香坛烟”浓厚氛围。发挥营销、专卖服务职能,落实对客户、消费者的服务承诺。突出责任文化切入,制定《金坛烟草责任行动计划》,将企业对消费者、客户、员工和社会的责任进行有序梳理、规划整合、融合推进,为推进“责任型企业”建设提供有效的行动指导。　　(丁文娟)

药品采购

【概述】　2016 年,金坛区药品医用耗材管理中心共组织基建工程、后勤物资、办公用品和医疗设备采购 138 次。其中,竞争性谈判 29 次,询价 87 次,公开招标 11 次,单一来源 11 次。采购预算总价 2800.82 万元,实际招标总价 2481.54 万元,节约资金 319.28 万元;组织 22 个项目的国际招标,预算总金额 3566 万元,中标总金额 3199.5 万元,节约资金 366.5 万元。医用耗材和中草药共采购 10088 万元,通过网络平台采购医用耗材 6740.9 万元;组织药品采购 47 次,药品网上总采购品种 618 个,采购金额 8112 万元。年底,全面实行 16 家医疗机构的医用耗材和部分药品通过采购监管平台实行网络平台采购,实现医用耗材采购纸质合同向网上平台集中采购的转变。　　(朱慧华)

盐　业

【概述】　2016 年,金坛盐务管理局积极应对盐改方案出台后的市场严峻形势,依法行政,以专项整治行动为契机,全面加强市场监管,以餐饮行业、食品加工行业、农贸市场和副食品批发市场为重点,加强联合执法,强化盐政宣传,加大力度查处打击假冒盐、工业盐、非碘盐和侵销私盐冲销食盐市场违法行为,并加强源头管理,严查非法生产食盐行为,维护全区食盐安全和市场稳定,全力保障食盐市场营销。全年共检查生产经营场所 3032 家,查获盐业违法案件 76 起,查处违法盐产品 5.82 吨,没收 2.3 吨,罚款 21290 元。

【开展专项整治行动】　2016 年,金坛盐务管理局主动加强与公安、市场监管、卫生等部门的协作,对重点行业、重点区域开展重点治理。按照常州市盐务管理局统一部署,全年开展食盐市场专项整治行动 7 次,均取得明显成效。开展元旦、春节、“五一”、端午、中秋、国庆六大节日期间净化食盐市场专项行动。重点对城乡集贸市场、丹阳门副食品批发市场、卤菜炒货、肉食腌制等食品加工用盐单位及城乡重点宾馆饭店、长荡湖旅游区域餐饮店、边界地区零售终端进行一次集中清查,与区市场监管局开展联合执法 5 次,共查获盐业违法案件 21 起。其中,侵销盐案件 19 起,非碘盐和大包装私盐案件 2 起。开展“全区餐饮行业食盐安全大检查”专项行动。重点对全区城乡饭店、单位食堂、工地食堂、小吃店、夜市排档、饮食摊点进行集中检查,开展联合执法 4 次。对五香居、二呆子牛肉等重点食品加工企业监督检查 1 次。专项合同行动共查案 15 起。其中,侵销盐案件 12 起,非碘盐和大包装私盐案 2 起,查获饭店涉嫌购进、使用味精袋子灌装的非碘盐案件 1 起。开展全省“制贩假盐专项治理”行动。查处涉盐案件 18 起。其中,侵销盐 17 起,餐饮行业使用非碘盐案 1 起。查获违法盐产品 1.1 吨,没收 0.54 吨,罚款 10300 元。未发现工业盐、假冒食盐,确保金坛食盐市场安全稳定无事故。开展“幼儿园、中小学、中高等院校食盐安全专项检查走访活动”。由盐政和营销配合,共开展检查活动 6 次,检查全区幼儿园、中小学、中高等院校食堂共 58 家。其中,有 5 所学校从食盐批发环节金坛盐业分公司直接进货,53 所学校(幼儿园)从当地食盐零售户购进。检查登记食盐的品种规格主要有320克清真海藻碘盐、400克海藻碘盐和250克、500克绿标食盐等。经调查，全区学校学生总人数约6万人，年用盐总量约35吨。未发现使用假冒伪劣小包装食盐或工业盐充当食盐现象。开展“食盐安全访万店行动”。分片区、分乡镇对城乡重点零售终端、部分餐饮单位进行一次食盐安全预防宣传和合格碘盐购进销售及使用情况普查，发放通告610份，张贴通告96份，签订承诺书610份。

【加强食盐生产环节监管】 8月20日，常州市公安局食药环支队在常州盐务局、金坛盐务局和公安局的紧密协作下，对位于中盐金坛盐化附近的江苏盐道物流股份有限公司展开突击行动，一举捣毁这个非法生产加工小包装食盐的黑窝点，抓获犯罪嫌疑人5人，现场查获非法生产的成品食盐2吨和生产加工设备及大量食盐外包装箱、袋等涉案物品。经查，该企业在未取得江苏省盐务管理局批准的情况下，私自生产销售小包装食盐1300余吨，涉案金额500万余元。自3月14日盐务管理局检查走访发现案件之后，区盐政人员顶住压力、秉公执法，不辞劳苦、明察暗访，开展大量细致的调查工作，并密切关注盐道物流动向，随时掌握非法生产情况，及时向区局报告，为案件后期的移交侦办提供了有力的事实依据。在8月20日常州公安局介入侦办以来，金坛盐务管理局指派专人全程跟踪案件，全力配合公安的现场查扣、取证、案审、盐业法规咨询等工作，并按照常州市盐务管理局的指示，全力做好专案组成员的住宿、就餐、交通等后勤保障工作，确保侦办工作的顺利开展。

【加强食盐旺季市场监管】 11月20日~12月10日，金坛盐务管理局在全区开展以农村地区为重点的腌菜食盐市场专项整治行动。走访重点区域农村居民户，严厉查处违法私盐案件，对边界地区未从食盐批发企业购进腌制食盐的违法行为加强批评教育，发放通告，签订承诺书。走访辖区内工业原盐使用厂家，督导厂家加强工业盐购进、运输、储存、使用各个环节的严格管理，实行一把手负责制，严防工业盐流入食盐市场。督促食盐供应部门做好农村居民腌菜盐的供应工作，做到配送服务及时到位，满足市场需求。共检查生产、经营场所438家，走访农村腌制居民户125户，查处私盐案件3起，没收违法盐产品46公斤，未发现工业盐、非碘盐冲击食盐市场情况。

【盐政宣传】 全年，金坛盐务管理局联合区疾控中心、教育局等部门走进金坛城西小学，开展第二十三届“碘缺乏病防治宣传日”活动，围绕“坚持科学补碘，建设健康中国”主题，重点宣传“碘缺乏影响大脑发育、损害智力”的潜在危害，向师生现场宣讲碘缺乏病防治知识，解答提问，打出宣传主题标语1条，展出宣传图板4块，发放宣传手册1400余份，赠送优质海藻碘食盐200公斤以及控盐勺物品500份。并在学校的配合下，把宣传知识、宣传资料带回家，扩大宣传面，起到宣传到家庭、宣传到社会的作用。6月13日，组织参加“食品安全宣传周”活动。宣传周活动期间，对城郊结合部的小吃摊点、饭店、卤菜店、学校企业食堂等单位进行食用合格碘盐的食盐安全访问宣传，向餐饮单位宣传不合格食盐的危害，引导访问对象不买、不吃工业盐。开展“访万店”张贴、发放通告及签订承诺书宣传活动。

（戴晓云）

商品贸易市场

【概述】 2016年，全区共有各类市场33家。其中，工业消费品市场6家，农副产品综合市场26家，机动车交易市场1家。全区实现社会消费品零售总额252.38亿元，同比增长13.4%，增幅位列常州各板块第一，高于常州市平均水平2.7个百分点，高于江苏省平均水平2.5个百分点。成交额超亿元的市场有金海小商品批发市场、虹桥市场、丹阳门装饰材料批发市场、西门市场、茅山茶叶市场。新建菜市场2家，为元巷综合市场和城南综合市场。

【壹号广场】 壹号广场位于金坛区西城繁华中心商务区，北临横街，南依西门大街，西有八佰伴，东为白凉亭小区。地理位置优越，交通便利，城市空间开敞，具有很好的展示空间，是一个集旅游度假、商业洽谈为一体的现代化理想场所。该广场地上11层、地下2层，根据地形情况采用主楼和裙楼相结合的形式，裙楼一层为沿街商铺和酒店大堂，二层拟引进商业金融行业，三、四层为酒店餐饮，屋顶为休闲

5月15日，全国第二十三个防治碘缺乏病日宣传活动

（盐务管理局　供稿）

花园、露天封闭式游泳池;主楼五到十一层为酒店标准客房等。地下两层为停车场,可提供机动车停车位147辆、非机动车车位1325辆。沿街商铺已入驻一批国内知名品牌家纺(水星、富安娜)、连锁餐饮(常州迎桂馒头)、特色小吃等,年营业收入2000万元左右。

【吾悦广场】 12月9日,金坛首家家庭型全业态购物中心——金坛新城吾悦广场盛大开幕。金坛吾悦广场地处金坛南环二路与东环二路交界处,商业建筑面积87224.50平方米,大商业可租赁面积62443.34平方米。一楼悦风尚:国际前沿时尚品牌,融入精致轻餐饮、配套组合,体验精品生活之美;二楼悦缤纷:国内外知名潮流品牌,配合精致生活配套,打造潮流天地;三楼悦玩味:各地特色美食,最全酷玩配套,儿童奇妙世界,打造最欢乐海洋;四楼悦乐活:巨幕影院,潮流健身,连锁KTV,丰富你的休闲时光。入驻品牌140家,其中星巴克、必胜客、IMAX星轶影院、铜锣湾KTV等68家品牌首次入驻金坛,与金坛吾悦联手打造一个舒适、满意的购物环境。年销售额可达5亿元。 (鲍方霞)

(编辑 李华琴)

金坛刻纸《丰收的喜悦》 (作者 杨兆群)

综　述

2016年，金坛旅游紧紧围绕“接轨常州主城区，推动发展新跨越”的总体战略和打造“生态旅游休闲地”目标任务，着力市场要素培育，注重业态规划引导，强化项目建设服务，实施精准营销推广，加强旅游行业管理，全区旅游业发展水平得到提升。全年旅游接待总人数870.58万人次，旅游总收入97.36亿元，实现旅游增加值45.73亿元，分别同比增长11.17%、15.17%、15.17%。三项指标增幅均列常州市辖市区之首。11月，金坛区成功入选全国第二批“国家全域旅游示范区”创建名单。区旅游局被省人力资源社会保障厅、省旅游局联合授予“江苏省旅游系统先进集体”称号。

项目建设

【概述】 2016年，在推进旅游项目建设过程中，本着“生态优先、文化发掘、创新创意、产业融合、全域发展”为基本原则和将资源优势转化为产业优势的发展要求，旅游项目在顺应时代发展新潮流中得以顺利进行。年内，区旅游局争取上级旅游业发展专项引导资金共计879万元。其中，省级614万元，市级265万元。扶持引导全区25个旅游项目加快建设，积极争取茅山旅游度假区道路基础设施、东方盐湖城休闲度假区建设和茅东RBD旅游小镇3个项目被纳入省级旅游重点项目。全年旅游项目完成总投资19.73亿元，其中列入省、市4个旅游重点项目均达年度计划投资目标。10月28日，总投资180亿元，以休闲、养生、养老、度假为主题的“东方盐湖城国际养生城”项目正式签约。旅游品质提升明显。金坛茅山旅游度假区在全省旅游度假区考核中进步明显，在考核的35家省级旅游度假区中排名第十一位，较上年度晋升了九位。

【注重规划引领】 出台《金坛区“十三五”旅游业发展规划》，启动《顾龙山概念性规划》和《金坛区旅游交通标识指示专项规划》编制工作；对《金坛区旅游业突破发展三年行动计划(2014～2016年)》进行评估，启动《金坛区旅游业加快发展三年行动计划(2017～2019年)》编制工作；全面启动金坛区全域旅游规划编制和工作计划书编制。

【强化旅游功能配套】 全年新建、改扩建旅游厕所10座，新建旅游停车场4个，总面积7万平方米，共计新增停车位2365个。新设、更新旅游道路交通指引标志30组。南京禄口机场金坛城市候机楼正式启用。金坛自驾游协会成立，成为全省自驾游协会县级市(区)第一家。开通茅山旅游度假区道天下景区、华夏宝盛园两条班线车。

【东方盐湖城开城】 3月26日，东方盐湖城开城。第十一届全国人大常委会副委员长、中国国际交流协会会长周铁农宣布东方盐湖城开城。国家旅游局副局长吴文学和常州市领导阎立等出席开城活动。东方盐湖城依托茅山独有的道文化、地缘文化和自然禀赋，遵循“苏醒历史、激活经典、再现山水、精彩体验”理念，堪称旅游与文化融合共生的典范，是江苏省旅游“十三五”开篇之作，具有里程碑意义，被国家旅游局誉为中国闲养度假区旅游产品的“4.0”代表，并入选“2016年江苏十大新景区”之首。年内，通过江苏省旅游资源规划开发质量评定委员会申报创建国家AAAA级旅游景区景观质量专家评审。截至年底，东方盐湖城一期道天下景区接待游客突破120万人次。

【东方盐湖城国际养生城项目成功签约】 10月28日，由金坛区人民政府与龙城旅游控股集团、雅居乐集团三方共同投资180亿元，联手打造以休闲、养生、养老、度假为主题的“东方盐湖城·国际养生城”项目成功签约。该项目以东方盐湖城道天下景区为核心，秉承以人为本、回归自然的设计理念，依托茅山丰富的自然资源和人文资源进行策划，是成就“文化养生”“旅游养生”“生活养生”为核心的养生度假模式升级的国际性产品。

【华夏宝盛园】 年内,华夏宝盛园追加投资500万元,增添森林探险、烧烤等项目设施,“十一”黄金周接待游客超过万余人,旅游新业态项目房车酒店被长三角自驾游产业论坛组委会和长三角亲子游联盟联合授予2016十大长三角亲子游酒店称号,并被江苏省旅游局授予“2016江苏精品休闲度假饭店”称号。

【项目招商】 2016年,区旅游局重新修编完成总投资170亿元《金坛旅游项目推介招商手册》,排定旅游招商项目13个,完成区下达的10亿元招商引资任务。主要有由江苏金坛森农生态园艺科技发展有限公司投资5亿元的森农生态观光园项目;由万国农业(昆山)有限公司、常州市金坛山蓬康耕堂农业发展有限公司投资3亿元的山蓬樱花小镇项目;由常州市泽丰农业生态园有限公司投资2亿元的常州市泽丰农业生态园项目。

宣传营销

【概述】 2016年,金坛旅游实施“双轮驱动”战略,采取“走出去、引进来”,并充分借力省、市旅游宣传平台优势,继续围绕“春赏花、夏采果、秋美食、冬养生”,举办四季旅游节庆活动,打造“仙都金坛,养生家园”金坛四季旅游活动品牌,有效提升金坛旅游形象。“金坛雀舌茶道会”被新华网2016创新“互联网+全域旅游”融合与创新论坛组委会评为最美中国首批最具影响力特色节庆。东方盐湖城道天下景区获2016“中国年度最佳投资休闲小镇”称号和2016十大长三角亲子游项目;长荡湖旅游度假区获2016年中国年度最佳投资休闲目的地称号。

【旅游宣传营销】 年内,联合金坛电视台采播《跟我游金坛》旅游专题节目29档,编印《新旅游》宣传期刊4期、编发各类旅游宣传折页6期12万份、编发“新旅游”官方微信280条。组织旅游企业参加各类旅游展会12次,接待旅游大咖及媒体记者金坛采风行活动6次,举办2016“乐在常州 养生金坛”百家媒体看金坛暨长三角县市(区)广电旅游联盟峰会、“2016长三角自驾游产业论坛”“2016中国微电影金蜂鸟颁奖盛典”,拍摄金坛旅游微电影《心境》;美丽中国乡村行走进金坛拍摄专题片《水润金坛》在中央电视台七套播放;制作完成旅游宣传片《这就是金坛》。组织开展“美哉金坛”拍客大赛。为配合2016南京暑期旅游产品团购专场活动,7月8日,由金坛区旅游局和江苏卫视《跟着大脚走》旅游节目组联合主办“金坛旅游走进南京狮子桥”专场推介会,为南京市民带去全新的金坛乡村旅游产品。推介会上,东方盐湖城、华夏宝盛园、长荡湖水街、上阮农业公园、久红生态观光园等景区点作专场活动推介。向南京市民赠送《新旅游》杂志、金坛旅游景区点宣传单以及金坛旅游宣传品,并配有“有奖问答”及“扫微信有礼”互动节目。9月28日,由区旅游局主办的“2016金坛金秋旅游产品”媒体见面会在一号农场举行。来自人民网、新华网、腾讯大苏网、中新社、凤凰江苏、南京电视台等30余家省内外媒体记者参加此次见面会。会上,区旅游局局长杨国忠介绍金坛旅游业发展情况。10月9日,茅山保朴园“2016金秋道养生文化月”举行启动仪式。11月22~23日,由江苏省旅游局、中国旅游报社共同主办的“2016美丽中国行聚焦扬子江名城之旅”媒体采风行走进金坛。通过两天的金坛采风体验,对金坛丰富的山水旅游资源予以高度称赞。12月10日,中国微电影大典金蜂鸟奖颁奖典礼在金坛区东方盐湖城盛大举行。此次颁奖盛典有近一万部微电影作品参与评选,其中1000部优秀微电影作品成功入围。本次大典中,金坛本土两部作品收获大奖。金坛电视台创作的《守望》获最佳人气奖,徐书翔团队创作的《心境》获最佳公益奖。

12月10日,中国微电影大典金蜂鸟奖颁奖典礼　　(旅游局　供稿)

【旅游节庆活动】 1月30日,由中共常州市委宣传部、金坛区人民政府和常州市旅游局联合主办,金坛区旅游局具体承办的“文化点亮生活”2016常州乡村过大年活动暨金坛乡村旅游嘉年华活动在仙姑村一号农场启幕。本次过大年活动以“梦乡村过大年”为主线,分为五大板块:以传统婚礼、舞龙、舞狮、威风锣鼓、唢呐、旱船、写春联、唱大戏为主的乡村文化展演;以杀年猪、宰羊、网鱼、蒸馒头、爆炒米等的乡村年俗体验;以仙姑卤猪蹄、有机猪肉拼盘、清蒸太阳鱼、炭烧牛肋骨等为主的乡村美食品鉴;以金坛大米、封缸酒、无节水芹、茶叶、红香芋等为主的乡村特产年会；以乡村旅游点、景区（点）展示、扫微信活动为主的乡村旅游扫描，浓浓的乡村年味吸引四面八方来客。4月9日，历时两个月的“2016乡村旅游节暨春到上阮赏花季”在上阮农业公园拉开帷幕。活动以“赏心乡村游春跑花丛中”主题，围绕五大板块（花画视界、花海仙踪、花田喜事、花季物语、花茶品鉴）、十余项子活动有序展开，充分诠释金坛乡村春季旅游的地方特色和创新元素。5月20日至6月30日，围绕“品尝‘午红宴’、品籽虾、游长荡湖”为主线的“中国好籽虾‘尝’在长荡湖”——2016长荡湖籽虾节如期而约。7月23日，“金坛水果蛮好”常州·金坛乡村采摘节在上阮农业公园超群果园开幕。

1月30日，常州乡村过大年金坛区活动启幕（旅游局　供稿）

旅 游 管 理

【概述】　2016年，全区旅游业坚持“游客为本”理念，加大宣传引导和督查服务职能的落实，有效推动旅游行业管理水平的提升。年末，全区新增旅行社1家，总数14家（天乐、凯旋旅游、金广电教育、金色太阳、环球、假日、中信、山水、中旅、阳光、交通、舜天、喜洋洋、国旅旅游）。星级乡村旅游区13家。其中，四星级7家（一号农场、长荡湖水街、西海湖度假村、保朴园山庄、尚之源生态农业观光园、久红农业生态观光园、江南孔雀园）、三星级3家（白龙山庄、仙姑村、长荡湖水庄）、二星级3家（露源生态休闲农庄、超群生态园、桐春源）。星级旅游饭店3家。其中，四星级2家（颐丰大酒店、樱花大酒店），三星级1家（九龙宾馆）。新增导游1人，总数65人。

【旅游秩序和安全监管】　2016年，区旅游局深入推进旅游市场专项整治，严格规范旅游用车、旅游合同和服务网点管理，宣传旅游法规，引导企业经营自律。先后组织金沙广场“综治宣传月”活动，强化对游客高峰时段、重要节庆活动和假日安全监管，联合区安监、公安、市场监管、消防等部门开展节前安全督查，落实景区重点部位管控措施，组织应急演练，全年开展各类安全检查、应急演练12次，发现各类隐患102处，整改到位101处，全年无一起旅游安全事故。联合茅山旅游度假区以及市场监管、卫生等部门，对区内宗教场所的不文明、乱收费等有损旅游形象行为进行综合执法并形成规范有序的长效管理机制，促进旅游服务质量提升。对全区13个旅行社、9个分社及门市进行全面检查，发现问题48条，年内，全部基本整改到位。扎实开展旅游行业安全监管，印发《旅游安全告知承诺书》，督促旅游企业强化内部的日常监督和定期考核，建立安全管理的长效机制。健全完善旅游投诉受理机制，旅游执法大队全年受理各类旅游投诉12起和各类咨询200余人次，均得到圆满解决，满意率100%。

【文明旅游宣传】　区旅游局重视文明旅游宣传，倡导“文明旅游、你我同行”，发动全区各景区、星级饭店、旅行社等旅游企业开展“讲文明树新风”和“遵德守礼”行动，发放文明旅游、核心价值观、文明餐桌行动海报、台卡等宣传品，营造文明旅游氛围。全年在金沙广场、华罗庚公园“文明旅游、你我同行”广场宣传活动和《江苏省旅游条例》咨询活动5次。

【举办导游（讲解员）比赛】　年内，区旅游局会同人社局、总工会、广电台等单位策划组织2016金坛导游（讲解员）技能比赛，来自全区各旅行社、景区（点）以及旅游爱好者共26名选手参加，活动评选出各类优秀导游（讲解员）13名，通过推选组织6名导游参加2016常州市导游服务技能大赛，其中2名选手获“常州市金牌导游”称号、3名选手获“常州市优秀导游”称号。

【创建指导和协调】　年内，区旅游局协助指导等级景区创建和星级乡村旅游区创建，按照现场踏勘、指导计划、整改提升等程序和标准，积极推进东方盐湖城道天下创建国家AAAA级旅游景区工作。加强省星级乡村旅游区创建指导，有3家乡村旅游点成功创建成为省星级乡村旅游区。深入开展旅行社、星级酒店和A级景区安全生产标准化三级达标活动，全区13家旅行社中有12家达到安全生产标准化三级企业标准，达标率92.3%。星级酒店和A级旅游景区均达到安全生产标准化三级企业标准。

乡 村 旅 游

【概述】　2016年，金坛区按照省旅游局《乡村旅游升级工程实施方案》《常州市乡村旅游发展三年行动计划

(2016～2018年)》的总体要求和具体任务,加大对全区乡村旅游品质提升和规划策划的指导服务工作。年内,新增一号农场、西海湖度假村省四星级乡村旅游区,其中一号农场被评为“2016年度全市优秀乡村旅游区”;“封缸第一鲜”“文武羊肉狮子头”两道菜肴获2016江苏省乡村美食大赛金奖。金坛“最受欢迎旅游商品”首次正式发布,5个农副产品成为最受欢迎的旅游商品。截至年底,全区省星级乡村旅游点达13家。其中,四星级7家,三星级3家,二星级3家。

【推进乡村旅游品质提升】 2016年,积极推进西海湖度假村、仙姑村、山蓬村、上阮村、一号农场、桐春源山庄、超群果园、尚之源、华东玫瑰风情园、泽丰生态园等各具特色的乡村旅游区(点)“提档升级”。茅山保朴园、长荡湖水街两个乡村旅游项目被列为“江苏省首批乡村旅游创新项目”。

【仙姑村获“中国十大最美乡村”提名奖】 11月11日,薛埠镇仙姑村获中央电视台2016年度“中国十大最美乡村”提名奖殊荣,成为全省唯一获此殊荣的乡村。2016年度中国十大最美乡村和2016年度中国十大最美乡村提名奖评选,依据“一省一村”原则,从全国10个省份中挑选百余个自然生态、生活幸福、文化和谐、创新引领、产业发展等方面各具代表性的乡村,并经过国家部委专家学者以及各级媒体,通过层层评选产生的。

【久红生态园获长三角“我最喜爱的乡村旅游景点”称号】 2016年,在上海举办的长三角休闲农业与乡村旅游博览会上,久红农业观光园获“我最喜爱的长三角休闲农业(农家乐)与乡村旅游景点”称号。这是继2015年度荣膺“全国农业旅游示范点”后又一荣誉。久红生态园本着构建“富有浓郁江南水乡特色的农家庄园”为宗旨,着力打造全家休闲娱乐尽享天伦的亲子家园,利用周边种养殖散户的资源,实现春天赏花,湖畔烧烤;夏天钓龙虾、钓牛蛙、钓螃蟹、摸鱼、摸田螺,采葡萄,品葡萄酒;秋天挖山芋、摘南瓜、观赏盆景,冬天,在雪地里挖野菜,抓野兔、抓鸡等“四季乡村度假”娱乐活动项目。该园先后被评为江苏省渔业休闲乐园、常州市科普教育基地。

【挂钩帮扶山蓬村】 区旅游局积极履行第四轮挂钩帮扶山蓬村组长单位作用,结合自身优势,山蓬村“旅游+”之路迈出坚实步伐。年内,山蓬村农业产业园区被确定为“省级现代农业产业园区”,集体总收入达到103万元,全村人均纯收入突破3万元,最低人均纯收入超过1万元。山蓬村先后投资15万元,对涧南、花村、云塘灌等自然村进行自来水管网改造,让80多户村民喝上干净的自来水;投资29万元,在山蓬4.2公里主干道安装90盏路灯;投资60万元,新建260平米山蓬村卫生室;投入20万元,对山蓬河水环境进行全面整治;投资60万元,新建山蓬樱花廊桥和观光步道;投资220万元,新建山蓬农资服务中心和山蓬农特产品超市;投资85万元,新建小游园、公共厕所、停车场、广告牌等旅游附属设施等。　(何富健)

江苏省金坛茅山旅游度假区

【概述】 2016年,江苏省金坛茅山旅游度假区紧紧围绕“两个加快”工作目标,加快茅山旅游板块向“生态旅游休闲地”的目标迈进。在总规划的引领下,顺利完成度假区“十三五”等各项规划,基础设施建设成效明显。随着东方盐湖城一期道天下景区的对外开放以及一系列旅游节庆活动的开展,茅山旅游度假区的休闲度假格局初步显现。

【基础设施建设】 2016年,新开工及续建主要道路、市政综合管线共9条,总里程24公里。其中,4条道路(尚阳路、寻仙路、尚水路、百羊路)总里程9.8公里,已具备通车条件;2条道路(望仙路、致和路)总里程4.7公里以及265省道市政综合管线工程总里程9.5公里,已全面开工建设。度假区内项目点之间各级道路建设工程、景观提升改造工程都已取得阶段性的成果。

【规划编制】 在度假区总体规划的引领下,2016年,完成度假区“十三五”发展规划、燃气专项规划、绿道专项规划以及核心区水利防洪实施方案4个规划编制。茅山板块综合交通规划研究、度假区总规修编、度假区核心区控规和城市设计等规划的编制工作也在紧锣密鼓地进行。

【项目引进】 2016年引进的4个项目,累计已完成投资3.96亿元。其中,东方盐湖城巴里岛国际温泉度假酒店项目已基本完成开工前夕准备工作,累计投资6200万元;花谷奇缘旅游综合体项目总体规划与商业街建筑设计方案已通过评审,2017年春节期间正式开园,累计投资2.04亿元;华东地区旅游产业创客基地项目工程施工勘探、土方工程都已在实施准备中,累计投资1.2亿元;茅山茶海项目总体规划与商业策划方案比选以及茶叶种植的准备工作基本完成,累计投资1000万元。

2016年度新签约两个重大项目:东方盐湖城·国际养生城项目,全面打造以休闲、养生、养老、度假为主题的国际养生城,总投资180亿元;茅山颐园项目,主要建设内容包括特色专科医院、高端养老机构、CCRC老年公寓以及高端独栋庭院式老年社区,总投资25亿元。

2016年3月26日和9月28日,先后迎来“东方盐湖城一期·道天下”与“一号农场”两个拳头产品的正式开园。随着这两个项目的开放,度假区闲养度假品牌效应也开始凸显。

【旅游活动】 2016年,度假区陆续主办或协办常州乡村过大年暨金坛乡村旅游嘉年华、首届世界道文化大会&2016常州旅游节开幕暨东方盐湖城开城大典、常州乡村旅游节暨春到上阮赏花季、2016"东方盐湖城杯"茅山美食大赛、第三届中国金坛雀舌茶道会、2016中国山地自行车公开赛（西海湖站）、2016常州·金坛乡村采摘节、一号农场有机嘉年华暨亚洲青年有机论坛、茅山保朴园道养生文化月和中国围棋甲级联赛等众多专项旅游节庆活动。其中，第三届中国雀舌茶道会活动获由新华网评选的"最美中国·首批最具影响力特色节庆"称号。　　　（祁晓青）

江苏省金坛长荡湖旅游度假区

【概述】 2016年8月，江苏省金坛长荡湖旅游度假区党工委、管委会正式挂牌成立并独立运行。度假区贯彻"生态引领、保护优先、适度开发、资源增值"的开发理念，以高度的责任感和使命感，严把开局关，各项工作有序推进。

【完成各类规划】 2016年，在完成长荡湖旅游度假区总体规划编制的基础上，先后完成公共设施、综合交通、给排水、燃气、电力等十个专项规划的编制工作，形成"1+10"的规划体系。

【奠定开发基础】 2016年，启动退田还湖工程，牵头沿湖各镇（街道）做好1733.33公顷土地的歇耕和1万余人的失地保障工作，为度假区开发建设拉开空间框架。启动网围整治工程，涉及1173.33公顷网围、1099张养殖证、102张捕捞证和101户备案渔民，网围协议签订率达99%，捕捞渔民和备案渔民协议签订率均达100%，网围拆除取得阶段性成果。

【防洪大堤（指前段）工程开工建设】 防洪大堤（指前段）总长约12.5公里，总投资约2亿元。2016年年底，该项目所有立项审批、房屋动迁和招标工作已经完成，三个标段的施工队进场施工。

【长荡湖湿地公园获批国家湿地公园（试点）】 2016年，启动国家湿地公园试点创建工作，编制完成江苏金坛长荡湖国家湿地公园总体规划，11月通过国家林业局湿地中心现场考察评估，年底获批国家湿地公园（试点）。

（吴金林）

（编辑　汤芬娣）

金坛刻纸《虾节》　　　（作者　杨兆群）

综　述

2016年,金坛区以全力打造"一城一区一山一水"为总体目标,以"两个加快"为动力,进一步推进滨湖新城项目建设,推动城乡统筹发展,完善老城区基础设施功能,开展城乡环境综合整治,组织社会民生工程实施,全面推进城乡建设事业新发展。

城乡规划

【概述】 2016年,全区城乡规划工作紧紧围绕"一城一区一山一水"四大板块建设,紧扣"两个加快"主旋律,着力推进规划全覆盖,有效提升规划引领和服务水平,为"十三五"城乡规划工作奠定基础。重点对谋划规划编制清单,加强总规层面研究,突出重点板块编研,有序组织规划更新,加强局部控规研究,加强项目选址研究。城乡规划在落实空间发展战略、提升城市文化品位、促进城乡一体化发展等方面发挥指导作用。

【确定规划编制清单】 2016年,经内部讨论、部门沟通、专家咨询,从提升城区首位度,优品质,塑特色;提高园区竞争力,优载体,促集约;培育茅山吸引力,优环境,提品位;谋定长荡湖发展,优定位,强基础这4个方面确定《2016年度金坛区重点规划编制计划清单》,报请区政府批准后按序时进度推进。全年重点规划编研项目32项。

【总规层面研究】 2016年,启动空间发展总体规划暨多规合一规划。根据区第十三次党代会精神,及时启动空间发展总体规划,谋求发展空间。为形成全域空间管控一张图,同步开展国民经济和社会发展规划、城乡规划、土地利用规划等"多规合一"规划编制。常州市启动新一轮城市总体规划修编工作以来,金坛区按照工作安排,牵头协调区相关部门对接,组织召开区级层面的规划座谈对接会,配合开展交通数据调查等工作,积极反映金坛发展诉求。

【重点板块编研】 2016年,把脉金坛产城融合发展态势,结合《常州市产城融合综合改革试点总体方案》,编制完成薛埠、儒林、指前等5镇《产镇融合发展研究与规划》。加快推进各板块总体规划的编制,并通过专家论证。指导和推进各板块核心区城市设计和控制性详细规划编制。推进《长荡湖旅游度假区总体规划》编制,并通过规委会审议。协调长荡湖市政专项规划的编制工作。

【组织规划更新】 2016年,更新滨湖新城控规。在中央商务核心区、人力资源市场等地块深化设计方案的基础上,结合最新道路建设与项目招商等情况对成果进行实时更新。在老城更新、停车指标研究等专题研究的基础上,提出老城区各类土地使用的控制与引导要求,推进老城区更新规划。

【局部控规研究】 2016年,加强局部地块的规划研究,完成小地块控规19个,为项目落地提供规划保障。依据项目策划完成局部地块控规法定流程,依法合规地加快项目建设步伐。在加强地块策划研究的基础上,完成碧桂园二、三期,老政府地块,中景博道等重点项目的规划条件的出具。全年出具工业条件66份、经营性条件37份、融资条件200份、收储红线2份、预条件7份、规划控制要求4份。

【项目选址研究】 2016年,跟踪对接南沿江城际铁路和连镇铁路南延的选址及站点方案研究。主动与相关部门对接,基本完成教育、卫生、交通、水利、民政等"十三五"政府投资工程项目的初步选址研究和论证。对江苏理工学院、东方盐湖城国际养生城、茅山颐园等重大项目进行规划策划及研究,为领导决策提供规划参考。

（倪　霞）

城乡建设

【概述】 2016年,围绕"新城建设、老城改造",全区快速推进基础设施建设。完成钱资湖岸线景观化改造(一期)、下塘河景观工程(五期)90%的工程量。完成横三路、纵三路、纵五路桥、横三路桥及金坛大道绿化、钱资湖大道绿化等道路桥梁、绿化建设。启动环钱资湖大道、纵四路、横二路及纵六路河道工程。签订金沙塔及广场设计合同。开建日供水能力20万吨的长荡湖水厂。推进城乡一体化发展,加快区域供水管网建设改造,实施燃气主管网镇区全覆盖工程,实现照明景观亮化及节能改造。

【"创森"工作】 2016年,积极配合常州市做好"国家森林城市"创建工作,努力营造林水相依、林路相依、林城相依、林田相依的城市森林生态系统网络。9月,常州市获"国家森林城市"称号。金坛区仙姑村等村庄建成"省级绿化示范村"。

【房屋动迁】 2016年,计划实施征收动迁项目40个,涉及房屋总建筑面积51.17万平方米。其中,区级项目4个,涉及房屋建筑面积10.95万平方米;镇级项目36个,涉及房屋建筑面积40.22万平方米。完成老三中周边地块、东社村周边地块旧城改造项目调查摸底、征收补偿资金测算等前期工作。南环二路拓宽改造房屋征收项目正在全力推进,金虹纺织地块房屋征收项目全部完成。

【市政园林】 2016年,南门桥改造工程于2016年8月26日竣工通车。实施静态工程停车场项目,对西门大街、横街、东门大街、东一环等主要路段进行盲道移位改造;对东门大街、东一环、市场路、西门大街等城区主要道路增划停车位、增设隔离桩,确保城区道路通行有序。完成育才路、峨嵋中路、文萃路等道路的人行道改造工程,共计改造长度893米,面积5470平方米。

做好市政道路桥梁维修养护工作,全年共维修混凝土道路6055平方米、沥青混凝土道路6205平方米,维修人行道板3810平方米,维修侧石774米。园林绿化管理常抓不懈,全区绿化养护面积1069万平方米,其中公园养护面积140万平方米。全年完成行道树修剪6366株、厢式绿化1408个、花卉布置35万盆。开展城区主干道、街头游园绿化拾遗补缺工作,完成20多条主干道1615处的绿化补植,为市民营造良好的城市环境。

【城市路灯】 2016年,草拟《常州市金坛区城市景观照明管理暂行办法》《金坛区"三路一河"景观照明工程建设实施方案》,为今后金坛区的夜景景观管理、实施提供依据。启动南环二路、金湖路、金坛大道及下坵河周边"三路一河"楼宇景观亮化工程,总投资6827万元。实施城区照明亮化提升工程,全年共维修道路路灯250余盏、小区路灯800余盏;处理各类电缆故障80余起,恢复交通事故撞杆15起;新装小区、道路2289基路灯,改造部分老小区、道路危旧灯具150余盏,路灯设施完好率96%以上、亮灯率98%以上,城市路灯设施正常运行。

【环境整治】 全年根据《金坛区城市环境综合整治行动接续实施方案(2016－2017)》,继续推进"931"(九整治、三规范、一提升)项目,对背街小巷、低洼易淹易涝片区和建设工地进行整治。开展电胜社区、华城路示范社区(道路)创建,均于2016年10月通过常州市评审。

镇村建设

【概述】 2016年,继续推进美丽乡村建设。薛埠镇山蓬村、尧塘镇西华村基本完成2015年度美丽乡村项目。2016年度省级美丽乡村通过省相关部门批复,确定2个示范建设项目,累计奖补资金360万元。

公共事业

【城市供水】 2016年,全区供水量5500万立方米,其中城区3400万立方米。售水量4000万立方米,其中城区2400万立方米。全年水质综合合格率100%。用户总数243500户。其中,城区122000户,乡镇121500户。

针对供水量矛盾突出、供水区域不断扩大导致源水不足的实际情况,合理调度常金供水及金武供水,平衡管网压力,保证供水管网稳压运行。

2016年8月,改扩建以后的南门桥竣工通车

(区住建委 供稿)

提升二次供水管理水平,对已接管的所有二次供水泵房加强巡检,规范管理,确保居民用水水质。完善各项供水应急预案,成立事故应急抢修队,组织开展供水管网抢修应急预案演练,提高对供水事故的反应速度和处置能力。

强化水质检测,严格执行企业三级检测、行业检测、行政监督制度,强化对制水、供水全过程的水质监控。在冻灾、洪灾期间进行24小时不间断应对性强化检测,原水检测延伸至取水口5公里以上,管网末梢水延伸至居民小区及居民家中,多项举措确保水质完全符合国家饮用水标准。

全年共接受来电来访4345件,网络咨询和投诉4件,数字化城管案卷13件,督办“12345”政府热线转交投诉任务工单125件。各类舆情办结率、用户回访率、维修及时率均100%。

【区域供水】 2016年,完成对朱林水厂、薛埠水厂的接收,根据水厂运行现状和供水需求制订生产预案和供水方案,提高运行效率和供用水条件。对已回收的21座乡镇水厂完成技术改造,提高全区乡镇供水安全。完成直溪、薛埠、白塔、指前等片区DN100以上管道改造近200公里,改造小用户2万余户。长荡湖水厂完成设备安装及调试。

【污水处理】 2016年,有序推进城镇污水一体化,制订出台《金坛区城镇生活污水处理统一运行管理实施意见》《金坛区工业企业污水接入城镇生活污水处理厂管理办法》。全年处理污水2909万吨,日均处理7.97万吨。其中,一污厂1004万吨,二污厂1905万吨。2016年,一污厂产生污泥6327吨,平均含水率79.1%;二污厂产生污泥22211吨,平均含水率78.9%。污泥规范化处置率100%,污泥含水率均符合省污水厂考核要求。全年再生水利用总量388万吨。启动一污厂移址新建工程,完成项目建议书、排污口论证等工作。加快推进指前污水厂建设,完成二沉池、生化池等主要构筑物主体工程建设。积极向上争取省级太湖水污染治理专项切块资金,2016年,指前污水厂建设工程、二污厂配套管网工程项目共获省级专项资金700万元。

【城市排水】 2016年,开展企业排水专项巡查行动,对5家违规排水企业下发违规整改通知,对1家严重违规排放企业实施排污口封堵。开展城区水洗企业整治工作,共整治水洗企业21家,有效规范企业排放行为。启动实施城区黑臭水体整治工作。8月,下塘河、电胜河黑臭水体连片整治整体方案设计通过专家论证。下塘河河道截污工程完成华城中路至华阳路、下塘桥至中桥闸段。完成吾悦广场、凯尔尚郡、元巷农贸市场等5个房产类新建项目的排水工程监督交底。完成愚池、城南等11个小区的排水工程验收检查。全年累计开展排水服务42次,实施企业排水行为日常巡查104次,共查处违规排水12起。完成新接管企业15家,续签污水委托处理合同61家。

【城市燃气】 2016年,全区拥有管道天然气民用客户8.5万户,工商业客户830余户,全年供气量9000万立方米。全区共有瓶装燃气用户13.5万户。“城中村”居民安装管道天然气6905户,安装率70%。现有压缩天然气(CNG)加气站2座、液化天然气(LNG)加气站1座,为全区765辆以天然气为燃料的车辆提供加气业务。新建南洲LNG加气站1座。联合区公安、消防、市场监管、安监等部门共同消除金坛中燃能源水北储配站重大安全隐患,开展燃气安全宣传进社区、村镇活动,维护社会安全稳定。

(蒋燕舞)

【供电】 2016年,区供电部门科学规划电网建设,加大基础建设投入,打造智能供电网络。全年投入电力基础建设2.96亿元。配电网络建设中,完成资本性建设项目1070项,总投资16786.85万元;完成成本类项目282项,总投资12567.24万元。新建、改造及维修配电线路367.106公里,新增及改造变压器1049台。迎峰度夏期间,整改重载线路17条。完成居民小区及其他配网工程16项,进行配网带电作业274次。在加强应急管理和预案工作中,编制并完善自然灾害、事故灾难、社会安全、公共卫生四大类36个现场处置方案。为保障公共事业安全平稳供用电,确保党政机关、人民群众、医院等公众利益及有关社会稳定的重要用电需求,区供电部门编制和落实电力供应应急预案,确保有序用电。全区全年有序用电预案编制错峰负荷总量为10万千瓦,共涉及客户53户。主要由盘石等3家水泥企业、华泰精密铸造等11家铸造类企业,及中盐常化、兴荣美乐、中国石油西气东输管道分公司等响应速度较快的用户组成,分为4组。对预案中的客户,通过走访或寄挂号信方式送达《告用电企业书》、有序用电通知单,宣传当年电力供需形势,告知企业预案所给定的用电保安定值,指导企业做好内部应急预案,以便在接到限电通知时,主动错峰压限负荷,保证重要设备用电。继续将7家非工中央空调负荷纳入到2016年的方案中,共同参与错峰限电。8月,有效应对高温天气考验,按照省公司要求开展电力需求响应和非工空调调控实战,邀约响应负荷3.46万千瓦,实际需求响应负荷10.3万千瓦、移峰10.3万千瓦,全区7户非工空调短时压降高峰负荷310千瓦,平稳实施尖峰电价,有效保障迎峰度夏期间的用电平稳有序。

(夏 冰)

城市管理

【概述】 2016年,金坛区城市管理工作以“创优人居环境,服务经济发展”为目标,围绕江苏省“931”城市环境综合整治和对接常州城市长效综合管理考评，进一步完善管理体制，强化管理基础，狠抓环境整治，稳步推进城管重点工程建设，城市长效综合管理水平得到有力提升。

【城市环境综合整治工程】 全年完成22个整治项目、84个规范项目及25个拓展项目的整治工作。重点整治城郊结合部5片、城中村5个、老旧小区4个、建设工地4个、城市河道2条、低洼易淹易涝片区2片、背街小巷1条，进一步改善城市环境，提升城市品位。

【示范路、示范社区创建】 2016年，开展华城路争创常州市城市管理示范路、电胜社区争创常州市城市管理示范社区活动，加大资金投入，对创建区域内的街景容貌、社区环境、基础设施、城市绿化等进行全面整治和提档升级改造，社区人居环境和城市容貌得到提高，11月通过常州市级考核验收。

【长效综合管理】 全年投资930万元，完成包括基础平台升级、智信终端平台子系统、智能应用平台子系统、渣土车管理子系统等十大系统的智慧城管三期工程，逐步实现城市管理要素、过程、决策等全方位的智慧化。正式纳入常州市城市长效综合管理考评，多次修改完善长效考核实施意见，优化体制架构、明确管理职责、强化督查点评，城市长效综合管理水平稳步提升。区城市管理监督指挥中心全年共巡查受理各类案件5万余件，按期处置率77.24%。常州市考评并核查问题1592处，核查通过率99.24%。

【改善市容市貌】 2016年，深化市容网格管理模式，重点开展菜市场及校园周边、占道经营、乱涂写乱张贴、毁绿种菜、露天烧烤、渣土运输抛洒滴漏等专项整治活动500余次。查处违规出摊、占道行为6000余起。清理灯箱广告、乱张贴350余处。清理乱种植教育整改3200余人次。清理非法占用公共区域设施285个。加大疏导点规范管理力度，完善规模疏导点、餐饮疏导点、便民疏导点和季节性瓜果疏导点管理制度，应时应市合理设置疏导点。

【日常环境卫生维护】 2016年，加大生活垃圾无害化处置，全年生活垃圾、粪便清运和无害化处理率均为100%。城区65.5%共计345万平方米的道路清扫保洁工作实行市场化运作，主次干道机械化清扫率78.6%。在亲亲家园等8个小区投放418只垃圾分类收集箱。购置1200只垃圾桶、180只果壳箱，对城区所有道路的破旧垃圾桶、果壳箱进行补缺更新。采购3辆31吨拉臂车、2辆乡镇用垃圾运输车、2套护栏清洗设备用于日常卫生维护。对接常州市城乡一体化村庄环境长效考核，加强对农村环境卫生工作的考核与指导。在各乡镇开展示范路创建工作，推动农村环境面貌整体改观。

【环卫基础设施建设】 全年投入180万元，对城区19座公厕进行提标改造。薛埠、元巷垃圾中转站相继建成并投入使用。积极应对沈渎生活垃圾填埋场渗滤液积存问题，将积存渗滤液运送至常州市绿色动力进行处理。

【行政执法】 2016年，加强违建源头控制力度，共拆除、控制违法建设347余起，面积1.6万余平方米。全面启动建成区违法建设五年治理行动，全年完成10%的违法建设拆除工作，拆除面积0.76万平方米。深化城管重心下移，积极配合街道、居委会协调解决小区重、难点问题，加强对乡镇执法工作和中队建设的指导和考核。全年共查处各类案件859起。其中，一般程序241起，简易程序618起。共罚款82465元。681件“12345”投诉单，70余件网站投诉、人民来信、市长信箱，3000余起来电，登记、处理、回复率均为100%。主动接受社会监督，25件人大代表建议和政协委员提案（主办9件）按时办结率和走访联系率均达100%。 （周 晴）

环境保护

【概述】 2016年，金坛区环保工作以改善环境质量为目标，以“促转变、提质量、保安全”为主线，以服务项目建设和太湖水污染防治为重点，以强化环境执法为保障，以强烈的责任心和使命感抓好各项工作落实。

【生态文明建设】 2016年，编制《金坛区“十三五”环境保护和生态建设规划》，制定《环保工作目标责任书》

5月16日起，金坛城管执法大队开展为期5天的封闭式思想作风纪律教育整训 （区城管局 供稿）

《生态文明在行动工作方案》《生态文明在行动督查考核办法》等文件。区委、区政府组织召开全区生态文明建设工作会议,明确生态文明建设目标任务,细化工作责任。实施14个生态细胞创建工程,1所省级绿色学校、5所常州市级绿色学校创建工作通过验收。2个国家级生态文明示范生态村、1个绿色机关的创建工作完成年度目标。

【生态绿城建设】 2016年,开展生态源保护、郊野公园、城镇公园绿地、生态绿道、生态廊道、生态细胞六工程建设。完成滨湖新城绿地建设土方堆坡造型和树木栽种、茅山生态绿道、环钱资湖生态绿道、新河港入湖河道清淤和长荡湖鱼类自然保护区建设工程。

【农村环境整治】 2016年,开展全区覆盖拉网式农村环境综合整治。范围涉及指前镇、金城镇、薛埠镇、尧塘街道,共16个行政村17个规划布点自然村,共计投资2234万元。12套分散式农村污水处理设施、6个提升泵站和30余千米污水管网配套建设进入扫尾阶段,村庄环境整治工作配套开展中。

【生态红线】 2016年,优化调整金坛区生态红线保护区域,调整后,全区生态红线区由8个增至9个,总面积202.92平方公里,约占全区国土面积的20.78%,其中一级管控区面积39.17平方公里。对金坛区生态红线区现状进行全面调查,编制完成《常州市金坛区生态红线区域污染源调查与评估报告》。

【环保审批】 2016年,建立健全“四个一”(一个领导负责、一个窗口统揽、一套机制运行、一条龙到底)服务模式,推行“环保服务零距离”品牌服务,建设项目“容缺受理”提升为“容缺审批”,全年共审批建设项目212个。强化源头管控,对高耗能、高污染、资源性项目从严审批,全年共否决、劝退不符合环保要求和国家产业政策项目6个。全面完成环保违法违规建设项目清理整顿工作,共清理违法违规建设项目731个。其中,整顿规范项目67个,完善备案项目554个,淘汰关闭项目110个。

【清水工程】 2016年,推动太湖水污染防治工程,2016年列入省太湖治理目标责任的14个重点任务项目均完成或达到年度建设目标要求。推进农业面源整治,完成清华生态农业园等3个种植业生态循环农业工程、永康农牧科技有限公司畜禽粪便“三分离一净化”(雨污分离、干湿分离、固液分离、生态净化)处理工程。加快推进河道治理工程,完成2015年度结转的12条河道清淤工程,开工建设2016年度河道清淤工程。强化饮用水安全保障,完成长荡湖水厂20万吨/日深度处理工程土建主体和南天荒湖清淤工程,开工建设长荡湖饮用水源地清淤一期工程。

2016年12月,钱资湖风光带　　(区住建委　供稿)

【蓝天工程】 2016年,淘汰锅炉106台,完成区燃煤小茶炉、小炉灶整治。2016年,全区PM2.5平均浓度为每立方米43.1微克,较上年同期下降20.8%;空气质量优良天数为300天,较上年同期增加40天,优良率为82.2%。

【土壤污染防治】 2016年,开展土壤污染状况调查和修复,逐步建立土壤污染与修复档案,落实土壤污染调查专项费用,完成常州市爱德生物科技有限公司、金坛区振兴化工有限公司等污染场地土壤调查与风险评估报告的专家评审工作。

【环境问题综合整治】 2016年,推进石灰窑生产企业整治,制订整治实施方案,组织现场推进会。全区共有23家石灰生产企业,37座窑。目前,17家已关闭并拆除,6家正在停产整治。推进别桥断面水环境综合整治,制订下发综合整治提升方案,别桥断面高锰酸盐指数、氨氮、总磷等3项指标符合地表水Ⅲ类水质要求。

【危险规范处置和辐射环境管理】 2016年,调整确认全区危险废物监管重点源70家,明确对危险废物监管重点源环境监管职责,责任到人。危险废物监管重点源全部在“江苏省危险废物动态管理信息系统”中进行动态申报,申报与审核率均为100%。

【环境监察】 2016年,开展环境执法

大练兵、环保大检查、工业企业大气污染防治专项检查、危险废物专项执法等专项行动。组织开展环境现场监察2300余厂次,作出责任改正43起、行政处罚决定129起,处罚金额740余万元,实施查封扣押9起,停产整治2起。推动网格化环境监管,制定《关于进一步贯彻落实〈金坛区网格化环境监管实施方案〉的通知》,要求各牵头工作组根据职责,制订具体方案,各镇(区、街道)根据二级网格化职责,制订工作方案,建立相应机构,落实巡查人员,确保二级网格化管理落实到位。

【环境信访】 2016年,加大环境信访和污染纠纷的调处力度,强化环境信访调查、处理、反馈、结案等方面的时效性督查,及时有效化解环境信访矛盾。全年共受理并调处各类环境信访案件1440件,比上年下降18%,按期办结率100%,满意率90%以上。

【环境监测】 2016年,开展地表水、小康断面、区域补偿断面、饮用水源地和空气、噪声环境质量、"三同时"(建设项目中防治污染的设施,应当与主体工程同时设计、同时施工、同时投产使用)验收监测以及国控、省控重点污染源的例行监测、监督监测。全年共获监测数据4.2万个,为环境管理决策提供科学依据。

【环境宣传】 2016年,通过电视、报纸、网络等媒体,开办环保法律法规专题、专版,由点到面,广泛开展生态文明宣传教育。开展"生态文明建设宣传一条街"活动,将丹阳门中路打造成具有本地特色、体现环保元素的生态文明建设宣传一条街。围绕"增绿、扩绿、联网"要求,深化生态绿城宣传,在沿江高速金坛道口设置宣传高炮;在华城中路、九九宾馆等人流量较大点利用落地电子显示屏或者高空大型户外电子显示屏循环播放生态绿城宣传标语;利用建筑工地围档宣传环境保护。 (王 洁)

(编辑 方 骊)

金坛刻纸《福到我家》 (作者 杨兆群)

建筑·房地产

综　述

2016年,全区建筑业直面经济新常态,把加快行业转型升级、转变发展方式作为工作重点,保持稳步增长势头,建筑业施工总产值402亿元,纳税总额6.04亿元。房地产项目新开工面积100.61万平方米,共发放商品房预销售许可证38份;批准销售面积133.65万平方米,备案销售面积98.15万平方米。验收通过凤凰城等13个开发项目的交付使用备案,项目竣工交付面积34万平方米。商品房价格保持平稳。

勘察设计

【概述】 2016年,金坛建设工程勘察设计市场由于受大环境的影响,区内,外勘察设计单位同台竞争格局进一步加剧。江苏凯联建筑设计有限公司现具有建筑工程设计甲级资质、人防工程设计乙级资质,主要从事各类建筑工程、人防设计、小区规划、景观设计、装饰设计、建筑工程总承包及项目管理、建筑技术咨询等业务。常州凯联岩土工程有限公司是全区唯一具有建筑工程勘察甲级资质的单位,主要从事各类建设工程项目的勘察业务,其规模不受限制。

【建筑工程设计】 2016年,共完成各类建筑工程施工图设计130余万平方米(其中区外项目15万平方米),比上年减少近30%。全年设计景观绿化工程24万平方米、装饰装璜工程19余万平方米,分别比上年增长100%、200%。所完成建筑工程项目中民用项目65%,工业厂房25%,其他10%,设计合同总额2230余万元,比上年下降近40%。随着设计市场的全面放开,区外较多设计单位进入,2016年,新签合同额2850余万元,较上年减少近40%,仅占本区建筑工程设计市场的45%左右,有明显下滑趋势。

【工程勘察】 2016年,完成岩土工程勘察项目近140个,较上年略有减少,建筑面积约160万平方米,与上年基本持平;勘察钻探进尺为8万余标米,比上年下降约40%。完成的工程勘察项目中,房屋建筑工程占85%,市政道路、管道等占15%。合同总额430万元,比上年下降14%。在本区勘察市场占有率为65%以上,比上年有所下降。

建筑施工

【概述】 2016年,全区建筑业施工总人数保持在10万人左右。北方建筑市场全年完成施工产值218.3亿元,同比增长6.3%。承接项目以房建项目和劳务分包项目为主,市政、装修项目有明显增长趋势,机电工程、起重设备安装和防腐保温工程有所突破。南方建筑市场全年新接工程合同额约79亿元,比上年增长4.7%。外出企业数量和专业结构趋于合理。宁镇扬、苏锡常、安徽、海南等传统市场继续保持较好发展势头,湖南、上海、四川等新兴市场得到进一步加强,市场整体规模进一步充实壮大。从承接的工程类别来看:装饰、市政道路、绿化项目数量众多且分布较广,土建项目单项合同造价超亿元项目增多。海外市场进一步拓展,建工集团结合国家"一带一路"的倡议契机,主动与"国"字头企业对接,在阿尔及利亚、刚果(布)、土耳其、斯里兰卡等国家承揽项目,全年总合同额3.6亿元,完成产值约2亿元,输出出国劳务人员约800多人次。江苏杰中杰在斯里兰卡投资3000万美元建成一家精品酒店。全区共有建筑业企业166家。其中,壹级资质的企业达到了37家(总承包企业22家、专业承包企业15家),贰级资质企业62家(总承包企业36家、专业承包企业26家),预拌混凝土资质企业8家,劳务分包企业59家。

【建筑成果】 2016年,金坛区建筑业企业不断创新创优,获省级工程1项、"金龙杯"工程7项、常州市优质主体结构工程27项、常州市文明工地3项、省文明工地17项。恒云华安公司被评为"全国诚信企业";建润公司、金铭公司被北京市住建委评为“进京优秀建筑施工企业”；建工集团被江苏省住建厅评为“出省建筑施工先进企业”；瑞迪劳务公司被评为“首都建筑业优秀劳务管理单位”；建宏公司参建的未来科技城南区地块项目等19项工程获得北京结构长城杯奖项；冯国平、任书生、袁军、段文轩、徐保全5人被江苏省住建厅评为“出省建筑施工优秀企业经理”。

建筑管理

【概述】 2016年，建筑工程质量处于较好受控状态，建设各方主体质量行为规范，质量意识增强，执行标准规范情况总体较好。钢筋、混凝土等重要原材料、半成品质量得到有效控制，住宅质量通病控制措施基本得到落实，结构施工质量有所提升，特别是保障性安居工程结构施工质量总体控制较好。

【质量安全管理】 全年共监督项目276项，建筑面积689.27万平方米。其中，监督新开工工程159项，建筑面积252.27万平方米。全年监督竣工验收项目150项，建筑面积207.95万平方米。其中，监督住宅工程分户验收21项3784套，建筑面积67.31万平方米，分户验收覆盖率100%。受理起重机械产权登记69台次，使用登记197台次，受理安装告知226台次，注销告知116台次。

开展工程质量专项治理两年行动，对全区所有在建工程开展建筑市场综合大检查，强化落实工程建设五方主体项目负责人质量终身责任，有效规范建筑市场参与者的质量行为，稳步提升全区工程质量安全总体水平。

按照江苏省绿色、文明、创优行动要求，推进建筑施工安全生产标准化文明施工管理和扬尘防控工作，严格落实建设、施工、监理等参建方的扬尘治理责任，完善工程项目扬尘治理责任体系。开展高大模板工程、建筑起重机械、脚手架、施工消防等专项整治工作，累计检查工地600个，排查事故隐患1800条，开出整改检查意见书600份、停工通知书3份，确保施工安全。

【施工图审查】 全年共审查工程项目349项155.45万平方米。其中，工业项目260项112.38万平方米，审结293项，审结率84%。通过技术审查，共查出违反建设工程强制性条文数为287条，违反强制性标准数862条，从源头上保证建设工程质量。积极推行外墙自保温做法及新型墙体材料的应用，得到上级部门及周边地区赞同。

建筑市场管理

【概述】 2016年，全区建筑招投标市场不断规范，电子化招投标稳步推进，评标资源优化。开展建筑行业培训考核。加强电子档案接收和档案数字化建设，推进建设工程档案有效利用。

【招投标市场】 全年共完成367个标段项目招投标的监管，累计工程造价61.66亿元、建筑面积279.11万平方米。其中，直接发包146项，累计工程造价25.61亿元、建筑面积170.04万平方米；招标发包221项，累计工程造价36.05亿元、建筑面积109.07万平方米。在招标发包中，公开招标181项，累计工程造价16.77亿元、建筑面积18.34万平方米；邀请招标40项，累计工程造价19.28亿元、建筑面积90.73万平方米。通过招投标，共节约建设资金6.82亿元。全面实施电子化招投标，实现施工类项目、监理等服务类项目电子招投标率100%。严格控制资格预审项目审批，全年公开招标项目资格后审率96%以上。全面推行技术标远程异地评标，施工类项目、监理等服务类项目远程异地评标率100%。积极试行技术标暗标评审，全区建设工程施工项目暗标评审率100%，有效消除明标评标过程中评委人为因素的影响，增强技术标评标的公正性。

【建筑人才培训】 2016年，以建筑技工学校为依托开展建筑行业培训，全年开展常规培训9303人次。其中，B类、C类安全员，建筑行业特种作业人员新证培训1909人次；二级建造师、三类人员等继续教育2926人次。全年远程教育招生126人次，毕业228名次。继续推进中国地质大学（武汉）在职研究生学习教育，24名学员顺利毕业，获得工程硕士学位。

【工程档案】 全年共接收工程档案2955盒共计3254卷入库。完成124个工程共计1230盒档案的数字化录入。完成188个工程的声像档案预验收缓存。接收202个工程的声像档案入库上架和数字化处理。积极筹备数字化档案馆建设工作，对入库的近2万卷老档案进行数字化处理改造，纸质档案数字化改造已经过半，声像档案数字化改造全部完成。加快推进全区村镇建设档案管理工作，组织相关部门指导薛埠镇创成“村镇档案室”。

【工程材料检测】 2016年，新增沥青配合比、矿渣粉两大项目的检测资质。现已具备70大项共计440个参数的检测能力，在常州地区同行中处于领先水平。新扩项目正式对外检测，方便了全区的建筑市场。全年签订检测合同319份，接受委托批次118792次，开展市政、钢结构、建筑水电、室内环境等项目检侧共7.9万批次。开设二维码扫描系统，缩短委托时间，降低错误频率，为客户提供更快捷高效的服务。

房地产开发

【概述】 2016年，全区把稳定房价和满足中低收入家庭住房需求作为房地产重点工作。对在建销售开发项目建立动态监测，监测各楼盘销售量和销售价格情况，及时准确采集相关信息，分析市场变化特征，预期市场走势。

新城东苑四期　　　　（区住建委　供稿）

加大对售楼现场公示制度、价格备案制度、一价清制度执行情况的检查力度,对照开发企业预售方案对工程进度实时跟踪,维护消费者权益,减少购房矛盾纠纷。全区共有46家具备资质的房地产开发企业。其中,一级资质1家,二级(含暂定)资质27家。

【安置房建设】 2016年,继续推进安置房项目建设。竣工交付徐塘四期6幢、岸头佳园北区27幢、九洲里花园一区23幢、新城东苑四期25幢。总建筑面积79.24万平方米,其中住宅5920套,共计39.84万平方米。

房地产管理

【概述】 2016年6月,常州市不动产登记交易中心金坛分中心揭牌。房产登记等相关职能工作由中心统筹。加强直管公房管理,全年完成公房租金综合收缴率90%以上,其中非住宅租金收缴率95.5%,住宅租金收缴率92.6%。维修公房34处,维修面积932.64平方米,房屋维修验收率和合格率均达100%。

全年签订新建房屋白蚁预防合同155份,预防面积360万平方米,工程竣工面积350万平方米,发放竣工报告180份;上门服务360次,实际灭治155户。新建房白蚁预防率均达95%以上,旧房灭治率100%,有效遏制白蚁危害。

【房屋安全鉴定】 全年做好公共场所及住宅装饰装修审定工作,全年共受理出具住宅装修审定54户,约8600平方米;抽查、回访装修业主26户。鉴定房屋55处,面积约15000万平方米,发出《危房通知书》38份。定期走访,避免房屋安全事故发生。加大对公共场所、小区巡查力度,保障人民群众生命和财产安全。

【小区物业管理】 2016年,开展全区首个以物业管理委员会为招标主体的物业管理招投标工作。联合区公安局、城管局、市场监督管理局等对全区3个街道、6个乡镇物业管理工作进行检查考核,并督促整改落实。开展“物业管理知识进小区”活动,在城市花园、愚池湾、万士新村等30多个小区宣传物管知识。加强维修资金收缴使用及管理,全年共归集维修资金约3878万元。其中,有18家开发建设单位开发建设的新项目采用新模式交存,归集维修资金2380万元。加强物业服务企业诚信建设,全年共计收缴前期物业服务履约保证金约75万元。配合区审计局完成全区2013~2015年商品住宅专项维修资金的归集、管理、使用和保值增值等情况的审计工作。

住房保障和制度改革

【概述】 金坛区将住房保障工作列为2016年为民办实事的重点工程,推进保障性住房建设目标任务全面快速完成,确保住房保障政策惠及更多的家庭。向上争取住房保障资金共7226.58万元。

【保障性住房】 2016年,竣工建成公共租赁住房1304套,完成全年目标任务的107.8%;开工建设棚户区改造项目9695套,完成全年目标任务的193.5%;竣工完成棚户区改造项目3164套,完成全年目标任务的150.7%。

【公共租赁住房】 2016年,公共租赁住房货币补贴110户。对符合公共租赁住房实物配租的42户家庭和14名新就业人员进行安置。新安置公共租赁住房的家庭全部签订公共租赁住房租赁契约。

【经济适用住房】 2016年,共有105户家庭获得经济适用住房实物安置选房资格。

【住房流通市场服务】 2016年,共受理房改房上市交易核准164户;房改房按成本价补价接轨核准139户,补价金额50万元;经济房上市交易核准152户,补价金额750万元。

【公有住房售后修缮管理】 2016年,对售后住房的公共部位和共用设施的维修,按照维修房屋(单元)面积每平方米5元标准核定,全年共受理房改房维修8户,支付维修经费9669元。

（蒋燕舞）

住房公积金管理

【概述】 2016年,全区住房公积金共归集63383.78万元,同比增长34.32%,完成全年目标的123.31%;住房公积金提取40817.34万元,同比增长25.4%,提取率64.40%;发放住房公积金贷款1643户57472.30万元,同比分别增加36.46%和61.41%,户均贷款34.98万元,回收贷款23214.16万元。住房公积金贷款逾期率仅0.0015‰。新增开户单位186个,同比增长14.81%,完成全年目标155%;新增缴存人员7288人,增长40.89%,完成全年目标161.96%;年末,应缴人数46727人,完成全年目标任务106.20%。超额完成区政府下达的政府重点工作目标任务。截至2016年年底,金坛区住房公积金归集余额166199.54万元,住房公积金个人贷款余额7797户164830.69万元。住房公积金资金使用率99.18%。常州市住房公积金管理中心金坛分中心(以下简称金坛分中心)全年向金坛区提供廉租住房建设补充资金3673.82万元。

【扩面征缴】 2016年,金坛区政府把住房公积金扩面、发放住房公积金政策性低息贷款纳入政府重点工作,全面推进"便民、规范、廉洁、高效"的服务理念。公积金扩面4500人、发放政策性低息贷款2.2亿元作为扩大保障性住房建设范畴。3月,区政府召开全区住房公积金管理工作会议,表彰先进,部署工作。抓住重点上市企业、新建企业、三资企业,拓展扩面新渠道,促进全员建缴。向67家重点企业寄送首批《催建宣传函》,派员到江苏激素研究所、久日化学有限公司、奥托立夫汽车安全零部件有限公司、利步瑞服装有限公司向企业职工介绍住房公积金特性、优势和相关法规政策,坚持先易后难、由点促面。开展国务院《住房公积金管理条例》颁布17周年宣传月活动,在企业人才招工、大学生和农民工就业市场现场摆摊设点,发放宣传资料4800份,现场解答1103人次。利用报刊、电台、电视台、政府网及受托银行,多渠道宣传政策,发布动态信息,使建缴企业迅速增加,形成以点带面、以点促面良性循环。至2016年年末,全区新增个人缴纳住房公积金2351人,各镇、街道办扩面2900人。金坛区6家各受托银行扩面2418人。

【归集管理】 2016年,金坛分中心精心组织、强化管理、从严考核、规范管理,促进归集业务增长。进行窗口员工再教育,领导现身说法,员工比学赶超。分中心继续开展上门服务、现场指导等特色服务,增强服务个性化。加快信息化服务建设,推进银行直联结算业务。推广单位网上业务,共有792家开通网上业务,占全部单位64.34%。提升"12329"服务热线的受理,提高办事效率。加强催收催缴工作,落实专人梳理缴存情况,对欠缴单位及时催收催缴,全年上门服务170余次,保证资金到帐。全方位推广资金托收业务,2016年托收单位1028户,托收率88%,年底,月托收余额3375.3万元,托收金额占应缴额63.99%。做好基数调整、年度结息和《登记证》验审。及时在金坛区政府网站、电子政务平台、公积金QQ服务群发布调整缴存基数的通知,并召开基数调整业务培训会。全区共有1077家单位39856人进行住房公积金基数调整,单位参调率92.55%。调整后,人均月缴额增长10.11%,月应缴额总额增长13.8%。新职工住房补贴调高月缴额增长27.91%。

【贷款管理】 2016年,《关于出具住房公积金异地贷款缴存使用证明和办理提取还贷的通知》《关于阶段性适当降低企业住房公积金缴存比例的通知》《阶段性适当降低住房公积金缴存比例的实施细则》出台后,金坛分中心及时组织窗口柜员学习,领会操作要点,严格规范贷款业务,做好房源管理,把好房屋准入关,对符合条件的贷款实行轮候放款。除自身学习外,分中心组织对金坛区各受托银行开展住房公积金相关法律法规、政策和公积金扩面营销培训、岗前上岗培训、操作直联放贷业务培训。2016年,房款贷款15个楼盘27幢1642笔57472.3万元,其中轮候放贷款(吾悦广场和碧桂园)16620.7万元,商品房贷款958笔36039.1万元、二手房贷款579笔18042.4万元,商转公贷款100笔3200.6万元,建修房贷款1笔60万元。低收入贴息18户76000.20元。其中,低保12户46000.20元,特困户6户30000元。为防范风险,确保住房公积金资金安全,分中心主动与银行、担保公司密切协作,发现逾期贷款及时催收。 (陆有才)

(编辑 方 骊)

交通·电力

交　　通

【概述】 2016年，全区交通运输系统围绕“两个加快”，打好交通项目建设攻坚战，以加快交通基础设施建设为重点，突出抓好交通行业管理，着力推进交通依法行政，构建和谐交通，实现全区交通各项工作全面协调发展，较好完成了年度各项目标任务。

·交通建设·

【概述】 2016年，全区先后完成《“十三五”综合交通发展规划》《金坛区县道公路网规划(2014～2020)》送审稿和《金坛区乡村道公路网规划(2016～2020)》初稿评审，并收集整理《常州市干线航道网规划修编(2016～2030)》的修编意见。明确2016年至“十三五”期间交通重点项目，率先编制完成金坛区交通“十三五”政府性重点工程(项目)实施计划清单。完成交通基础设施建设投资20.49亿元。截至2016年年底，全区公路总里程2117.036公里，航道总里程294.184公里。17个政府性投资项目中，233国道先导段(340省道—钱资湖大道)、241省道黄庄至指前段改扩建工程、240省道开发区段(南环二路—华城路)景观快速化改造工程、240省道儒林工业园区段绿化景观改造、金坛港、县道大中修、农村公路提档升级、城乡公交提升工程完工；开工建设265省道金坛段新建工程(一期、二期)、233国道中段(钱资湖大道—江东大道—老241省道)、长荡湖大道(常溧高速儒林互通南北连接线)、金茅公路东段(202县道—241省道)改扩建工程、扬溧高速荣炳互通至241省道连接线(直荣公路)。茅山旅游大道(金坛大道西延)完成项目建议书批复；沿江城际铁路已完成工可报告，并通过了省铁路办审查。区政府出台《金坛区“四好农村路”建设实施意见》，全年新增5辆大型清扫车，同时，积极开展县道路域环境整治，清除路边堆积物756立方米，清除摊点122个，清除非标悬挂物348块，维护标志标牌75块。清理路面污染4620平方米；共清非标罗马旗等180余块，进一步优化路域环境。辖区内管养干线公路93.041公里的优良路率100%，公路技术状况指数95.02；县道好路率92.57%，乡道好路率79.41%，村道好路率78.98%。以集中整治丹金溧漕河沿河乱种植、乱搭建、乱倒垃圾等违章行为为重点，加大高等级航道管理力度，全年清障扫床2次，扫床里程241.54公里，拆除各种渔网渔簖4处，清除水上漂浮碍航物2吨、航道边坡种植物5公里、垃圾18吨。干线通航率99%，等外级通航率80%。

【丹金溧漕河生态文明航道工程】 2月28日，金坛区航道管理部门与区水利局、地方海事处以及丹金溧漕河沿线镇、村的负责人，举行丹金溧漕河生态文明航道工程启动仪式。投资1000余万元，用两年时间将这条“水上高速路”打造成水上现代化运输与两岸生态景观一流的苏南景观型航道。经过三年的建设，丹金溧漕河新航道竣工通航。为使航道两岸绿化、生态环境与这条现代化航道相匹配，金坛区规划打造生态文明航道的蓝图。在两岸实施大规模的绿化栽植，并启动两岸植被绿化工程。为使该工程顺利实施，金坛区航道、水利以及沿线镇、村工作人员走村入户，向农民广泛宣传禁止在航道两岸开垦种植蔬菜等农作物，禁止占用航道岸坡土地建非法建筑物或养殖场，严禁向航道内或岸坡上倒扔垃圾等事项。广大农民均表示支持与配合，并签下爱护航道承诺书。

【绿化工程】 3月9日，金坛港抓住春季绿化的大好时机，投资142万元，实施港口绿化工程。工程于4月底全部结束。金坛港总面积534亩，是常州地区最大的内河港口。实施港区绿化面积1万平方米，主要沿港区围墙四周和办公区位置栽种香樟、峦树、榉树、广玉兰、女贞等乔木和海桐、红叶石楠等球类苗木。该工程实施后，美化了港区环境，为打造金坛港绿色港口创造条件。

【233 国道金坛段跨金武路大桥交工验收】 3月22日，金武路改扩建工程(233国道金坛段跨金武路大桥标段)召开交工验收会议。交工验收委员会听取了各参建单位交工工作汇报及工程质量检测评定报告，评定结果合格，同意通过交工验收。

233国道金坛段跨金武路大桥标段位于常州市金坛区境内，为233国道(金坛)先导段建设工程的一部分，全长1.525公里。本标段内含大桥一座，为跨金武路大桥，桥长548.71米，桥宽2～15.75米。道路采用一级公路标准，双向六车道，设计时速80公里。

【46 条农路提档升级】 3月25日，指前镇王家路竣工通车。至此，全区用3年多时间共对46条农村公路进行全面提档升级，总投资29021万元。这些农村公路大都于20世纪80、90年代兴修，路况差、等级低、路面窄，已成为制约现代农村经济发展和新农村建设的短板。2012年，全区在实施"美丽乡村"建设中，首先启动农村道路改善工程，先后列出46条农村公路，进行提档升级，总里程174公里，由原来的路宽2～3米，升级为6～10米，路面全部硬化，浇铺水泥路面或沥青摊铺的黑色路面。农村公路升级后，全区农民的出行条件改善，农村公交实现村村通，成为"美丽乡村"的一大亮点。

【金坛港堆场道路工程项目交工验收】 3月31日，投资6928.5万元的金坛港堆场道路工程施工项目顺利通过了交工验收，为6月金坛港开港试运行创造了条件。

金坛港堆场道路工程于2014年10月15日正式开工，其主要工作内容为码头作业区、辅助生产区和办公生活区的堆场、道路，以及整个场区的综合管线与附属设施。整个作业区域面积约14.4万平方米。经过17个月的施工，该工程基本完工。交工验收委员会通过察看工程实体质量、检查内业资料、听取相关单位汇报，一致认为该工程质量符合设计标准要求，同意通过交工验收。

【14 条县道环境整治工程】 5月4日，金坛区县道路域环境整治行动方案正式发布。全区从2016年1月开始，计划用2年时间完成对全区14条县道计287.1公里道路路域环境整治。2016年，对5条线路共135.01公里县道进行路域环境整治，分别是202县道(建社线)、203县道(延西线)、205县道(茅社线)、303县道(金茅线)、304县道(金竹线)。2017年，对9条线路共152.09公里进行整治，分别为102县道(金水线)、201县道(何儒线)、204县道(茅别线)、206县道(薛茅线)、207县道(老241省道)、302县道(白茅线)、306县道(水西线)、307县道(新儒线)、308县道(尧水线)。

【面层施工新技术】 11月中旬，金坛区交通部门在延西线施工路段面层施工中，首次使用地聚合物注浆技术和胶粉改性剂橡胶沥青。延西线被列为全区县道大中修项目，为缩短施工工期，降低工程造价，增强环保，在延西线面层施工中分别运用两项新技术，以迎风桥为界，在迎风桥以南700米，使用地聚合物注浆技术修复道路基层、路面病害和补强路面结构整体强度。全部完成后，该路段只需要养护三天就可以进行面层铣刨摊铺实现交通开放，相比于以前施工后需要至少20多天才能通行，工期大大缩短。迎风桥以北2.295公里，面层为胶粉改性剂橡胶沥青。通过废旧橡胶轮胎制成的胶粉沥青重新配合，经济又环保，已经上报省交通厅科研项目。

【东外环扩建工程交工验收】 11月25日，经济开发区东外环(233国道先导段)扩建工程交工验收，233国道先导段正式开放交通。经济开发区东外环(233国道先导段)扩建工程起于经济开发区规划东侧边缘，终于规划延政路交叉。路线总长8.144公里，一级公路，双向六车道，设计时速80公里。全线桥梁3座。其中，大桥2座，中桥1座。项目合同总价22291万元。

【一级公路】 11月25日，241省道黄庄至指前段改造工程交工验收。至此，全区6个镇、3个街道全部有了一级公路。241省道黄庄至指前段为双向四车道一级公路，经洮西、指前镇，终于溧阳界，路线全长约13.539公里，设计时速80公里。该工程从2015年1月开建，历时一年多，于11月完工，总投资44602万元。

【240 省道开发区段景观快速化改造工程及 240 省道华城路交叉口改造工程交工验收】 12月22日，240省道开发区段景观快速化改造工程及240省道华城路交叉口改造工程交工验收，标志着该路段正式开放交通。

240省道开发区段景观快速化改造工程位于已快速化改造的240省道北侧，北起华城路，南至南环二路，线路全长1.066公里，一级公路，双向六车道，设计时速80公里。该工程于2015年6月20日正式开工建设，2016年8月30日完工。工程总造价3780万元。

240省道华城路交叉口改造工程主要针对240省道与华城路交叉口现状进行改造，改造里程约280米。该工程丁2016年8月1日正式开工建设，9月9日完工。工程总造价493万元。

·交 通 运 输·

【概述】 2016年，全区完成公路客运量801万人次，公路客运周转量3.94亿人公里；完成公路货运量76万吨，公路货运周转量0.9亿吨公里；完成水路货运量428万吨，水路货运周转量8亿吨公里。高效优质完成春运、高考、G20峰会、"十一"黄金周等运输保障。城市公交新开通1条城市公交线路(115路青年公寓—长竹埂大桥站),优化7条城市公交线路(103路、105路、106路、110路、112路、116路、118路);新开通3条镇村公交线路(330路直溪—建昌、332路薛埠—西旸、333路尧塘—皇塘庄),加密2条镇村公交线路(325路朱林—唐王、326路朱林—黄金村),优化3条镇村公交线路(317路登冠—延陵、302路三星—汀湘、328路西岗—社头);并配合丹徒地区开通宝堰—登冠毗邻公交。积极推进"互联网+道路客运",大力发展定制客运,相继开通金坛—南京、金坛—常州2条定制客运线路,实行点到点、门到门的运输方式;开通金坛—奔牛、金坛—禄口国际机场2条商务专线,提供换取登机牌、班车接送、航班咨询、旅游定制等服务,方便市民群众的出行。开通"客运北站—华夏宝盛园"公交旅游专线。扶持和培育金坛首家甩挂运输企业——江苏盐道物流,并顺利通过省运管局站场核查。全年新建公交首末站1座(盐港站)、公交候车亭18.5对(城区4对、城乡14.5对)。购置插电式气电混动新能源城市公交车15辆,与国家电网合作开工建设"一大三小"充电站(公交总站、东城实小站、盐港站和薛埠客运站)4座。公交综合场站相配套的LNG加气站、加油站建成并启用。开展常金公交、城乡公交一体化改革方案的研究,完成《常金客运公交化改造方案》和《金坛城乡客运公交化改造方案》初稿。完成出租汽车经营权有偿使用费的清退工作,全区279辆出租汽车,合计退还经营权有偿使用费40.68万元。试点推出驾校惠民学驾工程,共有12名学生享受惠民学驾优惠政策。

【薛埠汽车客运站投入运行】 1月18日,金坛区薛埠汽车客运站投入运行。该工程总投资2000余万元,占地近1万平方米,客运站按部颁标准三级汽车客运站设计建造,是常州市域内唯一一座三级汽车客运站。建成投运后,结束全区最后一个建制镇没有等级汽车客运站的历史,解决薛埠镇客运车辆乱停乱放的问题,实现"车进站、人归点"的管理要求。所有过境长途客运班线、城乡公交、东方盐湖城旅游专线、镇村公交全部进站经营,助推薛埠镇及茅山旅游业的发展,提升薛埠镇对外形象。该站地理位置优越,处于薛埠集镇中心,百姓出行更加安全、便捷、舒适。

【新开2条镇村公交】 1月22日,镇村公交车苏DGA766、苏DGA765 2辆车分别由薛埠客运站、西旸客运站准点发班;镇村公交车苏DGA733车由建昌发出,驶往直溪客运站。镇村公交新开薛埠—西旸、建昌—直溪2条线路。

新开通的2条镇村公交线路首班7:00,末班16:40,全程票价1元。330路直溪—建昌班线日发6班,途经:直溪客运站、工业园西、直溪工业园(兴业路)、天湖村、建昌村、迪庄西、建昌客运站。332路薛埠—西旸班线日发12班,途经:薛埠客运站、薛埠镇政府、花山村、花山茶场、自来水厂、河口村、茅麓茶场、茅东村、砖瓦厂、西旸村、西旸客运站等站点。

1月18日,启用薛埠客运站 (交通局 供稿)

【开通金坛—南京"商务快线"】 金坛公路运输有限公司开通金坛—南京"商务快线"小车客运班次,原金坛至南京普通客运班次保持不变。金坛至南京"商务快线"为市际班车,公司化经营,班车类别为直达,填补了金坛至南京小车市场运营空白,实现"门到门、点到点"的服务,减少了从客运站到目的地的流转环节,让乘客享受更安全、更便捷、更舒适的乘车环境。

"商务快线"全程125公里,票价50元,线路走向为:241省道、沿江高速、长深高速、南京绕城公路、南京市区。班线选用2辆上汽大通7座小型高二级豪华客车,每日每车运行2个班次,共计4班。金坛发车时间为6:05、7:05、13:05、14:05,南京回程时间为9:35、10:30、15:35、16:35。乘客可通过官方"巴士管家"、手机微信预定,也可直接电话18921028033预约。

【客运北站至华夏宝盛园旅游专线开通】 8月10日,开通客运北站—华夏宝盛园客运旅游专线。这是继长荡湖水街专线、东方盐湖城专线开通后,全区第三条公交旅游专线。试运行期间,每日开行8个往返班次,投入新型燃气动力客车2辆,客运北站发车时间为7:15、8:30、9:30、11:00、13:00、14:00、15:00、16:00,华夏宝盛园发车时间为8:30、9:30、10:30、12:00、14:

00、15:00、16:00、17:00。全程34.5公里,票价7元。

线路走向:客运北站—北环西路—长竹埂大桥—340省道—花山茶叶市场—204县道—茅麓—西旸站—302县道—对达—206县道—宝盛园。沿途站点:后阳村(邮电局)、朱林客运站、花山茶叶市场、花山、石马、西旸站、宝盛园回车场。

【宝堰—登冠毗邻镇村公交开通运行】 9月30日,宝堰—登冠毗邻镇村公交开通试运行。这是继2015年开通西旸—荣炳、登冠—延陵之后的第三条通达常州(金坛)、镇江(丹徒)之间的镇村毗邻线路,实现城乡、镇村线路的零距离换乘,方便两地百姓安全出行,助力两地人文交流。试运行期间,每日暂定12个往返班次,宝堰首发车时间7:00,末班发车时间15:50;登冠首发车时间7:50,末班发车时间16:30。运营里程13.5公里,执行票价1元。

【城市公交定制班线】 11月8日,金坛城市公交开通元巷站—社会福利院的定制班线,这是全区开通的第2条定制班线。

该班线从元巷首末站至区社会福利院,首班7:00,末班17:00,日发班次8班,为社会福利院员工及老人的出行提供了便利,也方便了碧桂园、华达名都、新城东苑的居民出行。

【盐港公交首末站启用】 11月18日,金坛盐港公交首末站正式投入使用。盐港公交首末站占地面积2000平方米,总资金投入130余万元,场地开阔,由候车廊、站房等组成。该首末站的建成,不仅解决107路公交车到达起讫站点后停车难、调头难等问题,也为驾驶员解决休息、就餐、如厕等难题。此外,盐港公交首末站配套的新能源公交车充电站已于12月底建成。

【首批新能源公交车】 12月16日,金坛公交公司新购的15辆新能源公交车正式投入城市公交108路运营,这是金坛公交首次使用新能源公交车,108路在全区公交客运行业内率先成为新能源示范公交运营车队。此次新购的新能源公交车是插电式气电混合动力车型,总投资1147万元,具有更节能、更环保、更舒适等优点,降低使用成本,为广大市民出行提供安全、低碳、环保、舒适的乘车环境。配套新建的新能源公交车充电站也已同步投入使用。

【新开城市公交115路】 12月28日,金坛公交新开通城市公交线路115路。城市公交115路由青年公寓开往长竹埂大桥首末站,途经新城东苑、左邻右里、吾悦广场、客运东站、春风三村、美地兰庭等地,全程票价1元。线路的开通解决青年公寓及开发区到客运东站、华润苏果、吾悦广场、城区西北方向居民到春风菜场、客运东站方向的乘车需求。

·交通管理·

【概述】 2016年,全区交通管理部门简化项目审批权限,加快审批流程,缩短时限,取消行政征收1项,现有审批项目为行政许可21项,行政处罚508项,行政强制25项,行政确认4项,行政裁决1项,其他行政权力事项38项。全面开展道路运输领域"打非治违",重拳打击超限超载、"黑车"非法营运、出租汽车拒载、乱收费和异地营运等违法违规行为。全年共办理行政许可案件8782件,实施行政处罚案件6391件,其中一般程序722件,未发生一起行政复议和行政诉讼案件,未发生被新闻媒体曝光和向政府部门投诉的情况。组织开展安全生产大检查活动、区港口安全专项整治行动、夏季消防安全隐患排查整治活动,以及危险化学品运输、存储专项整治行动等活动,共排查隐患69项,已全部整改到位。强化应急保障,开展应急演练,提高救援能力。全年共处置突发事件94件。其中,公路处59件,运管处12件,海事处12件,建管处9件,航道处1件,退回1件,均得到快速有效安全处置。7月,全系统迅速组建163人抗洪抢险突击队,先后完成241省道指前集镇段和指前温草圩的抢险任务,获区抗洪抢险救灾先进集体。在县道大中修工程施工中,首次采用地聚合物注浆技术和胶粉改性剂制备橡胶沥青面层施工新工艺,并列入省厅科研项目。积极开展QC小组活动,航道管理处"金盾卫士"QC小组先后荣获省、全国交通行业2016年度优秀质量管理小组及成果。推广新能源汽车,全年新增15辆电气混合新能源城市公交车。开展绿色汽修,全年注销处

11月18日,盐港公交首末站投入使用 (交通局 供稿)

理污染能力不足危险货物运输维修企业1家、4S店1家、综合企业1家。建成工程项目管理信息系统。完成乡镇客运站视频监控和丹金溧漕河重点航段的视频监控,扩展行业监控面。免费安装"船舶身份识别与轨迹传感器"(简称VITS)船载终端157艘,为船舶提供通航环境、水上救助、事故追踪、手机报港等信息服务。新建电子站牌19对,完成37辆镇村公交车刷卡POS机的安装工作。完成"金坛行"手机APP项目方案论证。

【开展"3·15"咨询服务活动】 3月15日上午,在市区金沙广场,区运管部门挑选汽修6家4S店20余人组成的咨询服务队,围绕"3·15"活动主题"我消费、我做主"开展面对面咨询服务。现场准备真伪配件20余种,维修保养知识、收费标准指南、售后服务承诺等小常识千余份,接待咨询服务群众近百人,最大程度保证汽车用户的合法权益,让企业更好地为用户提供优质的服务。通过活动,提倡维修企业守法经营、诚信为本、保证质量、公平竞争,使企业能够自觉地接受社会监督、舆论监督,更好地服务广大车主。

【淘汰黄标车57辆】 2016年,继续推进黄标车淘汰工作,区运管部门严把道路运输车辆技术检测关,对不符合国家规定、节能环保性能指标达不到现行规定限值要求的普通货运车辆全部淘汰,共计57辆。

区运管部门继续严格机动车检测过程管理,对机动车尾气排放不合格车辆一律不得上线检测,并做好解释和其他部门联动工作,共同把关,把黄标车淘汰工作完成好、执行好。

【金坛运管完成水运企业资质核查】 4月12~14日,金坛运管处对金坛13家水路普通货物运输企业资质进行核查。

此次核查按照交通部资质核查工作的要求,对企业资质项目进行逐项核查,重点审核企业资质是否有效维持。检查企业的基础台账、管理制度、人员配备、组织机构、运力规模。大部分企业经营资质维持基本良好,对存在的问题,运管处也提出了整改要求,对少数不达标的企业下发整改通知书。

【巡回培训活动】 4月21日下午,金坛驾校巡回培训活动首站正式开讲。驾校巡回培训活动每月举办1~2次,邀请2015年参加常州市机动车驾驶培训教练员技能大赛获奖的优秀教练员主讲,分享交流教学实践过程中好的教学方法和成功经验,以及参赛心得。针对当前驾培考试的相关内容,通过教练员互动提问讨论的方式,取长补短,共同提高培训质量和提升服务水平。

【金坛海事纠正首例危险品船舶未携带有效船舶营运证件行为】 5月15日上午,金坛地方海事处执法人员在危险品船舶"淤机2068"进行申报时发现,该船舶无法提供新版船舶营运证(2016年4月30日由交通运输部长江航务管理局核发,省辖市运管处年审)。这是新版船舶营运证生效以来金坛地方海事处查获的首例危险品船舶未携带有效船舶营运证件行为。

执法人员对该船舶未随船携带有效船舶营运证件行为违反《国内水路运输管理条例》有关规定的情况给予解释,要求船长和所在公司联系,办理船舶营运证,并停止对该船舶的申报请核工作,要求该船舶持有有效船舶营运证件后方可给予办理申报、进出港签证手续。

【专项整治境内"桥下空间"】 2016年,金坛路政部门以"爱路护路宣传月"活动为契机,围绕"爱护桥梁保障安全"主题,对境内4条省道上的47座桥梁桥下空间进行调查摸底,并发放、张贴宣传海报120余份。针对在桥下擅自搭建活动板房,存放废旧塑料、纸箱、橡胶轮胎等易燃易爆物品,还在桥下空间私接照明电线及人员居住并明火做饭等行为,金坛公路部门进行集中清理整治。

【举办"文明行车礼让斑马线"活动】 6月14日上午,区文明办、区公安分局、区交通运输局联合举办"文明行车礼让斑马线"活动启动仪式。交警、公交客运企业驾驶员、出租车驾驶员代表100余人参加启动仪式,并现场签名。此次活动加强机动车驾驶员安全教育和文明行车培训,倡议广大驾驶人员斑马线前要减速,遇有行人踏上斑马线,应主动停车让行人先行。人人争当文明行车的宣传员、遵守交通法规的示范员,养成自觉"礼让斑马线"的良好习惯。

【委托第三方开展安全辅助检查】 7月21日,金坛运管处为贯彻落实区政府《危险化学品安全专项整治实施方案》和做好杭州G20峰会期间的安全运输工作,委托苏交科集团股份有限公司江苏省交通运输安全与应急科技研究中心作为第三方安全检查机构,开展为期3天的安全生产第三方检查工作,受检单位为辖区内的5家危险品运输企业,检查范围基本覆盖各企业内外各项安全管理运输工作。对于检查的企业,形成单独的安全检查评估报告,并对存在的问题提出合适的整改建议,为受检单位完善安全生产管理提供重要参考。

【停止内河船舶签证】 9月30日,金坛地方海事处停止内河船舶签证管理业务,进出金坛水域的内河船舶不需要再办理签证手续。全区从9月30日起,全面停止内河船舶签证管理工作。危化品运输船舶仍实施进出港报港制度。船舶签证停止后,各签证站点的印章全部上缴,统一解缴到省地方海事局销毁。船舶签证停止后,内河船舶将进入新的管理模式。

(王忠华)

电 力

【概述】 2016年,金坛区供电公司将企业发展融入金坛经济社会发展大局,以服务地方经济发展和人民生活为己任,抓建设、抓服务、抓管理、抓队伍,主动履行社会责任,加快推进电网发展和公司发展方式转变,努力保障全区经济社会发展的电力供应。截至2016年12月底,公司连续安全生产5890天,完成3个百日安全无事故周期,实现安全生产目标。全社会用电量49.53亿千瓦时,增长1.44%;完成售电量46.80亿千瓦时,增长2.48%;网供最高负荷98.55万千瓦;线损率2.6%,与上年度持平;实现城市综合电压合格率100%,供电可靠率99.98%;农村综合电压合格率99.88%,供电可靠率99.90%;完成电网建设投资6.86亿元,投产35千伏及以上变电容量10万千伏安、线路14.1公里。公司先后被授予"全国安康杯竞赛优胜单位""全国用户满意服务标杆"称号,蝉联"江苏省文明单位"荣誉称号。

·电力生产·

【电网建设】 区供电公司主动融入苏南现代化示范区建设和"常金一体、东扩南移"发展大局,结合全区各乡镇重点工业园区建设以及城乡发展需求,主动走访相关部门,滚动修编电网建设规划。坚持科学规划电网,加大资金投入,全面推动地区电网升级改造。结合全区发展的总体规划,切实做好相关电网项目远期、中期、近期规划,并积极与上级部门沟通联系,竭力向上争取项目,进一步提升地区电网与地方经济发展的适应性。牢牢抓住项目开工、物资保障、工程协调等关键环节,配合上级部门顺利完成110千伏指前输变电、110千伏城西变扩建等工程,累计新增变电容量10万千伏安,进一步优化地区电网结构。开工建设220千伏坞家变新建、指前变扩建工程,统筹考虑、同步建设10千伏基建配套项目,减少政府电源投入成本,满足重点项目落地、旅游事业发展等需求。全年完成电力基础建设2.96亿元。1月25日,110千伏城西变主变扩建工程竣工投运。6月30日,110千伏指前变输变电工程竣工投运。

【供电质量】 江苏省电力公司下达城网供电可靠率99.96%,农网供电可靠率99.90%;实际完成城市综合电压合格率100%;城网供电可靠率99.98%;完成农村综合供电电压合格率99.88%;农网供电可靠率完成99.90%。为保证供电质量,区供电公司以提高供电可靠率和设备可靠性为核心,从加强生产安全管理和生产技术管理入手,提高设备管理水平,提升设备运行质量。从加强应急管理体系和应急装备建设入手,促进应急工作常态化管理,提升应急抢险能力,保证供电处于稳定状态。

【配电网络建设】 2016年,公司配网总投资29354.09万元,创历史新高。其中,资本性项目总投资16786.85万元,完成项目1070个;成本性项目总投资12567.24万元,完成项目282个。全年完成95条10千伏中压线路的新建、改造及维修工作,新增、改造及维修10千伏中压架空线路323千米、10千伏电缆线路44.02千米;完成53条城区0.4千伏低压线路维修工作,维修0.4千伏低压架空线路3.98千米、低压电缆线路33.69千米;完成新增配变658台,改造配变391台,新增及改造变压器总容量298250千伏安;完成新增及维修电缆通道88.8千米、新增及更换户外柱上开关30台、户外环网柜22面等建设改造工作。通过以上配网建设,完善公司电网结构,解决局部地区低电压、线路、配变重过载问题,提高农村地区居民户均配变分摊容量,缩小城乡配网差距,提高部分配电设备的的安全运行水平及供电能力。迎峰度夏期间,整改重载线路17条。完成居民小区送电工程16项和配网工程371项,进行配网带电作业274次。加强应急管理工作,编制并完善自然灾害、事故灾难、社会安全、公共卫生四大类现场处置方案。加强应急队伍建设,完善应急预案体系,实施应急装备常态化管理,确保各项应急抢修工作施工质量和时效。加强配电网络设施设备运行管理工作,根据季节特点,加强配网线路和设备运行维护管理,落实线路通道清障、交跨距离复测、防外力破坏措施。及时处理设备缺陷,全年巡视发现线路设备缺陷隐患248处,均为一般缺陷。所有缺陷和隐患全部进行消缺和整改。

【农村配网建设】 区供电公司执行江苏省电力公司农电项目实施工作,完成项目投资1.1亿元,新建和整改农村低压线路895公里,整改维修农村居民接户线47673户。完成2017年农电储备项目审批和上报工作,上报储备项目2034个、资金1.2亿元。农村综合变压器供电量49772万千瓦时,增长2.12%;售电量48787万千瓦时,增长2.08%;综合变压器低压线损率1.98%,下降0.67%。

【安全生产】 截至2016年12月底,区供电公司安全生产5890天,完成三个百日安全无事故记录,连续安全生产突破16年。开展"安康杯"竞赛、安全生产月、安全日专题学习等活动。通过征文、微视频创作等活动促进本质安全理念传播。组织逐级签订安全责任状,完成公司各部门、班组安全责任书的全面修订、审核确认工作。加强10项重点安全工作、40条工作措施的检查跟踪,开展定期评估,确保完成质量。开展配电网安全管控、安全管理审计推广等六项主题安全活动,提升各专业安全管理水平。组织迎峰度夏安全生产应急值班,实行生产单位集中值班,安全有序地指挥故障处置,及时汇集、报送有效信息。提前开展应急队伍、物资、装备专项检查,做好应急电源车的维保和调配,大力支援阜宁公司抢险救灾电力保障,实现高考、指前镇抗洪排涝、金坛区党代会等重要活动保电"三零"(零差错、零闪动、零投诉)目标。开展重点乡镇和社区的专题宣传,严格执行危险源巡查和值守制度,制止线下施工、放风筝、垂钓等行为335起,联合政府部门开展现场办公18次,全面排查违章施工、大棚等外破隐患,增设各类防护隔离措施,治理隐患115处,改善线路通道环境。常态开展农电现场安全督查,农村用电安全走上街头宣传,重点开展农村用电安全进社区、进企业、进学校活动。以防农触伤亡为重点,加大对剩余电流动作保护器的安装、投运、维护考核力度,确保“三率”(安装率、投运率、灵敏率)100%。

·电 力 供 应·

【电力营销】 2016年,区供电公司完成全社会用电量48.05亿千瓦时,增长2.48%。完成售电量46.809亿千瓦时,增长2.48%。公司共计受理业扩申请14463户,下降26.61%;受理业扩申请容量55.64万千伏安,增长9.09%;完成业扩报装12299户,下降36.86%;完成业扩报装45.4154万千伏安,下降25.93%;业扩报装协同规范率100%,业扩报装管理规范率93.96%,优质服务评价指数99.01%,互动服务渠道推广完成率100%,营销服务规范率99.25%,用电客户档案评价指标99.38%,自动化抄表率100%,电能计量装置现场周期检验率100%,电能计量装置配置合格率100%,专用变压器自动化采集覆盖率100%,大客户APP推广应用率100%,用电信息采集覆盖率100%。

【电力需求侧管理】 2016年,金坛区有序用电预案编制错峰负荷总量为10万千瓦,共涉及客户53户。主要由盘固等3家水泥企业、华泰精密铸造等11家铸造类企业,以及中盐常化、兴荣美乐、中国石油西气东输管道分公司等响应速度较快的用户组成,分为4组。对预案中的客户,通过走访或挂号信方式送达《告用电企业书》《有序用电通知单》,宣传电力供需形势,告知企业预案所给定的用电保安定值,指导企业做好内部应急预案,以便在接到限电通知时,主动错峰压限负荷,保证重要设备用电。继续将7家非工中央空调负荷纳入到方案中,共同参与错峰限电。8月,有效应对高温天气考验,按照省公司要求开展电力需求响应和非工空调调控实战,邀约响应负荷3.46万千瓦,实际需求响应负荷10.3万千瓦、移峰10.3万千瓦,全区7户非工空调短时压降高峰负荷310千瓦,平稳实施尖峰电价,保障迎峰度夏期间的用电平稳有序。

【营销管理】 截至年底,全区使用智能电能表31.7万多只。加快用电信息采集工程建设,为建设智能电网提供技术支撑,共完成用电信息采集建设31.7万户,全区覆盖率100%。加强高危、重要客户管理,确保安全生产稳定局面,全年对10户高危重要客户供电电源、自备应急电源、受电装置、运行管理、供用电合同履行情况等进行检查,督促客户消除各类安全隐患17次处,指导客户制订完善应急处置预案4家,全面建成供用双方应急处置联动机制,提升全区应急预案处置水平和能力。

【优质服务】 为实践中共十八届六中全会精神和党的群众路线教育实践活动,深化“你用电我用心”服务理念,贯彻省公司“品质苏电智惠生活”优质服务主题活动,全面践行“服务企业,助推经济稳增长”“惠及民生,增值服务再升级”“助力社会,绿色生态更环保”“友好互动,多方参与谋共赢”四大举措,以精益的基础管理为支撑,以性能卓越的营销业务系统和用电信息采集系统为手段,以优质高效的智能营销和互动营销为途径,为客户提供响应快、周期短、服务优的“省心电”,重需求、有互动、降成本的“省钱电”,重环保、全消纳、低损耗的“绿色电”,实现电网与客户在信息与能量上的个性交互,提升客户体验和满意度。每季度一次供电营业厅明察暗访,对供电营业厅的供电服务行为、收费明码标价制度落实情况、办事公开情况、公共服务标准化、便民措施、服务态度、业扩回访情况等进行重点检查,提出整改建议。公司每月编写《金坛区供电公司经营生产月报》,定期分析全区和重要企业供用电情况,为政府决策和企业用电提供参考。走访中盐常州化工股份有限公司、常州亿晶光电科技有限公司、江苏博尔纸制品科技有限公司、华鑫机械轧辊科技有限公司、江苏金坛汽车工业有限公司、中航锂电(江苏)有限公司、中石化川气东输建设等重点项目企业,了解地方用电情况,解决用电矛盾,助力地方经济发展,得到政府和企业的认可。开展中航锂电池、西气东输、江南银行等用户现场服务,确保重点项目的顺利实施,满足客户的用电需求。完善重点项目供电“绿色通道”运作机制,确保重大项目配套供电设施顺利投运。借助4G网络,对“95598”抢修作业进行实时管控。强化供电服务相关制度条律的宣贯执行,走进政风热线,实行业扩工程100%回访,邀请第三方开展明察暗访,了解服务效果,接受社会监督。圆满完成春节、常州旅游节、中国山地自行车公开赛、国际女排对抗赛、江苏省青少年篮球锦标赛、常州科技经贸洽谈会、高考、中考等电力保障工作。 (夏 冰)

(编辑 李华琴)

信息化建设

电子政务

【概述】 2016年，全区围绕“互联网+政务”目标，抓住新市民中心建设契机，更新符合国家保密管理的国产核心设备，全链路采用光纤加六类非屏蔽网线、千兆链路连接至终端设备。整合全区网络资源，把全区46个主要部、委、办、局办公网络整合到新市民中心网络系统，分为内网、外网、专业网及设备管理网。

【网站群建设】 依照国务院网站普查标准，坚持以纠改问题为导向，加大网站检查密度，坚持每天读网，每月编发电子政务工作简报，每季进行死（错）链专项检测，有效解决所辖政府网站“不及时、不准确、不回应、不实用”等问题，全年发现并整改问题113处，发现并整改死（错）链接2425个。强化内容保障，全年各单位向区政府门户网站累计上报信息12375条，区本级录用12268条信息，常州市政府门户网站录用947条信息。

【政府信息公开】 全区按照“应公开、尽公开、应上网、尽上网”的要求，不断完善目录编制工作。至2016年，区级政府信息公开外部显示目录为20个一级目录，36个二级目录，重点领域信息和基本政务信息专栏各1个，“行政许可和行政处罚等信息公示”栏目1个，“中国政府网政声传递”外部链接1条。全年区主动公开信息1313条。其中，区本级136条，区级机关1177条。全文电子化率100%。受理依申请公开信息51件，答复率100%。

【行政权力网上公开透明运行】 根据审改要求，区行政审批事项由原来的322项精简为169项。全年行政权力网上公开透明运行系统入库权力5112件，办件数27639件。

【协同办公系统】 强化推广运用，统一各部门收发文规范，初步实现非密级公文网上流转。全年各部门在网上发送文件2703件，签收文件116433件。

【“12345”政府公共服务平台】 全年共受理群众诉求44946件，其中电话诉求43970件，现场答复办结36657件，任务单办结率99.61%，热线回访率100%，群众满意率98.35%。

（政府办）

电　信

【概述】 2016年，中国电信金坛分公司紧密围绕企业战略目标，优化资源配置，强化制度建设，注重企业三个文明建设。全年总收入同比增长2.5%，增幅列常州全区首位，业务增长保持良好态势。在《人民邮电报》《江苏省电报》发表新闻宣传稿件56篇。

【网络能力】 全年新建开通LTE基站201个、4G基站数607个，城区、交通主干道、主要公共区域、集镇区的4G网络信号已经全部覆盖到位，无线网络深度覆盖水平达到新高度。城域网全年出口带宽增加20G，网络承载能力显著提升。

【新兴业务】 2016年，中国电信金坛分公司重点关注新增企业、新建项目、部委办局信息化应用，服务地方经济信息化建设，签约承建多个重大信息化应用项目，全年新兴业务收入完成3854万元。全年共签约100万元以上ICT（信息通信技术）项目11个、500万元以上4个，竞争性项目中标签约额占总体签约额50%以上；在金坛教育行业中标6个项目，占据智慧校园市场先机；分别与金沙医院、中医院、长荡湖管委会、公安局合作签约，共计云桌面210台，云主机3台；开发“金蟹宝”，签约农林局“渔政E通”等项目。aWiFi、天翼看店、车管专家、农技宝等业务获得全面推广，实现经济效益和社会效益双丰收。

【实体运营】 2016年，中国电信金坛分公司新建门店13家，牵手友商门店8家，换商6家；县域核心商圈门店达

实名制认证 （电信局 供稿）

标5家，乡镇商圈门店达标率80%以上；天翼业务同比提升26.2%，宽带业务同比提升60%，流量包业务收入占常州电信公司份额同比提升10.4%。

【电信业务】 2016年，中国电信金坛分公司紧抓天翼、宽带、网络视讯三大核心业务，实施聚焦客户战略，业务发展全方位推进。聚焦4G，融合渗透，推进融合业务抢夺他网用户。重点开展单宽用户迁改融合，天翼红包卡试点，持续开展炒店营销，全面提升存量用户价值。推进3G升4G换卡工作，推广政企行业应用带动天翼团购，促进天翼业务量质齐升。聚焦重点区域，开展新建小区宽带营销，定期开展企业集宿区专项营销，加快退铜、光改及宽带提速，实施差异化宽带竞争策略，持续提升宽带市场份额。开展黄金销售季节网络视讯产品免费体验活动，在农村区域开展iTV现场团购活动。至年底，金坛分公司天翼用户19.6万户，宽带用户12万户，iTV用户9.9万户，业务规模与市场份额迈上新台阶。

【企业集约化】 2016年，中国电信金坛分公司以防范企业风险为导向，围绕价值管理和风险管控，深入实施财务精确化管理，着力提升企业集约化经营水平，成本管控效益显著。分公司实施资源盘活，通过退网，节省机房面积600平方米，节约电费预估68.5万元。利用资源调配平台信息，从启东、南通、常熟、无锡、铜山、南京局分别调入和调出各需的设备，以原值140.12万元，净值67.8万元，超额完成年度指标，节省67.8万元的投资成本；强化仓储物资管理，通过废品拍卖获利33万元，电缆拍卖共计513万元；直接检测、整理利旧机顶盒、电源、视频线、E8－C等物资，节约开支69万元；推进线路迁改，全年线路迁移新增29处，合同签约535.64万元，通过谈判已收回迁移赔补费425.75万元（含上年项目收款），减少成本投入。

（王琪）

移动通信

【概述】 2016年，中国移动通信集团江苏有限公司金坛分公司（以下简称金坛移动）深入贯彻创新发展理念，加速4G发展，聚焦信息化建设，保持又快又好的发展态势。金坛移动4G四期完成212个宏站、46个室分建设，规划达成率100%。开展“4G＋网络”（LTE—A网络）扩容工作，持续推进VOLTE功能升级，使金坛地区“4G＋网络”保持全省领先，为用户提供更快速的上网和更清晰流畅的通话服务。完成工业园区等592家企业业务的接入。全年总投资8770万元。服务地方重要活动网络保障。对“金蜂鸟微电影大典”、吾悦广场开业等提供通信保障，并按照“互联网＋”思维，在保障过程中分别采用全国领先的“和直播”与“井盖基站”技术，既保障话务和流量业务通信需求，又为重大活动的传播提供重要渠道。

【4G流量业务】 2016年，金坛移动结合城市互联网化，细分客户市场，开展流量加量不加价活动，4G用户规模进一步扩大。截至年底，4G用户超30万户，人均月使用流量1.1G，同比增长63%，流量收入同比增幅28.1%。

【家庭宽带服务】 2016年，金坛移动新建宽带信息点1.5万户，光纤化改造4.6万户，全区百兆宽带覆盖率100%，金坛移动家庭宽带接入用户数10万户，互联网电视用户5万户。积极落实国家“提速降费”要求，加快推进“双百兆”“千兆”提速工程，累计开展“光改＋提速”进社区服务260场次。截至12月，20M以上用户90%。其中，50M、100M用户45%。新建50家“宽带电视服务站”，打造“家门口的宽带电视服务好管家”，为居民提供便捷宽带服务。

【做优信息服务】 2016年，金坛移动发挥已成熟应用的云计算及大数据的自身优势，助力金坛地方经济及社会信息化发展。在平安城市方面，金坛移动签约承建“金坛城乡视频监控一体化项目（技防城四期）”，对全区乡镇监控空白点进行补盲，提升乡镇视频监控覆盖面。在医疗卫生方面，积极推进云存储、云计算相关应用与服务，实现病理切片的远程诊断。在IDC（互联网数据中心）云计算方面，依托公司标准化互联网数据中心，为金坛国土局土地交易系统提供IDC存储服务。此外，将“无人机4G单兵”用于应急救灾，解决无人机图像实时回传，方便远程实时应急指挥调度。

【全面实名制】 9月，根据国家六部委联合发布《防范和打击电信网络诈骗犯罪的通告》要求，金坛移动利用宣传渠道，加强用户号卡实名的告知，对非实名客户开展全面电话回访，对未实名用户原因进行分类分析，提供针对性实名服务。截至12月底，金坛移动在用号卡实现100%实名。

（吴国俊）

联合网络通信

【概述】 2016年，中国联合通信有限公司金坛区分公司（以下简称金坛联通公司）围绕企业战略发展目标，优化整合资源配置，提升公司运营和管理能力，企业各方面工作取得新成效，全年总收入较上年同比增幅2%，经营业绩考核常州市排名第三。

【精品网络】 2016年，加大4G精品网络建设，秉承“聚焦战略”，以用户体验为关注焦点，重点解决城市人口密集区域的深度覆盖，加速建设4G高速宽带网络，全年新增4G基站100余座，2G、3G基站30余座用于补充语音连续覆盖，4G数据网络和语音网络基本实现城区和发达乡镇的连续覆盖，密集城区深度覆盖也得到显著强化。在国家“提速降费”的大战略下，金坛联通积极响应，全年完成全光网小区改造（新建）20余个，改造覆盖用户约3万户。

【企业服务】 2016年，金坛联通公司连续三年与区经信委、开发区政府、朱林镇政府、直溪镇政府联合开展多场企企通行业应用推荐会，就工业2.0、智能化工厂方面进行沟通，全年累计邀请36家企业参会，得到多数企业好评。 （宫素梅）

邮 政

【概述】 2016年，金坛区邮政分公司（以下简称金坛邮政）以“提速发展”为中心，以转型升级为主线，坚持改革创新、与时俱进。全年业务收入13992万元，比上年增长14.2%，有效收入10287万元，完成收支差3439万元。

【金融业务】 2016年，金坛邮政加快代理金融业务转型步伐，做好结构调整和网点销售化转型工作。作为省13个示范县之一，西门、茅麓作为省级示范网点，其他22个支局同步参与转型。通过有力组织推动，西门、茅麓获得省级转型优秀网点。新增金融总资产19亿元，存量管理资产规模83亿元。全年储蓄余额增长8.2亿元，占当年金坛区新增存款的50%，市场占有率提升1.5%；储蓄总规模突破46亿元，10月超中国农业银行金坛支行位居金坛第三；新增标保10.6亿元；理财保有量7.1亿元，新增理财1.5亿元。全年金融实现收入10791.75万元。

【包件业务】 尝试推出同城飞递业务，引进仓储新客户注入新动力。全年包裹快递完成业务收入960.6万元，同比增幅113%。快递包裹走件量74万件，同比增幅185%，其中省内件8.1万件。全省县局排名24位，较上年相比前移7位。

【电子商务】 强化意识，加强管控，多管齐下，短板业务同时得到一定提升。以劳动竞赛为抓手，大幅拉动短信业务增长，短信全年完成收入285.49万元，同比增长14.86%。12月底累计在线短信196604条，同比增长23.49%。车险业务稳中有升，上年累计出单3051笔，同比增长31.28%，增幅全区第一。电商综合服务平台建设实现批销模式落地及活动组织实现分销常态化，加强与邮掌柜的联动和双赢。做好路演活动及同心圆商户发展，加强网点与掌柜的双向引流，同时，尝试开发特色农产品市场，利用邮政线下优势和邮乐、优乐生活、金坛生活馆、朋友圈等线上资源助推农产品上线。全年电商累计完成675.99万元，同比增长9.53%。

【函件业务】 2016年，积极响应函件转型工作要求，实现多点开花，充分挖掘潜力开展项目营销。相继开发企事业单位专刊、畅行金坛、新城房产、社保卡宣传等项目。全年在热点营销上抢抓机遇，在“两学一做”笔记本、《畅游长三角》明信片册家庭版专项营销中，业绩斐然。加大对支局函件业务的支撑力度，对新上任的支局长、营销员单独传授营销经验，提高了支局的函件业务收入。全年函件收入393.94万元。

【集邮业务】 与政府合作开展《全民阅读》《文化遗产日》《水果》等邮票首发活动。10月，率先完成2016年形象年册劳动竞赛活动指标，为顺利实现2017年集邮业务开门红奠定基础。集邮全年实现收入361.81万元，同比增长19.37%。

【报刊发投】 重点抓好“品牌+”形象期刊优势项目，“欢乐少年派”“宝贝大伽秀”“小小报童”等各类活动形式多样，精彩纷呈。2016年，高度重视报刊发行业务，多次组织召开专项会议深度解析存在的不足，不断转变经营理念，创新工作思路，并结合实际情况和当今市场，制订方案，确保实效。全年累计完成报刊业务收入546.15万元。

【企业管理】 制定《金坛区邮政分公司营销费发放管理办法》，遵循“额度管理、按实发放”原则，保证营销费使用的合规、合理、公开、透明。下发《关于物资请领流程及请领计划分摊的通知》，进一步有效实行物资集中管控，对材料使用部门执行精细化管理，实行额度管控，避免浪费，降本增效。加强窗口邮件收寄验视检查督促工作，窗口收寄验视合格率100%，无重大违规、用户投诉的收寄情况发生。4月，对支局网点人员进行分析疏理，按照余额规模、交易笔数、业务收入规模、有效客户数、VIP客户数、服务人口、乡镇性质等指标对24个金融网点实施核员定编分档。对金融从业人员实施总量控制，使人员调配更加合理,且具有说服力,将劳动生产率增幅不低于业务收入增幅的90%纳入年度考核指标,发挥劳动定额调节和控制人力资源投入的作用。结合内部处理环节实际,强化作业组织管理,以“少环节,高效率”管理为目标,整合生产单位和生产班组;采取撤并方式,简化生产环节和作业流程,减少内部处理人员。农村地区试行投递部管理模式,提高投递人员综合利用率;科学整合投递段道,大力推行段道集中制;推行机动车(摩托车、汽车)投递方式,减少投递段道,动态调整排班;5月,对城东各网点投递段道进行整合,成立城东投递班组,实行以汽车、摩托车为主的投递方式,优化作业流程,实行统一管理。

【举办“文化遗产日”首发式暨非遗邮展】 6月11日,全国第11个“文化遗产日”,金坛邮政联合区委宣传部、区文广体局在金坛博物馆举办“文化遗产日”首发式暨非遗邮展活动。本次活动设立丰富的非遗邮展和非遗展品,吸引了大批集邮爱好者。

【洪灾确保邮政通信服务不间断】 7月5日,金坛区长荡湖多处破圩,指前镇一片汪洋,集镇平均水深1.5米,指前邮政支局被迫停业。为保障服务质量,金坛邮政采购救生艇、连体水裤等物品,采用“水班邮路”的形式,将邮件按时投递到户,保证邮政通信服务不中断。

水班邮路 (邮政局 供稿)

【公交便民零钱盒布放仪式】 8月18日,金坛邮政与公交公司举行了“爱心车厢——便民服务盒”安装投放仪式,乘客上车若发现忘带零钱可自行取用,下次乘车时自觉补放即可。金坛城区主干道公交线路已基本配备,并将覆盖至农村。便民服务盒上印有金坛邮政二维码,同步推广金坛邮政企业形象。

【“邮政杯”老干部书画展】 11月6日,首届“邮政杯”金坛老干部书画展暨“文化与养生”公益讲座在金坛区博物馆隆重开幕。活动得到区委宣传部、老干部局、文广体局、《知识窗.往事文摘》杂志社的大力支持。活动共收到书画作品82幅。为提高活动影响力,分公司提前邀约金融客户参加养生讲座,并在活动现场整合报刊、金融、电商专业开展“报刊优惠订”、邮储宣传、量血压、电商路演等活动,共采集信息120余条、车险信息10条。

【消防安全校园主题活动】 11月9日第25个全国消防日,金坛邮政联合区消防大队在金坛朝阳小学举办消防安全校园主题活动,向该校授予“江苏省青少年集邮活动示范基地”牌匾,举办邮票知识讲座和消防安全知识讲座等。朝阳小学五年级共140余名师生参与本次活动。 (倪 芸)

(编辑 李华琴)

财政·税收

财　政

【概述】 2016年,面对宏观经济下行压力和全面"营改增"带来的结构性减税等诸多因素,金坛区积极组织财政收入,优化财政支出结构,加强财政管理和监督,财政运行平稳有序,各项工作顺利推进。

2016年,全区完成一般公共预算收入433818万元,增长20%。在41个苏南县(市、区)排名中,一般公共预算收入增幅位于第2位,在常州辖市区中增幅继续名列第1位。

夯实财政增收基础。利用政策杠杆支持企业发展,培植可持续税源,强化收入征管,依法征收,应收尽收。加大重点项目支持力度。力促在建项目早建成、快产出,确保重点行业、重点企业税收的持续增长。发挥财政的经济杠杆作用。设立"华罗庚科技产业发展基金"和"长荡湖旅游发展基金",振兴科技产业和旅游产业。落实积极的财政政策。全面推开"营改增"试点工作,结构性减税效应显现,进一步减轻企业的税收负担。积极向上争取资金。全年会同相关部门累计争取各类资金16亿元,有力支持全区经济发展。强化收入预测分析。进一步健全信息互通、数据共享工作机制,确保应收尽收。

增强财政保障能力。继续完善以"保工资、保运转、保民生"为目标的区镇基本财力保障机制,切实优化财政支出结构,把保障和改善民生放在更加突出的位置。全年民生支出323855万元。落实强农、惠农、富农政策。全年支农支出85687万元,有效地支持全区农业、农村经济的持续发展,同时,也带动项目区农民的增收。不断完善社会保障体系。全年社会保障和就业支出60242万元。稳步提高城乡居民基础养老金标准,支持实施积极就业政策,落实城乡低保标准调整机制。全年调度100420万元用于引导劳动年龄段被征地农民转接企业职工养老保险和发放生活补贴。深化医药卫生体制改革。全年安排医疗卫生与计划生育支出50090万元。完善政府对城市公立医院补助方式,推动城市公立医院综合改革。提高城乡居民基本医疗补助标准和补偿水平,促进基本公共卫生服务均等化。促进教育优质均衡发展。全年安排教育支出95355万元。安排4458万元用于校安工程建设,安排2359万元全额化解华罗庚实验学校存量债务,安排493万元用于全区家庭经济困难学生救助。支持城乡一体化建设。安排4828万元用于公共交通专项补助,确保城乡公交的正常运营。安排32481万元用于住房保障建设,有力推进安居工程。安排10164万元用于节能环保建设,持续改善人居环境。

提升财政管理水平。强化财政管理,深化财税体制改革,全面贯彻预算法,各项改革稳步推进。推进财政预决算公开。主动向社会"晒账本",自觉接受监督。除涉密单位外,区政府及区本级行政事业单位在同一年度向社会公开2016年预算和2015年决算,公开面100%。区财政同时公开债务情况、转移支付资金预算安排情况、区级专项资金清单等,"三公"经费公开也取得实质性进展。强化财政资金监督管理。组织开展财政综合检查、省市联动检查和专项资金重点检查,针对发现的问题,下发《整改通知书》。围绕"区镇联动",加强镇区财政资金监督,监管镇区资金项目648个,资金总额169400万元。开展预算绩效管理。全年预算绩效管理项目16个,涉及财政资金84200万元。组织绩效目标评审和批复、跟踪问效、绩效评价、结果利用等全过程管理。抽取2015年度5个涉及民生类、惠农类等社会关注高的项目进行重点评价,为下年度的预算编制提供依据和保证。提升政府采购管理水平。政府采购中心共实施集中采购389批次,节约金额5795万元,节约率达14%。推进政府购买公共服务工作,助推PPP项目落地建设。加强政府采购代理机构的监督管理,强化责任担当、规范操作和纪律约束。加强行政事业单位资产管理。全年组织10批国有资产公开招租,竞争性招租平均增值率81.7%。规范全区行政事业单位的国有资产处置行为,全年资产处置涉及

100家单位,处置账面原值14525万元。对区镇两级283家行政事业单位资产进行清查,逐步建立政府资产报告制度,为建立健全国有资产管理长效机制奠定基础。

提高债务管理水平。严格执行债务限额。按照上级财政的要求,严格将政府一类债务控制在规定限额以内。积极争取置换债券额度。按照政府性债务管理要求调结构、降成本,向上争取置换债券额度,全年将存量债务置换成地方政府债券193700万元。其中,一般债券159000万元,专项债券34700万元。缓解政府偿债压力,降低利息负担。合理安排新增债券资金。将新增8亿元地方政府债券额度纳入预算管理及时调整预算,用于义务学校、农村道路和人民医院等新建项目,推进民生工程建设。建立偿债预警机制。继续完善债务管理信息系统建设,强化政府债务风险管理。推广运用PPP模式。5个省入库项目(其中3个省试点)、3个区级项目完成项目签约,省入库项目总投资91亿元,吸引社会资本40亿元,区级项目总投资173000万元,吸引社会资本48000万元。通过采用PPP模式,实施金坛殡仪馆迁建工程、开发区保障房工程等项目,提高公共产品供给的质量和效率。

【财政收入】 区十六届人大五次会议审议通过的2016年全区一般公共预算收入预算为415800万元,实际完成一般公共预算收入433818万元,完成年初预算的104.3%,增长20%。一般公共预算收入中税收收入完成382271万元,增长22.6%,占一般公共预算收入的比重为88.1%。非税收入完成51547万元,增长3.8%,占一般公共预算收入的比重为11.9%。

【财政支出】 2016年,全区一般公共预算支出完成529767万元,完成调整预算的97.2%,增长13.7%。

(刘　伟)

国　税

【概述】 2016年,金坛区国家税务局(以下简称区国税局)全年共计组织各项税收收入35.29亿元,同比增长9.83亿元,增幅38.61%;组织公共财政预算收入14.11亿元,同比增长6.99亿元,增幅98.31%。

2016年金坛区国家税务局税收计划执行情况一览表

表12　　单位:万元

项　　目	累计实绩	比上年同期		
		上年同期	增减额	增减率%
税收收入合计	352935	254633	98303	38.61
一、考核口径收入合计	352853	254570	98282	38.61
(一)国内"两税"合计	274112	200483	73628	36.73
1. 国内"两税"	238112	167483	70628	42.17
国内增值税	223908	167044	56865	34.04
其中:中省分成	882	0	882	0.00
国内消费税	14204	440	13764	3129.42
2. 出口免抵调库数	36000	33000	3000	9.09
(二)企业所得税	67628	41051	26576	64.74
其中:中省分成	290	371	-81	-21.74
(三)个人利息所得税	0	0	0	650.00
(四)车辆购置税	11113	13035	-1923	-14.75
二、税务部门其他罚没收入	14	22	-8	-37.11
三、文化事业建设费	69	40	29	71.51
附:出口退税	71689	61013	10676	17.50
市政府口径收入	327246	240724	86522	35.94
公共财政预算收入	141055	71130	69925	98.31
营改增	36477	6467	30010	464.05

【落实税收政策】 区国税局落实各类减税新政。全年全区企业共享受各类税收减免22.63亿元,其中办理各类退税8.12亿元。企业固定资产抵扣申报额6.02亿元,同比增长60.25%。小微企业方面,413家企业

享受增值税优惠287万元,940家企业享受所得税优惠683万元,并有23家企业通过"税e融"获得贷款982万元。

【深化征管体制改革】 区国税局认真贯彻总局《国地税合作规范》,制定试点工作方案,建立联席会议制度,在税制改革、涉税宣传、税收管理、纳税服务、诚信体系、队伍建设等各个领域深度开展合作,国、地税联合举办绩效管理辩论赛,"道德讲堂"等做法被《中国税务报》报道。

【实施"七案"工作机制】 金坛区国税局实施"七案"(集中选案、深度析案、会审预案、团队查案、沟通办案、集体定案、绩效评案)工作机制,全年开展风险应对210户,直接入库税款6783.26万元,户均综合成效60.2万元,综合成果相对成效率40.9%。发挥情报作用,运用开发区土地补贴数据对12家企业进行风险应对,直接入库税款3140万元。深化模板和指引应用向欠税追征领域拓展,全年清缴欠税11650万元。

【落实税制改革要求】 区国税局按照上级部署,群策群力做好营改增试点工作,确保税制平稳转换和所有行业税负只减不增的目标,受到区委、区政府主要领导批示表扬。全年累计入库改征增值税3.78亿元,营改增减税效应达2.18亿元,四大行业减税面超过97%。

【营改增政策宣传】 区国税局联合多部门组织建筑业、房地产业、金融业、生活服务业近500户纳税人,举办培训10多场,发放培训资料5000多份,对营改增政策文件、纳税申报表的填报、增值税开票系统的操作流程等作了详细解读和辅导。拓宽宣传渠道,通过办税服务厅宣传栏、短信平台、导税服务台、"12366"纳税服务热线、座谈走访等形式,多渠道、全方位开展宣传,确保每一家营改增企业"应知尽享"。还由区住建局牵头,赴北京召开"金坛北方建筑业企业营改增座谈会",及时贯彻落实营改增相关税收政策,确保政策宣传全覆盖。

【推进"金税三期"上线】 区国税局成立"金税三期"(以下简称"金三")上线领导小组和上线工作小组,一把手负总责。细分综合组、业务组、数据组和技术组四个项目组,负责向上对接和组织落实具体工作任务。深化国地税合作,与地税部门就"金三"工作广泛交流意见。采用多种方式对"金三"工作进行宣传,增强"金三"工作的社会知晓度,争取纳税人对上线工作的支持理解,提前告知可能出现的问题,做好科学应急预案。

【做优发票勾选确认工作】 区国税局从全区A类纳税人中筛选出受票量大的20家重点企业,开展点对点个性化辅导。通过征管系统筛选出大型记账公司和代账超过20家单位的专业代帐户28户,举办纳税人学堂专题培训课,帮助他们熟练掌握网上发票勾选确认操作技能。广泛宣传便民政策、提示发票查询平台操作及优点。及时、准确维护纳税人档案信息,确保符合条件的纳税人能正常使用。加强与服务公司协作,帮助纳税人远程安装查询平台和操作辅导。在自助办税区增设自助办税设备,进行设备扩容。2016年,选择采用发票勾选确认方式的纳税人6513户,占推行对象的81.5%,居常州市前列。

(苗　琳)

地　税

【概述】 2016年,面对复杂的经济形势与艰巨的改革任务,区地税局主动适应经济新常态,围绕组织收入中心工作,以重点工作为抓手,全面推进改革,充分释放队伍活力与征管效能,完成各项目标任务。区地税局党组书记、局长狄欣荣被中共江苏省委、江苏省人民政府评为"江苏省先进工作者"。

【税收职能】 2016年,区地税局全年共组织税费收入46.3亿元,同比增收7.93亿元,增长20.66%。其中,税收收入30.9亿元,同比增收7.66亿元,增长32.97%。社保费入库13.31亿元,征缴率达99.02%。税收总量占常州地区比重由2015年的8.26%提升至2016年的10.01%。营改增后,区地税局落实惠民政策,全年累计办理各类减免税2.49亿元,同比增长19%。其中改善民生优惠减免1.68亿元,鼓励高新技术企业发展3288万元,支持金融资本市场1450万元、促进小微企业发展420万元,有效发挥税收引导产业结构升级、服务经济结

深化国地税合作暨"营改增"政策发布会 (国税局　供稿)

构调整的导向作用。

【重大改革】 区地税局全面推进营改增、“金三”上线、资源税改革。区地税局主动对接区财政、国税、人行等部门,建立联系协调机制,协同推进营改增进程。与国税联合召开新闻发布会,启动应急预案,落实延时服务、预约服务、上门服务,确保国地税相互委托代征工作平稳顺畅。通过团队集体抓攻关、全员培训抓操作、优化资源抓服务等措施,完成“金三”上线运行。深入企业开展资源税税负调研,为企业减负,释放改革活力。全年入库资源税 2264 万元,同比下降 43.68%。

【规范执法】 区地税局先后出台企业(个人)所得税征收方式、个人股权转让所得税、社保费提请法院申请执行流程等 15 个规范执法范本,统一执法流程、统一系统操作、统一政策口径。全年行政处罚准确率达到 100%,12 名干部被评为常州地税“规范执法示范岗”。对 6 家社保费欠费单位进行强制执行,执行入库 63.8 万元。探索精准稽查模式,全年立案检查 58 家,查补总额 2759.19 万元;督促自查 118 家,企业自查入库 2187.5 万元。多维防控执法风险,推行纪检监察和内审督察“两察”联动,全年完成股权转让等重点执法督察项目 6 个,依规问责 11 名干部职工。积极开展法治创建,成功创建“省级法治税务示范基地”,被常州市委、市政府评为 2011 ~ 2015 年法治宣传教育先进集体。

【纳税服务】 区地税局与金坛区国税局联合办税,制定国地税合作联席会议制度、合作工作规范,联合开展办税服务、培训辅导、联合宣传、信用评定等工作。落实惠民工程,主动与各乡镇对接,对安置房辅导开票 2 万余份。与中国建设银行金坛支行于签订税银合作协议,向诚信纳税人推出“税易贷”系列产品及相关增值服务,成功审批发放 8 户,单笔发放最高金额达 350 万元,累计发放 560 万元。成立“80、90 税智库”,开展“筑工匠精神聚税企能量”青年干部实训活动,搭建税企交流平台,增进税企互信合作。升级纳税人学堂办学模式,打造“线上 + 线下”“实体 + 网络”的联合培训平台,开展全天候滚动式培训,确保纳税人随到随学、随学随用。制作微动漫,通过微信平台发布推广,宣传效果显著。 (尚 杰)

(编辑 刘士科)

金坛刻纸《反弹琵琶舞乐飞天》 (作者 杨兆群)

综　述

2016年,金坛区金融机构人民币各项存款余额871.88亿元,比上年增加197.01亿元,增长29.2%。人民币各项贷款余额603.33亿元,比上年增加81.54亿元,增长15.6%。年末,全区有银行业金融机构18家,机构网点124个。

金坛区深化金融生态环境建设,开展2015年度金融生态环境自评估;加强地方金融事务协调,开展防范和打击非法集资活动,推动互联网金融风险整治及社会投资理财机构清理整顿工作,有效防范具有融资功能的非金融机构发生金融风险;加强金融风险的监测与分析,关注辖内房地产市场发展变化和住房金融业务发展中的倾向性、苗头性问题,推动金融机构有效防范住房信贷风险。借助金坛电视台《第一时间》栏目,积极宣传金坛区首台个人信用报告自助查询机的推广使用工作,自5月开通使用以来,全年自助查询信用报告9055份,人工查询信用报告4374份。开展金坛区银行信贷诚信企业评选,全年组织评选出90家2015年度金坛区"银行信贷诚信企业",进一步夯实江苏省"金融生态优秀县"基础。认真落实存款保险制度,加强核查,督促金坛兴福村镇银行按时、足额交纳保费。加强对新设金融机构平安银行的开业审批及支付结算准入管理工作。全年开展金融法律知识宣传7次,发放各类材料5000余份,接受各类咨询近1000人次,开展金融行政执法检查11次,处罚违规银行及个人罚款3.7万元,有效促进辖内金融机构规范经营和合规操作。认真贯彻落实江苏省2016~2018年平安金融创建工作要求,组织学习创建工作"达标"考核细则,启动新一轮平安金融创建工作。签订《2016年平安金融监管责任书》。组织金融安全保卫工作培训及实弹射击训练,提升保卫人员业务技能。妥善处置各类金融消费者投诉,全年共受理10起金融消费者投诉,确保事事有回音、件件有落实,切实维护金融消费者的合法权益。

保险业务稳步发展。全年实现保费收入12.18亿元,比上年增长17.8%,其中财险保费收入4.24亿元,寿险保费收入7.94亿元,比上年分别增长5.8%和25.4%。全年各类保险理赔和给付支出5.6亿元,比上年增长41.9%,其中财险赔付支出2.69亿元,增长11%;寿险赔付支出2.91亿元,增长91.1%。

(刘春华　张　蕾)

银　行

·中国人民银行金坛区支行·

【概述】　中国人民银行金坛区支行(以下简称区人行),位于金坛区西门大街23号,有员工31人。2016年,区人行贯彻稳健货币政策,坚持金融服务实体经济本质要求,准确把握辖区经济发展态势,切实防范金融风险,依法高效履行基层央行职责,开拓进取,扎实工作,促进地方经济金融平稳健康发展。

【货币政策传导】　2016年,区人行认真贯彻落实中央经济工作会议精神,及时向辖区各银行业金融机构传达贯彻《中国人民银行办公厅关于做好2016年信贷政策工作的意见》,引导各银行业金融机构准确把握金坛经济发展态势,加强信贷政策与产业政策的协调配合,围绕"一城一区一山一水"四大重点板块,把握信贷重点,优化信贷结构,加大对重点行业、特色产业、重要产业链等重点领域、关键环节的信贷支持力度,合理降低融资成本,满足全区经济发展和转型升级的资金需求。

【支持实体经济】　2016年,区人行认真贯彻稳健货币政策,增强金融助推经济驱动力。加强与区金融办、经信局和发改委的联系,围绕"金融资本融合产业发展,助推全区经济转型升级"工作要求,完善银政企融资对接合作机制,引导银行业金融机构创新银企合作方式,实现银企合作多样化、常态化。制订《2016年常州市金坛区银企对接活动方案》,积极推进以“银企牵手话合作,互惠双赢促发展”为主题的银企对接活动,14 家银行与27 家企业达成金额 32.36 亿元意向贷款协议,有效满足区实体经济发展的资金需求。

【普惠金融】 2016 年,区人行大力推进普惠金融。积极做好民生金融服务工作,推动农村青年信用示范户贷款、妇女创业贷款和下岗失业人员贷款工作,继续发挥金融在“大众创业、万众创新”中的引领作用。推动金融扶贫政策落地,着力补好农村经济社会发展短板。牵头召开金融扶贫工作推进会,了解全区贫困户排查、建档立卡及扶贫贷款发放情况,形成金融扶贫工作机制。会同区委农工办出台《常州市金坛区农村土地承包经营权抵押贷款办法(试行)》和《常州市金坛区农村土地承包经营权抵押登记管理办法(试行)》,加大农地抵押贷款推进力度,农地抵押贷款业务取得实质性进展。引导辖内银行业金融机构不断创新金融产品,服务小微企业,继续加强推进江南银行与区科技局沟通协作。积极推进专利权、商标权抵押贷款业务。认真落实支持保障性安居工程建设的信贷政策,为保民生、维稳定起到重要作用。全年 2 家银行分别新发放保障性安居工程项目贷款 5 亿元、0.68 亿元。

【金融服务】 2016 年,区人行提高国库服务质量。配合区国税局做好营改增电子缴库“三方协议”签订工作,完成营改增预算科目调整及税收入库,如期实现税制转换。做好各级预算收支核算。截至年末,支库累计完成各级预算收入 147.02 亿元,办理公共财政预算支出 219.72 亿元,其中国库办理拨款 993 笔,金额 170.82 亿元,直接支付 53608 笔,金额 48.28 亿元,授权支付 1027 笔,金额 0.62 亿元;办理预算收入退库金额 12.19 亿元,实现国库“无案件、无事故、无差错”的目标。组织国债承销机构开展系列储蓄国债知识宣传活动,实时跟踪国债销售进度,开展凭证式国债应兑未兑提醒工作。优化人民币流通环境,全年全辖区共收缴假币 2064 张,金额 18.54 万元。针对金坛撤市设区及“三证合一”制度实施后支付结算业务的相应变动情况,积极采取措施应对,全年共对辖区 8241 个核准类账户进行相应处理。开展对 13 家农村金融综合服务站巡查,开展金坛公交金融 IC 卡非接受理活动。与中国银联江苏分公司携手开展金坛公交“闪付”折扣营销活动,4 个月内,刷卡人数超过 7 万人次,有效促进金融 IC 卡在公共交通领域的使用频率。

【外汇管理】 2016 年,区人行以提高效能为目标,进一步服务涉外经济发展,完善服务流程。全年共为 99 家企业办理贸易信贷现场报告,办理辅导期报告 75 家,办理外债展期 11 笔、外债登记 6 笔、境外放款登记 1 笔;完善金融机构业务准入业务流程,对 6 家外汇指定银行机构进行机构信息变更,对 1 家支行网点进行结售汇业务准入备案。加强联系沟通,采取措施,使辖区涉外经济发展出现止降回升趋势,辖区结售汇顺差同比增加,跨境人民币业务稳步发展。以“控流出、扩流入”为目标,督促银行加强审核,引导企业降低购付汇频率和金额,对发生大额及异常购付汇情况的机构进行约谈,全年共约谈银行 11 次,约谈企业 8 次,通过事前外汇政策风险提示,成功规劝 1 家公司终止大额购汇对外支付股权转让对价款的行为,引导 2 家公司以人民币方式进行利润汇出。加强对辖区 14 家外汇指定银行进行考核,加强跨境资金流动分析监测,定期开展非现场核查;对收支异常企业实施现场核查,有效防范异常资金通过贸易项下流动。加强外汇业务现场检查力度,对 2 家银行和 4 家企业开展二期流出项下外汇业务专项检查;对 4 家银行开展国际收支统计申报现场核查,对 1 家银行违反外汇登记管理行为处罚 3 万元人民币。进一步推动外汇业务变革。落实全口径跨境融资宏观审慎管理新政,积极做好全口径模式外债登记政策宣传。主动应对存量权益登记工作变革,全年共对 203 家外资企业和 22 家对外投资企业进行了存量权益登记工作,存量权益登记率 95%。认真开展贸易信贷抽样调查,确认 1 家企业参加月度抽样调查,12 家企业参加年度抽样调查。

(刘春华)

· 中国银监会常州分局金坛办事处 ·

【概述】 截至 2016 年末,金坛辖区共有 18 家银行业金融机构,存款余额 871.88 亿元,各项贷款余额 603.33 亿元。年末不良贷款 4.45 亿元,不良率 0.74%。

全年,平安银行在金坛设立支行,交通银行、华夏银行等在金坛设立第二家分支机构,江南农商行的智能网点经过试点开始推广、扩大,金坛辖区银行业机构种类日益丰富,数量逐步增加,功能日趋完善。

2016 年,中国银监会常州分局金坛办事处指导辖内银行审慎开展金融产品创新,支持银行通过投贷联盟、认股权证创新投贷联动,对银行业务创新加强审核,确保合规有序开展。定期分析通报风险状况,研究讨论重大复杂风险问题。严格落实监管统计关键指标数据质量承诺制度,做到全年监管统计零事故。积极推动非现场监管信息资源整合,创建逾期欠息数据监测系统,广泛应用于风险评价及现场检查活动。从规范银行业经营行为、防范重点领域风险着手,相继开展了“两个加强、两个遏制”等 9 个现场检查项目,对涉及违规的银行严格行政处罚。

【策应供给侧结构性改革】 及时印发提升实体经济服务质效,支持制造业发展工作意见,努力促使金融活水在深化改革、优化资源配置中发挥更重要作用。全区重点项目贷款增长30%，钢铁、水泥等“两高一剩”（高污染、高耗能及产能过剩行业）贷款余额占比下降0.5%。与区环保部门加强环保信息共享，推进银行绿色信贷自评价，退出环保问题企业贷款。支持科技金融体系的发展，科创小微企业贷款增长41.23%。按照“锁定基数—按月监测—按季通报—年度考核”的总体思路，全面落实监管举措，力促制造业贷款企稳向好。

【重点领域风险防范】 出台指导意见，制订《债权人合作协议（样本）》，指导银行业协会发布公约，分类施策，发挥债委会“支优、帮困、退劣”作用，有效防范化解大额授信风险。定期监测分析钢铁、光伏等十大重点行业风险。推进房管部门共同建立城区新建商品房预售资金第三方托管工作机制，防止开发商违规挪用按揭贷款。按季持续做好政府融资平台贷款各项监测，重点指导银行关注贷款到期偿还情况、在建项目后续融资情况。借助银行业协会维权平台，加强与地方法院、公安机关的协作对接，加大对“老赖”查控和打击力度。制定工作意见，约谈主要负责人，发出风险提示，切实督促银行履行主体责任，连续五年实现“零案件”目标。全面准确评价法人机构风险，年末，各项监管指标基本达标。全年参加或组织开展多次互联网金融、P2P网络借贷风险摸排，配合公安部门完成非法吸收公众存款案件性质认定，未发生大的社会金融风险向银行体系输入的情况。

【深化普惠金融】 通过全面动员、部署，加强考核、督导、通报，对目标差距较大的，约谈银行高管，辖内小微企业贷款实现小微企业贷款增速不低于各项贷款平均增速，小微企业贷款户数不低于上年同期户数，小微企业申贷获得率不低于上年同期水平目标任务。年末，涉农贷款、现代农业组织贷款增速均高于各项贷款增速，对深化农业供给侧结构性改革发挥了重要作用。坚持“疏、导、查、督”结合，全面落地“双录”（录音录像）机制，引入第三方调解机制，切实强化银行主体责任，年内，共处理各类消保投诉80多项，满意率96%以上。开展“金融知识进万家”活动，“全媒体、常态化、持续性”地把金融知识、风险提示送到群众身边。联合公安机关拦截各类诈骗，劝阻受害人，破获各类电信诈骗案件多起。

（陆辉）

·中国工商银行股份有限公司金坛支行·

【概述】 中国工商银行股份有限公司金坛支行（以下简称工行金坛支行），坐落在西门大街48号，总营业面积1040平方米，下设7个二级支行，有在职职工114人。

2016年，面对经济下行带来的挑战和自身转型发展的压力，工行金坛支行从容应对各项挑战，全力推进经营转型，各项业务取得新的发展。至年末，实现拨备前利润3.55亿元。全行本外币各项存款余额62.16亿元，比上年增加4.64亿元，被省工行授予“精品支行”称号。

【本外币贷款】 2016年，全行本外币各项贷款余额77.01亿元，比上年增加7.96亿元。工行金坛支行始终把资产质量管理作为各项工作的重中之重，坚持管控源头和压降不良两手抓。强化集体审议制度的落实，开好贷审会，继续推行存量信贷客户的“体检”工作。2016年末，不良贷款余额251万元，不良率为0.03%，其中公司不良贷款余额为0。

【中间业务】 在强化服务收费规范管理的同时，着力培育新增长点，推进中间业务收入总量增长和结构优化，实现中间业务收入16913万元。

（丁忠权）

·中国农业银行股份有限公司常州金坛支行·

【概述】 中国农业银行股份有限公司常州金坛支行（以下简称农行金坛支行），位于金坛区东门大街172号，有在职员工204人。下设综合管理部、公司业务部、零售银行业务部、风险与信贷管理部、运营财会部及网点管理部6个职能部门。

2016年，农行金坛支行有效应对新形势，积极落实新举措，业务经营呈现“规模增长、结构趋优、动能增强、效益提升”的良好局面。截至年末，全行本外币各项存款余额80.89亿元，比上年增7.87亿元。其中，对公存款35.04亿元，比上年增5.7亿元；个人存款45.85亿元，比上年增2.26亿元。本外币各项贷款余额60.77亿元，比上年增7.33亿元，其中对公贷款39.04亿元，比上年增4.41亿元；个人贷款20.71亿元，比上年增3.36亿元。全年实现考核口径中间业务收入6574万元、拨备前利润1.86亿元，分别较上年提升15.6%和16.3%。

【客户建设】 2016年，农行金坛支行始终坚持“没有客户就没有业务，做大做优业务首先必须做大做优客户”的理念，把握网点二次转型契机，坚定不移的抓好客户建设，全力支持和服务地方实体经济。至年末，全行个人贵宾客户总量达2万户，信用卡客户超3万户；全年新增掌银活跃客户1.7万户、网银客户1.6万户，个人客户建设取得一定成效。此外，对公客户群体不断壮大，全年新拓展小微企业37家，累计放贷2.5亿元；新增有效对公结算账户近400户，其中新开基本账户156户，存量对公结算账户激活和提档升级96户，结算流量达18亿元。

【服务“三农”】 2016年，农行金坛支行不断提升“三农”金融服务水平，市场竞争力明显提升。信贷投放方面，积极支持政府棚改、水利等民生工程，重点支持新型农业经营主体，重点领域及现代农业金融服务能力持续提升;加强“三农”特色产品推广力度，全年新增“金农贷”客户49户;发放“苏微贷”贷款13笔5260万元，“苏科贷”贷款2笔600万元。原东城支行迁址经济开发区，更名开发区支行，填补了开发区无物理网点的空白。“惠农金融便利店”、“惠农通”服务点建设初见成效，服务保障能力进一步加强。队伍建设方面，“三农”联络员队伍初步实现行政村全覆盖，有效解决了市场信息不对称、信息传导慢等问题。

【基础管理】 2016年，农行金坛支行加大力度强化基础管理，风险管控能力有新提升。至年末，各项不良贷款余额8768万元，全年累计自主清收不良贷款600万元，核销不良贷款525万元，清收已核销贷款88万元，牢守信贷风险底线。扎实开展员工风险行为及违规操作行为专项治理活动，组织开展多样化合规文化创建和合规之星评比活动，引导员工树立合规意识和风险意识。全年会议费、差旅费、营销费用等业务费用均比往年有所下降，向成本宣战首战告捷，财会精细化管理水平进一步提升。各条线专项治理和监管检查力度不断加大，保持了平安运行，全年未发生案件和重大责任事故，未发生重大负面舆情。

（冷　婷）

·中国建设银行股份有限公司金坛支行·

【概述】 中国建设银行股份有限公司金坛支行(以下简称建行金坛支行)，坐落于西门大街19号，有员工233人，其中女员工112人。下设办公室、计划财务部、公司业务部、个人金融部、营运管理部、造价咨询部和营业部，下辖华城支行、南门支行、城北支行、开发区支行、南环支行、北新支行、西门支行、北环西路支行、薛埠支行、东环一路支行和东门分理处、金沙分理处、虹桥分理处、直溪分理处14个营业机构。2016年，建行金坛支行以“认清形势变化，聚焦转型发展”为主题，积极探索新形势下金融改革，内抓管理、外拓市场，有力地推动各项工作蓬勃开展，资产质量稳中有升，五级分类不良贷款率0.63%，全年实现拨备前利润39925万元。截至年末，建行金坛支行本外币存款日均余额(含保本理财)153亿元，比上年增23.66亿元。其中，企业存款余额80亿元，新增20.44亿元;储蓄存款余额73亿元，新增3.22亿元。各项贷款时点余额105亿元，增11.90亿元。其中，企业类贷款77亿元，增9.77亿元;个人类贷款28亿元，增2.14亿元。

货币反假活动　　（建行　供稿）

【重点产品】 2016年，建行金坛支行继续在重点产品中认真规划，积极营销，全年共计实现保险销售30336万元，基金19543万元，实物金销售15.47万克，账户贵金属交易289.69万克，借记卡新增40650张，收单交易额完成65763万元。信用卡分期业务保持良好势头，分别在购车分期、装修分期、账单分期、分期通等产品上加大拓展力度，最终完成分期交易额27746万元。系统内排名中，信用卡分期及收单交易额完成率列综合性支行第一，基金、保险、黄金完成率也在综合性支行中位居前列。

【服务实体经济】 2016年，建行金坛支行在实现自身快速发展的同时，大力支持基础设施建设，与当地政府展开合作，搭建融资平台，把有限的贷款资源投入到政府鼓励进入的行业、政府积极推动的项目中去，为当地多个重点行业、重点领域的项目实现了总计近80亿元信贷投放，及时解决了融资难、融资贵的问题，推动了银行与实体经济的良性互动。同时，该行积极探索新的融资渠道，2016年为中小企业共计发放出口商票融资2977万美元，订单融资12690万元，开立银行承兑汇票28.56亿元，中小企业的融资渠道得到了拓宽，财务成本进一步节约，支持了地方经济发展。

【电子银行】 2016年，建行金坛支行积极发展电子银行。依托手机银行、智慧柜员机、龙支付等特色电子产品所带来的便捷和高效，全员行动打造智慧银行的品牌形象。截至12月末，支行共计布放64台ATM、47台智慧柜员机，拓展手机银行客户28120户、短信银行客户25522户。同时，在网点服务上细致做好柜面分流，有计划地引导网点客户迁移至电子渠道，客户等候时间明显缩短，柜面办理业务效率大幅提升。在各大乡镇网点安装了117台助农支付电话，为当地居民提供即时的金融服务，改善客户体验，弥补服务“空白区域”。

【优化服务】　年内，建行金坛支行切实将“以客户为中心”的工作作风贯穿于每一个环节，结合全行“三综合”的持续建设和“新一代”系统上线，不断提升网点服务专业化、集约化水平，实现客户服务的标准化与规范化管理。全辖区15个网点均按照标准设置了爱心窗口、爱心座位、便民通道、饮水机等设施，支行定期指派专人巡查网点内外部环境，确保给客户带来舒适的体验。关注大众客户的诉求，坚持每年开展全覆盖式大调研，认真听取客户意见建议，不断创新和改进业务流程，提高群众满意度。定期发动员工走进企业工地、农贸市场、社区商圈、学校乡镇等地，用贴近百姓身边的方式详细讲解防范电信诈骗、货币反假、消费者权益等金融知识，向社会各界传导积极向上的正能量。

（邵　芸）

·中国银行股份有限公司金坛支行·

【概述】　中国银行股份有限公司金坛支行（以下简称金坛中行），位于金坛北门大街2号，下设营业部、金谷华城支行、华城中路支行、河滨支行、华阳支行、横街支行、丹阳门支行、东环二路支行、政务中心支行9个营业网点，有职员161人。2016年，金坛中行以“担当社会责任、做最好的银行”的战略目标，发挥“人人有担当，处处树口碑，事事守底线”的工作精神，不断优化发展模式，在发展中提升质效。全年营业净收入21147万元，中间业务收入6052万元。至年末，金坛中行实现拨备前利润15192万元，目标完成率市辖排名第一。

【资产业务】　2016年，金坛中行人民币贷款总额41.90亿元，比上年增6.91亿元。其中，零售贷款余额8.98亿元，增加0.62亿元；人民币对公贷款32.92亿元，增加6.3亿元。外币贷款总额545万美元。

【负债业务】　2016年，金坛中行人民币存款余额45.48亿元，较上年增加5.37亿元。其中，人民币个人储蓄存款余额26.49亿元，增加0.98亿元；人民币公司存款18.99亿元，增加4.39亿元。

【国际结算】　2016年，金坛中行共实现国际结算量54005万美元，比上年增35.92%，占市场份额31.81%，较上年增长6.33%；完成跨境人民币结算量25472万元，同比下降9.17%，市场份额44.88%，较上年增长28.27%；本外币贸易融资余额为44782.15万元，较上年增加18567.77万元。

【银行卡与电子业务】　截至12月末，金坛中行累计完成嘀嗒支付456户；信用卡累计发卡3890张，新增客户1833户，其中ETC卡300张。个人电子银行存量交易客户11882户，手机银行累计新增交易客户7395户。

【服务经济建设】　金坛中行积极开展农村市场建设工作，每个网点对接一个乡镇，已签约农村市场金融服务站10家，为当地百姓提供便捷的金融服务。2016年，对金坛区重点项目江苏金坛众泰汽车销售有限公司、同方威视科技江苏有限公司、江苏大唐国际金坛热电有限责任公司、晨风（江苏）服装有限公司、常州博瑞油泵油嘴有限公司、地方平台公司投放资金9.48亿元。

【内控案防】　2016年，金坛中行加大对柜面员工防范电信诈骗等教育培训的力度，在汇款业务过程中严格执行规定，认真做好群众宣传工作，协助公安部门防范网络电信诈骗。8月，金坛中行再次被常州市平安金融创建活动领导小组评为常州市第二轮平安金融创建活动先进单位，并被评为“2016年度常州市单位治安保卫工作先进集体”。

（陈正洪）

·江苏江南农村商业银行股份有限公司常州市金坛支行·

【概述】　江苏江南农村商业银行股份有限公司常州市金坛支行（以下简称江南银行金坛支行），位于金坛区横街3号，辖内设有38家机构，在职员工369人。支行始终坚持稳中求进的工作总基调，主动适应新常态，坚持创新引领，加快转型发展步伐，各项业务保持平稳健康发展，金融服务地方经济发展的能力不断增强。支行获省联社“优服务、助转型、控风险、促发展”劳动竞赛活动综合奖第一名，获金坛区金融行业2016年度青年员工业务技能比赛团体第一名，获总行“技高一筹创优江南”全员业务技能比赛团体第一名，连续2年获总行创新评奖活动“集智奖”一等奖。

【组织资金】　2016年，江南银行金坛支行以存款利率优惠政策为抓手，深化区域合作，提升专业化服务品质，增强客户满意度，促进各项存款持续、稳步增长。支行存款总量197.54亿元，比上年增加35.61亿元，增幅为22%。其中，储蓄存款余额95.82亿元，比上年增长2.76亿元，增长2.97%；对公存款余额81.46亿元，比上年增29.75亿元，增幅57.54%；保证金存款余额20.26亿元，比上年增加3.09亿元，增幅18.02%。存款总量和增量均居金坛区同行业首位。

【信贷业务】　2016年，江南银行金坛支行始终坚持“服务三农、服务中小企业、助推城乡一体化经济”的市场定位，以支农惠农、支持中小微企业发展、促进地方经济发展为己任，充分发挥该行速度快、效率高、额度适中的优势，创新金融产品，不断拓宽多元化融资渠道，提升金融服务，保持信贷投放有序推进。同时，结合本区产业特点，进一步加大对战略性新兴产业、高新技术产业及金坛区重点项目的信贷支持力度,为金坛区经济建设添砖加瓦。至12月末,支行各项贷款余额129.80亿元,比上年增加8.18亿元,增幅6.73%。其中,公司类贷款余额77.11亿元,比上年增加6.43亿元,增幅9.1%;“三农”类贷款余额47.44亿元,比上年增加1.59亿元,增幅3.47%;消费贷款余额5.25亿元,比上年增加0.16亿元,增幅3.06%。

【渠道建设】 江南银行金坛支行加快渠道建设,践行普惠金融。以开展“一元观影”“一元洗车”等利民优惠活动为契机,加快借记卡、信用卡、手机银行等业务的拓展。加快微信收单、商户拓展、商圈建设,做大代收代缴业务,同时,优化网点机具配置,提高客户体验度。2016年年末,江南银行金坛地区共有存取一体款机(CRS)136台、取款机(ATM)20台、高速存款机(HAM)13台、存单机3台。全年借记卡新增52044张,信用卡新增2171张,企业网银有效数487户,个人网银(含手机银行)有效数9273户,商户拓展616户,电子银行替代率80.19%。

【商务转型】 江南银行金坛支行以开展网点转型之“生产力提振项目——夺标行动”竞赛活动为契机,通过多项举措,促进商务转型工作向纵深推进。全员广泛发动,大力开展基金、保险、积存金等产品营销,员工的营销理念得到积极转变。有序推进网点物理转型,完成9家智能网点改造及3家机构的迁址工作,促进了网点结构和布局逐步优化。稳步推进网点“软”转型,有序推进19家网点参与转型竞赛活动,并完成91名客户经理、39名大堂经理和理财经理的调整和配置,加快了营销队伍的建设和人员转型。

【支农惠农】 2016年,江南银行金坛支行推出青年创业贷款、妇女创业贷款、扶贫贷款等一系列旨在服务“三农”的优惠特色贷款产品,给予贷款优先、利率优惠、流程优化等扶持政策,不断加大特色支农贷款投放力度,从实处发挥银行在服务“三农”、支持新农村建设上的积极作用。全年支行发放青年创业贷款20233万元、妇女创业贷款967万元、扶贫贷款96.5万元、农产品经纪人贷款100万元、大学生村官创业贷款20万元、工会创业贷款20万元。

【案防内控管理】 江南银行金坛支行坚持“合规创造价值”的合规理念,以查促改,通过开展对有可能违规的人员进行排查、“查隐患、明禁令、防案件”专项治理等各类检查、整改工作,堵塞管理漏洞;以知促行,不定期开展廉政教育、职业道德教育和合规、案防教育,增强员工合规意识,促使员工合规操作。同时,以平安金融创建工作为抓手,全面落实安全防范工作措施,不断夯实人防、物防、技防“三位一体”的立体防范体系,确保网点安全运营无事故。2016年,支行成功防范电信诈骗2起,连续6年被评为“常州市治安保卫工作先进集体”,且连续两轮获得平安金融创建活动先进单位。朱林、薛埠和华兴3家网点被评为江苏银行业星级营业网点。

(张　晶)

廉洁教育晨课　(江南银行金坛支行　供稿)

·中国邮政储蓄银行金坛支行·

【概述】 中国邮政储蓄银行金坛支行(以下简称金坛邮储银行),位于东门大街500号,有职工85人,下设一类网点5个、代理网点24个。

2016年,金坛邮储银行围绕“做稳、做实、做大、做精、做强”的工作方针,积极适应新常态,妥善应对风险挑战,经营管理取得明显成效。年末,各类存款余额64.41亿元,比上年增加12.38亿元,增长23.79%。其中,自营储蓄存款余额10.39亿元,邮政代理储蓄存款余额47.15亿元,公司存款余额6.87亿元。各类贷款余额19.32亿元,比上年增加2.53亿元,增长15.07%。全行贷款不良率为0.69%,低于全区平均水平。

【服务“三农”】 2016年,金坛邮储银行继续加强与区农林局、农工办、供销社、妇联、农业龙头企业和大型合作社等平台的对接沟通,尤其加强与农业融资担保公司的对接,充分灵活运用担保公司的担保增信措施满足客户需求。积极开展银农对接和实地走访,设立信贷咨询服务点,取得良好效果。截至12月末,与农业融资担保公司合作投放贷款1350万元,投放妇女创业贷款265万元。投放新型农业主体贷款3895万元,净增约1800万元。

【新业务发展】 2016年,金坛邮储银行一如既往地重视新产品的落地,成功办理了行内全省首笔公司信贷专项融资项下抵押置换变更业务、全省首笔司法网上拍卖房产个人贷款,全区首笔烟草贷、全区首笔医院贷、全区首笔税贷通贷款等多项新产品实现了开单。与武进区合作的"助保贷"业务已基本敲定,这一项目可以为当地中小企业解决融资难的问题,力争实现产品创新、业务增长、合作共赢的大好局面。 (朱华芳)

·常州金坛兴福村镇银行有限责任公司·

【概述】 常州金坛兴福村镇银行有限责任公司(以下简称金坛兴福村镇银行),总行位于东门大街235号。公司下设直溪支行、薛埠支行、西城路分理处,有在职员工61人。该银行坚持服务"三农"、服务小微企业的市场定位,充分发挥村镇银行自主性、灵活性、快捷性、效益性的特点,在基础管理和内控建设上狠抓落实,建立全面、规范、有效的风险管理和内控体系,实现各项业务的稳健发展,风险防控能力明显上升。2016年,该行资产总额56341.25万元,负债总额47892.39万元,存贷比130.05%。

【网点调整】 3月,金坛兴福村镇银行薛埠支行开业。11月,金坛兴福村镇银行西门分理处搬迁至西城路。网点的增设和搬迁,进一步增加了该行的"三农"服务覆盖面,为各项资产负债业务提供有力的服务保障。

【存款业务】 2016年,金坛兴福村镇银行将存款工作重心放在小微家庭金融客户的拓展上,与网点附近社区、村委加强联系,联手组织开展各类活动,提升该行知名度的同时贴近百姓进行业务宣传。从年初开始,陆续与社区村委开展了慰问困难户、上门送福包对联、元宵发放糯米粉、妇女节插花活动、送电影下乡、全民键步走、社区包粽子比赛等活动,并与中国人民银行携手开展了"3·15"金融消费者权益保护宣传、存保宣传、公众日金融宣传等活动。截至12月末,存款总额为23997.52万元。其中,个人储蓄存款13155.44万元,对公存款10842.08万元。

【贷款业务】 2016年,金坛兴福村镇银行加强对小微企业的信贷支持力度,重点拓展500万元以下的小微贷款,同时,加强业务团队建设,改革考核方案,加大营销力度。截至12月末,贷款总额47407.90万元。其中,个人贷款766户27778.40万元,企业贷款89户19629.50万元。

(孟　妍)

·交通银行股份有限公司常州金坛支行·

【概述】 交通银行股份有限公司常州金坛支行(以下简称交行金坛支行)成立于2009年1月,2016年8月1日迁址金坛东环二路206-2号。有职工21人,设有一个人工网点、一个普惠型网点、一个离行式自助银行。支行秉承"最佳财富管理银行"的经营理念,服务于金坛地方经济建设,提供资产管理、融资信贷、国际业务等领域的专业化服务。截至2016年年末,交行金坛支行人民币各项存款余额17.09亿元,比上年增加5.42亿元。其中,对公存款14.71亿元,个人储蓄存款2.38亿元。人民币各项贷款余额15.54亿元,比上年增加3.87亿

沃德客户区　　(交行金坛支行　供稿)

元。其中,对公贷款14.29亿元,个人贷款1.25亿元。全年未发生重大风险事项及重大责任事故。

【各项业务】 国际业务。2016年,交行金坛支行充分利用欧元等主要货币汇率变动频繁的机会,加强客户维护,提高进出口企业在本行的国际结算市场占比,全年国际业务结算量1729万美元。

中间业务。2016年,交行金坛支行从宣传策划入手,通过电视、广告等媒体造势,营销人员面对面讲解等方式扩大中间业务的知名度和影响力,全年中间业务收入1896万元。

电子银行业务。支行继续加大对个人、企业网银、手机银行的宣传力度,全年电子银行分流率为82.01%。

个人理财业务。交通银行在个人金融领域享有盛誉,创有"沃德财富"和"交银理财"两大分别针对高端和中端客户的个人理财品牌。交行金坛支行营业厅建有"沃德客户区",客户可以在私密优雅舒适的环境里,享受到一对一的专属服务。沃德客户经理凭借其丰富的专业知识,借助交通银行一流的专业理财平台,为客户提供财务分析、财务规划、投资顾问、资产管理等服务,帮助客户进行全方位财产规划。

小企业业务。2016年年末,交行金坛支行拥有小企业总数35家,比上年增加1家,年末余额2.98亿元,比上年增1000万元。

【支持地方经济建设】 2016年,交行金坛支行给江苏金坛经济技术发展有限公司授信"金坛经济开发区水系改造项目"8亿元,发放项目贷款4亿元;给常州市金坛区交通产业集团有限公司授信"233国道常州金坛段改扩建工程项目"4亿元,发放其他项目贷款0.2亿元。

【做好中国进出口银行金坛地区代理行】 交通银行注重银银合作,与进出口银行紧密联系,代理江苏进出口银行业务,为常州亿晶光电续做授信3亿元,2016年发放贷款2亿元。继续为金坛城市污水处理有限公司管网建设项目发放贷款2.2亿元(2015年发放1.9亿元),2016年续放0.3亿元。

(荆宁华)

·江苏银行股份有限公司金坛支行·

【概述】 江苏银行股份有限公司金坛支行(以下简称江苏银行金坛支行)成立于2009年8月,坐落于金坛区东环二路109号,有员工21人,其中本科生20人。2016年年末,各项存款余额235923万元;理财产品113558万元;本外币贷款余额239081万元;中间业务收入2836万元;全年实现拨备前利润6385万元。

【资产业务】 2016年,江苏银行金坛支行围绕"业务规模上台阶、控制风险增效益"的工作思路,以支持地方经济发展为己任,加大项目营销力度,投行和实贷投放较上年新增52560万元。投行业务发放量和中收在分行名列前茅,发放的PPP融资支持基金为分行首单。全年拓展国发国际有限公司、金坛国控、金坛建设、建设产业、交通产业、亿晶光电、众泰汽车、博瑞油泵油嘴等一批重点项目及客户,充分运用结构化融资、产业基金、债权融资计划、托管业务、境外发债等一系列创新产品,壮大优质客户群体。11月17日,支行与江苏金坛建设发展有限公司签约银企全面战略合作协议,意向为长荡湖水利水系综合整治工程、金坛污水处理厂提标改造工程、茅山驾照考试点工程、金沙网络科技大楼、指前镇保障房工程、常州动物无害化处理工程以及华罗庚科技馆及附属工程等项目的建设提供80亿元授信额度。双方聚焦投融资、理财和资管等方面业务,不断开拓创新,在信息互通、资源共享、市场调研、决策咨询等方面建立健全工作机制,充分发挥双方业务优势,实现银企合作共赢。

【国际业务】 江苏银行金坛支行开通国际业务以来,一直以"提升管理,注重实效"作为业务发展的重要抓手,强化优质客户的拓展营销,与区重点企业亿晶光电达成合作,积极运用自贸区NRA、FTN、FTE账户、内保外债、内保外贷等新产品,带动结算量和中收增加。2016年年末,实现国际结算量6031万美元,新增50万美元结算量、客户2户。

【业务创新和服务】 江苏银行金坛支行借助国税数据,在全国率先推出线上自动审批的"税e融"服务,将金融服务与小微企业纳税信用等级及数据挂钩。全年授信客户42户,发放贷款1987万元。在2016中国金融创新论坛上,支行的"税e融"金融创新案例获"十佳互联网金融创新奖"。9月20日,江苏银行正式推出Apple Pay服务,借记卡、信用卡可直接在苹果

2016年6月1日,新农贷对接座谈会举行 (江苏银行金坛支行 供稿)

Wallet应用中操作绑卡,并进行无卡快捷支付。至此,江苏银行金坛支行近场支付业务在率先完成与华为 Pay、小米 Pay 及 HCE 云闪付对接后再添一位重量级成员,实现主流系统全覆盖,主流厂商全覆盖,为持卡人提供了便捷的支付体验,提升了江苏银行金坛支行的市场影响力。

【新农贷对接座谈会】 6月1日上午,江苏银行金坛支行举办新农贷对接座谈会。座谈会邀请了金坛区26家产业化农业合作社社长参加,金坛区农工办、农林局、农业贷款信用担保中心、总行小企业部和分行小企业中心相关领导出席了会议。江苏银行金坛支行针对金坛农业合作社现状和目前的经济金融形势,提出将根据合作社的行业特点提供融资和金融产品服务,满足企业需求,将宣传落到实处,努力做到让客户满意,争做能全面服务于涉农企业的特色银行。

（盛金兰）

·中信银行股份有限公司金坛支行·

【概述】 中信银行股份有限公司金坛支行(以下简称区中信银行)成立于2010年11月5日,地址在金坛区东门大街235号,员工24人,有东门大街支行本部和名仕家园离行式自助银行两家服务机构。2016年,区中信银行各项业务得到持续、稳定、健康的发展。截止到2016年底,区中信银行一般性存款余额34.26亿元,新增14.44亿元,其中公司存款32.17亿元,新增14.56亿元。贷款余额8.28亿元,较上年下降4.2亿元,存贷比24.18%,其中公司贷款5.85亿元,下降4.92亿元,个人贷款余额2.43亿元,新增0.72亿元。

【对公业务】 区中信银行立足早字,继续加大基础客户群的建设,通过项目储备带动公司负债,以盘活存量,挖掘增量为指导思想,多跑、勤跑、常跑存量客户,提高优质存量客户的贡献度。自成立以来,区中信银行始终围绕金坛主流客户做业务,把销售超亿元尤其是超十亿元的明星工业企业、金坛纳税超五十强作为主攻方向,2016年,按照总行的战略及南京分行做深做透深度经营客户的工作要求,围绕区域产业特色做业务,对科技含量高、盈利能力强、产品市场广的企业进行积极营销,深度经营。在机构存款来源上,与区财政、土地、园区保持良好的合作关系,加大渠道平台建设,成功为区国土局、财政局开通了土地交易网上系统。

【零售业务】 区中信银行坚持抓旺季、抓考核、抓代发、抓服务、抓个贷的发展思路,集中人、财、物,抓住旺季,严格考核保长效,以代发批量开发客户,以服务吸引和留住客户,年末零售管理资产余额16.25亿元,比上年增加10.06亿元。推出中信大讲堂、理财产品讲座、健康讲座等高端客户增值服务,与客户保持良好互动,实现共赢;推出信用贷、POS贷、公积金贷等个人资产业务,以资产促负债。

【国际业务】 2016年,区中信银行通过授信支持、服务增值等有效手段,使国际业务得到较快的发展,国际收付汇量完成2.516亿美元,完成轻资本中收899万元。至12月末,通过境内外联动,与信银国际(香港)合作办理的首笔跨境四方协议项下融资,获得时点存款14亿元,国际收付汇量9500万美元。

【个贷业务】 2016年年末,区中信银行个人贷款余额2.43亿元,新增0.72亿元。全年累放142笔11827万元,公积金贷101笔1089.9万元。公司客户经理在公司类业务拓展中和个贷客户经理兼顾交叉和联动营销,重点营销了吾悦广场、碧桂园、红星美凯龙、金玉华府、亿景花园、溪栖庄园等在本地区有口碑和影响力的楼盘,提升了中信个贷品牌的影响力。

（唐俊慧）

保　险

·中国人民财产保险股份有限公司常州市金坛支公司·

【概述】 中国人民财产保险股份有限公司常州市金坛支公司(以下简称人民财保公司)成立于1981年,位于金坛区西门大街27号。2016年,公司持续践行“以客户为中心”的经营宗旨,始终坚持“全面领先”的目标,攻坚克难,保费规模超1.5亿元,增长12.3%。公司保持连续32年无刑事、经济案件,获2013~2015年度常州市文明单位、2016年度金坛区平安金融创建先进单位称号,继续保持江苏省常州市放心消费创建先进单位称号。

【业务发展】 2016年,人民财保公司紧盯目标谋发展,全年完成保费收入15302万元,增速12.3%,超市场平均增速6.5%;比上年净增保费1678万元,市场份额占有率36.12%,在辖区内财产险市场份额排名第一。其中车险保费1.2亿元,增长13.11%,超市场增速5.89%,市场份额35.22%,辖区内市场份额第一;全年非车非农险保费1985万元,增速8.53%,占市场份额32.36%,比上年增长3.33%;农险坚持合规经营,保持住了稳健发展的步伐,实收保费1116万元,增长10.7%,其中高效农业、特色农业保险得到快速推进,高效农险覆盖面65.45%。

【理赔服务】 2016年,人民财保公司严格执行理赔管理规定,坚持主动、迅速、合理的理赔原则,加强协同服务和内外联动,全力以赴做好“7·2”大面积水灾理赔工作。对暴雨水灾赔案的处置坚持“重合同、守信用”的基本原则,合理高效地使用公估等外部资源,全年全险种案件处理率100%。理赔管理工作加强理赔队伍建设,严格执行纪律,进一步完善案件快速理赔办法,使案件处理简便、快捷,突出人保理赔服务特色,理赔各环节工作、指标考核,在全辖区处于领先水平。通过小额案件快处能力提升、与客户微信互动,有效提升了理赔服务质量;加强人伤案件赔偿的审核,积极防范保险欺诈,做好疑难赔案调查处理工作;加强培训,切实提高理赔人员的业务技能和工作水平,加大与交警、法院、物价等部门的沟通,为疑问案件查处、减损提升能力。

【客服管理】 人民财保公司强化"以客户为中心"的管理理念,强化资源整合,完善平台建设,实现了服务品质提升、服务能力提升、服务平台运营水平提升,强化客户投诉流程优化和"三全"(本金保全、利益保全、保障保全)管理,客户服务满意度持续提升。2016年,大幅降低投诉总量和越级投诉量,加大投诉责任惩处和追究力度,以"快处置"为原则,提高投诉处理效率和效果,做好投诉追本溯源工作,从源头减少客户投诉。整合微信服务商,提升客户体验,增强客户黏度,将服务推向前端,深化客户互动管理。依托"PICC江苏人保"微信号,深入开展线上线下客户服务活动,开展线上线下活动,全年共开展俱乐部活动10次,微信满意度99.86%。

【运行管理】 人民财保公司不断提升运营支持能力,内部管理持续优化。以人本管理为核心,强化对标绩效考核,加大人才引进、交流与培育力度,进一步强化人力资源建设对公司发展的支撑作用,持续推进"优才计划",完善人才培养机制,强化后备人才队伍建设。坚持"三重一大"决策制度和决策事项清单,进一步明晰经营单位"三重一大"决策范围,进一步转变发展观念,强化依法合规经营理念。以培训宣导与监管考核相结合,实施员工轮训和新员工岗前培训,持续推进学习型组织建设。强化全面预算管理,坚持费用配置精细化,严把成本管控关,持续提升决策支持和资源整合能力。

【灾后理赔塑品牌形象】 2016年,在不可控大灾等因素的影响下,人民财保公司经营发展经受了严峻的考验,进一步贯彻精细化经营思路,实施精准化配置方案,全年综合成本率107.18%,比上年上升8.76%;赔付率72.25%,上升5.76%。2016年,公司共为5.5万个险、团险客户以及6.8万农户,提供总计超过1300亿元的风险保障服务。政策性保险、民生保险项目服务能力日益增强,面对暴雨洪水、小麦赤霉病等自然灾害,公司上下团结一致、沉着应对,全年共处理各类赔案15747件,支付赔款9966万元,有力发挥了保险社会"稳定器"和经济"助推器"的作用,企业形象和品牌口碑得到进一步彰显。

【农网体系保险日益完善】 2016年,人民财保公司有序推进落实农险事业部改革方案,农村商业险业务与农险业务得到有效融合,农网建设镇级机构布局提速,薛埠、直溪、尧塘三家营业部农网人员全部到位,农险承保、理赔业务实现真正落地,理赔实现就近查勘,提高了工作效率,提升了理赔速度和周期。2016年度,公司政策性农业保险共处理赔案2417件,理赔总金额4293.72万元。公司农险部被区委、区政府授予"2016年度为农服务先进站所"称号。 (吴 静)

·中国人寿保险股份有限公司金坛支公司·

【概述】 中国人寿保险股份有限公司金坛支公司(以下简称人寿金坛支公司),位于金坛区横街东路8号,有职工51人,其中本科文化48人。

2016年,公司紧紧围绕常州市分公司"强化对标、冲刺3A"的责任使命,始终坚定信心,统一思想,不放弃,不抛弃,为实现各项年度工作目标努力奋斗。全年公司实现总保费3.62亿元,比上年增长13.17%;长险新单保费1.63亿,基本与上年持平;首年标准保费3506万元,增长10%;首年期交保费9531万元,增长19%,其中10年期及以上首年期交保费4333万元,增长37%;短险保费2610万元,增长7%。各类给付2.2亿元,营销员持证人数928人。

【业务发展】 人寿金坛支公司通过坚持不懈打造队伍,培养客户,做好大量的客户经营工作,关键经营指标均实现稳中有升,个别核心指标增幅明显。个险十年期比上年增长52.06%,个险首年期交增幅45.76%。公司持续经营发展能力和渠道发展基础有了显著提升。业务结构持续优化。10年期保费占首年期交保费51.91%,首年期交占长险新单保费的61.97%,三者基本保持1∶2∶4的良好结构配比。政企合作继续深化。年底,公司再次中标金坛区城乡居民大病保险项目(2017~2019年度)。

【队伍建设】 个险渠道实现组织大发展。2016年年末,中国人寿金坛支公司在册人力877人,比2015年增长151%;主管数80人,比上年增长136%。城二职场经理曹留庚晋升为常州全辖区唯一一位区域总监,辖属2个职场,5个处经理、40个主管,成为金坛公司组织发展的一大亮点。重视新人育成,新人转正总数突破400人,成为常州全辖区第一个达成A档的机构(350个)。四个季度经营客户12610人,基础管理工作进一步得到了加强和巩固。团险队伍2016年持证人力53人,协管员100余人。至年末,公司有客户经理18人、理财经理140人、理财团队主管8人。

【基础管理】 2016年,人寿金坛支公司不断加强建章立制,坚持按规章办事,用制度管人,管理能力得到有效提高。进一步强化集中采购制度,降低经营成本;进一步增强运营管理水平,提升理赔效率。开展柜面“微笑服务”,提高客户满意度;进一步重视风险防范,关注满期给付工作,全面落实内控管理和销售督察,积极与网络媒体沟通联系,确保全年未发生系统性风险和群体性事件,营造良好的业务发展氛围。（陈文群）

·中国太平洋财产保险股份有限公司金坛支公司·

【概述】 中国太平洋财产保险股份有限公司金坛支公司(以下简称太保财险金坛支公司),位于东门大街123号。2016年,公司严格按照常州分公司“聚焦、持续、执行、导向”的工作要求,锁定目标、突出重点,应对市场变化,积极推进车辆商业改革、营改增改革,持续发展,拓展市场。全年共完成保费收入11930万元,处理各类案件9179件,共支付赔款7695万元,已决赔付率64.5%。

【业务发展】 2016年,太保财险金坛支公司开展全覆盖、多层次的宣导及前置培训,着重于充分发挥科学技术的运用,整合车险资源,优化配置,加快自身车险业务的发展步伐。上半年,公司着力于制订详细的工作方案,成立领导小组、组织员工知识培训,使商业车险改革平稳落地。相继成立交叉销售团队、电网销团队、综合业务团队,全力搭建公司“3+N”销售体系,全力推进渠道经营,坚持“3+N”齐头并进。全年个人营销、电销、交叉销售、车商渠道共同发力,全年车险保费收入9575万元(含交强险1807万元),较上年增长2.3%。

非车险业务“控品质”压力空前加大,公司另辟新径,全年新增企财险共130万元。同时,在一些效益险种(借款人意外险等)上取得进展。2016年,共完成非车险保费收入2354万元。

【运营管理】 太保财险金坛支公司加强法制宣传教育,服务经济社会发展。利用宣传海报、LED显示屏等媒介持续进行“反洗钱,反舞弊”宣传,积极参与“3·15”消费者权益保护日、“7·8全国保险公众宣传日”等活动,严格按照江苏保监局要求开展互联网保险非法经营风险专项排查工作。不定期组织员工学习,让全体员工知晓“合规是底限”必须严格遵循的基本准则。

【提升服务】 太保财险金坛支公司始终“以客户需求为导向”,开展车意险理赔工作,要求理赔人员预判趋势、把握趋势,抓重点、补短板。推出“太好赔”之“人伤无忧、车损无虑”的理念。“当场赔”“上门赔”“全程爱”理赔方式体现了“极速、极易、极暖”的服务;“实时赔”“随易赔”“心相随”,服务让车险理赔变得更轻松。6月底至7月初的连降暴雨,致使非车险理赔接案数激增,公司高度重视,查勘人员高密度地完成现场查勘,全部赔付超过400万元。（强媛媛）

·中国太平洋人寿保险股份有限公司金坛中心支公司·

【概述】 中国太平洋人寿保险股份有限公司金坛中心支公司(以下简称太保寿险金坛中支公司),位于金坛区东门大街123号,有职工32人。2016年,公司不断强化合规经营,努力把公司建设成为信誉卓著、品牌杰出、财务稳健、效益优良的一流企业。公司全年各类保费收入2.2亿元,较上年增长30%,市场份额38%,同业排名第二。全年受理案件1760件,赔款给付1251万元。各类给付12348件,给付金额3087.8万元。

【业务支持】 太保寿险金坛中支公司个险销售拥有传统营销、顾问营销、服务营销渠道,队伍总人数突破1000人。全年总保费收入1.45亿元。开门红3个月完成全年标保任务的45%,提前4个月完成全年标保任务,其中传统营销在册人力人比上年增长36%。全年保费收入1.09亿元,同比增长41%,占公司业务总量的75%以上。2016年,除保持业绩和队伍数量上的增长之外,更加注重队伍结构的优化和升级,大力发展产寿联动、交叉销售相结合的经营模式,实现队伍收入的多元化和对客户服务的丰富立体化。

顾问营销作为个险销售的第二支队伍,在册人力250人,同比增长20%。坚持渠道特色,深入社区、精耕细作,重点围绕“服务件”客户,开展多项活动,为客户提供专业的售前、售中、售后服务。全年保费收入1025万元,同比增长35%。

服务营销作为个险销售最新的渠道,短短几年,发展迅猛,是一支服务优良、口碑良好、业绩骄人的团队。在做好续收服务的同时,为客户提供产品咨询和理财规划服务。全年新单保费1100万元,续期保费收入1.8亿元,续保率95%。

法人渠道坚持适应转型发展服务网点、服务客户,力争市场份额不丢失,优化队伍结构,提升业务品质。在进一步扩大客户积累的基础上实现专业化管理,队伍的专业化有更大的提升。金融合作部、机构合作部、雇员福利部实现期缴保费410万元,较上年增长20%,法人渠道业务部全年保费550万元,转型融合后的法人渠道精兵简政,有员工9人,实现业务综合管理下的专业经营。

【共享平台】 2016年,太保寿险金坛中支公司营运部门继续秉承管理向上集中、服务向下衍生的工作方法和理念,营运部门形成后援力量的集中化、规模化,减少协调沟通的时间成本和人力成本,加强了集约化、专业化建设,实行柜面标准化工作,提高服务时效。增强全员合规意识,强化人人有责的合规理念,防范和化解经营风险,确保各项经营活动合法合规,提升公司品牌价值。以服务促发展,以发展提效益,以效益求生存,以人为本和谐奋进,实现员工岗位与公司能力的双提升。

【新技术推广】 太保寿险金坛中支公司全面推广更新上线了"太平洋寿险"APP,客户可以通过该平台随时参与太保各项活动,了解更多信息。业务预约、一键下单、保单查收、简单保全、保单贷款等服务已全面上线使用,客户可以通过该APP轻松办理业务,方便快捷,深得广大客户喜爱。

【合规经营】 2016年,太保寿险金坛中支公司严格按照保监会和集团公司要求,开展"加强内部管控、加强外部监管、遏制违规经营、遏制违法犯罪"回头看活动,围绕活动反复学习、反复自查、不断完善。巩固和扩大前期专项检查成果,进一步防范化解风险,切实守住不发生系统性、区域性风险的底线。同时,公司请来集团审计中心的领导、专家,助力金坛中支公司进一步排查可能面临的风险,确保公司持续健康发展。　　(林培录)

(编辑　夏　冰)

金坛刻纸《养生茅山》　　(作者　杨兆群)

综 合 管 理

发展计划管理

【概述】 2016年，全区紧紧围绕“接轨常州主城区、推动发展新跨越”总体战略，加快项目引进和项目建设，继续深化“一城一区一山一水”战略布局，经济社会发展克难求进，继续保持良好势头。全年实现地区生产总值600.02亿元，同比增长12.8%；服务业增加值占地区生产总值比重44%，与上年持平；一般公共预算收入43.38亿元，同比增长20%，税收占比88.1%；固定资产投资403.68亿元，增长20.1%；社会消费品零售总额252.38亿元，同比增长13.4%；外贸进出口总额16.72亿美元，增长7.2%；城镇居民人均可支配收入43246元，增长8.1%；农村居民人均可支配收入22265元，增长9%；城镇登记失业率1.82%；完成单位地区生产总值能耗和主要污染物减排目标。

【突出规划引领】 编制完成《常州市金坛区第十三个五年规划纲要》，以此为总纲，高效衔接上下各级专项规划，协助绘制全区发展蓝图。配合华科园申报省级高新区工作，编制完成《华罗庚高新技术产业发展总体规划》；谋划服务业长远发展，编制完成“十三五”服务业发展规划，《常州市金坛区物流业发展规划》通过初评；提升能源基础设施水平，编制完成《电动汽车充电基础设施专项规划（2016～2020）》，《热电联产规划（2016～2020）》通过专家评审；参与《常州市通用机场布局规划》《常州市航道网规划》等专项规划。

【全力争取资源】 年内，区发改委主动对接国家、省、市各部门，引导企业积极申报各类专项资金，向上争取资金3.42亿元、中央专项建设基金29.99亿元；累计争取发行国内债券38亿元，金坛国发国际境外债8亿美元；争创省工程中心3个（江苏凯灵电器、中盐金坛盐化有限责任公司、常州斯威克光伏新材料有限公司）；金坛天然气储气库建设纳入长江三角洲城市群发展规划。

【加快项目推进】 2016年，全区先后引进总投资180亿元的“东方盐湖城·国际养生城”项目、总投资62亿元的信维通信射频模组及零部件项目、总投资52亿元的贝特瑞高性能锂电池材料项目、总投资50亿元的迈科锂电池项目等一批重大项目。其中，全区185个重点产业项目完成投资226.4亿元，占年计划100.7%，14个常州市重点项目完成年计划105%，7个江苏省重点项目完成年度计划132.1%，12个十大产业链重点项目完成投资109.88亿元，占年计划114.17%；众泰三能发动机、同方威视、中航锂电等73个项目按期竣工投产；奥托立夫、中融晶硅、奉献精密等65个项目超序时进度；茅山颐园、金坛新天地等现代服务业项目加快推进。全区2016年度政府性投资项目222个，完成投资110.1亿元，占年计划69%。杰能汽车发动机、苏格达斯汽车轮毂、东方盐湖城、吾悦广场、碧桂园一期、市民中心等一批重大项目竣工。

【旧城改造】 2016年，完成金虹纺织地块旧城改造项目，用地面积0.42公顷，完成投资1100万元。老三中周边地块、东社村周边地块改造项目由于规划调整，前期工作稳步推进。

【保障性安居工程建设】 全年新开工建设各类保障房8265套，完成省定目标125.2%。其中，公共租赁住房（含廉租住房）384套，完成目标任务128%；经济适用住房360套，完成目标任务120%；棚户区危旧房（安置房）改造7521套，完成目标任务125.4%。 （范丞明）

国土资源管理

【概述】 2016年，常州市国土资源局金坛分局围绕“保护资源、节约集约、维护权益、改革创新”总要求，坚持服务全区“两个加快”主基调，为全区发展提供国土资源服务和保障。

发展保障。完成《金坛区土地利

用总体规划》年度一般性修改,布局调整全区允许建设区和有条件建设区,调整面积193.34公顷,优化全区规划空间布局。争取各类建设用地指标966.67公顷,确保重大项目顺利落地和重点工程用地需求。完成市级土地收储7宗地17.92公顷,完成市级政府性存量土地收储35宗地14.28公顷;全年融资6亿元。出让经营性用地113宗,面积241.48公顷,出让金39.55亿元;出让工业用地86宗,面积200.18公顷,出让金5.86亿元。

资源保护。区政府与各镇(区)签订耕地和基本农田保护责任书,落实耕地保护责任。推行耕地保护激励政策,因工作成效突出,省国土资源厅通报表彰薛埠镇政府并给予200万元资金奖励。完成城镇周边3613.33公顷永久基本农田划定工作,全域永久基本农田划定方案通过常州市级审查,文本和数据库上报省厅备案。土地综合整治工作取得新提升,连续5年实现占补自求平衡,全年完成占补平衡项目31个,新增耕地面积141.4公顷;增减挂钩项目46个,新增耕地面积78.73公顷;工矿废弃地复垦项目18个,新增耕地面积33.93公顷。基本农田示范区建设四、五期项目完成验收,六、七期项目进入扫尾阶段,八、九期项目进入开工建设阶段。指前镇、薛埠镇基本农田保护示范区土地整理项目获得2016年度江苏省国土资源土地、矿山地质环境整治科技创新一等奖。

节约集约。区政府出台《全区2008~2016年批而未供土地处置工作方案》,部署开展批而未供“百日攻坚”专项行动。深入推进低效产业用地再开发工作,建立健全低效产业用地盘活利用引导政策和激励机制,区政府出台《关于推进低效产业用地再开发促进产业转型升级的实施意见》;建立城镇土地使用税调节机制,启动实施土地差别和税额标准调整,有效盘活存量土地,全区盘活存量建设用地423.07公顷。盐穴地下空间利用模式列入全国国土资源节约集约“四个创新”一百例之一。

环境优化。创新土地执法模式,全区5个露天在采矿山运行“慧眼守土”综合动态智能监管,无人机服务执法巡查常态化。区、镇、村三级动态巡查更加注重有效化,实现违法用地早发现、早报告、早制止,朱林镇获评“常州市土地执法监管先进镇”。做好地质灾害防治,以茅山地区为重点,聘请专业地质队伍开展地质灾患排查,重新修订区地质灾害应急预案,开展突发地质灾害应急演练。向基层发放地质灾害避险应急手册、防灾减灾宣传手册5000份。2016年汛期,有效处置薛埠锅底山、儒林大涪山等小型滑坡引发的地质灾害,确保人民生命财产安全。创建成功全国地质灾害防治高标准“十有县”。

服务提质。成立不动产登记交易中心金坛分中心,颁发不动产证书14398份,发证准确率100%。自主开发建设的不动产登记交易系统顺利通过国土资源部验收,成为全国不动产登记工作可复制、可推广的样本。抽调专人成立“上门服务小组”,开辟“绿色通道”,上门服务全区重点企业及群众42人(次)。优化内部机构设置,土地开发整理中心、地理测绘信息院合并为土地征地勘测中心,整合提升服务效能。

【江苏省国土资源厅厅长李侃桢调研区经济社会发展】 1月19日,江苏省国土资源厅党组书记、厅长李侃桢调研全区经济发展情况和国土资源工作,区委书记范寿柏、区长狄志强、副区长刘明江等陪同调研。李侃桢实地调研中航锂电、同方威视、众泰汽车等重点项目建设现场,高度评价全区的快速发展,充分肯定其国土资源工作。

【国土资源部原副部长胡存智考察区国土资源管理工作】 2月26日,全国政协委员,中国土地估价师与土地登记代理人协会会长,国土资源部原党组成员、副部长胡存智考察金坛。省国土资源厅副厅长吴震强,中共金坛区委书记范寿柏、区长狄志强等陪同考察。胡存智实地调研中航锂电、同方威视、众泰汽车等重大项目建设,并参加座谈会,对金坛近两年来的发展变化做出充分肯定,并指出金坛正走在快速发展的正确道路上,潜力是无限的,要进一步坚定信心、克难攻坚,在新兴产业的换代升级上更好地做文章,争取取得更加让人振奋的成绩。

【安徽省国土资源厅厅长孙爱民考察区国土资源工作】 3月10日,安徽省国土资源厅厅长孙爱民带队赴金坛考察调研国土资源管理工作。考察组在江苏省国土资源厅副厅长祖耀升,金坛区委副书记陈春洪、副区长刘明江等的陪同下,对众泰汽车整车生产线、同方威视科技江苏有限公司、中航锂电(江苏)有限公司等重点企业项目建设现场,茅山旅游度假区上阮村“整村推进”土地整治模式取得成效和同一乡镇村庄规划布局调整试点区域进行实地考察调研。考察组对全区通过优化土地空间布局、整合优势资源筑巢引凤的节约集约用地措施,落实“双提升”取得的成效和以农村土地综合整治“整村推进”模式推动美丽乡村建设的先进经验给予高度评价。

【江苏省建设用地报批工作座谈会在坛召开】 6月2~3日,江苏省国土资源厅在金坛组织召开苏南片区建设用地报批工作座谈会。会议重点就省厅拟出台的《贯彻落实〈江苏省征地补偿和被征地农民社会保障办法〉的指导意见》《江苏省建设用地报批常见问题指导手册》和《江苏省建设用地审批办法》三个文件进行座谈讨论。通过座谈,进一步梳理被征地农民社会保障存在的工作难点和政策“门槛”,提出切实可行的工作意见;对建设用地报批具体业务操作中出现的常见问题集思广益,形成初步指导性意见;讨论建设用地申请、审查、报批和实施等审批管理的关键环节,为全省建设用地审批管理办法的进一步修改完善打下基础。

【常州市不动产登记交易中心金坛分中心揭牌暨首证颁发仪式】 6月12日，常州市副市长张耀钢出席仪式。区长沈东、常州市国土资源局局长贾金庚分别致辞，祝贺分中心正式运行，并对下阶段工作提出要求。张耀钢和沈东共同为“常州市不动产登记交易中心金坛分中心”揭牌。在发证窗口，张耀钢颁发金坛区第一本不动产登记证书。 （周 碧）

城乡规划管理

【概述】 2016年，区规划局围绕全区重点工作目标，致力服务“两个加快”，不断提高行政许可和服务效能，完善“一站式”服务各项举措，理顺管理体制机制，深入开展规划管理制度化、标准化和规范化建设，建立重点工作落实有效督查机制，抓紧抓实规划各项工作，为早日实现金坛在苏南板块快速崛起作出贡献。

【规划服务创新】 年内，出台《区规划局关于下发2016年度加快项目引进、加快项目建设目标任务分解》，优化科室职能，推行现场办公制度，缩短审批时限，实现“一站式”服务，优化“三合一”服务流程，编印《规划行政服务指南》，制作《政务服务告知书》，开通二维码办事指南，切实提高工作效率。

【规划管理与服务】 组织召开各层次规划审议会议，全年组织召开城乡规划委员会会议1次、城乡规划评审委员会会议9次、专家评审（咨询）会议9次、局规划项目审查例会41次。审议长荡湖旅游度假区总体规划、滨湖新城塔桥方案、碧桂园三期方案等多个区级重点项目，保障规划成果质量与规划审批程序合法性。审查核准各类规划建筑设计方案448个，全年核发建设项目选址意见书93份；核发建设用地规划许可证143份，总规划用地面积约415.05万平方米；核发建设工程规划许可证303份，累计建筑面积约458.59万平方米；核发竣工核实证明195份，核实面积约381.25万平方米；规划用途核实、划拨转出让16份；出具规划条件132份，严格执行批后监管。

【规划测绘】 全年完成31条新建（含修建）道路、总长51.5公里线路测量、纵横断面测量，136个项目共223栋建筑放样测量，33个经营性项目224栋建筑规划监督测量，占地面积364.4万平方米（规划核实）竣工测量，153栋建筑物日照分析要素测量，110.8万平方米范围土方量测量、计算，总长538.4公里地下管线竣工测量；完成55.7万平方米规划面积预测绘、12.9万平方米规划面积实测、216.6万平方米房产测绘以及其他工程测绘工作，保障各项建设顺利开展。完成地下管线普查外测，组织开展供电、路灯、排水、供水、燃气等地下管线补查、补测，野外数据采集入库管线总长近2800公里。加强与管线权属单位沟通，建立港华燃气公司高、中压管道和供电公司35千伏以上管线建设同步跟踪测量，10千伏管线工程、排水处、自来水公司新建管线实时更新测量机制。完成地下空间普查测绘，组织实施约30万平方米地下空间普查测绘工作。全面完成全区400平方公里大比例尺地形图地块调绘工作，实现全区全域大比例尺地形图全覆盖。

【规划信息化】 2016年，完成开发区总规、茅山旅游度假区总规、滨湖新控规及部分小地块控规数据入库，丰富区规划局数据库内容，提供全区规划审批、规划编制数据支撑。配合省住建厅及时完成镇村布局规划入库工作，通过开展信息系统风险安全评估，确保系统稳定运行，通过光纤接入和平台建设，实现信息系统资源上下共享。 （倪 霞）

安全监督管理

【概述】 2016年，区安全生产监督管理局以坚决防范和压降各类事故为目标，落实责任，强化监管，突出重点，标本兼治，促进安全生产形势保持持续稳定好转，为全区经济社会发展提供坚实保障。

【长效管理】 年内，出台年度安全生产工作意见、执法监察计划、网格化管理实施办法和企业主体责任暂行规定，统筹部署全年重点工作。开展元旦春节、“4·22”靖江德桥火灾事故、夏季安全、安全生产月、“11·24”江西丰城重特大事故5轮全区性安全生产大检查，加大镇（区、街道）、部门联合检查力度，形成高压监管态势。听取区人大法律监督、区政协专题调研工作意见和建议，提高法治水平。出台安全生产长效管理考核办法及镇（区、街道）、企业等考核细则，以考核为抓手，推进工作落实。

【专项整治】 开展危化品、非煤矿山、金属冶炼、职业病危害、烟花爆竹、涉氨制冷、涉爆粉尘等高危行业领域安全生产专项整治，排查治理安全隐患和突出问题，全年检查企事业单位1100余家，发现并整改风险隐患8700余处。深入开展打非治违专项行动，严厉打击违规违章、非法违法行为，全年立案查处违法行为22起，罚款人民币345万元，其中事前处罚10起罚款42万元，事故处罚12起罚款303万元。

【管理创新】 年内，推进安全管理创新，试行安全总监制度，开展企业安全生产标准化和隐患排查治理信息系统建设，提高企业安全管理水平，对隐患排查整治实现实时监控和动态监管。全区308家企业试行安全总监制度，450家企业通过三级以上标准化达标验收，689家企业建立隐患排查信息系统。

安全宣教培训现场　　　　（市场监管局　供稿）

【安全宣教培训】　通过新闻媒体、户外广告、网站、微信等多种载体，宣传安全生产法律法规，提升公众安全意识。全年制发安全生产新闻报道156篇、专题报道12篇、公益广告86条、宣传标语1万余条。开展安全文化进企业、进工地、进学校、进家庭、进社区、进村居活动，印发《安全生产法》1万册、《安全生产五规定五到位》和《应急管理九条规定》2000份。举办"安全生产月"活动，开展"6·16"安全生产广场咨询、安全电影巡回放映、"欣越杯"安全知识竞赛和"南京银行杯"安全生产演讲比赛等活动11项。邀请省、市安监局和区法院、法制办有关专家举办安全生产法制讲座6期，举办企业负责人、安全管理人员、特种作业人员安全培训38期，培训人员3343人次。

（王俊华）

工商行政管理

【概述】　2016年，全区深化工商行政管理机构体制，出台《促进我区工业经济转型发展16条》，服务营改增工作，实施"多证合一"商事登记制度改革。以"三证合一"（营业执照注册号码、组织机构代码和税务登记证号码）为主要内容的登记制度改革进一步实施，全年共办理"三证合一"营业执照5673份。在"三证合一"的基础上，2016年10月1日起，全区正式推行"多证合一、一照一码"制度，全年完成7051家企业的"多证合一"登记。市场主体发展加速，全年新办私营企业1428家、个体工商户3159户，分别占计划数164%和175.5%。截至2016年年底，全区共注册各类市场主体37043户，累计注册资本1704.21亿元，分别比上年增14.92%和22.70%。

【发放首份全程电子化营业执照】　6月1日，塞弗（常州）检测技术服务有限公司成为全区首家领取全程电子化营业执照企业，标志着全区又一便捷市场主体准入通道成功开通。截至12月底，全区共办理企业电子化登记9家。

【推进"个转企"工作】　贯彻落实《金坛市人民政府关于加快推进个体工商户转型升级为企业的意见》精神，完善政策引导和配套扶持，落实各项优惠政策，全年完成"个转企"126家，完成全年任务126%，其中在大个体库名录中55家，完成全年任务110%。截至2016年，完成"个转企"登记240家，占三年计划80%。"个转企"后，企业注册资本比升级之前增加约1.4亿元。

【举行"新消费我做主"主题宣传】　3月15日，区市场监管局和区消费者协会会同相关职能部门在金沙广场举办"新消费我做主"暨"3·15"国际消费者权益日主题宣传活动。近20家公共服务企业派出近300人参与活动，烟草、交通、银行和"12345"公共服务热线等政府职能部门现场回答群众消费咨询、受理消费者投诉，接受各类咨询近100多件；接受消费投诉9起，当场处理2起；发放宣传资料1000多份。"3·15"期间，区消协与电视台制作1期消费知识教育节目，发布5期"网络购物"消费警示。加强城乡联动和部门协作，东城分局与区综治办在社区开展法律知识宣传，直溪分局与江南银行开展"金融消费知识进农村活动"。

【"丰登FENGDENG及图"成为中国驰名商标】　6月17日，江苏丰登作物股份有限公司"丰登FENGDENG及图"注册商标并通过国家工商总局商标评审委员"中国驰名商标"认定。该商标成为新《中华人民共和国商标法》实施后全区第一件中国驰名商标，也是区第三件中国驰名商标。

【国家商标局领导调研区地理标志商标工作】　11月24日，国家工商总局商标局副局长闫实一行调研区地理标志发展和商标便利化改革工作。江苏省工商局副局长吴永才、区领导周新生等陪同调研。闫实一行深入建昌红香芋原产地直溪镇，认真听取该镇红香芋协会关于建昌红香芋地理标志注册、管理、运作和保护等情况汇报，现场查看红香芋分拣包装作业及相关资料介绍。

【发出首份"两证整合"个体工商户营业执照】　12月1日下午3时，区市场监管局西城分局登记窗口发出全区首张个体工商户"两证整合"工商营业执照，标志着全区个体工商户"两证整合"改革正式由"推动"转向"落地"。"两证整合"即将过去个体工商户依次向工商部门、税务部门申请核发营业执照、税务登记证,改为个体工商户“一次申请”,市场监管部门通过“一窗通办、一表登记、一网共享”的模式向个体工商户核发加载统一信用号码的“两证整合”营业执照,税务部门不再核发税务登记证,从而实现真正的“一站式”服务。截至2016年年底,全区共办理“两证整合”个体工商户营业执照650份。

【潘小平获评“全国先进个体工商户”】 12月5日,由国家工商行政管理总局和中国个体劳动者协会共同举办的“全国先进个体工商户表彰大会暨纪念中国个体劳动者协会成立30周年座谈会”在北京人民大会堂举行,区园林大酒店总经理潘小平作为全国先进个体工商户代表参加会议,并受到国务院总理李克强接见。潘小平成为区个私协会成立30多年来第一个“全国先进个体工商户”。

【“放心消费”工程】 年内,创成直溪镇振兴中路等3条“放心消费一条街”,全区放心消费示范街区增至10条,乡镇和街道参创率75%以上。创成16家常州市级放心消费先进单位(行业),其中长荡湖水街创成省级放心消费示范街区。全年接受各类消费者投诉196件,调解受理179件,调解成功率91%以上,为消费者挽回各类经济损失100余万元。

【动产抵押登记】 年内,首次办理3起抵押权人为个人的动产抵押登记,帮助企业融资340万元。这3起抵押权人为个人的动产抵押登记,实现全区历史上办理抵押权人为个人的动产抵押登记突破。全年办理各类动产抵押物登记120件,实际帮助企业融资26.24亿元,占年初目标计划174.93%。

【专项监管检查】 年内,开展农资安全监管,完成全区55个批次在售农资商品抽检和8家农资经营主体随机抽查,合格率96.36%;开展基础教育装备产品专项检查,以塑胶跑道、校服、文具为检查重点,检查8家企业,未发现质量问题;开展投资理财(管理)类市场主体调查登记及专项治理工作,调查登记该类市场主体471户;开展红盾网剑专项行动,清理网络经营主体数据1108条,受理网络消费投诉3起;开展网络市场监管专项行动,检查网站经营者20家(次)、网站1142个(次),固定网页证据43条,立案查处1起互联网虚假违法广告案件;开展互联网金融广告专项整治工作,排查经营主体96户次;开展合同格式条款规范工作,检查各类格式合同50份;开展直销企业专项检查,出动执法人员74人次,检查直销企业服务网点10个、经销商10户,未发现违法行为。推进汽车销售维修服务维权工作,开展2016年度汽车4S店专项检查,对于汽车配件标识、标注不规范、制度不健全、管理不规范问题,现场指导、纠正,并责令改正。

【电子标识申领公开】 以省工商局“一中心一平台”和二版经济户口软件为依托,扎实开展“工商网监”电子标识申领公开工作。发放“一中心一平台”应用手册,并由业务科室安排人员通过主动上门、电话沟通、QQ交流等方式点对点、面对面的指导分局监管干部开展电子标识申领公开工作。全年辖区网络经营主体申领公开“工商网监”电子标识422家,占辖区市场主体总数72.01%,超年度目标60%,居常州前列。

【10家企业获2014~2015年度“守合同重信用”企业】 年内,金坛柴油机

12月5日,潘小平获评全国先进个体工商户 (市场监管局 供稿)

有限公司、江苏城东建设工程有限公司、江苏金昇实业股份有限公司、江苏尧塘园林绿化集团有限公司、江苏水北建设工程有限公司、常州亿晶光电科技有限公司、江苏金坛市政建设有限公司、江苏易成电力器材有限公司、常州市金坛兴华路桥工程有限公司、江苏蓝色星球环保科技股份有限公司10家企业被评为国家工商总局2014~2015年度“守合同重信用”企业。

【市场主体年报工作】 2016年,区市场监管局切实推进辖区企业年报工作,保证企业信用信息公示顺利,全力畅通服务。截至2016年6月30日,共有7965家企业完成年报,应报9450家,年报率84.3%;17914户个体户完成年报,应报22409户,年报率79.9%;593户农业合作社完成年报,应报844户,年报率70.3%。

【金坛港华燃气获“省级12315消费维权示范服务站”称号】 年内,金坛港华燃气公司12315消费维权服务站获评2015年度省级“12315消费维权示范服务站”,常州市工商局领导为消费维权服务站授牌。至此,全区有3家企业获省级维权服务站称号。

【国家卫生城市复审迎检】 年内,开展以食品、餐饮、市场及窗口等行业和场所为重点的检查活动,检查农贸市场3家,食品经营户52户,餐饮经营户80户,发出整改通知12份。以学校、餐饮单位为重点,检查辖区公共场所禁烟、控烟情况,督促其参照创建标准做好相关工作。

质量技术监督

【概述】 2016年,全区进一步强化特种设备安全监管力度,重点加强电梯、气瓶、大型游乐设施、起重机械等特种设备监管力度,及时处理各类特种设备安全隐患。年内,全区各类特种设备现场监督检查覆盖率100%,全年企业采用标准覆盖率98%以上。聚焦各类社会关注热点,相继开展全区餐饮经营单位燃气使用安全专项整治、化工企业、危险化学品罐区和易燃易爆物品聚集场所大检查、重点行业领域特种设备安全大检查,为促进全区社会稳定发展做出积极贡献。

【“质量强区”建设】 2016年,新申报常州市名牌产品11个、江苏名牌产品6个,中盐金坛盐化和江苏金旺包装申报常州市市长质量奖,华德机械高新技术自主创新标准化试点通过验收,4家企业获评江苏省工业企业质量信用等级A级。完成11个品种共计132批(次)的产品质量抽检,完成流通领域10个品种共计53批(次)的产品抽检,完成14家加油站30个批次共计3个种类的成品油质量抽检。

【农业标准化建设】 年内,上阮现代农业产业园区被申报为省级农业标准化示范项目,《金坛酥枣栽培技术规程》通过省标准化技术委员会审查,《双孢蘑菇栽培基质隧道发酵技术规程》被列为江苏省地方标准项目计划,《池塘蟹虾“金坛模式”养殖技术规程》通过省地方标准审查,《油蔬两用油菜宁油16号生产技术规程》等8只标准成功申报常州市农业地方标准,14家“金坛雀舌”地理标志使用企业申报通过国家级批复。

【计量惠民】 年内,开展“健康计量进愚池社区”宣传活动,完成区集贸市场计量器具、基层医疗卫生机构计量器具免费检定工作,全区31个集贸市场1518台在用计量器具调试合格率100%,全区137家村级卫生室、9家计划生育指导站和2家社会福利机构250件医疗计量器具受检率100%。全年开展贸易结算、安全防护、医疗卫生三大领域计量专项检查和强制检定12505台(件),整改合格率100%。完成1151家企业23150件计量器具计量检定,完成商品量定量包装120检验批次。区加怡热电有限公司被列为省级重点培育能源计量示范单位。

【电梯安全监管】 推行电梯责任保险,全区检验合格在用电梯和新安装电梯参保率50%。强化电梯应急处置服务平台建设,优化大数据分析监管体系,成立电梯应急救援队,配置电梯应急救援专用车,完善应急救援调度流程。全年共完成老旧电梯更新改造12台,全区乘客电梯基本安装维保监管测评软件,2269台乘客电梯统一实行编号管理,轿厢内张贴119呼救号应急救援标志牌近2000张。

【检验检测中心建设】 加大区检验检测中心项目资金投入,更新一批检测设备,中小功率内燃机检测参数扩大到34个,实现项目检测全覆盖。区内燃气检测公共服务平台项目获2016年度省级工业和信息产业转型升级专项资金30万元,“节能低排放小缸径柴油机高效洁净燃烧技术开发与应用”获省科技厅立项,内燃机实验室获环保部资质许可。

【中盐金坛盐化获常州市质量管理先进单位】 为加快转变经济发展方式,推进转型升级,提质增效,根据《常州市市长质量奖管理办法》的规定,经过申报推荐、资格审查、资料评审、问询答辩、综合评价、审议公示等程序,中盐金坛盐化有限公司获“2016年常州市质量管理先进单位”称号,这也是该企业第二次入围该奖项,标志着全区质量发展工作迈上一个新台阶。

【中盐金坛盐化有限责任公司质量信用AA级通过现场评审】 12月11日,江苏省质量技术监督局对中盐金坛盐化有限责任公司进行质量信用AA级企业现场核查。审核组专家肯定中盐金坛公司的管理水平优势、生产环境优势、产品优势,指出公司今后改进提升的方向。最终,公司获得现场核查总分为1028.1分,超质量信用AA级企业最低分900分要求100多分,成功通过省工业企业质量信用AA级现场评审。

【推行企业“首席质量官”制度】 从2013年开始，按照省质监局要求，全区大中型企业推动实行“首席质量官”制度，并首先在条件完善、质量管理基础雄厚的省名牌企业推行试点，截至2016年，全区已有73名企业“首席质量官”和11名“卓越绩效管理”自评师。

【4家企业获省政府质量强省专项经费奖励】 2016年，区金旺包装科技有限公司、常州亿晶光电科技有限公司、中盐金坛盐化有限责任公司、江苏金昇实业股份有限公司4家公司获得省政府质量强省专项奖励经费5万元。

【13家企业获评江苏省工业企业质量信用A级】 年内，常州市质监局发布2016年江苏省工业企业质量信用A级名单，常州市金坛旭杰传感器厂、常州腾鑫保温材料有限公司、江苏铭鼎新材料科技有限公司、江苏力合粘合剂有限公司、常州市金坛晨光轻工机械有限公司、常州市万丰饲料有限公司、常州市世兴医疗器械有限公司、江苏常峰电力设备股份有限公司、常州斯开龙包装机械有限公司、江苏银晶光电科技发展有限公司、江苏九华能源科技有限公司、江苏威龙制药机械科技股份有限公司、江苏利步瑞服装有限公司13家企业获评A级。

【14家茶企通过地理标志保护产品专用标志使用登记】 全区第一批共14家茶企向国家质检总局提出申请使用金坛雀舌茶地理标志产品专用标志。5月25日，国家质检总局发布2016年第45号公告，对14家茶企就金坛雀舌茶地理标志保护产品提出专用标志使用的申请审查合格，予以登记。随着核准公告的发布，标志着金坛雀舌地理标志产品保护工作，从产品申请、审查批准到标志核准的审批阶段全部完成。

【7种工业产品、4种农产品获省名牌】 2016年，经各市质监局和省有关行业主管部门初审、专家评审和用户调查，江苏省名牌战略推进委员会全体委员会议审议通过，金坛区江苏中东化肥股份有限公司、盘固水泥集团有限公司、江苏丰登作物保护股份有限公司、江苏易成电力器材有限公司、常州而今太阳能设备制造有限公司、常州市金坛农用水泵厂、江苏康友医用器械有限公司7种工业产品和江苏方麓茶场有限公司、金坛区麓雨茶场、常州金坛江南制粉有限公司、江苏三德利牧业发展有限公司4种农产品通过省名牌评审。

食品药品监管

【概述】 2016年，全区以推进食品药品安全监督体制改革为抓手，完善全区食品安全网格化管理体系和责任体系，实施食品药品放心工程，实现食品药品质量安全事故零发生、行政执法零错案、行业作风零投诉。全年完成2229批次评价性食品安全抽查，占计划101.3%；完成食品流通环节抽检754批次，占计划100.53%；完成生产环节抽检任务300批次，占计划100%；开展食品生产环节快速检测56批次和食用农产品检测60批次。完成6家餐饮企业“食品经营管理信息系统”电子化监管安装建设，全区药品生产（药包材生产）企业监管检查覆盖率100%。

【食品专项整治】 年内，开展食品流通领域专项检查7项、生产领域专项整治11项，共检查流通经营企业3125家、生产企业67家。坚持“三分监管”，开展食品经营主体日常监管巡查4318家次，发现问题经营主体157家，完成整改157家，全部实现回访“闭环”。开展企业食堂食物中毒应急演练，联合区民政、教育等部门做好15家养老机构食堂以及98家学校食堂的餐饮日常监管，积极做好“东方盐湖城开园”“道教文化节”和“雀舌茶道会”等重大活动期间的餐饮服务安全保障。针对“饿了么”等系列侵权事件曝光，及时组织对辖区内3家餐饮网络平台合作店家进行资质监督抽查，加强食品安全应急管理机制建设，规范各类食品安全投诉举报处置和舆情监测监控工作。

【医疗器械专项检查和药品GSP、GMP安全监管】 年内，开展“医疗器械经营企业冷链管理”等各类专项检查10次，对区内4家三类医疗器械生产企业、7家体外诊断试剂经营企业开展飞行检查。指导58家单体药店通过新版GSP（药品经营质量管理规范）认证，完成常州金远药业小容量注射剂等多个药品GMP（药品生产质量管理

6月13日，食品安全宣传周活动启动仪式举行 （市场监管局 供稿）

规范)跟踪检查,完成江苏新先制药合剂和糖浆剂新修订 GMP 认证。完成配制酒、玛咖类食品和保健食品的快筛专项检查以及美白类化妆品标签标识的专项检查,建设"众锦在线健康管理系统"社区平台,开发 APP 软件,实现一站式日常健康管理—诊疗—康复维护—日常健康管理的 O2O 闭环。

【药品风险评估管理】 年内,完成常州金远药业高风险监督检查,常州市天华制药盐酸普萘洛尔原料药注册现场核查,江苏兢业制药许可证申请现场检查。完善用药风险监测体系,全区所有公立(民营)医疗机构、个体门诊部(诊所)、药品制剂生产(批发、零售)和医疗器械生产企业均已实现药品不良反应监测在线申报。

【食品企业信用分类监管】 年内,推进全区 1134 家餐饮服务单位"量化分级管理"。其中,A 级单位 118 家、B 级单位 744 家、C 级单位 272 家。对全区 4095 户食品经营户进行"信用分类监管"评定。其中,A 级 4067 户、B 级 22 户、C 级 6 户。

【6 家企业电子追溯系统通过常州验收】 加强食品企业电子追溯系统培训,完成企业申领条形码、建立词典库和模拟数据输入等工作。全年共输入食品生产企业动态监管信息 190 条,更新企业信息 101 条,区 12 个农产品生产基地基本实现产品可追溯。全区 2 家肉制品、4 家食品添加剂生产企业纳入电子追溯系统建设名单,11 月 17 日,常州市组织食品生产电子追溯系统建设工作检查验收,检查组现场考察企业人员对追溯系统的操作情况,核查测试数据从原料到成品、从成品到原料的正反向追溯过程。经过验收,区 6 家企业电子追溯系统均能完成一系列数据的追溯,得到常州市食药监局专家肯定。

【疫苗使用安全监管】 年内,组织对区疾控中心和 13 家医疗机构进行现场监督检查,重点检查疫苗的进货渠道是否清晰,疫苗冷链管理是否符合要求,疫苗的效期管理是否规范。强化储存设施建设,区疾控中心按疫苗储存规定和要求建成一个一、二类疫苗冷库,保证疫苗全天达到规定温度,并装有温度传输和报警设备,将冷库温度随时传到监管人员手机。配备专用疫苗配送车,强化风险隐患排查,确保疫苗管理达到《疫苗流通和预防接种管理条例》要求。联合区卫计部门对全区 13 个预防接种点相关人员组织业务培训,积极向群众宣传相关法规和业务知识。

【医疗专项监管检查】 年内,开展"三严三控"(严法规、严标准、严规范,控来源、控过程、控放行)医疗器械专项整治行动,通过对重点领域、重点环节、重点产品开展监督检查,整顿医疗器械质量秩序,保障医疗器械生产、经营和使用环节质量安全。检查注射用透明质酸钠产品经营、使用单位 5 家,未发现非法制售和使用注射用透明质酸钠行为。强化体外诊断试剂质量保障安全,对辖区内 1 家生产企业、7 家经营企业、11 家使用单位进行了全面检查。

【开展动物胶类中药饮片专项整治】 年内,对辖区经营、使用单位库存的阿胶、龟甲胶、鹿角胶进货渠道、产品质量进行监督检查,复核企业生产资质、供应商经营资质、质量标准、批准文号、检验报告等信息,并且抽检上述胶类中药 16 批次,规范滋补市场中药材和中药饮片流通秩序,有效保障公众用药安全。

【完成食品安全抽检任务】 2016 年,区食安办组织农林、市场监督管理、粮食三部门对种植基地及农产品批发市场销售食品、生产加工企业生产的食品、经营企业在售的食品、餐饮食品以及粮食加工品等进行抽样检测。全年共抽检食品 2229 批次(计划 2200 批次),合格率为 97.9%,不合格 46 批次。卤菜制品 16 个批次不合格,主要原因是检出大肠菌群、菌落总数超标;餐具 27 个批次不合格,主要原因是检出大肠菌群;预包装食品 3 个批次不合格,主要原因是标签不合格。对不合格食品及其所涉及单位,相关部门依法进行了处置。

【烘烤类糕点生产经营场所突击检查】 11 月,组织相关人员对辖区内烘烤类糕点生产经营场所进行突击检查。此次检查共对辖区内 43 家烘烤类糕点生产经营场所、2 家现场制售的大型商超进行了突击检查。经检查,烘烤类糕点生产经营用乳制品均在有效期范围内,未发现有使用新西兰产乳制品的情况。

【肉制品安全监管】 组织开展流通环节冷冻肉及肉制品专项检查活动,全年检查农贸市场 15 家、超市副食店 65 家、冷鲜肉专卖店 11 家、冷库 19 家。辖区内肉制品经营户的食品安全总体秩序良好,大部分经营户均能落实食品经营制度,经营场所整洁,环境卫生良好。突出全区酱卤肉制品、腌腊肉制品、速冻肉制品获证生产企业专项监管,督促企业把好原料进货关。重点对企业生产原料索证索票制度的落实情况以及是否存在使用未经检验检疫或检验检疫不合格原料肉加工食品的行为进行检查。未发现企业存在有使用未经检验检疫或检验检疫不合格原料肉加工食品、超范围超量使用食品添加剂等违法违规行为,均能按要求做好原料进厂检验、生产投料记录以及成品检验等各项记录。

【药品生产、经营企业信用等级评定】 对全区在 2016 年 5 月 30 日前取得"药品经营许可证"的药品经营企业和生产企业进行综合评定,单体零售药店 59 家,57 家评定为守信,2 家为 5 月 30 日后开办,不参与 2016 年度评定;药品批发企业 1 家,零售连锁总部 6 家,6 家零售连锁总部均为守信;药品连锁门店 266 家,265 家评定为守

信,1家评定为一般失信;药品生产企业6家,4家评定为守信,2家不参与评定。 （岳黎明）

物价管理

【概述】 2016年,区价格部门贯彻省、市价格工作会议总体部署,以“价格行政效能深化年”活动为指引,转变工作观念、思路和作风,提升价格监管和服务水平,发挥价格机制服务经济建设重要作用。

【保障物价民生】 年内,强化价格监测和成本调查工作,开展价格监测和价格成本、市场供求等调查,稳价保价,完成19项市场调查。推动平价商店建设,调动平价商店让利积极性,奖励全区参加农产品节日让利活动平价商店,分别给予补贴2000~18000元,搭建平价商店监管平台,实现平价商店管理规范化和常态化。落实低收入群体价格补贴,6月,全区居民消费价格指数同比涨幅3.1%,全区及时启动低收入群体临时价格补贴,发放补贴609854元。

【落实清费减负】 年内,贯彻落实收费管理政策,1月1日起放开19项经营服务性收费,5月1日起,11项行政事业性收费免征范围扩大到所有企业和个人,调整耕地开垦费标准,明确社会保障卡收费标准,规范房屋转让手续费,贯彻落实《江苏省航道赔(补)偿标准》和不动产登记收费有关规定。实施收费事中事后监管,组织开展收费情况报告和巡访工作,178家收费单位全部完成收费情况报告工作;分别编制《2015年金坛区行政事业性收费目录》《实施政府定价或指导价的经营服务性收费目录》《金坛区市政公用设施等政府定价管理的经营服务性收费目录》和《金坛区政府定价管理的经营服务性收费目录》4张收费清单,并予以公布,自觉接受群众和社会监督。加强医疗养老服务价格和教育收费监管,按时完成区人民医院、区中医医院2015年度医药价格综合改革效果评估相关数据上报工作;做好2家医院医疗服务价格动态管理考核评分工作;进一步明确公办养老机构收费实行政府定价管理,其他养老机构收费实行市场调节价;核定金沙高级中学2016年高一新生学费标准。

【监管市场秩序】 加强市场价格监管,以市场监管为导向,区分主次、分清缓急,突出重要时期、重要区域、重点时段监管,切实维护价格秩序,3个传统节日(元旦、“五一”、国庆)期间,安排检查人员80余人次,检查经营户近1000家次,纠正明码标价不规范行为20余起。继续加强明码实价政策普及和宣传,每月安排专人负责日常市场巡查,做到常监督、常提醒、常规范,做好明码实价单位促销备案管理和促销活动跟踪督查,督促14家明码实价单位规范明码标价和价格促销行为。组织专项检查,年内,配合江苏省物价局对亚邦药业进行反垄断调查。做好价格举报工作,推动“12358”价格举报电话四级联网工作,全年受理价格举报(投诉)46件,案件办结率、答复率100%。

【依法价格认定】 年内,重点开展涉案价格认定工作,完成涉案价格认定283件,金额290.4万元。继续推进涉税价格认定工作,出具认定报告1316件,涉及金额3.85亿元。突出服务政府价格认定工作,认定上访案件设备价格1起,认定公车改革价格2起。开展价格争议调处工作,办理价格价格争议调处414件,涉及金额451万元。 （姜涛晔）

【实行居民阶梯水价】 2016年1月1日起,调整全区自来水到户价格并实施居民生活用水阶梯政策。居民生活用水价格从原2.80元/立方米调整为3.70元/立方米。同时,实施阶梯水价,按居民家庭平均3人/户计算,将每户用水量划分为三个阶梯,水价按阶梯递增,一、二、三阶梯每户月用水量分别为:用水量≤16立方米、16立方米<用水量≤23立方米、用水量>23立方米;各阶梯基本水价比例为1:1.5:3,即到户价第一阶梯3.70元/立方米、第二阶梯4.68元/立方米、第三阶梯7.62元/立方米。人口3人以上家庭,每户每增加1人,每月各档阶梯水量基数分别增加5立方米。经区民政局、总工会认定,城乡供水区域内城乡低保家庭、孤儿、城市“三无”(无劳动能力、无生活来源且无法定赡养人)老人、特困职工家庭、困境儿童和农村五保户,每年补贴200元/户。

（冯鲁明）

【助力降本增效】 根据市政府《关于降低实体经济企业成本的意见》精神,5月6日,区发改委召集晨风集团、激素研究所、鸿瑞昌泰纺织公司、润帛毛纺有限公司、亚邦强生商业有限公司等8家生产企业,专门召开蒸汽价格调整座谈会,广泛征求企业家意见,依据常州市煤热价格联动机制,下发《关于下调供热价格的通知》,2016年5月1日起,区加怡热电供热基准价格从165元/吨下调至158元/吨。

（冯鲁明）

【明确供电服务性收费项目】 根据省物价局《关于清理规范城市市政公用设施等政府定价管理的经营服务性收费的通知》精神,2016年9月1日起,进一步明确供电部门经营服务性收费项目,包括居民用户上门复电服务费、居民电力增容费、电费交费卡补办工本费、电动汽车充换电服务费、港口船舶岸基供电服务费、电力负荷管理终端设备费6项;电力负荷管理终端设备费100千伏安及以上(Ⅰ型)降为5000元/户,50~100千伏安(Ⅱ型)降为2000元/户;电力负荷管理终端设备费征收对象为新装电力用户,该收费标准已含设备安装、维护、迁移和通讯等费用。 （王鸿林）

【收取义务教育阶段社会实践活动费】 根据市物价局、财政局、教育局

《常州市义务教育阶段学校服务性收费和代收费管理暂行办法》和《关于下达义务教育阶段学校代收费标准的通知》精神,区发改委、区教育局联合发文,决定自2016年秋学期起义务教育阶段收取社会实践活动费。义务教育阶段社会实践活动费(仅限门票、交通费、食宿费)小学每生每学期80元,初中每生每学期100元,按学期据实结算,多退少不补。同时,规定收取社会实践活动费学校仅限主城区内13所中小学校,其他学校一律不得收取社会实践活动费,违者依照相关法律法规处理。 (王鸿林)

【应对职业举报】 年内,职业举报人瞄准全区知名企业开设在淘宝、天猫等平台上的网店,利用网上标价不规范等漏洞,恶意举报(投诉),敲诈勒索,6~11月,区价格部门接报案件7起。为有效阻止该类案件发生,有力维护企业权益,区价格部门加强政策研究,助推电商企业规范市场价格行为,提升价格法律意识,增强自我保护能力,从源头遏制网络恶意投诉举报案件,挽回企业损失20多万元。

(曹　江)

统　计

【概述】 2016年,全区统计工作以"服务科学发展,奋力创先争优"为总要求,紧贴加快发展主旋律和主基调,立足新常态新形势,围绕中心工作,服务发展大局,强基础,抓重点,提效能,优服务,全区统计事业取得全面发展。

【提升工作质量】 年内,启动全区农业普查,印发《常州市金坛区人民政府关于切实做好第三次全国农业普查工作的通知》和《区政府办公室关于成立金坛区第三次全国农业普查工作领导小组的通知》,组织召开第三次全国农业普查工作推进会暨农业普查领导小组(扩大)会议,安排部署农业普查相关工作,明确农业普查主要工作任务,组织普查经费、机构、人员"三落实",成为常州地区农业普查试点。业务培训全区指导员280余名,组成工作组深入各镇区开展普查工作业务指导。完成遥感调查。5月下旬到6月上旬,组织70余人开展遥感面积测量工作,完成普查区20个、样方100个、自然地块3281个调查工作,设立两个工作组巡查各镇区调查现场,及时纠正问题,确保调查质量。

【深化统计改革】 年内,扎实推进地区生产总值统一核算改革。根据省、市统计局地区生产总值统一核算改革要求,认真学习贯彻2015年地区生产总值年报要求和2016年季度地区生产总值核算方案,强化与各专业、各部门沟通联络,完成年报上报工作,做好月度核算指标数据监测,做好季前各项核算指标数据评估测算,落实季度GDP预测测算工作,完成季度地区生产总值核算。

【优化服务成效】 强化经济运行分析监测,围绕打造"一城一区一山一水"四大板块目标要求,立足部门职能,认真做好统计数据生产,有效强化经济运行预警预测及信息反馈工作,加强与相关部门沟通联络和信息共享,认真做好全区各月主要经济指标数据完成进度跟踪监测,做好季度镇区完成目标进度测算考核工作。加强经济运行情况分析,横向、纵向多方位比较主要经济指标,深入研究行业、板块发展情况,及时客观反映全区各行业、各方面运行现状和发展趋势,完成季度、半年度和年度经济运行情况分析,提供全面客观经济社会发展状况统计资料和信息支撑。

(姚月暄)

审　计

【概述】 2016年,全年完成审计项目37个(不含区领导临时交办的跟踪审计项目),正在实施审计项目2个,审计总金额730.54亿元,发出审计处理决定9份,审计查出管理不规范金额30.39亿元(其中减少财政拨款补贴8.14亿元)、违规金额9672.39万元,调账处理3293.66万元,提出审计建议134条。发出移送处理6份,移送处理事项6个,移送处理金额79.74万元。提交审计工作报告、专报等68份,撰写信息及论文261篇,被有关部门采用443篇次,其中国家审计署采用56篇,省审计厅采用144篇。区审计局获2013~2015年度江苏省文明单位、常州市文明单位标兵、区学习型党组织示范点称号。金坛市2014年度财政预算执行情况及其他财政收支审计项目、金坛市2012~2014年度民政社会救助专项资金审计获常州市审计局优秀审计项目。

【政策措施落实情况审计】 根据省审计厅统一组织,开展2016年二季度、四季度国家和省重大政策措施落实情况跟踪审计。重点调查涉税企业降税、降费等有关政策措施落实情况,着力降低实体经济企业成本,促进"降成本"政策落地见效。按照国家"简政放权、放管结合、优化服务"的要求,跟踪全区行政审批改革政策、投资审批改革政策、职业资格改革政策、商事制度改革政策以及收费清理改革政策落实情况。按照国家审计署统一组织,开展2015年度城镇保障性安居工程跟踪审计。区审计局派出5人审计组赴镇江句容开展交叉审计。摸清句容市2015年城镇保障性安居工程总体情况和主要成效,严肃查处安居工程建设和管理中重大违法违纪、重大损失浪费和重大风险隐患等问题,促进住房保障政策落实,维护群众住房保障权益,推动"健全符合国情的住房保障和供应体系"目标的实现。开展2016年保障性安居工程跟踪审计。区审计局派出5人审计组赴扬中市开展交叉审计。关注资金安排、保障效果和安居工程目标任务完成情况。开展全区城镇保障性安置房存量专项审计调查。摸清全区拆迁安置房和经济适用房库存数量以及房屋配套建设、后续管理问题,详细分析闲置房数量与适应全区经济发展所需数量的对比关系，对下一步保障性安置房建设及存量使用提出建议。派出骨干参加审计署组织的全国基本医疗保险基金和医疗救助资金审计。派出计算机审计业务骨干服从省厅统一调配赴淮安审计，较好地完成审计组交办的任务。

【预算执行情况审计】 开展2015年度全区财政预算执行情况及其他财政收支情况审计。延伸审计区财政局、住建委等8个预算单位，重点抽查房地产行业执行税法情况。监督检查预决算管理法律法规和财经纪律执行情况，关注中央八项规定精神和国务院“约法三章”（政府性楼堂馆所一律不得新建，财政供养人员只减不增，公费接待、公费出国、公费购车只减不增。）贯彻落实情况。特别关注财政支出绩效，提出规范专项资金管理，及时清理盘活历年结存专项资金，提高绩效的建议。

【经济运行风险隐患审计】 牢牢盯住风险易发高发的领域和环节，对全区86家承担政府融资任务的企业进行了专项审计，摸清了政府债务的规模和融资资金的管理使用情况。揭示融资平台内部控制以及资金运作方面存在的风险隐患，保障经济运行安全。

【民生资金和项目审计】 重点监督检查政策执行、资金筹集、管理和使用等情况，关注公共资金、公共资产、公共服务的公平合理分配，促进国家惠民富民政策的落实，推动共享发展。开展全区2013～2015年度住房维修资金收支专项审计调查，摸清全区商品房住宅维修资金的归集、管理、使用和保值增值等情况。审计发现部分住房维修资金欠缴、资金管理不规范、信息化管理手段不健全等问题。开展2015年度新型农村合作医疗基金财务收支专项审计，摸清资金筹集、管理、使用情况和新农合政策措施的制定与落实情况。提出推行门诊刷卡模式、加强培训管理完善审核监督机制等建议。开展2015年度公交企业亏损情况专项审计，全面梳理公交公司经营收支情况，摸清盈亏原因，揭示管理风险和漏洞。

【党政领导干部经济责任审计】 全面推行党政主要领导干部经济责任同步审计，依法依纪反映不作为、慢作为、假作为、乱作为问题，促进依法行政。推进项目分类管理，加大对权力集中、资金密集、资源富集、资产聚集的重点部门、重点岗位、重点环节的审计力度，严肃揭露和查处重大违纪违法问题。对直溪、薛埠两镇试点开展领导干部自然资源资产离任审计。2016年，完成区人民医院、中医医院、财政局、中等专业学校、科协、广播电视台、安监局、政务服务管理办公室等12个单位12名领导干部的经济责任审计，审计总金额615.98亿元，查出管理不规范金额3.75亿元，其中违规金额9568.83万元，移送4件，提出审计建议41条。

【政府投资建设项目审计】 对重大基础设施建设全面介入跟踪监督，关注招投标、物资采购、投资控制等方面的问题，推动及时完善制度、加强管理和堵塞漏洞，切实提高政府性资金使用效益，固定资产投资审计节约资金8.83亿元。认真做好决算结算审计。开展中央财政小型农田水利重点县项目工程、新建公交场站、第二人民医院、城东卫生院移址新建项目、东城实验小学新建项目4个竣工决算。审结南环二路改造工程、金江南苑安置小区工程等工程结算2190份，送审金额54.34亿元，审定金额46.20亿元，直接核减项目工程款8.14亿元，核减率为14.98%。加强对重点项目跟踪审计。对区公安局业务技术用房工程、区人力资源市场、培训中心工程等59个工程开展了跟踪审计。注重关口前移，督促完善项目内控制度，规范建设行为，促进项目顺利实施。跟踪审计投资金额达139.66亿元，共提出审计建议68条，促进建立健全制度5项，节约建设资金0.69亿元。提出的《我区建设工程造价信息发布滞后且不完整亟需紧跟时点及时全面更新发布》《应加强对政府投资项目工程监理和项目管理服务业的监管》等9份专报和情况反映得到区主要领导的重视，分别批转区相关部门办理。

【内部审计指导】 坚持把内审工作的出发点和落脚点放在促发展、促管理、促效益、强化内部控制和防范风险上，指导内审机构优化审计方法，提高审计工作效率。2016年，先后赴常州新北区、苏州吴中区、昆山市开展乡村审计调研，积极探索“监审合一”新机制。组织开展座谈，研讨加强村干部经济责任审计新机制。组织内审人员22人参加常州市内审人员能力提升培训班。金坛经济开发区乡村工程审计实现审计对象、范围、层次全覆盖，开展村级（社区）招标工程控制价审核工作，从源头上规范建设项目清单报价，提高工程招投标和实施过程中报价的合理性和准确性。儒林镇探索出从村组干部个人往来、粮食直补费、村工程等五个方面开展村干部经济责任审计的新路子。全区内审人员撰写信息及论文16篇，1篇论文被《中国审计报》采用。

【中介机构参与审计】 2016年，重新招标建立政府投资项目审计中介机构名录库，从人员资质水平、审计经验、审计人力等方面综合考评选取23家中介。整合中介人员、相关专家、内审人员参与领导干部经济责任审计和专项调查项目。出台《金坛区审计局关于政府投资项目审计复核管理办法（试行）》，采用同步审计、审计复核、审计质量检查的方式加大对中介机构审计质量的检查考核，对审计误差率大于±2%，给予减免审计费和暂停参与政府投资项目审计业务的处罚。2016年，抽取10份2015年审结的结算审计项目开展审计质量检查，通报检查结果并处罚1家中介机构。

（孙　蕾）

（编辑　储　劼）

中共常州市金坛区委

重要会议

【中共常州市金坛区第十三次党代表大会】 2016年7月24～26日召开。狄志强代表中共常州市金坛区第十二届委员会向大会作《接轨常州主城区推动发展新跨越为实现在苏南板块快速崛起而奋斗》的报告，纪海平代表区纪委作工作报告，与会代表审议通过这两个报告并形成决议。会议对过去五年工作进行总结，并研究部署今后五年任务，重点把握着力完善发展战略布局、持续推进加快项目引进、加快项目建设、大力实施创新驱动战略、加快建设精致生态城市、全面推动城乡统筹发展、切实提升民生幸福水平六方面工作，动员全区各级凝聚共识、抢抓机遇、苦干实干，为实现在苏南板块快速崛起而奋斗。会议选举产生中共常州市金坛区第十三届委员会委员、候补委员、纪委委员以及参加常州市第十二次党代表大会代表。

【中共金坛区委十三届一次全体会议】 7月26日召开。会议选举产生中共金坛区委常务委员会，由狄志强、沈东、刘国新、陈锁龙、纪海平、朱柏松、李皓、朱建清、董龙庆、刘小平、孟敖祥11人组成，狄志强为区委书记，沈东、刘国新为区委副书记。会议批准了中共金坛区纪律检查委员会第一次会议选举产生的书记、副书记、常委人选，纪海平任区纪委书记。

【中共金坛区委十三届二次全体会议】 2016年12月19日，中共金坛区委召开十三届二次全体（扩大）会议。区委书记狄志强作《突出两个加快强化推进落实为在苏南板块快速崛起夯实基础》的报告。会议深入学习贯彻中央、省委、常州市委系列新发展理念和新工作要求，部署深化落实区第十三次党代会精神，总结全年工作，明确2017年目标任务，动员全区各级党组织和广大党员、干部群众，进一步统一思想、凝聚共识，从推进两个加快、强化企业服务、补齐发展短板、全面深化改革、统筹城乡发展、增进民生福祉六方面工作强化推进落实，保持经济社会持续快速发展。

4月28日上午，"两学一做"学习教育工作座谈会 （区委组织部 供稿）

重要工作

【开展"两学一做"专题教育活动】 2016年5月，在全区党员中开展"两学一做"学习教育活动。全区党员通过突出学习重点，创新方式方法，夯实理论基础，切实抓紧"做"的关键，严格按照党员的标准，做人做事，切实发挥好党员先锋作用；全区各级党组织坚持边学边查边改，加快补齐工作短板，着力抓好问题整改，全面推进建章立制，推动全面从严治党各项要求落到实处。以上率下，强化典型引领，为深入推进学习教育营造良好氛围。同时，把"两学一做"学习教育与区委、区政府的中心工作紧密结合起来，把学习教育焕发出的新风正气转化为加强各级领导班子建设的有力环境，把党员干部在学习教育中激发出来的热情转化为推动跨越发展的强大动力，攻坚克难，苦干实干，确保完成全年既定的各项目标任务。

【持续推进“两个加快”工作】 2016年，区委、区政府分季度召开3次全区“加快项目引进、加快项目建设”现场集中督查会。采取现场督查园区建设、项目推进情况的方式，促使各板块发展目标更明、任务更清、措施更实，行动更迅速，形成外出招商新高潮，项目引进取得成效，开工项目稳步推进，在谈重大项目获得突破。

【夯实“三农”发展基础】 2016年3月4日，区委、区政府召开全区农村工作会议，回顾总结2015年全区农业农村工作，科学谋划和部署2016年“三农”工作目标任务。围绕“一城一区一山一水”四大板块打造，抓好以“规模、高效”为导向，全面推进现代农业建设，以“扶贫、增收”为中心，全面加快富民强村步伐；以“宜居、宜业”为方向，全面改善镇村环境面貌；以“确权、赋能”为重点，全面深化农村改革发展；以“普惠、和谐”为目标，全面增进农村民生幸福等五方面工作。加大农村改革创新力度，加快农业发展方式转变，切实推进结对帮扶工作，加快提高农民收入水平，加快美丽乡村建设升级。

【强化领导班子建设】 2016年10月31日下午，区委召开领导班子建设大会。会议要求全区各级班子要围绕推进全面从严治党，着眼推动金坛跨越发展，进一步树立正确的用人导向，建立“有为激励、无为问责”的考核制度，加强各级班子和干部建设，建设一支有战斗力、开拓进取、务实奋进、社会公认的好班子。全区各级干部要进一步发扬“苦干实干、正气大气”的时代精神，积极主动作为，勇于创新、敢于担当，以新作为推动金坛的新发展，为全面实现区第十三次党代会确定的各项目标任务提供坚强的政治保证。

【金坛区纪念中国共产党成立95周年大会】 6月29日在区广电中心演播大厅举行。会议回顾95年来中国共产党团结带领全国各族人民在艰难困苦中奋起、在艰辛探索中前行的奋斗历程，号召各级党组织和全区3.8万名党员抖擞精神、奋发有为，干在实处、走在前列，继承和发扬党的优良传统，自觉践行“两学一做”，坚定信念，努力拼搏，争当先锋，克服前进路上的困难，经受住转型期各种风险考验，实现金坛加速崛起的“惊世一跃”，让群众有更多的幸福感、满足感。

【省委常委、副省长杨岳考察金坛防汛工作】 8月3日下午，省委常委、副省长杨岳一行到金坛考察防汛工作，强调防汛不能有丝毫懈怠，金坛要结合梅雨时间受灾情况，认真分析总结，切实做好防范台风及局地突发性强降雨的应对工作，继续全面落实防汛工作责任，完善各项应急预案，加强科学调度，确保安全度汛。

【省国开行与金坛党建共建】 8月25日，由国开行江苏省分行到金坛区联合开展“两学一做”学习教育。上午，国开行代表团一行考察朱林镇黄金村并听取由村党总支原书记严清华讲的党课、调研埃马克(中国)机械有限公司。下午，双方召开座谈会。省国开行表示将一如既往地持续深化国开行与金坛区在党建工作、业务工作等方面的各项合作，推动双方合作不断结出累累硕果，以更好的作为推动金坛发展迈上新台阶，推动双方合作开创新篇章。区委书记狄志强表示，金坛区将以此次活动为新的起点，以省行客户二处党支部与金坛区水利局党委开展联学共建为载体，持续推进双方党建合作，切实用“两学一做”的共建成果为项目推进保驾护航，共同把双方的合作项目打造成银政党建共建的样板工程。

【区、镇两级人大换届选举工作会议】 10月11日召开。区委书记狄志强就本次换届选举工作强调：一要切实增强做好人大换届选举工作的责任感、使命感；二要全面落实中央和省、市委对人大换届选举工作的部署要求；三要切实加强对换届选举工作的组织领导。各级党委要主动承担主体责任，人大要履行法定职责，相关部门要密切配合，依法严格办事，认真做好选区划分和选民登记核对，规范提名推荐考察协商程序，组织好代表候选人的宣传介绍，加强对投票选举全过程的监督，依法做好代表资格审查，保证换届选举圆满成功，为金坛区实现“在苏南板块快速崛起”提供坚强有力的政治保障。

纪检监察

【概述】 2016年，金坛区各级纪检监察组织按照上级纪委的部署要求，遵循党章、党规、党纪，聚焦监督执纪问责，扎实开展党风廉政建设和反腐败各项工作，为全区经济社会持续加快发展提供有力的纪律保障。

【严明纪律规矩】 深化党纪、党规教育。在全区各级党组织中开展“讲党性、守底线、强担当”专题教育活动，组织《中国共产党廉洁自律准则》和《中国共产党纪律处分条例》专题辅导，开展党纪、党规主题宣讲30余场次；编发党纪条规宣传读本，在“清风金坛”网站和《今日金坛》报开设专栏；组织各镇(区、街道)、机关部门44个党组织举办党规、党纪知识竞赛，以赛促学、以赛促用、以赛促廉，营造旗帜鲜明讲政治、从严从紧抓纪律的氛围。加强换届纪律督查。严明换届工作纪律，会同区委组织部下发严肃换届纪律、强化风气监督工作的文件；严格监督人选提名，对所有人选的廉洁自律情况进行审核；严肃换届风气督查，按照区委部署，紧扣事前、事中两个重要时间节点，对镇、村两级党组织换届纪律执行情况开展督导检查。做好巡视巡察工作。主动配合区委抓好中央和省委巡视反馈意见整改工作，制定整改落实举措17条,牵头撰写专项整改报告11个,快查快办巡视下转信访举报116件。按巡察工作部署要求,成立区委巡察工作领导小组及其办公室,协助区委制定《关于加强区委巡察工作的实施办法(试行)》,确保巡察工作机构到位、机制到位,为全区巡察工作有序开展奠定良好的基础。

【落实党委主体责任、纪委监督责任】 传导责任压力。制定《关于进一步强化党风廉政建设"两个责任"的实施方案》,以清单明责、督促尽责、常态问责为抓手,推动"两个责任"有效落实。组织各单位党政主要负责人、纪检组织负责人与区委、区政府和区纪委签订责任状,层层传递工作压力,逐级构建责任体系。分解细化落实党风廉政建设责任清单,推行过程纪实,确保责任落实全程留痕。深化"一案双查"。印发《关于深化"一案双查"强化责任追究的通知》,有效拓展责任追究的覆盖面,对违纪立案案件全部实施"一案双查";在区纪委内部完善"一案双查"会商、流转、结果报备等配套机制,使各项制度衔接有序、配套管用;积极推进"一案双查"工作向镇(区、街道)、部门延伸,形成上下联动的问责工作格局。严肃责任追究。加大责任追究力度,以问责倒逼责任落实。采取诫勉谈话、批评教育等方式对15名领导干部实施责任追究,责令1家落实主体责任不力的单位作出书面检查,9名党员干部因环境污染、违法用地、未批先建等问题被实施问责,受到党政纪处分或给予诫勉谈话。

【推进作风建设】 持续深化作风督查。紧扣重要时间节点,督促各单位切实履行主体责任,深入开展自查自纠;拓展丰富督查手段,强化职能部门联动,对20家单位"三公"经费支出等情况进行专项督查,高效督办完成上级下转"四风"问题信访举报件。专项治理突出问题。深入开展违规吃喝专项检查、扶贫领域监督执纪问责专项督查和党政领导干部企业兼职(任职)排查清理工作。注重发挥通报曝光的警示教育作用,先后通报违反中央"八项规定"精神典型案例3批4件7人次、群众身边腐败问题3批4起8人次。推动作风建设常态长效开展。坚持自律与他律并重,引导党员干部自觉培养高尚道德情操、抵制不良风气。深化廉政法规宣传和岗位廉政教育,对全区廉政文化示范点进行检查复核,更好地发挥示范引领作用。开展家训家规暨书画作品征稿活动,深入挖掘、大力弘扬金坛本土的优良家规家训,培育崇廉氛围、涵养向善风尚。

【严格执纪审查】 探索实践"四种形态"。协助区委出台《区委书记约谈暂行办法》,狠抓第一种形态的运用实践。研究制定《关于对区管党员领导干部进行谈话函询的暂行办法》《关于在纪律审查中规范运用组织处理措施的暂行办法》《关于落实挺纪在前要求健全抓早抓小机制的实施意见》等一系列制度,扎实推进"四种形态"具体化、规范化、实效化、制度化。基层跟进联动,出台《廉政谈话暂行办法》,建立上门约谈村书记机制,对倾向性和苗头性问题及时提醒警示。2016年,实施谈话函询121人(次),督促整改问题43个,为16名党员干部澄清事实。加大纪律审查力度。始终保持执纪审查高压态势,坚持有腐必惩、有贪必肃,严格审查和处置违纪问题,不断强化"不敢"氛围。2016年,共接收信访举报265件(次),立案215件,结案204件,给予党政纪处分208人,挽回经济损失586.79万元。加强案件监督管理。强化与公安、法院等部门的协作配合,主动出击排查和发现违纪线索。加强对重要案件立案调查信息的发布,形成有力震慑。出台《重要案件线索管理暂行办法》,加强问题线索集中管理、集体研判、分类处置和限时督办。扎实推进执纪审理,认真开展案件质量检查,严格执行依纪依法安全办案各项规定,着力提升纪律审查工作规范化科学化水平。

【履行再监督职能】 保障区委决策部署贯彻落实。主动跟进全区"两个加快",加强对职能部门履职情况监督检查,推动区委部署的各项任务有效推进、高效落实。防汛抗灾期间,第一时间成立6个专项督查组,深入防汛一线对各镇(区、街道)抗洪抢险救灾工作进行督查。认真督办群众反映的问题。及时跟进上级挂牌督办的"四风"问题以及省"政风热线"和常州"三合一"平台下转件,督促督办群众身边"四风"问题12个、投诉件48件,为群众解决实际问题12个。充分发挥媒体的监督作用。围绕区委、区政府中心工作和群众关注的热点难点问题,不断丰富四位一体联动方式,积极推进"政风热线",加大对问题解决情况的跟踪报道力度,确保群众反映的问题及时得到解决。

【加强自身建设】 开展"两学一做"学习教育。制定委局机关"两学一做"学习教育实施方案,督促纪检监察干部认真学思践悟,争做尊崇党章、遵规守纪的模范。举办2期全区纪检监察干部党性教育培训班,有力地强化干部的党性修养。加强干部队伍建设。严格落实"提名考察办法",制定出台《镇纪委书记、副书记提名考察办法(试行)》;利用集中换届契机,选优配强镇(区、街道)纪(工)委书记;区纪委监察局按照遴选公务员的有关规定,选调优秀年轻干部10人,全区共交流、提拔纪检监察干部45人次,进一步加强纪检监察干部队伍建设。按规定对纪委书记工作进行规范,确保把精力聚焦到监督执纪问责上。严格管理提升能力。修订完善《党风廉政建设工作考核细则》《委局机关绩效考评实施办法》,对年度目标任务进行项目化管理。加大业务培训工作力度,对全区136名纪检监察干部进行3天集中培训,深化岗位实践锻炼,提升干部监督执纪问责能力和水平。深入开展谈心谈话活动,加强警示教育,严格纪律约束,切实防止"灯下黑"。

(沈杰)

组 织 工 作

【概述】 2016年，金坛区组织系统以“两学一做”学习教育为主线，突出区镇村换届这一重点，认真落实全面从严治党各项要求，各项工作取得了新进展。

【开展“两学一做”学习教育】 注重高标谋划推进。结合学习教育总体要求，分层分类制定实施方案，出台“一把手”职责清单，创设“党课百村千企行”等学习载体。强化支部主体地位。完善党员“统一活动日”“书记党课”等制度，探索党员日常记实管理，在企业推广党员积分制考核，在农村推广无职党员设岗定责，开展学习教育情况随机抽查，推动基层支部将学习教育各项要求落到实处。突出边学、边查、边改。组织党员干部认真深入查找存在问题，扎实推进基层党建7项重点任务。

【区镇村三级党组织换届】 坚持通盘谋划，注重上下衔接，整体性、系统化推进各级党组织换届工作。区委常委会对各个镇开展专项调研，分析各镇未来五年的发展定位和目标，明确领导班子成员特别是党委书记、镇长人选的要求和条件，并在全区范围开展研判比选，选优配强党委班子。将党管干部原则贯彻到换届工作全过程，在动员部署、人事安排、代表选举等重点工作和关键环节做好审查把关，认真做好人选的甄别和考察工作，排查换届风险点，并做好应对措施。狠抓纪律监督教育，确保换届风清气正。组织提名的人选全部当选，优化了政治生态，为金坛崛起提供了组织保证。

【提升干部工作水平】 对全区各镇、街道、功能区和机关部门进行全面考察，开展各级领导班子专项调研，出台关于进一步加强全区科级领导班子建设的意见，明确未来五年工作方向。围绕“一城一区一山一水”要求，根据各个板块的功能定位，选配熟悉招商引资、旅游规划、园区建设、项目服务的优秀年轻干部到基层一线，选优配强乡镇党政“一把手”。充实茅山、长荡湖两个省级旅游度假区干部队伍，成立金城科技产业园和华罗庚科技产业园。制定实名推荐领导干部人选办法，通过“推”和“提”适度分离，为更多优秀干部进入组织视野提供了平台。坚持严管与真爱相结合，制定科级非领导职务干部管理办法，促进他们切实发挥作用。

【基层党建有形有效】 对镇（街道）党建工作实行报表制管理，增强书记抓党建的主动意识。建立村书记业绩档案，对村党组织运行情况、村级集体经济发展状况进行系统调研和全面审计。引导经济薄弱村整合、盘活资源，多途径增强造血功能。启动村书记“领头雁”工程，探索村干部队伍职业化、专业化和规范化建设新路径。结合“两学一做”学习教育，推进村干部队伍作风建设。开展建党95周年系列活动，指导众泰汽车等非公企业建立党组织，按照有队伍、有阵地、有制度、有经费、有活动、有作为“六有”标准，开展非公企业党建示范点活动。

【人才质效提升明显】 紧扣汽车及零部件、高端装备制造等重点产业，编制印发引才目录。扎实做好人才项目申报工作，共申报“双创计划”人才5人，申报入选省“333高层次人才培养工程”培养对象2人，“龙城英才计划”领军人才创业项目14个。成立中航锂电技术研究院，引进国家“千人计划”1名。加强与中关村发展集团的合作交流，中关村软件园孵化器金坛分园、中关村海外人才创业园协会金坛分园、中关村联新生物医药产业联盟金坛分园挂牌成立，设立省人才创新创业促进会金坛代表处。

（华　靓）

宣 传 工 作

【概述】 2016年，全区宣传思想文化战线牢牢把握加快发展主基调和“加快项目引进、加快项目建设”工作重心，凝心聚力促发展、鼓足干劲创一流，以强烈的责任担当推动宣传思想文化工作取得新进展、新成效，为实现金坛在苏南板块快速崛起提供价值引领力、文化凝聚力和精神推动力。

【理论武装】 结合区委“两学一做”学习教育，以区委理论中心组学习为龙头，举办“坚持高线，坚守底线——《准则》《条例》解读”“十三五”规划解读、“生态文明建设”“供给侧改革与经济重塑”“读懂‘七一讲话’做合格党员”和“中国共产党依法治国方略解析”等专题学习报告会，对全区24家党委（组）理论中心组学习开展巡听、巡讲、巡查“三巡”活动。金坛区委理论学习中心组被评为常州市先进单位，金坛区获评江苏省冬训工作示范区，朱林镇获评江苏省冬训工作示范镇。命名表彰第二批学习型党组织基层示范点41家，开展第三批学习型党组织基层示范点的推荐评审51家。朱林镇黄金村和中盐公司分获2014～2015年度常州市学习型党组织建设工作示范单位、先进单位称号。举办以“阅读创新未来”为主题的第七届“金坛读书月”活动，涵盖书香机关、书香社区、书香企业等六大类型18项120余个形式多样的读书活动，数万人参与，区居民综合阅读率达87.9%。继续开展“百千万”理论宣讲活动，组织开展习近平总书记系列重要讲话、中共十八届六中全会精神、“两学一做”、《中国共产党党章》和省、市党代会精神等专题宣讲100余场，组织区第十三次党代会精神专题宣讲55场。举办金沙大讲坛系列课堂8场。开展金坛区首届“金牌宣讲员”宣讲比赛，3名选手被评为常州市首批“金牌宣讲员”，尹朝冉获江苏省“我与新发展理念”百姓名嘴风采大赛三等奖。在全区领导干部中组织开展“深入学习党中央治国理政新理念新思想新战略”专题读书调研活动，在全区宣传文化系统继续深入开展“根植基础，花开基层”宣传思想工作专题调研，汇编局镇级领导干部《加快金坛发展新视角》优秀论文集，为推动金坛加快发展提供有益参考。

【舆论引导】 开展“启航2016”大型新闻行动，以区“两会”、区第十三次党代会、区委十三届二次全体(扩大)会议、全区领导班子建设大会等会议精神为重点，开设《加快项目引进、加快项目建设》专栏，相继推出“启航新征程、扬帆‘十三五’”“全力以赴加快发展、实干苦干开创新局”“发力大招商、服务大项目”“接轨常州主城区、推动发展新跨越”、党代会精神宣传、“内化于心、外化于行——持续发力两个加快”“冲刺四季度、实现新跨越”等专题，推出10多期报刊专题报道，播出电视新闻280余条，营造全区上下全力以赴项目建设、矢志不渝加快发展的浓厚氛围。外宣工作持续发力，中央电视台《新闻联播》栏目播出金坛区抗洪抢险和“开学第一天”；《新华日报》《金坛号：加速驶向希望的春天》详细报道金坛区真抓实干、只争朝夕的发展精气神；《现代快报》通版《金坛：凤凰涅磐，演绎山水传奇》重磅推介“一山一水”两个板块和金坛重点旅游项目；《常州日报》整版推出《“金坛号”动车：节节发力开新镜》、供给侧系列报道之《此消彼长看金坛》和金坛党代会专版，常州电视台以“发展更有温度、幸福更有质感”为题专访区长，聚焦金坛发展；常州城市外宣官方公众平台青果巷部落以全新视角每月发布“你不知道的常州金坛区”，发布一周点击率达2.5万人次。组织协调中航锂电子动力电池项目奠基、常州旅游节开幕暨东方盐湖城开城活动、上阮赏花季、茅山山地自行车赛、茅山美食大赛、“8·3”众泰新品上市发布会、一号农场开园、东方盐湖城国际养生城项目签约仪式等重点活动外宣，中新社、新华社、凤凰等媒体头条头版报道第三届雀舌茶道会，宣传效果显著，雀舌茶道会被评为全国最佳旅游节庆品牌。搭建新媒体中心平台5个，金坛网微信公众号粉丝达35000人，微博粉丝量达23000人。全面完成省级交汇点新闻客户端推广工作。举办第三届中国金坛雀舌茶道会媒体见面会、深化国地税合作新闻发布会等5场新闻发布会。整合全区新闻网络资源，在全区各网站开展“争做金坛好网民，弘扬网络新风尚”网络文化系列活动，切实加强网络舆情导控工作，及时跟踪处置舆情热点问题，全年累计处置负面舆情200多起，未发生有重大负面影响的网络舆情事件，网络语境总体平稳有序。

【文化发展】 文化事业扎实推进，在全区范围内开展基层综合文化服务中心建设，确立23个省级试点村，薛埠镇4个试点村顺利通过省文化厅考核验收。区图书馆成为首批江苏省少儿数字图书馆成员馆。全力推进“农家书屋”提档升级和数字“农家书屋”建设。成功举办“2016年中国山地自行车公开赛常州金坛茅山西海湖站”、中美女排对抗赛等一批赛事，2016年县组田径比赛在全省64个县市区中总分排名第十。公布增补16名金坛区级非遗项目代表性传承人，成功举办“世界及中国的文化遗产保护”专题邮展等文化遗产保护活动。群文活动根植基层，文化点亮生活、“品味传统文化、涵养核心价值”、文明社区天天乐、广场文艺月月演、文化惠民乡村巡演等系列活动惠民悦民。常州乡村过大年暨金坛乡村旅游嘉年华、“开启新征程”书画展、“文艺进基层精品惠百姓”金坛书画作品邀请展、“墨缘同心”泰安金坛书画联展、“金坛之约”书画品鉴展、“贯彻党代会精神，推动金坛新跨越”——文化进基层等各类文化惠民活动为市民提供丰富多彩的艺术享受。成功举办庆祝建党95周年暨喜迎区第十三次党代会摄影书法美术精品展。推进文艺精品创优。重点打磨的儿童剧《寻找红头发》申报并获得江苏省艺术基金项目资助；华罗庚艺术团排演的儿童剧《田梦儿》《从长荡湖来的女孩》《黎明的河边》分别在江苏、上海等地演出400多场，观众达40万人次。其中，《黎明的河边》通过国家艺术基金资助项目结项验收，《田梦儿》被上海优秀儿童剧作品(文本)评审会评定为优秀作品奖，并入选参加第十一届上海优秀儿童剧展演，在第十届常州市青年演员会演比赛中获集体表演一等奖。全年获得国家、省、市各级奖项的各类优秀文艺作品达30余件。文化产业跨越升级，东方盐湖城由常州龙城旅游控股集团历经六年潜心打造，云开城现成为江苏文化旅游“十三五”的开篇之作，引领中国旅游4.0时代。常州江东现代传媒有限公司正式挂牌，实现资产有效整合。区古籍印刷厂被评为省第二批文化科技创新企业。2016年，全区文化产业投资额20亿元，“三上”文化企业入库数达65家，占地区生产总值比重4.95%，较上年有所提高。

【文明创建】 将社会主义核心价值观宣传引导与实践养成相结合，制作24个字核心价值观公益广告800多个，滚动播出标语2万多条/次，在广场、公园、主要商业大街和主干道布置“遵德守礼”提示牌和公益广告海报2万多处，崇德向善蔚然成风。坚持定期开展区道德讲堂总堂、精品道德讲堂、示范道德讲堂和基层道德讲堂建设活动，组织创作道德讲堂百姓视角新剧目。1人入选“江苏好人榜”，7人入选“常州好人榜”，1人入选最美常州人。开展“邻里守望、情暖万家”为主题的第十届社区邻里节活动，营造邻里互助友爱的城市新风尚。组织举办“第五批优质服务品牌”观摩会。建立健全由区志愿服务指导协调中心、镇(街道)志愿服务指导协调中心和社区志愿服务指导站组成的三级志愿者服务网络。举办金沙公益组织联合会第一次会员大会暨首届金坛“公益+”互助伙伴项目推介会。深化文明城市创建，每季度召开城市文明程度指数测评点评会，针对测评中存在的问题和薄弱环节限期整改。每月召开文明城市专项整治行动，对整改情况进行现场督查。每月召开市民文明巡访团例会，组织市民巡访团开展专题巡访，全年巡访180余次，发现、整改问题近700多条，有效形成抓日常、抓平常、抓经常的创建常态。与公安、交通共同举办"文明行车礼让斑马线"活动，传递文明交通礼让出行。结合最美乡村建设，围绕传播价值、和在农家，城乡一体、乐在农家，守望乡邻、暖在农家，文明乡风、美在农家"四在农家"标准，积极培育农村精神文明建设示范点，组织开展2013～2015年度江苏省文明村镇、文明单位推选和2013～2015年度常州市文明单位总评。江苏省常州未成年人社会实践基地场馆进入全面布馆阶段，其中红十字生命教育馆顺利开馆。未成年人成长指导中心提档升级。省彩票公益金25万元资助乡村学校少年宫建设，新建青少年宫薛埠校区。深入开展系列教育活动，形成人人讲文明、重礼仪的良好氛围。以"我们的节日"为平台，组织春节征文、清明"网上祭英烈"和端午"益路同行万粽一心"、七夕董永故里鹊桥会、重阳慰问暖心等活动，传承传统文化。开展"华老故里话家风"、十岁成长仪式、十四岁青春仪式和"学雷锋，做有道德的人"、首届少儿才艺大赛系列活动，以好家风、重礼仪培育正能量。

【"三百下乡"打通"心路"——助推基层主题宣传显成效】 为让市、区党代会精神宣传深入基层群众，按照区委宣传部的统一部署，在全区6个乡镇、5个园区、3个街道、32个社区集中开展百场理论宣讲、百场社区天天乐、文化百村行"三百"活动，接地气，赢民心，取得明显成效。文化进基层，造浓宣传氛围。全区各级宣传部门充分发挥好"主战线、主阵地、主力军"作用，有效整合资源，形成宣传声势，营造主题宣传浓厚氛围。以全面覆盖城乡的文化网络设施为主阵地，以丰富多彩的文化活动品牌为主导，在文艺展览、文艺巡演、文艺创作等方面推出一批新作品、新节目、新剧本，挖掘刻纸、锡剧、舞龙等特有文化底蕴，组织文艺骨干，组建文艺小分队进社区、进村居、进企业、进校园、进工地，推动党代会精神进村入户、深入民心，切实增强文化育民、悦民的感染力、渗透力和亲和力。活动共举办100场党代会精神宣讲报告会、100场文化百村行、200场社区天天乐。采编市、区党代会精神等主题新闻报道583篇，累计10万多人次观看党代会主题宣传展板巡展。宣传多样化，赢得党心民心。为让党和政府的政策举措深入群众，宣传部门紧贴实际工作，以新闻宣传、理论宣讲、文化活动、文艺作品等多样化的宣传形式齐头并进，引导全区广大党员干部群众把思想和行动统一到"接轨常州主城区、推动发展新跨越"的总体战略上来，努力为实现在苏南板块快速崛起提供强大的精神动力。有序组织理论宣讲和研讨活动，充分利用"互联网+"等多种平台和载体，推动全区基层党组织利用各种行之有效的方式，让广大党员群众自觉参与到学习中来，真正实现到边到底、全员覆盖。群众乐参与，实现价值引领。"贯彻党代会精神·推动金坛新跨越"文化进基层的戏剧专场演出用快板的形式宣讲党代会精神，成为一大亮点。开发区锡剧团自编自演的群口快板书，赢得村民们的阵阵掌声。结合社区天天乐，群众们不仅听得认真，有的还用手机拍下现场的视频。表演得生动、好看，老百姓都听得懂、乐意听。活动中更多的植入游戏、问答等互动元素，既增进邻里之间的感情，又体现社区居民和谐的新风貌。该活动荣获2016年常州市宣传文化工作优秀创新成果奖。 （王珊）

统战工作

【概述】 2016年，区委统战部全面贯彻落实区委重大决策部署，围绕中心履职尽责，联系群众转变作风，较好地完成了各项目标任务。

服务"十三五"。协助区委制定《全区统一战线凝心聚力"十三五"四大服务行动计划》，确定重点项目9个，责任落实到部门，工作落实到个人。在全区党外代表人士中深入开展"两学一助"活动（学系列讲话、学优良传统，助力金坛发展），引导党外代表人士把思想和行动统一到区委、区政府的决策部署上来。主动加强与相关部门、各招商主体的对接，通过侨商会、台商会等统战团体资源，对重点园区和招商项目进行宣传推介，做好招商引资工作。建立统战系统部门负责人走访联系重点企业制度，走访中小微企业30余家，协助行业商（协）会召开政企对接座谈会2次，帮助企业解决融资、技术难题。推进民企管理升级培训，举办"企业法律风险管理系列沙龙"等公益培训、讲座3次，近1200名企业中高层管理人员参训。指导工商联完成6个基层商会的换届工作，新成立商会1家。在非公企业中继续深入推进企业和谐文化建设行动，开展主题助残活动，积极参与新农村建设回报社会，向金坛华罗庚艺术团捐款100万元。

海外统战工作。把握争取人心这个重点，加强与金坛籍海外人士和有关华人社团的联系联络，为在金坛台商建档立卡，实现精准服务。以文化交流入岛宣传为手段，不断拓展"'阿里山—茅山'海峡两岸公益文化交流活动"，金坛在台湾知名度进一步提升。指导区台商联谊会成功换届。慰问归侨侨眷44户，发放慰问金4.2万元。建立侨界空巢老人台账，在社区开展侨界空巢老人关爱行动，指导成立青年志愿者服务队伍，以"一组对一户"的服务方式进行志愿服务。

党外代表人士队伍建设。协助区委召开党外代表人士情况通报会、座谈会2次，通报区委、区政府主要工作安排，诚恳听取各类意见。围绕区委"两个加快"战略，聚焦"十三五"规划实施，组织党外人士开展"献计金坛发展"专题调研活动。2016年金坛"两会”期间,党外人士共提交各类提案、建议、社情民意53件。结合纪念中国共产党成立95周年,引导金坛民盟、民建支部深入开展中国特色社会主义学习实践活动、“六个有”(基层组织有人物、有制度、有阵地、有计划、有经费、有活动)建设。指导金坛民盟10个基层支部、民建支部成功换届。主动加强与组织部门的联系与会商,把党外干部和党外代表人士后备队伍建设工作纳入全区干部队伍和人才建设总体规划,将党外代表人士的教育培训工作与党内统一计划、统一部署。举办党外代表人士培训班、党外代表人士讲座,组织50多名党外中青年骨干赴省社会主义学院学习培训。贯彻落实好上级文件精神,结合区人大、政协、工商联换届,全面推进非公经济代表人士综合评价工作,会商有关部门做好人大、政协、工商联换届中党外人大代表候选人人选、政协委员人选以及工商联常执委人选的推荐提名工作。

民族工作。连续四轮开展农村少数民族共同致富“结对帮扶工程”,各部委办局结对帮扶56户少数民族。采取技术支持、资金帮扶、典型示范等方式,重点培植昌玉红香芋合作社、朱林镇黄金村金土地有机稻米合作社、金城镇方边村花卉苗木合作社、直溪镇新河小萝卜合作社和溪滨村巧媳妇合作社5个致富示范项目,带动139户少数民族家庭增收致富。4月,江苏省“九三学社专家工作站”落户昌玉红香芋合作社,为合作社农户提供土壤改良、品种优化等产学研一体化服务。

宗教工作。深化“教风建设年”“和谐寺观教堂”创建,深入开展宗教活动场所星级创建工作,支持宗教团体开展好“双争”主题活动。加强重点场所文化建设,完成《茅山乾元观传说》的编撰、出版工作,指导龙山宝塔禅寺举办首届“龙山印象”佛教文化节。挖掘道教历史文化,着力打造宗教文化精品,协助举办“坐隐—论道”活动,来自全国各地的围棋高手、高教大德齐聚金坛论道论棋;筹建江苏省道教学院、江苏省道教文化艺术中心;申办2020年第五届国际道教论坛,通过一系列的活动,阐扬道教优秀文化,打造金坛特色亮点。

【“同心·帮扶”活动】 区委统战部整合各民主党派、统战团体的社会服务活动,形成合力。支持金坛民盟开展“进监帮教”“烛光行动”“东西联手互助”“扶贫济困”“送医下乡”等社会服务活动。指导民建支部成立青年志愿者服务队,捐款22.5万元重点为残疾人和失独家庭两大特殊人群提供服务。全力推进宗教领域慈善工作,成立龙山慈善基金会募集资金300万元用于济困助学,资助贫困学生60人,发放助学金12万元;为指前镇、儒林镇受灾群众送去物资、现金共计13.2万元。茅山乾元观、普慈寺为盐城阜宁受灾群众捐款5.2万元,传递爱心行动在社会上赢得好评。

【全区党外代表人士培训班】 3月,区委统战部与区委组织部联合举办党外代表人士培训班,组织50多名党外中青年骨干赴江苏省社会主义学院学习培训。培训班采取现场讲授交流、实地观摩考察等方式,围绕宏观经济形势分析、中央统战工作会议精神解读等课题,进一步开阔大家的眼界和思路。

【推进政治交接】 区委统战部切实加强对各民主党派、工商联(商会)和侨联换届工作的组织领导和工作指导,协助区委出台专门文件,明确具体要求,严格执行政策,完善工作流程,做好沟通协商,严肃换届纪律,确保各类换届工作圆满完成。认真做好新一届人大代表、政协委员中党外人选的酝酿、推荐、提名、协商、考察等工作,严把人选政治关、素质关、结构关。同时在各类换届工作按照“凡进必评”的要求,对176名非公有制经济代表人士进行综合评价,并将综合评价结果作为非公有制经济代表人士政治安排的重要依据。

【统战工作获奖】 2016年,统战部把学习贯彻习近平总书记系列重要讲话精神与“两学一做”学习教育相结合,统战部门形象与统战干部能力不断提升,区委统战部获常州辖市区统战工作目标管理考核综合奖、常州市统战宣传工作二等奖、常州市统战信息工作三等奖,“挖掘道教优秀文化,打造金坛文化品牌”项目被评为常州统战工作实践创新成果。 (徐蓓蕾)

农村工作

【概述】 2016年,全区狠抓强农、惠农、富农政策措施落地,扎实推进农村经济社会事业发展,在农业增效、农民增收、农村发展等方面取得显著成绩。金坛区被评为全国首批率先基本实现主要农作物生产全程机械化示范县、全国休闲农业与乡村旅游示范县,农业现代化建设水平继续位列全省第一方阵。出台的《关于加强农村会计队伍建设的意见》获省“农业农村政策创新”奖。区委农村工作办公室被评为全省扶贫系统工作先进集体和全省农经农业系统工作效能建设成效显著单位。

现代农业。围绕国家现代农业示范区建设任务,新增高标准农田2.2万亩、高效设施农(渔)业8000多亩,新增常州市级园区2家,成为“全国首批率先基本实现主要农作物生产全程机械化示范县”,全省仅2家。粮食应急保供网络基本建立,金坛稻麦科技示范中心成为全省首批现代农业科技综合示范基地。新型农业经营主体加快壮大,新增常州市级农业龙头企业8家,家庭农场名录全面建立。强化农产品品牌推介,金坛雀舌茶道会影响力扩大,长荡湖大闸蟹正式登陆北京市场,建昌红香芋继“茅山青峰”茶、“金坛雀舌”茶、金坛大米之后,成为全区第4只全国名特优新农产品。“茅山竹海”线上线下平台建设全面推进,新增省级农村电子商务示范村

1个。大力推进林地规划调整，助力全区两个加快。统筹推进国家森林城市创建，长荡湖获批国家级湿地公园。

农村改革。农村土地承包经营权确权登记颁证试点工作基本完成，合同签字率、权证入户率分别达96%、90%以上，3个镇23个村整体验收试点已完成。区农村产权交易中心投入运行。部署开展36个重点村的村级集体资产和财务抽查审计工作，进一步规范农村集体管理。启动农村社区股份合作制改革，完成清产核资和人员固化的村达50%。水利管理体制机制改革创新持续深入，完成部分河湖、水库的划界确权、土地流转工作，落实河道"河长制"管理，河湖空间管控体系进一步规范。薛埠镇、儒林镇扩权强镇工作有序展开，均成为全国重点镇。

强村富民。村级增收项目有效实施，完成第四轮结对帮扶工作，全区村级集体经营性收入达到8661万元，16个经济薄弱村年收入均超过100万元。积极促进农民就业创业，培训培育新型职业农民3600人，新增农村劳动力转移2322人。健全被征地农民社会保障制度体系，已累计纳入被征地农民社会保障11.1万人，其中以土地承包经营权置换社会保障的人数为6.45万人，实现"即征即保、应保尽保、应转尽转"。全面建立与城乡居民收入水平直接挂钩的城乡低保标准增长机制，低保标准由每月590元提高到670元，人均年收入低于8500元的低收入农户建档立卡工作全面完成。全区农村居民人均可支配收入达22265元。

农村环境。农村公路提档升级和城乡公交提升工程深入实施，金茅公路东段改扩建工程即将竣工通车。新孟河延伸拓浚先导段、龙山水利枢纽、圩区防洪除涝灾后修复工程等一批重点水利工程推进有力，全省冬春水利建设会议在金坛成功召开。农村长效管理持续加强，秸秆禁烧和综合利用工作整村推进，在全省率先全面完成生猪屠宰清理整顿工作。国家森林城市创建工程深入开展，钱资湖风光带、下塘河景观带、长荡湖网围拆除和清淤等生态治理工程协同推进，新创成省级"水美乡村"14个。美丽乡村创建深入推进，仙姑等4个村通过常州市级考核验收，上阮村入选首批"江苏省休闲观光农业示范村"，金坛区成为常州市首个"全国休闲农业和乡村旅游示范县"。

基层建设。扎实开展"两学一做"学习教育，农村无职党员设岗定责、"三和创建"等特色做法得到推广。圆满完成村"两委"换届，启动村书记"领头雁"工程，村党支部书记晋档升级管理制度在全市完善推广，加快建设村干部队伍职业化、专业化和规范化工作。指前镇、尧塘街道建成常州市级"四有一责"示范镇。引导村居民积极参与社区管理，社会治理创新深入推进，平安法治建设不断深化，第一时间转移安置和救助洪涝受灾群众，农村社会保持和谐稳定。

【农村确权登记颁证工作全省领先】

全区应确权的85个村(含3个涉农社区)已全面完成内外业技术处理、图表公示、合同签字确认，为迎接各级验收做好充分准备。集中打印经营权证89466本，完成率96.5%，证书入户达86305本，83个村入户率已全部达90%以上；档案资料全部符合信息化扫描要求，47个村的资料信息化扫描结束。成立区级确权成果验收工作小组，3个镇23个村整体验收结束。为确保工作完成质量，由常州基础地理勘测中心对外业实测质量进行第三方检测已基本完成。金坛区相关做法及档案资料在常州市确权登记颁证验收工作会上展示。常州市领导批示鼓励金坛区此项工作，得到常州市城乡发展一体化领导小组通报表扬。

【农村产权交易市场建设准备就绪】

按照"全面推进区农村产权交易市场、镇(街道)农村产权交易中心建设"的总体要求，推进全区产权交易市场建设。借鉴兄弟县市农村产权交易市场建设的经验，制定出台《关于建立金坛区农村集体产权交易平台的意见》和《金坛区农村产权交易管理办法》。联合区政管办在区公共资源交易中心筹备区农村产权交易中心。确定服务窗口2个，办公场所30平方米，档案室20平方米，接待受理区、信息发布区、评标区、开标区与公共资源交易中心合用。同时，逐步完善镇(街道)农村产权流转交易服务站，金城镇、指前镇、尧塘街道一站式为农服务大厅已具备建立交易站硬件条件，薛埠镇为农服务大厅今年完成升级改造。省农委领导到金坛指导，常州市人大专程督查，均给予该项工作充分

5月19日，金坛区确权登记颁证档案管理业务培训　(农工办　供稿)

肯定。

【低收入农户建档立卡全面完成】 本次建档立卡以2015年农民人均可支配收入低于8500元的人口作为区新一轮建档立卡识别普查对象,通过逐镇开展入户调查审核,入户登记,全区共确立低收入农户6656户11036人,其中一般贫困户1870户,"五保"和低保户4786户。指导各行政村做好低收入农户台账资料的规范完善工作,完成区级5%、镇级10%的入户调查复核。及时做好新增和返贫低收入户信息采集和录入工作,对脱贫户进行确认与公示,动态调整脱贫1855户、2649人,新增131户、264人。动态调整后,低收入农户为4932户、8651人。

【完成农民合作社规范化建设整体推进县试点工作】 截至2016年年底,全区农民专业合作社821家,农地股份合作社83家,联合社25家,联合会1家,以家庭农场主为成员的合作社1家,其他新型合作组织75家;创成各类示范社245家。2016年,金坛区被确定为省首批农民合作社规范化建设整体推进试点县,结合星级(示范)社创建工作推进试点工作。以国家、省、市、区示范社四级联创为抓手,以制定内部规章和建立成员账户、台账为重点,积极开展星级社评定,评定30家本区级星级社、5家示范社,成功申报常州星级社12家(三星级4家、二星级3家、一星级5家)、常州"三好三强"示范社1家。

【全面推进省"阳关三资"试点工作】 在尧塘街道开展省"阳光三资"试点工作,全面推广"e阳光"手机APP。完成功能确认、软件培训、硬件购置、财务数据录入等相关工作,并试行公开水北村二、三、四季度村级财务,目前运行情况良好。

【完成全区村级集体资产和财务审计】 针对农村"三资"存在权属模糊、家底不实、发包经营不透明、监管机制不健全等问题,配合村委换届选举工作,开展涵盖全区所有行政村和社区居委会的村级集体资产和财务审计。此次审计采用镇(街道)自行组织的一般审计和区委、区政府组织的重点村专项审计相结合。重点村审计主要是对近年来集体土地征收数量较大、集体经济收入较多、集体财务较薄弱的36个村2013~2015年村级集体资产和财务进行全面审计,查找全区在"三资"管理中存在的漏洞和问题,进一步摸清家底,为下一步农村改革打下基础。 (朱洪来)

保密工作

【概述】 2016年,区委保密办围绕"工作科学化、管理法制化、技术现代化、队伍专业化"目标,推进保密宣传、保密检查工作,完成各项保密任务。年内,全区未发生泄密、失密、窃密事件。

区委保密委员会学习传达中央、省委、常州市委保密委员会关于2016年保密工作意见精神,明确工作任务,把握重点工作和主要工作举措,增强各级各部门做好保密工作的责任意识。从扩大保密杂志和其他保密资料的发放范围入手,充分发挥宣传警示作用。强化保密业务指导和保密管理,对涉及定密事项,及时与有关单位沟通,纠正违规定密、乱定密的现象。坚持监控重点网站信息,组织浏览金坛政府网、金坛区电子政务工作平台、金坛新闻网等,发现涉密信息和敏感信息及时通知删除,做好泄密事件的防范工作。 (王晁彬)

史志工作

【概述】 2016年,区委党史工委、区地方志办公室(以下简称区党史工委、区志办),贯彻落实《中共中央关于加强和改进新形势下党史工作的意见》及区委十三届二次全体(扩大)会议的部署和要求,切实履行《地方志工作条例》所赋予的义务,围绕中心,服务大局,开展修史编鉴和志鉴宣传工作。

【推进金坛旧志编译工作】 《金坛县志》记载金坛的政治、经济、文化及社会各方面的情况,是金坛极为重要的文化遗产资源。《金坛县志》(清光绪版)共十二卷,清光绪十一年初次编修,至民国年间经过多次重修、续修。区党史工委、区志办组织《金坛县志》(清光绪版)的编译工作,在保持旧志原有文本风貌和篇章结构的基础上,进行释言、释意和断句,校勘纰漏错讹,进行随文修改或校正,对旧志中的生僻字、典故、职官、人物、纪年、地名等均在页尾予以注释。同时,按现代行文规范排版,重新统一编排页码,方便读者阅读使用。此项工作于2014年9月正式启动,截至2016年12月,已完成全书的60%。

【《金坛年鉴(2016)》出版发行】 由区政府主办、区志办编纂的《金坛年鉴(2016)》,于11月由方志出版社出版发行。《金坛年鉴》创刊于1994年,本卷为连续第14卷。全书记载2015年金坛区在政治、经济、文化、社会等方面取得的新成就、新进展,是社会各界了解金坛、研究金坛、投资金坛的官方工具书。《金坛年鉴》2016卷对部分篇目的框架和内容进行合理调整,设特载、专记、大事记、金坛概貌、文件选编、统计资料等34个篇目,共98.9万字,设有公益、机关巡礼、村镇风貌、企业扫描等专题彩页100多版面,精心收录随文插图100余张,全书图文并茂。

【推进全区修志工作】 区党史工委、区志办积极争取有条件的部门、行业、村镇加入到修志行列中。对已经着手编修的《国土志》《建昌圩志》等,委办全过程加强业务指导,从源头抓起,严把政治关、史实关、文字关等质量关口,避免走弯路,讲究工作实效,全力营造修志、用志的浓厚氛围。

【金坛党史名人系列文章在中央和江苏省媒体刊播】 2015年以来，为配合抗日战争胜利70周年、中国共产党成立95周年和中国工农红军长征胜利80周年等重大纪念日宣传教育活动，原金坛市委党史工委主任陈书明撰写了金坛党史名人系列文章8篇，在中央和江苏省媒体刊播。其中，《王韵雪和陈潭秋战斗在新疆》《女红军陈清凤的奋斗人生》2篇文章先后被《世纪风采》杂志2016年第1期、第9期刊用，并分别被人民网、中国共产党新闻网首发，中国社会科学网等转发；《缅怀革命先贤钱闻》《华罗庚与常州教育》《悼王丹一》3篇文章先后被《钟山风雨》杂志2015年第4期、2016年第1期和第5期刊用；《长滆女杰著名英烈——追记金坛县抗日民主政府文教科科长林心平》《暮色苍茫看劲松——追记原中共茅山工委书记余慎烈士》（和于留春合作）2篇文章先后被《江苏老区》杂志2015年第6期、2016年第7期刊用；《新中国法治建设的先驱杨兆龙》一文被常州《龙城春秋》杂志2015年第1期等刊用。这些文章从不同角度再现了革命先辈们忠贞的信仰信念、高尚的爱国情操、坚韧的奋斗意志、伟大的奉献精神，揭示了中国共产党峥嵘曲折的前进历程，受到社会各界好评。 （刘士科）

党校工作

【概述】 2016年，中共常州市金坛区委党校（以下简称区委党校）深入学习贯彻中共中央《关于新形势下进一步加强和改进党校工作的意见》，全面落实《党校工作条例》《行政学院条例》和中央、省市党校工作会议的精神，积极配合区中心工作，认真开展“两学一做”学习教育，注重领导班子、教工队伍、管理制度、新校区、教学装备建设，发挥培训、调研、宣讲职能，较好完成各项任务。

【主体班培训】 2016年，区委党校集中人力、财力，协助区委组织部、区人社局，通过整合各类师资、加强班级管理、创新教育手段等方式，扎实开展主体班培训。全年共举办参公人员过渡、镇科级领导干部、中青年干部、初任公务员暨军转干部任职、公务员“周末课堂”等各类主体班（次）7期，培训干部达1865人次。

【联合培训】 区委党校秉承有作为、有影响、有贡献的职责意识，结合镇村、街道、部门、村企培训需求中“小课多、主题多、散课多、小场次多”的特点，增强责任服务意识，根据联训方的要求，千方百计提供师资、专题、后勤保障等，推动联合培训向纵深发展。巩固与薛埠镇、儒林镇、区财政局等联训，组织区财政局财税干部前往苏州大学进行培训，在薛埠镇先后举办专题培训并授课10余场次，与指前镇、区水利局、区城管局、城东建筑公司等十余家单位结成联训对子，授课230余场次，提高培训服务质量，受到联训方充分肯定。

【理论宣讲】 区委党校坚持“党性熔炉”定位，发挥理论先导作用，展示党校理论宣讲优势，进一步打响“宣讲快列”品牌，10名教师先后深入全区各局、镇区、社企、行政村宣讲中共十八届五中全会、中共十八届六中全会、“两学一做”学习教育专题、习近平总书记系列重要讲话、党史党建、金坛区经济社会发展形势、法律法规、公务礼仪等20余个专题，宣讲80余场次，参训受众达12000余人次。

【理论科研】 区委党校推出《金坛党校》“两学一做”学习教育专刊，免费赠阅给区级机关、镇区、村企和居委会等单位。开展大规模调研，完成《接轨主城区，实现同城化》及其系列调研报告，撰写和发表各类论文10余篇，其中有5篇论文发表在省、市级刊物上，积极参与环太湖长三角发展论坛的征文活动，其中1篇有关园区建设的调研报告在论坛上进行大会交流。

【队伍建设】 区委党校继续以教师为主体的“一专多能”“三当四能”和“五种角色定位，五项技能提升”专项活动为抓手，开展教师试讲评课活动，严格实施教师授课准入。选派教师10余人次，前往中国人民大学、省委党校、苏州大学等高校进修学习理论和管理，提高区委党校培训质量和教学管理水平。组织教师到各部委办局、镇村、社区开展调研，增强实践本领。通过招考、调入等形式，引进1名社科类硕士生、1名经济类本科生、1名中学政治教师，充实党校专职师资队伍。完善300余名教授、学者、一线领导、实践行家的兼职师资库。

【新校区建设】 5月，区委党校服从区发展大局，腾让华阳南路88号老校区，到南环二路38号过渡办学，保证政府项目顺利实施。10月12日举行区委党校新校区开工奠基仪式。区委党校与区国控公司合力推进党校新校区基建，工程建设正顺利推进。

（陈晓祥、周艳艳）

档案工作

【概述】 2016年，金坛区档案局（馆）围绕中心，服务大局，履行“为党管档、为国守史、为民服务”的岗位职责，依法履职，开拓创新，档案事业及各项工作取得新进展、新成效。

【新馆搬迁】 7月，金坛区档案局（馆）全体人员共同努力，克服高温酷暑，将8万余卷档案资料安全搬迁至市民中心，未发现一卷遗失和破损，确保新馆于8月顺利开馆。

【机构增设】 金坛区档案局（馆）经区机构编制委员会批准，增设机关档案管理科，负责指导进驻市民中心的49家单位档案移交、安全保管利用、数字化以及到期鉴定和销毁等工作。新增派遣制人员8人，区档案队伍得到加强。

【档案接收】 2016 年 8～11 月,金坛区档案局(馆)全体人员加班加点,协力奋战,对全区 88 家立档单位 2010 年以前形成的具有永久、长期保存价值的各种门类、各种载体的档案进行接收进馆工作,共接收档案 31968 卷、301173 件,照片 4294 张,光盘 36 盘,奖牌、锦旗 84 块(面);代保管区政府办、财政局等 20 家单位 16436 册(盒)会计凭证、账簿、报表;代保管区审计局、财政局相关业务档案 3599 盒;代保管近 40 家单位各类档案 743 箱。所有档案按规定时间安全有序接收进馆,并做好清点、编目、排架工作。目前,馆藏总数达到 81001 卷、402361 件。

【档案征集】 2016 年,金坛区档案局(馆)共征集图片 500 余张、声像资料 10 余件、家谱 5 部、各类书籍 20 册、华罗庚有关的文件材料 342 件。

【档案查阅】 2016 年,金坛区档案局(馆)共接待查档 4006 人次,调阅档案 5617 卷,提供复制 6500 余页,为明确职级、编史修志、工作查考、改制企业职工养老保险的缴纳、土地确权、机构设置等提供服务,为部分事业单位参公和人员过渡提供证明,为普通百姓核算工龄、法律诉讼、房产变更、婚姻证明等提供依据。

【信息公开】 金坛区档案局(馆)设置信息公开查阅中心,配置信息公开文件柜,对移交进馆的信息公开文件及时整理上架,按要求在信息查阅点对外公开,方便群众及时查阅。

【规范建档】 2016 年,全区共有 57 家单位开展档案工作星级测评和复查工作。区档案局(馆)在总结往年指导创星工作经验的基础上,针对教育系统、社区、行政村分别开展档案工作规范建设业务培训,由分管领导带队,采取主动上门对接和全面跟进指导的形式,稳步开展档案工作规范建设活动。薛埠镇成功创建常州首家省特级村镇建设档案室。

【业务指导】 金坛区档案局(馆)全面推进农村土地承包经营权确权登记颁证档案归档工作;服务现有企业建档,采取电话解答、现场指导、集中培训、突击整理等多种方式,为相关企业建档提供服务;做好改制企业档案抢救保护的前期准备。

【档案宣传】 6 月 9 日是"国际档案日",金坛区档案局(馆)组织开展一系列宣传活动。在全区各机关、团体、企事业单位中,围绕"档案与民生"的主题,开展征文活动,其中《我与民生档案》《请把我写在最美的时光里》两篇论文分别获二、三等奖;各单位充分利用网站、电子显示屏、宣传橱窗等,刊登、播放档案宣传标语,扩大档案社会知晓度;各镇、街道在办公场所醒目处悬挂档案宣传挂图,普及档案知识,提高社会对档案工作的关注度。加强信息宣传,全年共有 32 篇信息、9 篇论文在国家、省、市的各类新闻媒体发表。

【档案队伍建设】 4 月 26 日,金坛区档案局(馆)举办全区档案人员业务培训班,各机关、企事业单位专兼职档案员共 215 人参加培训。继续开展档案人员网上岗位培训和继续教育培训,有 44 名档案员参加上岗资格集中测试,取得岗位证书;有 5 人获得初级职称;3 名档案员参加省档案专业技术人员继续教育高级研修班学习;有 2 人分别被列为省"151"档案人才工程第二、第三层次培养对象。

【档案信息化建设】 2016 年,金坛区档案局(馆)共投入 255 万元采购曙光服务器等一整套信息化设备,用于新馆的查档、备份等工作,新的馆室一体化软件已投入使用。 (卞 晶)

机关党建

【概述】 2016 年,区级机关工委围绕服务中心、建设队伍两大任务,全面从严治党,把握全区两个加快大局大势,破解机关党的工作重点难点,有力有序推进各项工作,较好地发挥示范和表率作用。

思想建设。3 月 11 日,召开区级机关第十五次党的工作会议,总结 2015 年区级机关党建工作,对 2016 年区级机关党的工作进行部署。举办党委中心组学习 8 次,围绕党委会的工作方法、省市区党代会报告精神解读等内容进行学习、讨论。通过邀请专家讲、党务干部亲自讲等形式,举办"十三五"经济社会发展问题研究、《苦难而辉煌的旅程——我们为什么要重视文化建设》专题讲座、贯彻省第十三次党代会精神、中共十八届六中全会精神解读、基层党组织建设、怎样当好党务干部、党务工作基础知识等区级机关专题党课。举办党务干部培训班 1 期,41 名基层党组织书记参加,通过现场观摩、专题党课、业务培训、警示教育等课程,提高机关党建科学化和支部规范化建设水平。举办第一期支部书记讲坛,邀请 9 名基层党组织书记上台交流基层党组织工作经验体会。举办区级机关读书沙龙——"赠书悦读会",邀请近三年入党的新党员分享读书心得,营造"书香机关"浓厚氛围。通过党委申报、组织评选,区统计局党支部、党校党总支、审计局党支部、国税局机关党委、司法局党总支、妇联党支部 6 家基层党组织被区委宣传部评为全区第二批学习型党组织基层示范点。

组织建设。召开区直属机关党员代表会议,选举产生区直属机关出席常州市金坛区第十三次党代会代表 18 名。对任期届满的机关党组织进行换届指导,区规划局党总支、烟草专卖局党总支、金彩公司党支部等 13 家基层党组织完成换届,新设立常州不动产登记交易中心金坛分中心党支部。3 月 23～25 日,举办 2016 年度区级机关入党积极分子暨发展对象培训班,共计 262 人参加。围绕推进机关党建工作品牌化,通过立项、实施、申报、评选,年底,从 33 个项目中评选出 12 个优秀机关党建工作品牌予以表彰和资助。召开区纪念中国共产党成立95周年暨先进表彰大会,对任立新等10名优秀共产党员标兵和王彤等10名模范共产党员进行表彰,并进行先进事迹宣讲。经区直属机关党委会审批发展党员18名,转正24名。开展党组织书记抓基层党建工作述职评议工作,农工办党总支书记、档案局党支部书记、科技局党支部书记、审计局党支部书记、气象局党支部书记、烟草局党总支书记6家基层党组织书记进行现场述职,其他支部书记为书面述职。全年收缴党费78.4072万元。

反腐倡廉。组织基层党组织书记、各部门(单位)纪检组长、重点岗位工作人员观摩职务犯罪现场庭审1次,组织基层党组织书记至常州监狱警示教育1次。组织党员干部观看警示教育片《镜鉴》,严肃换届纪律。开展"讲党性、守底线、强担当"专题教育活动,组织党员干部参加全区党章党规知识竞赛,区政府办机关党支部、直属机关党委代表队获决赛二等奖、三等奖。全年处理违纪党员1名。

作风建设。组织常州市级机关作风建设特邀监督员开展"转变政府职能、规范行政执法、改进工作作风"攻坚行动,对执法监管部门、窗口单位服务态度、办事效率等情况进行督查,对区国税、地税、供电等10家单位45个服务窗口明察暗访30批次,随机询问服务对象18人次,对大唐热电联产、斯威克抗PID光伏胶膜两个重大项目进行上门访谈,重点了解机关部门服务企业建设情况。全年,深入基层机关、乡镇(街道)及基层群众走访90余人次。抓住重要节点,加强监督检查,对顶风违纪行为加大查处通报力度。

服务发展。围绕推动全区"两个加快",举办"金坛—江西商会招商对接会"。结合全区第四轮结对帮扶、机关和社区党组织和谐联建以及区级机关党组织、党员帮扶贫困家庭活动,引导机关在职党员到企业、基层、村(社区)进行按需服务。根据区级机关入党积极分子"义工"积分制度,要求区级机关入党积极分子、发展对象主动参与志愿服务活动,参与人员达1300余人次。面对指前镇、直溪镇、朱林镇等圩堤险情,党员干部组成抢险突击队,投身抗洪抢险一线,组织机关党员干部赴救灾安置点开展志愿服务,保障安置点灾民正常生活。举办登山、乒乓球、羽毛球、"迎新春"团队活动等文化体育活动。坚持党建带群团工作,圆满完成区直属机关团委换届,推进工会服务卡办理和使用,组织育龄机关妇女参与"两癌"筛查、孕前检查,倡议开展"爱心储蓄罐、传承好家风"活动,有效增强机关党的工作合力。加大典型示范引领,结合"五一"表彰,区国土资源局工会、区国家税务局工会获2013~2015年度区"模范职工之家"称号,徐国祥、周锁龙、尹虹琰、夏乙平、朱文平5名职工获全区"优秀工会工作者"称号。

【"两学一做"学习教育工作】 扎实开展"两学一做"学习教育工作,制定实施方案,建立党委委员联系片区制度,做到党员全覆盖。向全体党员发放学习材料5000余册,组织部分党员至常州三杰纪念地开展现场教育,重温入党誓词,现场交流学习心得。组织基层党组织开展学习教育工作集中互查及党章、习近平总书记系列重要讲话知识检测。结合区委组织部开展的"读写党章99"学习活动,开展"党章周周读"活动,共计举办26场次,400余名党员参加。组织全体党员在各个支部开展新时期共产党员思想行为规范,学习系列讲话,强化"四个意识",做合格党员等专题讨论。收集家规背后的故事30余篇,科级领导干部家规百余条。区地方税务局第三税务分局党支部被列为常州市"两学一做"学习教育工作监测点,区审计局党支部、区环境监察大队党支部、区财政局党支部、区商务局党支部、区人民法院水北法庭党支部被列为金坛区级监测点。

【选举产生区直属机关出席常州市金坛区第十三次党代会代表】 2016年7月1日下午,召开区直属机关党委党代表会议。选举吴欲晓、宋文良、蔡和方、葛惠明、徐俊、刘亦波、史益群、王洪庆、冯锁强、朱珍娣、许海连、于忠俊、岳惠剑、朱霞、张志杰、翁颖、姜一斌、刘玉珍18名党代表出席区第十三次党代会。

【纪念建党95周年暨先进表彰大会】 2016年7月1日,召开区直属机关纪念中国共产党成立95周年暨先进表彰大会,对任立新、袁照华、卞荣、钱永锋、陈晓祥、陈军、郭云飞、姜一斌、朱镇、杨坚10名优秀共产党员标兵和王彤、程慧杰、徐蓓蕾、吴婧馨、吴大荣、吴永德、徐吉华、李雪松、徐国卫、王霞10名模范共产党员予以表彰。

【机关党建工作品牌】 为进一步推进机关党建工作项目化管理,提升党建工作项目的示范力、影响力、生命力,力争"一个项目破解一个难题、创成一个品牌",在区直属机关党委党组织中开展机关党建工作品牌评选活动。通过项目立项、实施、察看、申报、评选等过程,评选出地税局"税妈妈关爱"、统战部"精准帮扶少数民族致富"等12个优秀机关党建工作品牌。

(新　玲)

台湾工作

【概述】 2016年,金坛区台办坚持把区委、区政府"项目引进持续突破、项目建设持续发力"工作主题与对台工作有力结合,完成金坛台商联谊会换届,持续深化坛台合作交流。成立金坛台资企业科技协会,有效推进企业转型升级。打造"360"服务品牌,积极搭建政企沟通平台,完善保障机制,实现对台工作新突破。2016年,连续第八年被中台办宣传局评为"中央台办'两刊'对台宣传工作先进单位"。

【"一站式"服务助力台企转型发展】

金坛区台办充分发挥"窗口"作用,

紧盯需求，精准发力。区委、区政府“加快项目引进、加快项目建设”动员大会后，区台办对全区重点台资、台属企业进行走访摸底，鼓励台企抓住金坛“十三五”规划发展起步机遇，乘势而上，抓紧提升创新能力和核心竞争力，提升品牌影响力，企业不断做大做强。协调金融机构扶助吉麗嘉多物资有限公司打造起健康巧克力文化，牵线常州运河五号创业园、常州大学商学院等机构予以产品延伸。协调多部门助力江苏帕卓管路系统股份有限公司由贸易型向生产型脱胎换骨。3月24日，区长沈东专题调研在金坛台资企业，为在金坛台企发展排忧解难。“360”精准服务。为在金坛台商建档立卡，实现精准服务。将台商所需所求建档，分类列项处理，针对不同需求，搭建政企沟通交流平台，必要时提供一对一扶助，在台商增资扩股、拓展市场、转型升级等方面提供有效帮助。8月9日，组织区科技局、知识产权局、人社局、科协等单位就常州咏捷精密五金科技发展公司关注的国际专利申请、保护，人才引进等问题上门面对面进行政策解读，提升企业运用知识产权保护核心竞争力能力。对台商生活建档立卡，体现人文关怀，对台胞证期限、驾照更换、生日、子女就学等登记造册，及时提醒更换证件，举行庆生会、协调相关部门在就医、入学等方面提供帮助等。在区长沈东关心下，为在金坛台商办理了东方盐湖城市民卡，并于8月5日举行发放仪式。制度保障托底。从政府政策扶持上下功夫，鼓励企业积极招贤纳智，推动台资台属企业筑巢引凤汇聚行业领军人才，不断掌握核心技术，争做产业上流。至2016年年底，共有3家台资企业获批龙城英才计划，其中两家企业已经拿到政府创业支持项目首批30万资金。12月28日，区台办联合区农工办、科技局、科协、人社局等部门赴阿波罗生物肥料有限公司，就品牌建设、科技扶助、产业集聚等现场办公，助力企业加速取得产业效能，助其早日拿到第二批70万元扶助资金。

【平台作用助推产业创新】 经济下行压力下，在金坛台企抓紧技术革新，抢抓市场发展机遇，不断提升核心竞争力。区“加快项目引进、加快项目建设”动员暨2015年度工业经济工作表彰大会上，区部分台资台属企业获区委、区政府表彰，并获得政府金额不等的财政补贴和奖励。台企江苏帕卓管路系统股份有限公司作为常州第一家上市台企，也是金坛工业企业第一家在“新三板”上市企业，喜获企业上市奖，并获170万元奖励。台属企业江苏丰登作物保护股份有限公司喜获工业经济发展先进企业奖。台商常州嘉霖灯饰有限公司董事长张贝贝喜获“优秀企业家”称号。创新产品受关注。常州咏捷精密五金科技发展有限公司致力警务产品研发，多次携高精尖警用器材亮相中国国际警用装备博览会。针对无人机所带来的安全隐患，成功研制除了无人飞行器反制系统——射电枪，产品被中央电视台七套《军事科技》栏目报道，并亮相杭州G20峰会，为空中安全保驾护航。2016年12月成立台资企业科技协会，促进台资企业汇聚行业领军人才，推动科技创新，不断掌握核心技术，强化核心竞争能力，争做产业上流。“互联网+”经营新模式。通过“互联网+”，构建台商“云共享”，使台商互相详细了解企业生产情况，促进相互间形成产业配套的可能。同时，部分台商积极运用“互联网+”模式，将企业产品通过线上交易形式进行推广，打造具备台湾特点的“阿里巴巴”。2016年双十一期间，台湾产品电商销售取得不俗成绩。

12月20日，“两岸一家亲”金坛书画家与台资企业新年联谊（区台办 供稿）

【对台交流交往持续深入】 金坛区台办紧贴区中心工作，充分发挥台商联谊会、台属联谊会优势，围绕“东扩南移”战略，做好“走出去”和“引进来”工作，服务金坛发展大局。积极与常州、上海松江、厦门台协联系，不断向台湾各行业工会大力推介金坛，寻求产业合作互利，欢迎上海、厦门台商参与金坛的经济社会发展。近年来，区台办共引进5家台资企业落户金坛；与台湾各文化交流协会频繁互访，提升金坛在台知名度。台湾中华厦漳泉文化交流协会与金坛广播电视台积极互动，“‘阿里山—茅山’海峡两岸公益文化交流活动”项目不断拓展。4月1日，旺旺中时文化传媒《魅力城市》摄制组赴金坛刻纸研究所，领略国家非物质文化遗产、被誉为“江南一枝花”的金坛刻纸炫彩。10月，积极组织好“共建美丽乡村两岸论坛”相关配合工作，推进坛台休闲农业与乡村旅游产业交流。

【台商联谊会】 3月17日，金坛区台商联谊会举行换届大会，江苏东禾电声配件有限公司总经理陈俊隆当选新一届金坛台商会会长。区委副书记陈春洪到会祝贺。7月,金坛指前、儒林等地水灾,金坛台商会掀起为"第二家乡乡亲"捐款救灾活动,累计捐款5万余元(不含捐赠物资),江苏帕卓管路股份有限公司专程前往指前救助点捐献救灾物资,承担社会责任。

【台属联谊会】 2016年新春佳节来临之际,金坛区台办对17户重点台属、困难台属进行走访慰问,送去慰问金和慰问品,将节日的祝福和亲切的慰问送给重点台属及困难台属,确保他们过上一个愉快祥和的春节。

(薛 华)

信访工作

【概述】 2016年,区信访局受理信访总数2216件次,同比下降21.8%,其中来信369件,同比上升31.3%;直接受理来信45件,上级交办转送324件;信访复查35件,配合复核10件,不予受理18件。接待到区上访323批1847人次,同比批次下降12.7%、人次上升28%,其中集访85批1460人次,同比批次下降22.7%、人次下降31.9%。发生到省上访38批67人次,进京访26批32人次,其中非访2人次。

【增设金坛区信访接待服务中心】 金坛区委、区政府高度重视信访维稳工作。每年定期召开信访专题会议,听取信访工作汇报,帮助解决信访部门硬件、软件方面遇到的困难。新增设金坛区信访接待服务中心,增加事业编制3名,并确保各项信访工作经费落实到位。实现"信、访、网、电、视屏"进中心,职能部门进中心,纪检监察、公安、法院进中心,"大调解"进中心,领导干部进中心,着力打造"一站式接待""一条龙服务"和"一揽子解决"的合成维稳中心综合信访服务新平台。此外,区委、区政府领导还定期召开信访工作例会,严格落实领导接待日、领导接访下访制度,认真研究重大信访问题,努力确保金坛区信访形势持续稳定。

【G20峰会、中共十八届六中全会期间信访工作】 为做好G20峰会、中共十八届六中全会期间的信访稳定工作,8月26日、10月20日,全区连续召开多次政法、综治、信访专题会议,成立由区委常委、政法委书记孟敖祥任组长,各镇区(街道)、公安、综治、信访负责人为成员的工作专班,明确各自职责,强化措施落实,对全区重点人员做到不失管、不失控。会议期间,信访局增派4人进京协助工作,统一建立信访维稳微信群,做到前后方信息共享,传递沟通及时,协调指挥便捷,增强团队意识,提高工作效率,实现会议期间进京零非访的工作目标。

【区信访局入驻"今日头条"】 2016年8月19日,区信访局入驻"今日头条",并搭建形成以江苏省信访局为"龙头"的新媒体传播矩阵。伴随移动互联网的进一步普及,移动端成为人们获取信息的主要来源。为更好地服务于民众,区信访局紧跟时代步伐,创新发展,在"一微一网"(微信、综合办公平台)之外再开"一端"(今日头条客户端),借助"今日头条"客户端的信息推荐平台,搭建起政府与市民直接沟通的桥梁。进一步引导群众树立正确的信访观,让"文明信访""法治信访""阳光信访"深入人心。坚持弘扬信访主旋律,不断丰富文章内容,优化栏目设置。

【基层信访干部赴常参加权益保障卡专题培训】 5月5日,区信访局组织基层信访干部去常州参加"权益保障卡"的操作流程和相关规定的专题培训。针对基层信访干部能力水平参差不齐的实际现状,组织对信访力量薄弱的地区加以重点补课,此外,通过金坛区信访综合办公平台和信访干部微信群等形式将"保障权益卡"实施意见、《新华日报》《权益保障卡,江苏信访打造服务群众新品牌》《法制日报》《群众信访有了依法维权"绿卡"》等文章转发到每一位信访干部手中,努力推动权益保障卡真正成为《信访条例》的宣传卡、信访群众逐级走访通行卡、各级主体职能部门依法办访的责任卡、群众合法权益保障卡、干部工作作风的监督卡。全区共印发权益保障卡1500份。其中,各镇、区、街道600份,各部委办局600份,区信访局300份。

【全区信访干部赴赣州素质能力拓展培训】 6月20~29日,区信访局组织局机关以及各镇、街道信访干部分两批赴江西赣州参加为期七天的素质能力拓展培训,深入学习领会毛泽东在中央苏区土地革命时期所开展调查研究的方法、态度以及目的任务。中共赣州市委党校潘九根、谢晶荣、李忠、华阳标等教授分别授课。学员们反映,在信访改革进入关键时期举办这次专题研讨班非常及时、很有必要,通过重温红色传统,回顾党的峥嵘岁月,让大家受到一次心灵震撼和精神洗礼。

【多方施策,攻坚积案】 区信访局重视信访积案的排查和化解工作,每年将排查出来的信访积案逐件建立台账,做到"四个明确":逐案明确包案领导,逐案明确责任主体,逐案明确化解措施,逐案明确"三带一"(针对重点信访人员争取二带一的形式,根据包案情况三个人盯一个人)人员。同时,各责任部门也对信访积案逐案分析原因、找准问题症结,因案施策、多措并举,做到诉求合理的解决问题到位,诉求无理的思想教育到位,生活困难的帮扶救助到位,违法行为的依法处理到位。近年来,金坛区财政每年都拿出近100万元专项用于信访积案化解,此外,对非法上访人员依法进行打击,有力地维护全区的信访稳定。

【创新工作机制,保障维稳效能】 区信访局按照"上级精神具体化、外地经验本地化、本地经验特色化、工作措施规范化”的总体要求,创新工作理念、工作思路和工作方法,认真细化、制定《金坛区信访考核细则》,明确考核重点,强化落实上级决策部署。2016年以来,全区加强对交办件以及重大事项信访件的跟踪督查督办工作,防止因基层工作不力而引发越级上访等问题。每月月初定期对各镇、区、街道、相关部门上月的工作质态进行考评,成绩突出的进行表扬,工作不力的点名批评。并将每月考核情况书面报送区委、区政府主要领导以及相关镇、区、街道、部门主要负责人,确保公平、公正和压力传导到位。年底,对各镇、区、街道、部门进行综合考核,考核结果纳入区委、区政府考核总分。

(仲 霞)

老干部工作

【概述】 2016年,全区老干部工作认真贯彻落实全国老干部工作“双先”表彰会和全省老干部局长会议精神,突出工作重点,用心用情,履职尽责,全力抓好落实,不断提升服务老干部工作科学化水平,坚持为党和人民的事业增添正能量的价值取向,动员和激励广大离退休干部为建设“强富美高”新金坛贡献智慧力量。

加强老干部思想政治和党支部建设。区委老干部局采取报告会、座谈会等多种形式,组织广大离退休干部深入学习贯彻中共十八届五中、六中全会精神,开展“学党章党规、学系列讲话,做合格党员”学习教育,引导离退休干部强化纪律和规矩意识。坚持每半年邀请区委领导向老干部通报全区经济建设和社会事业发展情况。邀请区纪委副书记、监察局局长俞云法向离退休干部作反腐倡廉形势报告。邀请区委党校教员向老干部作学习中共十八届六中全会精神专题辅导。组织原四套班子领导分别参加区党代会、人代会、政协会,使老干部参政议政,支持现任领导工作。提升离退休干部党建工作水平。6月中旬,金坛区召开老干部党建工作推进会,各区镇、街道和有关部门老干部党支部书记及分管老干部工作的的领导参加,对老干部党支部开展“两学一做”学习教育进行部署。同时,区委老干部局选派12名老干部党支部书记参加省老干部党校组织的离退休老干部支部书记培训班。

落实老干部生活待遇。检查落实老干部的各项经费。对各区镇、各有关部门离休干部生活补贴及政策性经费进行检查,确保按时足额发放。协调落实老干部的医疗待遇。11月下旬,请区中医院专家为70多名老干部作养生保健知识讲座,并耐心解答老干部咨询的问题,增强老干部自我保健意识。还对4名离休干部的“三无”遗属办理医保卡,使他们的医疗问题得到落实。深入细致地做好走访慰问工作。春节前,协助区委领导走访慰问住院的老干部,并对生活困难的离休干部遗孀进行走访慰问。一年来,走访老干部及老干部遗属100多人次。接待老干部来信来访12批次,对老干部反映的问题和建议,凡属政策范围的,及时与有关部门联系协调解决,对暂时不能解决的困难和要求,做好耐心细致地思想疏导工作。探索利用社区资源服务老干部。会同东城街道办深入到电胜社区居委会对服务老干部工作的对象进行调查摸底,加强对特殊困难老干部的联系,为他们提供人性化服务,经考核验收电胜社区被授予“常州市老干部居家养老服务示范点”。另外,协助有关部门办理13名离休干部的抚恤事宜。

10月9日,区委老干部局举办庆重阳老干部联欢会 (老干部局 供稿)

不断丰富老干部文体活动。加强老干部各类协会建设。全区现有老干部书画、诗文社、艺术团、门球、集邮、棋牌、摄影等8个协会。年初,召开各类协会负责人会议,研究制定全年活动方案。对部分协会负责人进行调整,把政治素质高、业务能力强、身体状况好的老同志引入协会中来,使老干部各类协会充满生机和活力。加强老干部活动阵地建设。进一步提升老干部活动中心整体水平,规范管理,强化服务。开展“汇聚正能量”系列主题活动。6月中旬,组织老干部召开“我看从严治党新气象”老干部座谈会,老干部们回顾中国共产党走过的艰难曲折而又光辉的历程,总结加强党的建设的重要性、必要性和长期性。组织丰富多彩的文体活动。2016年春节前,书画协会的老干部到革命老区朱林镇长兴村为民义写春联;组织老干部艺术团和诗文协会的老干部举行元宵联欢会。3月上旬,会同区妇女联合会联合举办“金坛区第四届妇女书画作品展”,展示金坛妇女群体在推动发展、促进和谐中做出的贡献和自尊、自爱、自重、自强的高贵品质。6

月下旬,举办纪念建党95周年集邮展和纪念建党95周年老干部吟诗会。组织老干部门球队举办武进、溧阳三市区老干部门球联谊赛,增进友谊,促进老干部身心健康。

发挥老干部助推发展的作用。5月上旬,组织原四套班子老领导先后参观上阮现代农业产业园和东方盐湖城。老领导们对全区重点打造"山边、城边、水边"休闲观光农业发展情况给予肯定,并表示今后将进一步发挥自身优势,为促进金坛区休闲观光农业发展发挥余热。7月上旬,在金坛区第十三次党代会召开前夕,区委召开四套班子老领导征求意见座谈会,为区党代会工作报告建言献策。12月上旬,组织老领导实地察看金武路、钱资湖大道、公交总站、金坛港等已竣工的交通建设工程,并详细了解长荡湖大道、233国道金坛段等在建交通重点项目的进展情况。老领导们对金坛交通建设取得的成绩给予充分的肯定,并对金坛区交通就道路建设、道路绿化等提出建设性的建议。为培养教育下一代奉献爱心。关工委主任王一鸣编写《一个文明古国的崛起》《坚持服务青少年正确方向、推进关心下一代事业更好发展》《给特殊的儿童特别的关爱》等材料印发到全区供各级关工委学习指导。5月下旬,区关工委与教育局关工委联合举办全区青少年校外教育培训班,全区60多所学校分管德育教育的领导和各镇区关工委办公室主任参加培训班。围绕建党95周年,在青少年中开展"学国史,听党话,颂党恩"革命教育活动,全区3万多名学生参加活动,讲课材料编印达到13000多册。发挥老干部促进和谐的作用。组织引导老干部讲好金坛故事、传播好金坛声音,发挥他们在著书立卷、参与党风廉政建设、维护社会治安、创建文明村镇等领域的作用,既支持党委政府的工作,又体现自己的人生价值。

提升老干部工作队伍整体素质。区委老干部局认真开展"两学一做"学习教育活动,强化能力作风建设,增强做好老干部工作的责任感和使命感。加大对老干部工作的宣传力度。利用新闻媒体及时报道老干部工作中的重要活动,宣传老干部和老干部工作中的先进典型和经验做法。加大老干部工作管理力度。局办公室和活动中心各增加1名新人壮大老干部工作力量,补充新鲜血液。制定和完善老干部局各项规章制度,转变作风,明确任务,以满腔热情的工作态度做好本职工作,不断提高做好老干部工作的能力和水平。局长刘菊香荣获全国老干部工作先进工作者称号。

【纪念建党95周年老干部专场文艺晚会】 6月下旬,区委老干部局会同区委组织部、宣传部、区关工委、老年体协、老年大学等单位联合举办纪念建党95周年"把最美的歌声献给党"专场文艺晚会,区委领导刘国新、王跃中与千余名观众一起观看演出。晚会共演出大合唱、独唱、舞蹈等15个节目,表达广大老干部爱党爱国的情怀,坚定跟党走的信念,以及对实现国家富强、民族振兴、人民幸福中国梦的必胜信心。

【纪念红军长征胜利80周年老干部书画展】 10月下旬,区委老干部局举办纪念红军长征胜利80周年老干部书画展,共展出书画作品82幅。作品中心突出、主题鲜明,思想内涵丰富;翰墨丹青,字里行间倾注着离退休干部对党、对祖国的真诚热爱和对长征精神的传承,展示他们老有所学、老有所乐、老有所为的风采。

【离退休干部党组织创先争优获常州表彰】 常州市金坛地方税务局老干部党支部、水利局老干部党支部获2015年度常州市"五好示范"离退休干部党支部称号;常州市金坛区国家税务局离退休老干部党支部、常州市国土资源局金坛分局老干部党支部获2016年度常州市"五好"离退休干部党支部荣誉称号。

【创建"三星""四星"级老干部活动中心获常州表彰】 金坛区国土资源局老干部活动中心、农林局老干部活动中心、儒林镇老干部活动中心、薛埠镇老干部活动中心和常州市金坛地方税务局老干部活动中心分别获2016年度常州市"三星"和"四星"级老干部活动中心荣誉称号。 (张　丹)

机构编制工作

【概述】 2016年,区编办着力深化行政管理体制改革,转变政府职能,持续推进简政放权,提升政府效能,有序推进各项改革,做好机构编制管理服务工作,为全区经济社会发展提供行政体制和机构编制方面保障。

【政府职能转变和机构改革】 调整审批事项。按照国务院、省政府和常州市取消和调整行政审批项目的要求,区编办对政府公布保留的区级部门行政审批项目进行深入清理,凡是国务院和省、市已经取消的行政审批项目,全部对应取消,对下放到区级的行政审批项目,要求及时列入审批目录,并向社会公开。此次简政放权、优化流程工作中,共计37个政府职能部门的72个事项变动,其中取消26个大项、14个子项,新增11个大项、5个子项,部门间涉及职能转移有11个大项、5个子项。确定保留行政许可事项160项、管理服务事项190项、上报事项88项,与2014年审改保留事项相比,精简许可事项9项,精简率为5.3%。在清理审批事项的同时,对现行审批服务事项前置条件和申报材料进行分类清理,精简、削减除法律法规明确规定外的其他材料,自行设置和以规范性文件要求设置的,予以取消或转为后置监管。5个部门的16个事项精简压缩事项精简压缩3个审批环节,精简取消9项申报材料。各部门按照"能压必压、能快则快"要求,以压减审批环节、申报材料、承诺时限"三压减"为核心,推进行政审批制度改革,提高行政审批效率。对审批前要勘察、公示等的事项,进一步优化流程,最大限度缩短审批承诺时限。全年共有23个承诺件(其中9个大项、14个子项)改为即办件,有44个审批事项(其中23个大项、21个子项)共压缩118.5个工作日,完成区政府将平均承诺时限压缩到3.3个工作日内的目标。

市县简政放权创业创新环境评价体系试点工作。根据省编办推进简政放权的工作部署,金坛区被列为全省市县简政放权创业创新环境评价体系试点地区,区编办牵头开展全区双创体系相关指标的调查、统计和分析工作。区编办落实专门班子负责此项工作,数次前往常州接受相关业务培训,并对指标涉及的市场监管局、住建委、发改委、财政局、人社局等近20家单位进行任务分工,登门走访相关责任单位,对相关数据进行采集、核对和分析,按要求对统计数据整理及时上报。尤其是对数据样本所涉及的开办企业、施工许可、竣工验收、不动产登记、涉审中介服务、行政事业性收费等内容进行逐一核实,对办理环节、办理时限、申请材料、收费标准等具体指标进行详细的论证。双创相关数据,能有效地反映该区当前的政务环境和投资环境,对不断提升和改进区审改工作有明显地推动作用。

清单编制工作。权力事项办事指南编制工作。根据省市权力事项办事指南编制工作的相关要求,区编办组织各相关部门推进该项工作。在全市权力事项办事指南编制工作电视电话会议后,该办加强学习、吃透文件精神,制定指南编制标准和答复口径,同时加强对各部门的编制指导,提出明确要求,在规定时间内保质高效的完成该项工作。全区36家部门对照省级机关权力清单和指南,认领相关事项,按时完成区权力事项的办事指南编制和入库工作。随机抽查事项清单和公共服务事项清单编制工作。根据常州市审改办要求,区审改办印发《关于开展随机抽查事项清单编制工作的通知》《关于建立完善部门公共服务事项清单的通知》两个文件,对编制随机抽查事项清单和公共服务事项清单所涉及的具体内容及相关要求作明确说明。年内,已完成对两项清单进行全面梳理和审核校对工作,下一步将会同各部门进行修改完善,汇总后提交区政府常务会议审议,向社会公布。涉审中介服务事项清单编制工作。根据省市涉审中介服务事项清单编制工作的要求,区审改办联合政管办开展行政审批前置中介服务项目清单的编制工作,印发开展编制工作的通知,全区有17个相关部门完成54项中介服务事项的编制工作,对中介服务项目、服务类别和法律依据都作明确规定。11月初经过区审改领导小组的审议,正式在政府网站和区编办网站对外公布。

推进第二批中心镇扩权强镇试点改革工作。区编办多次前往儒林镇进行中心镇扩权强镇改革试点对接工作,分批分步骤推进中心镇下放事权工作,并就扩权内容、下放事项、机构设置、岗位配置、人员编制和领导职数等内容进行逐一对接协商。12月初,政府办印发儒林镇机构改革实施细则,首批109项扩权事项也已经下放到位,初步理顺了区与中心镇两级政府的权责关系,增强中心镇统筹协调、自主决策、公共服务和依法行政的能力,激发中心镇发展动力和活力,促进区域经济社会事业又好又快发展。儒林镇便民服务中心等基础设置已经落实到位,运行后将与群众和企业相关的部门进驻到中心,利于节省企业和群众办事时间,提升办事效率。

医患纠纷调处试点工作进展有序。自2015年金坛区被列为省医患纠纷调处试点地区以来,区编办多次前往区司法局作专项调研,就运行中存在的问题进行协调,联合区司法局对医患工作进行深入研究,在区社会矛盾纠纷调处中心现有医患纠纷调处机制的基础上进行机构和职能的调整设置,形成试点方案,得到省政府的批复。年内,已初步建立上下联动、分工协作的机制,区医患调处试点工作顺利通过省级相关部门审核。

政府机构改革相关工作顺利完成。区编办先后完成区卫计局新型农村医疗合作办公室与人社局社会保障服务中心的整合工作,完成区不动产登记交易中心的机构设置并正式运转,完成民政局、发改委、规划局、市场监管局、公安分局等内设机构的调整设置工作,重新核定公安分局的中层职数标准,完成华罗庚科技园及金城科技产业园党工委、管委会正科级机构规格的申报工作并顺利获批,为全区推进两个加快的工作步伐提供体制保障。

【事业单位改革】 事业单位法人年度报告公示工作。年初,区编办开展全区事业单位2015年度报告公示和统一社会信用代码换证工作。下发《关于做好事业单位统一社会信用代码制度改革及2015年度法人年度报告公示工作的通知》,并按有关规定对年度报告的内容进行保密审查,进一步强化指导和监督工作,以确保全区事业单位法人年度报告公示和统一社会信用代码换证工作按时保质完成。截至年底,全部需公示单位366家中,已公示345家。另有21家未公示。其中,国土局下属事业单位14家,待撤消单位5家,未明确法定代表人2家。

统一社会信用代码制度改革。区编办自2016年4月开展该区机关、群团的统一社会信用代码赋码工作,年底前全面完成400余家机关、事业单位换证工作。

推进事业单位改革。2016年,区不动产登记交易工作正式启动。经过多次协商并受区主要领导指示,区编办对农工办、国土局、住建委等单位所涉及的不动产登记相关职能进行整合,先后出台不动产登记交易分中心实施方案、整合方案和三定方案,确保不动产登记交易工作的顺利开展。同时调整滨湖新城建设管理处、新农合的主管部门归属,明确疾控中心、卫生监督所、妇保中心的职责,规范机构设置。承担行政职能事业单位改革试点方案已经上报上级机构编制部门，待批复后全面启动。住建系统部门综合行政执法体制改革工作方案已经明确，待批复后正式实施，同时，区编办加强对交通、农林、卫生等系统的对接，商议部门综合行政执法体制改革工作的问题和难点，逐项排查解决，确保改革工作稳步推进。

【机构编制监管】 人事编制信息系统建设。为加快推进全区机构编制的网上管理系统建设，尽快建成全区统一的机关事业单位人员编制信息库和目标管理相统一的网络管理平台。区编办联合人社局启动人事编制信息系统的建设工作，通过一年的不断修正完善，初步实现人事编制管理业务的一体化、自动化，为实现“四清两对应”（机构清、编制清、领导职数清、实有人员清，实现具体机构设置与按规定审批的机构相对应、实际配备人员和财政供养人员与批准的编制和职数对应）提供监管平台。

落实机构编制实名制管理制度。根据《常州市金坛区控编减编工作方案》，区编办严格落实机构编制实名制管理制度，把握编制底数，并实行编制动态管理，每月梳理一次在岗人员，每季度重新修订编制一次常州市金坛区机构编制工作手册。另一方面，严格规范管理，对满编和超编机关事业单位实行红线管理从严控制；对缺编单位，根据工作需要，分期分批允许招录人员。在推进减编控编的工作中，与机构改革、行政体制改革、事业单位分类改革相结合，严格执行机构改革要求，切实抓好控编减编工作。

健全机构编制月报管理制度。为确保月报数据的准确性，区编办以人事编制信息系统为基础，结合各单位出入编、职务晋升等手续的办理，实时更新机构编制台账信息，促进机构编制规范化管理。

科级领导干部职数预审工作。区编办按照上级要求对全区所有副科级以上的行政事业单位领导职数进行审核清理，对其机构规格、挂牌设置、领导职数配置等进行审核，经上级部门审核，当前尚存在挂牌机构配备领导职数、部门职数配备过多等情况，下一步将通过与组织等部门的沟通协商，共同出台管理办法，形成工作合力进行规范。 （山　杰）

（编辑　刘士科）

金坛刻纸《金鱼缸》 （作者　杨兆群）

常州市金坛区人大常委会

综　述

2016年，金坛区第十六届人民代表大会召开第五次会议，听取和审议区人大常委会、政府、法院、检察院工作报告，审查和批准区国民经济、社会发展年度计划和财政预算，并分别作出相应决议。全年区人大常委会共举行9次常委会会议和11次主任会议，听取和审议区人大常委会有关工作机构、政府、法院、检察院工作报告23项，通过决议、决定14个，依法任命干部46人次，免去职务35人次。全年督办代表建议181件，处理群众来信来访11件次。

区十六届人大常委会开展"两学一做"学习教育，坚持法治导向、发展导向、民生导向、问题导向，认真履行宪法和法律赋予的职责，在促进区域发展、推进法治建设、维护群众利益、发挥主体作用、提升履职能力等方面做出贡献。组织人大代表进行考察、调研、督查活动，开展代表建议办理工作"回头看"活动，促进和推动"一府两院"（政府、法院和检察院）依法行政、公正司法，增强人大代表履职的自觉性和责任感。加强规范性文件备案审查工作，拓展人大常委会监督范围。

2016年10～12月，金坛区进行区、镇两级人大代表换届选举，依照选举法和省选举实施细则的规定，选举第十七届区人大代表240名，新一届镇人大代表458名。

重要会议

【金坛区第十六届人民代表大会第五次会议】 2016年1月21～23日在金坛控股会议中心举行。会议听取和审议狄志强所作《区政府工作报告》，审议发改委提交的《区2015年国民经济和社会发展计划执行情况与2016年计划安排意见的报告》，李留清所作《区2015年财政预算执行情况和2016年财政预算草案的报告》。审查和批准区2015年国民经济和社会发展计划执行情况与2016年计划，区2015年财政预算执行情况和2016年财政预算。听取和审议于炳才所作《区人大常委会工作报告》、宋文良所作《区人民法院工作报告》、蔡和方所作《区人民检察院工作报告》，并分别作出相应决议。

大会主席团通过议案审查委员会主任委员杜跃华所作《关于议案的审查报告》和财政预算委员会主任委员王新辉所作《关于财政预算草案的审查报告》。大会共收到代表提出议案6件，代表建议、批评和意见175件。经审查，6件议案不具备立案条件，均作为代表建议、批评和意见处理。

大会通过《金坛区第十六届人民代表大会第五次会议选举办法》《金坛区第十六届人民代表大会第五次会议关于设立两个专门委员会的决定》和《金坛区第十六届人民代表大会第五次会议关于两个专门委员会组成人员人选的通过办法》，选举王艳红、李留清为金坛区第十六届人民代表大会常务委员会副主任。表决通过赵钢超为金坛区第十六届人民代表大会法制委员会主任委员，陈建平为副主任委员，庄金中、张国俊、金达生、费海华、黄立群为委员；表决通过王新辉为金坛区第十六届人民代表大会财政经济委员会主任委员，臧国锋为副主任委员，王勇、刘斌、许和粉、吴志高、钱国祥为委员。

【金坛区第十六届人大常委会会议】 2016年，区十六届人大常委会共召开9次会议。会议听取和审议区人大常委会、政府、法院、检察院关于政府半年工作、财政预算执行、财政决算、城建交通基础设施建设及项目资金安排、教育现代化、诉讼监督、生态红线区域保护、为民办实事、代表建议办理、区十七届人大一次会议筹备工作等情况的汇报。评议区水利局、人力资源和社会保障局、卫生和计划生育局两年来的工作情况。专题询问"社会养老服务体系建设"问题。听取和审议《中华人民共和国特种设备安全法》贯彻实施情况的汇报。

区十六届人大常委会通过《金坛区人大常委会2016年工作要点》，并作出《关于接受杜跃华同志辞去金坛区第十六届人民代表大会常务委员会副主任职务的决定》《关于接受王艳红同志辞去金坛区人民政府副区长职务的决定》《关于接受范寿柏同志辞去金坛区第十六届人民代表大会常务委员会主任职务的决定》《关于接受狄志强同志辞去金坛区人民政府区长职务的决定》《关于批准金坛区2015年财政决算的决定》《关于接受陈锁龙、李皓同志辞去金坛区人民政府副区长职务的决定》《关于在全区公民中开展法治宣传教育第七个五年规划的决议》《关于接受朱珍娣同志辞去金坛区第十六届人民代表大会常务委员会委员职务的决定》《关于区、镇两级人民代表大会换届选举问题的决定》《关于成立区、镇两级选举委员会的决定》《关于批准2016年本级政府支出预算调整的决定》《关于召开常州市金坛区第十七届人民代表大会第一次会议的决定》《关于接受杨金忠同志辞去常州市金坛区人民政府副区长职务的决定》《关于接受蔡和方同志辞去常州市金坛区人民检察院检察长职务的决定》。

区十六届人大常委会根据区人大常委会主任、政府区长、法院院长、检察院检察长提请，共任命国家机关工作人员46人次，其中包括任命于炳才为区人大常委会代理主任，沈东为代理区长，秦凯、周新生、周文俊、卢方承、陶伟、王晓航为副区长，王强为副检察长、代理检察长，免去职务35人次。

【金坛区第十六届人大常委会主任会议】 2016年，区十六届人大常委会共召开11次主任会议。会议听取区人民政府、法院、检察院关于水利工程建设及管理、智慧交通建设、侨务工作、江苏金坛投资控股有限公司运行、档案工作、老城区基础设施改造工作、为民办实事工作、依法行政工作等情况和贯彻实施《中华人民共和国企业破产法》《中华人民共和国未成年人保护法》《中华人民共和国气象法》情况的汇报。

重要工作

【换届选举工作】 依照选举法和省选举实施细则等有关法律规定以及省、常州市人大常委会的有关决定，自2016年10月至12月底，全面开展区、镇两级人大代表换届选举工作。整个换届选举工作分为准备（2016年8月下旬至2016年10月上旬）、宣传发动和选民登记公布（2016年10月10日至2016年11月15日）、提名推荐和协商确定代表候选人（2016年11月10日至25日）、宣传介绍代表候选人（2016年11月28日至2016年12月4日）、投票选举（2016年12月5日至15日）、筹备召开新一届人大一次会议（2016年12月中旬至2017年1月中旬）六个阶段。2016年12月15日前，依法选举区十七届人大代表240名，新一届镇人大代表458名。

【督查督办常委会决议决定、审议意见及代表建议、批评和意见】 2016年，区人大常委会共下发9份审议意见书，“一府两院”分别在规定期限内作出答复和反馈，常委会对审议意见落实情况进行满意度测评，取得较好成效。着重督查区人大代表在区十六届人民代表大会第五次会议期间提出的181件代表建议。所有代表建议均及时转交区政府办理，经各承办部门共同努力，所有代表建议在规定时间内全部办理完毕，代表对建议办理满意率100%。

【重点建议督办】 2016年9月，区人大常委会督查“加快推进全区养老服务体系建设”和“加强城区菜市场建设管理”两件重点建议办理情况。督察组在实地察看并听取汇报后，要求相关部门进一步提高重视程度，增加资金投入，高质量建设工程，切实加强民生工程的落实。

【专题询问活动】 区人大常委会就“社会养老服务体系建设”开展专题询问。在深入调研基础上，常委会组成人员和人大代表围绕全区拟出台的政策规划、具体项目建设、财政保障、医养融合进展等11个方面问题，向区政府及民政、人社、国土、卫计、公安消防大队等部门主要负责人现场询问，督促政府整改落实，定期汇报进展情况，切实做到有询问、有答复，有承诺、有结果。

【评议部门工作】 区人大常委会分别对水利局、人社局和卫计局开展工作评议。通过听取专题工作汇报、走访服务对象、实地察看、问卷调查、个别谈话等多种方式，全面了解被评议部门工作情况，并进行满意度测评。依据区人大常委会关于评议工作的实施办法，区水利局、人社局、卫计局均被评为“满意单位”。通过开展工作评议，推进政府部门工作作风改进和工作效能提升，切实增强常委会监督的广度、深度和力度。

【省、常州区人大金坛调研和检查】 2016年6月21日上午，江苏省人大常委会党组副书记、副主任蒋宏坤率调研组到金坛开展《江苏省实施〈中华人民共和国村民委员会组织法〉办法（修订草案）》立法调研。11月8日，江苏省人大常委会委员、农委副主任梁学忠率省人大和水利厅一行到金坛开展《江苏省河道管理条例》立法调研。4月12日，常州市人大常委会副主任邵明率调研组一行到金坛调研《中华人民共和国预算法》实施情况。5月25日，常州市人大常委会副主任贾宝中一行到金坛调研县乡人大建设情况。6月13日，常州市人大常委会副主任俞志平、张东海一行到金坛调研区、镇两级人大换届选举工作。10月26日上午，常州市人大常委会法制委副主任委员、法工委主任周智夏率调研组到金坛开展立法项目调研。11月17日，常州市人大常委会副主任俞志平、盛建良一行到金坛视察农村产权交易流转市场建设情况。

（吴　强）

（编辑　李华琴）

常州市金坛区人民政府

重要会议

【区人民政府全体(扩大)会议】 2016年,金坛区人民政府召开全体(扩大)会议2次,研究讨论《政府工作报告》和《“十三五”规划纲要》,布置全区经济发展、城乡建设、民生实事等重点工作,并对机关作风建设等作专门部署。

【区人民政府常务会议】 全年金坛区人民政府召开常务会议10次,发纪要10期。研究讨论年度政府工作报告,讨论年度经济和社会事业工作目标、意见、考核办法及考核情况,贯彻落实上级会议及各类文件精神。研究通过一批规范性文件。包括关于金坛区不动产统一登记工作实施方案、金坛区网格化环境监管实施方案、金坛区城市景观照明管理暂行办法、金坛区城乡生活污水处理统一运行管理实施意见、金坛区工业企业污水接入城镇生活污水处理厂管理办法、金坛区河湖管理范围划定工作实施细则、金坛区征地补偿和被征地农民社会保障办法。制定各类政策规划。包括制定2016年经济发展主要目标任务、政府性投资项目、重点规划编制计划、重点产业类项目实施计划,编制“十三五”期间知识产权发展规划、“七五”普法规划、重点交通建设工程(项目)、水利重点工程(项目)、重点工程(项目),完善金坛建设发展有限公司运营机制,制定江苏长荡湖旅游控股有限公司组建和运营等机制。完善社会保障制度。包括提高全区城乡居民基本养老保险基础养老金标准的实施意见、提高城乡低保、农村五保供养、城市“三无”老人供养、孤儿养育和困难群众医疗救助标准方案等。

【区人民政府区长办公会议】 全年金坛区人民政府召开区长办公会议18次,发纪要18期。讨论研究虹桥菜市场产权主体,新孟河延伸拓浚(金坛区)及综合配套整治工程融资,拨付被征地农民转保资金,调整一线环卫工人最低工资标准,金坛经济技术发展有限公司与正信光电科技股份有限公司成立合资公司开展分布式光伏发电业务,常州市未成年人社会实践基地投资建设,区公安局业务技术用房(二期)、滨湖派出所迁移改造工程投资建设方案,推进“环境综合治理”专项行动工作,进一步规范人防工程建设和人防工程易地建设费收取标准有关事宜等。

重要工作

【中航锂电一期项目奠基】 1月8日,总投资125亿元的中航锂电项目正式奠基,建成后形成年产120亿瓦时锂离子动力电池的生产能力,年产值将超200亿元。

【265省道金坛段开工建设】 1月7日,265省道金坛段(先导段)开工建设,金坛境内全长24.5公里,全线按一级公路标准建设,双向四车道,设计时速80公里,总投资6.2亿元。

【“两个加快”动员暨工业经济表彰大会】 2月15日,金坛召开“加快项目引进、加快项目建设”动员暨2015年度工业经济表彰大会,进一步动员全区上下持之以恒推进“两个加快”,力争在总投资超30亿、超50亿、超百亿项目上取得突破。

【全面启动第三次全国农业普查】 3月24日,金坛区第三次全国农业普查正式启动。普查以金坛农村土地流转、农业生产、新型农业经营主体、农业规模化和产业化为主要内容。

【百家广电媒体看金坛活动在坛举行】 8月16日,以“东在常州·养生金坛”为主题的百家广电媒体看金坛活动在东方盐湖城道天下景区启动。来自上海、浙江、安徽等10省1市的媒体代表参加活动。

【亚洲青年有机论坛在金坛举行】 9月28日,2016亚洲青年有机论坛暨一号农场有机嘉年华活动在金坛举行。一号农场被环保部有机食品发展中心授予“有机农业技术研究与创新平台”称号。

【长荡湖大闸蟹推介活动在京举办】 9月28日,“江苏金坛长荡湖大闸蟹”推介活动在北京举行,长荡湖大闸蟹以“母子商标”的模式进入市场,采取“直供社区”的模式正式大规模登陆北京市场,将在北京115家OK家社区店设立长荡湖大闸蟹专卖柜。

【金坛—澳大利亚大榭珀顿市缔结友好城市】 9月21日,澳大利亚大榭珀顿市与金坛区结为友好城市关系,双方将在农业旅游、经济贸易、文化教育等领域全方位展开密切合作。

【长荡湖旅游度假区获评“中国最佳投资休闲目的地”】 10月22日,在2016中国(国际)休闲发展论坛上,长荡湖旅游度假区获评“2016中国年度最佳投资休闲目的地”。

【日本福冈县筑上町友好交流团到坛访问】 11月11日,日本福冈县筑上町友好交流团到金坛访问,并与金坛区签订建立友好城市关系意向书。

【中国微电影大典在坛举行】 12月10日,2016中国微电影大典金蜂鸟奖颁奖大典在东方盐湖城举行。金坛两部本土作品《守望》和《心境》分别获最佳人气奖和最佳公益奖。

(顾林俊　孔德政)

外事工作

【概述】 2016年,金坛区把外事工作作为扩大对外开放、加快经济发展、维护社会和谐的重要举措,结合新常态下对外事工作提出的新要求,在对外交流、重大涉外活动、外事管理和出访服务等方面均取得一定的成绩。认真做好因公出国(境)、APEC商务旅行卡办理、友好城市联络、涉外管理、外事接待等工作,营造了良好的涉外环境,为全区的改革开放、经济建设和社会进步作出贡献。

【因公出国(境)】 全年区外事办审核(报批)因公出国(境)任务团组32批80人,其中,自组团14批59人次,报批上组团18批21人次。未发生1例违规违纪现象。

【APEC商务旅行卡办理】 年内为4家企业12人办理APEC商务旅行卡(持卡人凭有效护照和旅行卡5年内无须办理入境签证,可以自由往来于已批准入境的各APEC经济体之间),累计为金坛区办理APEC商务旅行卡150张。5月19日,外事办公室(以下简称外事办)与区工商联共同举办一次APEC卡专题培训会,邀请30多家相关企业派员参加。

【友好城市联络】 3月,区外事办收到省外办同意金坛区与法国圣乔治市建立友好城市关系的批复,这是金坛区与荷兰克伊克市之后又一个友好城市。5月,区人大副主任于炳才率团访问美国弗吉尼亚州福基尔县并成功签订友好城市意向书。9月,大谢珀顿市市长迪尼·阿德姆和首席执行官彼得·哈利奥特在参与江苏—维州城市合作联盟对话会期间,对金坛区进行友好访问。借此契机,与大谢珀顿市签下友好城市意向书。11月,应省人大常委会外事委员会的邀请,日本福冈县筑上町新川久三町长率青少年友好交流团访问金坛区,参观区博物馆和华罗庚纪念馆,并与薛埠镇中心小学展开了一系列交流活动。活动中双方签订了建立友好城市关系意向书。同月,区政协副主席潘双林也率团对法国枫丹白露市进行友好访问,并签署友好城市意向协议书。

【涉外管理】 配合“常州市领事保护宣传周”活动,区外事办联合常州市外事办于7月18日在金沙广场举行领事保护宣传日活动。活动中,摆放宣传展板,发放宣传手册并向市民进行宣传介绍,让市民进一步了解海外领事保护工作及外事相关政策。区领导周新生、吴欲晓陪同常州市外事办副主任司马双龙参加此次活动。区外事办配合常州市友协参加省友协主办的“洋镜头新视野聚焦美好江苏”——在江苏外国人摄影比赛活动,向在金坛外国人大力宣传并征集48幅摄影作品用于参赛,金坛区两幅摄影作品获得大赛入围奖。区外事办还组织多名外资企业外方高管参加常州市委、市政府举办的国庆招待会和迎新春联谊会。

【外事接待】 4月27日,接待韩国南洋洲国际交流科科长朴世贞等一行4人,参观区华夏宝盛园、乾元观和鑫品茶业有限公司,与鑫品公司商讨进一步合作的问题。

12月10日,中国微电影大典现场　　(区志办　供稿)

9 月 21 日,金坛—澳大利亚大谢珀顿市缔结友好城市　（外事办　供稿）

5 月 10 日,德国史托堡市国际事务负责人法提玛 · 奎斯特斯女士一行在常州市外事办欧非处人员的陪同下对金坛区进行参观考察,副区长杨琦参与接待。外事办陪同考察人员先后参观华罗庚实验初中、德资企业皮尔磁电子有限公司、国家级非物质文化遗产示范基地金坛刻纸研究所等。法提玛 · 奎斯特斯也简要介绍了史托堡市的地理位置以及该市工业发展等情况。

6 月 23 日,区外事办在常州市外办副主任都文平的陪同下,接待澳门科协主席许敖敖夫妇一行,参观了东方盐湖城。

10 月 20 日,在金坛区副区长秦凯和外办主任陈小华的陪同下,新沂市副市长孙红一行参观了南方光纤、盈科通信、同方威视等企业。

12 月 21 日,乌兹别克斯坦纺织行业代表团一行 17 人来金坛区参观考察金昇集团和卿卿针织厂,副区长周新生参加活动。参观中,代表团负责人表示希望通过进一步的交流,与金坛区在轻工业产品制造方面加强合作,引进包括纺织轻工业在内的新的技术合作项目。　（龚　晶）

政务服务

【概述】 2016 年,金坛区政务服务管理办公室(以下简称“政务办”)不断优化服务环境,切实打造优质、高效的政务服务平台。全区有 27 个区级机关部门和 13 个公用事业单位、中介机构进驻区政务服务中心(以下简称中心),共设 206 个窗口,有工作人员 376 人。中心全年办理各类行政审批服务事项 66.8 万件,其中即办件 61.2 万件,占 91.6%;各类办件收费(含契税、车购税、各类基金等)10.8 亿元,同比增长 30.45%。“12345”政府公共服务热线受理各类诉求 41401 件,同比增长 12.8%,向部门派发任务单 7599 件,办结 7553 件,办结率 99.39%,人民满意率 98.24%。

【行政审批事项动态调整】 制定下发《区政务办关于进一步做好简政放权、优化流程工作的通知》,按照国务院、省政府和常州市取消和调整行政审批项目的要求,对区政府公布保留的区级部门行政审批项目进一步清理,共精简 20 个审批服务事项(取消许可事项 5 项,取消管理服务事项 15 项)。截至年底,全区 37 个职能部门共有 444 个审批服务事项。其中,许可事项 164 个,管理服务事项 191 个,上报件 89 个。

【压缩审批时限】 组织召开专题研讨会,认真开展讨论和个性化分析,对审批事项的审批环节和承诺时限重新进行梳理,再造审批流程和压缩承诺时限。2016 年,11 个承诺件改为即办件,29 个承诺件压缩承诺时限,共计压缩 91.5 个工作日。全区承诺件平均承诺时限为 3.3 个工作日。

【加强“窗口集中、人员到位”】 以搬迁为契机,主动与部门沟通,加强行政服务科职能整合、事项进驻、流程梳理、窗口授权、人员配备等事项落实,做到事项“应进尽进”。2016 年,中心新增设供电、财政、残联、总工会窗口;旅游、粮食部门的审批服务事项集中委托综合窗口办理;地税部门将原分中心撤销,事项全部进入中心办理;不动产登记中心整建制进驻中心。

【推行内部流转(预审)制度】 为加快政府投资项目建设审批进程,区政务办积极推进审批流程简化再造,起草并报区政府办下发《政府投资性项目建设审批内部流转(预审)制度》,明确政府性投资项目办理开工建设手续采取内部流转预审制度,及时有效联动协调各个审批审核环节,促使新增建设项目审批加速、建设加快。该制度自 2015 年底启用后,2016 年,共牵头召开 9 次项目联审会,为 37 个政府性投资项目的开工建设提供快捷服务。

【拓展联合验收范围】 在稳步推进联合竣工验收工作的基础上,进一步拓展竣工联合验收范围。开学前,金坛区建昌小学、花山国防教育训练中心、常胜小学等教学楼、食堂建设项目急等验收后投入使用。区政务办及时组织相关部门集中验收,确保各项目在开学前投入使用。

【跟踪服务工作】 区政务办给镇区审批代办员提供固定办公场所,配置相应的办公设备,要求审批代办员定期汇总全区重点工业建设项目审批进度和建设进度,将建设审批流程图上墙公示,并对该项工作进行考核,提升审批代办工作效能。

【"12345"热线整合】 "12345"热线在整合热线队伍力量,形成全区工作一盘棋的同时,始终坚持对热线整合工作的推进。按照整合政府服务资源的原则,积极探索热线整合的有效途径,利用"12345"热线处理系统具备比较完善的电话录音、登记、分类、统计、网上交办等功能,有机整合部门热线。2016年,热线对涉及政府部门服务的特服号码开展整合工作调研,并将"12358"物价服务号码,有机整合进入"12345"政府热线平台。

【中介机构监管】 2016年,会同区发改、国土、住建、审计、国税、地税、市场监管等部门人员对在金坛区从业的会计代账、税务代理等八大类75家中介机构联合检查并进行信用等级评价工作。其中,A级信用26家,B级信用47家,C级信用2家。对新进入的中介机构,严把市场准入关,在中介办和相关部门登记后,才能在核定的资质(资格)业务范围内从事经营活动。同时,要求各审批职能窗口均公示有登记的中介机构名录,让企业有自主选择的机会。2016年,南京源恒环境研究所有限公司、北京中科尚环境科技有限公司、沈阳环境科学研究院等6家环境检测机构进入金坛区市场,引入竞争机制。至年底,进行登记的中介机构共17家。其中,环评11家,房产土地4家,不动产登记1家,节能评估1家。出台《投资项目审批中涉及的中介服务机构入驻区政务服务中心的实施管理办法》,对入驻的中介机构方式、范围、条件等进行规定,并对入驻中介机构管理实行统一服务承诺时间、统一规范收费标准、统一服务标准的管理机制,运作上建立登记管理、考核评定、清退淘汰机制,进一步规范入驻中介机构管理。同时,对入驻的中介机构统一签订协议,促进中介机构提高服务质量,提高服务效率。

【行政服务督查】 通过常规督查、联合检查、专项督查、视频监控等全方位监督方式,将窗口检查工作纳入常态化管理。全年共发现违反工作纪律现象56次,及时召开督查通报会进行通报,提出具体整改意见。从项目受理、审核、审批、办结、送达各个环节,抽查窗口规范办理情况,对检查中发现的超时办结件等现象,按照窗口考核办法扣分处理,确保各环节全过程提速增效。每季度"12345"政府服务热线对进驻中心的27个审批职能部门服务对象办件情况进行电话回访,深入查找窗口工作存在的服务态度不端正等问题,第一时间与工作中存在问题的部门对接、沟通,要求窗口积极整改存在的问题,并对受访群众耐心作好解答工作,提高服务群众对政务服务工作的认同感。 (高雷斌)

(编辑 夏 冰)

金坛刻纸《水仙仙子》 (作者 杨兆群)

政协常州市金坛区委员会

综　述

2016 年，政协常州市金坛区委员会（以下简称区政协）突出团结民主主题，充分发挥独特优势，深入开展协商议政，努力促进社会和谐，各项工作取得新的成效，为助推全区加快发展作出积极贡献。一年中，区政协共举行 1 次全体委员会议、8 次常委会议，6 次主席会议、6 次主席（扩大）会议。向区委、区政府提交建议报告 4 份，征集提案 81 件，审查立案 78 件，提案工作办复率 100%，委员满意率 100%。共收到社情民意信息 48 件，上报省政协、常州市政协 4 件，上报区委、区政府 8 件，转部门办理 4 件。编辑《金坛政协》4 期，出版金坛文史资料第 32 辑《金坛碑刻集》。区炎黄文化研究会编辑研究专刊 2 期，出版《古韵金沙》。

重要会议

【政协常州市金坛区第九届委员会第五次全体会议】 1 月 20 日下午举行开幕式，常州市政协副主席、区委书记范寿柏到会并讲话。大会听取并审议了区政协副主席段振国所作的常委会工作报告和区政协副主席潘双林所作的提案工作报告。与会委员列席区人大十六届五次会议，听取并讨论区政府工作报告和其他工作报告。委员们认真履行职责，围绕全区政治、经济、文化和社会建设中的重大问题，参政议政，建言献策，提出许多建设性的意见和建议。大会选举黄克洪为区政协第九届委员会副主席，选举徐忠敏为区政协第九届委员会秘书长，增补朱建清、汤文斌为区政协第九届委员会常务委员。会议确定 2016 年区政协主要工作目标，大会历时 3 天，1 月 22 日下午闭幕，区政协主席王国胜发表讲话。大会期间，收到委员提案 81 件，审查立案 78 件。大会通过会议决议。

【政协金坛区第九届委员会常委会议】 2016 年，区政协共举行 8 次常委会议。会议围绕区委、区政府中心工作和政协重点工作，对经济社会发展中的热点、难点问题开展专题协商讨论，提交建议报告 4 件。1 月 17 日，区政协召开九届二十五次常委（扩大）会议。会议协商讨论《区政府工作报告》，协商通过《关于召开区政协九届五次会议的决定（草案）》等相关事宜，协商讨论一个人事事项。1 月 21 日，区政协召开九届二十六次常委（扩大）会议。会议听取区委关于九届区政协副主席、秘书长、常务委员候选人提名并协商讨论，审议九届五次会议《选举办法（草案）》，审议九届五次会议选举总监票人和监票人建议名单，审议大会《关于召开区政协九届五次会议的决议（草案）》。1 月 22 日，市政协召开九届二十七次常委（扩大）会议。会议听取大会秘书长关于委员讨论区委负责人讲话，审议区政协九届常委会工作报告和提案工作报告，讨论区政府工作报告及其他报告的情况汇报；听取各小组协商讨论九届政协副主席、秘书长、常委候选人，《选举办法（草案）》等情况汇报；协商通过《选举办法（草案）》、总监票人和监票人建议名单；会议审议通过大会决议草案。1 月 22 日，区政协召开九届二十八次常委会议，协商通过区政协 2016 年工作要点；协商讨论有关人事安排。4 月 28 日，区政协召开九届二十九次常委会议。专题围绕进一步推进全区社会保险工作问题进行专题协商，提出“建立社保目标责任制，建立科学的财政投入增长机制，实施参保帮扶行动，引进优质医疗资源，实施社保服务标准化工程”等具有针对性的意见建议供区委、区政府决策参考。7 月 27 日，区政协召开九届三十次常委会议。会议传达金坛区第十三次党代会会议精神和全省政协工作会议精神，听取区政府关于全区“两个加快”情况通报并协商讨论，提出“注重以企引企、充分挖掘潜能、优化政务服务、创新项目融资”等建议供区委、区政府参考；会议还协商有关人事事宜。10 月 29 日，召开九届三十一次常委会议。会议听取区政府办关于区政协九届五次会议以来提案办理情况通报并协商讨论；会议围绕“新型城镇化建设”议题，提出“要强化组织领导，明确分工，提升协同共建能力"；要在区总规划指导下，开展专项规划，实现多规融合，并在土地、资金、财税等方面给予支持”等方面提出意见建议；会议还协商了有关人事事宜和关于政协换届工作相关问题的决定。12月26日，区政协召开九届三十二次常委会议，会议听取了区政府2016年工作情况通报，会议协商通过了《关于召开区政协十届一次会议的决定》等相关事宜；会议还协商了有关人事事项。

【政协金坛区第九届委员会主席会议】 2016年，区政协共召开6次主席会议，6次主席（扩大）会议。1月27日，区政协召开九届三十七次主席会议。专题协商市场监督管理局机构改革运转工作情况，提出的“要围绕中心，服务大局，坚持把公共安全作为神圣职责，加强技术指导，严格执法检查，狠抓队伍建设”等建议。3月29日，召开九届三十八次主席会议。专题协商创建国家森林议题，提出要注重硬件与软件相结合，建设与管理相结合，苦干与科学创森相结合，创森工程与经济社会效益相结合等建议。5月25日，召开九届三十九次主席会议。专题调研金坛区农村资源、资产、资金管理工作情况并协商讨论，提出相关建议。6月17日，召开九届四十次主席会议。专题听取全区科技创新工作情况并协商讨论，会议提出要高度重视科技创新工作、服务好企业和人才、努力增强企业核心竞争力、提升区域科技创新实力、推动产业向中高端发展、助推企业转型升级等建议。8月23日，召开九届四十一次主席会议。专题调研金坛区交通重点项目进展和“十三五”交通重点项目情况，提出要重建设、重管护、重提升，加快推进项目建设，让群众享受到更优质的交通服务等建议。12月26日，召开九届四十二次主席会议。会议听取区委办、政府办关于办理政协提交的调研报告、社情民意信息情况通报并协商讨论；协商讨论区政协九届常委会工作报告和提案工作报告（讨论稿）；审定各类评优项目，协商召开十届一次会议及换届人事事宜。

2016年，区政协召开6次主席（扩大）会议，邀请部分委员就薛埠镇经济社会发展情况、西城街道成立以来工作情况、政务管理、财税、反腐倡廉、检察等工作专题听取情况通报并协商提出建议。

重 要 工 作

【委员提案及提案办理】 2016年，区政协共收到提案81件，经审查，立案78件，立案率96.3%。其中民主党派、工商联、有关人民团体及政协专门委员会提案6件，界别小组及委员联名提案35件，委员个人提案37件，立案提案分送区委、区政府等30个承办单位办理，办结率和答复率100%，当年采纳解决的28件，占总数的35.9%；正在实施或已列入计划逐步解决的49件，占62.8%；一时难以解决或因政策原因需向上级反映的1件，占1.3%。从已收到的提案人问卷反馈意见表显示，提案办理满意和基本满意率100%。区委、区政府及各承办单位高度重视提案建议落实，许多意见和建议被吸纳到相关规划、政策措施以及部门实际工作中，对助推政府科学、民主决策提供重要的参考。“关于加快行政许可高效通道建设的几点建议”“互联网+纺织服装业”“关于加快我区新型城镇化建设的建议”“关于鼓励’万众创新’的几点建议”等一批提案得到较好落实，区政府和职能部门充分吸纳提案建议，推动相关问题的解决，服务企业，促进了发展。

【社情民意信息工作】 2016年，共收到社情民意信息48件，经整理编辑后分别报送省政协、市政协和区委、区政府及相关部门。上报的《农村承包土地确权应保障妇女享有的权利》得到了常州市政府分管领导的批示。区委、区政府领导十分重视政协报送的社情民意信息，相关部门认真落实信息建议，取得了较好的社会效果。如针对委员提出的《关于完善我区公共自行车管理的建议》，区政府和交通部门充分采纳，采取积极有效措施部署落实。

【推进文化传承】 全年注重发挥文史工作“存史、资政、团结、育人”的社会功能，不断拓宽史料征集渠道，丰富文史专题，完善征集内容，提升稿件质量和编撰水平。区政协文史委编辑完成《金坛碑刻集》文史资料。炎黄文化研究会加强对金坛优秀历史文化的研究，编辑《炎黄文化研究》专刊2期，出版《古韵金沙》。 （史 霞）

（编辑 夏 冰）

民主党派·群众团体

民盟金坛区委

【概述】 2016年,民盟金坛区委带领全体盟员紧密团结,以中央统战工作会议精神和民盟十一届四中、五中全会精神为指导,贯彻落实金坛区委十三届二次全体会议精神,以建设高素质参政党为目标,开展"不忘合作初心,继续携手前进"专题教育活动,扎实推进金坛民盟的各项工作,为金坛经济社会发展贡献力量。截至2016年年底,全区共有盟员173名。

【参政议政】 2016年区"两会"期间,盟员中的人大代表、政协委员围绕金坛区经济和社会发展主题,提出许多建设性的意见和建议。刘桃园委员代表民盟金坛区委在政协大会上作《把握信息化时代发展机遇推进金坛"智慧城市"建设》的大会发言。盟员中的3位区人大代表和23名区政协委员共向"两会"提交提案、建议26件。其中,《关于开发利用诸葛八阵图古村落的建议》《关于对我区大型企业与中等专业学校联合开设对口专业的建议》被列为2016年主席重点督办提案,《关于启动老丹金溧漕河城区两岸改造的建议》《关于解决我区群众就医难的建议》和《关于加强我区文明施工工地建设的建议》被列为主任重点督办提案。

在金坛区九届五次政协大会上,民盟组获得先进委员活动小组,委员张小平、金人宪的建议被评为"优秀社情民意信息",委员朱颖涛、于跃进、徐锁福、陈淑玲、庄严、金人宪等人的提案获优秀提案,委员金人宪、徐锁福、程云仲荣获"优秀委员"称号。

【组织建设】 民盟金坛区委坚持"以教育、文化、科技界为主,以中上层人士为主"的方针,继续做好组织发展工作。慎重发展新盟员,注重质量,重点做好80后、公务员和非公经济代表人士的发展工作。规范新盟员入盟程序,搭建新盟员的培训、学习和活动平台,使新盟员入会后有一个全面培训提高的过程。把发展工作与后备干部队伍建设相结合,不断优化队伍结构,提高整体素质,增强组织的生机与活力。2016年,新发展盟员10人。盟员于晓东参加盟省委基层组织负责人培训班,20多人次参加民盟常州市委组织的培训。民盟金坛区委还努力抓好民主监督工作。担任各级特邀监督员、特邀监察员、检察员、审计员、行风监督员和人民陪审员的盟员认真开展评议和监督,提出有价值的意见和建议,发挥民主监督作用。

【社会服务】 2016年5月,盟员石东礼开展"金坛人文精神"讲座,文化支部全体盟员及区人民法院领导、工作人员参加活动。石东礼、吴炜栋、孔详贞、虞得水、冯建国的作品入展"纪念江苏民盟成立60周年书画展"及"纪念李公朴殉难70周年书画艺术展"。吴炜栋应宜兴市文联、书协邀请,对宜兴100多名书法爱好者开展讲座。程云仲5月参加金坛—泰安书画交流展,6月参加区委宣传部、区文联主办的"以丹青绘盛世、以翰墨书党恩——走向辉煌摄影书法艺术展",年底还赴广东佛山举办个人画展;医卫综合支部开展赴薛埠老区义诊活动;教育综合支部于1月22日考察安普电子有限公司,与安普电子有限公司建立支部社会服务基地。5月,由盟区委、残联主办的"情系绿丝带·爱心与艺术"慈善助残活动在区二院举行,拍卖筹集的善款39730元,将用于残疾病人和精神病患者的康复治疗。8月,姜炜走进金沙大讲堂,为广大市民主讲"智者乐水"水利专题讲座,带领听众了解水利枢纽和水文化。

【盟员风采】 2016年,民盟成员中有1人作品入选江苏省第二届艺术博览会,并被"文化部文化艺术交流中心"聘为书法高级研修教学部主任,定期赴北京为全国各地书法学员进行授课;1人书法作品入选"林散之奖·江苏书法双年展",10月获第八届"观音山杯"全国书法展优秀奖;1人获江苏省技能大赛教师组"网络搭建及应用(神州数码)"二等奖,在参加常州市职业院校"技能竞赛月"中,获教师组"网络组建与管理"一等奖;1人辅导的学生在参加常州市职业院校“技能竞赛月”中，获学生高职组“电子产品装配与调试”一等奖；1 人获 2015～2016 年度区全民终身学习活动最美志愿者；1 人辅导的学生获全国物理竞赛三等奖，并被江苏省物理协会评为“优秀辅导员”；1 人辅导的学生参加常州市第九届音乐舞蹈新作品《刻字娃》获一等奖，并参加江苏省第十二届“五星工程奖”汇演，获二等奖；1 人编制的教材《茶艺工艺》由中国轻工业出版社出版；1 人被评为全国青少年模拟政协优秀指导教师、常州市突出贡献人才；1 人辅导的学生获全国中学生化学奥林匹克竞赛（江苏赛区）二等奖；1 人辅导的学生获全国青少年信息学奥林匹克联赛一等奖；1 人在常州市“创新争星、做强做优”活动中，被评为工业明星企业家；1 人获南京银行总行先进工作者称号；1 人被评为第七届全国铸造行业优秀青年企业家，其项目“高速列车用超低温高韧性铁素体球墨铸铁的研发与应用”获得中国机械工业科学技术奖二等奖；2 人获得金坛区科技进步项目二等奖，1 人获得科技进步项目三等奖。

（马　莉）

金坛区工商业联合会

【概述】 2016 年，金坛区工商业联合会（以下简称区工商联）深入贯彻中共十八届六中全会和中央统战工作会议精神，紧扣区委、区政府中心工作，密切联系全体执委，团结凝聚广大非公有制经济人士，切实发挥桥梁、纽带和助手作用，推动工商联工作跨越式发展。

【引领企业诚信履责】 深化非公经济人士理想信念教育。围绕“守法诚信、坚定信心”活动主题，通过实地走访、召开会议、座谈交流等多种方式向广大非公企业进行宣传，营造良好氛围。2016 年，申报安普电子、帕卓管路系统股份有限公司等 9 家企业为和谐示范企业。组织部分企业参加常州市企业和谐文化建设现场推进会，晨风集团、金旺包装、盛世桃园 3 家企业分别作大会交流发言。

引导非公企业履行社会责任。区工商联（总商会）牵头，向全区行业商（协）会和非公企业发出号召，募集 100 万元捐给金坛华罗庚艺术团，扶持地方剧团，打造精品剧目，开启金坛区工业企业践行社会责任、助推文化事业发展的新模式。温州商会参加第二届“唱响爱的分贝”公益助残活动，义卖书画作品，资助困难残疾人家庭；开展“爱心温商、星火助学”活动，与薛埠镇花山小学结成长期帮扶对子，帮扶特困学生。服装行业商会组织卿卿针织、华越毛纺、波仕曼等企业捐赠衣物 100 箱，价值 2000 万，元资助四川、云南贫困山区。

【民企管理升级培训】 围绕“精益现场管理”“统御之道——让管理步步到位”“虎口夺单营销策略”等主题开展 3 次“民企管理升级”公益培训。参训人数 800 余人。其中，“生产经营与零库存管理管控”培训邀请上海交通大学、清华大学优秀讲师，中国式精益生产精益物流及鲁氏管理理论发起人鲁鹏老师为大家授课。来自常州市的近 400 名中高层生产管理人员参加培训，常州市工商联副主席韩红卫到场作开班致辞。

【企业家关爱工程】 4 月，分二批组织区工商联副主席（副会长）、常执委 50 多人赴上海华山医院进行 PET－CT 高端健康检查，为每个人建立健康档案，并针对各自不同的身体状况提出合理化建议。7 月，洪水给全区众多企业的生产带来严重影响并造成重大损失。灾情发生后，区工商联第一时间向全区商会组织和广大非公经济人士发出倡议，号召他们发挥“一方有难，八方支援”的传统美德，积极参与到抗洪救灾行动中。据不完全统计，全区非公经济人士捐款捐物超过 1000 万元。

【商会友好互助往来】 2016 年，工商联机关分别与长兴县工商联、溧阳市工商联进行友好交流。9 月，澳大利亚江苏总商会到金坛经贸交流，40 多位澳籍苏商实地考察同方威视实验工厂、3D 打印创新中心，并与多位企业家深入对接，为今后中澳苏商合作奠定基础。区工商联还与深圳市常州商会、沙特总商会分别开展经贸考察活动，进一步扩大金坛的对外影响力。

【企业法律风险管理系列沙龙】 5 月 18 日，区工商联与江苏能英律师事务所共同举办第四期“企业法律风险管理系列沙龙”，主题为“合同风险防范”，来自全区各行业的 40 多家中小企业的负责人及高层管理人员参加活动。杨贞主任律师针对当前经济形势下的企业合同法律风险，结合自己数十年律师生涯总结出来的经验，分析加强合同管理的措施，并从法律角度提出加强企业合同法律风险管理的具体建议。

【APEC 商务旅行卡申办辅导】 “走出去”发展，5 月 19 日，区工商联与区外办联合举办“2016 年 APEC 商务旅行卡”申办辅导会。常州市外办工作人员介绍 APEC 商务旅行卡的用途、适用范围、申请方法等内容，全区有申办意向的近 20 家企业负责人参加会议。

【自身建设】 按照区委“两学一做”学习教育的总体部署和要求，5 月 13 日，区工商联召开会议，对“两学一做”进行专题动员部署。制订全年学习计划，向每位党员发放《习近平总书记系列重要讲话读本》《中国共产党廉洁自律准则》等学习资料，集中学习党章党规。开展特色党课活动，组织机关党员到红色根据地苏皖一大会址重温抗战历史，缅怀革命先烈，以更饱满的精神、昂扬的斗志投入到学习工作中去。“七一”前夕，邀请常州市委党校周犀行作关于“改革供给侧，应对新常态”的讲座，机关全体党员、基层

商会、行业商(协)会秘书长20余人参加活动。 (陈 薇)

金坛区总工会

【概述】 2016年,常州市金坛区总工会(以下简称区总工会)组织实施"服务职工创新创业""深化普惠服务""建设信赖职工之家"三大工程,服务职工取得成效。

【职工创新创业】 区总工会开展东外环新建、241省道黄庄至指前段改造重点工程"创优立功竞赛"。举办第十三届职工职业装表接电工、导游、起重机械安装拆卸工、基层卫生岗位人员、动物检疫行业职工技能大赛。获2016年常州市职工十大科技创新成果奖一等奖2项、常州市职工十大先进操作法1项。设立职工创新创业基金,帮助省劳模谢粉祥申请常州市劳模创业者协会创业专项借款30万元,帮助17名创业职工贷款170万元。依托开发区创业园,设立职工创新创业示范基地,为创业者提供开放式工位,创业保证保险贷款,中介咨询,创业指导服务。开展先进评选、技能培训、技术交流、师徒结对等活动,发挥劳模先进在企业技术创新中的引领促进作用。江苏金昇实业股份有限公司细纱班获"全国工人先锋号"称号,常州朗博密封科技股份有限公司戚建国等7人被评为江苏省劳动模范和省先进工作者。创建江苏省先进工作者吕水庚"劳模创新工作室"和金坛区劳模但胜钊"劳模创新工作室"。

【职工普惠服务】 区总工会办理工会服务卡11.2万张,发展工会服务卡特约商户310户,法定假日期间开展特惠活动,职工得到实惠36万元,72名生病职工得到7万元工会免费专享保障。强化镇(街道)职工帮扶服务站和村(社区)、企业职工帮扶服务点服务功能建设,在常州市星级帮扶服务站评选工作中,朱林镇职工帮扶服务站获"五星级"称号,西城街道、指前镇职工帮扶服务站获"四星级"称号,儒林镇职工帮扶服务站获"三星级"称号。2016年,新增环卫工人休息点近20个、爱心母婴室10家。在"送温暖"活动中,区总工会为256户困难家庭发放慰问金36万元,发放"晨风工友基金"110万元,帮助4500名农民工平安返乡。发放劳模补助金、慰问金62万元,组织2批次共48名劳模疗休养;举办"春风行动"农民工专项招聘会,50家用人单位提供800个岗位,现场120人达成就业意向;推进"女职工关爱行动",免费为430名困难女职工、环卫女职工、建筑行业女农民工进行"两癌"筛查。

【职工"信赖工程"】 2016年,区总工会创建常州市"信赖职工之家"10个、"信赖职工小家"8个,13名基层工会干部获得常州市"职工信赖的娘家人"称号。对成功创建的30个区级"模范职工之家",给予资金补助和器材添置。对评选出的99名区级"优秀工作者"予以精神鼓励和物质奖励。4月,区总工会组织全区64名工会干部赴武汉大学参加能力提升班培训。组织开展第十一轮工资集体协商要约应约和签订集体合同工作,将工资、劳动安全保障等涉及职工切身利益的问题作为协商重点,确保集体合同有效履行,全年集体合同签约共覆盖2176家企业,合同签订率达85%。

【职工权益维护】 区总工会与人社、司法等部门联动,开展工资支付检查和农民工维权活动。制定法律援助中心每周一、三律师值班制度,参与劳资诉讼、非诉讼纠纷的调解、仲裁,为符合法律援助条件的职工和工会组织免费提供服务。2016年,组织10场"送法进企业"活动,培训510名企业人事经理和工会主席。协调五部门开展"五一劳动法律宣传月"活动,进入企业、工地和工业园区,为1500多名职工现场释疑答惑,发放法律宣传手册2000份,走进15家重点企业进行督察促法。举办"欣越杯"安全生产知识竞赛和"南京银行杯"安全生产知识演讲比赛,有120家企业,2.6万名职工参加活动;组织开展夏季"三送"(送清凉、送安全、送法律)活动,在"安康杯"竞赛活动中,金坛供电公司被评为全国"安康杯"竞赛优胜单位,常州日新树脂有限公司被评为江苏省"安康杯"竞赛优胜企业。

【职工文化活动】 区总工会举办"中国梦·劳动美·幸福路"第七届"书香企业"职工读书月活动暨有奖征文活动;组织开展10场"我是歌星"农民工歌手大赛暨"露一手"农民工技能展示活动,儒林建筑公司的郭昊炎作为获奖选手登上央视春晚的舞台;组织职工参加省"十三五"规划知识竞赛、女职工读书征文、"一封家书"等活动。组织职工艺术团文艺小分队赴京、津等建筑工地,为在外施工人员送去文艺节目;《职工之窗》栏目全年共举办54期,讲职工故事,传播工会声音。 (丁卫武)

共青团金坛区委员会

【概述】 2016年,在区委和团市委的正确领导下,全区各级团组织紧紧围绕"接轨常州主城区、推动发展新跨越"主题,突出工作重点,各项工作取得新成绩。在团省委十四届七次全会首期"先锋论坛"上,金坛作为全省6个县区之一作交流发言。全区各级团组织获各类市级以上荣誉表彰40余项,团区委连续三年获常州市优秀团委表彰,并获2016年度全区综合考核优胜单位。

【抓好思想引领】 团区委创新引导青年的新载体、新路径,探索灵活多样、贴合青年思想实际的引导方式,夯实广大青少年的共同思想基础。把握"五四""七一"、国庆、长征胜利80周年等时间节点,广泛开展各类主题教育活动。开展身边好青年、追梦好少年等评选,引导青少年学榜样、学先进，一批优秀团员青年和先进集体，受到上级各类荣誉表彰。区国税局吴亚莉入选“2016江苏好青年百人榜”，获评“孝老爱亲”好青年。开展“青语倾听”读书分享活动，利用“金坛青年”微信公众号、喜马拉雅FM等平台，发布青年读书音视频26件，累计阅读超6000人次。“O2O书式青春悦享工程”获江苏省共青团运用新媒体和文化载体引导青年创新案例二等奖。持续开展大学生暑期社会实践活动，组织80余名返乡大学生到机关和企事业单位进行岗位实践，并组织大学生走进金坛感知家乡发展。

【服务创业创新】 团区委结合纪念五四活动，联合相关部门举办青年创新创业大赛，评选表彰一批青年创新创业典型。持续深化青年文明号、青年突击队等品牌内涵，引领广大青年在服务发展、抗洪救灾等工作中攻坚克难、争做先锋。区水产技术指导站获国家级“青年文明号”称号，区环境监测站获省级“青年文明号”称号。围绕服务青年创业就业，印发《金坛青年创业指南》1000册，举办创业培训19期、各类技能培训9期，培训青年超1500人次。深入实施青年创业贷款项目，帮助青年申请创业贷款1.5亿元，扶持青年创业项目200余个。整合社会力量，打造“梦工场”青年众创空间，已入驻孵化青年创业项目10个，开展“创业在路上”主题访谈、“青创汇”创业沙龙等活动20余场。张键“好蟹不谢”等4个项目分获第三届“创青春”江苏青年创新创业大赛各组别4个奖项。积极参与文明城市建设，举办“阳光公益路、青春志愿行”主题志愿服务活动，组织青年志愿者服务2016常州旅游节开幕暨东方盐湖城开城大典、2016中国微电影大典金蜂鸟奖颁奖典礼等大型活动。区地税局“税妈妈关爱”志愿服务项目获评第三届中国青年志愿服务项目大赛银奖和10个单项奖中的“最佳服务奖”。持续深化“保护母亲河”活动品牌，建立保护母亲河协会指前、儒林两个工作站和水质监测志愿者服务队，开展水文化宣传主题活动。积极参与国家森林城市创建，联合相关部门开展义务植树、绿色骑行、保护鸟类等系列活动。

【增强社会感召力】 团区委从队伍、机制、品牌、活动等入手，全面推进青少年权益维护工作。发挥“两办”职能，协调成员单位常态化开展青少年普法、禁毒、防艾（艾滋病）等专项工作，邀请南京大学犯罪预防与控制研究所所长狄小华教授作《中国人民共和国未成年人保护法》专题讲座。接受区人大未保法执法检查，通过看现场、听汇报和提建议，进一步提升区人大和各成员单位的工作重视程度。深入开展维权载体创建，新增省级“青少年维权岗”1家。持续深化希望工程、圆梦行动、暖冬行动、青春扶贫等品牌活动，筹资13.5万元，为25名家境困难中小学生发放助学金，帮助22名贫困学子圆梦大学。加强“梦想家”青少年事务服务中心建设，与上海市阳光社区青少年事务中心签署合作协议，聘请社工督导开展业务培训，定期开展青少年事务社工沙龙，大力实施“成长护航工程”重点项目，切实为重点青少年群体提供有效服务。“雏鹰飞翔——关爱茅山老区留守儿童计划”被团中央评为全国青年社会组织“伙伴计划”百优项目。

【提升工作活力】 团区委探索社工、社会组织、社会公益项目“三社合一”的工作模式，增强团的服务依托和工作力量。在社区设立“格子铺”，推动专兼职团干部、青年社会组织骨干成为青少年事务社工。举办“我们的青春派”青年社会组织巡礼活动，18家青年社会组织和300多名青少年联袂展示风采。依托“青年之声”网络平台，主动宣传政策信息，积极回应青年呼声，努力构建“互联网+共青团”的新型工作模式。累计收集各类青年提问1600余条，回复率90%以上。加强青少年综合服务平台建设，推动各镇、街道加快建成青少年之家，在已有2家省级示范服务平台基础上，又新增1家省级平台。拓展青少年校外活动阵地，争取省级专项资金180万元，实施青少年宫提升改造工程，进一步完善团属青少年服务阵地的功能。成立金融系统团工委，以青年文明号创建为抓手，积极推动金融行业团组织工作活跃。在区级机关部门团组织开展“青工互联、共建共促”主题活动，根据工作领域和行业特点，划分为四个片区，促进机关团组织资源共享、阵地共建、工作共商、活动共办，有效提升机关团工作活力。

【加强队伍建设】 团区委扎实开展“两学一做”专题教育活动，全面加强团员和团干部队伍建设。协同区教育局抓好团员发展和教育管理工作，举办主题团课大赛，成立团课讲师团，为全区各中学、中职送团课进校园。团区委获评全省基础团务工作先进县（区），区二中获评全省基础团务工作先进基层单位。全面推广中学共青团工作团建项目，省华罗庚中学被评为江苏省中学中职共青团工作团建项目示范学校。举办全区中学生入团仪式教育示范活动，获评全省中学中职学校“青春五月”十佳品牌活动。举办基层团干部培训班和少先队辅导员培训班，邀请省、市专家进行专题讲座，积极参加上级各类风采展示活动，儒林小学大队辅导员于莉、华城实验小学王歆言分获2016年常州市“十佳少先队辅导员”和“十佳少先队员”称号。团区委被评为2016年度江苏共青团十佳理论学习型团组织。加强团干部作风建设，实施团区委机关干部挂钩联系基层团组织制度和基层团组织重点工作项目化管理制度，全区录入专兼职团干部976人，联系青年39269人，广泛开展线上互动和线下活动，进一步提升团组织联系服务青年的覆盖面。

（吴　寅）

金坛区妇女联合会

【概述】 2016年,金坛区妇女联合会(以下简称区妇联)坚持服务大局和服务妇女的工作主线,坚持面向基层、顺应需求和解决问题的工作导向,加快转变工作方法,努力汇聚资源力量,联系、凝聚、服务妇女群众,推动妇女事业取得新发展。

【推进妇代会改建妇联工作】 根据省、市妇联关于基层妇联组织改革的相关要求,区妇联及时向区委组织部分管领导汇报取得支持,和民政局协调明确将村(社区)妇代会改建妇联工作纳入村委会换届选举同步进行,至2016年年底,改建工作已全部完成。改建后的村、社区妇联均按7~15名的标准建立执委队伍,一批女性增收致富带头人、文明新风带头人、公益事业热心人、女大学生村官等整体素质好,热爱妇女工作,群众公认的优秀女性推选进各村、社区妇联担任执委。11月,区妇联在区政管办召开城区妇委会改建妇联试点工作现场会,明确今后城区妇委会在换届或人事调整时也一律改建妇联,真正将妇联工作触角延伸到更广泛的领域,有效提升基层妇联的服务能力。

【提升妇联干部队伍素质】 8月,区妇联组织妇联常执委和妇联干部45人到上海大学进行为期一周的培训。通过知识拓展、现场观摩、交流反思等多种培训形式,对包括当前宏观经济形势与热点问题研判、群团改革与基层妇联、国学智慧与女性领导干部素养提升等多个方面的内容进行学习。通过培训,妇联干部在理论基础、党性修养等方面有所提高,妇女儿童工作的能力和水平得到增强。11月,组织区女领导干部联谊会会员到宜兴进行参观交流学习,增进沟通交流,进一步拓宽全区女领导干部的视野。

【融合女性社会组织资源】 区妇联构建"妇联组织+女性社会组织"的新模式,针对现有女性社会组织承接政府相关职能的能力不高、服务妇女儿童水平有限等问题,积极挖掘到茅驴志愿者协会、益家人社工事业发展中心等一批优秀的女性社会组织,扶持新成立金坛区旗袍文化艺术研究会。这些女性社会组织都能结合自身实际,经常性组织开展关爱留守儿童、帮助贫困妇女等志愿活动,成为妇联工作的有益补充。

【推进"书香家庭"项目】 区妇联借助"金坛女性"微信公众号,先后开展"我家最爱的一本书""我的读书心得展播"等活动,让广大家长和孩子感受阅读魅力。开展书香家庭读书知识竞赛活动,线上吸引2万人次参与答题,线下来自全区的135户家庭参与初赛和决赛。在全国妇联组织的"书香飘万家"亲子阅读活动中,华罗庚实验学校耿春琴老师的《小水的除夕》获得"我家最爱读的一本书"评选第9名。

【倡导"家教亲子行动"】 区妇联在全区广大家庭中倡导"每天十分钟"家教亲子行动,邀请12名专家组成讲师团,以每月一场,菜单式、系统性的讲座形式开展"暑期家教农村行""科学优教进企业""科学家教进社区"等公益家庭教育讲座,发放宣传资料2万余份,受到广大学生家长特别是留守儿童家长的普遍欢迎。以加强未成年人思想道德建设为主线,在全区中、小学校广泛开展"华老故里话家风"和"八礼四仪"主题实践活动。组织收看省妇联的"梦享成长家教讲座"9期,参与家长达5万余人次,在全区营造良好的家庭教育氛围。

【放大典型示范效应】 区妇联充分利用"三八"妇女节契机,举办"我眼中的她——寻找身边的最美女性"主题活动。组织开展寻找"最美家庭"活动,共评选出区级"最美家庭"20余户,将评选出的"最美家庭"感人事迹制作成展版,在各社区和人群集中的公众场所巡回展示。通过金沙大讲坛,邀请"江苏省最美家庭"——杨振海家庭在全区开展最美家庭讲好家训巡讲活动。杨振海建立家庭爱心基金,每周每人定期向爱心基金捐款的模式在全省得以推广。积极组织参加常州市家风家训书画和小故事征集大赛,区获奖人数位列常州各辖市区第一,其中一等奖4名,二等奖9名,三等奖19名,优秀奖16名。

【重视妇女创业就业】 2016年,区委书记、区长分别约谈各部门主要负责人,其中专题听取区妇联关于女性创业就业工作的情况汇报。分管工业经济的副区长周新生主动牵头,组织召开银企对接共话发展座谈会,全区50名女企业家、八大银行及相关经济职能部门分管领导参加座谈会。会上,女企业家们围绕企业发展历程及目前存在的困难等进行座谈,各银行行长现场解答女企业家融资中的疑问,各职能部门结合实际对小微企业扶持等相关政策进行解读。江南农村商业银行和江苏丝情诺漫丝绸有限公司进行现场签约。

召开巾帼建功活动推进会,命名授牌一批区级巾帼文明岗,引导妇女在平等参与经济社会发展中创造创新,真正使"巾帼文明岗"成为城镇女性创业兴岗的一面旗帜。联合区人社等多部门举办各类公益招聘会、女性专场招聘会等,引进招聘单位200多家,提供女性岗位580个;为女大学生创客提供指导,组织女企业家与创业女大学生签订结对协议,开展创业帮扶;创建"金坛女性"微信公众平台,促进创新与创业、线上与线下、孵化与投资相结合,为女性创新创业者提供良好的工作空间、网络空间、社交空间和资源共享空间。与区供销社联合举办农产品经纪人培训班,100多名女能手获得中级农产品经纪人证书;联合区教育局开展妇女网上行基础技能培训,培训妇女452人;组织巾帼专业合作社负责人、女经纪人等20余人赴南京和淮安学习考察电商运作。放宽妇女小贷额度、简化操作程序,2016年全区完成妇女小额担保贴息贷款1276万元,帮助69名创业妇女缓解资金压力,发放2015年贴息资金44.49万元。同时与金融部门协调开展大额享受优惠利率的妇女创业贷款,支持非涉农女性创业。培育省级巾帼来料加工示范基地、"巾帼创新业"等项目8个,常州市级巾帼现代农业示范基地、巾帼农家乐等12个项目,争取各类项目经费25万元。积极推荐优秀创业女性参加金坛首届青年创业大赛,在大赛中获奖的2个项目还参加常州女性创业创优大赛,并获得二等奖的好成绩。

【构建普法维权网络】 区妇联利用"金坛女性"微信公众号,通过有奖竞答、"反家暴网络行"、走进金坛电视台《法在身边》栏目访谈等形式开展《中华人民共和国反家庭暴力法》宣传,提升普法宣讲实效;开展幸福家"圆"行动反家暴援助项目,为不同群体、不同需求的来访人员提供心理疏导、婚姻家庭矛盾调处等服务;扎实推进普法宣传进机关、进企业、进社区、进学校、进家庭,直接受益群众达1.2万人次;全年共接待群众来信来访112人次,其中涉及到家庭暴力的有35起,现场答疑调处率达100%。

【探索维权协调机制】 区妇联继续发挥好会同民政、司法、公安等部门建立起的以反家暴为重点的四大援助中心(12338家庭暴力维权中心、110家庭暴力接警中心、家庭暴力鉴定中心、家庭暴力庇护中心)的作用,四个中心之间做到互通信息、快速反应、联动服务。在第18个"国际消除对妇女的暴力日"当天,在区综治委的牵头下,区妇联、公安、检察院、法院、司法等单位联合在青年广场开展以"反对家庭暴力构建和谐金坛"为主题的纪念反家庭暴力日活动,通过广场法律咨询、小品、文艺等群众喜闻乐见的活动形式开展法制宣传。

10月27日,金坛区城镇妇女"巾帼建功"活动推进会 (区妇联 供稿)

区卫计局做好农村妇女"两癌"免费筛查的宣传发动,2016年,全区参加"两癌"筛查人数达25030人。继续加大对"两癌"贫困妇女的救助,2016年共有62人先后获得各级妇联的救助,救助金额达42万元。精心打造妇儿实事项目,在金沙公益联的支持下,争取到江苏省示范地区重点工作项目1个,即贫困妇女"两癌"治疗救助项目;江苏省妇女儿童公益社工服务项目2个,即"让梦想飞"——黄金村留守妇女就业增能项目和"小葵花绽笑颜"——关爱茅山老区留守儿童公益项目,共获得省级项目扶持资金12万元。

【纪念"三八"国际劳动妇女节106周年大会】 区妇联在全区开展"众里寻她美在金沙"——寻找最美女性和最美女性团体活动,并召开金坛区纪念"三八"国际劳动妇女节106周年暨表彰大会,区领导刘国新、纪海平、田杰亮、王艳红、李留清、姜玲出席大会。会上,通过各单位选送的小品、歌曲、情景剧表演等展示全区各行各业最美女性和女性团体的风采,并对50位最美女性和10个最美女性团体进行表彰。

【庆"三八"送岗位第八届女性人才交流会】 3月6日,区妇联主办庆"三八"送岗位第八届女性人才交流会,区领导王艳红、姜玲参加活动。招聘会上,来自全区的70多家用人单位提供900多个工作岗位,可供女性求职者选择的岗位超半数以上,涉及家政、销售、缝纫等多个领域。其中,有10家企业专门招聘女性求职者,一家美容连锁店提供的美容师、学徒等工作岗位吸引不少女性前去咨询。

【首届家政服务培训班】 区妇联、常州市巾帼中心、金坛好苏嫂于3月25~29日联合举办首届家政服务培训班,30多名学员接受家政服务职业操守、相关法律法规、家庭清洁卫生等方面的系统培训。这次培训采取理论学习与实际操作相结合的方式,通过生活实例的讲解让学员全面提升家政服务技能。

【"华老故里话家风"主题实践活动】 区妇联在全区中、小学校中开展"华老故里话家风"主题实践活动,以传承和弘扬良好家风为重点,吸引学生、家长、教师、社会团体多方参与。5月31日上午,在金坛华罗庚实验学校举办华老故里话家风、庆"六一"暨十岁成长仪式,区领导刘国新、王艳红、刘明江、姜玲出席仪式,华罗庚实验学校500多名十岁学生及其家长参加仪式。围绕“成长、感恩、责任”,融合诗朗诵、图片故事、歌伴舞、手语表演、乐器表演等丰富多彩的艺术形式,全体师生、家长载歌载舞,以别样的方式让学生度过自己的童年。华罗庚实验学校的广大学生、家长集体参与的跳蚤市场活动相继展开,学生们将亲手制作的手工品、多肉花卉等物件进行义卖,义卖收入全部捐献给区“小天使康复培训中心”。

【全区妇联干部能力提升专题研修班】 8月16~19日,在上海大学举办为期四天的金坛区妇联干部能力提升专题研修班,全区45名基层妇女干部代表参加培训。通过听取知名专家、教授的最新研究成果,实地感受上海妇女工作的最新成就,全区妇联干部在理论基础、世界眼光、战略思维、党性修养、妇女工作能力等方面均有所提高。

【“金沙大讲坛·最美家庭讲好家训”暨“爱心储蓄罐传承好家风”公益项目启动仪式】 区委宣传部、区妇联于9月12日上午联合举办“金沙大讲坛·最美家庭讲好家训”暨“爱心储蓄罐传承好家风”启动仪式,区委常委、统战部部长、政法委书记孟敖祥出席活动。活动中,大家聆听常州十佳好儿女庄丽君、全国五好文明家庭司马娟家庭、江苏省最美家庭杨振海家庭的事迹宣讲。金坛区妇联主席钱永锋宣读“爱心储蓄罐·传承好家风”倡议书,倡议全区所有家庭、单位和个人以实际行动参与到关爱困境儿童的公益活动中,认领储蓄罐,每天节省1元钱,每年捐赠365元,养成慈善好习惯,培育并传承励志向上、诚信友善、勤俭节约、乐善好施的良好家风。区委组织部、区级机关党工委、区委老干部局、团区委、区妇联5家单位和孙爱华等10位爱心人士现场认领爱心储蓄罐。

【全区村、社区妇代会改建妇联试点工作会】 10月28日,全区村、社区妇代会改建妇联试点工作会在朱林镇黄金村召开,全区各镇、街道的妇联主席和部分村妇代会主任前往观摩学习。会上,区妇联主席钱永锋向黄金村留守妇女创业就业服务项目赠送4万元项目经费,区“十佳杰出英才”端木云作创业经历分享。会后,大家实地参观该村的“巾帼电子商务示范基地”。

(王胜玉)

10月28日,朱林镇黄金村妇女第一次代表大会 (区妇联 供稿)

金坛区科学技术协会

【概述】 2016年,金坛区科协围绕中心、服务大局、扎实工作,较好地完成全年的既定目标任务。被省科协、省委组织部等8部门联合表彰为省《全民科学素质行动计划纲要》“十二五”实施工作先进集体。金坛区蝉联创建成为“2016~2020年度全国科普示范区”。

【开展主题科普活动】 区科协组织开展2016年全国科技活动周暨金坛区第二十八届科普宣传周和全国科普日活动。全区共开展城镇村社区学校科普巡展、科普志愿者集中服务行动、千人参观科普基地、青少年科学体验、科普场馆集中开放日等活动76项。近200名科技人员参加科技和科普咨询活动,接受技术咨询1000多人次,更新制作科普展板100多块。科普橱窗121个,举办科普讲座和专题报告会8场,走访科技示范户130户,发放科普资料15000余份,受教育人数达30万人次。其中,华城社区和开发区创业中心举办的“体验3D打印创新技术,引领社区科普新生活”获省级科普特色活动。做精做响“千人参观科普基地活动”。区科协精心策划安排一系列科普旅游线路:上阮千亩樱花园、一号农场、红十字生命体验馆、农耕园、长荡湖湿地科普园参观活动。通过参观,提升广大群众的科学素质,开拓中小学生的视野,不仅广大群众受到科普知识的教育,更在一定程度上提升科协工作的社会知晓率。

【重点科普场馆建设】 2016年,区科协积极参与区内重点科普场馆的建设和品牌打造。全程参与“区红十字生命体验馆”的基础建设和区域功能布馆,由分管领导带领职能科室全力配合区红十字会等部门做好馆内功能区的设计、布局等工作,为该馆如期建成开馆做出积极努力。建成后的红十字生命体验馆集“科普宣传、综合体验、应急逃生、救护培训”为一体。广大未成年人在该馆可以学到红十字文化、防空预警、地震避险、家庭健康、烟雾逃生、科学灭火、心肺复苏、挑战测试、交通安全、跨步电压、公共场所踩踏预警、飞机失事逃生演练等12模块科普知识，成为苏、锡、常、镇地区青少年综合科普教育的重要场馆。重视做好长荡湖湿地科普馆的科普功能打造，主动协调儒林镇党委、政府和园区投资建设方，推动促成园区建设中植入一切可以植入的科普元素，并将整个园区冠名为“湿地科普馆”，涵盖湿地区、3D地画区、水生植物展示区、观鱼亭等多个科普展区，通过科普展板、展牌、动植物标本、视频、场景复原、沙盘模型等静态展示方式以及3D地画、虚拟抠像等互动体验方式，将长荡湖生态湿地科普馆打造成融科普宣教与湿地人文历史展示为一体的科普宣教基地。全力支持一号农场科普培训基地建设，充分利用科协系统的政策和资源，重点培植、打造和推介现代农业生产、体验、旅游和“互联网+科普”特色的品牌，推荐农场董事长姜方俊兼任区科协副主席，更好地确保科普宣传和科技推广在整个功能区域的作用发挥。2016年，一号农场先后启动亚洲青年有机论坛等多场次跨境跨地区高端主题活动，姜方俊被评为省级科普惠农兴村计划先进个人，并获得2万元的专项奖补资金。

【**构建科普宣传平台**】 区科协对全区的科普电子屏建设进行调查摸底，继续协同区气象局加大科普、气象电子屏建设力度，截至2016年年底，全区已经建有197块，基本实现行政村、社区、学校全覆盖，同时，重点做好科普知识推送的常态化，着力提升机关人员、农民、社区居民的科学素质。继续和金坛电台联合录制《科普之声》栏目，与农村电影队合作开展科普电影进村活动，和《今日金坛》、金坛电视台保持紧密合作关系，及时更新科协工作动态和发布科普知识；逐步开拓移动通信等新兴媒体渠道，探索电子科普挂图、手机科普报、科普动漫等新颖科普形式，和《金沙视听》联合开设《金沙科苑》栏目，和金坛网联合开通“金坛网金坛科协”频道，日浏览量节次攀升，提升科协和科普工作的社会认知度。同时，发挥好传统媒体的宣传作用，继续利用全区各个科普宣传栏、宣传画廊等平面媒体做好科普知识宣传。11月3日，省科普创作协会调研组到金坛区调研，对金坛区的科普创作工作给予充分肯定。

【**科普惠农兴村计划**】 区科协发动全区各科普惠农服务站及科普惠农示范基地，开展实用技术推广等富民服务工作，进一步夯实科普惠农长效机制。建昌红香芋协会获全国科普惠农兴村计划先进单位，获得财政部、中国科协专项奖补资金20万元；尧塘兄弟苗木专业合作社和唐丰农机专业合作社获授常州市级科普惠农服务站；罗村赤岗特种山芋专业合作社和尧塘兄弟苗木专业合作社获省级科普惠农服务站。区级15家科普惠农服务站申报认定工作于12月初完成。

【**推进科普益民计划**】 区科协积极培养树立一批社区科普工作的先进典型，以点带面，推动社区科普组织积极开展科普活动、完善科普设施。重点指导文化社区、春风社区、愚池社区和南洲社区等科普益民服务站规范开展工作，形成经验，典型示范，推动全区社区科普工作上新台阶。8月24日，省科协领导来金坛调研社区科普工作，重点指导和充分肯定春风社区、南洲社区等科普益民服务工作。2016年，愚池社区获省级科普示范社区。

【**重点人群的科学素质提升**】 科普进学校。区科协在城区中小学及实验幼儿园、农村有条件的中小学推动建设科学活动特色项目俱乐部；加强青少年科学教育、科普活动平台建设；开展科技专家进校园、大手拉小手共筑金坛梦等活动。联合教育局、科技局成功举办金坛区中小学第五届科学节，本次科学节共设立“现场竞赛”“科技创新成果竞赛”“专家报告”“科技主题展板会展”及“科普电影展播”5个板块的系列科技教育活动，参与学校56所，参与活动10000多人次，共有38所学校获科学节“优秀组织奖”，33所学校的“科技主题展板”获一等奖，450名同学获科技节“现场竞赛”活动一、二、三等奖，835名选手的科技创新成果获一、二、三等奖，350名老师获“优秀科技辅导员”称号。在科学节基础上，选拔出优秀选手和作品参加常州市科技创新大赛，共获得一等奖30个、二等奖66个、三等奖83个。4月，区青少年科技活动中心组队参加常州市中小学机器人创新科技大赛，获得3个一等奖，2个二等奖，1个三等奖的好成绩。金坛电视台专题报道区青少年科技活动中心的机器人教学课程。协同区教育局举办年度“金钥匙”科技竞赛、“丰登杯”环境教育系列竞赛。科普进农村。区科协加强区级农技协建设，基本实现镇、村、行业、专业农技协全覆盖；依托一号农场、大学生村官创业联盟，推进农产品电子商务示范基地建设。同时继续面向农民大众开展农村专业技术人才培训，实施专业技能培训计划，联合相关部门面向农村专业户和进城务工人员提供各项技能培训约1000人次。绿色家园志愿者协会、科普惠农志愿者服务队等团体组织进村入户，举办“分布式太阳能光伏发电”等现场技术推广活动10多场次。科普进社区。区科协创新活动方式，重在资源共享，强化组织发动，推进协同科普。虹桥社区举办预防高血压科普知识讲座，西城社区举办“食品安全知多少”科普讲座，河滨社区举行防灾减灾科普宣传活动，北门社区为广大妇女举办宫颈癌防治科普知识讲座，东园社区携手城东医院开展“预防疾病、科学生活”科普咨询活动。

【**加强人才平台建设**】 区科协召开高层次人才联谊会理事会议，研究安排和拓展联谊会工作内容，新吸纳高层次人才14名,增补5名理事和2名副会长,聘请区委副书记、组织部部长刘国新担任联谊会的名誉主席。会议同时决定,成立江苏省创新创业促进会金坛代表处,与高层次人才联谊会两块牌子一套班子,秘书处设在区科协。海智工作站(创业中心)作用越发凸显。建立和健全区科协与海智工作站(创业中心)的工作通报和协商会议制度,协同海智工作站(创业中心)举办"加强知识产权保护应用,加快知识产权强区建设"现场咨询活动,并组织指导企业参加常州市创新创业大赛,其中5家企业入围决赛。强化校企协作,组织部分省内的高校来到金坛和企业开展点对点产学研对接。

【提升金沙英才驿站服务功能】 区科协组织高层次人才参观部分科普教育基地并发放2016年度"金沙英才服务卡",为全区的高层次人才提供八大优质服务,其中体育馆免费健身项目在原来室内篮球、羽毛球、乒乓球、健身器械、室外网球、室外篮球的基础上,年内新增加面向高层次人才、旨在健身和联谊的体育赛事的项目,同时,推出电话预约安排场馆,提供VIP休息室及茶水服务等项目。组织高层次人才在区人民医院进行体检工作。11月,组织举办高层次人才首届趣味运动会。

【优秀科技工作者评选举荐工作】 区科协推荐一号农场姜方俊等6人为常州市优秀科技工作者,其中盛利维尔徐斌被推荐为省级优秀科技工作者。组织开展金坛区优秀科技工作者的评选并由区政府发文进行表彰。同时,面向全区各级学会、协会、研究会开展学术活动征集工作等征集活动工作项,共征集活动23项,其中报常州市重点活动5项,一项获常州市重点项目资助。推荐江苏戴兹乐机械科技有限公司苏万康、江苏维尔生物科技有限公司王慧英两人参加常州市第一、二批专家休养活动,推荐钱海鹏、姜方俊参加常州市专家体检。

【基层组织建设】 区科协加强全区工业园区和骨干龙头企业、支柱性产业中科协组织的发展建设,2016年,新成立组建4个企业科协、1个工业园区科协和2个区级学会,其中金坛国际工业城科协的设立填补区园区科协的空白,亿晶光电企业科协、南方光纤企业科协的组建,作为区域内的龙头企业,在全区企业科协建设起到示范带头作用。

【区科协第九次代表大会】 8月22日,金坛区科协第九次代表大会暨全区科技创新大会召开。区四套班子主要领导和分管领导、常州市科协主要领导出席会议。区委书记狄志强和常州市科协主席宋平在会上发表讲话。大会表彰区优秀科技工作者、区科协系统先进集体及先进工作者,选举产生区科协第九届委员会和新一届科协领导班子,本次大会科协班子兼职副主席增设至7名。 (丁立成)

金坛区文学艺术界联合会

【概述】 2016年,金坛区文联开展一系列主题鲜明的文艺惠民活动,满足广大群众的精神文化需求,先后组织各文艺协会开展送戏、送书画、送文化下基层、进社区进企业,举办纳凉晚会、义写春联等活动。全年举办为民服务文艺活动100余场次,送书画作品3000余幅。2月,金坛书画家范石甫受聘江苏省文史研究馆馆员。12月,区文联被省文联授予"江苏省基层文联工作先进单位"称号。

【文艺精品战略】 区文联组织文艺家开展各种形式的创作活动,推出一批具有金坛特色的文艺佳作,一些精品获省、国家级奖项(展览)。相继组织区作家协会举办"茅山春天诗歌音乐会";组织书法家协会举办"激扬文字"吴炜栋青岛书法艺术作品展和金坛首届春联书法邀请展;组织美术家协会在武进博物馆举办"妙造自然"金坛青年教师国画作品展、蒋涛山水画作品展;组织摄影家协会举办"喜迎区十三次党代会摄影作品展";组织戏曲家协会开展"社区天天乐"金江苑锡剧周演唱会活动;组织音乐家协会举办白龙山庄广场音乐联谊会;组织舞蹈家协会举办"艺海闪群星"系列少儿舞蹈广场会演活动;组织民间文艺家协会举办"剪·不断"八人剪纸艺术作品邀请展;协调区书协、美协举办"墨缘同心"——金坛·泰安书画作品交流展,成功举办"走向辉煌"庆祝建党95周年书画精品展。为庆祝《洮湖》杂志创刊二十周年,成功举办全国短篇小说大赛。11月4日,区文联协调戏曲、音乐、舞蹈等协会共同举办"花果飘香正繁荣"《洮湖》创刊二十周年广场文艺演出。年内,文联机关和各协会举办主题文艺活动20余场(次)。

【"五个一"工程】 区文联围绕"五个一"工程为龙头的文艺精品创作生产,重点抓好文学作品和歌曲的创作生产,长篇小说《半亩地茶园记事》、长篇儿童文学《流浪狮》、散文诗歌集《陌上花开》、小说集《星空飞翔》、文学作品集、《茅山竹海》等作品专著相继出版,常州市重点文化扶持项目长篇文学传记《梅兰珍传》进入出版程序。精心打磨原创歌曲《纸花谣》,冲击省市"五个一工程"奖。油画作品《渔民系列之秋》获全国油画作品展优秀奖。摄影作品《江南旧曾谙》《抗战老兵组照》入选第16届中国平遥国际摄影大展。戏剧文学作品《留住一片善良》入选中国文联、中国曲艺家协会"中国精神·中国梦"征稿优秀作品并获艺术基金资助,戏剧小品《假如被双规》获"包公杯"全国反腐倡廉优秀作品。故事作品《心里有个渴望》获第四届江苏省民间文艺"迎春花"奖项。2016年,全区各艺术门类文艺家在省、国家级获奖、入选、入展,发表的文艺作品达60多件。

【关心支持会员】 区文联从政治、创作条件、生活待遇等多方面为文艺家学习、创作交流提供帮助，通过举办讲座、改稿、拜师学艺等多种培养途径，促使文艺骨干创作水平较快提升，侧重支持多名有潜力有实力的中青年文艺人才，鼓励他们到中央美院、南京艺术学院、扬大艺术学院等艺术机构学习深造，为他们举办个人艺术作品展、作品研讨会，选送他们参加省、市文艺家读书班，支持7位作家出版长篇小说等，先后邀请南师大美术系林逸鹏教授、省作协副主席储福金到金坛授课，在金沙大讲坛举办“读书、文学、生活”专题讲座。并对有潜力的文艺骨干宣传推介，促进金坛文艺家成长、成名、成家。组织各协会向上级协会推荐会员，文艺人才队伍呈现良好发展态势。2016年年底，全区各文艺家协会共有会员2000多名，其中省级会员有187名，国家级会员达38名。

（韩献忠）

金坛区归侨侨眷联合会

【概述】 2016年，金坛区归侨侨眷联合会、人民政府侨务办公室(下称区侨联、侨办)紧紧围绕区委、区政府中心工作，积极履行为侨服务、为经济建设服务的职能，求实创新，工作取得显著成绩。

【关爱侨界】 2016年，区侨办、侨联走访慰问归侨侨眷家庭达60余户，其中包括重点侨眷和困难侨眷44户，发放慰问金4.2万余元。接待华侨华人、归侨侨眷来信来访12人(件)次，主要涉及房屋拆迁、华侨捐赠、出入境、子女升学等方面，金坛侨联侨办都给予及时办理答复，信访办结率100%。促进“和谐侨界”的建设。2月初，区领导于炳才、田杰亮、潘双林在区侨办、侨联工作人员陪同下，赶到茅山老区的一号农场，慰问场主海归创业人才姜方俊；区领导沈新峰、杨琦专程赶到亿晶光电有限公司，慰问常州市留学归国人员协会副会长孙铁囤博士。11月27日，会同金坛区文联组织人员前往常州书画院，参观“书画情浓侨界和谐”书画作品展。9～12月，组织区小学、初中学生参加由中国侨联、《人民日报》海外版、中国国际广播电台、中央电视台等部门主办的“第十七届世界华人学生作文大赛”，共收到作文249篇，选出94篇参赛，6篇获二等奖，10篇三等奖，侨联获得组织奖。

【社区侨务】 12月底，区侨联整理出《江苏省海外高层次人才居住证制度暂行办法实施细则》《江苏省保护和促进华侨投资条例》等8部涉侨政策法规，同时，将《华侨如何参加社保》《华侨回国定居买房那些事儿》等以问答形式把政策解读内容制作成宣传展板，共计62幅，摆放在小区活动广场、社区宣传栏、社区服务中心、社区菜场等人流量较大的地点，供关心涉侨政策法规、对涉侨政策法规有疑问的群众阅读。

【宣传条例】 5月1日，《江苏省保护和促进华侨投资条例》(以下简称《条例》)正式颁布实施，《条例》的制定出台，解决华侨投资者在融资、个人身份证明、子女就学、就医看病、交通出行等方面遇到的诸多实际困难。区侨联、侨办组织全体侨务干部、社区和相关领域人员组织学习《条例》。结合《条例》颁布实施，区侨联、侨办对全区主要侨资企业建立联系、走访、服务制度；完善侨商投诉信访制度，加强对涉侨经济案件的协调处理，并做好宣传工作，推荐侨资企业参与江苏省、全国明星侨资企业的评选，广泛宣传侨资企业的贡献。7月中旬，区侨联、侨办主要领导向区人大作侨法专题汇报，同时，考察香港晶苑集团在华东地区设立的最大的服装生产基地晶励(金坛)服装有限公司、常州市侨务工作示范单位春风社区。

【捐助奉献】 区侨联、侨办积极发挥海外侨胞和归侨侨眷扶危济困、乐善好施的优良传统，组织引导他们积极投身区社会公益事业，为家乡奉献爱心。2016年，区侨联、侨办积极向上争取侨爱奖学金，通过认真调查，审核筛选，金坛区4名困难归侨侨眷家庭子女获得沈有国助学基金扶持。

【创业之桥】 6月初，区侨联、侨办向金坛区留学生创业中心和多家民营企业寄发《2016创业之桥项目》，项目计129项，涉及工程机械、智能装备，电子信息、医药化工等多领域。6月底，侨联、侨办组织全区6家有对接意向的企业参加“创业之桥——海外人才相聚常州创新创业洽谈会”。通过搭建华侨华人专业人士和企业合作的平台，实现海外人才加技术与金坛资本加市场的有效对接。

【沟通交流】 为响应国家的“一带一路”经济发展战略，树立特色侨务品牌，10月30日～11月4日，侨办领导随常州市侨办组织到“丝绸之路”经济带建设的前沿阵地银川、兰州和西宁，与当地侨务部门进行工作交流学习活动，利用他们的信息，通过侨商的桥梁作用，开展经贸合作交流，推动区内企业特别是民营企业“走出去”。

【华裔寻根】 8月4日，由省、市侨办组织的——2016海外华裔青少年“中国寻根之旅”夏令营到金坛区举办活动。营员们分别参观金坛博物馆，体验常州非遗项目——金坛刻纸，游玩东方盐湖城。10月，美国纽考钢铁公司副总裁于秋林博士应邀参加中国侨联60年庆祝活动后，携夫人回到家乡金坛参观访问，区政协原副主席段振国和侨联副主席、侨办主任季明华陪同参观金坛滨湖新城和盐湖城的建设。

【百侨助村】 为帮助经济薄弱村摆脱贫困落后的帽子，区侨联侨办积极主动与省、市侨办联系，开展“侨爱工程——百侨助百村”活动，引导侨商参与新农村建设，促进侨务资源与各镇发展需求对接。

【侨务宣传】 2016年,区侨联、侨办对外宣传金坛,对内宣传侨务,在国家、省侨网侨刊刊登消息报道6篇,在市级侨网刊登消息报道27篇。

(盛士琦)

金坛区红十字会

【概述】 2016年,金坛区红十字会(以下简称区红会)围绕“两个加快”战略目标,立足金坛实际情况,弘扬“人道、博爱、奉献”的红十字精神,攻坚克难,稳扎稳打,较好地完成了全年的既定目标任务。

【志愿服务社区申报】 区红会通过创设红十字急救培训“四进”活动载体,实施江苏省公益性应急救护百万培训项目,打造红十字志愿服务社区,营造“人人学急救、急时救人人”的社会氛围。2016年,共培训初级救护员1489人,普及性救护培训9045人,西城街道南洲、西城、东园3个社区创成常州市红十字示范社区,文化社区申报省红十字示范社区。

【科普教育基地建成】 区红会依托常州市花山国防教育训练中心新建的未成年人社会实践基地,经区政府同意、报省红十字会批准的全省“示范性红十字服务基地”项目“金坛红十字生命体验馆”于9月20日建成投用,省红十字会会常务副会长盛放、常州市红十字会常务副会长钱斌以及区领导等出席“金坛红十字生命体验馆”开馆仪式。体验馆是一个集“科普宣传、综合体验、应急逃生、救护培训”为一体的红十字青少年活动场馆项目,设计800平方米的红十字文化宣传区、自然灾害知识区、家庭安全知识区、火灾烟道逃生体验区、道路交通安全知识区、急救知识培训区、挑战测试区等模拟体验区域,期望通过互动体验式学习,增强学生的防范意识,提升学生的应对能力,并掌握自救互救的技能。

【抗灾救灾能力提升】 2016年,盐城“6·23”龙卷风冰灾、金坛黄梅雨季特大洪灾来袭,市红会通过向省、市红会及全区社会各界紧急呼吁,第一时间向盐城捐款5.93万元,紧急调拨35万元的救灾帐篷,以及夏凉被、竹席、方便面、饼干、矿泉水等生活必需品,支援灾区人民重建家园。

【人道救助工作常态化】 结合纪念第69个“世界红十字日”,区红会开展红十字应急救护培训进社区活动,为西城、东园社区和朱林村群众进行应急救护培训讲座,科普卫生防病知识和自救互救技能。结合纪念第17个“世界急救日”,区红会围绕“儿童学急救,急救为儿童”主题,为春风社区幼儿园大班小朋友、家长和老师宣讲110、119、120等急救知识,现场讲解演示心肺复苏动作要领,进一步增强小朋友的自我保护和急救意识。结合开展“红十字博爱周”活动,区红会联合中心血站深入乡镇、企业及公共广场,推动无偿献血,招募造血干细胞志愿者,完成造血干细胞采样入库100人份的任务。结合开展机关与社区共建活动,区红会分别为指前镇下新河村、朱林镇朱林村送去3万元和1.5万元扶贫款,体现城乡统筹发展的理念和人道博爱的精神。

(王　梅)

金坛区残疾人联合会

【概述】 2016年,全区残疾人事业再上新台阶,多项工作在省、常州市名列前茅。

教育就业工作。2016年,全区发放教育补贴18人,2.2万元。发放贫困残疾学生励志奖学金10人,1.9万元。区残联抓好企业分散安置残疾人的年审工作。做好企业的审、核报服务工作,全年完成人工年审1479家,批量年审497家,其中安置残疾人企业406家,安置747名残疾人,残保金入库数1260万元。做好小微企业免缴残保金申报服务和达(超)比例安置残疾人企业奖励工作。奖励达比例安置残疾人就业企业9家6.1万元,超比例企业4家3.5万元。发放自主创业金13人,3.4万元。新增实名制就业71人,其中按比例就业37人,集中就业11人,个体就业和自主创业5人,灵活就业居家就业18人。在全国助残日期间,区委、区政府分管领导为建立于西城街道的残疾人创业孵化基地揭牌。全年开展水产养殖培训班一期,培训残疾人50名。2016年,共发证655本,初申领发证592本,各类升等63本,换领57本,补办41本。全年注销残疾证518本,户籍转移2人。全年上门评残7次,共评定53名残疾人。

社会保障工作。加强残疾人之家建设。2016年,全区按省和常州市残联的残疾人之家建设要求,完成6家残疾人之家建设,并已全部投入使用。其中2家按照省定标准建设,4家因地制宜,整合村(社区)现有场所和设施建设。6家机构为98名残疾人提供日间照料服务,有88人实现辅助性就业。完成“两项补贴”移交工作。根据常州市政府《关于落实困难残疾人生活补贴和重度残疾人护理补贴制度的实施意见》精神,8月11日,相关工作移交区民政局。1～7月,发放无固定收入重残3126人,发放救助资金共计1022.435万元;发放一户多残、依老养残家庭中的残疾人对象411人,发放救助资金共计79.3655万元;发放生活不能自理残疾人护理补贴258人,发放资金16.648万元。发放“两项补贴”6119人,2125万元。继续实施残疾人“基本家电进家庭”工程。全年向365户贫困残疾人家庭发放基本家电499台(套),其中彩电56台,洗衣机80台,电风扇115台,电饭煲117台,微波炉102台,太阳能29台,有效提高全区贫困残疾人家庭的基本家电覆盖率。

康复托养服务。开展“三助一免”康复救助工程。2016年,全区累计开展贫困白内障手术救助221例,其中免费白内障手术23例。假肢安装9人,投入资金3.01万元。发放轮椅、盲杖、助听器等辅具214件。精神残疾人服药管理和救助710人,住院医疗救助15人,4000元/人。小天使康复培训中心建设取得质的飞跃。扶持小天使康复培训中心扩建,增加使用面积800平方米,新增康复设施投入40多万元。中心配备老师12名。在训残疾儿童74名,其中本区55名。中心残疾儿童康复项目"特殊儿童早期康复"获区科技局科技项目立项。中心呈现良性发展态势。庇护托养中心正常运转。中心目前配备工作人员14名。托养人员68人,其中残疾人53名,社会化托养人员15名。中心同时组织入托人员开展辅助性就业,在帮助他们融入社会的同时,适当增加他们的收入。中心参加辅助性就业的残疾人共15名,人均月收入500元以上。

组联维权工作。全区根据省、市残联的统一部署,变集中调查为日常性数据更新,建立健全残疾人基本服务落实情况的动态跟踪、服务需求信息的及时收集、工作成效的评价和反馈机制。全区完成残疾人数据更新13247人,见面率达97.94%。及时处理来信来访。全年接待电访40多人次,接待来访20多人次,切实帮助残疾人解决实际问题,杜绝残疾人集访和越级上访。开展残疾人法律救助工作。区残疾人法律援助中心为11名残疾人提供法律援助,免收律师服务费2.75万元,挽回经济损失6万多元。

协会工作。2016年,区残联依托各协会自身组织各项活动,增强协会的凝聚力。盲人协会于4月组织20名盲人代表前往南京大屠杀纪念馆学习和参观,重温历史,勿忘国耻,接受一次深刻的爱国主义教育,得到纪念馆的大力支持和省内各大媒体关注。10月15日,第33个国际盲人节,全区40名盲人朋友游览东方盐湖城,得到区手拉手志愿者协会和东方盐湖城管委会的大力支持和帮助。12月11日,盲人协会特邀请著名的盲人按摩师到金坛进行技术指导和交流,使区按摩师在技术上得到很大的收获,更进一步了解按摩市场行情和发展前景。区肢残人协会于4月20日与天宁、溧阳肢协,共同组织创业交流活动。8月8日"肢体残疾人日"前夕,在区残联的组织下,开展无障碍体验活动。8月11日,区肢协与溧阳肢协共同组织户外活动,带领肢残朋友参观新四军江南指挥部纪念馆,缅怀革命先烈。区聋人协会3月20日组织18位聋人参加金坛首届"新城吾悦广场杯"趣味马拉松活动。9月18日,第59届国际聋人节,区聋人协会组织30名聋人代表举办定点投篮比赛。10月30下午,区残联组织聋人代表开展登山活动,得到残联工作人员和金沙户外俱乐部志愿者热心帮扶,实现残健共融,亲近自然,快乐登山的目的。精、智残及亲友协会邀请专家对精智家属进行心理辅导,相继组织智障儿童采草莓、游玩恐龙园等走进社会、亲近大自然的有益活动。

宣传文体工作。以全国助残日活动为契机,金坛各大媒体集中宣传报道"唱响爱的分贝"第二季大型公益行动,金坛电视台《金坛新闻》《第一时间》专题报道39篇。拍摄宣传片2个。加强信息报送工作,中残联网20条,省残联22条,《常州日报》刊登6篇,《常州残联》刊登15篇,《今日金坛》刊登18篇。做好省第七届残疾人全运会的运动员报名筛选工作。在2016年巴西残奥会上,区选送运动员徐夕涵获得女子S5级蝶泳冠军,并打破亚洲纪录,实现区奥运金牌零的突破。

【联合开展"唱响爱的分贝"第二季大型公益助残行动】 2016年,以第26次助残日活动为契机,围绕"关爱孤残儿童,让爱洒满人间"主题,区残联、广电台、民建金坛区支部和温州商会联合开展"唱响爱的分贝"第二季大型公益助残行动。为使活动达到预期效果,区广电台根据本次活动宗旨——确立残疾儿童"早期发现、早期康复、早日回归"的正确理念,达到引起全社会对残疾儿童早期康复的重视和关爱,精心策划活动宣传。区电视台拍摄各类残疾儿童康复训练典型、贫困残疾儿童家庭等专题宣传片,跟踪报道民建支部、温州商会及其他各个爱心组织和机构关爱残疾人及残疾儿童的举措和事例。广播、电视台连续10余天播出系列专题报道,渲染浓郁的活动氛围。内容丰富多彩。小天使康复培训中心开设一场公开课,邀请社会各界关心关注残疾儿童康复训练的爱心人士代表观摩,普及儿童康复知识;由天乐旅行社牵头的旅游志愿者与小天使康复培训中心的孩子们一道走出教室,亲近大自然;邀请常州市心理学会执行理事长田江春为区启智学校的学生家长们和老师上一堂心理辅导课;范石甫等区4名知名书画家捐赠57幅书画作品,民建金坛区支部、温州商会的企业家和爱心人士进行现场认购,筹集善款37万元;在金广电演播大厅举行第26次全国助残日公益专场活动,区人大、区政府、区政协分管领导和400多位各界代表参加活动。区启智学校、小天使康复培训中心孩子们的真情演出,彰显区残疾儿童的康复训练成效。通过系列活动,引起社会各界对残疾儿童康复工作的共鸣,在全社会掀起关注残疾儿童的热潮。本次活动共筹得善款38.2万元,所得款项均用于帮扶残疾儿童家庭和资助儿童康复机构和学校。慰问各镇、街道残疾儿童家庭54户,每户2000元的慰问金;补贴20名启智学校残疾儿童伙食每位1000元;资助小天使康复培训中心20万元用于训练场所建设和教器具购买。所有款项均通过区慈善总会账户,规范运行,阳光操作。

【办理残疾人大病补充团体保险】 2016年,区残联为实施残疾人精准扶贫,帮助残疾人解决因患大病致贫问题,在全国先行先试,由政府出资统一为残疾人购买大病补充团体险,利用商业保险的补充机制加强兜底保障。该项工作得到中国残疾人社会保障与商业保险课题组的技术支持。区残联与区财政联合出台《关于统筹办理团体残疾人大病补充保险的试行办法》,

对持证残疾人试行统一购买团体大病补充保险。保险按照统一组织投保、提供统一缴费标准、统一保险保障、统一保险服务的原则,由区残联委托第三方保险代理服务。保障对象为具有本区常住户口,并持有第二代“中华人民共和国残疾人证”的残疾人。全区现有符合条件残疾人13000人左右,按每人每年60元标准缴费,总计78万元左右,所需经费由财政从残保金中列支。持证残疾人在保险生效期内,首次诊断患有指定30种重大疾病病种,可以获得一次性重大疾病赔偿和住院津贴。该保险在2016年7月份正式生效以来,全区已有14名残疾人得到赔付,赔付总金额为59.63万元,保障效果相当明显。

(陈卫东)

(编辑　刘士科)

金坛刻纸《数圣——华罗庚》　(作者　杨兆群)

武　装

人民武装

【概述】 2016年,区人武部贯彻军委国防动员部、省军区、军分区党委决策部署,按照"抓学习固根基、抓工作求突破、抓作风树正气、抓班子强能力"总体思路,注重政治思想教育和战备训练,深化国防教育和双拥工作,国防动员和后备力量建设稳步推进。扎实开展兵役登记,18周岁青年兵役登记率100%。完成174名男兵和3名女兵征集任务,新兵大学专科以上文化程度达72%。扎实推进民兵整组工作创新,圆满完成军分区赋予的年度预备役训练任务。

【思想政治建设】 2016年,区人武部抓好"两学一做"主题教育,区分层次、细化目标、严格标准,常态化落实党委班子带头督学制度、学习成果"入袋存档"制度、周四理论日学习制度,带头上好四堂(培养铁一般信仰塑造忠诚于党的政治灵魂、强化看齐意识争做优秀党员努力在平凡岗位上创造不平凡业绩、增强看齐意识树标杆推动改革强军当先锋、筑牢保密意识抵制互联网诱惑)精品课,让党委的学习力转化成以上率下执行力。将教育重点从部机关向基层武装队伍延伸,突出不忘初心、忠诚于党的根本要求,开展"进行在长征路上"专题集训,组织全区民兵营(连)长20公里徒步拉练,唱红色歌曲,听红色故事,参观茅山新四军烈士纪念馆,重温入党誓词。组织全体入伍新兵瞻仰革命烈士纪念碑,深化军魂意识,培育核心价值观。将驻地"孝"文化与军营"武"文化有机结合,组织"道德讲堂进军营"活动,邀请《孝傲金沙》作家刘智永到辖区部队赠书讲学,引导官兵了解热爱第二故乡,扎根奉献本职岗位。

【战备与训练】 2016年,区人武部以强军目标为统领,以重大军事工作为抓手,瞄准"能"的核心、增强"胜"的底气。高标准抓好战备规范化建设。将重要防卫目标和城区主要路段监控接入值班室,与区公安、应急、消防等部门建立信息实时共享平台,实现对辖区全面监控。5月底,圆满完成所有枪支弹药交接入库工作。组织合成化应急连整组点验。5月上旬,区人武部组织全区民兵合成化应急连骨干125人,从轻武器操作、班队列、警棍盾牌操等军事技能方面接受军分区首长全面验收。整组点验确保"人员到位、证件核查、网上信息、电话抽查"四相符,得到上级检查组的肯定。组织封闭式管理集训。5月中旬,区人武部组织93名民兵营(连)长到花山国防教育训练基地参加封闭式管理集训。集训过程突出战斗体能和险难科目,先后完成理论、队列、体能考核及手枪(步枪)实弹射击和20公里徒步拉练,并对考核合格人员颁发任命状。抗洪抢险救援演练。6月下旬,区人武部组织125名民兵在指前镇长荡湖附近开展抗洪抢险救援演练。演练采取讲解示范、分组练习、交叉训练、小结讲评、整体合练等方式,完成了封堵决口、构筑子堤、克服管涌、植桩加固、水上救援5个科目演练。同时,组织指前镇、儒林镇3名水上抢险救援骨干参加常州市抗洪抢险演训。

【抗洪救灾】 7月上旬,金坛遭受特大洪涝灾害,区人武部全体官兵职工连续15天坚守在抗洪一线,先后组织民兵1000余人次,完成5万袋沙土装填抢运任务,组织转移受困群众500余人次,为指前镇东风圩、芦溪圩决口顺利封堵提供有力保证,得到东部战区司令员和常州市委书记的充分肯定。

【扶贫解忧】 2016年,区人武部与宿迁市古西村结成帮扶对子,筹集资金10万元,帮助修缮小型水利站2座、村级道路0.8公里,整理生活垃圾8处,清理污水300吨,指导帮建特色产业项目1个;资助宿迁市宿城区3名贫困学生继续学业,并与校方形成定期电话回访机制,持续跟踪贫困学生生活、学习、心理等方面情况;为辖区金城镇敬老院赠送价值3000元的慰问品,服务群众和孤寡老人40余人次。为解决退(现)役士兵后顾之忧,协调常州豪泰集团等重点企业召开退役士兵专场招聘会,与区民政局优抚安置办开设咨询热线。主动联系区司法局挂牌设立涉军维权法律援助站,协调化解6起因征地拆迁补偿、劳资纠纷引起的棘手矛盾,为现役士兵维权开辟绿色通道。

【国防动员潜力统计调查业务培训】 9月下旬,区国防动员委员会综合办、市国防动员委员会有关人员参加省国动委组织的国防动员潜力统计调查业务培训,熟悉了解国防动员潜力统计调查的程序方法和潜力指标体系(试行),掌握国防动员潜力信息系统(试行版)的操作使用,为全面开展国防动员潜力统计业务工作,顺利完成潜力数据统计采集任务打牢基础。

(陈立刚)

人民武警

·武警金坛区中队·

【概述】 2016年,中国人民武装警察部队常州市支队金坛区中队以习近平主席“听党指挥、能打胜仗、作风优良”强军目标为行动指南,贯彻《军队基层建设纲要》《正规化管理规定》等法规制度,培忠诚之心,练精武之能,养英勇之气,树奋发之志,弘扬“身居闹市有定力、岗位尽责有动力、勤学苦练有能力、积极向上有活力”品格精神,完成执勤、处突、反恐各项任务。全年出动官兵320余人次,配合区公安机关担负各类临时押解任务。在执行抗洪抢险任务中,官兵不辱使命,奋力拼搏,先后解救灾民50人次,装填沙袋1000余袋,转移物资20余吨,协助公安机关抓获犯罪嫌疑人2名。中队获省武警总队执勤等级正规化检查交叉评定优秀单位称号,连续9年被省武警总队评为正规化执勤一级单位,2016年再次被总队评为正规化执勤先进中队。

中队坚持以《军事训练与考核大纲》为统揽,落实军事训练制度,把反恐防袭、一招毙敌、应急处置、战斗指挥等作为训练重点,提高快速反应和协同作战能力。在参加省武警总队、常州武警支队组织的各类考核竞赛活动中成绩突出,中队应急班获常州支队应急班比武竞赛第三名,狙击手龚杰获狙击项目第一名,士官陆伟斌、姚培添分获个人全能第二和第四名。

中队突出抓好思想政治教育和队伍建设,采用“引进来、走出去”的政治教育方法,组织开展改革强军主题教育和“两学一做”学习教育。先后组织官兵到金坛军休所聆听老战士、老功臣的教诲,教育官兵不忘初心,忠诚于党。邀请金坛人寿保险公司讲师进中队宣讲金融保险诈骗防范常识,提高官兵防范金融保险诈骗意识。

(陈留强、潘一平)

·武警金坛区消防大队·

【概述】 2016年,武警常州市消防支队金坛区大队围绕火灾形势和队伍管理两个稳定目标,以服务经济建设、维护社会稳定为出发点,实现社会火灾防控水平、灭火应急救援能力、部队基层基础建设水平、公众消防安全素质和队伍综合管控能力新提升。年内,梳理出辖区13大类21小项消防风险和五大类7小项短板弱项。排查化工集中区和易燃易爆场所消防隐患,核清危险化学品企业119家。全年检查单位3520家,整改消防隐患7484处,3家挂牌重大火灾隐患单位全部销案。全年共处置警情643起,其中火灾148起,营救被困人员1218人,疏散群众2384人,抢救财产价值1072.3万元。在抗洪救援工作中,累计抢救被困人员500余人,疏散被困人员1800余人,抢救保护直接财产价值100余万元。成功参与转移危险化学品44.6吨、汽柴油30吨。

全面落实消防责任,增强消防基础工作。与各镇(区)、街道全面签订消防责任书,逐级明确消防工作目标、主体和任务。完善消防保障机制。将社区(村委)微型消防站建设经费纳入镇级财政保障,形成站点布建、保障方式、管理模式、效能考核四个统一。依托83个社区警务室,建成50个中心警务室微型消防站和83个消防重点单位微型站并规范运作。完成2个化工集中区、1个商业区、1个旅游区的区域联防组织建设。更新消防装备。先后投入613万元购置豪斯科主战A类泡沫车和依维柯城市快遣消防车、2台进口机动手台泵、1台进口热成像仪、1套荷兰救援科技的“八爪鱼”抢险救援器材、1套进口大流量空气呼吸器充气泵等消防器材。投入308万元分别对政府专职队和现役中队购置一批救援防护装备,提升灭火救援能力。

强化消防宣传教育。投入15万元在金坛电视台滚动播放消防公益宣传标语,在银行、社区、企业等场所LED栏播发宣传标语万余次,组织进村入户宣讲,联合燃气管理处、华城锡剧演出队编排火灾逃生、家庭防火等节目进社区宣传。将消防信息服务通过微警务、警民通平台发布防火常识,消防活动宣传访问量达9.7万人次,大队本级微信人数达6500余人。

(季 成)

人民防空

【概述】 2016年,金坛区民防局围绕重点突破、全面推进、融入民防、服务发展的工作目标,扎实推进人防警报网络建设,按照常州市《2016年民防(人防)工作目标责任书》提出的要求与城市建设的需要,年内,新增2台电声警报器。坚守依法行政理念,贯彻执行《中华人民共和国人民防空法》,对工程建设与管理实行跟踪督查,责任到人。严格执行人防工程规划,加强工程质量监督检查。坚持“用管结合”,对已竣工人防工程的维护管理,做到落实岗位责任制度与档案管理制度,落实人防工程使用许可制度。注重培训学习,规范行政执法行为,提高人防执法队伍整体素质和依法行政能力,为人防行政执法提供保障。因工作突出，金坛区被江苏省国防动员委员会授予人民防空先进城市（区）称号。

【人防应急准备】 2016年，区民防局突出人防专业队伍建设，抓好专业队伍整组集训。3月下旬，召开人防专业队整组训练工作专题会议，邀请区住建委、公安局等8家人防专业队组建单位分管领导参加会议，动员部署人防专业队整组训练工作。同时，金坛区按照城区常住人口的1‰组建10支180人人防专业队，各支队伍按要求抓好人员政审、调整、编组和在职在岗训练，强化内部管理，提升队伍执行任务能力。

【民防知识教育】 2016年，区民防局结合"9·18"防空警报试鸣日，按照省民防局统一部署，拉响防空警报，并同步组织5个社区居民进行紧急疏散隐蔽演练和人防知识宣传活动。10月12日，民防局会同区教育局，在河滨小学召开民防知识教育试点现场推进会，将小学民防知识教育向全区推开。次日，组织全区小学民防教育相关人员赴镇江参观镇江市"622"地下人防指挥所、京口区大学生创业科技园大型人防设施、丹徒区石马中心小学民防知识体验馆和焦山古炮台。年内，中小学《民防知识》读本已全部发放到全区各中小学，从此，全区约4600名小学生将接受系统的民防知识教育。

【档案工作通过省四星级规范现场测评】 11月23日，由常州市档案局、常州市民防局、金坛区档案局相关领导组成的档案工作省四星级规范现场测评组，对区民防局进行档案工作省四星级规范现场测评。测评组成员通过听取汇报、现场检查、综合评议等方式，一致认为区民防局档案工作符合《江苏省机关团体企事业单位档案工作规范》四星级规范要求，现场测评通过，并对下一步工作提出要求和建议。

【获得江苏省人防先进城市（区）称号】 2016年，金坛区民防局积极应对人民防空发展新形势、新特点，以军事斗争人民防空准备为主线，以人民防空方针政策和法律法规为依据，积极融入城市建设、经济发展和服务民生，深入推进人民防空改革创新，抓实全区人民防空工程和民防设施管理，加强全区人防指挥通信建设和民防知识宣传教育，有效提升人民防空"战时防空、平时服务、应急支援"的能力水平，确保民防事业又好又快发展。在省政府、省军区召开的2016年全省人民防空工作会议上，金坛区被江苏省国防动员委员会授予"人民防空先进城市（区）"称号。 （蓝红玲）

（编辑　钱国新）

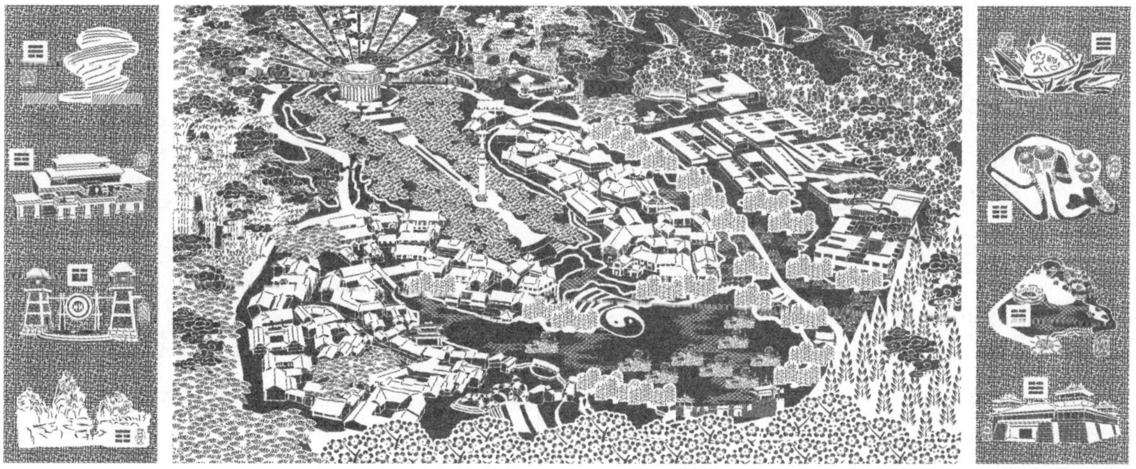

金坛刻纸《道法自然——大道天下》 （作者　杨兆群）

综　述

【概述】 2016年，全区政法系统贯彻落实区委、区政府决策部署，围绕社会稳定，建设人民满意的法治金坛为总目标，把加强社会治理基础制度建设、深化信访制度改革列入工作重点，创新社会治理，推进和加强平安金坛、法治金坛及政法队伍建设，为经济社会发展和实现“两个加快”护航。金坛连续13年获江苏省平安区荣誉称号，继续保持江苏省法治示范区称号。

【维护社会稳定】 2016年，全区综治工作以社会稳定为目标，以矛盾化解为重点，全面落实维稳责任和维稳措施，保障公共安全和人民安居乐业。顺利完成G20峰会、中共十八届六中全会等敏感时节期间维稳安保任务，群体性事件同比下降22%，信访批（人）次同比大幅下降，进京非访现象得到有效遏制。深入开展反恐反邪教斗争，全年未发生有重大影响的案件、事件和事故。持续开展专项严打行动，打掉犯罪团伙47个202人，审结各类刑事案件595件，判处罪犯829人，连续13年保持命案全破，刑事案件、八类案件（故意杀人、放火、强奸、抢劫、爆炸、投毒、贩卖毒品、故意伤害致人死亡或重伤）、侵财型案件破案率列常州市前列。电信网络诈骗发案率为5.9%，常州市最低。严厉打击当事人恶意串通、伪造证据等虚假诉讼行为，惩戒失信被执行人428人。坚持惩治刑事犯罪和规范商事行为并举，审结涉企237家、价税3亿多元的虚开增值税发票案，审慎处理民间借贷、金融借贷等纠纷2183起，审结合同纠纷案件823件，妥善处理企业破产、公司清算案件4件；努力化解破产企业职工薪资福利、企业债务债权纠纷，依法清理“僵尸企业”，优化市场资源。技防、人防、物防多管齐下，刑事发案率在常州市始终保持最低水平，金坛区获江苏省第二批技防城称号。金融、娱乐场所、易制毒等行业协会规范运作，旅馆网吧实名登记率超98%。不断完善大调解机制，筑牢以金城镇多元矛盾纠纷化解工作机制为代表的基层维稳工作防线，全区15个“派驻式”人民调解室实战功能不断凸显，全年区、镇、村三级调解组织共调解纠纷2857件，其中重大疑难纠纷30件，劝阻群体性上访42批次、748人次。2016年，金坛区被列为江苏省首批、常州市首家医患纠纷人民调解机制试点单位，朱林镇调委会被授予全国模范人民调解委员会称号。

【基层基础建设和社会治理创新】 2016年，金坛区政法系统按照区委、区政府加强社会治理基础建设要求，创新社会治理，推进综治基层组织规范化建设，社会治理扎实有效。金坛区集法治宣传、法律援助、矛盾纠纷、涉法涉诉接待、信访接待和合成维稳研判等功能为一体的区级社会管理服务中心建成运行。以镇（街道）区域品牌创建方式，开展“晾实绩、晒业绩”创新项目评比活动，扎实推进基层系列平安创建、特殊人群服务管理等工作。镇级综治平台规范化建设水平进一步提升，9个镇（街道）政法综治中心全部通过常州规范化建设验收。打造营商和安居环境，在化工集中区、商业区和旅游区建立4个区域联防组织，结合20个邻里中心和7个居住片区建设，在7个工业集中区设立综合警务室。日投入192名专职警力落实定点执勤和高峰勤务，35个重点社区组建420人义工巡防队，2143名保安主动参与联勤联巡联防，6家重点剧毒化学品单位全部安装人脸识别系统，火灾隐患、危化品、渣土车等多个治安突出问题得到有效治理，危险品和涉危事件保持零发生。深入开展禁毒工作，对溴代苯丙酮等易制毒化学品开展专项治理行动，建立禁毒志愿服务队，长效管控社区戒毒（康复）人员。西城街道、金城镇、公安局、城管局等单位部门加大对城乡结合部、城中村、拆迁过渡地区等治安复杂区域集中整治力度，5个重点地区整治工作顺利通过常州市、区两级验收。易肇事肇祸精神病人管控服务提升工程，创新寄递渠道安全规范管理分获常州市创新社会治理二、三等奖，东城街道“我爱我家”义工巡防队、薛埠镇交通安全“十个一”工程、儒林镇平安和谐水街、尧塘街道微型消防站全覆盖体系建设、直溪镇涉企矛盾纠纷调解等一批创新项目得到常州市委、政法委高度评价。

【法治建设】 2016年，区委政法委贯彻省委、省政府深入推进法治江苏会议精神，围绕建设人民满意的法治金坛总目标，不断完善议事决策机制，全力推动法治政府、法治金坛建设。加大组织推动力度，强化依法办事能力。区委中心组、政府常务会议学法常态化实施，把述法纳入领导干部政绩考核体系，提升领导干部依法履职、运用法治思维、法治方式解决问题的能力。在政府重大决策、项目论证、涉诉涉访案件处理等事项中，政府法律顾问全程参与，规范性文件在制定出台前主动征求社会各界意见建议，有效落实涉及重大公共利益和群众切身利益等决策事项公示制度，不断提升依法科学民主决策水平。转变政府职能，规范行政权力运行。对征地拆迁、项目建设、环境保护等可能引发社会稳定或公共安全的重大决策，展开决策风险评估，进行先期预测、先期研判、先期化解工作。全年共确定市级重点稳评项目4个、区级重点稳评项目23个，排定石灰企业综合整治等年度稳评重大事项6个，下发基本稳评任务35个。通过风险评估及早掌握群众诉求，提前介入纠纷化解，有效维护群众合法权益，确保重大项目顺利实施。推进简政放权，精简行政审批事项，开设重点项目高效服务通道，以责任清单、权力清单为主线的行政权力管理模式进一步固化，有效激发各类不同主体参与市场经济发展活力，助推金坛经济快速发展。

【司法体制改革】 2016年，全区政法系统严格按照上级司法体制改革有关任务部署要求，全面落实立案登记制、司法体制改革各项目标任务。立案登记制改革有效落实，当场立案率95%以上，基本实现“有案必立、有诉必理”。以员额制为重点的司法责任制改革启动实施，按照“以案定额”“以职定额”原则，首批27名入额检察官和41名入额法官遴选工作顺利完成，司法办案的主体地位与责任更加明确，司法资源配置得到优化。采取司法人员分类管理、分类考核、动态管理工作模式，提高司法队伍办案效率。组建以执行法官为核心、法官助理和司法警察组成的执行团队，全区实际执行执结率列常州第一。

【法治宣传教育】 2016年，金坛区全面完成“六五”普法各项目标任务，区政府被中宣部、司法部评为“六五”普法全国先进单位，启动实施“七五”普法规划。深入开展“法律六进”“法润金坛”等系列宣传活动，成立区普法志愿者大队，广泛征集“普法微公益”创投项目，深化“普法邮路”、《法在身边》等宣传阵地建设。打造法治文化阵地，以西城街道方边村法德文化园、朱林镇休闲广场法治文化长廊等为代表的各类法治文化阵地直接延伸至群众家门口，群众在健身休闲的同时，潜移默化地接受法治教育，实现法律知识传播便捷化、广泛化。组织“12·4”国家宪法日宣传活动，在中小学校开展模拟法庭、观看教育片、听法律知识讲座等法治宣传教育活动，定期邀请知名法学专家、教授到金坛开展法律知识讲座，组织干警下基层宣讲法律法规知识。开展“送法律送温暖律师行”系列活动，积极引导广大法律服务工作者主动参与旧城改造、农民工维权等热点、重点领域。全区律师、基层法律服务工作者免费接待法律咨询2100多次，惠及群众4500多人次，覆盖企业1000余家，避免和挽回经济损失千余万元。

【队伍建设】 2016年，区政法系统以“两学一做”学习教育为主线，推进政法队伍思想政治、能力素质和纪律作风建设，全面落实“三会一课”制度，夯实忠诚使命的思想根基。区公安系统以忠诚为核心，发挥基层党组织堡垒作用，深入实施《全区公安机关能力提升三年训练规划》，建立首批14名教官人才库，制定75项警务实战教育训练内容，坚持“政工统筹、警种牵头、一体推进”的整体大练兵大比武，增强队伍专业素质和战斗力。区检察院开展“学习月活动”，强化执纪和制度刚性约束，开设“坛检微讲堂”，带动检察队伍岗位练兵和实训，制定《2016年检察文化建设工作要点》，利用金沙法学社开展检察沙龙活动，增强干警忠诚、干净、担当的思想与行为自觉。区人民法院举办国学讲堂13期，组织干警到瑞金等革命圣地接受红色文化教育培训，推进陈列室、荣誉室、廉政文化活动屋等基础设施建设，升华法官与群众共同的“法魂”。区司法局加强社会组织建设，建立集培育与服务功能于一体的司法行政社会组织发展中心，孵化出具有地方特色的“群言堂”服务中心26个。通过“机关瘦身、人员前移、力量下沉”方式，整合司法行政力量资源，以实战化代替培训，以轮值代替固定，提高司法行政干部服务群众能力和水平。年内，陆旭东被授予江苏最美人民警察称号，袁照华被评为江苏省优秀人民法庭庭长。

（张国乾）

政府法治建设

【概述】 2016年，区政府法制部门贯彻落实中共中央、国务院《法治政府建设实施纲要（2015～2020年）》和《江苏省贯彻落实〈法治政府建设实施纲要（2015～2020年）〉实施方案）》，按照全区依法行政及法制工作总体要求，全面推进依法行政、加快法治政府建设。3月，结合全区实际，研究制定印发《全区2016年度依法行政工作要点》，明确工作目标，细化工作任务，落实工作责任。5月，组织召开全区依法行政工作会议，回顾总结上年度依法行政工作情况，部署2016年依法行政工作。加强对依法行政工作和法治政府建设工作的督查和指导，全年对各行政执法部门依法行政工作进行两次全面检查,督促其落实,研究存在的问题和工作措施,确保各项工作落到实处。完善法律顾问制度,发挥政府法律顾问团在参与招商引资、规范性文件审查、重大经济项目谈判、合同审核等方面作用,协助区政府做好重大决策、重大行政行为的法律咨询和论证工作。

【行政复议与行政诉讼】 2016 年,区政府法制部门认真贯彻落实《中华人民共和国行政复议法》《中华人民共和国行政诉讼法》等法律法规,充分发挥行政复议和行政诉讼在行政监督、解决行政争议、化解人民内部矛盾和维护社会稳定方面的重要作用。严格按照行政复议法规定,切实履行行政复议职责,认真办理行政复议案件,做好行政复议受理、审查工作。坚持实行复议案件调查、复议决定论证、复议决定内部征求意见等制度,严把案件证据关、审查关和决定出台关,确保行政复议案件质量。年内,区政府共收到涉及公安、司法行政、劳动与社会保障、发改等多个领域行政复议案件 45 件。其中,受理 39 件,不予受理 6 件。经复议决定维持 15 件,驳回申请人请求 10 件,申请人主动撤回复议申请而终止 13 件,确认违法 1 件。对人民法院受理的行政诉讼案件,认真做好举证、答辩等各项工作,努力维护政府依法行政形象。同时,加强对部门和镇(街道)行政诉讼案件的应诉指导。全年以区政府为被告的行政诉讼案件共 50 件,经积极应诉,无一败诉。

【行政执法监督】 2016 年,区政府法制部门根据年度工作重点,采取有效措施,加强行政执法监督检查力度,规范行政执法行为。贯彻实施《江苏省行政执法证件管理办法》,依法清理不符合规定的执法主体和执法人员,确认并向社会公告行政执法主体,坚决杜绝不具备执法资格的单位和人员从事行政执法工作。加强行政执法人员教育和培训,为符合条件的人员换发行政执法证和行政执法监督证。年内,组织全区 500 余名行政机关工作人员分批次参加行政执法培训班,始终做到全区实际从事行政执法工作人员通过培训后及时申领行政执法证,严把新进执法人员资格准入关,落实“持证上岗、亮证执法”制度。严格按照国务院办公厅《关于推行行政执法责任制的若干意见》要求,建立健全行政执法责任制,加大行政执法案卷评查力度,完善行政执法评议考核制度、案卷评查制度,落实执法过错责任追究制度。8 月底,区行政执法案卷评查工作领导小组对 16 个执法部门开展案卷评查,评查各类行政执法案卷 200 余份。 (李楚熊)

公 安

【概述】 2016 年,区公安机关以“防控风险、服务发展,破解难题、补齐短板”为载体,坚持“五个现代”(现代治理机制、现代警务机制、现代防控体系、现代警方公共关系、现代职业警队)警务发展战略总体路径,持续实施《新一轮社会治安防控体系建设三年规划》,打造符合金坛实际的升级版立体化现代化社会治安防控体系,实现理念更新、主业更强、机制更优、基础更牢、队伍更好总体目标。金坛获全省第二批技防城称号,区公安局获江苏省文明单位称号。

优化治安防控体系建设,推进实施《新一轮社会治安防控体系建设三年规划(2015 年~2017 年)》。完善组织架构,落实 22 个方面 108 项具体项目措施,年内,50 项公安重点工作全面完成。累计投入建设资金 5.3 亿元(36 项工程纳入政府性投资项目),完成 5 个派出所 4 个交警中队营房改造、DNA 实验室和理化实验室一体化建设,直溪、金城“一所两队”(派出所、交警中队、消防中队)占地 70 亩的公安业务技术大楼一期工程实现主体建筑封顶。把握治安特征阶段性,主动顺应要素大变动、治安高动态、管理新标准等现实需求,实施服务经济发展专项举措,实行视频监控、业务用房、警务室与新建道路、安置小区、公共事业一体规划、同步投入、配套保障的工作机制。通过预警布防、视频实兵和研判行动,升级城市巡逻机制,常态开展武装巡逻和网格巡防,年内,新增城乡高清视频 1030 个,接入社会面重点监控 216 路。运用监控防控系统,先后攻克“2016—793”毒品目标案件和生产销售有毒有害食品、制售假劣卷烟案等 3 起公安部督办案件,侦办亿元特大网络传销案,3 起现行命案即发即破,侦破系列侵财案件 87 串 763 起,打掉犯罪团伙 57 个 203 人,成功破获本地首例非法控制、破坏计算机信息系统案。以“政企警社”治安联合会为抓手,指导金融、娱乐场所、危险品、易制毒等 8 个行业协会规范运作,成立金坛快递行业分会,寄递业三个百分百制度抽查均达标,旅馆网吧实名登记率 98%。全区 6 家重点剧毒化学品单位应用人脸识别系统,涉危案事件零发生。社区戒毒(康复)执行率 86%,《参与社区戒毒康复“阳光行动”》获常州市第四届公益创投项目优秀奖。

构建平战结合的三级指挥体系。由指挥中心统一指挥,巡特警、交警、消防专业指令,派出所勤务指挥室衔接调度,在 6 个人员密集区域实行预设接警区 + 动态巡逻区 + 重点管控区“三区合一”的接处警主动勤务,迅速处置突发敏感警情 155 起。优化“综合研判 + 决策”“专业研判 + 行动”“基础研判 + 管控”三级研判机制,成立合成侦查中心,全面推行破案分段积分考核和现场技术统勘、视频同勘,实施三级响应、捆绑挂牌、专班打击模式。自主挂牌破获 13 批 170 起重点案件,年内,刑事案件破案率 26.3%,八类案件破案率 96.4%、侵财型案件破案率 21.1%,视频破案贡献率 45.5%,全区命案连续保持 13 年全破。以网格巡防、社区群防、单位安防为重点,落实巡防警力定点执勤和高峰勤务,指导 420 名义工巡逻队加强对 35 个重点社区的防范,发动 2143 名保安参与联勤联巡联防,联合安全检查406家规上企业、235家内保重点单位。年内，侵财警情同比下降23.5%，其中街面、社区、单位内部侵财警情分别下降19.3%、29.5%、13.6%。动员公众防范通信网络诈骗，通信、网络诈骗发案在全市占最低比5.8%的基础上，再降2.9%。

加强公安基础建设，做好社区警务与治安防控工作。以32个社区和18个重点行政村为单位划分警务区，完成50个社区（农村）中心警务室外观标识、硬件标准、力量配置、台账档案和运作规范“五统一”。同时，在化工集中区、商业区和旅游区建成4个区域联防组织，133个社区微型消防站规范运作。结合20个邻里中心和7个居住片区建设，在7个工业集中区设立治安、消防、交通为一体的综合警务室。建强派出所综合性战斗实体，15个派出所勤务指挥室的值班坐堂、勤务管理、执法巡检等10个岗位一体化运作，实行对社区、刑侦、勤务指挥警力联责考核，协同落实社区警务“两个就地”“三个必到”（社区民警下社区工作就地着装巡逻、就地接处警，社区发生案件、抓铺犯罪嫌疑人、刑满释放人员回归社区必须到场）和违法犯罪打击等职能，建立违法犯罪联打、基础工作同干、执法执勤共担的“融合式”警务机制。同时，以派出所、交警中队、消防中队为主体，在应急处置、侦查办案、巡逻查控、基础工作、服务群众等6个方面形成35项工作清单，完善所队联巡联勤联控机制。围绕5个重点地区、2条“平安长廊”和20处高发案部位，实行常态检查。年内，封停单位场所70家次，3家重大火灾隐患单位顺利摘牌，火灾隐患整改率达99.2%，交通事故伤亡人数同比下降25.7%。全年收缴枪支刀具弓弩47把，销毁伪劣烟花爆竹3243箱和赌博机432台，完成东方盐湖城开城等81场次重大活动安全保卫任务。

以忠诚为核心，锻造民警队伍。发挥41个党组织堡垒作用，规范党内政治生活。运用内部监督管理中心和警务（民意）督办平台，完善远程监控、科技巡控、实地督查“三位一体”监督管理模式，办结反馈信访投诉23起、民意诉求1055件，行政问责4场次12人，查处党员民警违纪案件1起1人，确保新问题不滞留，老问题及时消化。以提升队伍专业化能力为载体，深入实施《全区公安机关能力提升三年训练规划》，组织全警参加年度封闭式春训，开设道德讲堂、实战讲堂系列活动26场。建立首批14名教官人才库，制定实施75项警务实战教育训练内容。坚持开展“政工统筹、警种牵头、一体推进”的整体大练兵大比武，做到人人参训、个个提高，增强队伍专业素质和核心战斗力。建立中层主官履职质效考核评估机制，通过竞争上岗和考察委任方式选拔干部58人、警探长25人，轮岗交流中层干部75人。有序实施警员职务晋升，选拔晋升三级警长39人、四级警长134人、一级警员35人，专项清理整顿警务辅助人员，做到科学定编定人定岗。出台《加强和改进关爱民警工作决定》，落实病困救助、金秋励学、津贴补贴等优警政策。

【陆旭东获第四届“江苏最美警察”称号】 10～12月，由江苏省公安厅与省委宣传部、省总工会、团省委、省妇联、新华报业传媒集团、省广电总台等单位联合组织开展第四届“江苏最美警察”推选宣传活动。组委会根据各地各部门推荐和媒体网络、广大群众的评选意见，最终确定10名第四届“江苏最美警察”，同时确定提名奖、特别奖和集体奖。常州市公安局金坛分局交警大队秩序管理中队指导员陆旭东获第四届“江苏最美警察”称号，并记个人一等功。

【成功侦破系列抢夺案】 3月28～30日，金坛东城、茅麓和社头辖区接连发生3起抢夺案，经现场勘查和视频调阅，发现其作案手段、嫌疑人和车辆特征均相似，公安机关立即抽调刑警大队和社头派出所民警对此系列案件开展侦查。民警经研判发现，2014年11月，无锡市公安局曾抓获一名以相同手法抢夺犯罪嫌疑人章某某（男，安徽枞阳县人，2015年3月6日刑满释放）。办案民警遂围绕章某某开展工作，并通过视频接力与落地查证，成功锁定章某某为该系列抢夺案件嫌疑人。3月31日晚，侦查民警在常州市公安局相关部门协助下，在无锡市惠山区橄榄园小区章某某家中将其抓获。经审查，犯罪嫌疑人章某某交待了2016年3月28～30日连续3天窜至东城街道、茅麓、社头等地，以让被害人帮忙拉广告、付报酬为由，乘隙抢夺现金1500余元犯罪事实。

成功抓获犯罪嫌疑人　　（公安局　供稿）

【侦破一起拦路抢劫案件】 7月2日20时40分许,区公安局东城派出所接110指挥中心转警称:当日晚8时,一老年妇女在金坛金江苑二村附近被一男子抢劫。经民警现场勘查走访得知,当晚7时许,受害人王某某步行至金江苑二村西侧通往丰田路小路时,被一嫌疑男子采取拉拽、推搡等方式抢劫价值5000余元黄金项链一条。案发后,区公安机关抽调刑警及东城派出所精干警力成立专案组展开侦查。民警调取案发现场周围监控视频逐一分析,锁定一年轻嫌疑男子,围绕该男子在案发前后活动轨迹开展研判追踪,取得该男子清晰的正面图像和活动轨迹。专案组随即组织力量在案发小区周围开展守候伏击,并且将该嫌疑男子的正面图像通过金坛"山水网"向社会发布悬赏通告,征集线索。随后专案组在守候伏击的同时,对群众举报的线索开展逐一调查甄别,最终锁定犯罪嫌疑人刘某某(男,2000年10月5日生,金坛经济开发区人)。7月20日,专案组在网侦、技侦部门协助下,在常州钟楼区蓝天花园小区内将犯罪嫌疑人刘某某抓获。

【捣毁一涉恶团伙】 7月9日凌晨4时,区公安局东城派出所接110指令称:金坛法院门口有十几人打架。经民警调查,7月8日23时至9日4时许,受害人杜某某(镇江市丹徒人)被人带至金坛盛世王朝门口、体育馆附近以及法院门口等处,采用电棍、甩棍、扇巴掌、拳打脚踢等方式进行殴打。鉴于该案性质恶劣,社会影响较大,公安局立即组织警力开展专案调查。经民警查证,发现以付某某(黑龙江齐齐哈尔人)为首的10余名暂住在东城辖区齐齐哈尔籍男子有重大作案嫌疑。在常州市公安局相关部门配合下,民警通过进一步侦查研判,决定对该团伙开展深度经营,多方取证,一网打尽。8月6日晚,专案组得知该团伙在金坛新三元酒店聚会,遂抽调刑警、治安、巡特警联合东城派出所统一行动,将犯罪嫌疑人一举抓获。

【破获公安部毒品目标案件】 7月底,区公安局茅麓派出所在查办沈某某吸毒案件中发现涉案人员吸食毒品来自常州。刑警大队获此线索后,立即抽调民警开展专线经营,经深度研判侦查,发现杨某某(常州市钟楼区人)、杨某(常州市武进区湖塘镇人)有贩卖毒品嫌疑,其中杨某有多次前往湖北武汉购买毒品向常武、镇江丹阳等地贩卖牟利重大作案嫌疑。得知此情况后,常州市公安局禁毒支队立即上报省公安厅和公安部,将此案列为"2016—793"公安部毒品目标案。区公安局抽调刑警及相关派出所精干警力会同常州市公安局禁毒等部门成立专案组全力侦破此案。8月30日,专案组得知犯罪嫌疑人杨某在武汉购买毒品回常州,遂组织力量前往武汉跟踪调查。8月31日晚,民警从武汉一路跟踪,途经南京时,在南京警方协助下,专案组果断采取行动,于9月1日凌晨在南京长江三桥公安检查站将杨某及随行前往武汉购买毒品的严某(女,镇江市丹阳皇塘镇人)抓获,现场缴获冰毒2500余克。同日,专案组在常州城区将另一名犯罪嫌疑人杨某某抓获。经审查,杨某等人购买的毒品系从武汉一吴姓男子手中购得,专案组决定由区公安局副局长冯罗金带队和省禁毒总队等相关部门民警赴湖北武汉,协调指导抓捕行动,经周密侦查部署,专案组于9月5日下午在武汉硚口区将该案主要犯罪嫌疑人吴某某(湖北省武汉市硚口区人)抓获。至此,"2016—793"公安部毒品目标案件成功告破,抓获贩毒和吸毒违法犯罪人员8名,缴获毒品2500余克、作案汽车1辆。

【快速破获两起持刀抢劫案件】 11月8日6时~7时许,区公安局110指挥中心连续接报两起持刀抢劫警情。经查,11月8日6时30分至7时13分之间,金坛区金城镇北环东路汇景假日酒店大厅和西门大街万豪金都大酒店一楼吧台服务员先后被一男子持刀抢走香烟数包、现金3000余元。案发后,区公安局迅速成立专案组,组织实施"关城门"行动,启动合成作战同步上案机制,刑警、巡特警等部门会同滨湖、西城两个派出所第一时间对案件开展研判侦查。民警通过视频调阅追踪,发现两起抢劫案件系同一名20多岁嫌疑男子所为,并获取了该嫌疑男子的正面清晰图像,专案组实时将嫌疑人图像推送至城区4个派出所和巡特警路面巡逻警力布控搜索。当日下午13时30分许,巡特警大队民警在东环二路皇廷浴室附近发现一男子体貌穿着与布控嫌疑人一致,遂抓捕归案。经审查,犯罪嫌疑人陶某某(安徽颍上县人)对两起抢劫案件供认不讳。

【速破持刀抢劫案】 11月21日零时许,区公安局110指挥中心接受害人报警,称其在金坛城区八佰伴西测巷子里面被一男子持刀划伤脸部并抢走一只包。经询问受害人冯某(女,镇江人)及调查发现,11月21日凌晨零时左右,一嫌疑男子窜至金坛西城街道八佰伴西测巷子里,持刀对受害人冯某威胁并用刀划伤其脸部后抢走拎包一只(内有现金1200元及身份证、银行卡等物品)。案发后,刑警大队立即抽调民警会同西城派出所开展侦破工作,民警通过现场走访和视频追踪,锁定嫌疑人逃跑线路和藏身区域,21日10时许,在金坛区银河国际大酒店将犯罪嫌疑人汤某某(男,宜兴人)成功抓获。经审查,汤交代了其在20日晚23时许,窜至金坛区西城街道长塘新邨一巷子内,将受害人脸部划伤并抢走黑色香奈儿拎包一只,涉案价值4000余元的犯罪事实。

【破获生产销售有毒有害食品案】 4月,区公安局滨湖派出所在查办李某藏獒被盗案时,了解到武进邹区有一狗肉加工黑窝点。获此线索后,区公安局治安大队联合东城派出所,组织民警开展专线经营,经深度研判侦查,发现蒲某及其兄弟二人生产、销售有毒有害食品嫌疑。遂抽调治安、巡特警大队及相关派出所精干警力成立专案组全力侦破此案。专案组通过跟踪蹲守发现该加工点名为活禽屠宰点，实则为一毒狗肉加工点，犯罪嫌疑人将加工好的毒狗肉每天销往安徽、常州等地。专案组通过侦查研判得知，该加工点狗肉销售共分毒狗、收狗、加工、售卖四个环节，犯罪成员共计16名。在全面掌握犯罪成员活动轨迹及生活规律后，专案组于9月14日凌晨分别在安徽、丹阳、武进等地将16名涉案人员全部抓获。

【破获制售假劣卷烟案】 4月8日15时13分，区公安局治安管理大队接金坛区烟草专卖局移送的倪某某、赵某某涉嫌销售非法生产烟草专卖品案。经审查发现，涉案卷烟来自广州，当事人通过微信联系购买假冒伪劣卷烟后，由快递公司送货上门并收款，将涉案卷烟用于销售。获此线索后，区公安局立即组织民警开展专线经营，发现王某、詹某某有销售假冒卷烟嫌疑。得此情况后，金坛公安分局抽调精干警力成立专案组全力侦破此案。7月22日，专案组通过工作，得知犯罪嫌疑人王某在广东越秀区白云路一超市门口销售假冒卷烟，民警进行伏击守候，将在交易时的王某抓获。当日，同案犯罪嫌疑人詹某某、杨某某、李某某等5人相继抓获，专案组又在广东饶平将另一犯罪嫌疑人詹某某擒获，缴获各式假冒卷烟300余条。

【破获特大传销案】 10月8日，常州市公安局金坛分局滨湖派出所接到市民戴某某举报，在金坛地区存在以购买"微爱学"教育课程产品的传销组织。经过区公安机关深度调查，初步掌握了该传销组织机构及人员，于10月31日立案侦查，并抽调经侦、案审、巡特警和基层派出所30余名警力成立专案组。11月30日，专案组分别赴常州、上海、山西太原统一行动，将王某某、高某某、赵某等20名犯罪嫌疑人抓获。经查，2016年1～6月期间，犯罪嫌疑人王某某伙同薛某、杜某等人在上海和浙江分别注册"上海珺腾文化传播有限公司""长兴珺腾电子商务有限公司"等4家公司，以推销"微爱学"教育课程、购买"珺腾国际麦加币"（虚拟货币）产品为名，直接或间接发展会员，凭会员数量及认购金额领取"发展奖金奖"，引诱会员发展他人加入。至案发，王某某等人共吸纳会员6500余名，涉案资金达1亿余元。

【速破持刀抢劫财物案】 12月21日凌晨3时至3时10分之间，金坛区金城镇北环东路新三元酒店发生一起持刀抢劫案件，一嫌疑男子手持菜刀威胁酒店吧台服务员并抢走收银台内人民币1500元。接到报案后，区公安局抽调刑警等部门和滨湖派出所民警组成专案组开展侦查工作。经调查，嫌疑男子身高1.7米左右，作案时戴黑色头套，手持一把菜刀，作案后骑一辆自行车逃离现场。民警通过调阅沿途监控视频发现该嫌疑男子作案后逃至附近春风小区后消失，在反查嫌疑人作案前行动路线时得知其从春风小区出来。专案组判断该嫌疑男子就居住在春风小区。技术人员结合视频追踪，在嫌疑人逃跑路线上成功提取生物检材，经DNA比对，前科人员王某（金城镇春风新邨人）有重大作案嫌疑。12月22日晚，王某被伏击守候的民警抓获。　（潘一平）

检　察

【概述】 2016年，区检察院围绕常州市检察机关"奋力实现全面工作迈上新台阶、打造全省乃至全国检察机关示范点"的工作目标，明确"创新驱动、实干推进，力争金坛检察工作上台阶"的定位，加强队伍建设，注重政治、大局、核心、看齐意识，开设"坛检微讲堂"。结合岗位练兵开展业务实训，利用金沙法学社开展检察沙龙活动，增强干警忠诚、干净、担当的思想与行动自觉，忠实履行宪法法律赋予的职责。依法严惩各类刑事犯罪。围绕平安金坛、法治金坛建设目标，全年刑事检察部门共批准逮捕202件291人，决定不逮捕23人；提起公诉518件703人，不起诉4人。对无必要继续羁押的20名犯罪嫌疑人，建议变更强制措施。出台《关于充分发挥检察机关在防控风险、服务发展中的职能作用意见》，通过突出打击重点、坚持平等保护、讲究方式方法、加强风险研判、化解社会矛盾等措施，保障金坛经济社会健康快速发展，起诉破坏社会主义市场经济秩序犯罪60余人，涉案金额1000余万元。与区公安、法院密切配合，重点打击影响社会稳定的严重暴力和黑恶势力犯罪，批准逮捕故意杀人、强奸、抢劫等重大恶性刑事犯罪案件17件17人。加大对毒品类犯罪的打击力度，办理贩卖毒品、容留他人吸毒犯罪27件29人。依法查办和预防职务犯罪。以专项行动为抓手，重点查办损害群众切身利益、社会反映强烈的职务犯罪。以智慧化侦查为引领，建立健全信息运用、搜集、研判、共享等工作机制，共立案查办贪污贿赂犯罪案件9件9人。其中，受贿案件5件5人，行贿案件4件4人。立案查办渎职侵权案件3件5人，其中重特大案件1件2人，科级干部1人，参与安全生产责任事故调查3起。深入开展职务犯罪预防工作，建立系统深度预防机制，发出检察建议5件，犯罪分析4份，督促案发单位建章立制；加强职务犯罪调查研究，《高效渔业补贴领域职务犯罪专项预防报告》获全省检察机关优秀预防报告，是常州唯一获奖的基层检察院；推行行贿犯罪查询制度，接受查询3464次，对有行贿记录的2家单位和个人禁止参与招投标活动；创新廉政教育形式，结合办案制作廉政短片、公益广告和微电影，先后开展法治宣讲、预防宣传和警示教育20余次。依法加强对立案、侦查、审判、执行等环节的法律监督，与区公安局联合出台《关于加强刑事司法联动工作的实施意见》，健全驻派出所检察官联络员工作机制。强化刑事诉讼和审判活动的监督，督促侦查机关立案2件2人，提出书面纠正意见3件，依法纠正漏捕2人，追加起诉2人。提请常州市检察院二审抗诉2件2人,向公安机关发出检察建议4份。监督立案1件1人,口头纠正违法4次,书面纠正违法3次。强化民事行政检察监督,共受理审判程序违法案件5件,发出检察建议并收到回函3件;开展执行监督专项行动,加强案件质量管控,受理执行监督案件8件,发出检察建议7件均被采纳;受理行政违法监督案件10件,向行政机关发出督促履职检察建议8件。强化刑事执行和监管活动法律监督,督促法院收押执行审前未羁押被判实刑罪犯18名,发出检察建议书3份。开展指定居所监视居住执行监督2件,开展财产刑执行监督12件,检察纠正监管活动违法48件。

【司法体制改革】 2016年,区检察院按照"以案定额、以职能定额"要求,开展员额检察官遴选工作,从检察官队伍中遴选出27名符合条件的检察官入额,员额检察官全部配置在公诉、反贪等一线业务岗位,把"谁办案谁负责、谁决定谁负责"落到实处。同时,建立各类检察人员职务序列,完成"员额检察官、检察辅助人员、司法行政人员"分类管理工作。实行检察权运行新机制,突出检察官司法办案主体地位,在反贪、反渎、侦监、公诉等部门设立11个检察官办案组织,规范检察官与检察辅助人员在司法办案中的职责权限和分工。建立个人司法档案,制定《分案实施意见》《案件权重分设置办法》,优化案件流程管理。推进涉法涉诉信访改革,建成全国四级检察机关全联通远程视频接访系统,远程"面对面"接访19人(次)。建立律师反向监督机制,邀请律师参与案件质量评查30余件,收到律师对生效判决案件评价的反馈意见20余份,保障律师执业权利,促进文明规范司法。

【司法行为规范】 2016年,区检察院以全国检察机关规范司法行为专项整治工作为契机,以清单化排查、项目化推进、模板化办案、制度化规范、日常化督查"五化"工作为抓手,坚持个人排查与科室排查、业务部门排查与职能部门排查、自己查与开门查相结合,开展涉案款物管理、涉检信访反映问题、代表委员批评意见等7方面的专项排查,召开代表委员、发案单位、当事人亲属、律师、其他政法部门等类型座谈会16次,发放征求意见函160余份,发现并整改司法不规范问题69项。建立案件质量全程监控机制,制定《案件流程监控工作办法》《案件质量评查工作办法》等规范性文件17份,强化案件质量监督评查,筑牢规范司法意识,确保各项制度规定落地生根,促使全院干警形成规范司法的思想自觉和行为习惯。

【"失依儿童"救助】 区检察院在办案中高度关注"失依儿童"(因发生刑事案件而失去父母照顾的儿童),探索建立以检察机关为主导、全社会广泛参与的失依儿童救助机制,促成金坛区综治委成立全区关爱"失依儿童"工作领导小组,联合区法院、公安、教育、民政、团委等十家职能单位出台《关于建立刑事案件失依儿童救助保护制度的意见(试行)》,成立"金坛区向日葵护苗之家"非公企业社会组织,参与常州市检察机关关爱"失依儿童"公益活动启动仪式,设立公益基金,解决"失依儿童"生活失助、学习失教、精神失爱、医疗失保、心理失衡、道德失范等问题。三年来,共救助"失依儿童"43人,提供资金、心理、助学等帮扶160余次。

【一村(社区)一检察官工作"四个全覆盖"】 2016年,为完善一村(社区)一检察官工作机制,区检察院紧扣服务重点,以人民群众乐于接受的方式,坚持"四个覆盖":法治宣传全覆盖,全年发放宣传资料1000余份,接受群众咨询50余人次;涉检服务全覆盖,对当事群众行使权利、履行义务,及时提供法律帮助30余次;社区矫正全覆盖,对300多名社会服刑人员能否在规定场所进行活动、是否存在不经批准请假外出现象、能否按司法行政机关要求参加学习和公益性劳动等方面进行检察监督;职务犯罪预防全覆盖,结合镇村实际,因时因事因地开展"村干部如何预防职务犯罪""宣传宪法与法治精神""征地拆迁暴露'四难'问题亟待引起重视"等方面廉政宣传和警示教育。创新廉政教育形式,结合办案积极创作,播放廉政短片、公益广告和微电影,有效提高基层职务犯罪防范能力。

【开展集中清理判处实刑罪犯未执行刑罚专项活动】 2016年,区检察院重视刑罚交付执行法律监督工作,通过查询两套检察系统,核实2002年以来该院移送起诉的所有刑事案件7000余人,共筛选出审前未羁押判实刑生效判决案件636人,形成"审前未羁押判处实刑罪犯名单"。通过查询看守所监管信息系统,筛选出2002年以来所有投送监狱与留所服刑人员,形成"看守所名单"。通过调阅法院卷宗和约谈承办法官,检查法院交付手续是否完备,核实生效判决执行情况,排查出17名罪犯未交付执行。针对清理排查出的情况,实施分类监督,运用监督文书督促纠正并跟踪问效,共发出纠正违法通知书1份、检察建议书3份。同时,建立法院未羁押犯案件信息的执行报备机制,制定《关于加强审前未羁押判实刑罪犯交付执行联动工作的实施意见》,建立看守所拒绝收押的局内联审机制等,减少看押风险,推动长效治理。 (冯 玉)

法　院

【概述】 2016年,金坛区人民法院认真抓好执行办案,全面落实司法改革,忠实履行审判职能,维护社会公平正义,为金坛经济社会发展创造良好的法治环境和公正的社会秩序。全年受理各类案件13726件,同比上升12.61%,其中新收案件11707件,上升3.07%;审执结案10811件,上升6.28%。

【刑事审判】 2016年,区法院坚持贯彻严打方针,依法严惩故意伤害、强奸等侵害公民人身权利和抢劫、抢夺、盗窃、诈骗等多发性侵财犯罪,审结此类案件329件。严厉打击寻衅滋事、强迫交易、聚众斗殴、开设赌场等破坏社会秩序的黑恶势力犯罪,审结此类案件42件。严惩非法经营、合同诈骗、虚开增值税发票等破坏市场经济秩序犯罪,审结此类案件43件。保障公民健康与食品安全,严惩生产、销售有毒有害食品和假药劣药犯罪,审结此类案件5件。保持反腐高压态势,审结职务犯罪10人。坚持宽严相济与教育感化原则,落实未成年人犯罪案件庭前调查、犯罪记录封存、判后回访帮教等机制,切实保障未成年人合法权益。全年共受理各类刑事案件617件,依法审结595件,判处罪犯829人。

【民商审判】 2016年,区法院坚持优先高效,审结医疗、交通事故等人身损害赔偿类案件1260件;坚持依法平等,审结住房、物业、教育、消费者权益保护等民生案件465件;坚持情法交融,审结婚姻家庭、财产继承等复杂敏感家事案件1076件;坚持依法保护,审结财产权属、财产损害赔偿等案件144件。依法审理征地补偿、拆迁安置工作中的各类纠纷12件。妥善处理因土地政策调整、土地收益增值等引发的土地流转案件173件。规范市场融资秩序,打击以合法形式掩盖非法目的的高利放贷等不法行为,审慎处理民间借贷、金融借款等纠纷2183件。依法审结买卖、建设工程、加工承揽等市场主体之间的合同纠纷案件823件。依法审理劳动争议和工人薪资案件219件。全年共受理各类民商事案件8663件,依法审结7306件。

【行政审判】 2016年,区法院严格贯彻新《中华人民共和国行政诉讼法》,认真履行行政审判合法性审查职责,支持行政机关依法行政,判决驳回行政相对人诉讼请求案件33件,裁定予以强制执行案件31件;保障行政相对人合法权益,监督促进依法行政,判决撤销和确认具体行政行为违法等案件2件。坚持将协调工作贯穿于行政审判全过程,全年原告撤诉结案16件。依法推进行政机关负责人出庭应诉制度,提高行政机关负责人出庭应诉能力,行政机关首长出庭应诉56件,出庭应诉率96.55%。全年共受理行政案件67件,依法审结61件,审查非诉行政执行案件32件。深化行政与司法的良性互动,走访11家行政机关听取行政审判工作意见;与区市场监管局、交通局、卫计局、国土局等单位组织行政执法业务研讨与执法指导;分别到区水利局和地税局进行法制讲座1次;与人社局签订“和谐共建”协议,携手做好调解纠纷工作;邀请区地税局、环保局、公安局等多家行政机关人员参加庭审观摩,提高行政执法水平,预防和减少行政争议,保障行政机关依法行政。

【执行工作】 2016年,区法院坚持执行服务民生,对追赔、工伤、刑事附带民事、工程款、人身伤害、抚养费等涉民生案件优先执行,确保有财产可供执行案件执行到位、无财产可供执行案件救助到位。突出执行联动机制,建立与区公安、房管、银行等部门“点对点”查控系统和全国法院身份证认证系统,实现对被执行人存款、住房、车辆等财产信息的快速查询。完善执行威慑机制,按照“应纳入全部纳入”原则,将符合纳入条件的被执行人一律纳入失信被执行人名单库,督促其自动履行义务,全年向社会发布失信被执行人1826人次;采用罚款、拘留等强制措施,惩戒恶意逃避执行及以暴力、威胁或者其他方法阻碍执行的被执行人,全年司法拘留146人次。定期开展集中执行、专项执行、凌晨执行等活动,对涉民生案件、农村地区案件、被执行人下落不明案件、需要采取强制迁退房屋土地或扣押财产等社会影响较大的案件,集中力量开展现场执行。全年共受理执行案件4333件,执结2803件,人均结案329件。

【落实普法责任制】 按照“谁执法谁普法”要求,区法院开展多维法治宣传,科学规划《法在身边》电视栏目,提供素材并参与录制节目50期,与中央电视台《法治天下》栏目及其他电台、电视台合作录制普法节目36期;在《人民日报》《人民法院报》《江苏法制报》和新华网、人民网、网易、腾迅等网络媒体发表宣传信息文章600余篇。推进“常州法治大讲堂”工作,到学校、企业、社区等开展法治大讲堂活动18次,组织广场法制咨询活动6场次,通过法官说法、以案释法,弘扬法治精神,促进法治社会建设。

【完善矛盾纠纷多元化解机制】 2016年,区法院加强“无诉村居”建设,在全区93个行政村建立法官联系点,以法院法律资源优势与村干部群众工作优势,努力促成“小事不出村、大事不出镇”。坚持巡回审判,精选与群众生产生活密切相关的典型案件,深入镇(街道)、村(社区)开展巡回审判22场,引导群众理性选择纠纷处理方式,减少“对抗式”司法诉讼。推进诉调对接工作,与行政机关、乡镇街道共建诉调对接平台,在侨联设立诉调对接点,与区人力资源和社会保障局制定《关于进一步完善涉劳动保障监察案件诉调对接工作机制的意见》,协调区司法局在法院诉讼服务中心、人民法庭派驻人民调解工作室4个,建立司法调解、人民调解、行政调解联动工作格局。创新信访机制,设立信访接待专区,引入检察官、律师、人大代表、政协委员、退休教师等第三方代表参与化解涉诉信访新机制,全程参与涉诉信访听证,全年共处理群众来信248件次,接待群众来访185人次。

【司法公开】 2016年,区法院全面推进审判流程公开,通过法院网站、手机短信等平台,将案件立案、庭审等诉讼过程,依法向当事人和社会公开;推进裁判文书公开,坚持“以公开为原则、不公开为例外”,在中国裁判文书网公开文书5007篇;推进执行信息公开,将执行案件当事人、执行流程、失信被执行人等信息纳入中国执行信息公开网;推进庭审公开,实现庭审“三同步”(同步录音录像、同步记录、同步显示庭审记录),在中国庭审公开网直播庭审124件。自觉接受人大及其常委会监督,向区人大常委会专题汇报《中华人民共和国企业破产法》等法律贯彻实施情况,并根据审议意见抓好整改落实,邀请代表委员视察法院、旁听评议庭审、召开座谈会等,广泛听取各类意见建议。接受群众监督,每个工作日更新法院网站、微博微信,及时发布重大案件审理、重要司法举措等信息,开通院长信箱,接待群众来访,听取群众意见建议,促进司法公平正义。

【司法改革】 2016年,区法院完成法官员额制改革,制定《金坛法院司法体制改革试点过渡期法官、书记员、法官助理定岗定责指导意见》,经综合考评确定员额法官41人,并科学设置员额法官工作量;开展法官单独职务序列改革,完成员额法官的法官等级评定和晋升。开展执行体制改革,做好5名干警转任司法警察工作,完善执行局机构设置,设执行指挥中心与执行实施科,建立5个以法官为核心,法官助理和司法警察组成的执行团队,增强执行工作强制力和威慑力。推进案件繁简分流改革,进一步完善刑事诉讼案件分流处理机制,增强小额诉讼工作,开展裁判文书繁简分流,推进要素式裁判文书改革。

【举办国学讲堂】 2016年,区法院举办国学讲堂13期,邀请高校教授讲授《大学》《论语》等传统国学经典,坚持从中国优秀传统文化中汲取道德涵养,将社会主义核心价值观与传统文化基因融入到司法工作,让法官既通晓国情、民情,又具备执法办案的道德支撑和智慧资源,努力营造崇尚法治的良好司法环境,形成富有特色的金坛法院文化,升华法官与群众共同的“法魂”。 (何 薇)

司法行政

【概述】 2016年,区司法局深入推进法治宣传教育、人民调解、社区矫正、公共法律服务等工作体系的提档升级,加强司法行政系统社会组织建设,建立集孵化、培育和服务功能于一体的司法行政社会组织培育发展中心,孵化出壳具有地方特色的“群言堂”服务中心26个。加强基层司法所政法专编管理,通过低职高配方式解决4名司法所所长执法主体不适格问题。深化司法行政队伍正规化、专业化、职业化建设,整合司法行政力量资源,以实战代替培训、以轮值代替固守,提高司法行政干部服务群众的能力和水平。开展形式多样的法律服务活动,全年组织送法进企业、到工地、进园区活动近百场次。全区受理矛盾纠纷2857件,调解成功2816件,办理法律援助案件723件。金坛区人民政府获全国“六五”普法先进单位称号,西城街道方边村德法公园创成全区首家省级法治文化示范点。

区司法局与区总工会联合开展送法律进企业活动 (司法局 供稿)

【法治文化阵地建设】 2016年,区司法局深化法治宣传教育主题活动,举办送法进企业、进园区、进工地等活动近百场,编印《法律常识100问》2万余册。充实区普法志愿者大队,深化“普法邮路”,开展“普法微公益”创投,引导薛埠“乡音普法演艺队”等社会组织投身法治宣传工作,形成普法社会凝聚力。加强法治文化阵地建设,西城街道方边村德法公园创成全区首家省级法治文化示范点;花山法治宣传教育馆成为常州市首家青少年法治体验馆;儒林镇柚山村建成以廉政为主题的法治文化广场;建成指前镇东浦村、金城镇前庄村法治文化公园等一批各具特色的法治宣传阵地。

【社会矛盾纠纷调处】 2016年,提档升级区、镇两级调处中心,以区社会矛盾纠纷调处服务中心为龙头,以网络视频监控调解系统为载体,形成区、镇(街道)、村(社区)三级联动调解、智慧调解格局。推进公调对接工作,区15个派出所全部建成“派驻式”人民调解室。选聘10名专职调解员充实到镇(街道)调委会,驻交警大队调解室、驻法院(庭)调解室在纠纷登记、案件流转、卷宗制作等方面规范化水平明显提升。省级医患纠纷体制机制创新试点工作稳妥推进,多方协同、第三方评估的医患纠纷调解模式日益成熟。完善矛盾纠纷排查预警基础网格建设，落实矛盾纠纷分析研判和例会制度，严格执行重大矛盾纠纷信息直报、“零报告”等制度。全年各级各类调解组织共调解纠纷2857件，调解成功2816件，调解成功率98.6%，其中重大疑难纠纷30件，劝阻群体性上访42批次、748人次。没有发生一起因调解不当引发的上访或群体性事件，有效维护了社会稳定。

【社区矫正与安置帮教】 2016年，区司法局通过以训代管、以帮带管的形式，做好特殊人群服务管理工作，确保社区矫正平稳有序、监管形势安全稳定。开展社区矫正“双严”（严格管理、严格执法）集中整治和“三检查、三规范”（检查廉洁自律，规范执法监督；检查职能履行，规范执法行为；检查责任落实，规范队伍管理）专项行动，全面开展隐患排查整治、网上追踪和手机定位。深化社区矫正教育管理，加大请销假审批执行力度，查处违反规定19人次，给予警告处分15人次。出台《区社区矫正调查评估实施办法》，规范调查程序、评估内容、准入标准，严把准入关口，提高调查评估执法规范力度。积极推广前置化、协议制、社会化安置帮教改革措施，增强刑释人员适应和融入社会的能力。加强社区矫正执法队伍建设，严格按1∶15的比例配足配齐社区矫正专职社工。全年接收社区服刑人员239人，期满解矫213人，仍有258人在册。服刑人员在矫期间未发生重特大刑事案件、恶性暴力行为和群体性事件，在G20峰会等重要时间节点没有发生刑释人员聚集赴省进京上访、参与暴恐活动和群体性事件。

【法律援助与服务】 2016年，区司法局以满足人民群众日益增长的法律服务需求为己任，推动司法行政职能由管理向服务倾斜。通过“机关瘦身、人员前移、力量下沉”方式，深化公共法律服务供给侧改革，区公共法律服务中心建设模式在全省试点推广。开展“送法律送温暖律师行”系列活动，引导广大法律服务工作者主动参与项目引进、旧城改造、企业兼并重组等重点工作。做好农民工、妇女、老年人、未成年人权益保障等民生工作，免费接待法律咨询2100多人次，惠及群众4500余人，覆盖企业1000余家。政府法律顾问团参与政府重大决策、重大项目法律论证评估、信访接待和重大突发事件处置，为政府提供法律服务300余次。扩大法律援助覆盖范围，建立低保及低保边缘家庭人员信息库，成立老年人、军人军属法律援助联络站。全年共办理法律援助723件，免费为当事人代写、修改法律文书500余件，办理公证4435件，律师、基层法律服务工作者办理诉讼案件3591件。（邹贵福）

（编辑　钱国新）

金坛刻纸《金坛风光》　（作者　杨兆群）

科学技术

综　　述

2016年,金坛区科技工作按照区委、区政府"加快项目引进、加快项目建设"的决策部署,加大科技创新主体培育力度,以加强创新驱动为工作重点,积极引导人才、资金、技术等创新要素向企业集聚。全年实质性引进高层次人才193人。刘新宽、王巍、姜文、苗雨旺入选省"双创人才",徐俊辉、赵建新入选省企业"双创博士",林伟、胡益丰、薛亚平、邢绍邦入选省科技副总,刘新宽、蒋璨、李丹3人获常州"龙城英才计划"杰出创新人才。全区有41个项目获省、市科技部门立项,其中实施江苏省科技计划项目13项,获上级科技经费3535.6万元。49个产品获江苏省高新技术产品。1个项目获省科学技术三等奖,4个项目获常州市科技进步奖(一等奖1项,三等奖3项)。38项科研成果评为2016年度金坛区科技进步奖。其中,一等奖4项,二等奖13项,三等奖21项。常州亿晶光电科技有限公司进入江苏省创新型企业100强行列。

【科技创新大会】 2016年8月22日,金坛区委、区政府召开全区科技创新大会、科协第九次代表大会。区"两会"认真学习贯彻全国科技创新大会、两院院士大会、中国科协第九次全国代表大会和全省科技创新大会精神,大力实施创新驱动进行部署。会议由代区长沈东主持。区委书记狄志强、常州市科技局局长刘斌、常州市科协主席宋平出席会议并讲话。金坛四套班子主要领导,各镇、街道,各部委办局、园区、高新技术企业主要负责人,科协九大正式代表及特邀代表,受表彰人员参加会议。会上,为获得2015年省科技创新团队的盛荣生团队和郭蔚团队进行授牌,对2015年金坛区科技进步奖、2013~2014年度金沙英才奖、2014~2015年金坛区优秀科技工作者获奖单位和个人进行表彰。

科技管理

【概述】 2016年,全区科技部门以3平方公里苏南国家自主创新示范区建设为契机,认真编制好示范区建设规划。同时,围绕年度各项目标任务,进一步加强清华大学博士生社会实践金坛基地建设,依托科技镇长团和科研院所,不断扩大产学研合作广度和深度。搭好科技创新平台,提高孵化器对科技成果转化率和在孵企业毕业率,全方位构建大众创新创业机制,在主体培育、创新能力、知识产权等方面取得新进展。年内,全区高新技术企业累计达到86家,实现高新技术产业产值569.91亿元,同比增长38.1%,占规模以上工业总产值比重的46.8%。34家企业获得高新技术企业认定,新增省民营科技企业108家,新增省高新技术产品49个。北京中关村发展集团与金坛经济开发区签订战略合作协议,挂牌成立中关村软件孵化器金坛分园、中关村海外人才创业园金坛分园和中关村联新生物医药产业联盟金坛分园。金城科技产业园被常州市科技局认定为常州市科技企业加速器。全区新增省企业技术中心2家、省工程中心1家、省博士后创新实践基地1家、企业与高校合作共建省企业研究生工作站3家。

【规范科技管理促创新发展】 5月3日,金坛区科技局出台《常州市金坛工程技术研究中心管理办法》,加强金坛区工程技术研究中心建设与管理,发挥工程技术研究中心在促进技术创新、推动成果转化及产业化中的示范和带动作用。8月25日,区政府办印发《常州市金坛区"十三五"知识产权发展规划》,为全区"十三五"知识产权发展作顶层设计。9月9日,区科技局印发《常州市金坛区科技计划项目管理办法》,进一步规范科技计划项目管理,提高资金使用效率。11月4日,区政府办印发《常州市金坛区高层次卫生人才引进、培养奖励(资助)办法》,加快推动高层次卫生人才和紧缺人才向金坛卫生和计划生育系统集聚。编制出台《金坛区"十三五"科技发展规划(2016~2020)》,明确"十三五"科技发展的指导思想、总体思路和目标,提出金坛科技工作发展重点和主要任务。

【扩大产学研合作】 2016年,区科技局根据产业、企业发展需求,组织企业与高校开展大规模产学研活动。3月28日,江苏理工学院专家赴金坛开展"高校院所专家金坛行"活动,双方就开展校地合作、共建技术转移中心与产业技术研究院等相关事宜进行交流讨论。常州天华制药有限公司与该院环境工程学院就"盐酸普萘洛尔绿色合成工艺研究"签订金额110万元的委托开发协议。4月1日,常州工程职业技术学院副院长洪霄率有关专家、教授赴金坛与江苏中科国能光伏科技有限公司进行友好对接。双方决定在学术交流、共建研发平台、联合攻关与培养创新型人才等方面进行全面合作,并就联合开展"光伏治沙"研发项目达成初步合作意向。4月27日,金坛组织40多家企业赴武汉与华中科技大学开展成果转化暨产学研对接活动,华中科技大学科发院、材料科学工程学院、能源动力工程学院、机械工程学院以及光电国家实验室等院系负责人、专家教授20余人出席洽谈会。金坛鸿鑫电子科技有限公司、中科国能光伏科技有限公司、江苏恒亮离心机制造有限公司、金坛环保设备有限公司分别与华科大材料科学工程学院、武汉光电国家实验室、能源与动力学院签订合作协议。4月28日,金坛与武汉理工大学开展产学研对接合作。区人力资源和社会保障局与武汉理工大学签订高校毕业生就业和人才引进合作协议,江苏威龙新能源汽车有限公司、江苏国农泵业有限公司、金坛塑料厂分别与该校新能源汽车研发中心、自动化学院以及材料科学与工程学院签订项目合作协议。5月6日,浙大常州工研院副主任吕红兵率该院智慧城市研究中心有关专家赴金坛,就推广试用技术转移云平台的有关事项进行对接交流。通过展示和洽谈,双方达成在金坛建立推广试用该平台的合作意向。5月10日,南京工业大学国家大学科技园管理办公室主任、国家技术转移中心主任阮锦强一行赴金坛,与江苏省金坛经济开发区开展产学研合作暨科技成果转化对接活动。南工大国家大学科技园代表学校发布最新科研成果,并与江苏省金坛经济开发区签订合作协议。5月18日,在组织企业参加第十一届常州先进制造技术成果展示洽谈会期间,金坛共征集技术难题、技术需求42项,组织专题对接活动10场,邀请专家、教授46人,签订各项合作协议18项,其中"安检设备及智能检票系统设备""电子产品内包装""长航时智能道路监控无人机的研制""盐酸四咪唑绿色生产新工艺"四个项目被列入开幕式签约项目。按照常州市科技局统一部署,10月10~13日,常州市科技局科技服务与技术市场处副处长陆华率金坛区科技局副局长倪小平和科技服务与技术市场科人员对兰州大学、兰州交通大学进行"5·18"回访;12月5~9日,常州市科技局专职委员赵新、金坛区政府副区长卢方承一行12人对哈尔滨工程大学、黑龙江大学、哈尔滨工业大学、哈尔滨焊接研究所进行"5·18"回访。

【加强清华博士生实践金坛基地建设】 6月27日~8月4日,清华大学张梦霏、陈琦、汤汝鸣、郑德焰、张华、徐乾程、霍佳龙、李天君8名博士生到清华大学博士生社会实践金坛基地6家企业围绕6项研究课题开展社会实践。12月12~14日,区科技局局长王洪祥、副局长倪小平应邀参加由清华大学科技开发部举办的"2016年清华大学产学研工作研讨会",王洪祥代表金坛区科技局作《探索与清华产学研合作的有效途径》交流发言。在2016年度清华大学博士生社会实践成果评比中,金坛基地郑德焰的"仪器数据的采集和传输控制仪器的产品开发"获一等奖,陈琦的"纺织设备网络化的硬件和软件开发"获二等奖。清华大学博士生社会实践金坛支队在2016年度清华大学社会实践支队评比中获"银奖支队"称号。

知识产权管理

【概述】 2016年,全区申请专利3414件,授权810件,其中发明专利申请1131件,授权112件,共有有效发明专利515件,万人有效发明专利拥有量达9.21件。中盐金坛盐化有限公司、盛利维尔(中国)新材料技术有限公司、常州市赛尔交通器材有限公司3家企业通过省知识产权标准化示范创建绩效评估,江苏激素研究所股份有限公司通过国家知识产权标准化示范创建认定,组织常州斯威克等11家企业开展江苏省知识产权标准化管理示范创建备案,4个项目列入常州市知识产权项目。常州亿晶光电科技有限公司"苏省高效晶体硅电池及系统高价值专利培育示范中心项目"启动建设,金坛吾悦广场列入省正版正货示范街区常州培育项目。区知识产权局获2016年度江苏省知识产权工作先进集体、江苏省知识产权宣传培训工作先进单位、江苏省专利行政执法工作先进集体。

【知识产权宣传培训】 2016年,全区实施知识产权战略,深入推进企业知识产权工作,提升知识产权创造、运用、保护、管理和服务能力。4月25日,金坛区知识产权局对各区镇科技助理、各镇区知识产权贯标创建企业、科技型企业管理人员约60余人作"企业知识产权体系建设与运营"讲座。组织企业参加常州市知识产权信息、知识产权贯标、知识产权总监、知识产权工程师培训。组织开展"4·26"世界知识产权日系列活动;召开金坛区知识产权联席会议;在金坛高新技术创业服务中心举办"送知识产权进中心"宣传活动,并进行现场有奖问答。8月18日,邀请省知识产权局副局长张春平对规上企业负责人开展知识产权专题培训。

2016 年金坛区获常州市首届创新创业大赛奖企业一览表

表 13

序号	企业名称	获奖等级	序号	企业名称	获奖等级
1	盛利维尔(中国)新材料技术有限公司	一等奖	5	常州朗博密封科技股份有限公司	入围奖
2	常州金远药业制造有限公司	一等奖	6	金坛诚辉机械制造有限公司	入围奖
3	凡登(常州)新型金属材料技术有限公司	三等奖	7	常州元一新材料科技有限公司	入围奖
4	江苏鑫田电子科技有限公司	三等奖			

2016 年金坛区新增省企业研究生工作站一览表

表 14

序号	企业名称	合作高校	序号	企业名称	合作高校
1	中盐金坛盐化有限责任公司	南京工业大学	3	江苏金喷灌排设备有限公司	江苏大学
2	常州金沃电子科技有限公司	扬州大学			

2016 年金坛区获得认定高新技术企业一览表

表 15

序号	企业名称	序号	企业名称
1	常州金远药业制造有限公司	18	江苏威龙新能源汽车有限公司
2	江苏金坛汽车工业有限公司	19	江苏五信新材料科技有限公司
3	江苏南方光纤科技有限公司	20	同方威视科技江苏有限公司
4	常州恒方大高分子材料科技有限公司	21	江苏鑫隆复合工程材料有限公司
5	常州金坛塑料厂	22	金坛泰成电子科技有限公司
6	常州平江电气设备有限公司	23	盛利维尔(中国)新材料技术有限公司
7	常州群达硅材料整理有限公司	24	江苏鑫田电子科技有限公司
8	常州市双成塑母料有限公司	25	金坛市诚辉机械制造有限公司
9	常州万容新材料科技有限公司	26	江苏鑫田柴油机有限公司
10	常州易控汽车电子股份有限公司	27	金坛沃德丰电子科技有限公司
11	海润太阳能电力(常州)有限公司	28	江苏华荣绝缘材料有限公司
12	江苏常峰电力设备股份有限公司	29	常州朗博密封科技股份有限公司
13	江苏国农泵业有限公司	30	江苏丰登作物保护股份有限公司
14	江苏健裕健康医疗器械有限公司	31	常州金坛环保设备有限公司
15	江苏久诺建材科技股份有限公司	32	常州瑞华电力电子器件有限公司
16	江苏科菱库精工科技有限公司	33	江苏恒亮离心机制造有限公司
17	江苏绿能环保集成木屋有限公司	34	常州强达宝成化工有限公司

2016 年金坛区获国家知识产权管理标准化示范创建单位一览表

表 16

序号	单位名称
1	江苏省激素研究所股份有限公司

2016年金坛区获省知识产权管理标准化示范创建单位一览表

表17

序号	单位名称	序号	单位名称
1	中盐金坛盐化有限责任公司	3	常州市赛尔交通器材有限公司
2	盛利维尔(中国)新材料技术有限公司		

2016年金坛区获江苏省"双创人才"一览表

表18

序号	姓名	计划类别	所在单位
1	刘新宽	创新	盛利维尔(中国)新材料技术有限公司
2	姜　文	创业	江苏涌奇新材料科技有限公司
3	苗雨旺	创业	常州富源环保技术有限公司
4	王　巍	创业	常州绚铭新材料科技有限公司

说明:"双创人才"是指高层次创新创业人才

2016年金坛区获江苏省"双创博士"一览表

表19

序号	姓名	计划类别	所在单位
1	徐俊辉	创新类	中盐金坛盐化有限责任公司
2	赵建新	创业类	常州久日化学有限公司

说明:"双创博士"是指创新创业博士集聚计划人才

2016年金坛区实施省级科技计划项目一览表

表20

序号	项目名称	承担单位	计划类别
1	智慧灌溉轻巧型自循环多级自吸喷灌泵系统的研发	江苏金喷灌排设备有限公司	重点研发
2	预制调理黄羽鸡肉产品加工关键技术研究与示范	江苏立华食品有限公司	重点研发
3	光电气色复合式害虫防治技术与装备研究	常州绿尚鲜网络科技有限公司	重点研发
4	现代茶叶科技园区技术集成创新与示范	江苏鑫品茶叶有限公司	重点研发
5	呼吸道病毒性感染快速诊断平台的建立与应用	金坛区第二人民医院	重点研发
6	高渗透率分布式光储微电网关键技术研发	亿晶光电科技股份有限公司	重点研发
7	VSM_500L高效五轴联动数控立式加工中心的合作研发	江苏润德精密机械有限公司	政策引导
8	VSM_500U高效五轴联动数控立式加工中心的合作研发	江苏润德精密机械有限公司	国际合作
9	车用柴油机电控高压共轨系统的研发及产业化	常州博瑞油泵油嘴有限公司	成果转化
10	200G级高光学均匀性低缺陷蓝宝石晶体研发及产业化	常州亿晶光电科技有限公司	成果转化
11	江苏省(亿晶)光伏工程研究院	常州亿晶光电科技有限公司	省工程技术研究中心绩效评估
12	江苏省农用激素工程技术研究中心	江苏省激素研究所股份有限公司	省工程技术研究中心绩效评估
13	高效晶体硅电池及系统高价值专利培育示范中心	常州亿晶光电科技有限公司	省高价值专利

2016年金坛区新增江苏省高新技术产品一览表

表21

序号	产品名称	企业名称
1	共轨柴油机控制器	常州易控汽车电子有限公司
2	单缸柴油机控制器	常州易控汽车电子有限公司
3	单体泵柴油机控制器	常州易控汽车电子有限公司
4	抗抑郁药关键中间体4—苯基—2—吡咯烷酮	常州强达宝成化工有限公司
5	苯氧乙酸类降血脂药物环丙贝特	常州强达宝成化工有限公司

续表 21

序号	产品名称	企业名称
6	MT1213LT6MeV 车载移动式集装箱/车辆检查系统	同方威视科技江苏有限公司
7	低氨覆膜砂	重庆长江造型材料常州有限公司
8	潮膜再生砂	重庆长江造型材料常州有限公司
9	大迈 X5(1.5T—MT 豪华)	江苏金坛汽车工业有限公司
10	大迈 X5(1.5T—MT 尊贵)	江苏金坛汽车工业有限公司
11	30% 三环·氟环唑悬浮剂	江苏丰登作物保护股份有限公司
12	CX 系列 X 射线检查系统	同方威视科技江苏有限公司
13	带整流桥的智能功率模块(IPM)	常州瑞华电力电子器件有限公司
14	晶体硅光伏组件	常州亿晶光电科技有限公司
15	稻瘟酰胺原药	江苏丰登作物保护股份有限公司
16	高速列车用前照灯	常州市赛尔交通器材有限公司
17	BL 型永磁无刷直流电动机	常州市金坛微特电机有限公司
18	灭草松原药	江苏省激素研究所股份有限公司
19	超精密角接触球轴承	江苏天驰轴承有限公司
20	高精度组合型汽车张紧轮轴承	江苏天驰轴承有限公司
21	标准动车组轴箱	常州华德机械有限公司
22	电力机车用超低温齿轮箱	常州华德机械有限公司
23	薄膜少胶粉云母带	江苏华荣绝缘材料有限公司
24	晶硅等硬脆材料切割用高强度精细切割钢丝	盛利维尔(中国)新材料技术有限公司
25	高强度防渗漏单缸柴油冷却水箱	金坛鑫田柴油机有限公司
26	F 级绝缘聚氨酯粘合剂	江苏力合粘合剂有限公司
27	PET 钢板复膜聚氨酯胶粘剂	江苏力合粘合剂有限公司
28	LED 照明灯具	江苏鑫田电子科技有限公司
29	再生砂	重庆长江造型材料常州有限公司
30	覆膜砂	重庆长江造型材料常州有限公司
31	双玻太阳组件封装 EVA 胶膜	江苏鹿山光电科技有限公司
32	抗潜在电势诱导衰减 EVA 封装胶膜	江苏鹿山光电科技有限公司
33	断桥隔热型涡轮增压器	常州平江电气设备有限公司
34	涡轮增压器核心体部件(机芯)	常州平江电气设备有限公司
35	易拉耐磨防驳离涂塑软管	江苏国农泵业有限公司
36	高效直联型喷灌机组	江苏国农泵业有限公司
37	长寿命高可靠自排水防渗漏潜水泵	江苏国农泵业有限公司
38	高效绞盘式喷灌机	江苏金喷灌排设备有限公司
39	耐腐蚀高压涂塑软管	江苏金喷灌排设备有限公司
40	高强度高填充抗静电母粒	常州市双成塑母料有限公司
41	高效高均匀度功能色母粒	常州市双成塑母料有限公司
42	高精防盗电流互感器	江苏鑫怡电力设备有限公司
43	环保节能 ET 复合保温材料	江苏久诺建材科技股份有限公司
44	聚氯乙烯粒料	常州恒方大高分子材料科技有限公司
45	太阳能级多晶硅硅料	常州群达硅材料整理有限公司
46	阻燃母粒	江苏五信新材料科技有限公司
47	新型热泵式换热器	江苏科菱库精工科技有限公司
48	PTFE 基布	常州万容新材料科技有限公司
49	PTFE 长丝	常州万容新材料科技有限公司

2016年金坛区获江苏省科技进步奖项目一览表

表22

序号	项目名称	完成单位	主要完成人	获奖等级
1	基于膜技术的制盐清洁生产新工艺及其产业化	中盐金坛盐化有限责任公司	陈留平　李卫星　管国兴　邢卫红　赵营峰　王　泰　彭文博　王肖虎　崔耀星　虞金法　李文华	三等奖

2016年金坛区获常州市科技进步奖项目一览表

表23

序号	项目名称	完成单位	主要完成人	获奖等级
1	盐酸多柔比星脂质体注射液	常州金远药业制造有限公司	贺　明　贺　欣　朱瑶俊　郭卫东　周　钢　符　俊　高　辉　王彬彬	一等奖
2	JSC 326梳棉机	卓郎(常州)纺织机械有限公司	朱中华　许小平　王　刚　万伟锋　张永平	三等奖
3	盐泥用于烟道气脱硫关键技术研究及应用	中盐金坛盐化有限责任公司	管国兴　陈留平　崔耀星　王网留　冷翠婷	三等奖
4	水芹安全生产和质量控制技术研究及其产业化建设	常州市园艺技术推广站(常州市蚕桑技术指导站)、常州大学、金坛区园艺技术指导站	詹国勤　季美娣　徐　蕊　徐加宽　董园园	三等奖

2016年获金坛区科技进步奖项目一览表

表24

序号	项目名称	完成单位	主要完成人	获奖等级
1	真石漆及其制备方法	江苏久诺建材科技有限公司	王利明　傅立荣　何兆娣　洪　振　夏卫华　韩　羽	一等奖
2	成衣染色系统的节能示范应用	江苏利步瑞服装有限公司	周　铭　冯　旭　钱　鑫　石小琴　董　祯　韩亚萍	一等奖
3	无刺枸骨繁育技术研究与示范	金坛区林业技术指导站	马　骧　邵美林　杨国顺　沈云清　唐苏杰　彭华平　姚志华　张留斌	一等奖
4	血必净对脑缺血再灌注损伤保护作用的实验研究	金坛区人民医院	苏建华　薛建琴　张俊华　陈玉芳　耿瑜睿　林　伟　肖　杭	一等奖
5	智能一键启动无钥匙进入系统	江苏凯灵汽车电器有限公司	李德民　徐俊霞　颜云强　任胜韦　沈　伟　陈伟兵	二等奖
6	有线电视双向隔离保护器	江苏华兴电子有限公司	徐志明　王美芳　陆锦凯　刘小飞　施云龙　杨美琴	二等奖
7	水冷型双定子轴向磁场稀土永磁无刷直流电动机	常州市金坛微特电机有限公司	张锡兴　王国俊　顾乃平　李小平　朱国兴　贺国胜	二等奖
8	带整流桥的智能化功率模块IPM	常州瑞华电力电子器件有限公司	颜　辉　阚维光　颜廷刚　孙祥玉　邵凌翔　项罗毅	二等奖
9	灭草松生产工艺研发	江苏省激素研究所股份有限公司	周月根　徐海燕　丁武松　张旺庚　孔繁蕾　田冬平	二等奖
10	长荡湖鲢、鳙鱼增殖放流技术	常州市金坛区、溧阳市长荡湖水产管理委员会管理处	张　响　刘锁明　金国胜　倪明辉　胡　涛　陈建平	二等奖
11	集约化肉鸽高效健康养殖关键技术研究与应用	金坛区江南鸽业有限公司	孟　俊　杨海明　周　俊　冒　静　夏金龙　何志华	二等奖
12	茶叶中的农药残留分析方法研究及茶叶的风险评估	金坛区农产品质量检验检测中心	王虎琴　戴曲文　王若玉　吴冬梅　李　云　沈　鑫	二等奖

续表 24

序号	项目名称	完成单位	主要完成人	获奖等级
13	基于微喷灌溉的机插水稻规模化育秧技术集成与推广	金坛区作物栽培技术指导站 金坛区指前镇农业综合服务站 金坛区朱林镇农业综合服务站 金坛区直溪镇农业综合服务站 金坛区薛埠镇农业综合服务站	魏广彬　卞国珍　张　铭　孙和平 钟剑文　童　璐	二等奖
14	金坛区未成年人犯罪心理健康状况与人格特征的相关研究	金坛区第二人民医院	陈淑玲　庄永忠　祁冻一　庄克平 闵金荣　韩　云	二等奖
15	NRG1—ErbB 信号通路在脓毒症性心肌功能障碍中的作用及机制研究	金坛区人民医院	李国民　袁　冬　管双仙　范云霞 唐　云　王　珍	二等奖
16	关节镜下有限清理术结合三联药物治疗膝关节骨性关节炎的近期疗效分析	金坛区人民医院	朱爱平　徐中华　陈旭霞　史　瑜 程国林	二等奖
17	养精种玉汤因时制宜治疗体外受精—胚胎移植降调节周期的临床研究	金坛区中医医院 常州市妇幼保健院	于婷儿　陈　莉　刘丽琴　袁春芳 韩玉清　司马琴	二等奖
18	基于红外探测的防火防爆系统	安普科技有限公司	蒋志斌　史珺华　张祯亮　史海波 庄　燕	三等奖
19	旋流器—离心机组合式液液分离机的研发与应用	江苏恒亮离心机制造有限公司	谭芳媛　袁惠新　陈小亮　付双成 于网华	三等奖
20	风电工程专用的波纹管桥式卡箍的研究与开发	江苏帕卓管路系统股份有限公司	郑庆彬　詹以哲　汪治国　黄锦贤 张　华	三等奖
21	智能化鼓式削片装备的研究与开发	江苏青山机械有限公司	侯和良　夏　云　姚留忠　季嘉军 孙　宏	三等奖
22	适用于智能电网调度的电动汽车车载双向充电机的研发	江苏瑞科停车系统科技有限公司	何桂宏　谢勇　王建华　徐慧峰 方　宇	三等奖
23	SMA 贴片二极管的研究与开发	常州唐龙电子有限公司	万宏伟　耿亚平　蒋亚峰　钱永江 陈海州	三等奖
24	环保型免喷涂金属质感塑料	常州绚铭新材料科技有限公司	王　巍　胡一鸣　潘丽静　周　明	三等奖
25	超导电高强度橡胶密封圈	常州德博新材料科技有限公司	周连祥　易大军　苏力争　翁国文 沈　燕	三等奖
26	2—(3,4—环氧环己烷)乙基三甲氧基硅烷的研发	常州樊氏有机硅有限公司	樊中华　杨金玉　许国民　贺伟平 孙琴芳	三等奖
27	聚醚醚酮棒材的产业化技术研究	常州创赢新材料科技有限公司	严留新　王贵宾　李国伟　秦小涛	三等奖
28	头孢地尼片及分散片的创新制备工艺	江苏亚邦强生药业有限公司	陈再新　王思清　毛白杨　赵晓红 王勇军	三等奖
G29	蟹池水环境在线监测专家服务系统集成与推广	金坛区水产技术指导站 金坛区绿源特种水产科技有限公司 东南大学 南京英埃格传感网络科技有限公司	王桂民　张金彪　罗　明　陈俊杰 丁彩霞	三等奖

续表 24

序号	项目名称	完成单位	主要完成人	获奖等级
30	优质鸡环流孵化技术的研究与应用	常州市天牧家禽有限公司	李 宁 陈 斌 周国瑾 徐勤迎 程国军	三等奖
31	小麦全程机械化精准施肥关键技术集成应用	金坛区土壤肥料技术指导站	李 勇 沈家禾 白洁瑞 蒋红刚 汤建平	三等奖
32	河蟹苗种饲料的研制和应用推广	常州市万叶饲料科技有限公司 金坛区万叶水产专业合作社	冯东波 黄网根 潘静涛 陈良俊	三等奖
33	葡萄避雨覆草栽培技术集成研究与推广	金坛区园艺技术指导站 金坛区气象台 金坛区西城街道农业农村办 金坛区薛埠镇农业综合服务站 金坛区金城镇农业综合服务站 金坛区指前镇农业综合服务站	张洪海 李新梅 徐 蕊 刘 辉 吕连庆	三等奖
34	血流储备分数检查(FFR)在冠脉中度狭窄病变治疗策略选择中的价值	金坛区人民医院	李穗吉 卫小兵 乔 华 于文敏	三等奖
35	腹腔镜技术在粘连性肠梗阻诊治中的临床研究	金坛区人民医院	虞卫新 徐 群 葛海龙 万 航 傅 宇	三等奖
36	瑞舒伐他汀对脑缺血再灌注损伤后细胞凋亡影响的实验研究	金坛区人民医院	张俊华 陈玉芳 薛建琴 苏建华 林 伟	三等奖
37	凉血四物汤与消风散加减方对寻常型银屑病的疗效与安全性研究	金坛区中医医院	戴 扬 王丽君 闫小兵 孙 艳 李 超	三等奖
38	逍遥散合香砂六君子汤治疗肝郁脾虚型肠易激综合症的临床研究	金坛区中医医院	朱瑞华 朱佳玲 袁桂洪 王小平 施锁平	三等奖

（吴大荣）

防 震 减 灾

【概述】 2016年,金坛区地震局贯彻落实上级有关防震减灾工作精神,以地震监测预报、地震灾害预防、地震应急救援和防震减灾科普宣传工作体系建设为突破口,做好防震减灾各项工作。建立高效有序的震情处置机制,抓好震情监视,加强台站监测设备管理工作,保障地震台站3套仪器正常运行。落实震情值班工作责任制,确保通信联络畅通。做好地震监测设施设备的运行维护和地震观测环境保护工作,确保监测设备正常运行、地震监测资料连续可靠、信息传输及时准确。拓展地震科普宣传渠道,利用区住建委网站"抗震防灾"栏目,及时上传工作动态,宣传防震减灾知识,提高公众防震减灾意识。2016年,金坛强震动台获江苏省强震动台网运行观测维护优秀奖。

【防震减灾应急能力增强】 2016年,区地震部门履行地震应急救援工作职责,做好有感以上地震发生前后的地震应急工作,健全应急管理和灾情快速响应制度。完善地震应急管理制度,修订《金坛区地震应急预案》,组建区地震局地震灾害应急救援队,参加国土资源局在茅山举行的突发地质灾害应急演练,增强应对突发地震灾害的应急处置能力。

【权力清单标准化】 2016年,区地震局根据省、市权力清单标准化工作推进会精神,积极按照行政权力清单标准化工作要求,对行政权力清单进行再梳理,扎实推进行政权力清单工作。对履职依据进行统计,建立权力依据库,并将现行的相关法律、行政法规、部门规章、地方性法规、规章、规范性文件等进行分类统计,以便在履职过程中予以参照。做到区地震局行政权力事项办事指南与省地震局基本统一,为实现全省范围内行政权力互联互通建设作贡献。

（赵亚平）

气 象 科 技

【概述】 2016年,金坛区气象局坚持以提升预报预警精准度和为农服务能力为中心,以建设金坛区气象灾害监测预警中心为重点任务,认真做好"两会"、3月26日东方盐湖城开城大典重要活动、4月22~24日第三届中国金坛雀舌茶道会活动等区政府重大活动气象保障服务,特别做好全区特大暴雨洪涝灾害全程预报、预警和灾后复产服务工作。全年共发布预警信号76次,启动应急响应4次,发布天气公报35期、气象信息专报89期、周报50期和气候影响评价15期。进一步推进防雷体制改革,做好全区防雷安全、施放氢气球安全管理等工作。对496家防雷重点单位和已建建(构)筑物防雷装置实施定期检测,对全区55所中小学校防雷装置进行集中检查、检测,发现安全隐患,督促及时整改。年内,共受理防雷装置设计审核135件,防雷装置竣工验收核准166件,施放气球审批19件,办结率100%。全年在中央、省级新闻媒体共刊登金坛气象外宣稿件31篇。区气象局获"2013~2015年度常州市文明单位"称号、金坛区2016年抗洪抢险救灾先进集体,区气象台被评为金坛区科协系统先进集体,防雷中心被区总工会授予金坛区"工人先锋号"称号,行政服务中心气象窗口连续四年被评为红旗窗口。

【"风云三号"极轨卫星直收站完成安装】 3月17日,"风云三号"极轨卫星直收站在常州市金坛区完成设备吊装和系统调试工作,实现了"风云三号"卫星实时遥感资料在金坛区的落地。该直收站能够接收"风云三号"(A/B/C/D)卫星过境时发送的L和X波段实时遥感数据,并有兼容接收NOAA、EOS、NPP等国际同类卫星过境时发送的实时广播数据能力。同时,具备卫星遥感数据定标定位预处理功能,通过集成卫星资料处理的SMART软件系统,可以实现上述卫星遥感数据生成陆地、大气和海洋等各类气象服务产品。该项目的顺利实施,为江苏省气象遥感、生态监测、预报预测等气象业务和服务提供有力数据支撑。

【抗洪防灾保障工作】 7月,金坛遭遇暴雨侵袭引发洪涝灾害,超1991年历史最高水位0.11米,形成若干年来金坛域内的特大洪灾。在抗洪防灾过程中,区气象局领导坐镇指挥,业务人员24小时坚守岗位,密切监视天气变化,主动加强与防汛单位联动,通过短信平台及时发布各类预警预报,开展突发、重大灾害天气的临近服务,做好灾中、灾后信息收集和调查评估服务,为地方政府防灾减灾、保护人民生命财产安全作出积极贡献。区气象局获金坛区2016年度抗洪抢险救灾先进集体称号,贺金芳被评为金坛区2016年度抗洪抢险救灾先进个人。

【气象灾害监测预警中心正式启用】 11月,金坛区气象灾害监测预警中心项目顺利完工,并通过省、市气象局专家组验收,于2017年1月1日20时起正式切换启用。至此,金坛区已经建成由1个国家气象站、20个自动气象站和1个土壤水份观测站、1个移动气象站组成的气象灾害监测网,为有效扩大金坛气象灾害预警信息传播覆盖范围,准确及时收集当地气象信息和气候资源奠定基础。

(陈亚君)

(编辑 钱国新)

金坛刻纸《华厦一家亲 同为圆梦人》 (作者 杨兆群)

综 述

2016年，全区共有幼儿园45所、中小学55所。其中，小学30所，初级中学16所，九年一贯制学校4所，高级中学4所，职业学校1所。另有国防教育训练中心1所、特殊教育学校1所。在校学生59822人。全年教育经费支出13亿元，其中国家财政性教育经费11.28亿元（公共财政预算安排教育经费11.22亿元，政府性基金预算安排教育经费0.06亿元），公共财政教育经费占公共财政预算支出的21.28%。幼儿园、小学、初中、高中、职业教育生均公共财政预算教育事业费支出分别为6509.42元、16918.79元、24339.4元、24348.94元、20052.17元，生均公共财政预算公用经费支出分别为486.84元、761.44元、1120.42元、1000元、1001.74元。全年在校安工程、设备购置等方面支出2.22亿元，其中学生乘车补贴287.27万元。抗洪救灾期间，指前实验学校、洮西中小学、社头中小学、水北中小学、直溪中心小学、省金坛中专等学校指定为受灾群众安置点，7月3~7日，学校安置点超负荷接纳安置受灾群众1267人。其中，社头中学安置343人，社头小学219人，洮西中学250人，洮西小学233人，其它学校222人。

加强教育管理，促进教育健康发展。执行课程计划，创新课程建设，40多个学校及校长课程建设项目有序推进，对义务教育阶段13个学校课程建设和9个校长课程给予经费扶持。注重学校安全管理，各校开展系列防灾减灾活动，面临汛期，印发43654份带有教育部印章的《致全国中小学生家长的一封信》，免费发放消防读本8500册。有效开展防溺水专题教育，与区交通运输局和金坛地方海事处联合在金沙高级中学召开水上交通安全教育现场会。加强校车运行管理，投入46辆标准安全校车，用于全区19所小学和2所公办幼儿园2140名学生（秋学期20所小学和6所幼儿园1952名学生）的上下学接送工作。联合交警大队、消防大队、珠航校车公司和120急救中心等单位，分别在3所小学组织开展校车消防逃生演练观摩活动。后阳小学、东城实验小学、指前中心幼儿园、尧塘中心幼儿园4所学校成功创建常州市平安校园。加强招生收费管理，落实招生计划，规范招生程序，继续保持公办学校100%接纳外来务工子弟，并享受和本地学生就学的同等待遇；执行教育收费政策，明确教育收费项目标准并实行公示制，严把教育收费关。加大财务管理纪律审查力度，开展农民工随迁子女接受义务教育中央财政奖励经费专项审计调查，启动对任满五年的校长进行任内经济责任审计，开展内审常规培训。加强助学帮困工作。全面了解“教育救助”执行情况，组织回收教育救助学生、家长网上问卷调查2万多份。发放教育救助资金493.11万元，惠及学生2485名。2016年，区教育系统在各级各类比赛或评比中成绩显著。在江苏省科技创新大赛中获一、二等奖各3个，在常州市一系列科技比赛中共获得15个一等奖，区教育局被常州市科学技术协会授予“科普活动优秀组织奖”。在常州市中小学研究性学习成果评比中，5项成果获一等奖，获奖率67.6%，区教育局获优秀组织奖。在2016年常州市高中通用技术创新作品大赛中，区4所高中共获得5个一等奖，占常州市一等奖比例的62.5%。华罗庚实验学校男子U13组篮球队获省赛第一名，华罗庚中学、青少年体校田径联队在省县级组65支代表队中获得第九名（总分第十名）。在常州市级竞赛中，第二中学、青少年体校、西旸小学代表队分获校园篮球、足球同组别第一名的好成绩。第五中学2015届毕业生徐夕涵获巴西残奥会S5级50米蝶泳冠军并打破亚洲纪录。儒林中心小学学生周网瑶当选江苏省“2016年十大美德学生”。建昌小学学生黄媛媛获首届全国“童声里的中国·成长的歌谣”创作大赛二等奖；汤庄小学学生陈语姗的作品《掀开记忆里回家的路》获常州市“回家·和”微摄影（视频）大赛唯一的特等奖。第三中学、华城实验小学在常州市第五届学校主动发展项目评比中获一等奖。金坛区教育局被省政府授予

“江苏省促进义务教育均衡发展先进单位”称号。

教育惠民工程。完成城区中小学及幼儿园布局规划。段玉裁中学、段玉裁实验小学、华罗庚实验学校新城分校（殷雪梅小学）、新城实验幼儿园、良常实验学校、尧塘中学、尧塘小学7所学校全面开工建设。其中，总投资8.34亿元新建的段玉裁中学、段玉裁实验小学、华罗庚实验学校新城分校(殷雪梅小学)、新城实验幼儿园4所学校主体工程建设结束，进入室内装饰阶段；总投资5.91亿元新建的良常实验学校、尧塘中学与尧塘小学3所学校已完成施工图设计与工程招标。启动华罗庚中学滨湖校区、河滨小学、东城实验小学二期、汇贤实验幼儿园、西城实验幼儿园、九洲里幼儿园、东方新都幼儿园、岸头佳园幼儿园、华城实验幼儿园华胜分园(改扩建)、东城实验幼儿园、薛埠中学、薛埠小学、薛埠中心幼儿园、茅麓中学、朱林中心幼儿园、直溪中心幼儿园、儒林中学、水北小学18所学校移址新建或改扩建工程的前期规划和建筑设计。常胜小学改扩建二期、建昌小学拆建教学楼与食堂已竣工并投入使用。金坛中专体育馆新建工程、花山小学拆建食堂即将竣工。常州市中小学生综合实践基地新建工程完成土建道路绿化等附属施工，已进入场馆内部布馆阶段。投入3200余万元为各级学校添置基础装备，12所学校的报告厅改建结束并全面投入使用，中小学数字化校园试点校新增6所。

【学校创建工作成效显著】 2016年，华罗庚实验学校接受省、市两级“六五”普法考核验收，区教育局、薛埠中学分别被评为常州市“六五”普法先进集体。第三中学、朱林中心小学创建常州市依法治校示范校，尧塘镇中心幼儿园、朱林镇中心幼儿园、指前镇中心幼儿园创建常州市依法治校先进单位。至年末，全区共建成江苏省依法治校示范校2所、常州市依法治校示范校16所，100%的学校创建成常州市依法治校先进单位。后阳小学、花山小学、唐王小学、建昌幼儿园、薛埠镇中心幼儿园西旸分园5所学校通过常州市级绿色学校考核验收，指前实验学校通过省级绿色学校验收。第三中学、城西小学、白塔中学被评为“青果在线”工作先进集体。第二中学、白塔小学被评为省级校园足球特色学校。

【省教育厅领导专家到学生社会实践基地指导工作】 1月13日下午，在区教育局副局长吴芳陪同下，省教育厅基础教育处副处长顾春明，教育装备与勤工俭学管理中心科长谭海波，省中小学生社会实践基地协作会会长戴锦高、秘书长徐伟以及江苏省兄弟基地主任等一行9人来到金坛中小学生社会实践基地指导工作。顾春明等领导、专家通过察看基地教学环境，参观未成年人工作成果展馆、航天航空馆、红十字生命体验馆和艺术馆等场馆，深入了解基地场馆建设及运行情况，就场馆建设中细节设计问题提出宝贵意见。顾春明希望金坛中小学生综合实践基地建设工作要立足长远，推进综合实践课程体系建设，做好完善硬件、优化课程、建章立制、强化队伍、健全保障等方面工作，打造特色品牌，为推动教育均衡发展发挥示范引领作用。

金坛区庆祝第三十二个教师节文艺晚会　（教育局　供稿）

【省教育系统关工委领导赴指前实验学校调研】 4月19日上午，省教育系统关工委主任葛高林一行到区指前实验学校对关工委工作进行调研。通过调研，葛高林用“印象深刻、全面参与人数多、面广、收到的效果好”一语对学校关心下一代工作给予高度评价，特别是对学校在特色创建上所作努力予以充分肯定。区教育局关工委常务副主任储优君陪同调研。

【常州市委书记阎立考察金坛教育项目建设】 10月24日上午，常州市委书记阎立在区领导狄志强、沈东等陪同下，考察段玉裁中小学新建项目工程建设情况。阎立一行在段玉裁中小学建设工地边走边看，仔细听取情况介绍，了解工程进展。阎立充分肯定金坛区委、区政府在加大教育投入、优化教育规划布局、改善办学条件方面作出的努力。希望金坛教育建设把环保和安全摆在教育工程建设首要位置，从规划设计、工程招标、材料采购、建设施工、工程验收等方面全过程加以监管，力争把每一个项目建成群众满意的安心工程。

【区领导考察“十三五”学校建设项目】 11月17日下午，区领导沈东、刘明江带领教育、发改、住建、规划、国土、环保、东城街道、西城街道以及金坛控股、金坛建设、国发公司、城建公司等部门和单位负责人，实地考察“十三五”城区学校新建、改扩建项目规划及五中、一中、四中、二中、三中、河滨小学、东城实小等学校发展情况。区领导一行先后察看“十三五”城区拟规划新建的东方新都幼儿园、东城实验幼儿园、汇贤实验幼儿园、省华中滨湖校区、金坛中专、岸头佳园幼儿园、滨湖实验幼儿园、九洲里幼儿园、启智学校、第四中学、西城实验幼儿园11个项目地块和东城实验小学、河滨小学、住建委幼儿园、华城实验幼儿园华胜分园4个改扩建项目规划情况，详细了解新建项目规划地块土地现状、周边环境、商业配套、建设主体、实施时间和改扩建学校发展现状。

【全区教育工作暨第32个教师节表彰大会】 9月9日，召开全区教育工作暨第32个教师节表彰大会。副区长刘明江主持大会，区教育局党委书记、局长廖伟文作教育工作报告。代区长沈东讲话，希望大家弘扬和学习华罗庚精神，努力施展才华和抱负，倾尽智慧和力量，开创金坛教育事业美好明天。区四套班子领导，各镇区、部门分管领导出席会议。

【成功创建省示范性县级教师发展中心】 2016年，金坛区教师发展中心被省教育厅发文（苏教师〔2016〕26号）认定为江苏省示范性县级教师发展中心。金坛区教师发展中心前身为金坛市教育研究与培训中心，成立于2007年4月，由原金坛教师进修学校（1956年创办）、金坛市教育局教学研究室（1957年9月创办）及金坛电教装备中心电教部（1999年创办）整合而成。2015年2月，更名为金坛教师发展中心，金坛撤市设区后更名为常州市金坛区教师发展中心。该中心承担着全区教研、科研、师训、电教、语言文字等方面的研究与管理工作，履行“研究、指导、培训、管理”等职能。9月27～29日，省教育评估院组织专家评估组对区教师发展中心创建省示范性县级教师发展中心开展为期3天的现场评估，并通过验收。

学前教育

【概述】 2016年，出台《金坛区学前教育专项资金管理暂行办法》，修订完善《金坛区幼儿园常规管理年度考评办法》。8月，区教育局组织全区幼儿园园长、部分业务园长、幼教专干和教研员共40人赴上海复旦大学参加“幼儿园园长综合素养提升研修班”专题培训。年内，华城实验幼儿园华胜分园、社头幼儿园、河头幼儿园、卫生幼儿园、红太阳幼儿园、实验幼儿园文萃分园、经贸局幼儿园7所幼儿园高质量通过省优质幼儿园五年回头看，新欣幼儿园等3所幼儿园通过省优质幼儿园创建验收。

【区政协委员调研实验幼儿园“爱心母婴室”建设情况】 9月27日下午，区总工会副主席石新华带领部分政协委员来到实验幼儿园，对该园“爱心母婴室”建设情况进行调研。调研组一行通过听取夏俊文园长汇报、实地查看母婴室使用和配置情况、参观园容园貌、与孩子亲密接触等形式，全面了解实验幼儿园近几年来发展情况。活泼可爱的孩子、优美的环境、专业的老师给调研组留下深刻印象。

【全国幼儿基本体操大赛十五连冠】 5月25～28日，第二十六届“拓影影视杯”全国幼儿基本体操表演大会在北京举行，金坛华城实验幼儿园再次获全国幼儿基本体操大赛冠军，这是该园连续十五年获得该奖项。本届大会由中国关心下一代工作委员会、中国宋庆龄基金会、中国体操协会、全国妇联儿童工作部、中国下一代教育基金会等单位联合主办，共有36个省、市、自治区的46支代表队600余名幼儿选手参加。小选手们精彩表演博得在座评委和观众的阵阵掌声，并受邀参加大赛闭幕式表演。

【指前镇中心幼儿园成功申报江苏省课程游戏化项目】 2016年，区教育局根据《省教育厅办公室关于做好2016年幼儿园课程游戏化和特殊教育发展工程项目申报工作的通知》，组织指前镇中心幼儿园与实验幼儿园结对，申报江苏省幼儿园课程游戏化建设项目。3月29日，区教育局副局长吴芳和实验幼儿园园长夏俊文、指前镇中心幼儿园园长曹俊芳，专程赶往南京师范大学参加省级课程游戏化项目答辩会，详细介绍和汇报《快乐随心 快乐随行 快乐随性》课程游戏化建设方案及确保该项目如期科学、规范的实施意见。此次汇报答辩获得专家评委组高度评价。指前镇中心幼儿园课程游戏化项目在全省48家幼儿园中以第六的成绩通过申报。

2016年金坛区幼儿教育基本情况一览表

表25

班级数	入园（班）人数	离园（班）人数	在园（班）总人数	学前两年入园率（含流动人口）	学前三年入园率（含流动人口）	教职工数（人）
354	4191	4517	13674	102%	101%	1244

2016 年金坛区幼儿园办园情况一览表

表 26　　单位:所

教育部门办园数		乡镇中心园数	企事业办园数	私人办园数	股份制办园数	合计
公办性质	集体性质					
4	7	11	3	17	3	45

(宋月梅)

中小学教育

【**概述**】 2016 年,全区普通高中 4 所,在籍学生 6806 人;九年一贯制学校 4 所,初级中学 16 所,小学 30 所,初中在籍学生 11513 人,小学在籍学生 25876 人。小学入学率、巩固率、合格率、毕业率 100%。初中入学率、毕业率 100%,毕业生升学率 98.95%。高考本二以上达线人数为 1406 人,达线率 81.7%,比 2015 年增长 4.8 个百分点,实现五年持续增长;本一达线人数为 358 人,达线率 20.8%,比 2015 年增长 3.4 个百分点。

【**召开小学教学常规达标区级验收现场推进会**】 5 月 12 日下午,全区小学教学常规达标区级验收现场推进会在城西小学召开,区教育局副局长潘建华、教师发展中心相关人员及各小学分管教学副校长和教导主任参加会议。推进会上,城西小学教师杨幻为大家执教五年级语文《月光启蒙》,城西小学副校长吴惠娟作题为《把脉 跟进 提升——回眸教学常规达标的各个瞬间》的经验交流。教师发展中心主任曹少华、副主任陆卫英分别对全区小学教学常规校级达标考核及区级验收工作提出具体要求。

【**周网瑶当选江苏省“2016 十大美德学生”**】 5 月 19 日下午,“感动江苏教育人物——2016 美德学生”表彰仪式在南京艺术学院举行,金坛区儒林中心小学学生周网瑶作为江苏省 2016 十大美德学生应邀参加现场颁奖。周网瑶是班里学习委员,品学兼优,兴趣广泛,是学校的活动达人。她淳朴孝顺、阳光开朗,不因家庭屡遭变故而烦闷忧郁,不到 10 岁的她以许多成年人也没有的坚韧默默挑起家庭生活重担,倾心照顾生病的奶奶。日复一日的辛劳,她从不抱怨,始终以积极态度面对生活、迎向未来。在“感动江苏教育人物——2016 美德学生”评选中,被评为江苏省“2016 十大美德学生”。

【**举办庆“六一”暨儿童十岁成长仪式**】 5 月 31 日上午,由区妇女儿童工作委员会、区教育局、区妇联联合主办的庆“六一”暨儿童十岁成长仪式在华罗庚实验学校举行,区领导刘国新、王艳红、刘明江、姜玲出席活动。此次活动以“华老故里话家风”主题实践活动为主线,以传承和弘扬良好家风为重点,吸引了学生、家长、教师、社会团体多方参与。活动围绕“成长、感恩、责任”,融合诗朗诵、图片故事、歌伴舞、手语表演、乐器表演等丰富多彩的艺术形式,全体师生、家长载歌载舞,以别样的方式让学生度过童年“十岁”生日。区领导向步入十岁的学生们表示祝贺并向他们授予成长徽章。

【**举行常州市农村小学英语教研工作研讨会**】 6 月 21 日下午,常州市小学英语教研员黄小燕和各辖市区英语教研员及相关农村学校英语教研组组长来到明珍实验学校,研究探讨农村地区小学英语教研活动有效途径和方法。活动中,与会人员观摩了明珍实验学校英语教师万瑶瑶执教的“making a class book”毕业课和学生的英语展示活动。孩子们通过歌曲、舞蹈、表演等不同形式,向大家展示学习英语的成果,表现出农村孩子对英语的热爱与追求。

2016 年金坛区普通中小学学校数、班级数、学生数一览表

表 27　　单位:所、个、人

小学			初中			高中			合计		
学校数	班级数	学生数	学校数	班级数	学生数	学校数	班级数	学生数	学校数	班级数	学生数
30	618	25876	20	288	11513	4	163	6806	54	1069	44195

2016 年金坛区普通中小学“三率”情况一览表

表 28

小　　学			初　　中		
入学率	毕业率	升学率	入学率	毕业率	升学率
100%	100%	100%	100%	100%	98.95%

(丁彩霞)

2016 年金坛区高级中等学校招生考试及录取情况一览表

表 29　　单位：人

参考人数	录取人数			录取率
	普通高中	职业学校	合计	
3627	2162	1427	3589	98.95%

2016 年金坛区普通高校招生考试及录取情况一览表

表 30　　单位：人

参考人数	录取人数	录取率
1721	1666	96.80%

（刘国平）

中等职业技术教育

【概述】 2016 年，江苏省金坛中专坚持校企合作、订单培养，推动产教融合。先后与法国妙结精密零件有限公司、德国埃马克机械有限公司、瑞士苏拉纺织（金坛）机械有限公司、新加坡威尔斯诺管理集团等企业开展国际化办学，与德国 TRIAS 公司、中鑫创投（北京）举行中德三方校企合作签约仪式。在首届全国教师微课视频制作技术大赛中，3 人获一等奖；在常州市职业院校“技能竞赛月”中，师生获一等奖 8 个，二、三等奖各 9 个；在省技能大赛中，获 3 金 6 银 13 铜。

【徐岚获全国职业院校技能大赛建筑 CAD 项目金牌】 5 月 10 日，全国职业院校技能大赛建筑 CAD 比赛在天津国土资源和房屋职业学院举行，省金坛中专学生徐岚代表江苏省四位参赛选手，凭借自己扎实的理论功底和高超的操作技能，力克群雄，最终以第三名成绩从 140 位选手中胜出，为江苏队夺得金牌。

2016 年江苏省金坛中等专业学校招生情况一览表

表 31

中等职业类		高等职业类		综合高中	
班级数	学生数	班级数	学生数	班级数	学生数
10	351	4	143	7	260

（许　琴）

高 等 教 育

【概述】 金坛开放大学以现代信息技术为支撑，面向成人开展远程开放教育，以服务全民学习、终身学习为根本宗旨，提供多样化、多层次的学历与非学历继续教育。学校现开设法学、行政管理、会计学、学前教育、护理学、药学、计算机科学与技术、土木工程、机电一体化、人力资源、工商管理等 20 多个本、专科专业。2016 年金坛开放大学被评为国家开放大学江苏分部“优秀管理集体”“招生先进集体”。

2016 年金坛区高等教育自学考试报名、考试情况一览表

表 32　　单位：人

报名人数	参考人数	参考率	毕业人数		
			专科	本科	合计
462	270	58.44%	5	21	26

2016 年金坛区成人高校招生考试及录取情况一览表

表 33　　单位：人

报名人数	录取人数	录取率
550	415	75.45%

（刘国平）

社 区 教 育

【概述】 2016年,金坛社区教育围绕构建终身教育体系,以"示范区"创建为抓手,区、街道(镇)"终身学习在线"全新改版,"乐学金沙"微信公众号推广应用,乡土课程特色项目全面启动。社区教育年度可支配经费300多万元,区政府财政预算社区教育专项经费增至人均2元(不含农林系统农民教育培训费60万元和人社系统职业技能专项培训费350多万元),超过人均4元,常州市标准化居民学校达92.0%。金城镇、儒林镇被评为全国社区教育示范街道(乡镇),金坛成功创建江苏省社区教育示范区;东城街道、薛埠镇社区教育中心接受江苏省标准化社区教育中心评估验收,西城街道创建成常州市标准化社区教育中心,直溪镇创建成常州市社区教育示范镇;儒林镇、指前镇、金城镇创建成常州市数字化学习先行镇(社区)。

【社区教育工作管理者参加信息化素养培训】 3月24日,全区新一轮社区教育管理人员培训在金坛开放大学开班,职社科、社区学院和各街镇社区教育中心相关人员及全体社区教育工作管理人员参加此次培训。常州开放大学终身教育信息中心副主任江涛、金坛开放大学副校长王理华分别围绕"互联网+社区教育"作专题讲座。

【社区教育干部参加省内外高层次研修】 7月12~20日,区教育局组织社区教育干部分别参加浙江大学社区教育专题研修班和江苏省社区教育"科研能力提升"培训班,听取浙江大学和江苏开放大学政治学、社会学、经济学、教育学、心理学等多个研究领域高级专家、教授学术性与实践性报告。专家、教授们通过多视角精彩阐释,拓展社区教育管理者的思维与路径,增进终身学习者的知识与技能,提升一线社区教育工作者的科研意识与能力,为进一步引领金坛社区教育内涵发展提供新理念、新方向、新路径。

【指前镇社区教育中心获省优秀教育案例二等奖】 年内,2015年江苏省社会主义核心价值观进社区优秀教育案例评选揭晓,由指前镇社区教育中心田荣华老师撰写的社区教育案例《传承长荡湖传统文化,培育践行核心价值观》荣获二等奖,是常州市唯一获二等奖的优秀社区教育案例。指前镇是江苏省社区教育示范乡镇,高度重视农村成人教育向社区教育转型和发展。该镇社区教育中心结合地方特色,突出长荡湖水乡地域文化,注重把传统文化传承与社区教育实践相结合,与提高居民日益增长的物质文化需求相结合,实现文化传承和社区教育有机融合。整理挖掘出"指前鱼灯""东浦丝弦锣鼓"2个江苏省级非物质文化遗产项目;组织编写的特色文化课程《金坛长荡湖文化》获常州市教育局评比一等奖;还拥有江苏省社区教育理论研究课题2个、常州市级社区教育理论课题1个。

教师队伍建设

【概述】 2016年,区教育局加强全区教师队伍建设,提高教师专业水平及形象。组织开展常州市"师德模范"和金坛区第七届"十佳青年教师"、优秀班主任、德育先进工作者、优秀德育论文评选表彰及第九个师德建设月活动。规范教职工全员聘用制度,依法与每位教职工签订聘用合同,签约率100%。严格教师资格准入制度,严把教师入口关,严格考核程序,全年招聘新教师73名,11月赴南京师范大学公开特聘5名2017年优秀硕士毕业生。强化校长、教师培训,对18个校长书记职位、3个机关中层职位进行调整。暑期组织中小学校长、机关科室负责人共70人赴厦门大学进行理论修养和业务知识培训,组织11名党员干部赴国外教育先进地区进行考察学习,全年校长岗位培训率100%,其中3人获常州市教育领军人才,3人获常州市教育管理拔尖人才。建立张五芳、蒋守成2个乡村骨干教师培育站,对全区农村学校的60名校级中青年骨干教师进行集中研修,全年组织教师参加国家级培训9人次、省级培训3434人次,面向全区教育系统举办25期"金坛公开课"。年内,14所学校、199名优秀教师受到省、市、区先进集体、先进个人表彰,其中卞铁军、王成被评为"江苏省优秀教育工作者",曹国强被授予"江苏省教育工作先进个人(优秀共产党员)"称号。

至年末,全区现有专任教师4951人(幼儿园722人,小学1591人,初中1204人,九年一贯制学校441人,高中723人,特殊教育10人,职业教育260人)。在职特级教师13人,中小学正高级教师5人,学术类优秀教师1347人,其中常州市级有611人,常州市名师工作室领衔人10名,优秀教师群体占专任教师的27.2%。年内,115人通过中小学教师职称晋升。其中,高级教师18人,一级教师28人,初级职称69人。完成69名人员教师资格认定,对553名人员进行教师资格注册初审。戴振华被评为江苏省特级教师。

【三位教师获省评比大赛一等奖】 10月10日,在苏州市盛泽小学举行的第11届江苏省"杏坛杯"苏派青年教师课堂教学展评活动中,河滨小学李晶老师通过"演讲、论文、课堂展示"三个环节,诠释自己对"让学习真正发生"这一主题的个性化理解,战胜70位选手获一等奖。11月23~25日,江苏省高中语文优秀课评比活动在无锡市锡东中学举行。金坛区第四中学薛桂香老师以精巧的教学设计、灵活的教学方法、规范的教学组织形式,获得评委和听课师生一致好评,获一等奖。11月23~25日,江苏省小学语文教师基本功大赛在苏州金鸡湖学校举行。华罗庚实验学校陈艳老师经过笔试、粉笔字、课文朗读、讲故事、即兴演讲、才艺展示和课堂教学七项技能比拼,从13个大市的39位选手中脱颖而出,获一等奖。

2016 年中小学、幼儿园专任教师数及学历达标情况一览表

表 34　　　　单位:人

普通高中		职业高中		初　中			小　学			特殊教育			幼儿园		
专任教师数	学历达标率(%)	专任教师数	学历达标率(%)	专任教师数	学历达标率(%)	本科达标率(%)	专任教师数	学历达标率(%)	专科达标率(%)	专任教师数	学历达标率(%)	专科达标率(%)	专任教师数	学历达标率(%)	专科达标率(%)
723	99.9	260	97.7	1413	100	96.4	1823	100	99.7	10	100	100	722	100	91.8

（凌　东）

教育督导

【概述】 2016 年,区教育督导室对西城实验小学等 8 所小学、第五中学等 3 所中学、实验幼儿园等 11 所幼儿园和少体校、启智学校,共计 24 所中小学、幼儿园开展综合督导评估。同时,接受省教育督导委考核组对区人民政府教育工作进行省级回访督导,接受常州市人民政府督导室对区教育局 2015 年度教育工作督导考核,金坛区获常州市特等奖。3 月,金坛区获“江苏省中小学校责任督学挂牌督导创新县(市、区)”称号。

【区政府教育工作接受省级回访督导】 12 月 5~6 日,在常州市教育局副局长完利梅、市教育督导室主任袁敏、金坛区副区长刘明江、区教育局局长廖伟文、副局长吴芳陪同下,省教育督导组对区人民政府教育工作进行省级回访督导。区教育督导委成员单位相关负责人出席督导汇报会。省教育督导组组长、江苏第二师范学院党委书记李洪天在回访督导汇报会作总结讲话,要求金坛区政府能坚持教育优先发展理念,注重区域教育发展顶层设计,多渠道加大教育投入,加快推进优质学校建设,让金坛教育发展取得明显进步。希望在问题整改上有行动、有措施、有成效,实现教育经费“三增长”和学前教育公办教师比例的增长,义务教育阶段教师配置渐趋合理。　（顾　勇）

（编辑　钱国新）

金坛刻纸《董永传说》　（作者　杨兆群）

文 化

综 述

2016年，金坛区公共文化服务体系日趋完善。总投资1.2亿元的区图书馆新馆落成，少儿图书馆被命名为首批江苏省少儿数字图书馆成员馆。完成行政村和社区综合文化服务中心建设省级试点申报。加大文化惠民力度。组织“全民阅读手拉手·春风行动”走进金坛系列活动，在全区基层阅读阵地集中开展阅读惠民送温暖、阅读推广示范引领和阅读服务结对共建活动，共赠送阅读礼包200个、图书1100册、电脑8台、空调4台。全年承办或举办“常州市廉政摄影展”、第十九届“六一杯少儿书画展”等10多项文艺展览，组织社区天天乐专场演出、巨村巨龙出会等送文艺下乡、进社区演出190多场次，送电影下乡1664场次，送书下乡5000册。音乐儿童剧《田梦儿》获江苏省第三届文化艺术节“特别剧目奖”，中央电视台新闻联播、江苏教育频道等对《田梦儿》“开学第一课”走进金坛茅麓小学进行联合报道。（张　磊）

文 学 创 作

【概述】 2016年，区文联带领广大文学工作者开展文学创作等活动，全年共创作各类文学作品近千篇（首）。其中，在市级以上报刊发表数百余篇（首），数十篇（首）获全国、省、市奖。

【举办《洮湖》杂志创刊20周年全国短篇小说大赛】 2016年，金坛区委宣传部、文联主办《洮湖》杂志创刊20周年全国优秀短篇小说大赛。此次大赛收到全国各地来稿827篇。大赛邀请茅盾文学奖评委汪政担任评委会组长，省作协副主席储福金、《钟山》主编贾梦玮、《雨花》主编李风宇、《青春》主编育邦等担任评委。经评审，最终28篇作品获奖，其中常州市外获奖作品21篇。常州作家苏阳创作的《北水河边》、金坛作家李永兵创作的《苍蝇》荣获一等奖，分获奖金6000元。

【《假如被双规》获全国戏剧文学作品优秀奖】 5月22～25日，由中国曲艺家协会、中共合肥市纪律检查委员会等单位主办的第四届“包公杯”反腐倡廉戏剧文学作品大赛在合肥市落下帷幕。金坛作家韩献忠作为江苏获奖代表参加颁奖活动。本届大赛自2015年年初启动以来，收到全国各地戏剧、曲艺文学作家、艺术家，纪检监察干部及文学爱好者报送作品1141篇，涵盖81个南北曲种。在安徽省合肥市公证员全程监督下，经过评委初审、复审、终审，最终评出一等奖作品2篇、二等奖4篇、三等奖8篇和优秀奖18篇。韩献忠创作的戏剧文学作品《假如被双规》获优秀奖。

【举办茅山春天诗歌音乐会】 4月17日，金坛作协团体会员西旸文学社在茅山保朴园举办茅山春天诗歌音乐会。30多位社员、区作协部分会员及当地部分文艺青年一起参加活动。诗歌音乐会上，文学社社员和众多文学爱好者以朗诵、吟诵、吟唱、器乐、舞蹈、茶艺等多种艺术形式演绎诠释诗歌名篇佳作，让人们在春天的茅山中感受到诗歌之美、阅读之乐。

【作品出版】 6月，区作协集中组稿与审阅，由文汇出版社出版虞彩琴的《一朵花的幸福》、曹云娣的《女孩的秘密》、李淑妮的《女儿红》、汤云祥的《中年如猪》和陈志明《春从天上来》5部“吾丛书”散文集，帮助会员提升创作水准，圆出书梦。11月，首次将金坛作协30多位会员在省、市级发表的50余篇（首）散文、诗歌汇集出版金坛作家作品集《茅山竹海》一书，集中展示金坛作家近10年来的创作成果。

2016 年金坛区文学创作主要作品一览表

表 35

作　者	作品名称	发表出版或获奖
葛安荣	《听眼睛说故事》短篇小说	《雨花》第七期
于建新	《和灵魂一起守夜》短篇小说集	译林出版社
金文琴	《半亩地茶园纪事》长篇小说	江苏凤凰文艺出版社
史宇宁	《时光不矜持》校园长篇小说	
虞彩琴	《一朵花的幸福》散文集	文汇出版社
曹云娣	《女孩的秘密》散文集	
李淑妮	《女儿红》散文集	
汤云祥	《中年如猪》散文集	
陈志明	《春从天上来》散文集	
周苏蔚(主编)	《茅山竹海》金坛作家散文集	江苏凤凰文艺出版社
韩献忠	《想起了美食家》散文	《南京日报·雨花石》副刊
	《春天不问菜》散文	
	《小星星的秘密》小说	湖南教育出版社“师德”丛书
李永兵	《苍蝇》小说	《雨花》第十一期
金文琴	《听老朱妙谈》散文	《扬子晚报·繁星》副刊
曹云娣	《红线》散文	《沈阳晚报》副刊
于建新	《梦之乡》小说	《文学港》第十二期
沙剑波	《永不标设的斑马线》小小说	《小小说大世界》杂志

美术·书法·摄影

【概述】 2016 年,全区先后举办书法美术摄影展十多次,百余件作品参加国家、省、市级展出或获奖。13 幅摄影作品获第 22 届江苏省摄影艺术展大奖,3 件作品获常州市首届摄影艺术大展金奖,其中金寿彭、王玉华摄影作品参加平遥国际摄影大展。

【吴炜栋书法作品在青岛展出】 4 月 14 日,由青岛市城阳区文联和金坛区文联联合举办的《翰逸神飞——吴炜栋书法作品展》在青岛市城阳区琴心轩艺术馆开幕。青岛市城阳区政协主席刘韶明、书协主席陈述林、统战部副主任董咏梅、常州市金坛区政协副主席兼统战部部长吴欲晓、文联主席祝洪林、书法家吴炜栋等参加开幕式。

【泰安·金坛书画作品联展】 5 月 28 日,墨缘同心——泰安·金坛书画作品联展在金坛博物馆开展。中共泰安市委宣传部常务副部长魏武,泰安市文学艺术界联合会副主席周鹏,泰安市美术家协会主席孙成刚,岱宗书院院长、泰安市美术家协会副主席王宁以及金坛区领导王国胜、王跃中、吴欲晓为展览剪彩。该展览共展出金坛、泰安两地书画家 60 幅优秀作品。作品彰显两地不同地域的文化生活,呈现出多元的创作取向、独特的文化特性和艺术家不同的个性特征,具有较高的艺术价值和很强的观赏性、感染力。此次书画联展免费向市民开放 10 天,随后在泰安市继续展出。

【“金坛之约”书画品鉴展】 5 月 31 日,由区文联、区教育书画协会联合主办的“金坛之约”书画品鉴展在白龙山庄开幕,区委常委、宣传部部长王跃中参加活动。此次书画品鉴展展出来自福建的罗中凡、安徽的胡家龙、河南的白金尧及金坛的冯建国 4 位书画艺术家创作的 40 幅作品。题材内容有山水、人物、花鸟、书法,体现不同地域书画艺术家的创作风格和表现形式,具有很高的艺术价值和观赏性。

【“走向辉煌”摄影书法美术精品展】 6 月 28 日上午,为隆重纪念中国共产党成立 95 周年,迎接区第十三次党代会胜利召开,区委宣传部、文联、文广体局、广电台联合主办的“走向辉煌”摄影书法美术精品展在金坛博物馆开幕。此次展出的近 100 幅作品,以不同的艺术形式,不同的表现角度,记录了金坛人民在党旗光辉照耀下前行的印迹,表现金坛在“两个加快”进程中发生的深刻变化以及取得的丰硕成果。作品既荟萃全区经济、社会发展的崭新成就,又点击美丽精彩的生态环境;既纷呈新农村建设的累累硕果,又聚焦百姓安居乐业的幸福景象;既反映小康金坛的和谐幸福,又体现绚丽多姿的灿烂文化,生动而形象地传递出金坛人民坚定的信念与执着的追求,具有很强的艺术性、观赏性和感染力。区领导王跃中、王艳红、刘明江、潘双林出席开幕式。

【摄影作品获常州市首届摄影艺术大展金奖】 2016 年,常州市文联、摄影家协会发起组织常州市首届摄影艺术大展。此次摄影艺术大展共收到4000多幅应征作品。经中国摄协、江苏省摄协专家评委认真评审,共遴选出近200 幅入展作品,评出金奖、优秀奖各10 件。金坛区王玉华拍摄的《不朽 · 抗战老兵》组照、戎华的《清正廉洁》组照、韩献忠以抗洪救灾为主题的《风雨中的眼睛》3 件作品获金奖,张立强的《雪中情》获优秀奖。

【金寿彭、王玉华摄影作品参加平遥国际摄影大展】 9 月 25 日,为期一周的 2016 平遥国际摄影大展圆满落幕。这次平遥国际摄影大展以"天地心家国情"为主题,分为社会生活、自然风光、艺术观念三大展类,吸引 33 个国家和地区的 2281 名摄影师、摄影机构参展,展览总数达 522 个,图片总数超过 1.5 万幅。金坛摄影艺术家金寿彭、王玉华分别携摄影作品《江南旧曾谙》《幸存者 · 抗战老兵》参展。

【摄影作品获第 22 届江苏省摄影艺术展大奖】 10 月 10 日,第 22 届江苏省摄影艺术展在省现代美术馆开展。摄影展共收到全省 10600 多件投稿作品,经过严格遴选,在 288 件优秀作品中,金坛摄影家协会共有 13 幅作品入选获奖,其中王玉华的《抗战老兵》组照获银奖,《田园舞曲》《雪中情》《抗洪先锋》《梯上雄鹰》等 12 幅摄影作品获优秀作品奖。

【金寿彭摄影艺术展开幕暨《岁月江南》作品集首发式在金坛博物馆举行】 12 月,区摄影家协会主席金寿彭摄影艺术展暨《岁月江南》摄影作品集首发式在区博物馆隆重举行。江苏省摄影家协会主席沈遥,原江苏省摄影家协会副主席、中国摄影金像奖获得者汤德胜,金坛区领导周边县市的文化馆馆长及摄影家协会领导等 800 余人参加活动。江苏省摄影家协会副主席、秘书长吉龙生和金坛区委常委、宣传部部长陈锁龙分别在开幕式上致辞。

2016 年金坛区美术、书法和摄影主要作品一览表

表 36

<table>
<tr><th>作　者</th><th>作品名称</th><th>发表出版或获奖</th></tr>
<tr><td rowspan="3">王爱俊</td><td>《随园忆梦之一》</td><td>入选第七届省文联、省美协举办的江苏省水彩 · 粉画作品展</td></tr>
<tr><td>《渔民系列之收获》</td><td>获中国美术家协会主办的吴冠中艺术馆全国油画展优秀奖</td></tr>
<tr><td>《丰收的喜悦》</td><td>获江苏省群众文化艺术政府奖——第十二届"五星工程奖"</td></tr>
<tr><td>卜　灵</td><td>《静静的山谷》</td><td>入选第七届省文联、省美协举办的江苏省水彩 · 粉画作品展</td></tr>
<tr><td>张　勤</td><td>《巴山蜀水》</td><td>入选荣宝斋画院主办的千峰耸翠历届优秀学员作品展</td></tr>
<tr><td>佘云祥</td><td>《名髯》漫画</td><td>入选中国美协主办的"子恺杯第十一届中国漫画大展"</td></tr>
<tr><td>程云仲</td><td>《无极》</td><td>参加第 51 届斯洛文尼亚国际艺术家聚集营活动,作品被布莱登市政府收藏</td></tr>
<tr><td>赵　恒</td><td>"自拍馆"个人展</td><td>在北京 798 艺术区泛空间展出</td></tr>
<tr><td rowspan="5">孙建平</td><td>《禅》雕塑</td><td>入选中国当代青年雕塑展(苏州)</td></tr>
<tr><td>紫砂</td><td>入选由中国工艺美术协会在全国选拔 20 名优秀人才角逐首届"张家界礼物"旅游商品以及城市吉祥物设计大赛</td></tr>
<tr><td>《马》雕塑</td><td>入选"文心筑梦塑造大美"中国当代青年雕塑展(南京)</td></tr>
<tr><td>《观音》《禅》雕塑</td><td>入选《丝路新语》中国东西部雕塑家作品联展(青岛)</td></tr>
<tr><td>《建平十八式》</td><td>获首届鄂尔多斯国际创意文化大赛金奖</td></tr>
<tr><td rowspan="2">吴炜栋</td><td>春联</td><td>入选兰亭会"金鸡和鸣、书法慈善"全国书坛精英百联贺新春活动</td></tr>
<tr><td rowspan="3">书法作品</td><td>入选携手奋进六十年——庆祝民盟江苏省委成立六十周年美术作品展</td></tr>
<tr><td>冯建国</td><td rowspan="2">第四届林散之 · 江苏书法作品双年展入展</td></tr>
<tr><td>李国华</td></tr>
<tr><td>石东礼</td><td>华罗庚自勉诗</td><td>入选民盟江苏省委成立 60 周年美术作品展</td></tr>
</table>

续表36

作　者	作品名称	发表出版或获奖
崔惠芳	刻字作品	入选"江苏省第五届刻字艺术展"
申　云		
王云波		
冯建国		
李国华		
谢金昌		
李国平		"江苏省第五届刻字艺术展"优秀作品奖
冯建国	书法作品	江苏省书法奖
陈　曦		入选江苏省优秀青年书法家作品展
		入选第八届中国书坛新人新作展
孙东良		获翰墨薪传"美育杯"全国教师书法展优秀奖
孟　飞	书法篆刻作品	"第十届江苏省新人书法篆刻作品展"优秀奖
李　清	书法作品	"翰墨薪传——全国中小学师生书法比赛"教师组优秀奖
金寿彭	《我们走在大路上》《田园曲》(摄影作品)	第22届江苏省摄影艺术展览评选中获优秀奖
	《江南旧曾谙》(摄影作品)	入选第16届中国平遥国际摄影大展
	《茶香春早》(摄影作品)	"创建森林城市建设美好家园"常州市首届公益事业摄影大赛中获二等奖
	《鱼满塘》《欢乐的鸡场》(摄影作品)	省"鱼米之乡美好江苏"摄影作品征集评选活动中优秀奖
王玉华	《抗战老兵》(组照)	获第二十二届江苏省摄影作品展银奖
	《日夜奋战堵溃口》(摄影作品)	入展中摄协主办的2016全国抗洪救灾摄影大展
	《不朽抗战老兵》(组照)	常州市首届摄影艺术展金奖
	《洪灾中紧急大搜救组照》	江苏第22届摄影艺术展优秀奖
	《幸存者·抗战老兵》(组照)	参加第16届平遥国际摄影大展
	《渔樵耕读》(摄影作品)	参加第二届"辰星杯"·徽风古韵·文化上庄全国摄影大展
张立强	《雪中情》《梯上雄鹰》(摄影作品)	常州市首届摄影艺术展优秀奖、江苏第22届摄影艺术展优秀奖
戎　华	《廉》(摄影作品)	常州市首届摄影艺术展金奖、江苏第22届摄影艺术展优秀奖
韩献忠	《风雨中的眼睛》(摄影作品)	获常州市首届摄影艺术展金奖、江苏省建党95周年"光辉的旗子"摄影大赛铜奖
谢才保	摄影作品——《呵护》	江苏第22届摄影艺术展优秀奖

戏曲·音乐·舞蹈·民间文艺

【概述】 2016年,区文联坚持文艺为社会主义、为人民服务方向,围绕文艺惠民,组织戏曲、音乐、舞蹈和民间艺术家协会举办特色文艺展演300多场次。加强对非物质文化遗产保护、管理与技艺的传授,东浦丝弦锣鼓被列入省级"非遗"保护名录。

【以色列艺术家到金坛考察刻纸文化】 4月21日,以色列著名剪纸大师吉朴拉·尼曼一行专程来到金坛考察刻纸文化,走进东方盐湖城"纸花阵"展馆,与金坛区刻纸艺术家们进行广泛而深入的艺术交流。区委常委、宣传部部长王跃中接见远道而来的客人。吉朴拉·尼曼对历史悠久的金坛刻纸艺术给予了高度评价,并期望与金坛交流合作。

【举办"社区天天乐"锡剧演出周活动】 5月中旬,由金坛区文联、戏曲家协会、开发区锡剧团等单位联合主办的"社区天天乐"锡剧演出周活动在金江苑小区开演。连续演出《秦香莲》《珍珠塔》《狸猫换太子》《金玉茹》《红灯花轿》《天要下雨娘要嫁》等10场传统锡剧剧目,受到百姓欢迎和好评。

【儿童刻纸作品获第三届全国儿童剪纸作品展大奖】 6月1日,由全国妇联儿童工作部和中国妇女儿童博物馆及中国艺术教育促进会共同承办的"童心的叙事——第三届全国儿童剪纸作品展"在中国妇女儿童博物馆开幕。区民间文艺家协会理事、白塔小学老师曹钰皎辅导选送的多幅儿童刻纸作品,在数千幅作品中分别获得1个一等奖、2个二等奖、2个三等奖、3个优秀奖;白塔小学获优秀组织奖,曹钰皎获优秀辅导老师奖。区民间文艺家协会主席杨兆群应邀担任此次活动评委。

【"艺海闪群星"少儿文艺进基层演出】 6月2日晚,由金坛区委宣传部、文联等部门主办,区舞蹈家协会等单位承办的"艺海闪群星"少儿文艺走进东方社区演出。东方社区舞蹈队、群星艺术团、开发区锡剧团等多个文艺团体为社区居民表演了舞蹈《茶香球韵》《快乐的小精灵》和锡剧《珍珠塔》选段等精彩文艺节目,获得居民好评。

【自费下乡传授"非遗"技艺】 金坛指前镇东浦村有七百多年的历史,村里有传承三百多年的江南丝竹音乐样本"东浦丝弦锣鼓"。但因各种原因,自20世纪50年代在金坛消失。据少数在世的见证老者回忆,该表演民乐乐器种类齐全,样式独特,曲调优美,江南丝竹韵味十足,参与表演人数可从几十人至上百人,而今全谱已失,无人能演,近于绝迹。为传承这一文化遗产,金坛区音乐家协会派员深入东浦村调研,幸运地找到一本保存了三百多年的木板刻印工尺谱,经过专业人员翻译整理,使全谱得以重现。区音乐家协会主席张伟国、副主席翟利华组织音乐家协会会员一对一为东浦村村民教学授艺。掌握技艺的农民从最初的个位数,发展到如今的40余人。每年举办活动几十场,已成为当地一张文化名片。2016年4月,"东浦丝弦锣鼓"被列入江苏省非物质文化遗产保护名录。

【中国"手挽手筑梦行动"文艺演出走进金坛】 7月23日,由中国文化管理协会演艺工作委员会牵头组织的"手挽手筑梦行动·情系金坛"大型慰问演出活动在金坛举行。从北京、台湾等地赶来的艺术家们为敬老院孤寡老人和在夏季洪涝中受灾群众进行走访慰问。评书表演艺术家刘兰芳,歌手刘和刚、周艳泓、降央卓玛、马丽娅、安与骑兵,青年魔术师傅琰东等艺术家为5000余名金坛老百姓献上精彩演出。此次活动由中国文化管理协会演艺工作委员会、金坛区文联、金坛区广播电视台联合主办。中国文化管理协会演艺工作委员会常务副主席侯强,中国文化管理协会演艺工作委员会手挽手艺术团团长刘际,中国文化管理协会演艺工作委员会副秘书长潘琦,金坛区领导王跃中、刘明江参加活动。

【举办剪纸作品展】 8月20日,区民间文艺家协会主席杨兆群在金坛组织举办"当代剪纸八人剪纸作品展"。此次展览汇集了贵州、陕西、内蒙古等8个省市剪纸艺术家的140余幅作品,所展作品各具地域特色,刀法精湛,生动传神。

【举办"法治故事会串"】 8月30日,区民间文艺家协会团体会员唐王故事会在朱林镇唐王村举办"法治故事会串",来自常州、金坛和唐王故事会的20多位故事作家和故事员们,以故事会串形式,通过《一桩鸡飞蛋打的婚姻》《一支钢笔》等法治小故事,为村民们宣讲人身伤害、财产及担保方面的法律法规知识。此次故事会串特邀常州市民间文艺家协会故事学会会长蒋凤娇和金坛"故事大王"叶林生到场讲演。

【音乐儿童剧《田梦儿》在全区中小学巡回演出】 10月17日,金坛华罗庚艺术团和金坛区戏曲家协会排演的音乐儿童剧《田梦儿》在全区中小学开始巡演。音乐儿童剧《田梦儿》以江苏美德少年为原型,讲述了一个名叫田梦的女孩,跟随收破烂的爷爷进城求学,在与同学的相处中自立自强、不断成长的故事。通过巡演,让全区中小学生在享受艺术的同时,接受传统美德教育。

【《洮湖》杂志创刊20周年专场文艺惠民演出】 11月4日晚,区文联举办《洮湖》杂志创刊20周年专场文艺惠民演出。整场演出在器乐合奏《长荡湖随想曲》中拉开序幕,舞蹈《茉莉花》、诗朗诵《金坛三叠》、小品《留住一片善良》等一个个群众喜闻乐见的节目将演出推向高潮,吸引众多市民前来观看。

2016年金坛区戏曲、音乐、舞蹈和民间文艺主要作品一览表

表37

作　者	作品名称	发表出版展出或获奖
葛安荣、翟利华、祝柏华、杨小强、杨　倩	《纸花谣》歌曲	常州市第九届音乐舞蹈新作品大赛一等奖
翟利华、祝柏华	《船儿谣》舞蹈	常州市第九届音乐舞蹈新作品大赛二等奖
黄粉敏、徐书翔、翟利华、张文英、彭爱珍、刘一菡、孙蕴之	《山娃梦》歌曲	常州市第九届音乐舞蹈新作品大赛三等奖

续表 37

作　者	作品名称	发表出版展出或获奖
戴梅玉、于锁兰、黄月娟等	原创广场舞	首届常州原创广场舞大赛二、三等奖
韩献忠	《假如被双规》小品剧本	中国曲艺家协会第四届“包公杯”优秀奖
	《留住一片善良》小品剧本	中国文联“中国精神·中国梦”国家资助项目
	《黑白》大戏剧本	第十届常州市戏剧文学奖
叶林生	《心里有个渴望》故事	江苏省民间文艺迎春花奖
杨兆群、刘国红	《大道天下》刻纸	中国工艺美术协会 2016 年“中国汉博杯”金奖
	《常州如此多娇》刻纸	江苏省第二届(国际)艺术品博览会金奖
杨兆群、曾媛媛	《反弹琵琶舞乐飞天》刻纸	2016 江苏省工艺美术精品大奖赛金奖
杨兆群	《福到我家》剪纸	第四届东方工艺美术之都博览会特别荣誉奖
	《三兔飞天藻井图》剪纸	
	《鹊桥会》剪纸	上海朵云轩艺术中心永久收藏
何雅雯	《家和富贵永平安》剪纸	第四届东方工艺美术之都博览会暨江苏省迎春花奖民间工艺美术作品评奖活动获迎春花奖
李　祥	《放鹅》剪纸	入选“第四届东方工艺美术之都博览会暨江苏省迎春花奖民间工艺美术作品展”
孔章圣	《绝妙愚池湾》微电影	江苏省水利厅微电影大赛银奖
曹钰皎	第三届全国儿童剪纸作品《鸟儿的歌》等	优秀辅导老师奖

（韩献忠）

群众文化

【概述】 2016 年,金坛区文化馆举办“迎猴年书画精品展”“常州市廉政摄影展”“六一杯少儿书画展”等 10 场次巡回展出活动。组织各类形式演出 90 多场次,其中元宵节专场演出、巨村巨龙出会各 1 次,社区天天乐锡剧专场演出 10 场次,庆“三八”系列演出 4 场次,馆办艺术团、锡剧团演出 65 场次。举办常州广场舞大赛 1 场,承办广场月月演 6 场次。全年共有 30 件作品获国家、省、市各类奖项,微电影《心·镜》荣获全国金蜂鸟微电影大赛最佳公益片奖。

【免费培训】 2016 年,区文化馆举办三期共 30 多个文化艺术免费培训班,培训学员 1000 多人。培训门类有青年吉他、成人国画、少儿蜡笔画、少儿面塑、广场舞、竹笛、少儿钢琴、成人舞、摄影基础(检察院)、摄影沙龙、越剧、舞龙(消防大队),鱼灯等。

【主流媒体报道音乐儿童剧《田梦儿》并获奖】 9 月 1 日,中央电视台《新闻联播》、国家教育频道、江苏教育频道等主流媒体对音乐儿童剧《田梦儿》“开学第一课”走进金坛茅麓小学进行联合报道。9 月 11 日,音乐儿童剧《田梦儿》获第十届常州市青年演员会演集体表演一等奖;11 月 15 日,获“第十一届上海优秀儿童剧展演活动”优秀剧目奖;11 月 19 日,获江苏省第三届文化艺术节“特别剧目奖”。

（徐书翔、严　莉）

文化市场管理

【概述】 2016 年,区文化行政综合执法大队坚持“一手抓繁荣,一手抓管理”的方针,以建设平安文化市场为核心,健全和完善各项规章制度,加强市场监管整治,强化队伍建设。全年出动执法人员 1500 余人次,出动车辆 260 台次,组织开展较大规模联合行动 5 次,检查场所 1200 多家次,收缴盗版书刊 720 余册、盗版音像制品 2500 余盘,取缔无证照游商摊点 3 个,查处违规经营户 29 户。

（刘　芳）

文物·博物

【概述】 2016 年,金坛博物馆完成 3 项文物保护工程的建设和验收(戴王府彩绘保护工程竣工待验收),参与 265 省道文物发掘工程保护工作,接受原金坛市政协主席张建华 13437 件“文化大革命”物品捐赠。全年举办各类展览 12 项次,接待观众 15 万余人次。

【8 座土墩墓抢救性发掘工作有序展开】 3 月,265 省道金坛段新建工程

开工建设,沿途涉及8座土墩墓和2处古代制窑遗址的抢救性发掘。金坛土墩墓群是“2005年全国十大考古新发现”之一,经省文物局审批,受建设单位委托,11月底,南京博物院考古研究所从常州、徐州、淮安等地抽调5支考古队对8座土墩墓和2处窑址进行抢救性发掘,金坛区博物馆分别在每处发掘点派驻工作人员协调相关工作,整个发掘工作将于2017年4月底结束。

【预防性保护工程通过验收】 4月,区博物馆预防性保护工程进入验收阶段,省文物局组织相关专家对保护工程进行竣工验收。经评审,该项目符合设计方案相关要求,原则上同意通过验收。该工程已经正式投入使用。

【馆藏品借展浙江省博物馆专题展览】 9月,区博物馆与浙江省博物馆签订协议,履行借展相关手续,出借阿育王塔1件,用于12月30日举办《越中佛传——东南佛教盛事胜迹圣物》展览。

【华罗庚纪念馆出新工程通过验收】 2016年,区政府投入60万元对华罗庚纪念馆实施出新工程。年内,出新工程全面竣工,通过上级部门验收,并及时对外开放。

【举办展览活动】 2016年,区博物馆先后举办《贺公仆书画遗作展》《馆藏碑拓精品展》《激扬文字　吴炜栋书法展》《金坛博物馆馆藏精品瓷器图片展》《申猴朝岁——丙申猴文物图片联展》《常州市非物质文化遗产成果图片展》《走向辉煌——金坛区摄影书法美术精品展》《墨缘同心——泰安·金坛书画作品联展》《剪不断——当代剪纸八人展》《仁山乐水——五人中国画写生作品观摩展》《杏坛墨韵——金坛区第二届教师书画联展》《邮政杯金坛老干部书画展》等展览活动,丰富群众文化生活。

(岳维芸)

图　书

【概述】 2016年,金坛区图书馆坚持以服务读者为中心,配备电子借书阅读机,开展“贝贝国学”“乐儿公开课”“童声童韵”朗诵竞赛等线上活动,举办“红领巾读书读报奖章”征文演讲比赛、“红色记忆”连环画展览进校园、“少儿迎新春智力大冲浪”“网络书香过大年”等线上线下阅读活动。全年开展读者活动41次,其中举办展览16次、阅读推广21次。图书借阅量48.6万册次,接待读者41.3万人次,征订各类报刊545种,采购新书10048册,征集地方文献337册。定期送书下乡6次,至各图书流动点交换图书1.5万册。

【先进科技手段丰富阅读生活】 2016年,区图书馆引进超星歌德电子书借阅机,为读者提供在线阅读和手机免费下载借阅,微图月平均访问量106357.34次。5月,图书馆正式启用微信公众平台,通过文字、图片、语音与用户全方位沟通和互动,扩大信息交流和文化宣传服务。6月,加入江苏省少儿数字图书馆联盟,组织全民阅读推广活动,开展或举办各类竞赛与线上线下阅读活动。通过与电视台合作,自建视频资源200G,完成文化共享工程“进村入户”专项资源建设工作和对数字资源提升4TB构建综合数字资源体系。先进科技手段的运用,丰富了读者阅读生活,提高了读者阅读效率。

【图书馆新馆落成】 12月,总投资1.2亿元的金坛图书馆新馆落成。新馆建筑面积15527.1平方米,设计藏书容量为60万册(件)、读者座位1000个。其功能设置为文献借阅区、少儿服务区、公共活动服务区、咨询服务区、业务区、技术设备区、行政办公区、后勤保障区。

(庄建华)

广播电视

【概述】 2016年,金坛广播电视台围绕区委、区、政府中心工作,坚持正确舆论导向,创新采编播报形式,发挥广播、电视、新媒体和报纸“四位一体”作用,全方位立体报道,信息量得到全面提升。广播中心共播出各类新闻2900余档,采编信息17000余条,与20多家部委办局合办“行业之声”共计播出100多期;电视节目中心发挥宣传主阵地作用,创新品牌栏目,共采编制播《金坛新闻》《第一时间》586期,发布电视节目报道信息近7000条;《金沙视听》创新版面编排,全年出版发行42期,发行量稳中有升;新媒体(金坛网)自3月成立以来,全面打造网络宣传阵地,搭建金坛网微信公众号、金坛网官方微博和金坛网头条号等5个平台,完成新闻网站——金坛网全面改版与蜕变。同时,电视和广播全年制作各类公益宣传片30多条,累计刊播2800多(条)次。年内,广播、电视、新媒体、《金沙视听》与公检法司、住建委等单位及相关企业协办栏目累计70多个。全年向常州台发稿并被采用212篇,向江苏省台发稿被采用139篇,央视用稿3篇,其中2篇在《新闻联播》栏目播出。年度新闻获常州市一、二等奖各4条,三等奖9条。广播电视创优作品《小恐龙寻宝记》荣获2015年度江苏广播剧奖儿童剧二等奖,《爱心打破无声的世界》荣获2015年度江苏电视新闻奖连续(系列)报道三等奖,公益广告《爸爸的烟灰缸》获江苏电视社交节目二等奖,《守望》获2016年中国微电影大典金蜂鸟最佳人气奖。

【新闻宣传有特色】 2016年,区广播电视台发挥主流媒体作用,立体式、全方位、多角度、新形式报道全区中心工作和重大活动。组织大型新闻宣传行动。围绕“倾力‘两个加快’”、打造“四大板块”中心工作,重点打造“启航2016”大型新闻行动。“启航2016”

大型新闻行动分设四个专栏:“启航新征程、扬帆‘十三五’”专栏;“全力以赴加快发展、实干苦干开创新局面”专栏;“发力大招商、服务大项目”专栏;“冲刺四季度、实现新跨越”专栏。“启航2016”大型新闻行动共播出新闻节目350余篇。快速反应,深入灾区现场采编。7月初,金坛区普降大暴雨,单日降雨量创历史记录。全区多地被淹,发生漫堤破圩等险情,金坛区迅速启动防汛应急预案一级响应。7月2日下午5点,距《金坛新闻》播出时间仅有一个半小时,电视节目中心快速反应,立即组织全体记者和采编播人员深入灾区一线,现场报道全区广大党员干部群众和部队官兵突击抢险、转移灾民、共战洪魔的感人壮举,将抓拍的大量珍贵镜头及最新救灾情况编发到《金坛新闻》节目中。当天,《金坛新闻》栏目准时播发抗洪新闻8条,《第一时间》播发5条。先后共向常州电视台、江苏电视台等媒体报送抗洪新闻稿7篇。央视《朝闻天下》《新闻联播》也分别播报了金坛抗洪抢险救灾赈灾情况。《政风热线》彰显民生。电视《政风热线》专栏协同广播《89关注》、新媒体及《金沙视听》等广电传媒,根据相关舆情全媒体运作,立体式报道百姓需求,帮助百姓解决实际问题。对于市民反映多次而久拖未决的热点、难点和焦点问题,与“12345”政府公共服务热线联动,召集相关职能部门现场办公,处理和解决问题,《政风热线》记者跟踪采访报道。该栏目全年播出180期,接受市民投诉线索320多条,办结300余个,直接帮助市民解决问题近70件。开展公益行动。在全国第26个“全国助残日”之际,围绕“关爱孤残儿童,让爱洒满人间”这一主题,区广电台与区残联联合举办公益助残义捐义卖和扶贫帮困活动,开设“唱响爱的分贝”第二季大型公益宣传报道专栏,推出“关注孤残儿童”系列报道公益行动,组织“唱响爱的分贝”第二季大型助残专场捐助,共募集捐款38.2万元,用于残疾儿童康复教育、康复治疗和残困儿童家庭。

【推进双向网建设】 2016年,区广播电视台按照构建智慧金坛目标,做强事业、做大产业的总体思路,推进双向网建设。围绕“巩固城市网改成果,加速农村双向网改造,积极拓展增值业务,做大做强广电网络,争创一流发展业绩”的工作目标,完成动力电缆布线、高频接地线补充接地、发射无线(12CH、7CH)换位安装等工作,配合省无线台和设备生产厂家进行设备安装,得到全省TDMB运维工作会议表扬。全年新增有线数字电视用户2504户,新增互动电视用户5135户。

【创新推动产业发展】 2016年1月1日,由金坛区广播电视台和金坛建设发展有限公司共同出资1亿元组建的常州江东现代传媒有限公司挂牌运营。公司遵照区委、区政府指示,优化全区国有文化资源,探索市场化运营模式,整合区广播电视台旗下所经营的广播、电视等在内的广告经营与产业经营,并研拟规划整合金坛区事业单位户外公共设施、公共资源可利用的广告位以及高速公路(高炮)、桥梁广告等户外媒体。在探索经营中,公司开拓创新,广告产业经营实现“传统媒体、户外展会、新媒体平台、高速高炮”四个突破。年内,成功举办“7·23手挽手筑梦行动·情系金坛”——大型赈灾文艺晚会、“中国微电影大典金蜂鸟奖颁奖典礼”“龙山佛教文化周”“农业机械展全国现场会”“阳光联盟建材展”等活动20多场次。全年广告及产业经营收入5500万元。

（高洪庚）

（编辑　钱国新）

金坛刻纸《缸酒酿制》　（作者　杨兆群）

卫　生

综　述

至2016年年底，全区拥有各级各类医疗机构201家。其中，二级医院2家（区人民医院、中医医院），精神病专科医院1家（区第二人民医院），区妇幼保健所、医疗急救站各1家，民营医院7家（博爱医院、金坛花园妇科医院、金坛韩氏中医关节病专科医院、金坛诚康医院、金坛东大肛肠医院、金坛仁爱医院、金沙医院），乡镇卫生院13家，城市社区卫生服务中心2家（金城镇卫生院、东城街道社区卫生服务中心），城市社区卫生服务站13家，村卫生室98家，门诊部33家（民办17家），诊所15家，企事业单位医务室15家。

全年自主、公开招录医卫类工作人员80人，引进硕士研究生15人。年末，全区实际开放床位2490张（核定床位数2075张）。其中，区级医院实际开放床位1795张（区人民医院900张、区中医医院420张、区二院475张），乡镇卫生院（含城市社区卫生服务中心）655张，民营医院330张，平均每千人拥有床位4.45张。全区医疗机构卫生技术人员3032人。其中，医师（含执业助理医师）1435人，注册护士1469人。每千人分别拥有卫生技术人员5.4人、执业医师2.56人、执业护士2.62人。

2016年金坛区级医院、卫生院、专科医院情况一览表

表38　　　　单位：张、人

医　院	卫技人员	床位	门急诊人次	出院人数	重点（特色）专科	咨询电话
金坛区人民医院	815	800	626081	26701	肿瘤科、泌尿外科、神经内科、消化内科、脑外科、骨科、心内科、急诊医学科、儿科、检验科、麻醉科、、药剂科、放射科、神经病学学科	0519－82821553
金坛区中医医院	521	400	372918	14397	皮肤科、骨伤科、中西结合心内科、脑病专科、中西结合妇产科、中西结合肿瘤科、中西结合呼吸科、中西结合消化内科、中西结合肛肠科、肺病科	0519－82822351
金坛区第二人民医院	352	575	245841	6132	精神病专科	0519－82821806
金坛区直溪中心卫生院	82	75	95705	2898	小针刀专科、省级示范中医科	0519－82444269
金坛区薛埠中心卫生院	89	60	82828	3106	老人山伤骨科	0519－82661017
金坛区社头中心卫生院	42	20	58025	317	—	0519－82711190
金坛区水北中心卫生院	46	25	86017	561	—	0519－82551276
金坛区尧塘中心卫生院	56	36	81796	1265	省级示范中医科	0519－82592283
金沙医院	51	60	8021	281	—	0519－82323019
金坛区金城镇卫生院	181	100	216660	4292	妇产科、口腔科	0519－82839633

续表38

医　　院	卫技人员	床位(数)	门急诊人次	出院人数	重点(特色)专科	咨询电话
金坛区指前镇卫生院	29	20	42521	336	—	0519－82751319
金坛区建昌卫生院	29	22	63727	545	—	0519－82461282
金坛区儒林镇卫生院	58	30	108476	765	省级示范中医科(中医妇科、针推、骨伤)	0519－82561060
金坛区茅麓卫生院	30	20	55903	516	—	0519－82661017
金坛区朱林镇卫生院	71	36	94397	1007	—	0519－82621866
金坛区洮西卫生院	27	15	43196	469	—	0519－82721223
金坛区博爱医院	56	70	23561	1573	—	0519－82819272
金坛花园妇科医院	24	40	16000	390	—	0519－82798555
金坛韩氏中医关节病专科医院	11	20	2722	711	—	0519－68903006

公立医院改革

【概述】 2016年,调整金坛区公立医院管理委员会,印发《关于推进公立医院管理体制改革试点工作的实施意见》和《常州市金坛区公立医疗机构绩效考核方案》。积极发挥公立医院管理委员会的作用,开展集团医院对基层医疗机构的帮扶。重点推行按病种付费与总额预付相结合的混合支付方式改革。确定45种疾病72个"单病种"、20种疾病25个按"日间手术"病种收付费。

【区中医医院接受省公立医院综合改革效果评价复核评估】 12月19日,区中医医院接受江苏省2016年度公立医院综合改革效果评价复核评估。复核评价组实地查看中医医院的硬件设施和医疗工作,在门诊、住院患者和医务人员中开展满意度调查,查阅业务工作和医改工作的相关资料,与职工座谈公立医院改革试点任务落实和医院运行情况。　(中医医院)

医疗服务

【概述】 2016年,全区门急诊总人次215万人,住院患者6.32万人次。区人民医院顺利通过县级公立医院二甲复评。区人民医院与上海、南京、常州三级医院开展多项技术合作。心内科和泌尿外科的二、三类技术做到全覆盖,三、四级手术的比例由2015年的47.7%上升到55%。区中医医院的心内科与省人民医院建立技术合作。薛埠中心卫生院创建成国家群众满意的乡镇卫生院,城东卫生院创建成省示范乡镇卫生院。儒林镇五叶村、尧塘街道西华村和迎春村、西城街道涑渎村、朱林镇唐王村、直溪镇溪滨村6个村卫生室创建成江苏省示范村卫生室。金城镇元巷村等7个村卫生室创建成常州示范村卫生室。加强临床专科和中医药服务能力建设。区人民医院普外科和骨科通过常州市临床重点专科评审。区中医医院皮肤科创建成省级中医重点临床专科,成为金坛区第一个省级中医重点临床专科。中医医院骨科、心内科创建成常州市级中医重点临床专科。儒林卫生院创建成省级基层医疗卫生机构"中医馆",水北、朱林创建成常州市乡镇卫生院示范中医科。全年完成无偿献血6801人次,采集全血163.7万毫升。实现辖区内临床用血100%来自自愿无偿,血液成分制备使用率99.9%以上,全面实施酶免和核酸检测。

医疗机构建设

【概述】 2016年,全区制定《"十三五"卫生计生事业发展规划》和《金坛区医疗卫生设施布局规划》。开工建设第一人民医院、金坛血站、茅麓卫生院西旸分院原址新建、直溪中心卫生院门诊医技楼新建项目。推进金城镇

12月30日,区人民医院移址新建工程举行奠基仪式　(卫计局　供稿)

卫生院、薛埠中心卫生院、指前卫生院、茅麓卫生院建设前期工作，并纳入年度重点建设项目。

【区人民医院移址新建工程奠基】 12月30日，金坛区人民医院移址新建工程举行奠基仪式，副区长刘明江、区卫计局领导、建设方代表、人民医院代表出席奠基仪式。根据金坛区政府城市医疗卫生规划布局，移址新建医院在金坛滨湖新城，占地面积16.66公顷，总床位1600张，预计"十三五"期间全面投入使用。 （人民医院）

医疗医学

【概述】 2016年，全区招录医学类专业硕士研究生15名、大中专卫技人员80名。签约19名本科层次和6名大专层次的农村定向委培考生。完成36名区基层卫生骨干人才遴选工作，并推荐24名省基层卫生骨干人才。区二院获省级科研立项1项；区人民医院获得常州市医学新技术引进奖2项。区疾控中心获常州市卫计委指导性项目1项。金坛科技计划项目立项6项、指导性项目5项。2016年度获金坛科技进步奖9项。其中，一等奖1项，二等奖3项，三等奖5项。发表SCI论文6篇，中文核心论文8篇。委托培养农村医学专业乡村医生31名。完成20名乡村医生务实进修工作。组织110名乡村医生参加初级急救知识培训。

【区中医医院开展氩氦超冷刀新技术】 1月10日，区中医医院成功对一名左前纵隔恶性肿瘤肺转移患者实施CT引导下氩氦超冷刀治疗。氩氦超冷刀疗法具有微创、安全、有效、无副作用，有效防止肿瘤细胞血液转移，提高抗肿瘤免疫能力等作用。此项新技术的开展在金坛区为首例，标志着区中医医院肿瘤治疗技术又上一个新台阶，也为金坛区的肿瘤患者提供一种新的治疗方法。 （李云芳）

【区中医医院皮肤科创成金坛首个省级中医临床重点专科】 11月，经江苏省中医药管理局公布，金坛区中医医院皮肤科创建成金坛区首个省级中医临床重点专科。"十二五"期间，该院皮肤科紧抓省级重点专科创建工作，始终坚持走内涵建设的发展之路，将中医传统技术与现代医学相结合，形成具有一定中医特色的专科诊疗模式。科室现有7名高级职称的专家，建立皮肤内科、皮肤性病、皮肤外科、医疗美容4个专业学组，门诊设有5个专病门诊，专科病区床位18张。

（朱　建）

11月，区中医医院皮肤科接受省级中医临床重点专科评估 （卫计局　供稿）

疾病预防控制

【概述】 2016年，全区完成疾病预防控制项目十二大类45项工作任务，项目资金使用合规率100%。持续开展慢性病社区综合防治，全区已建40个慢病自我管理小组，社区覆盖率为35%。全区甲、乙类传染病发病率为98.74/10万，较2015年同期下降5.46%。发挥牵头部门作用，全面做好人感染H7N9禽流感防控工作。全年累计查螺590.60万平方米，完成省级血防重点工程1项，创建成省级卫生应急规范区。做好抗洪救灾工作，发放健康宣传材料8.1万份，开展消杀面积518万余平方米。

【发展中国家血吸虫病防治政策与防治技术培训班学员访问区疾控中心】 9月20日，由喀麦隆等七国学员组成的发展中国家血吸虫病防治政策与防治技术培训班一行17人访问金坛区疾控中心。座谈会上，区疾控中心介绍金坛概况、血吸虫病流行情况及防治措施，查灭螺、查治病的经验及做法，并就学员提出的问题进行细致的解答。培训班学员现场查看钉螺调查环境和监测点情况，对金坛区的血吸虫病监测与钉螺调查工作有更加直观的认识。 （疾控中心）

【省寄生虫研究所专家到金坛调研】 11月16日，江苏省寄生虫病防治研究所主任王伟明到金坛开展基层医疗卫生机构疟原虫检测能力调查工作。此次调查采取实地问卷调查与互动交流相结合的形式。在区人民医院、薛埠中心卫生院，王伟明详细了解基层医疗机构疟原虫检测现状，查看相关工作资料与台账，与部分工作人员交流，探讨实际工作中面临的困难与挑战，听取他们的建议与诉求，同时，就工作中的难题做一一解答。省寄生虫研究所将对此次全省基层医疗机构疟原虫检测情况资料以及各地的意见、建议进行分析、汇总，科学规划、部署下阶段疟原虫检测工作。

（疾控中心）

卫 生 监 督

【概述】 2016年，全区卫生监督工作严格执行行政审批规章制度，开展各类法律法规培训7起。推行公共场所卫生监督量化分级管理。加强公共场所的监督检测，全年共抽检经营单位公共用品用具68家，合格率85%。组织开展联合打击非法行医专项行动2次，共立案查处11起，移送司法6起。

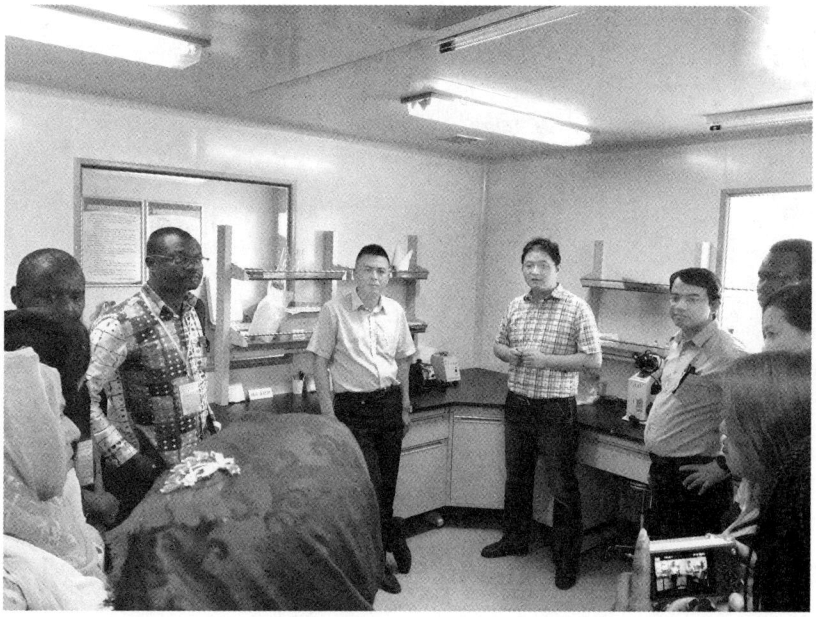

9月20日，外籍学员参观区疾控中心寄生虫病诊断参比实验室

（卫计局　供稿）

妇幼卫生保健

【概述】 2016年，全区妇幼卫生保健工作整合孕前优生检查与婚前检查，实现"双查合一"。建设高危孕产妇和新生儿急救中心，规范高危产妇的会诊、转诊和救治。全年孕产妇死亡率0，婴儿死亡率1.68‰，5岁以下儿童死亡率2.94‰，出生缺陷发生率2.46‰。

卫生信息化

【概述】 2016年，金坛区制定《"十三五"健康信息化发展规划》。推进"智慧健康工程"，开展家庭医生移动管理服务平台、居民健康卡应用系统、健康自助管理微信APP三项内容的软件研制、测试工作。完成全区卫生信息系统三级等保测定。完成所有村卫生室铜改光工程，对村级网络进行带宽提升。开展平台省级测评，推进综管平台应用。完成省、市、县三级平台数据互联互通和省数据上传工作。推进区域远程医疗中心建设。完成区域病理系统、区域心电系统建设。

爱 国 卫 生

【概述】 2016年，金坛区顺利通过国家卫生城市复审。全面巩固省卫生镇村创建成果，直溪镇江苏省卫生镇复审确认通过，薛埠镇东窑村等6家江苏省卫生村省复审确认全面落实。在全区开展健康社区、健康村、健康机关、健康宾馆、健康商场、健康农贸市场创建活动，常州市级健康促进医院创建实现全覆盖，区人民医院成为首家省级健康促进医院。开展健康巡讲、讲座96场次以上。编印健康教育手册、折页等宣传资料20万册(张)以上。组织开展健康素养干预及监测工作，使居民健康素养水平得到提升。开展戒烟咨询热线和戒烟门诊等服务，落实好中医医院国家级项目戒烟门诊治疗工作和"中医戒烟百日行公益"活动。全区农村无害化卫生户厕普及率达99%。全面加强病媒生物防治工作，除"四害(老鼠、蟑螂、苍蝇、蚊子)"四项达标通过省级考核；开展"四害"密度监测。完成建成区灭鼠毒饵站新建16026个。全年监测区级水厂4次，监测农村水厂2次，采样检测农村自来水水样48份，合格48份，合格率100%。

（编辑　盛南萍）

综　述

2016年，全区体育工作贯彻国家、省、市新周期全民健身计划，把握县域体育发展规律，持续加大体育投入，全民科学健身意识不断增强，全民健身公共服务体系不断完善，竞技体育综合实力和竞争力有效提升，体育产业发展速度加快，体育科教和信息化水平日益提高。

竞技体育。备战江苏省第十九届运动会田径、篮球、足球等16个比赛项目，全年完成注册运动员215人，高水平交流引进运动员近50人。承办2016中国山地自行车公开赛江苏常州金坛茅山西海湖站、中国体育彩票杯2016年国际女排对抗赛等大型体育赛事。举办2016年常州市中小学生羽毛球积分赛、区职工和农村部男子篮球联赛、羽毛球比赛、职工男子足球比赛等中小型体育竞赛活动。组队参加2016年江苏省县级组田径比赛，获团体总分第1名，参加江苏省县级组青少年篮球比赛获得第二名，青少年篮球锦标赛（U15）比赛，获第五名。

群众体育。举办2016年常宝股份金坛茅山登山健身大会，组织开展新春系列健身活动、“体育大超市”和金坛休闲体育四季联赛。组队代表常州参加江苏省第七届全民健身运动会健身气功比赛，获优秀奖。

学校体育。继续开展阳光体育运动，确保学生参加体育活动时间，培养学生终身体育意识。区青少年体校（田径）获评2016～2017年度省级高水平体育后备人才单项训练基地，区第一中学2017～2020年度省级体育传统项目学校（篮球）获认定。

体育产业。体彩市场回暖，体彩投注站点数量上升，全区体彩在售站点120家。区体彩中心配套投入10余万元，升级换代60%的体彩站点门头、走势图、销售台，通过省体彩中心检查验收，全年体育彩票完成销售9099万元。奥体体育产业有限公司利用场馆现有资源开展大型体育赛事、全民健身活动和体育商贸与文化交流活动15次，全年实现健身卡门市销售40余万元，实现营业总收入近200万元，成功申报并获得2016年度中央、省级大型体育场馆免费低收费开放补助资金30万元。“金沙文化体育中心”和“宝盛园户外体育休闲营地”两个项目获得省级体育产业发展专项资金170万元。

竞技体育

【举办首届俱乐部男子篮球联赛】 2月22日，2015～2016年区首届俱乐部男子篮球联赛在区体育馆结束比赛，11支篮球俱乐部、130多名运动员参赛，比赛首次规定每队可以引入两名外援参加比赛。经过近4个月55场常规赛和12场季后赛，最终金土木俱乐部夺得冠军，红狼俱乐部和金牌俱乐部分获第二、三名。

【承办2016中国山地自行车公开赛西海湖站比赛】 4月23～24日，2016中国山地自行车公开赛江苏常州金坛茅山西海湖站开赛。本次比赛由中国自行车运动协会、区人民政府主办，区文化广电体育局、西海湖旅游度假村承办。大赛分7个组别，全国各地专业和业余选手800多人参加比赛，森地客鑫元鸿车队和胡浩等获得团体和个人赛的前三名。

【承办2016国际女排对抗赛】 6月23日，2016国际女排对抗赛江苏中天钢铁队与美国大学生国家队比赛在区体育馆开赛，本次对抗赛采用5局3胜制，最终美国队3∶2获胜。

【承办2016年江苏省青少年篮球锦标赛（U13）】 8月13～17日，2016年江苏省青少年篮球锦标赛（U13）比赛在区体育馆举行。全省10个市，9支男子代表队、7支女子代表队，近200名运动员参加本次比赛。本次比赛由省体育局、省教育厅等单位联合主办，代表全省青少年篮球项目最高水平。最终，常州市、苏州市、徐州市分获男子组前三名，苏州市、徐州市、南京市分获女子组前三名。常州市、淮安市获男子组体育道德风尚奖，苏州市、南京市获女子组体育道德风尚奖。

金坛区女子田径最高纪录一览表

表39

（截至2016年12月31日）

项目	成绩	创造者	比赛名称	时间	地点
60米	8″3	彭　芳	县中小学生田径对抗赛	1983	金坛
100米	12″26	孙小兰	市中小学生田径比赛	2011	金坛
200米	26″3	符真云	省县级田径比赛	1998	锡山
400米	59″5	王　月	市中小学生田径比赛	2004	金坛
800米	2′18″59	王　丹	市中小学生田径比赛	2004	金坛
1500米	4′56″8	徐明芳	常州市中小学生田径比赛	1993	常州
3000米	11′36″9	汤丽仙	省县级田径比赛	1994	金坛
5000米	20′27″4	詹玉华	省第二届农民运动会	1991	徐州
100米栏	15″0	马　蕾	省县级田径比赛	1998	锡山
4×100米接力	51″7	华罗庚中学队	市中小学生田径比赛	2004	金坛
跳高	1.63米	史腊华	省县级田径比赛	1986	沛县
跳远	5.58米	李月琴	省县级田径比赛	1999	锡山
三级跳远	12.21米	李月琴	省县级田径比赛	1999	锡山
铅球（4千克）	10.83米	徐　萍	市第三届全民运动会	2002	金坛
铁饼（1千克）	32.16米	徐　萍	市第二届全民运动会	1998	金坛
标枪（600克）	33.88米	吴玉权	县中小学生田径比赛	1978	金坛

金坛区男子田径最高纪录一览表

表40

（截至2016年12月31日）

项目	成绩	创造者	比赛名称	时间	地点
60米	7″7	姜　涛	市中小学生田径运动会	2004	金坛
100米	10″65	周学文	市第四届全民运动会	2006	金坛
200米	22″	周学文	市第四届全民运动会	2006	金坛
400米	50″2	吴　健	市第五届全民运动会	2010	金坛
800米	1′58″6	陈建喜	省第十届运动会	1982	南京
1500米	4′05	陈建喜	省第十届运动会	1982	南京
3000米	9′02″45	仇　磊	市中小学生田径运动会	2003	金坛
5000米	15′51″8	陈建喜	镇江地区第七届运动会	1982	镇江
10000米	33′37″4	陈建喜	镇江地区春季中长跑比赛	1982	宜兴
110米栏	14″6	王　伟	省县级田径比赛	1998	锡山
4×100米接力	44″0	华罗庚中学队	市中小学生田径运动会	2005	金坛
跳高	1.95米	钱　鹏	市第四届全民运动会	2006	金坛
跳远	7.05米	韩勇超	市第四届全民运动会	2006	金坛
三级跳远	13.90米	钱　鹏	市第四届全民运动会	2006	金坛
铅球（7.26千克）	11.55米	刘国洪	市第二届全民运动会	1998	金坛
铅球（5千克）	12.72米	张锁华	市中小学生田径运动会	1994	金坛
铅球（6千克）	14.37米	杨　俊	市中小学生运动会	2008	金坛
铁饼（1.5千克）	39.98米	黄志俊	县首届全民运动会	1993	金坛
铁饼（2千克）	41.92米	杨　俊	市中小学生田径运动会	2008	金坛
标枪（700克）	52.31米	岳云萍	市第五届全民运动会	2010	金坛
标枪（800克）	50.06米	岳云萍	市第四届全民运动会	2006	金坛

金坛籍运动员大赛成绩统计一览表

表41

（截至2016年12月31日）

项目	运动小项	运动员	县区	性别	赛事	举办地	名次
射箭	奥林匹克淘汰赛	张云录	金坛区	女	2016年全国室外射箭锦标赛	浙江长兴	4
手球	女子手球	莫蒙萌	金坛区	女	2016年全国女子手球锦标赛	安徽滁州	2
手球	女子手球	蓝小玲	金坛区	女	2016年全国女子手球锦标赛	安徽滁州	2
手球	女子手球	莫蒙萌	金坛区	女	2016年全国女子手球冠军杯赛	安徽潍坊	1
手球	女子手球	蓝小玲	金坛区	女	2016年全国女子手球冠军杯赛	安徽潍坊	1
手球	女子手球	孙苗苗	金坛区	女	2016年全国青年女子手球锦标赛	安徽合肥	5
田径	110米栏	李继明	金坛区	男	全国田径冠军赛暨大奖总决赛	重庆市	4
田径	100米栏	陈　菁	金坛区	女	全国田径大奖赛(淮安站)	江苏淮安	12
田径	100米栏	陈　菁	金坛区	女	全国青年田径锦标赛	内蒙古鄂尔多斯	7
田径	60米栏	陈　菁	金坛区	女	全国室内田径锦标赛(南京站)	江苏南京	11
田径	马拉松	刘　壮	金坛区	女	2016年全国马拉松锦标赛(第5站)	安徽合肥	1
田径	马拉松	程乾育	金坛区	男	2016年全国马拉松锦标赛(总决赛)	北京	7
散打	散打	蒋　全	金坛区	男	全国武术散打冠军赛	江苏无锡	2
拳击	男子69公斤级	钱　翔	金坛区	男	2016年全国青年拳击锦标赛	浙江宁海	1
垒球	女子垒球	刘彦敏	金坛区	女	全国女子垒球锦标赛	辽宁大连	1
垒球	女子垒球	刘彦敏	金坛区	女	全国女子垒球冠军杯	四川攀枝花	1
垒球	女子垒球	刘彦敏	金坛区	女	全国青年垒球锦标赛	云南西双版纳	1
棒球	男子棒球	杜永辉	金坛区	男	全国青年棒球锦标赛	北京	1
篮球	篮球	孙　鑫	金坛区	男	国际篮联3v3U18世青赛	哈萨克斯坦	15
篮球	篮球	孙　鑫	金坛区	男	全国男子篮球U17比赛	广东东莞	7
自行车	男子甲组20公里	陈龙	金坛区	男	2016年全国公路自行车青少年锦标赛	内蒙古锡林浩特	5
自行车	男子乙组10公里	刘成路	金坛区	男	2016年全国公路自行车青少年锦标赛	内蒙古锡林浩特	3
自行车	女子乙组10公里	张雅婷	金坛区	女	2016年全国公路自行车青少年锦标赛	内蒙古锡林浩特	3
自行车	男子乙组35公里	姜　振	金坛区	男	2016年全国公路自行车青少年锦标赛	内蒙古锡林浩特	1
自行车	男子乙组35公里	刘成路	金坛区	男	2016年全国公路自行车青少年锦标赛	内蒙古锡林浩特	2
自行车	女子乙组35公里	张雅婷	金坛区	女	2016年全国公路自行车青少年锦标赛	内蒙古锡林浩特	3
技巧	男子四人(第一套)	祁鑫杰	金坛区	男	2016年全国技巧冠军赛	江苏扬州	5
技巧	男子四人(第二套)	祁鑫杰	金坛区	男	2016年全国技巧冠军赛	江苏扬州	5
技巧	男子四人(全能)	祁鑫杰	金坛区	男	2016年全国技巧冠军赛	江苏扬州	3
跳水	团体	朱　涵	金坛区	男	2016年全国跳水冠军赛	广西南宁	5
跳水	团体	关　俊	金坛区	男	2016年全国跳水冠军赛	广西南宁	5
跳水	个人全能	朱　涵	金坛区	男	2016年全国跳水冠军赛	广西南宁	5
跳水	团体	朱　涵	金坛区	男	2016年全国跳水锦标赛	广东广州	3
跳水	团体	关　俊	金坛区	男	2016年全国跳水锦标赛	广东广州	3
跆拳道	男子63公斤级	李国迅	金坛区	男	2016年全国跆拳道锦标赛	河北迁安	5
跆拳道	男子68公斤级	李国迅	金坛区	男	2016年台北跆拳道公开赛	台湾台北	2
跆拳道	男子63公斤级	李国迅	金坛区	男	2016年全国跆拳道冠军赛	新疆	2
跆拳道	男子68公斤级	李国迅	金坛区	男	2016年韩国跆拳道公开赛	韩国	1

群众体育

【举办全民健身大超市城乡行暨体育休闲四季联赛】 4月17日，全区“文明健康，快乐同行”全民健身大超市城乡行暨体育休闲四季联赛启动仪式在金沙公园体育馆广场举行。区各体育单项社团、体育俱乐部、社会健身会所等22个单位近2000人参与启动仪式。体育大超市共设置19个活动项目；体育休闲四季联赛针对春、夏、秋、冬四季特点，设置五人制足球、登山、城市定向越野、自行车骑行、徒步、冬泳等健身项目。

【举办业余足球超级联赛】 4月17日，2016年全区业余足球超级联赛开赛，联赛历时8个月，金坛及周边地区12支球队300多名业余足球运动员参赛。经过22轮132场比赛的角逐，根据积分最终星辰队获得冠军，沃德联队、百度队分获第二、三名。

【举行老年体协成立30周年庆祝大会】 9月11日，区老年体协成立30周年庆祝大会在区体育馆举行。各镇（街道）会员单位的20支健身队伍、800多人参加庆祝大会。常州市老年体协领导、区四套班子相关领导出席大会并为100名老年体育先进工作者颁奖。

【2016常宝股份金坛茅山登山健身大会】 10月23日，2016常宝股份金坛茅山登山健身大会在江苏省金坛茅山旅游度假区举行。本次比赛由江苏省体育局和区人民政府联合主办，江苏省社会体育管理中心、江苏省金坛茅山旅游度假区管理委员会、区文化广电体育局、区旅游局承办。国内近500名运动员参赛，比赛分男、女两个组别，首次使用芯片计时系统，经过一上午比赛，分别决出前100名给予奖励。安徽的姚龙威获男子组第一名，淮安的干雪获女子组第一名。

学校体育

【华城实验幼儿园参加2016年全国幼儿基本体操表演大会】 5月27日，第26届“拓影影视杯”全国幼儿基本体操表演大会在北京光彩体育馆举行，36个省、市、自治区的46支代表队参加此次比赛，区华城实验幼儿园获体操甲组全国一等奖及“最佳音乐奖”。

【举办2016暑期中小学生球类比赛】 7月6～25日，举办2016年暑期金坛区中小学生阳光体育运动五大球类比赛，100余支男女代表队的1000余名运动员参加比赛，先后举行乒乓球、羽毛球、足球、排球，篮球五项球类比赛，区第一中学，华罗庚中学分获篮球足球项目第一名。　　（石　勇）

2016年茅山登山健身大会　　（文广体局　供稿）

（编辑　储　劼）

人口与计划生育

【概述】 2016年,全区计划生育工作以中共十八届五中全会精神和习近平总书记系列重要讲话为指导,紧紧围绕争创“十三五”省人口协调发展先进区目标,加强管理,强化服务,真抓实干,为经济建设和社会发展创造良好人口环境。

【依法行政】 全面推进政务公开,所有镇(街道)、村(居)卫生计生政务公开栏得到规范。梳理涉及卫计系统法律法规和规范性文件,全部在卫计门户网站公开,方便群众查询;实行行政处罚和行政许可事项双公示,便于群众监督。深入推进计划生育服务管理改革,建立完善生育服务登记制度,指导各镇(街道)上线运行和推广“掌上计生”APP,办理一孩生育服务联系单2581份、二孩生育服务联系单1763份。综合治理出生性别比,严厉打击“两非”(禁止非医学需要的胎儿性别鉴定和选择性别的人工终止妊娠)行为,抽查区域内的药店、医院等场所,未发现有“两非”行为;严格落实凭证定点引产制度,严把出证关,加强对符合政策已怀孕对象的跟踪管理,有效防止“两非”行为发生,性别比治理工作取得良好效果,全区出生性别比保持正常。

【奖励扶助】 全面落实计划生育各项奖励优惠扶助政策,做好奖扶、特扶、一次性奖励登记、审核、公示工作。年内,发放独生子女父母奖励金100.89万元,农村部分计划生育家庭奖励扶助金2052.19万元,计划生育特别扶助金877.34万元,城镇非从业居民一次性奖励金18.72万元,持证退休企业职工一次性奖励金1059.48万元,公益金4.80万元。切实做好计划生育特殊困难家庭帮扶关爱工作,为每户特殊家庭配备3名联系人,开展多种帮扶服务模式,全年新增计生特殊家庭节日关爱经费14.80万元。防汛期间,组织志愿者帮助计生特殊家庭转移财物,落实安置点,灾后帮助打扫清理、恢复生产,区卫计局对63户受灾失独家庭进行慰问,发放慰问金4万多元。与区法律援助中心签订工作协议书,提供计划生育特殊困难家庭法律援助服务。在区二院建设常州市级春晖家园示范基地。

【流动人口】 进一步推进流动人口基本公共卫生计生服务均等化工作,建立领导负责、考核奖惩、经费保障机制,对流动人口基本公共卫生计生服务均等化工作开展自查评估,对薄弱环节进行专项布置,制定下发流动人口健康档案管理工作方案。2016年,流动人口计划生育技术指导咨询服务覆盖率100%,计划生育免费技术服务率100%。深化省新系统应用工作,进一步提高数据质量。开展流动育龄妇女信息核查,核查公安居住证信息70407条,确保健康档案目标人群总数准确、信息完整。开展国家流动人口监测点调查工作,选取朱林镇2个村(居)开展流动人口调查,科学编制样本框,高质量完成监测点调查任务。在江苏利步瑞有限公司、卿卿针织厂建设流动人口“康建驿站”,创建北水关流动人口服务管理示范市场和10家区级示范企业,建成1个“留守儿童之家”。

【人口统计】 开展人口统计工作。根据2016年年报,全区总人口591004人,育龄妇女141639人,已婚育龄妇女108421人;初婚2643人,出生人数4920人,其中一孩出生3253人,二孩出生1609人,多孩出生58人。出生人口性别比105.51,人口出生率8.34‰;死亡人数4039人,人口死亡率6.84‰;计划生育率99.45%。做好信息采集核对上报工作,采集民政结婚信息4817例,公安出生落户信息2121例,医院分娩信息5186条,预防接种信息4749条,核查入库各类信息14408条。开展全员人口信息数据库基础信息质量核查,核查各类信息16884条,核查入库信息15926条。开展全区育龄群众生育意愿抽样调查,收回有效问卷1032份。完成生育意愿调查报告,“全面二孩”政策群众支持率95%。

【计生协会工作】 广泛宣传全面二孩政策,利用春节、集场和计生重大节日,通过举办培训班、现场咨询答疑、有奖知识竞赛、发放宣传资料等,开展群众性宣传活动,年内,全区上下开展各类宣传活动130场次,发放宣传品3.85万份。开展"健康与流动人口同行"卫生计生服务活动、"安全守护快乐成长"流动青少年讲座、"你参与,我服务"多部门联动户外宣传活动、"青春健康,共享未来——行动起来,向'零'艾滋迈进"艾滋病宣传周活动。创新帮扶模式,提升家庭幸福指数。年内,新发展2家常州市级生育关怀帮扶基地,4家区级生育关怀帮扶基地、薛埠镇上阮村帮扶示范点创新出"项目帮扶基地+创业培训"的服务模式。 (朱慧华)

人力资源和社会保障

【概述】 2016年,面对经济新常态、区划新调整、改革新任务,全区人社系统围绕"两个加快",坚持"民生为本、人才优先"工作主线,改革创新、锐意进取、真抓实干,努力提升服务发展、服务民生工作质量和水平,圆满完成全年各项目标任务,实现人力资源和社会保障事业健康可持续发展。

【就业创业】 年内,全区新增就业12620人,失业人员再就业1955人,就业困难人员再就业742人,城镇登记失业率1.8%。开发高校毕业生见习岗位172个,组织126家企业赴省内外高校招聘。组建职业技能鉴定工作小组,实施职业技能鉴定企业16家。开展"中西部富余劳动力金坛行",引进外省劳动力近1000名,惠及企业50余家。出台《创业扶持资金申领办法》,完善扶持政策,建立面向大众创业服务平台。主办"创在金坛、赢在未来"首届青年创新创业大赛。凤凰机器人金坛创意中心等4个创业项目获评2016年江苏省大学生优秀创业项目。开展失业保险支持企业稳定岗位工作,落实稳岗补贴惠企政策,发放2015年度企业稳岗补贴660多万元。

【社会保障】 年内,全区企业职工养老、医疗、失业、工伤、生育保险参保人数分别达12.8万人、17.3万人、10.1万人、13.6万人、10.4万人;城乡居民基本养老保险参保人数6.7万人,覆盖率99.7%;被征地农民实现"即征即保,应保尽保",纳入保障11.1万人,其中转入企业职工养老保险5.3万人;城乡居民基本医疗保险参保人数达34.2万人,社会保险覆盖率保持在98%以上。加快民生接轨常州市进程,城乡居民基础养老金由105元提高至150元,增长42.8%,缴费满15年的由135元提高至180元;城乡居民基本医疗保险筹资标准由550元提高至700元,其中财政补助由420元增加到520元;统筹调整养老金待遇,全区4.6万名企业退休人员养老金人均增资142元,达1804元/月。推行医保支付方式改革,"日间手术""日间病房""单病种"(103个病种)实行按病种收付费,医保基金支出下降,参保人员实际报销比例提高5%。降低企业缴纳社会保险相关费率,企业职工养老、失业、工伤保险基金分别减征1710万元、1600万元、1000万元。

【人才引育】 年内,出台《企业高层次人才引进资助申报指南》和《企业高层次人才引进专业目录》,引进人才总量5615人,高层次人才225人。新增高技能人才3343人,职业技能鉴定取证10202人。组织博士后工作站设站单位赴高校参加博士招录对接活动,新进站博士4人,在站博士后14人,2名博士后入选省博士后科研资助计划。开展"名校学子金坛行"活动,中航锂电、众泰汽车、同方威视等重点企业一次性招录本科以上毕业生41名。与武汉理工大学签订人力资源(毕业生)引育合作协议,校企合作平台得到有效拓展;开展"研究生社会实践引育计划",对接南京工业大学、河海大学等4所高校,通过课题项目对接,服务全区创新型、科技研发型企业5家,拨付18家领军人才创业企业创业资金674.8万元。

【人事改革】 年内,加强事业单位人员招考组织实施和监督管理,面试环节通过外聘考官,外包题本,通信屏蔽,现场考官、考生、工作人员全员抽签等措施,确保全区事业单位公开招聘全程安全顺利、公平公正;引入公务员平时考核机制。调整全区机关事业单位工作人员基本工资标准,优化工资结构;健全法官、检察官薪酬保障制度,调整公安警衔津贴标准;推进机关事业单位养老保险制度改革;完成2015年度全区机关事业单位人员年度考核。推行公务员和参公人员职务职级并行工作,职级晋升工作实现常态化、规范化。率先完成2016年度军转干部和随调家属安置任务,获常州市军转办通报表彰。

【劳动关系】 年内,创新劳动监察日常巡查模式,日常巡查用人单位210家,下达《限期改正指令书》21份,下发《劳动监察建议书》13份;受理投诉举报案件231件,处理简单劳资纠纷45件,处置劳动保障群体性突发事件45起,其中欠薪逃逸案件10起,移送公安部门9起,帮助3800名劳动者追发工资、经济补偿金等2374万元。建立完善欠薪情况每日一报制度,准确掌握企业欠薪进展情况。劳动监察行政处理引入司法、仲裁调解确认工作机制,与法院建立诉调对接工作机制,高效处置疑难欠薪案件,劳动人事争议仲裁院作出调解确认书169份,区人民法院作出调解确认书15份,涉及劳动者184名,涉及劳动者工资及社会保险费等待遇375.38万元;依托省调解仲裁管理系统,仲裁案件实现实时同步网上运行;与区司法局签订《劳动人事争议法律援助工作协议书》,设立法律援助工作站。加强金城镇、尧塘街道巡回仲裁庭办案能力建设,强化仲裁员培训考核,提高办案能力,全年受理各类劳动人事争议仲裁案件

855 件,结案率 98% 以上。

【公共服务】 年内,按照省级社保经办示范窗口要求,规范业务经办流程,有序推进"分类一窗式"经办模式。推行社保业务下沉和网上经办,开通参保职工"网上申报和查询"业务。社会保障卡累计发卡 48 万张,全面开通金融功能,累计代扣代缴养老保险费 9276 人,总额 6506.7 万元;医疗保险费 10640 人,总额 2209.9 万元;每月发放 4 万名企业退休人员养老待遇,总额 6600 多万元;支付职工基本医疗保险待遇 7429 人次,总额 3287.8 万元。编制行政检查"双随机"抽查事项清单,实施行政许可和行政处罚等信用信息"双公示",受理行政复议案件 4 件、行政诉讼案件 36 件,实现劳动人事仲裁零改判、行政复议零撤销、行政诉讼零败诉。(张卫全)

民 政 工 作

【概述】 2016 年,全区民政工作紧紧围绕"以民为本、为民解困、为民服务"工作宗旨,牢固树立"民政为民、民政爱民"理念,突出重点,突破难点,致力建设务实创新现代民政示范区。

社会救助与救灾。出台《常州市金坛区临时救助实施细则》,完善和规范临时救助工作申请、审核、公示、审批流程。提高城乡低保保障标准,2016 年 7 月 1 日起,由每人每月 590 元提高到每人每月 670 元,全年保障城乡低保 4428 户 7265 人,保障资金 3751 万元。困难群众医疗救助保障比例提高至 75%,停保处置已享受城乡低保家庭金融资产超标人员,核对超标 714 户 1271 人,清退 700 户 1240 人,清退率 98.03%。通过自然灾害综合保险参保制度,兑现 7 月特大洪涝灾害理赔款 140.98 万元。

优抚安置与双拥。根据全区优抚对象抚恤补助标准增长机制,保障落实享受国家抚恤、定期定量补助优抚对象 5951 人。落实拥军优属工作、义务兵家庭优待金核发工作,审核并发放 2015 年度金坛籍现役军人一次性立功荣誉金 24.8 万元。完成退役士兵服务工作,全员培训率 82%。积极走访慰问残疾军人、复退军人,对部分重点优抚对象提供上门体检、巡诊等服务。

基层政权与社区建设。年内,完成西城街道丹阳门社区、金城镇南瑶村等 27 个城乡社区提档升级工作,基本解决老城区社区办公用房问题。指导各镇(街道)与村(社区)签订"政社互动"协议书,就村(居)协助政府工作事项落实工作经费,全区"政社互动"覆盖率 100%。创成国家级和谐示范社区 1 个,省级和谐示范镇 2 个、示范社区 26 个,市级和谐示范社区 24 个,全区城乡社区省和谐建设达标率 100%。通过全国社会工作者职业资格考试 96 人。与金沙公益联合会、青少年事务中心等社会组织密切协作,组织社区社工参加社会工作实务培训,全年累计培训 400 人。结合"四级联动"信息平台,在华胜、汇贤等 6 个城市社区开展微信公众平台建设,增强社区网络平台服务能力。开设社区建设讲坛,定期组织社区主任、社区工作者交流社区建设心得和建议。通过购买服务方式,举办"社区大家乐"文艺汇演。与区人民医院合作开展惠民义诊活动和健康讲座,提升社区居民的健康知识水平。顺利完成全区 120 个村(社区)两委换届选举工作。7 月起,对各镇(街道)、村(社区)进行前期情况摸底,研究工作预案。10 月,草拟《两委换届选举工作实施意见》,编制换届选举培训材料并组织业务培训。换届选举启动后,多次深入村(社区)调研,指导和监督工作开展,解答疑点难点,已顺利选出新一届两委班子成员。推进社区协商民主,以方边村为试点探索社区协商民主工作,在规范村民代表会议、民主议事会程序和制度的基础上,进一步健全群众诉求体系,建立群言堂等多样化协商形式,加强协商事项的群众监督。

社会福利。全力推进全区养老机构消防安全专项治理,全面提升全区养老机构消防安全工作。大力推进医养融合,促进医疗卫生和养老服务融合发展。努力提升农村"五保"和城市"三无"老人关爱照料工作水平。全区现有农村"五保"老人 1907 人、城市"三无"老人 70 人,与分散供养农村"五保"和城市"三无"老人全部签订关爱照料服务协议,开展全面关爱服务。2016 年 7 月 1 日起,农村"五保"集中和分散供养标准分别由每年 8100 元/人和 7100 元/人提高到 9500 元/人和 8500 元/人,城市"三无"老人供养标准由每月 1320 元/人提高至 1430 元/人,孤儿集中养育和分散养育标准分别提高至每月 1790 元/人和 1430 元/人。积极做好全区困难残疾人生活补贴和重度残疾人护理补贴发放保障工作。2016 年,全区福彩销售 1.77 亿元,同比增幅 21.77%。其中,电脑彩票销售 1.07 亿元(快 3 销售 0.76 亿元),中福在线销售 0.63 亿元,即开彩票销售 0.07 亿元,提前三个月完成常州市福彩中心下达的 2016 年年销售 1.285 亿元指标任务,完成率 124.98%,三大票种完成率在常州市均排名第一。

社会组织与区划地名工作。相继制定出台社会组织登记管理、培育扶持政策、政府转移职能和社会组织购买服务等 10 多项配套文件,以推动社会组织建设和管理综合改革。截至 2016 年 12 月底,全区共有社会组织 488 家,每万人拥有登记社会组织数 8 个以上,获得评估等级社会组织数 212 家。其中,5A 级 1 家,4A 级 3 家,3A 级 89 家,2A 级 94 家,1A 级 25 家,占应评社会组织总数 52%。对当年应年检 401 家进行 100% 年检年审,每年按 1/3 比例实施财务审计,并对 18 家进行实地审计,下发财务整改通知书 12 份。积极推进部门购买社会组织进社区服务,推进"公益 310"工程(即实施 10 个微公益创投项目,培育 10 支公益性社区社会组织,引入 10 家成熟型社会组织或社会企业认领参与公益项目)。全年部门购买社会组织进社区服务 24

个,项目涵盖社会救助、社区文化、法律维权、居家养老、妇女儿童等方面,购买总金额300余万元。深入开展地名普查工作,完成普查信息二轮审改。出台《关于加强地名文化保护和清理整治不规范地名工作的通知》,开展地名文化保护和清理整治不规范地名工作。编写《金坛区历史地名保护名录》。加大与常州的对接力度,进一步提高地名命名的精确性。出版金坛区域图和城区图。完成滨湖新城和华科园道路预命名工作。开展武金线界桩联检工作。

社会事务工作。婚姻登记工作规范运行。年内,全区共办理婚姻登记8316对。其中,结婚登记4881对,离婚登记1748对,补领结婚证1531对,补领离婚证156对,婚姻登记合格率100%。收养登记工作稳步开展。截至12月底,共办理收养登记24件,解除收养1件,登记合格率100%,所有登记材料及时入档,入档率100%。建立收养评估机制,加大孤儿权益保障力度,让更多被收养儿童寻找到合适的收养家庭。流浪乞讨人员救助体系不断完善。建立流浪乞讨人员救助管理工作联席会议制度,落实流浪精神病人和流浪未成年人的接返工作。全年救助站接待各类求助人员385人次(女11人,男374人),其中未成年人4人(弃婴2人)。殡葬改革进一步深化,继续落实惠民殡葬。出台《金坛殡葬设施布局规划》《常州市金坛区推行文明绿色生态葬工作实施办法(试行)》。指导区公墓办做好新墓区的规划和老墓区的改造、绿化建设等工作,指导福承陵园在其中心区域塔陵西侧规划建设近2000平方米绿色生态葬区。困境儿童分类保障工作全面落实。3月,出台《关于做好困境儿童分类保障工作的通知》,将全区困境儿童基本生活纳入保障范围;5~12月,保障困境儿童303人次,发放保障金25.97万元。农村留守儿童摸底排查工作全面完成。共排查农村留守儿童321名。建立留守儿童关爱保护工作联席会议制度,完善全区未成年人(困境儿童)区、镇(街道)、社区(村)三级社会救助保护网络体系。

【打造“金沙益站”社会组织孵化平台】 年内,区民政局在东城街道设立“金沙益站”社会组织孵化平台,与各镇(街道)、共青团、司法、文体等系统联合成立“地域类”“领域类”社会组织培育中心,形成由“区+镇(街道)+系统”组成的混合类枢纽型社会组织,活动面积1000余平方米。举办金沙公益组织联合会第一次会员大会暨“首届金坛‘公益+’互助伙伴项目”推介会,积极组织优质公益服务项目评选。成立金沙公益组织联合会,发挥协调引导作用,积极参与年内抗洪救灾工作。（陈　干）

2016年金坛区新成立社会团体一览表

表42

序号	业务主管单位	社团名称	法定代表人	办公场所
1	区文化广电体育局	常州市金坛区指前镇东浦村文化建设促进会	吕连生	金坛区指前镇东浦村老年活动中心院内
2	直接登记	常州市金坛区金沙公益组织联合会	沈灿军	金坛区华阳南路86号
3	区旅游局	常州市金坛区自驾游协会	周　鑫	金坛区司马坊60号
4	区文化广电体育局	常州市金坛区电子竞技运动协会	曹云峰	金坛区东环二路152号
5	直接登记	常州市金坛区化肥企业扶贫帮困协会	刘优清	金坛区焦园村213号
6	区科学技术协会	常州市金坛区创意机器人协会	王　丽	金坛区河西庙巷24号102室
7	直接登记	常州市金坛区青少年护航教育志愿者协会	丁旭伟	金坛区西门大街77号
8	区文化广电体育局	常州市金坛区旗袍文化艺术研究会	施留琴	金坛区乌龙山宝塔禅寺
9	常州市不动产登记交易中心金坛分中心	常州市金坛区房地产中介协会	梁国祥	金坛区星城朱庄花苑B区16幢—1号
10	直接登记	常州市金坛区新城社区文体服务协会	冯　菁	金坛区新城社区
11	区文化广电体育局	常州市金坛区和式太极拳学会	欧阳华	金坛区华明电器厂
12	区民政局	常州市金坛区社会福利企业学会	潘荣粉	金坛区北园新村30号
13	区文化广电体育局	常州市金坛区马拉松运动协会	薛　琴	金坛区星城朱庄花苑C区34—18号
14	区卫生和计划生育局	常州市金坛区家庭医生协会	吕　俊	金坛区西城街道金山路168号A栋211室

2016 年金坛区新成立民办非企业一览表

表 43

序号	业务主管单位	民非名称	法定代表人	办公场所
1	区文化广电体育局	常州市金坛区羽缘羽毛球俱乐部	王罗华	金坛区华罗庚实验学校羽毛球馆内
2	区人民检察院	常州市金坛区向日葵护苗之家	李　莉	常州市金坛区东环二路 65 号
3	区卫生和计划生育局	常州市金坛区瑞泽工疗中心	冯　前	金坛区金江苑物业大楼
4	区卫生和计划生育局	常州市金坛区西城街道愚池社区卫生服务站	张小俊	金坛区愚池新村 57 幢1楼东侧社区用房
5	区卫生和计划生育局	常州市金坛区西城街道东园社区卫生服务站	黄国宝	金坛区御花园 126 幢 101 室
6	区文化广电体育局	常州市金坛区开发区锡剧团	王　伟	金坛区开发区华城路 95 号
7	区教育局	常州市金坛区南洲幼儿园	陈国华	金坛区城南大道 302 号
8	区残疾人联合会	常州市金坛区金馨残疾人之家	周素芸	金坛区朱林镇西岗港城南路 99 号
9	区司法局	常州市金坛区司法行政社会组织培育发展中心	陈丽霞	金坛区金山路 168 号
10	区残疾人联合会	常州市金坛区东城街道残疾人之家	冯　前	金坛区金江苑物业大楼
11	区教育局	常州市金坛区美地蓝庭幼儿园	徐国美	金坛区邮堂庙路 489 号
12	直接登记	常州市金坛区啄木鸟益工社	李　珺	金坛区东城街道华胜社区居委会三楼
13	直接登记	常州市金坛区薛埠镇下杖村居家养老服务站	许华庚	金坛区薛埠镇下杖村委
14	直接登记	常州市金坛区薛埠镇上阳村居家养老服务站	杨国华	金坛区薛埠镇上阳村委
15	直接登记	常州市金坛区东城街道社会组织培育发展中心	尹雪平	金坛区金河花园 30 栋金河社区
16	区文化广电体育局	常州市金坛区梦舞蹈艺术培训中心	张　志	金坛区南门商业街 112 号
17	区司法局	常州市金坛区乡音普法艺术团	张息林	金坛区薛埠镇仙姑村宜庄 252 号

2016 年金坛区新成立基金会一览表

表 44

序号	业务主管单位	基金会名称	法定代表人	秘书长	办公场所
1	区民族宗教事务局	常州市金坛区龙山慈善基金会	季汉卿	方　雷	金坛区乌龙山宝塔禅寺

老龄事业

【概述】 2016 年,区老龄办紧紧围绕“党政主导、社会参与、全民关怀”工作方针,以实现“五个老有”(老有所养、老有所乐、老有所学、老有所为、老有所医)为目标,积极推进关爱空巢、独居老人志愿服务活动,健全和完善老年人社会养老服务体系建设,加大爱老敬老文化宣传,全区居家养老服务建设取得较大突破和转变。

“邻里守护”老年志愿互助。以“就近组织”“结对服务”为主要方式,重点关爱、帮扶独居、空巢等特殊和困难老年群体。充分发掘以社区为基本单元公益服务形式,以低龄老人志愿服务高龄老人为突破口,以点带面,发动全社会共同参与。年内,全区结对老人 14926 名,结对率 100%,其中 60 周岁以上老年志愿者近 4000 人,占志愿者总数 40% 以上。表彰“邻里守护”“双十佳志愿者之星”20 位、“敬老文明号”单位 4 家,其中 4 人获常州市级“十佳志愿者”称号。引入“时间银行”制度,推出“今天我帮你,明天他帮我”助老服务创新举措。设计印发《时间银行积分册》,老年志愿者“安心守护”和“谈心交流”服务时间存入“时间银行”,当自己需要这两类服务时,可从中支取助老服务时间。

居家养老服务建设。全区建成居家养老服务中心(站)129 个,覆盖率 100%。全年新增提档升级居家养老服务站点 23 个,新建社区日间照料中心 2 个、城市社区老年助餐点 4 个,对 60 周岁以上老人进行助餐优惠。逐步建立以区老龄办为主导,各镇、街道志愿者为骨干,加盟企业和社会组织为依托的居家养老服务队伍。进一步加强老年协会建设,建立健全为老服务专业队伍,组织进行养老护理资格培训,实现 100% 持证上岗。

(许翠萍)

民族、宗教事务

【概述】 2016 年,全区认真贯彻民族宗教工作方针政策,深入开展民族团结进步创建活动,真诚服务全区广大民族宗教界人士、少数民族群众和信教群众,充分发挥民族宗教界人士促进经济社会发展的积极作用,促进民族团结、宗教和睦、社会和谐。

民族工作。推进少数民族项目致富工程,通过示范基地建设、开展科技培训、争取资金支持等方式,积极引导、扶持少数民族家庭致富奔小康，2016年，争取省级帮扶项目资金40万元，惠及少数民族家庭32户。

宗教工作。开展和谐寺观教堂创建活动，提升宗教团体、宗教场所服务管理水平。区宝塔寺、清真寺、基督教尧塘街道聚会点、洮西聚会点、建昌聚会点5处场所创成三星级宗教活动场所。继续开展教风建设主题教育活动，加强全区教职人员"教风、道风、学风"建设，召开各宗教团体理事、常务理事等工作会议8次。4月11～22日，区基督教两会举办第九期义工培训班，参加培训60余人。

【推动宗教慈善】 年内，引导宗教界发扬慈悲为怀、济世利人优良传统，扶贫帮困，回报社会。1月30日，忠烈寺定益法师号召常住师及居士们捐款5万余元，为甘肃省老山坡镇孩子们购置羽绒服200件、毛毯150条。2月3日，乾元观住持尹信慧道长率道众慰问贫困失依儿童8户，发放慰问金和食品，价值1万余元，并长期结对帮困。6月23日，盐城阜宁遭受龙卷风冰雹灾害，区宗教界捐赠钱物4万余元。7月7日上午，宝塔禅寺住持传能率法师及信众慰问儒林镇受灾群众，捐赠矿泉水、风油精、方便面等物资价值2.76万元，现金5万元。

【弘扬宗教文化】 年内，由乾元观住持尹信慧主编的《茅山乾元观传说》一书由南京大学出版社出版，中国道教协会副会长兼秘书长张凤林为之作序。该书收录50则民间故事，分炼丹井夜话、贞白遗风、松风阁听涛等6个部分，涉及遗迹、遗存、人物、道术、教义等内容，每篇2000字左右。6月5日上午，首届"龙山印象"佛教文化节在区顾龙山宝塔禅寺举行。12月11日，围绕"用佛法智慧解析人与人之间的关系"主题，普慈寺成功举办首期读书会，常州读书会及全区阅读爱好者30余人参加活动。

【成立龙山慈善基金会】 6月3日，全区首家公益性慈善基金会——龙山慈善基金会在宝塔禅寺成立，会议选举传能法师为基金会理事长、汤雪明为秘书长，该基金会注册资本300万元。5日，中国国际教育电视台副台长张一千和副区长刘明江为"金坛区龙山慈善基金会"揭牌。是日，该基金会捐助江苏省华罗庚高级中学、区第一中学、区第四中学60名学子助学款12万元。

【举办"坐隐论道"论坛】 11月12日，茅山元阳观与区内道教主题公园东方盐湖城联合举办"坐隐论道"论坛，围棋国手常昊、张璇，国内首位道教学学士陈信畅道长，上海市道教学院副教务长王驰等参加论坛并畅谈道文化。论坛围绕围棋与道文化、围棋的黑白与易道中的阴阳、吴清源大师的六合之棋、中和之棋与道教《道德经》里提倡中和之道展开，旨在大力传播中国优秀传统文化。这是首次由顶尖棋手、道教界以及文化界参与论坛。

（陈建英）

关心下一代工作

【概述】 2016年，区关工委认真学习贯彻习近平总书记重要指示，发挥"五老"（老教师、老党员、老干部、老知识分子、老科技工作者）优势和作用，积极推进关心下一代事业更好发展。全年编印宣传资料3000多份，发行《关心下一代》报刊1.86万份。组织出席省关工委成立20周年表彰大会，全区5名个人、2个集体分别获评2016年度先进个人和先进集体。

主题教育。年内，利用中国共产党成立95周年契机，开展青少年"学党史、学国史、听党话、跟党走"主题教育，组织老同志深入学校、社区和农村，讲法制、忆传统、谈理想；组织青少年观看电影、图片展；开展读书、征文、社会实践等活动。组织"七彩夏日、缤纷夏日"等未成年人暑期系列活动，区关工委深入村委、社区、学校，对学生进行"两史"（党史、国史）教育，勉励学生勿忘国耻，继承传统，发愤读书。大力弘扬中华传统美德，联合区教育局在建昌中学召开中华孝道文化进校园推进会。

帮困助学。确立多渠道、多形式帮困助学机制，落实《金坛区对家庭经济困难学生实行教育救助的暂行办法》，全年筹集资金105.26万元，资助300余名贫困生。年内，全区机关、事业单位自愿资助贫困生，捐助资金100多万元。各镇（区）普遍建立帮困助学基金，开展献爱心活动，年均捐助60多万元。截至2016年，团区委筹集希望工程助学金47.06万元，资助贫困生151人。雨润服饰有限公司每年捐资20多万元，资助30多名大学贫困生，儒林镇柚山村连续十八年奖励大学新生，支付资金23万元。区住建委切实关爱170多名留守孩子，指配专人管理，建立学校联系卡，开展节日慰问。

网吧监督。区关工委主动配合区文广体局、公安分局等部门，抓好网吧义务监督工作，组织"五老"义务监督员，对全区网吧、游戏厅进行属地管理，定人定点监督，把网吧监督融入社区关心下一代工作中，健全长效监管机制，禁止未成年人进入网吧。年内，各级关工委共检查网吧100多家（次），"五老"参与400人（次），全区网吧监督管理走在全省前列。

组织建设。年内，全区127个村（社区）通过两级验收，分别获常州市和区关工委命名表彰，占全区行政村（社区）总数96%，实现预期工作目标。全区建立校外教育活动中心115家，各镇（区）全部建立关心下一代"五老"志愿者协会分会，成立502家民营企业关工委组织，并开展各项活动。（王一鸣　周美芳）

慈善事业

【概述】 2016年，区慈善总会认真贯彻《中华人民共和国慈善法》，全面落实《省政府关于促进慈善事业健康发展的实施意见》，结合实际，进一步完善善款募集、项目管理、财务管理、信息披露等各个环节管理制度，增强社会慈善意识，提高慈善工作社会效果。全年慈善资金总收入2300.43万元。其中，“慈善一日捐”活动现款募集收入838.87万元，企业协议承诺捐赠兑捐260万元，冠名基金捐赠收入246.88万元，根据捐赠人意愿，接受社会各界定向捐赠收入434.39万元，慈善资金保值增值收入520.29万元。全年各类慈善资金支出1465.03万元。其中，慈善救助项目支出921.79万元，冠名基金慈善捐助项目支出77.53万元，按照捐赠人的意愿定向慈善捐助支出432.74万元，慈善活动和管理费用支出32.97万元。受益困难群众万人(户)以上。

【抗洪救灾捐助】 7月上旬，全区遭遇特大洪涝灾害。区慈善总会积极帮助受灾群众解决生活困难，向全区社会各界发出抗洪救灾募捐倡议，收到抗洪救灾捐款57.45万元，捐款全部支援灾区。

【实施项目救助】 全年先后实施助困、助医、助学、助老、助残等八大慈善救助项目。其中，春节开展“助困送温暖”活动，慰问救助困难群众3251余人(户)，发出助困慰问金238.74万元；帮助家庭遭遇突发事件的特困群众发放应急救助资金49.56万元；医疗救助恶性肿瘤(癌症)、白血病、血友病等重大疾病患者2136人，发放救助金454.8万元；慈善爱心助学贫困家庭学生516人，发出助学金105.26万元；资助农村敬老院提档升级建设资金41万元；资助意外交通事故未获得赔偿的困难家庭10万元；与省慈善总会联合实施儿童大病慈善救助项目资金9.43万元；帮助残疾人家庭生活困难发放慈善资金13万元。

【开展冠名、定向专项捐助】 服务慈善冠名捐赠单位。年内，促成荀姚光彩基金、周氏志成冠军扶贫助学基金、晨风工友爱心基金、华达老年事业基金、蔡炳照大爱基金发放冠名慈善项目救助金77.53万元；按照捐赠人意愿，及时接转慈善捐助资金432.74万元。

【提升慈善社会公信力】 规范运作机制，完善社会监督，聘请区金信会计师事务所全面审计区慈善总会2016年度慈善资金收支情况；延伸审计各镇、街道慈善分会慈善资金募集使用情况；追溯调查审计全年慈善项目实施情况，全年慈善资金收支情况及审计报告通过《金坛时报》向社会公开。发挥理事、监事议事决策和监督作用，召开理事、监事会议听取全年工作情况、慈善资金收支情况以及2017年度慈善工作安排、善款收支预算汇报。营造慈善发展环境，通过电视、网络、报刊等媒体，宣传慈善理念、慈善先进典型和慈善救助实际成效，以慈善良好形象取信公众、取信社会。

(眭震球)

(编辑 储 劼)

金坛刻纸《马上福来》 (作者 杨兆群)

各镇（街道）概览

金城镇

【概述】 金城镇总面积92.8平方公里，其中耕地3623.6公顷。全镇辖有11个行政村，164个村民小组，总人口5.9万人。2016年，全镇实现地区生产总值57.27亿元，比上年增长6.99%，三次产业增加值占地区生产总值比重依次为10:69.8:20.2。全年完成公共财政收入2.72亿元（含耕、契两税），增长0.11%，农村居民人均可支配收入28052元，增长9%。

农业。2016年实现农林牧渔总产值10.23亿元，比上年下降3.51%，其中农业产值4.74亿元，畜牧业产值1.23亿元，渔业产值3.73亿元。全年粮食总产量3.4万吨，夏粮公顷单产4.6吨、秋粮公顷单产8.9吨，油料总产量572吨，水产品总产量0.93万吨，水果总产量848.7吨，蔬菜总产量7.05万吨，出栏生猪3.95万头，出栏家禽395万只。全镇高效农业种养殖面积1231.4公顷，其中高效设施农业面积1121.3公顷。特色产业有鲜食果品133.2公顷，“塔湖”牌香葱146.6公顷。特种水产养殖面积806.6公顷。有种植、养殖专业户1100多户。建有无公害农产品基地9个，拥有无公害农产品9只。引进“三资”开发农业0.126亿元。

全年新增土地流转面积104公顷，共3402公顷。新增农村合作社6家、家庭农场46家，新增家庭农场名录19家、农民专业合作社名录20家。全镇联合收割机保有量30台、高速插秧机75台、中拖79台，农机总动力3.34万千瓦，三麦机收率、水稻机收率100%。扎实推进水利工程建设，全年共完成各类土方72万立方米，水利建设投入资金3581.2万元，其中小型农田水利建筑配套项目10项、水毁修复工程、太湖流域水环境治理工程和二轮水利重点县建设等，有力地提升了全镇防洪排涝、农田水利设施条件和水平。

工业。全镇完成地区生产总值57.27亿元，比上年增长7%。服务业增加值11.57亿元，增长13.3%。完成工业开票销售106亿元，增长12.3%；完成工业实际投入11.6亿元，完成公共财政收入（不含耕、契两税）2.72亿元。全镇81家规模以上工业企业完成产品销售收入161.93亿元，实现利税24.24亿元，工业增加值35亿元。装备制造、新材料、光伏新能源、纺织服装四大支柱产业占全镇工业经济的84.3%，其中装备制造占17.2%，新材料占22.7%，光伏新能源31.4%，纺织服装占全部工业的13%。完成全社会固定资产投资63.6亿元。

2016年，全镇新增签约项目30个，计划总投资65亿元，其中亿元以上项目10个，计划总投资57.4亿元。鼎盛泰克“汽车散热器”、中领“轨道交通装备”等12个项目已竣工投产，广顺“电力设备”、剑兴“环保处理设备”等8个项目已开工建设，其余项目正在办理相关报批手续。

2016年，全镇新增高新技术1家（海润电力）、省民营科技企业25家，申报各级科技项目19个、人才项目7个，申报各级各类专利500件。新增“企业技术中心”1个（微特电机）。帮助企业争取扶持和奖励资金1800余万元，为企业的健康、快速发展增添了新的活力。

园区建设。初步完成35.8平方公里江苏省金坛经济开发区北区、金坛金城科技产业园总体规划；北杨路、环园路延伸工程、后关路延伸工程等项目已顺利完工，总投资约4000万元；金城镇中心幼儿园、元巷综合市场、金城镇社会福利中心等项目主体结构全部完成，室内装修、水、电、道路等配套工程有序实施，总投资1亿元，占地约4公顷，总建筑面积3.8万平米。

服务业。2016年，全镇完成服务业增加值11.57亿元，比上年增长13.32%。服务业经济总量占地区生产总值的比重达20.2%。其中批发零售贸易、住宿餐饮、交通运输、居民服务等四大支柱产业完成增加值9.02亿元，同比增长14%，占全镇服务业增加值的78%。

新农村建设。全镇铺设污水管网18929米，新建水泥路29029米，新建公厕5座,清除露天粪坑244个,新建下水道12633米,改水4503户,改厕942户,种栽树木50006余株,安装路灯210盏,清淤沟塘26条,清淤土方98400立方米,河塘驳岸6614米,清运垃圾19327吨,新建垃圾箱100只,新建污水处理设施14个。全年全镇农村环境整治与长效管理总投入5150.779万元。创建南瑶村、庄城村"江苏省绿化示范村",全镇卫生保洁员实施长效管理,配备村级保洁员194名。集中开展长竹埂、社河头、史巷3个村的环境卫生整治。

科技创新。到2016年年末,全镇拥有省级以上高新技术企业15家、民营科技企业85家、企业技术中心3个、工程技术研究中心3个、工程研究中心1个。凤凰城经济工业园、金城工业标准厂房园分别获批江苏省小微企业创业示范基地和常州市科技企业加速器,60余家科技型小企业成功入园并得到快速成长,实现了创业资源的有效集聚,为大众创业、万众创新提供了良好的基础条件。

社会事业。全镇共有中小学3所。其中,中学1所,小学2所。有在校学生1184人,教师194人。教育现代化步伐加快,每校建有校园网,中小学全部实现宽带上网。基础教育水平稳步提高,适龄儿童少年、初中入学率100%,初中毕业生升学率98%以上,教育质量稳步提升。

2016年,文体活动蓬勃开展。星级文化示范村创建全部获得通过。组队参加区第六届全民运动会并取得较好成绩。成功举办以"放飞梦想·激扬金城"为主题的广场月月演大型文艺晚会,先后举办村广场舞等各类文体活动15场次。积极开展科教文卫"四下乡"活动,村级文化建设全面加强。网格化服务管理实现全覆盖,村服务中心的平台建设基本到位。

推进医药卫生体制改革。年末,全镇共有卫生机构12个,拥有固定资产6834万元,床位100个,拥有卫生技术人员170人。卫生服务网络覆盖率100%,初级卫生保健普及率100%。农村新型医疗保险参保率达100%。"新农合"参保40619人,共筹集资金730万元。

推进被征地农民基本生活保障工程,多渠道解决低收入家庭生活困难。全年发放民生各类救助资金897万元,净增企业职工养老、医疗、工伤、失业、生育五大保险763人,完成率155.7%;居民养老保险续保缴费人数21314人,完成率97.33%,提前一个月完成95%的考核任务。元巷殡仪馆、第一污水处理厂、长竹埂晨风地块、直荣公路、金茅公路等项目涉及8个行政村1560人失地农民参加社会保障,做到即征即保。

人口和计划生育事业健康发展,全面有序实施两孩政策。全镇出生政策符合率99%以上,人口文化建设达标率95%以上,依法行政达标率100%,各项奖励扶助政策兑现率100%,流动人口计划生育服务管理率95%以上。

全年共接待群众来访58批317人次,"12345"公共平台交办5件,上级其他部门交办件3件,办结率100%,排查化解各类矛盾纠纷313起,社会矛盾化解率99%以上。

(肖建华)

2016年金城镇各村基本情况一览表

表45

村名	党总支书记 村委会主任	基本情况		
		耕地面积(亩)	户数(户)	人口(人)
南瑶	曹斌	3311.3	1613	5478
长竹埂	周小平	2419.73	1014	2651
后阳	陈康	8082	2367	5070
培丰	庄俊	3521	964	2552
沈渎	杨国华	3798.36	1159	3623
元巷	王罗忠	1275.83	2866	8462
冯庄	蔡达成	4350.99	1493	5934
白塔	靳吉庚	9935	3575	7495
庄城	蔡粉祥	8208	1954	5616
前庄	周磊	3667	940	2223
联丰	艾国平	5785	1294	3520

2016年金城镇骨干企业情况一览表

表46

企业名称	销售收入(万元)	利税总额(万元)	法定代表人	企业名称	销售收入(万元)	利税总额(万元)	法定代表人
常州龙宇江庆新材料科技有限公司	134999	32527	刘　策	江苏绿盛工程材料有限公司	21376	2294	蒋一成
江苏苏格达斯铝合金科技有限公司	7485	-278	朱国平	江苏成松防水材料有限公司	9829	397	艾成松
常州天马光伏电子有限公司	6924	175	马庆晓	金坛市经编装饰品厂	36294	7736	冯罗生
江苏兴禾混凝土有限公司	1004	-89	周　扬	江苏翔发丝绸服饰有限公司	6909	279	蒋小福
上海建工常州建亚建筑构件制品有限公司	7656	167	何群伟	常州佳诚服饰有限公司	46576	9620	王国昌
江苏科凯新材料科技有限公司	2429	-5	陈凤华	江苏登冠医疗器械有限公司	3067	70	单叶英
江苏中远消防设备有限公司	11034	2002	祝王军	金坛市虹亚服饰有限公司	2284	91	陈雅平
常州市江南医药原料有限公司	2203	166	黄月美	江苏易成电力器材有限公司	250547	57131	王粉美
江苏金榆科技集团有限公司	89700	10841	刘柏榆	金坛华盛服饰有限公司	4278	149	王　青
江苏宝联新材料科技有限公司	47503	4913	赵　刚	江苏云康药用包装有限公司	2666	83	李国云
江苏源力汽车内饰件有限公司	86106	11043	姚卫军	江苏东宝印染有限公司	6246	-295	孙　文
江苏通洋船舶有限公司	7148	301	杨光辉	金坛市华祥织布厂	2517	85	冯荣华
常州华宇混凝土有限公司	1659	-322	周益华	金坛鑫龙服装有限公司	10470	290	陈鑫元
海润太阳能电力(常州)有限公司	118110	1858	吴继伟	江苏金旺包装机械科技有限公司	10492	780	房国荣
江苏凌云药业股份有限公司	6062	1342	凌青云	金坛市鑫捷绝缘材料有限公司	2506	201	朱斌兰
帝目自动设备(金坛)有限公司	1234	6	许凌翔	金坛市鸿羽织造厂	3579	34	王菊琴
常州德源箱包制造有限公司	5368	-138	李　德	江苏威龙制药机械科技股份有限公司	2090	25	蒋玉华
常州三佳服饰有限公司	3022	76	王国昌	金坛市天成箱包有限公司	3054	215	高　辉
常州广裕橡塑科技有限公司	8301	1491	陆　俊	金坛市鑫隆防水塑胶制品有限公司	7439	591	史龙孝
常州三源光伏材料有限公司	2109	82	蒋国义	常州市金坛荣盛化工有限公司	4163	160	王　飞
金坛欧歌电声科技有限公司	620	-32	欧阳宝宝	江苏汇和制衣有限公司	3168	263	夏　薇
江苏佳泽粮油有限公司	385	12	凌六梅	江苏蓝色星球环保科技股份有限公司	58927	4366	尹和平
常州高瑞时装有限公司	11059	519	顾栋梁	常州凯格努服饰有限公司	3185	107	岳美英
华通(常州)生化有限公司	3867	-231	王泽华	常州佳恒服饰有限公司	3522	131	吴建生
常州立渝弹簧有限公司	2414	327	俞海林	常州宝齐莱服饰有限公司	2060	341	孙　文
常州市金坛成龙橡塑制品有限公司	75485	15080	艾　晶	江苏晨阳机械有限公司	88906	12929	谢　军
常州华诚电子有限公司	4435	534	陈　烈	常州强达宝成化工有限公司	6423	702	付和英
江苏金鹏汽车座椅有限公司	48263	3583	严乔成	常州润雨服饰有限公司	58034	12463	袁湘勤
常州市金坛华龙塑业有限公司	2895	131	孔　玮	常州市南岗鞋业有限公司	3577	140	杨　敏
常州市金坛中兴医药化工有限公司	2837	321	赵　剑	江苏润泽农化有限公司	81558	21750	朱小平
常州市天华制药有限公司	4044	680	周益芳	常州市金坛康达医用器材制造有限公司	3401	308	曹书保
金坛市宏瑞机械厂	2318	108	刘元娣	常州翔润丝绸服饰有限公司	2247	91	蒋小福
江苏鑫田柴油机有限公司	16086	99	许　强	常州市凯丰橡塑制品有限公司	3873	40	冷荣平
常州金坛金军动力机械有限公司	3207	201	张水军	常州金坛豪源服饰有限公司	1416	119	徐国俊
金坛市天瑞服饰有限公司	685	44	吴海燕	江苏索特动力工程有限公司	3023	41	汤　俊
江苏力合粘合剂有限公司	81321	20161	蔡炳照	江苏三方医药原料有限公司	6189	456	张国涛
常州市金坛区华邦化工有限公司	9981	1586	王华琴	常州华南化工有限公司	3043	133	魏　巍
常州宝尔曼斯服饰有限公司	3538	-351	孙忠保	江苏鑫隆复合工程材料有限公司	2594	-71	史月香
常州市金坛微特电机有限公司	6893	577	王国俊	江苏大力士云石护理材料有限公司	21488	1347	杜昆武
常州闲兴服饰有限公司	1776	58	徐美芳	常州市华东化工研究所	5271	274	朱金富
常州远方卓越汽车部件有限公司	4001	191	吴　燕	常州市前药制药原料厂	6142	527	郑锁庆
金坛市贝斯特汽车内饰件厂	484	54	龚东留	常州市西南化工研究所	2145	119	魏　巍

薛埠镇

【概述】 薛埠镇位于茅山东麓,域内风景秀丽,古有“吴中门户,江东福地”之称,是常州市西部中心镇。340省道及宁常、扬溧高速穿境而过,区域和资源优势明显。全镇土地总面积234.8平方公里,其中耕地面积6494公顷,下辖21个行政村、3个场圃、3个居委会、280个村民小组,总人口6.82万人,其中非农业人口2.2万人。2016年,全镇实现地区生产总值40.79亿元,财政收入2.99亿元,农民人均可支配收入25980元。

农业。2016年,全镇农业总产值99436万元,粮食产值14000万元,夏粮每公顷单产4440公斤,秋粮每公顷单产8085公斤,粮食总产量37389吨。拥有大中型农机630余台,农机总动力8.9万千瓦。种植养殖专业户79户。年出栏生猪65118头,年出栏家禽231万只,水产品产量1926吨,水果产量899吨,蔬菜产量31173吨。新发展高效设施农业面积356亩,有效提升农业规模化和机械化水平。申报常州市农产品电子商务示范镇项目,引导6个村开展7处秸秆收储临时堆放点建设,5家农业企业申报区级农业龙头企业。全面落实完成农业政策性保险工作,水稻、小麦和油菜保险面积2826.67公顷。新发展11家农民专业合作社,申报合作社名录30家,新认定家庭农场10家,村集体经济每年增长10%以上,村集体收入保持年增长10%。筹备成立农村产权交易中心,为农民提供便利交易平台。全镇新增土地流转面积129.68公顷,涉及农户630户,签订土地流转合同630份。规模经营累计面积6553.33公顷。稳步推进土地承包经营权确权登记颁证先行工作,20个村全面完成确权登记颁证公示及合同签订任务,合同签字率均超98%。

工业。至年底,全镇有工业企业589家、私营企业308家、个私工业企业289家,工业产品销售收入68.8亿元,工业利税总额8.46亿元,完成技改项目51项,技改投入25.44亿元。外贸供货额16496万美元,全镇实现工业总产值70.48亿元。全年签约的28个项目中,已竣工项目3个,在建项目7个,其余项目计划2017年开工建设。华鑫科技架构件、洗衣机配件、和宇船用复合材料、血液制品研发等项目顺利推进。

招商引资。全年签约总投资额25.57亿元,其中亿元以上项目9个、5000万元至1亿元项目12个。精制钙、生物燃料、反渗透膜元件恢复再生3个项目实现当年签约开工、当年竣工投产。新引进的生物降解材料及其产业园、生物复合材料生产项目,为全镇工业集中区内打造集上游原料研发、下游末端产品生产于一体,上下游企业集群的生物降解材料产业园,生物科技产业将成为未来引领薛埠镇工业经济发展的第四大主导产业。通过挖掘各招商组成员单位人脉资源,扩宽招商代理收集有效信息渠道,制定项目第一引荐人奖励办法,激发招商代理工作激情,主动对接浙江商会、泉州商会、福建商会、台商协会等平台,重点对接苏锡常、浙江、广东、上海等区域。

科技。企业创新能力大幅提升,在市场、技术和资源的共同作用下,加强与各级各类科技重点工作的衔接,不断加大科技投入,丰富科技创新内涵。全年承担省级科技项目1项,经费150万元;承担常州市级项目3项,经费55万元;金坛区科技计划项目13个,经费78万元。培育省高新技术企业1家、民营科技型企业15家,开发市级新产品5个,确认常州高新科技产品2个,申请专利323件,其中发明106件,获专利授权77件,其中发明8件,4个科技项目获得金坛科技进步奖。新增产学研合作项目6项,申请常州“龙城英才”项目3项,立项1项,资助金额100万元。金鹿电缆申请省科技厅科技副总人才项目。全年获得省级科技项目8项,获得经费扶持1420万元;常州市级项目3项,获得经费扶持55万元;获得金坛级项目66项,获得扶持经费424万元。4家企业被认定为江苏省高新技术企业,63家企业被认定为江苏省民营科技企业,3家企业科研机构被认定为常州市级工程中心。申请专利1612件,其中发明324件,获得授权465件,其中发明47件,获得常州市级科技进步奖2项、金坛区级18项。开展产学研活动12次,产学研合作项目32项,获得省级人才项目1个、常州人才项目8项、金沙英才项目8项。

镇村建设。完成《薛埠镇总体规划(2016~2030)》修编工作,明确城镇发展方向为“东拓、南移、西控、北联、中优”(工业园区向东拓展;集镇生活区向南拓展至茅山旅游大道;以265省道为界,控制集镇向西发展;通过道路强化集镇与景区联动;优化提升老镇区城镇功能和人居环境)。联合区交通局稳步推进道路长度9.8公里,道路宽度25.5米265省道北段的道路建设;新建东南路(道路总长2公里,宽度为14米);落实“农路提档升级”工程,提升改造石马村、茅兴路等3条道路,共2.63公里;启动东环一路和物流大道前期准备工作。3个政府性投资项目总投资3.31亿元,全年完成投资1.56亿元。做好安置房的建设管理,让动迁户早日入住。锦绣二村安置小区项目用地36800平方米,规划新建9幢11层住宅,总建筑面积75049平方米,共计500套住房,于11月15日交付。做好邻里中心项目的建设管理,解决园区企业职工住宿问题。邻里中心项目占地8500平方米,规划新建3幢宿舍楼、1幢1层沿街商铺楼,总建筑面积14503.28平方米。做好标准厂房的建设管理,促进薛埠镇招商引资工作。新建薛埠村标准厂房用地面积18730平方米,建筑面积11804.4平方米。为进一步改进薛埠镇交通体系和“两个加快”的推进工作,2016年共启动动迁地块6个,分别是265省道南段、东环一路1期、265省道北段耳道、工业园扩建1期、大轿巷综合体和物流大道地块,共涉及薛埠村、上阳村和连山村等9个行政村,总征地动迁面积137公顷,租用土地40.55公顷,房屋动迁290户,总建筑面积51612.4平方米。

社会事业。督促指导山蓬、花山等美丽乡村示范村创建规划和实施方案的制定,山蓬获省级美丽乡村,花山获常州级美丽乡村;创金坛级示范镇,5个村创示范村。获得新农村建设项目10个,资金100万元。完成敬老院提档改造工程,21个行政村实现居家养老服务站全覆盖。2016年,全镇有中学2所、小学5所,在职教师395人,在校学生数2531人;医院1所,卫生室13个,初级卫生保健普及率99%,自来水普及率98.7%;文体事业日趋繁荣,全镇21个行政村全部建有农家书屋,开通数字电视户12500户;农民家庭收入稳步增加;电话普及率100%。社会保障工作不断加强,社会保障体系不断完善。全年救助孤儿9人,新申请审批1人,毕业工作后核销2人;救助困境儿童7人,散居孤儿每人每月补助1430元,困境儿童每人每月补助1140元,发放救助金20.43万元,按月实行社会化发放。10~11月,对全镇774户城乡低保对象进行全面复核,城乡低保由原来保障标准590元提高到670元的,各村对复核提标结果进行100%的张榜公示,广泛接受社会监督,增强低保工作的透明度。全年共取消不符合条件的城乡低保户132户256人,新增低保户35户84人。全年参加社会保险人数32067人,新型农村合作医疗参保率100%。

(李志斌)

2016年薛埠镇各村基本情况一览表

表47

村　名	党支部书记 村委会主任	工农业总产值(万元)	利税总额(万元)	农民人均可支配收入(元)
东进村	李友俊	47603	2551	22176
上阳村	杨国华	34495	1173	23401
薛埠村	王春才	210155	51625	25771
连山村	虞福庚	39902	3929	26827
方麓村	朱锁良	32721	2755	27173
上阮村	张国庆	44319	1106	42228
山蓬村	吴扣平	6600	272	20943
长山村	陈　云	27554	2413	21317
罗村村	钱国忠	34555	1761	23625
花山村	袁箭峰	74472	2771	48213
东窑村	周国忠	30230	607	15606
茅庵村	杨伟斌	24190	396	24683
泉江村	高锁春	6175	238	14994
下杖村	许华庚	11330	282	20354
石马村	黄文庆	72979	6019	20241
神亭村	丁家保	8796	270	18834
致和村	鞠土华	11370	502	31276
倪巷村	王息保	1232	181	12957
西旸村	李雪兵	50456	3998	40125
仙姑村	蒲　斌	25711	749	39984
茅东村	王国华	9301	1000	14890

2016 年薛埠镇骨干企业情况一览表

表 48

企业名称	销售收入（万元）	利税总额（万元）	法定代表人	企业名称	销售收入（万元）	利税总额（万元）	法定代表人
盘固水泥集团有限公司	119593	7147	张锁林	常州金坛金星包装有限公司	2380	103	徐国亮
江苏晶昇服饰有限公司	5287	855	郑贤永	常州市金坛区昌鑫制衣厂	3410	214	王昌明
常州市金坛区铠建合金材料科技有限公司	14481	931	张来建	金坛市祥盛精制钙化有限公司	5805	245	陈国祥
常州杰达制衣有限公司	10239	754	刘亚芬	常州茅麓塑料有限公司	2289	230	杨其斌
常州市舜尧服饰有限公司	7512	942	王开平	金坛市盘固塑业有限公司	2021	105	萧金铅
常州旭普汽车零部件有限公司	2544	147	马瑞洪	常州市金坛区富达制衣厂	1869	101	裴留富
奥托立夫(江苏)汽车安全零部件有限公司	113517	5412	程翠香	江苏亚邦矿业有限公司	10031	954	杨建华
江苏兢业制药有限公司	6186	523	叶锡培	常州市金坛区金陶农配有限公司	2081	158	李腊亭
常州市鑫盛印刷科技有限公司	3457	310	唐建惠	常州市金坛常鑫轧辊科技有限公司	82421	957	柯国秋
江苏东禾电声配件有限公司	3380	213	陈俊隆	常州金坛超创电池有限公司	6307	457	解玉新
常州花山包装有限公司	1604	104	葛书平	常州市金坛区召辉合金有限公司	1333	95	许召庚
常州市金坛区溶解乙炔有限公司	1071	172	王粉祥	金坛澳宇纺织有限公司	1005	92	徐建平
常州卓雅箱包制造有限公司	5427	321	周国平	常州金沃电子科技有限公司	11891	1450	吴　翰
常州市金鹿电缆料有限公司	2901	763	吴长全	江苏平丰玻璃科技有限公司	5056	486	丁加平
常州市金坛茅麓溶剂厂	3136	362	曹荣庚	常州万容新材料科技有限公司	4593	378	王国芳
常州市金坛茅麓晨丽制衣厂	6630	317	陈生根	常州浦港物资有限公司	4585	421	王冠荣

直 溪 镇

【概述】 直溪镇位于金坛区西北部，全镇总面积 106.5 平方公里，总人口 5.98 万人，辖 12 个行政村 224 个村民小组，1 个养殖场和 3 个社区居委会，耕地面积 5345 公顷，水域面积 1675 公顷。直溪镇是国家级生态镇、江苏省文明示范镇、江苏省卫生镇。2016 年实现地区生产总值 51.58 亿元，比上年增长 15.4%；财政收入 5.04 亿元，增长 32.19%；农民人均可支配收入 26513 元，增长 15%。

农业。2016 年，全镇实现农业生产总值 9.15 亿元，比上年增长 6.3%。建成省级渔业标准化基地 1 个，高效渔业养殖面积 1100 公顷。发展现代规模农业，青虾、红香芋“一村一品”示范村相继建成，昌玉红香芋、永乐牛蛙通过国家食品安全体系认证，健倡红香芋品牌创成国家商标地理标志及全国名特优新农产品，昌玉红香芋协会入选国家级“科普惠农兴村”先进单位，完成秸秆还田覆盖总面积 3300 公顷，累计培训农技人员 4000 人次，新增职业技能鉴定持证农民 1100 人，农业机械应用率 95%。完善现代农业产业园区，高效设施农业、持证农民、高标准农田比重和农业机械化水平、农业废弃物综合利用率全面达标，基本实现渔业现代化和农业机械化。全年新增高效设施农业 152 公顷，完善高标准红香芋、大蒜永久性蔬菜基地建设。以坞家、溪滨村为重点发展食用菌高效农业设施。普及蟹池“155”生态养殖、青虾双季主养生态高效养殖技术，新增高效设施渔业面积 150 公顷，培植百亩以上公顷效益 15 万元的家庭农场 2 家、300 万元产销大户 3 家；培育一批公顷效益 15 万元高效渔业产业集群，全镇渔业科技进步贡献率达 85%。积极培植渔业专业合作经济组织，完成 185 人职业渔民培训。加快推进农机社会化服务体系建设，积极鼓励农机户加入农机合作社，推行“社社联姻”，推进“企社共建”，成立农机合作联社，提升合作社影响力和统筹协调能力。探索“合作社 + 基地 + 农户”发展模式，扩大订单农业，一条龙服务面积占全镇机械化作业总面积的 78%。全镇新增各类机械 260 台(套)，享受补贴 400 万元。推进农业产业化经营，加快建设优势特色产业基地，培育农业产业化示范基地 2 个(养殖场常规鱼、牛蛙)、“一村一品”示范村 2 个(青虾、红香芋)，推进红香芋、大蒜、小萝卜深加工进程。引导农民合作组织开展食品安全体系认证。推进品牌农业建设，新建农业标准化示范区1个、续展“三品”3只。切实加强品牌质量保证体系和诚信体系建设,精心组织合作社参加各级各类名优农产品展销,全力提升该镇名特优农产品品牌知名度。

工业。2016年,全镇实现工业总产值127亿元,比上年增长20.8%;开票销售总额102.9亿元,增长28.7%;规模工业实现开票总额90亿元,增长34.1%。光伏新能源、医用敷料、装备制造、纺织服装、化工新材料五大行业占全镇开票销售的94.7%。龙头企业带动作用明显,12家光伏企业共实现开票68.5亿元,占全镇67.7%。企业实力明显增强,全镇2000万元以上的规模企业38家,其中亿元企业19家。全镇完成工业总投入20亿元,投入项目46个。其中,续建项目8个,新开工重点项目4个,本土企业项目29个,招商引资项目5个。增强对园区项目建设和企业发展的支持与统筹,持续实施重点项目领导挂钩责任制,深入企业开展调研、走访,协助企业申报国家、省、市专项资金2亿元,其中江苏斯威克获得国家产业振兴专项资金5917万元。技术创新取得新进展,全镇共有高新技术企业10家,其中2016年新增4家。推动校企合作走向深入,园区企业同相关科研单位签定产学研合作协议15份。品牌创建实现新突破,“丰登”商标被评为“中国驰名商标”。2016年,该镇园区内“五横五纵”框架全面拉开,“七通一平”工程基本完成,绿化面积达12万平方米。建成直里排涝枢纽、园区中心公园和4座桥梁。投资8000万元建成6.3万平米的标准厂房10幢。投资9000万元建设的邻里中心交付使用,总长2.1公里的污水管网等配套设施先后建成。初步形成5.35平方公里的园区空间布局,为大项目落地提供足够的承载空间。

建筑业。2016年,直溪镇着力发挥建筑之乡的传统优势,进一步拓展现代建筑业服务水平,积极开拓国内外市场。全镇共有规模建筑企业35家,涵盖劳务、土建、水电、家居装潢、园林绿化多个领域,实现建安产值36亿元,比上年增长4.1%。直溪建筑公司强抓市场回暖机遇,升格为二级企业资质,建昌建筑公司升格为一级资质企业。

第三产业。2016年,全镇服务业总产值36.5亿元,实现增加值12.12亿元,其中生产税额4.61万元。年度注册登记各类三产实体7665个,新增个体工商户30户,从业人员2361人,人均收入3.68万元。全面开发建昌片区特色文化旅游资源,挖掘建昌圩文化、董永孝文化,主动对接茅山旅游度假区,推动“如意小镇”休闲度假项目,带动周围农家乐等乡村旅游蓬勃兴起。吕坵村的真武庙,展现宗教文化特色。蔡甲村“中共苏皖区一大会址”革命传统教育基地全年接待参观旅客5.6万人次。

镇村建设。2016年,直溪镇集镇总规修编通过专家论证,集镇和园区的产镇融合控规、城市设计和沙盘模型编制完成。国家级生态文明镇规划、天荒湖生态红线规划通过审批。大力实施城乡基础建设,建成全长4.3公里的金茅公路;完成迪新线、西井线、直汀线等农村道路提档升级;产业园区的直溪大道、兴业大道、水南路、直里路等主要路段全线通车;在该镇境内14公里的直荣公路开工建设;城乡公交和镇村公交开通;集镇道路绿化亮化水平全面提升,完成31万平方米拆迁任务。直溪停车场、交通智能化管理、2.83公里的中心河综合治理等功能项目相继完成。人居环境提档升级,完成对原22个行政村(社区)的优化配置,形成15个村(社区)行政布点格局。总建筑面积14万平方米的溪城雅苑安置小区竣工交户,配套设施全部完工。全年投资1820万元,新建污水处理站15座,铺设污水管网45公里,15个村(社区)实现污水处理全覆盖。创成省“三星级康居乡村”4个、“二星级康居乡村”12个、生态村10个、环境整洁村185个。天湖村、巨村村创建省级美丽乡村建设示范村,汀湘村、天湖村创建国家级生态文明示范村。

社会事业。2016年,该镇文化事业持续出彩,相继承办省、市、区级送慰问演出12场次。举办春节送春联下乡、正月十四巨龙出会、龙狮表演、文体进农家宣传表演,“七夕·我们的节日”文艺汇演、“两学一做”歌咏比赛、“凌云杯”象棋比赛等活动。开展历史文化名村创建、建昌圩农业文化申遗工作。《建昌圩》系列丛书发行至第八辑。直溪、天湖等7个村(社区)被评为江苏省民主法治示范村。全镇以推进教育现代化为统领,以立德树人为根本,努力办人民满意教育。明珍实验学校整合“小龙人少年宫“社团活动,常态推进“登冠龙文化”校本课程建设,获金坛区学校艺术教育工作年终考核一等奖。建昌中学彰显学校文化品位,以“弟子规孝经”为孝道文化课程整合项目获金坛区一等奖。建昌小学先后有85名学生在区艺术节、运动会、科学节和动漫、书画等项目的竞赛活动中获奖。直溪初级中学建立留守学生与教师的结对帮扶制度,在生活上、学习上、思想上关心“留守学生”。2016年,社区教育中心接受常州市社区教育示范镇验收。民生保障水平提升。全镇农村有低保户606户953人,共发放低保金464.48万元;城市低保户28户46人,发放低保金27.3万元。发放“五保”供养经费224.56万元。发放残疾人员生活救助金286.16万元。为1610名持证残疾人实施大病医疗补充保险,发放优抚经费448.43万元。计生办结合“全面二孩”新政开展形式多样的宣传教育活动,利用集场、“5·29”纪念日,开展卫生保健、优生优育、计生知识有奖竞答等活动,向过往群众、流动人口发放宣传资料520份。该镇结合金坛区社会治安综合治理工作要点,全面落实各项工作措施,确保全镇综合治理和平安工作有序推进。

(耿新如)

2016 年直溪镇各村(社区、场)基本情况一览表

表 49

村 (居、场)名	党支部书记 村委会主任(场长)	工农业总产值 (万元)	利税总额 (万元)	农民人均 可支配收入(元)
坞 家	王洪生	25000	3250	28542
直里社区	李国兴	52512	4486	24000
直溪社区	蒋国俊	67167	5987	26352
汀 湘	汤军强	57624	3965	23580
西 溪	褚 茂	30096	2112	24000
王 甲	王正平	56769	5328	24600
溪 滨	孟国强	31948	4236	22823
巨 村	欧阳林	31326	2876	20360
建 昌	巫中卫	26543	2843	24000
天 湖	虞冬雷	28690	2356	24868
迪 庄	邓中一	45930	3421	24041
井 庄	周仁彬	28118	2531	21504
新 河	印锁华	23868	1133	19800
吕 垳	王才林	48968	3421	18000
建昌养殖场	王和平	9787	938	20789

2016 年直溪镇骨干企业情况一览表

表 50

企业名称	销售收入 (万元)	利税总额 (万元)	法定 代表人	企业名称	销售收入 (万元)	利税总额 (万元)	法定 代表人
正信光电科技股份有限公司	311649	29086	王桂奋	江苏金阳玻璃制品有限公司	4125	-542	杨小军
江苏省健尔康医用敷料有限公司	66603	4250	陈国平	江苏天溯新能源科技有限公司	158850	29517	蒋志锋
常州健泽卫生材料有限公司	18228	341	陈国平	常州嘉华新型合金材料科技有限公司	23273	536	陶学江
常州斯威克光伏新材料有限公司	80357	13089	吕 松	常州瑞通光伏设备有限公司	5098	169	卢小玉
江苏斯威克新材料有限公司	31605	302	吕 松	常州金坛金法码制衣有限公司	5498	453	王维荣
江苏天航新能源科技有限公司	145127	28805	戴 强	常州亚珺制衣有限公司	4072	341	叶国金
常州中信博新能源科技有限公司	71181	5562	蔡 浩	常州亚细制衣有限公司	5728	259	王建俊
常州金坛泰明光伏有限公司	25521	-226	徐建龙	常州雅迪服饰有限公司	4436	185	李国群
江苏丰登作物保护股份有限公司	30642	-135	纪立新	常州市金坛新金冠盐矿有限公司	4938	2233	管国新
常州市登冠化工有限公司	90191	13270	高小兵	江苏龙泉太阳能科技有限公司	2721	126	黄留金
江苏春江农化有限公司	19706	-355	张和平	常州市金坛金冠化工有限公司	82835	13692	蒋国平
常州港华丝绢工艺制品有限公司	14804	252	李壮民	常州市金坛区裕华毛纺厂	3200	117	王金元
常州金坛江南制粉有限公司	12844	334	丁 振	金坛市金冬染织有限公司	3532	135	李冬发
江苏健裕健康医疗器械有限公司	8156	26	储小林	常州市金坛天虹管业科技有限公司	3221	152	刘和平
江苏久诺建材科技股份有限公司	23372	5657	王四九	常州金浩绝缘材料有限公司	2247	236	徐国平
江苏五信新材料科技有限公司	3948	42	胡兴胜				

朱 林 镇

【概述】 朱林镇位于茅山老区,以平原为主,水陆交通发达,常合(原沿江)、扬溧高速公路和340省道贯穿境内。全镇总面积77平方公里,耕地3406公顷,辖9个村民委员会和2个居民委员会、144个村民小组,总人口38529人。全年实现地区生产总值29.21亿元,完成财政总收入3.43亿元,其中公共预算收入2.30亿元,农民人均可支配收入23452元。

农业。全年实现农业总产值6.33亿元,农业增加值3.24亿元。粮食播种面积68480亩,总产量3.15万吨,油料播种面积子4987亩,总产量0.81万吨,生猪全年饲养量70163头,肉类产量0.72万吨,家禽饲养量399.64万羽,水产品总产量0.68万吨。种植业以推进结构调整为主,无节水芹、黄金软米、麦之初面粉、畜牧产业等主导产业优势显现。建成1个省级农产品加工集中区和1个常州市级现代畜牧产业园区,有省级农业产业化龙头企业4家,畜牧业产值占全区比重50%以上,三德利牧业在省股交中心成功挂牌。新增高标准农田1700公顷,粮食生产全程机械化水平超80%。朱林无节水芹被列入国家地理标志产品,"黄金村"牌有机软米被评为省名牌产品。

工业。全年工业开票销售30.03亿元,实现工业增加值14.11亿元,全镇完成工业固定资产投入19.11亿元。全镇销售收入1000万元以上企业有28家,规模工业企业占比80%以上。工业经济扎实推进,重点企业支撑作用明显。31家规模企业开票销售贡献率超85%,6家亿元企业实现开票销售13.7亿元。税收超百万元工业企业有25家,凡登公司五年累计纳税超2亿元,获"常州市五星级企业"称号。帕卓管路成为全区首家在"新三板"上市的工业企业。建筑业快速发展,科技实力不断增强,6家企业被确认为江苏省高新技术企业,18只产品获江苏省高新技术产品。建筑业在稳固北京、南京等传统市场的基础上,陆续拓展海南、陕西及非洲南部等新兴市场,经营范围进一步扩大。2016年,全镇共有建筑企业18家,其中一级资质10家。实现建筑业总产值23亿元,建筑业增加值4.15亿元。

第三产业。引进水岸风华房地产、恒兴茂金融租赁等项目,朱林村获省级电子商务示范村。融资平台做大做实,为政府性投资重点工程建设提供资金保障。全年完成三产增加值7.90亿元,占地区生产总值比重的21%。

园区建设。2016年,朱林镇集中精力化优园区环境,促进项目引进和建设。形态功能更趋优化,坚持规划引领,高起点做好朱林产业新镇总体规划、产镇融合规划、集镇控规与城市设计等一系列重大规划的编制,构建完善规划体系。道路框架全面拉开,建成"五纵四横"的园区道路。5.6平方公里现代园区全面形成。高效率实施成片动迁,完成动迁10.3万平方米,腾出3000亩发展空间。高标准推进基础设施和功能平台建设,10万多平方米标准厂房和2.1万平方米邻里中心建成投用,"七通一平"基础设施全面到位。项目引进建设成效显著。累计签约引进项目66个,协议总投资额超50亿元,其中亿元以上项目10个。总投资5亿元的健裕医疗器械厂成功落户,实现重点项目引进新突破。项目建设全面提速,累计完成工业实际投入25亿元。建立执行层面跨部门协作机制,逐个项目制定推进流程,定期通报督查建设进度,不断提升项目服务效能。科菱库精工、科林线缆等项目建成投产,新的支柱产业和增长点正加快孕育。资源要素保障持续加强。认真落实惠企政策,企业固定资产设备抵扣增值税8000万元,累计向上争取"双创"和省科技成果转化等各类奖扶资金5000多万元。突出土地资源保障,通过规划完善、废弃地整治、土地复垦、增减挂钩等途径,共增加建设用地指标2340亩,保障新建项目供地,获"常州市土地执法先进镇"称号。加大对现有企业的走访和帮扶力度,组织银企对接,盘活闲置资源,推动日新树脂、建明机械等企业持续加大投资,促进存量企业稳步发展。

镇村建设。2016年,顺利完成行政村区域优化,镇村一体化发展进程加快。坚持规划先行,编制完成朱林镇总体规划、金西工业园控制性详规等专项规划,集镇和园区的空间布局、功能定位和产业发展更趋合理,形成

水芹生产 (朱林镇 供稿)

较为完善的规划体系。镇村建设与管理逐渐步入正轨,集镇管理成立镇城管执法中队。交通建设快速推进,累计新建朱林大道、五联路等道路7条,总里程8.1公里,总投资3亿元。全面完成主要景观亮化工程,提档升级王家路、屯山大道等农村道路25.5公里,改建新建农桥22座。功能配套逐步完善。天然气、区域供水主管网实现覆盖,改造供水主管网58公里,完成朱林、西岗自来水厂回购移交。建成龙溪二村一期安置房7.3万平方米,安置动迁户454户。建成镇公共服务中心、老年大学,朱林交警中队移址派出所合署办公。完成朱林农贸市场回购并实行市场化运作。新增停车场3处、停车位174个。切实加强污染源整治,共关停化工企业5家、石灰窑3座、畜禽养殖场(户)59个。组织实施水毁修复工程和水利重点县项目,五年圩堤达标加固118.2公里,改扩建排涝站、圩口闸和灌溉站共17座,砚塘、杨桥河清淤、景观工程全面完工。新建小型污水处理设施16个、管网47公里,完成186个自然村的全覆盖拉网式村庄环境整治,全镇森林覆盖率28%。

社会事业。2016年,投入财政资金1.1亿元,实施民生实事16项。保障体系不断完善。被征地农民全部纳入社会保障,城乡居民养老保险实现应保尽保,新型农村合作医疗保险实现全覆盖。累计新增农村劳动力转移2100人,扶持创业220人。养老服务体系初步建立,朱林敬老院完成改扩建,西岗敬老院整体并入,养老床位数达210张。健全困难群体救助体系,累计发放救助金450万元,救助家庭620户。社会事业协调发展。教育硬件设施得到改善,中小学教学质量稳步提升,西岗中学2016年中考600分以上高分人数比例和重点高中录取比例均列全区第二名。成人教育创成江苏省先进乡镇和教育服务"三农"高水平示范基地。朱林卫生院移址新建,创成江苏省示范乡镇卫生院,唐王、黄金村卫生室创成江苏省示范卫生室。镇文体站创成国家一级文化站,完成9个行政村和44个自然村体育场地设施整合改造。依法完成新一届村(居)委员换届选举。基本完成农村土地承包经营权确权登记颁证,龙溪、黄金等4个村经营性收入突破百万元大关。全镇有文化艺术团体22个,会员1616个,剧院(场)2座,座位1220个。文化专业户79个,文化站1个,建筑面积350平方米;公共图书室13个,建筑面积1200平方米,藏书55000册。文化行业从业人员520人,占全市社会从业人员的5%,其中事业单位从业人员5人。主要文化艺术团体有唐王故事协会、朱林镇戏迷协会、西岗村戏迷演出队、三星女子龙灯队、西岗龙船队、朱林健美队、咀头村篮球队等。地方特色民间艺术有农民故事创作演讲、民歌演唱等。群众文化活动以唐王农民故事会为依托,建设民间风情特色的文化镇村,镇村农民故事墙成为一道靓丽的文化风景线。成功举办"春汇金西·唱响朱林""欢乐金沙"广场文艺月月演朱林镇专场。农村公共体育设施面积19900平方米,公共文化设施面积7980平方米。教育卫生事业健康发展,举办全镇医疗系统职工技能比赛,并对全镇教育教学考评优秀单位和优秀教育工作者进行了表彰。成功创建常州市社区教育工作示范乡镇和常州市学前教育现代化乡镇,并荣获常州市无偿献血先进单位称号。全镇有幼儿园4所,在园幼儿360人,专任教师27人;小学3所,在校生1110人,专任教师112人,小学适龄儿童入学率100%;初中2所,在校生510人,专任教师107人,初中入学率100%,小升初升学率100%,九年义务教育覆盖率达100%。镇卫生院1所,病床98张,专业卫生人员74人。农村安全饮用水普及率100%,农村卫生厕所普及率90%,新型农村合作医疗参保人数2.98万人,实现全覆盖。9个村全部安装配备健身器材,常年参加体育锻炼的人员占常住人口的97.5%。有线电视用户1.33万户,电视综合覆盖率96%。农村最低生活保障户数422户,人数662人。农村各种福利收养单位2个,收养252人。农村"五保"户149人。其中,集中供养94人,分散供养55人。加强安全生产监管,健全社会治安防控体系,群众安全感显著提升。常州市首家镇级公共法律服务中心高效运转,镇司法所创成"全国先进司法所","六五"普法和双拥工作分别获评"常州市先进集体"。

春汇金西·唱响朱林文艺晚会　　（朱林镇　供稿）

【常州市大地肥业科技有限公司研发测土配肥】 常州市大地肥业科技有限公司,推出测土配方复合肥,并从配比、生产、包装,全程实行企业与农户全面对接,每公顷每年降低生产成本750元左右。施用测土配方的复合肥,具有肥效高、吸收彻底、保护地力、无污染、无残留的特点。公司自2006年专业生产配方复合肥,当年生产300吨,2007年生产1000吨,2016年产量突破4000吨,测土配方的复合肥被评定为常州市名牌产品。

【黄金村有机大米获省网络畅销产品品牌称号】 12月23~25日,在江苏省农业委员会主办的第十届农民合作社产品展销会上,金坛区金土地有机稻米专业合作社展出的“黄金村”牌有机绿色软米、即食型米粉、发芽糙米和吊喷灌基地培育的有机蔬菜等系列农产品受到参会者好评。“黄金村”牌有机大米获“2016年度江苏省电商农民合作社十佳网络畅销产品品牌”称号。

【朱林中学黄小燕获省中学生作文大赛特等奖】 11月26日,江苏省第16届中学生作文大赛初中组颁奖,朱林中学黄小燕同学荣获特等奖,并被授予“文学之星”称号。本次作文大赛由江苏教育报刊总社主办,《初中生世界》编辑部承办。7月中旬大赛启动,全省各地60余万名初中生参加初赛,最终20名学生获得特等奖。黄小燕获奖与她平时酷爱文学、较好的写作功底分不开,也得益于朱林中学开设的“大阅读课程”。 (韩献忠)

2016年朱林镇各村基本情况一览表

表51

村　名	党总支书记 村委会主任	工农业总值 (万元)	利税总额 (万元)	农民人均可支配收入 (元)
朱林村	王卫中	142208	14330	24795
龙溪村	陶小兵	171210	15145	23823
长兴村	王爱平	87620	8686	22972
红旗圩	顾旺胜	54451	5310	22112
三星村	周荣富	115040	10319	24040
沙湖村	蒋锁政	62110	5711	23639
西岗村	梅家乐	84971	8266	23385
唐王村	丁沧宇	87812	8880	23630
黄金村	王　娟	45630	4287	26367
全　镇				23452

2016年朱林镇骨干企业情况一览表

表52

企业名称	销售收入 (万元)	利税总额 (万元)	法定 代表人	企业名称	销售收入 (万元)	利税总额 (万元)	法定 代表人
凡登(常州)新型金属材料技术有限公司	51874	6948	钱海鹏	金坛市朱林宏达电镀有限公司	40376	5839	蒋志刚
常州市天顺能源科技有限公司	747549	10652	陈网俊	金坛市天驰轴承有限公司	3753	467	李钟平
常州市日新树脂有限公司	26269	1377	陈　敏	常州锐联卫生用品有限公司	6211	230	周立新
江苏金动动力机械有限公司	13170	71	征华富	金坛市远岫工艺制品有限公司	5217	258	孙小军
常州海华化工有限公司	4444	644	张　布	江苏科菱库精工科技有限公司	17982	931	徐晓东
金坛市环保设备厂	2006	749	褚世卿	常州帕卓工程机械配件有限公司	5344	1408	詹以哲
金坛市大地复合肥制造有限公司	67083	11921	宋乐东	常州沃施莱格金属制品有限公司	2015	255	孙　平
江苏欧美达汽轮机配件有限公司	2112	113	陈春雷	常州日新模塑科技有限公司	Jul-30	758	王向东
金坛市晨泰粮油购销有限公司	4625	26	张之初	常州韩利壁纸制造有限公司	3732	116	刘升炫
常州明珠稀土有限公司	73007	11890	宋月明	常州苏昊服装有限公司	6297	1090	刘　昊
金坛市中特轴承有限公司	34987	3674	唐秀庚	常州银丰电力装备有限公司	11213	279	薛　蔚
金坛市競宇服饰有限公司	2022	97	孙克平	常州市和顺玻璃制品有限公司	3710	6	周用臣
常州市旺达变压器有限公司	5096	556	蔡旺罗	常州市金坛金顺新型金属材料有限公司	12538	25	黄可苗
金坛市建明机械制造厂	6532	243	何建明	金坛市朱林雄风五金装饰厂	2124	85	陆明荣

指 前 镇

【概述】 指前镇位于金坛区西南部,长荡湖西畔。全镇总面积102.4平方公里,其中耕地面积4471公顷。下辖行政村12个。2016年,全镇总人口5.35万人,其中非农业人口5441人。完成地区生产总值27.53亿元,农民人均可支配收入23650元。全镇完成工业开票销售37.8亿元,比上年增长5.6%;一般公共预算收入7600万元,增长8%;工业实际投入8.01亿元,增长66%。

农业。全年实现农业增加值5.67亿元,比上年增长5.2%。农业生产水平不断提升,有2个小麦高产增效万亩示范片、3个水稻绿色高产高效创建示范片,占全区的三分之一,粮食生产水平走在全省前列。积极做好灾后复产工作,对全镇1066.67公顷受淹受损的水稻及时施好恢复肥,搞好病虫防治。农业机械快速发展,积极推广高速插秧机、高性能收割机、小麦条播机、粮食烘干机、高性能自走式植保机,全年新增各类大中型农业机械122台(套)。新建农机合作社3家,全镇累计达到23家。新建家庭农场13家,累计达到126家。建春村成功举办全国农机现场会。生态农业建设成效初显,全镇秸秆还田率95%以上,实现农田化肥投入零增长。农业保险全面覆盖,完成水稻、油菜、小麦保险面积5600公顷,涉及农户18471户。全面推广"155"生态高效养殖技术,新建工业化生态流水养殖示范点1个,完成高效渔业设施项目3个、现代渔业项目1个、七期循环水项目1个。农村经济实力不断增强。新增村集体物业型增收项目1个,全镇8个村拥有物业资产,10个村年收入超100万元。全年新增经营性土地流转面积407公顷,全镇5个村共流转233公顷土地实行种植、收割、加工和销售的一体化经营模式。完成12个村188个村民小组5667公顷土地2.9万个地块的土地确权登记和颁证工作。农田水利基础设施不断完善,全面完成2015年度中央财政小型农田水利重点县工程和灾后水毁修复工程,完成投资5000多万元的解放、丰产、芦溪村的高标准基本农田建设土地整治项目和投资1400多万元的东浦、庄阳2个村的高标准农田建设项目。

工业。2016年,全镇把主要精力集中到"加快项目引进、加快项目推进"上,全力以赴开展招商引资,加快项目建设。共签约项目18个,总投资21亿元;正在推进的项目24个,总投资23.85亿元。34家规模以上企业实现销售31.44亿元,占全镇工业的83.2%。全年共签约江苏华竑科技、徐随机械、江苏金鼎新材料、江苏科莎卫浴、春晖家饰等18个投资3000万元以上项目,协议总投资20.35亿元,其中亿元以上项目8个,盘活园区外闲置厂房和土地项目6个。切实强化对企业和项目的服务,积极为落户项目在行政审批、基础设施配套、生产经营等过程中提供"保姆式"服务,及时为企业排忧解难,确保签约项目早开工、开工项目早竣工、竣工项目早投产。2016年新开工项目3个:总投资2亿元的指前科技创业园项目、1.8亿元的随车起重装备制造项目、0.8亿元的减振支座及机械配件项目。续建项目5个:投资1.6亿元的凯丽二期高档毛毯生产项目,投资1.6亿元的博越炭化羊毛生产项目,投资1.6亿元的群达重工机械配件生产项目,总投资0.8亿元的华德二期项目,总投资0.5亿元的路博二期智能减隔震装置项目。工业园区功能配套。全面完成园区排涝站移址新建、荷花港内河码头、园区河道生态驳岸;3.54万平方米标准厂房竣工交付,园区110千伏变电所建成投运,集中供热项目年底前投运;快速推进兴旺路延伸、新污水处理厂、园区消防泵站等配套设施建设。进一步完善党政领导与企业挂钩制度,用好人才引进专项资金政策,帮助企业引进高层次人才。

建筑业。指前建筑公司、社头建筑公司、洮西建筑公司、兴业古典园林建设有限公司、鑫磊建设工程有限公司不断突破传统模式,实施快速转型发展,建筑产业市场场面不断扩大,在稳固北京、南京等建筑市场的同时,积极开辟上海、苏州、无锡、常州、镇江等大中城市的建筑市场,不断扩大行业板块施工规模。全年实现建安产值3.45亿元,完成建筑业增加值0.86亿元。

第三产业。第三产业快速提升,以江南百果园为代表的农家休闲服务行业,集自然风光、休闲娱乐为一体,实现生态、经济和社会效益有机统一。水产品交易、集贸市场和各类商业网点成交额增幅明显。全镇新增个体工商户131家,共有第三产业实体2674个,从业人员8450人,完成服务业增加值7.13亿元。拥有各类运输车辆2765辆,其中家用汽车1164辆。电话普及率99.7%。全镇7家银行年末存款余额15.81亿元,年储蓄存款12.77亿元,人均储蓄存款20078元,年末贷款余额2.04亿元。

村镇建设。2016年,坚持改善民生力度不降、投入不减,完成的现代产业园区及产业新镇总体规划交付评审。241省道拓宽工程顺利通车。基本完成围绕入湖港口整治、长荡湖西路建设、退田还湖等重点工程的3.8万平方米房屋动迁,600公顷土地歇耕,417.2公顷长荡湖网围整治工作。全年共实施废弃工矿地、低洼地整治项目14个,关闭石灰窑1座,新增耕地面积近60公顷。成功创建国家生态文明示范镇,高标准推进常州市创建国家森林城市建设,完成指前、社头2个村省级绿化示范村的创建工作,6个村的高标准良田林网绿化,总投入绿化植树资金397万余元。东浦、解放2个村完成创建常州市美丽乡村和金坛区美丽乡村示范村工作。王母观村完成覆盖拉网式农村环境综合整治工程建设工作。241省道立面综合整治试点正式实施,启动205县道、园区大道、幸福路、湖滨路东延、学府路东延西进道路设计工作,社头医院应急通道完成土地征用、路基等前期工作,白石港整治80户约1万平方米已基本完成清障工作。全镇585套商品房和18套别墅的方案基本成熟,新农贸市场综合体、公共服务中心平面规划和设计也已经启动。有序推进“四好农路”创建和县道环境整治工作,农村公路提档升级工程完成后渎路、岳政路建设,佩洲路正在建设之中。

社会事业。指前实验学校小学部、社头小学、洮西幼儿园顺利完成学校素质教育督导评估。全镇现有实验学校1所、初中2所、小学2所、幼儿园3所,在职教师270余人,在校学生2690名。计划生育优质服务工作扎实推进,开展“关爱单亲母亲,共享美好生活”健康体检活动,建成全区计生“金育灵”的微信公众号,育龄妇女关注度达60%以上。举办首届“指前杯”登山活动,承办江苏省第七届全民健身运动会暨2016年省老年体育节金坛分会场的开幕式。卫生设施不断完善,指前、社头、洮西3家卫生院拥有68个床位、84名医务人员,全镇拥有13个村卫生室、39名乡村医生。认真实施农民健康工程,组织开展全镇65周岁以上居民免费健康体检和离退休干部、镇村干部健康体检。全镇养老保险参保人数4319人,医疗保险参保人数4280人,工伤保险参保人数4911人,失业保险参保人数4066人,生育保险参保人数4153人。办理失地农民保险4018名,转保率87.15%。组织实施12个村“一事一议”筹资财政奖补项目,争取财政奖补276万元,总投入444万元。切实做好困难群众的帮扶工作,全年发放保障金454万元,累计发放救助金415.7万元。深入开展精神文明建设,东浦丝弦锣鼓被列入江苏省非物质文化遗产保护名录,金坛卿卿针织厂职工书屋被评为全国示范性“职工书屋”,指前镇通过常州市文明镇评定。加强法治政府建设,畅通群众利益诉求渠道,及时做好各类信访矛盾调处工作,全年调处各类疑难纠纷17件,调查办理答复相关信访事项288件,办理镇人大二届五次会议代表书面建议9件,办结率100%。坚持落实安全生产责任制和责任追究制,将责任落实到人,全镇未发生一起影响恶劣的信访事件,确保了全镇社会稳定。 (孔隽斌)

2016年指前镇各村基本情况一览表

表53

村名	党总支书记村委会主任	工农业总产值(万元)	利税总额(万元)	农民人均可支配收入(元)	村名	党总支书记村委会主任	工农业总产值(万元)	利税总额(万元)	农民人均可支配收入(元)
社头村	张国庆	29055	3220	22053	庄阳村	殷美成	22530	2127	20883
解放村	柏罗庚	24196	2577	21476	清水渎村	丁国芳	21779	2474	20881
建春村	潘一炳	23211	2706	20738	东浦村	吕建民	36880	3881	21774
丰产村	邹正福	20656	2074	21717	新河村	汤明富	10789	10966	20907
芦溪村	周国和	14890	1550	19495	王母观村	强桂生	29140	2793	22663
指前村	王国强	41876	2240	23269	岳阳村	戴听生	18563	1776	20046

2016年指前镇骨干企业情况一览表

表54

企业名称	销售收入(万元)	利税总额(万元)	法定代表人	企业名称	销售收入(万元)	利税总额(万元)	法定代表人
江苏南顺食品有限公司	76909.37	6734.60	王国政	江苏华荣绝缘材料有限公司	3634.09	962.50	陆邦荣
常州约特新材料科技有限公司	54476.93	2008.15	孙　文	常州瑞华电力电子器件有限公司	3943.95	356.6	陈兴中
常州市卿卿针织厂	23854.06	1018.10	费建林	常州赛丽家纺有限公司	3867.22	180.58	杨志强
江苏华越毛纺有限公司	27126.13	1266.30	俞建强	江苏立鼎新型建材科技有限公司	3717.57	53.20	郭　全
常州世越羊绒纺织有限公司	2563.13	172.00	俞建强	常州司迈特服饰有限公司	3638.88	143.00	孙海华
江苏欣越制衣有限公司	2153.32	89.30	俞建强	江苏德邦铸造科技有限公司	3163.39	82.9	王国华
常州华德机械有限公司	16502.07	1883.80	丁建中	常州宝佳针织有限公司	3100.12	74.00	黄道明
江苏铭鼎新材料科技有限公司	1572.92	46.60	李立仁	常州金坛茂盛精细化工厂	2995.73	241.40	王慧中
常州长海焊材有限公司	11112.29	365.50	刁仁根	江苏尚革卓越新材料科技有限公司	2696.78	87.90	彭丽琴

续表 54

企业名称	销售收入（万元）	利税总额（万元）	法定代表人	企业名称	销售收入（万元）	利税总额（万元）	法定代表人
江苏苏标纺织有限公司	11082.13	657.00	邹斌俊	江苏鑫特石油设备有限公司	2231.11	83.40	李国庆
江苏金标毛纺有限公司	6931.76	135.80	邹旺生	江苏大隆铸造有限公司	2141.49	108.80	金宇裕
江苏海定工程机械有限公司	1799.88	26.80	王　俊	常州市金坛区衡欣化学研究所	2124.72	170.98	衡志平
江苏安顺压力容器制造有限公司	3170.45	163.95	翟树兵	常州市金坛瑞凌焊接器材有限公司	2054.66	213.20	邱　光
江苏金洋造船有限公司	4933.9	270.70	练文林	常州市金坛区望胜合金铸钢有限公司	2036.82	105.86	王丰明
常州市大友纺织有限公司	4897.89	39.50	武　斌	常州凯丽纺织有限公司	2001.99	95.46	姚晓东
江苏华兴电子有限公司	3973.51	476.20	徐志明	江苏路博减振技术有限公司	2001.16	255.20	王　群
常州市金坛区恒利精纺有限公司	4498.75	16.10	周金洪	常州市倩友服饰厂	14353.32	402.10	姚　青

儒 林 镇

【概述】 儒林镇是全国重点镇、全省首批国家新型城镇化综合试点镇和常州中心镇，位于金坛区东南部，距金坛城区 23 公里。2016 年，镇域面积 61.2 平方公里，下辖 6 个行政村和 1 个社区、385 个村民小组。总人口 31871 人，其中非农业人口 3786 人。全镇实现地区生产总值 31 亿元，财政收入 1 亿元，农民人均可支配收入 24244 元。

农业。加快发展农产品电子商务，鼓励网络销售，2016 年，湖头村被评为江苏省电子商务示范村。加快技术推广，全镇围绕特色水产养殖，“155”生态养殖模式普及率达 90% 以上。推广测土配方施肥面积 867 公顷。全年新增大中拖 2 台，推广水稻机插秧 600 公顷、水稻喷滴灌育秧 300 公顷。大力实施农民实用技术和新型职业农民培训工程，933 个养殖户通过江苏省职业农民技能鉴定。农村土地承包经营权确权登记颁证工作稳步推进，六村一社区农户颁证比例超 90%。确权耕地总面积 3387.33 公顷，地块 12572 块，柚山村、湖头村在区验收小组考核验收中分别获得第一、二名。

工业。2016 年新增规模以上工业企业 10 家，规模以上工业企业总量达 28 家。其中沪安线缆净增开票销售 6071 万元，君诚新材料、华旭工程材料、安博特、新蓝天钢构、瑞科停车系统等企业净增开票销售均超 3000 万元。

江苏儒嘉生物科技产业园奠基典礼　（儒林镇　供稿）

源美新材料实现开票销售近 28 亿元，打造了当年洽谈签约、当年投产销售、当年迅速发力的“儒林速度”。通过引进优质项目、老企业转型升级、淘汰落后产业等方式，产业结构日趋优化。从原有的纺织服装、金属材料、电线电缆、化工四大支柱行业逐步向技术领先、附加值高、税收贡献大的新兴产业转变，新材料、生物医药、汽车零部件企业加快集聚。着力化解过剩产能，关停采石场 1 家和石灰窑 6 个。

园区建设。完成儒林村的窑上、南阳 180 户，后庄村的长塘、荒沟上 80 户，河下社区的庄上、楼下 185 户拆迁；新启动后庄村的官庄、前塔、云墅 500 户，河下社区的桥南 80 户已全面进场。新征土地 35.33 公顷已签约 33.33 公顷，为项目落户提供了承载空间。总投资 8916 万元新建园区道路 8.7 公里，总投资 500 万元的 240 省道儒林段绿化改造工程正在加紧施工，总面积 3.2 万平方米的邻里中心二期及物流中心和总面积 8 万平方米的标准厂房二期已经全面封顶。

招商引资。在实现项目数量大幅增长的同时，注重项目质量的把握，引进的项目主要分布产业为新材料、高端装备制造、医疗器械及大健康、新能源汽车及核心零部件行业。56 个项目中亿元以上项目 19 个。2016 年新引进的总投资 20 亿元的江苏儒嘉生物科技有限公司日化保健、智能科技产业园及大健康项目和总投资 11 亿元常州源美新材料科技有限公司铜杆、拉丝、有色金属交易平台、"互联网+"模式的高科技新材料线缆产业链服务项目开创儒林镇招引10亿元以上项目的先例，成为工业经济发展新的支柱型项目。

科技创新。申报各类专利220项，新认定各类民营科技企业11家，成功申报各类市级科技项目、区级科技项目各3项，申报"龙城英才"创业计划项目2项，实质性引进高端人才2人，成功申报科普教育基地2家、优秀科普惠农服务站1家。

第三产业。依托水街、水城、水八卦等一批精品景点和游客服务中心等旅游配套服务设施，全年接待游客80余万人次。充分调动民间资本的积极性，以长荡湖壹号假日酒店和长荡湖水庄为代表的一批餐饮服务企业快速发展。

镇村建设。《儒林镇产镇融合规划(2015～2030)》等一批镇域发展规划正加紧编制。集高速、省道、县道、村道的镇域综合交通体系全面形成，交通条件大为改善。投资5.5亿元建成的儒香苑、水香苑、天香苑3个总面积近20万平方米的安置小区，安置群众近3000户。大力实施2016年儒林河7.29公里整治项目，新建宾格网箱挡墙3.5公里，清淤土方7.75万余立方米，总投资1220万元。柚山南圩、柚山北圩、湖头北圩、峙环洪湖圩等2015年度水毁工程修复项目全面完成。投入2000万实施太湖流域水环境综合整治工程和小农水整治、河塘清淤等水利工程。投入2000万元实施中央财政小型农田水利重点县工程，新建排涝、灌溉站5座，新建改造防渗渠道26公里，排水闸2座，铺设砂石道路10公里，田间配套建筑物200余座。

走访源美新材料公司 (儒林镇 供稿)

社会事业。开展劳动者职业技能培训300人次，创业培训80人次。建立常州市级农民实训基地2家，开展培训4场，受惠农民320人次，促进各类农产品网络销售额430万元。湖香苑安置小区的规划、设计工作紧密推进。社会救助扎实开展，新进低保12户，新增重残救助6人。五叶公墓二期基础建设和绿化工程全面完成。

(邓艳萍)

2016年儒林镇各村(社区)基本情况一览表

表55

村(社区)名	党组织书记 村(居)委会主任	工农业总产值 (万元)	利税总额 (万元)	农民人均可支配收入 (元)
柚 山	蒋赤卫	29763	931	34563
南 社	胡伟云	25847	883	26275
儒 林	许国良	73104	3115	25105
后 庄	刘宏新	11642	178	25190
五 叶	陈华芳	77725	3268	22516
湖 头	曹浩华	27348	931	30581
河 下	徐云中	451104	21719	22337

2016 年儒林镇骨干企业情况一览表

表 56

企业名称	销售收入（万元）	利税总额（万元）	法定代表人	企业名称	销售收入（万元）	利税总额（万元）	法定代表人
常州市星光电缆有限公司	4011	529	蒋亚君	金坛市好特福制衣有限公司	680	-50	袁国良
常州金坛环宇弹簧有限公司	3441	3704	徐全保	常州市金坛金盛金属科技有限公司	1291	449	季秋平
江苏安博特实业有限公司	10252	177	胡建亚	常州杰克服装有限公司	21399	7257	李海骄
常州亚飞电线电缆有限公司	10649	4635	胡建亚	常州欧美电子有限公司	950	-299	刘昊达
常州友恒精密铸造有限公司	2096	800	周良	江苏君诚新材料有限公司	15815	4130	陆平
常州市苏优辐照科技有限公司	19125	-2283	蒋亚君	常州晨阳纤维科技有限公司	3205	341	汤国俊
江苏宏艺天地节能科技有限公司	1397	1581	缪建军	江苏瑞科停车系统科技有限公司	3530	4471	王建华
常州康美化工有限公司	5302	-2867	朱国民	江苏汤姆森机械有限公司	4888	2203	汤建华
常州市银诚精密铸造有限公司	1679	883	徐峰平	常州市明峰化纤有限公司	2815	835	朱夕民
江苏东凌冶金材料有限公司	4543	1289	蒋琴剑	常州源美新材料科技有限公司	225812	10504	汤炜祖
江苏海锋能源科技有限公司	3684	782	于伯全	常州市华旭工程材料有限公司	4254	3054	张庆成
常州市金坛奉献橡塑有限公司	4143	1126	尹中华	常州源加新材料科技有限公司	45453	78	汤炜组
常州市起帆线缆科技有限公司	8143	942	孙锋	江苏恒宏链传动有限公司	2225	696	汪文明
常州金坛鑫奥电子元件厂	3855	1009	汤小平	常州信泰包装有限公司	2526	1499	刘桂兰
常州新蓝天汇丰钢结构有限公司	5906	2799	刘荣桂	江苏沪安电线电缆有限公司	7032	784	余小平
金坛金鸥水处理有限公司	5674	9175	吴冬雷	常州市金坛鹏飞铜业有限公司	3692	685	胡金龙

尧塘街道

【概述】 尧塘街道位于金坛区东南部，隶属于金坛经济开发区，东邻武进，南临宜兴，北接丹阳。全街道总面积 85.5 平方公里，耕地面积 2693.33 公顷。辖 11 个行政村、2 个居委会，常住人口 5.9 万人。2016 年，完成农业总产值 1893 亿元，增幅达 11%。

【农业农村】 土地确权工作完成。街道 9 个涉及土地确权的行政村均全部通过验收，其中谢桥村率先在全区第一个通过街道、区、市的联合验收。以谢桥村、西华村的美丽乡村创建为着力点，由点到面，在全街道推动美丽乡村建设。截至 2016 年年底，谢桥村自然村已通过验收；西华前塘自然村完成省级美丽乡村建设，等待验收；徐家庄美丽乡村正在建设之中。借助创建全国森林城市的契机，完成新增成片造林 30.67 公顷。完成水东村万家头、万新村泗庄、常州久红生态观光园等 7 个创森生态系统节点的绿化提升工程，西华村前塘组、谢桥村皇塘庄组全面完成江苏省森林生态示范村创建。花木产业转型升级突破。采取促进园林企业兼并重组、做强网络交易平台、组建花木种植大户协会、加强与金融机构合作等方法做大做强花木产业。出台《尧塘花木产业“十三五”发展规划》等文件，顺利完成常州西银生物产业农业综合开发名优经济林示范基地项目建设，禾美园艺花卉培育基地项目通过验收并投产。农业产业特色亮点突出。结合花木特色，创新探索以工业模式促进花木转型升级的发展模式，重点打造一批集休闲、观光、科研、开发新品为一体的花木旅游基地，总投资 5 亿元的金坛森农生态科技项目在建。投资 2000 万元、规划土地 7.27 公顷的常州半里农业科技园前期工作启动。

【动迁清障】 园区动迁清障进程稳步有序。金武路两侧园区项目涉及尧塘村 7 个村民小组，清障完成率 90%；文教区块涉及下庄、红旗 2 个村 8.98 公顷，已全面到位。围绕新孟河延伸拓浚工程、233 国道、长荡湖大道建设等重点工程，全面做好动迁清障工作。完成新孟河延伸拓浚工程西华先导段 48.33 公顷、汤庄 19.71 公顷、迎春 25.67 公顷拆迁签约，签约率 98% 以上；完成 233 国道、长荡湖大道、九龙山路、青龙山路、明湖路、复兴南路等道路建设项目前期动迁清障共计 96.27 公顷，保证了工程的顺利实施。规划范围内遗留户扫尾成效显著。7 月起，组织由街道、村干部组成的工作组对 94 户动迁遗留户进行了拉网式排查、梳理和攻坚，完成 43 户动迁，完成率 45.7%。华科园规划范围内主要涉及林丰、万新、水东、红旗、下庄、尧塘 6 个行政村。水东村 100 公顷、万新村 53 公顷的征地清障工作任务基本完成，林丰清障范围达 85%。红旗、下庄、尧塘正在与农户签订地面附着物补偿协议。

【社会事业】 征地保障工作切实有力。2016 年，街道集中力量对规划范围内土地进行流转,为失地群众办理土地保障。完成新孟河延伸拓浚工程1058人、233国道733人、长荡湖大道93人以及尧塘、下庄、谢桥村1204人进行保障。安置房、营改增有效推进。尧塘安置房交付跨度达8年之久,情况较为复杂,为了如期完成这项工作,街道专门抽调人员集中办理,办理完结3041套,为安置房产权证办理奠定坚实的基础。违法建设管控严实相济。2016年共发现违法建设55起,面积合计10424平方米。组织拆除违法建设45起,面积5300平方米,10起卫星照片拍摄到的违法建筑,拆除6处。公共服务水平稳步提升。进一步落实城乡居民最低生活保障政策,共有低保家庭406户654人,累计发放低保救助金325.22万元。完善农村养老服务体系建设,对水北、汤庄、红旗、尧塘、西华等村居家养老服务站进行提档升级,添置床位70张,为2034位80周岁以上老人发放尊老金118.8万元。免费为贫困残疾人发放家电96台、辅助器具34套,为12人进行了白内障复明手术。进一步加强劳动保障工作,全年发放社会保障卡1079张,完成企业“五险合一”净增参保人数59人。加强基层计生服务,完成孕前优生检查213对,“两癌”筛查2700余人,发放独生子女父母奖励金11.3万元。完善社会矛盾纠纷调解,办理信访82件,接待上访137人次,排查矛盾纠纷224起,调处成功纠纷221件。

2016年尧塘街道各村基本情况一览表

表57

村名	党总支书记	村委会主任	工农业总产值(万元)	利税总额(万元)	农民人均可支配收入(元)
西　华	孙华东	孙华东	46489	5435	25105
谢　桥	周国平	周国平	30374	5234	25914
下　庄	王庆昌	孙文俊	11062	1943	23524
尧　塘	陈建平	陈建平	38002	4897	24427
红　旗	王国方	赵志忠	41541	4929	24272
汤　庄	王国银	王国银	69493	8973	24004
水　北	周小平	周小平	33559	4506	24319
水　东	陈　忠	陈　忠	40121	6780	23472
迎　春	王明生	张卫星	23399	2739	23757
林　丰	夏建新		16342	523	23880
万　新	秦建明	秦建明	19307	2213	22829

东城街道

【概述】 东城街道地处金坛城区东郊,面积74.5平方公里,常住人口10.04万人。下辖21个行政村(社区)。其中,16个社区,3个村(居委会合一),2个农业行政村。

服务保障措施有力。有力推进项目交地。全年清障总面积847公顷,其中园区用地环境提升工程315公顷。完成永臻科技、大唐电力、春江化工、飞马催化剂、上海杰铭、汇信纸业、九阳农机、鑫秀苑8个落户项目200余公顷的交地和园区重点基础设施的全线清障工作。全力推进动迁扫尾。实行班子成员分组挂钩动迁项目,通过两个月的通力合作,如期完成徐塘工业园和碧桂园地块遗留的6家企业动迁任务。对园区项目用地内5座灌溉站、7家企业、24户遗留户完成动迁拆除工作。全年共拆除房屋面积15000余平方米。

城市管理成效显著。加强日常监督指导。严格贯彻落实《关于进一步推进城市长效综合管理考核工作的意见》《关于进一步推进安置小区物业管理考核工作的意见》文件精神,确保数字城管案件、“12345”投诉案件明显下降,其中电胜、华苑、华城、金河、峨嵋、东方、南苑社区的投诉案件处置率都在98%以上。规范物业管理程序。完成金河、金湖、胡姬3个小区的业主大会前期筹备工作;完成金海、金池、金田3个新安置小区的物业采购以及金海、金田两个小区的安置交付;完成金江苑农贸市场的摊位招标。加大长效管理力度。稳步实施老住宅小区长效管理,在全区城市长效管理考核中始终名列前茅。完善提升改造后续工作,投入整治经费170万元。完成华苑三村、华城四村、东方社区的西桥村以及电胜社区的整治。

“三农”工作扎实推进。强化农村财务规范管理。做好村、组财务会审工作,配合区审计部门对8个村(社区)2015年度土地流转费、绿色通道流转费、尧塘河绿化流转费、桑园土地租金开展专项资金审计,对专项资金的收支进行检查。提升农村环境长效管理。积极开展创建国家森林城市工作,完成明星村塘西自然村绿化提升工程、成片林及围村林带、丹金溧漕河圩堤绿化造林等项目。全面落实秸秆

参加第 26 届“拓影影视杯”全国幼儿基本体操大赛　(东城街道　供稿)

禁烧工作,调整秸秆禁烧工作领导小组,制订实施方案及巡查制度,与相关村(社区)签订责任状,总体效果较好。推动防汛抗灾平稳落实。在汛期前组织对可能出现的隐患进行排除,特别是万丰饲料码头、腾龙服饰码头防洪墙建设,东方社区东下塘、张巷里排涝泵站建设,在 2016 年汛期中起到了关键性作用,防汛效果非常明显。

社会治理平稳有效。加强重点矛盾排查。全年共排查出各类矛盾纠纷 215 起,受理调解各类矛盾纠纷 258 起,调处成功 256 起;受理来信来访 64 件,办结答复 63 件。接待处理群访事件 8 起。全年进京上访事件零发生。加强重点人员走访。对社区矫正、社区戒毒等 25 名重点人员进行走访,对生活困难的重点人员发放生活补助费 7 万多元。加强重点时点防控。“两会”期间排查出 29 件,G20 杭州峰会期间排查出 24 件,经相关责任人员及时妥善处理,会议期间,未发生赴省进京上访。

社会事业统筹发展。民政管理卓有成效。加强对低保、优抚、“五保”、重残、老龄等家庭的救助力度,全年共发放低保、优抚等各类救助资金 1125 万元,确保各类弱势对象正常安定生产和生活。完成 16 个村(社区)居委会换届选举。保障体系逐步健全。着力推进被征地农民转保工作,全年共完成转保 2441 人,占全区转保任务的三分之一,累计结算资金 3600 余万元。社会保险扩面征缴,全年共增加 1885 人次。文教卫计全面发展。认真落实计生惠民奖励政策,共发放独生子女父母奖励金 15.78 万元。参加“两癌”筛查妇女 5300 余人。组织对华城实验幼儿园等 3 所幼儿园开展消防、用电排查,组织完成华城二村、华胜幼儿园的房屋修缮和景潭花园(原红太阳幼儿园)的搬迁及华城幼儿园景潭分园的入驻工作,确保了幼儿园如期顺利开学。街道申报的《新市民人文素养》《新市民的文明礼仪手册》在江苏省社区教育优秀乡土课程评比活动中获三等奖。街道社区教育中心成功通过江苏省社区教育中心创建专家组的考核验收。

2016 年东城街道各村(社区)基本情况一览表

表 58

村(社区)名	党组织书记、村(居)委会主任	村(社区)名	党组织书记、村(居)委会主任
华城社区	杨芬芳	新城社区	沈　俊
华苑社区	王黎君	汇贤社区	虞国新
华兴社区	王建伟	聚贤社区	林国新
华胜社区	王月平	中塘村(社区)	孙粉定
东方社区	史跃忠	柘荡村(社区)	王金富
峨嵋社区	卞洪生	河头村(社区)	马金芳
电胜社区	樊建平	明星村	陈息定
南苑社区	姚林芳	五联村	蒋雪芹
金河社区	李　伟		

说明:华阳社区、华光社区由东方社区代管,金东社区由河头村代管,中塘社区由中塘村代管

西 城 街 道

【概述】 西城街道区域总面积 64.9 平方公里,总人口 17.78 万人。下辖 16 个社区、6 个村。境内有 241、340 2 条省道环绕,常合高速横穿南部区域。

2016 年,累计投入 176 万余元,完成南洲、河滨等 8 个社区办公场所、办公设施的改造和提升。软件配套持续升级。规范社区标识和功能室挂牌,统一为社区工作人员制作胸卡,实行挂牌上岗;统一制作《社区简介》《便民服务联系卡》《便民服务登记簿》和

《民情日记》,社区管理、服务的规范化建设有力提升。“社区建设讲坛”全年共举办各类主题活动7场次,“一居一特”社区品牌创建深入开展,南洲社区、西城社区获评国家级“综合减灾示范社区”,朱庄社区的居家养老服务中心建设、文化社区的“残疾人创业孵化基地”建设等产生积极的示范效应。

良常学校地块最后一户房屋拆除 (西城街道 供稿)

【拆迁清障】 附属物清障加速推进。年内,完成钱资湖南侧、官坊和高田地块、233国道和汇贤路南延段、长荡湖清淤堆土区、中航锂电项目和长荡湖水厂管道项目共计450余公顷附属物清障;完成130余公顷长荡湖退田还湖项目红线范围内的苗木、鱼塘、农田调查登记,房屋及附属设施评估工作。拆迁、收储工作有条不紊。完成官坊、高田、南戴、后歧房屋动迁的扫尾工作;完成丹阳门加油站东侧地块调查摸底和动迁征询意见工作;完成原九九宾馆春风地块1万多平方米和南环二路南侧6家企业的地块收储工作,为重大项目(工程)开工的建设创造条件。

【社会管理】 全年投入1000多万元落实环境综合整治工程,完成前九里等4个城中村、上庄农民公寓等2个老旧小区的全面整治改造;完成北门社区太平弄等6个地块的集中整治。深入推进长效管理。处理数字化城市管理平台案件20032件,政府公共热线“12345”任务单360件;完善《2016年度西城街道社区物业管理工作考核办法》,坚持每季度开展集中明查暗访,发现问题及时督促物业企业整改,并将整改结果纳入年度考核;指导愚池新村等6个小区成立物业管理委员会并备案。扎实开展创建工作,西城街道完成常州市节水型单位创建工作并顺利通过验收;钱家村完成省级绿化示范村创建;黄庄村完成生态廊道建设任务。

【社会事业】 全年新增土地流转面积52.71公顷,涉及农户178户;农村土地承包经营权确权登记颁证工作通过验收考核,达到优秀。成功举办全国“小精高”河蟹养殖现场会,吸引来自山东、上海、安徽的90多名水产专家到方边村观摩。全年共发放低保、优抚、老龄、计生各项补助1091万元。完成356对免费孕前优生健康检查,4000多名育龄妇女乳腺癌、宫颈癌筛查和1023名生育对象信息核查。完成钱资湖南侧、南洲公园、良常实验学校建设等工程4100余名被征地农民社会保障工作。

【平安法治】 安全监管力度增强。在街道16个社区、6个村建立安全生产、环保、消防及食品安全的网格化日常监管,形成二级监管网格,设立专(兼)职网格员,强化监管力度;积极推进西门社区食品安全示范点的创建,努力建成街道主导、群众参与、西城分局执法的食品安全监管体系;完成辖区内安全大检查、危险化学品专项整治和关停化工企业、涉粉企业的安全检查工作。政法综治稳步推进。全年接待群众来信来访137起(件),调处各类矛盾纠纷161起(件),办结率100%;首个在全区倡导基层平安志愿者品牌化建设,首次提出“西城大妈”概念,平安志愿者队伍不断壮大。总投入80多万元,建成集普法、休闲、娱乐、健身于一体的方边村法律道德文化园。 (谢杏林)

2016年西城街道各行政村基本情况一览表

表59

村别	书记(主任)	户数	总人口	村民小组	总面积(公顷)	村集体收入(万元)
城　南	钱卫军	3112	8287	25	950	1408
小　圻	孙志俊	35	185	10	1	239
黄　庄	陈阿平	762	2807	9	360	129

续表59

村别	书记(主任)	户数	总人口	村民小组	总面积(公顷)	村集体收入(万元)
方　边	田松青	1826	4987	15	920	367
涑　渎	顾建华	1987	5826	18	458	341
岸　头	张乔关	2120	6513	16	967	289

2016年西城街道社区基本情况一览表

表60　　单位:个

社区名称	社区负责人	总户数(户)	户籍人口数(人)	规模小区	居民小组
西　城	高小燕	640	1604	3	40
丹阳门	王惠霞	2186	5127	5	61
春　风	贺素珍	2704	7137	4	57
北　园	谈英桃	1184	2937	3	44
文　化	符金和	3722	9760	5	100
小南门	陈腊美	3183	8107	5	59
西　门	张勤芳	3165	8175	5	75
北　门	李富琴	1499	3840	3	40
虹　桥	张　旭	3580	9699	4	60
东　园	袁建霞	2381	6222	4	43
南　洲	俞　燕	534	1239	3	27
朱　庄	储霄花	702	1988	3	28
愚　池	袁粉美	1259	3307	2	31
花　街	徐晓珍	2232	6531	2	40
河　滨	唐惠娟	2146	5904	3	52
翠　园	刘粉英	2281	6163	4	80

(编辑　夏　冰)

新闻人物

·新任省部级领导·

汤益诚

中华全国供销合作总社监事会副主任。

1960年10月出生，江苏金坛人。中共党员，博士研究生，1982年9月参加工作。1978年10月考入陕西师范大学政治教育系政治教育专业学习。1982年9月至1984年8月为新疆生产建设兵团教育部高教处干部（其间，1982年11月至1983年5月参加兵团赴农二师纺织厂企业整顿工作组工作）。1984年8月至1992年3月先后任新疆生产建设兵团司令部办公室、党委办公厅秘书，秘书处副主任科员、副处级秘书、正处级秘书。1992年3月任新疆生产建设兵团乌鲁木齐农场管理局五一农场党委第二书记、第一副场长（1993年3月起兼任工业总公司第一经理）。1994年1月任共青团新疆生产建设兵团委员会副书记（正团级，1995年8月起为副师级），1996年1月当选为兵团青联副主席。1996年4月调任中华全国供销合作总社国际合作部副部长。1996年7月任中华全国供销合作总社办公厅副主任。1998年9月在北京师范大学经济学院企业管理专业学习（至2001年7月）。1998年11月任中华全国供销合作总社办公厅副主任兼党组秘书。2000年9月任中华全国供销合作总社人事部部长、办公厅副主任兼党组秘书。2001年7月至2010年1月任中华全国供销合作总社人事部部长（其间，2003年3月至2004年1月在中央党校一年制中青班学习；2001年10月至2007年7月在北京师范大学经济与工商管理学院世界经济专业学习）。2010年1月任中华全国供销合作总社人事部部长兼中国供销集团有限公司党委副书记，2010年3月当选为理事会常务理事。2011年3月任中华全国供销合作总社理事会常务理事、办公厅（研究室）主任。2013年7月任中华全国供销合作总社监事会副主任、办公厅（研究室）主任。2013年8月起任中华全国供销合作总社监事会副主任。2015年7月在中华全国供销合作社第六次代表大会上继续当选为总社第六届监事会副主任。

曾任第八、第九届全国青联委员，《改革》杂志学术委员会委员。在权威和核心期刊上发表文章10余篇，撰写了多篇具有政策指导性的调研报告和战略对策研究报告。专著有《促进社会和谐的瑞典经验：制度变革与政策选择》（2008年1月由中国社会出版社出版）等。（陈书明）

刘正荣

新华通讯社副社长兼秘书长、党组成员。

1962年2月出生，江苏金坛人。1974年起先后就读于儒林中学、金坛县中学（今华罗庚中学）。1980年9月考入北京第二外国语学院英语系。1983年10月进入北京大学国际政治系学习，曾任北大学生会副主席、学生代表大会主席。1984年11月加入中国共产党，后入清华大学学习，获博士学位。1986年7月起在中央宣传部对外宣传局工作。1990年3月到中央对外宣传办公室二局工作，历任欧美处副处长、欧洲处处长。1996年11月任中国驻美国大使馆一等秘书。1999年获得“中国优秀青年外事工作者”称号。2000年11月任中央对外宣传办公室五局副局长，2004年9月兼任互联网新闻研究中心主任（正局级）。2012年2月任中央对外宣传办公室九局局长，2014

年1月任中央对外宣传办公室五局局长。2014年6月任中央互联网信息办公室政策法规局负责人。2014年12月至2015年3月为中央宣传部干部(正局级)。2015年3月任新华通讯社秘书长。2016年8月起任新华通讯社副社长、党组成员。

1996年开始从事网站建设和互联网研究工作。2000年以来积极参与互联网新闻管理和互联网问题的调查研究工作。2002年任哈佛大学肯尼迪政府学院客座研究员期间,专门研究美国互联网政策和立法,多年来与国外同行一直保持交流。是《中国特色网络文化发展与管理战略研究》国家社科重大课题首席专家。

(陈书明)

·新任金坛区领导·

狄志强

中共常州市金坛区委书记。

1970年10月生,江苏溧阳人。1993年6月加入中国共产党,1993年8月参加工作。研究生学历。1993年8月至1996年5月先后任共青团溧阳市委员会科员、常委,宣传部副部长。1996年5月至1998年3月先后任中共溧阳市委办公室科员、副科长。1998年3月至2003年4月先后任共青团溧阳市委员会副书记、党组副书记,书记、党组书记(1999年2月至2001年12月参加江苏省委党校区域经济学专业研究生班学习,2000年3月至7月赴共青团江苏省委挂职)。2003年4月至2004年9月任中共溧阳市委组织部副部长(正科级)。2004年9月至2006年2月任溧阳市人民政府市长助理、党组成员。2006年2月至2010年4月任中共常州市戚墅堰区委组织部部长(2006年6月任中共常州市戚墅堰区委常委)。2010年4月至2014年1月任中共常州市委组织部副部长(2011年1月至2014年1月兼任中共常州市委老干部局局长)。2013年12月至2014年1月任中共金坛市委副书记、金坛市人民政府党组书记。2014年1月至2015年5月任中共金坛市委副书记,金坛市人民政府市长、党组书记。2015年5月至2016年3月任中共常州市金坛区委副书记,常州市金坛区人民政府区长、党组书记。2016年3月起任现职。

(段裕丰)

沈　东

中共常州市金坛区委副书记,区人民政府党组书记、区长。

1975年6月出生,江苏常州人,党校研究生学历,1996年6月入党,1996年12月参加工作。1996年12月至2003年10月历任常州市新北区圩塘镇人民政府通讯报道员、材料员、秘书、监察室主任、纪委副书记(其中1995年9月至1998年7月湖北函授大学计算机应用专业大专学习。2000年3月至2003年3月江苏省委党校经济管理专业本科学习)。2003年10月至2008年10月历任常州市新北区春江镇人民政府圩塘办事处成员、党委组织委员、副镇长、党委副书记、政法委书记(其中2004年9月至2007年7月江苏省委党校社会学专业研究生学习)。2008年10月至2010年1月任常州市高新区(新北区)纪(工)委(监察局)农村纪检监察工作室主任。2010年1月至2011年3月任常州市新北区春江镇党委副书记、镇长,新北工业园区党工委副书记。2011年3月至2011年9月任常州高新区(新北区)党政办公室副主任。2011年9月至2012年12月任常州市新北区新桥镇党委书记。2012年12月任2013年6月任江苏常州新北工业园区党工委书记。2012年12月至2015年5月任常州市新北区春江镇党委书记。2013年6月至2015年5月任江苏常州滨江经济开发区党工委书记。2015年5月至6月任中共金坛市委常委、金坛市人民政府党组成员。2015年6月起任中共常州市金坛区委常委、金坛区人民政府党组成员。2015年7月任中共常州市金坛区委常委,金坛区人民政府党组成员、副区长。2016年3月任中共常州金坛区委副书记,4月任金坛区人民政府代区长。2017年1月起任现职。

(刘　晓)

王跃中

常州市金坛区人大常委会党组书记、主任。

1968年11月生,江苏金坛人。1989年4月加入中国共产党。1989年8月参加工作。大学本科学历。1987年9月至1989年8月在江苏省司法学校司法专业学习。1989年8月至1990年9月任金坛县白塔乡人民政府司法助理(其中1990年4月至1990年9月借调金坛县人民政府清欠办公室、县司法局工作)。1990年9月至1997年1月任金坛县规划国土管理局法规监察科副科长、办公室副主任(其中1993年12月江苏省高等教育自学考试南京大学法律专业大专毕业)。1997年1月至1997年7月任金坛市人民政府办公室秘书。1997年7月至1998年3月任中共金坛市委办公室综合科副科长。1998年3月至2000年1月任中共金坛市委办公室主任助理(其中1997年8月至1999年12月任在中央党校函授学院经济管理专业大学学习)。2000年1月至2001年9月任中共金坛市委办公室副主任。2001年9月至2001年11月任中共金坛市委办公室副主任、市级机关工作委员会书记。2001年11月至2002年12月任中共金坛市委组织部副部长、市级机关工作委员会书记。2002年12月至2003年3月任中共金坛市委办公室主任、市委组织部副部长、市级机关工作委员会书记。2003年3月至2006年6月任中共金坛市委办公室主任、市级机关工作委员会书记(其中2004年9月至2005年1月在常州市第十七期中青年干部培训班学习)。2006年6月至7月任中共金坛市委常委、市委办公室主任、市级机关工作委员会书记。2006年7月至2015年5月任中共金坛市委常委、宣传部部长。2015年5月至2016年7月任中共常州市金坛区委常委、宣传部部长。2016年7月至12月任政协常州市金坛区委员会党组书记。2016年12月至2017年1月任常州市金坛区人大常委会党组书记。2017年1月起任现职。

(陈　晓)

陈春洪

政协常州市金坛区委员会党组书记。

1960年8月生，江苏金坛人。1984年11月参加工作,1985年9月加入中国共产党。大学本科文化。1984年11月至1998年3月历任金坛县(市)指前镇计生办公室计生助理、党委宣传委员、党委委员、副镇长、党委副书记、镇长、党委书记。1998年3月至2001年5月先后任金坛市儒林镇人大主席、党委书记。2001年5月至2001年9月任金坛市经济委员会党委副书记、主任。2001年9月至2009年4月任金坛市经济贸易局局长、金坛市工贸公有资产经营有限公司董事长(2004年7月起享受副处级待遇)。2001年9月至2009年4月任金坛市经济贸易局党委副书记、书记(其中2005年3月至2007年12月在中央党校经济管理专业函授本科)。2009年4月至2013年3月任中共金坛市委常委、政法委书记。2013年3月至2015年7月任金坛市(区)人民政府常务副市长(副区长)。2013年4月至2015年5月任金坛市人民政府党组副书记。2015年6月至2016年6月任中共常州市金坛区委副书记。2016年7月至12月任金坛区人大党组书记。2016年12月起任现职。

(段裕丰)

刘国新

中共常州市金坛区委副书记、组织部部长,政协常州市金坛区委员会党组副书记、主席。

1968年10月生,江苏溧阳人。1990年8月参加工作,1994年12月加入中国共产党。大学本科学历。1990年8月至1995年3月历任溧阳市供销合作总社秘书、团委副书记、行政秘书科副科长(主持工作)。1995年3月至1997年8月先后任中共溧阳市委组织部组织科科员、干部科科员。1997年8月至1998年8月先后任中共溧阳市委组织部办公室副主任、主任。1998年8月至2006年7月历任中共溧阳市委组织部干部科副科长、知识分子工作科科长、干部监督科科长、干部科科长(副科级,其中2003年2月任中共溧阳市委组织员)。2006年7月至2011年5月任中共溧阳市委组织部副部长。2008年2月至2011年5月任中共溧阳市委老干部局局长。2009年10月至2011年5月任溧阳市重大项目建设监督检查组组长。2010年4月至2011年5月任中共溧阳市委办公室主任。2011年5月至2013年3月任中共常州市钟楼区委常委、纪委书记。2013年3月任中共金坛市委常委、组织部部长。2016年6月任中共常州市金坛区委副书记。2017年1月起任现职。

(夏　冰)

陈锁龙

中共常州市金坛区委常委、宣传部部长,江苏省金坛长荡湖旅游度假区党工委书记。

1964年11月生,江苏金坛人。1984年7月参加工作,1986年8月加入中国共产党。党校大学文化。1984年7月至1990年3月先后任金坛县洮西乡农科站技术员、洮西乡人民政府副乡长。1990年3月至1991年3月在金坛县农业局工作。1991年3月至1998年3月先后任中共金坛市委农工部农经科科长(其中1995年9月至1998年7月在读江苏省委党校经济管理专业函授大专)、部长助理。1998年3月至2000年1月先后任金坛市罗村乡党委副书记、乡长(其中1998年8月至2000年12月在读中央党校经济管理专业函授本科)。2000年1月至2001年9月历任金坛市薛埠镇人民政府罗村办事处主任,薛埠镇党委副书记、人大主席。2001年9月至2004年7月任金坛市白塔镇党委书记。2004年7月至2008年

7月历任金坛市尧塘镇党委书记、人大主席。2008年6月任中共金坛市委常委。2008年7月任新疆自治区奎屯市人民政府副市长。2010年12月起任金坛市人民政府副市长，2011年1月至2016年7月历任金坛市人民政府党组成员、副市长，金坛区副区长，江苏省金坛长荡湖旅游度假区党工委书记，金坛区委常委、宣传部部长。2016年7月起任现职。（夏 冰）

李 皓

中共常州市金坛区委常委、江苏省金坛经济开发区党工委书记、金坛华罗庚科技产业园党工委书记。

1976年2月生，陕西安康人。1998年8月参加工作，1996年6月加入中国共产党。研究生学历，法律硕士。1998年8月至2000年8月在金坛市职业教育中心任教。2000年8月至2002年8月任金坛市职业教育中心副主任。2002年8月至2003年10月任金坛市教育局法监科副科长。2003年10月至2005年8月任金坛市人民政府法制办公室副主任。2005年8月至2008年7月任金坛市人民政府研究室副主任、法制办公室副主任。2008年7月10月任中共金坛市委政法委副书记、金坛市社会治安综合治理委员会办公室主任。2009年10月至12月任金坛市人民政府党组成员、中共金坛市委政法委副书记、金坛市社会治安综合治理委员会办公室主任(其中2007年3月至2009年12月在南京大学法学院攻读法律硕士)。2009年12月至2011年9月任金坛市人民政府党组成员，直溪镇党委副书记、镇长。2011年9月至2012年3月任金坛市人民政府党组成员，商务局党组书记、局长，江苏省金坛经济开发区管委会副主任。2012年3月至2014年7月任金坛市人民政府党组成员、副市长，商务局党组书记、局长。2014年7月至10月任金坛市人民政府党组成员、副市长，商务局党组书记、局长，江苏省金坛经济开发区管委会主任。2014年10月至2015年5月任金坛市人民政府党组成员、副市长，江苏省金坛经济开发区党工委副书记、管委会主任。2015年5月至2016年6月任金坛区人民政府党组成员、副区长，江苏省金坛经济开发区党工委副书记、管委会主任。2016年6月至8月任中共金坛区委常委、江苏省金坛经济开发区党工委书记。2016年8月起任现职。（朱 亮）

陶 伟

中共常州市金坛区委常委，区人民政府党组副书记、副区长。

1970年1月生，山东蓬莱人。1991年8月参加工作，2004年1月加入中国共产党。大学学历。1987年9月至1991年7月在上海交通大学土木建筑工程系工业与民用建筑专业学习。1991年8月至1998年1月在常州市建筑设计研究院工作。1998年1月至2002年3月任常州市建筑设计研究院第四设计研究所副所长(其中1999年5月至2002年3月借用在常州市建设委员会科技处工作)。2002年3月至2006年4月任常州市建设工程施工图设计审查中心副主任(其中2003年3月至2006年4月在常州市建设局科研设计处挂职任副处长)。2006年4月至2007年2月任常州市建设局计划财务处副处长。2007年2月至2011年10月任常州市建设局计划财务处处长。2011年10月至2012年2月任常州市城乡建设局党委委员、局长助理、计财处处长。2012年2月至2012年10月任常州市城乡建设局党委委员、局长助理。2012年10月至2015年7月任常州市城乡建设局副局长。2015年7月至2016年11月任常州市城乡建设局副局长、常州市金融商务区管委会党组副书记。2016年11月至12月任中共常州市金坛区委常委。2016年12月起任现职。（陈 晓）

朱建清

中共常州市金坛区委常委、区人武部政委。

1974年6月生，江苏盐城人。1997年6月加入中国共产党，1998年7月参加工作。研究生学历。1998年7月至2000年3月任三十六师一零六团三营七连排长。2000年3月至2001年3月任三十六师一零六团政治处干部股干事。2001年3月至2002年9月任三十六师一零六团通信连指导员。2002年9月至2003年7月任三十六师一零六团三营八连指导员。2003年7月至2003年12月任三十六师政治部干部科正连职干事。2003年12月至2004年6月任三十六旅政治部干部科正连职干事。2004年6月至2005年12月任三十六旅政治部干部科副营职干事。2005年12月至2007年6月任驻南理工、南邮选培办副营职干事。2007年6月至2008年3月任驻南理工、南邮选培办正营职干事。2008年3月至2010年6月任连云港警备区船运队代理教导员。2010年6月至2013年3月任驻南理工、南邮选培办副团职干事。2013年3月至2015年3月任驻南理工、南邮选培办副主任。2015年3月至5月任金坛市人民武装部政委。2015年5月至2016年6月任常州市金坛区人民武装部政委。2016年6月起任现职。

董龙庆

中共常州市金坛区委常委、金坛区金城镇党委书记。

1969年10月出生，江苏金坛人。1992年12月加入中国共产党，1993年8月参加工作。函授本科学历。

1990年9月在苏州蚕桑专科学校蚕桑专业大专学习。1993年8月任金坛市西岗镇丝绸公司、多服公司技术员、副经理。1996年3月任金坛市茅麓乡党委宣传、统战委员。1997年2月任金坛市茅麓镇党委组织委员。1998年3月任金坛市茅麓镇党委副书记。2001年9月任金坛市茅麓镇政府镇长。2001年11月任金坛市朱林镇党委副书记、镇长（2003年8月至2005年12月中央党校经济管理专业本科学习）。2007年3月任金坛市尧塘镇党委副书记、人大筹备组主要负责人。2007年10月任金坛市直溪镇党委副书记、镇长。2009年12月任金坛市直溪镇党委书记、人大主席（至2012年1月）。2012年12月享受副处级待遇。2015年7月金坛区直溪镇党委书记。2016年5月任金坛区金城镇党委书记。2016年7月起任现职。

（陈　晓）

刘小平

中共常州市金坛区委常委、江苏省金坛茅山旅游度假区党工委书记。

1971年1月生，江苏金坛人。1990年8月参加工作，1995年10月加入中国共产党。大学本科学历。1988年9月至1990年7月在江苏省苏州警察学校交通管理专业中专学习。1990年8月至1992年12月金坛县公安局交警大队工作。1994年12月至1995年3月任金坛市公安局交巡警大队薛埠中队中队长。1995年3月至2002年3月任金坛市公安局交巡警大队事故科副科长、科长。2002年3月至2003年8月任金坛市公安局交巡警大队副大队长、车管所所长。2003年8月至2007年8月任金坛市公安局城东派出所所长（2005年8月享受副科级待遇，其中2000年4月至2003年9月在江苏广播电视大学法律专业大专学习）。2007年8月至2009年8月任金坛市公安局副局长（其中2004年3月至2008年4月在中央广播电视大学法学专业大学学习）。2009年8月至2013年5月任金坛市薛埠镇党委书记，茅山风景旅游区党工委书记、管委会主任。2013年5月至2013年12月任江苏省金坛茅山旅游度假区党工委书记、管委会主任（2013年8月明确副处级），薛埠镇党委书记。2013年12月至2016年7月任江苏省金坛茅山旅游度假区党工委书记、管委会主任。2016年7月起任现职。

（陈　晓）

孟敖祥

中共常州市金坛区委常委、统战部部长、政法委书记。

1966年1月生，江苏金坛人。1986年8月参加工作，1991年1月加入中国共产党。大专学历。1984年9月至1986年7月在江苏农学院园艺专业学习。

1986年8月至1990年3月在金坛县花山中学任教。1990年3月至1992年3月任金坛县五叶乡农科站农技员、党委秘书。1992年3月至1994年8月任金坛市五叶镇党委宣传委员、统战委员。1994年8月至1998年3月任金坛市儒林镇党委组织委员。1998年3月至1998年3月任金坛市儒林镇人民政府镇长助理。1998年3月至1998年12月任金坛市儒林镇人民政府副镇长。1998年12月至2001年9月任金坛市儒林镇党委副书记。2001年9月至2006年8月任金坛市指前镇党委副书记、镇长。2006年8月至2007年3月任金坛市指前镇党委书记。2007年3月至10月任金坛市金城镇党委副书记、人民政府筹备组负责人。2007年10月至2012年1月任金坛市金城镇党委副书记、镇长。2012年1月至2016年5月任金城镇党委书记。2016年5月至2016年7月任中共常州市金坛区委统战部部长。2016年7月起任现职。

（陈　晓）

刘东升

常州市金坛区人大常委会党组副书记、副主任。

1963年1月生，江苏金坛人。1981年10月参加工作，1982年11月加入中国共产党。党校函授本科学历。1982年11月至1983年10月在原镇江地区农干校农干班脱产学习。1983年10月至1987年8月任金坛县西岗乡团委书记。1987年8月至1989年7月在中共江苏省委党校学习。1989年7月至1994年7月历任金坛县(市)社头镇党委秘书、党委组织委员、党委副书记(其中1993年8月至1995年12月在中央党校党政管理专业函授本科学习)。1994年7月至1997年8月任金坛市白龙荡乡党委书记兼乡长。1997年8月至2006年8月历任金坛市直溪镇党委副书记、镇长、党委书记(其中自2001年9月起兼任镇人大主席)。2006年8月至2009年8月先后担任江苏省金坛经济开发区党工委副书记,管委会副主任、主任。2009年8月至2013年4月任金坛市人民政府党组成员、副市长(其中2011年3月至2013年4月兼任金坛市滨湖新城党工委书记)。2011年6月起任中共金坛市委常委。2013年4月至2016年7月任中共金坛区委常委、政法委书记。2016年6月提名为区人大副主任。2017年1月起任现职。(段裕丰)

王艳红

常州市金坛区人大常委会副主任。金坛区红十字会会长。

女,1968年12月生,山东文登人。研究生学历。1991年8月参加工作,2002年10月加入中国民主建国会。1991年8月至1998年3月任金坛县(市)环境科学研究所助理工程师,金坛市环境保护局办公室副主任、工程师。1998年3月至2000年1月任城西乡副乡长(其中1999年9月至2001年7月在苏州大学研究生课程进修班学习)。2001年1月至9月任金坛市科学技术委员会副主任。2001年9月至2003年3月任金坛市科学技术局副局长。2003年1月至2007年12月任政协金坛市委员会副主席。2007年12月至2016年1月任金坛市(区)人民政府副市长(区长)(其中2008年6月起兼任红十字会会长)。2016年1月起任现职。

(武 蓉)

李留清

常州市金坛区人大常委会党组副书记。

1960年11月生,江苏金坛人。大学学历。1984年5月参加工作,1985年8月加入中国共产党。1984年5月至1988年12月任金坛市涑渎乡人民政府团委副书记、团委书记。1988年12月至1990年4月任金坛市指前镇党委组织委员(其中1988年9月至1991年7月常州市机械冶金工业公司职工大学党政管理干部专修科大专学习)。1990年4月至1992年11月任金坛市指前镇党委副书记。1992年11月至2001年9月历任金坛市社头镇党委副书记、镇长、镇党委书记、人大主席。2001年9月至2006年8月任金坛市文化局局长、党组书记(其中2004年8月至2006年12月在中央党校函授学院经济管理专业本科学习)。2006年8月至2017年1月历任金坛市财政局局长、党组书记,金坛经济开发区管委会副主任(享受副处级待遇),金坛区人大常委会党组成员、副主任,区财政局党组书记。2017年1月起任现职。(陈 晓)

冯锁强

常州市金坛区人大常委会党组成员、副主任。

1962年12月生,江苏金坛人。大学学历。1984年3月参加工作,1985年12月加入中国共产党。1984年3月至1990年3月任金坛县建昌乡(镇)团委负责人、书记。1990年3月至1997年3月任建昌镇副镇长(其中1992年8月至1997年12月中央党校党政管理专业函授大专、本科学习)。1997年3月至1998年3月任金坛市朱林镇镇长助理(其中1999年9月至2001年6月在苏州大学研究生课程进修班学习)。2001年9月至2004年7月任金坛市朱林镇党委副书记。2004年7月至2007年3月任金坛市水北镇党委副书记、镇长。2007年3月至10月任金坛市尧塘镇党委副书记、镇人民人民政府筹备组主要负责人。2007年10月至2011年11月历任金坛市尧塘镇党委副书记、镇长、镇党委书记、人大主席。2011年11月至2012年1月任金坛市尧塘镇党委书记、人大主席(享受副处级待遇)。2012年1月至2014年7月任江苏省金坛经济开发区党工委副书记、管委会主任(2012年8月至2013年1月经中共江苏省委组织部选派挂任北京中关村科技园区雍和园管委会副主任、挂职干部工作组组长)。2014年7月至2017年1月任金坛市(区)总工会主席、党组书记,保留原职级待遇。2017年1月至2017年2月任常州市金坛区人大常委会党组成员、副主任,区总工会党组书记、主席。2017年2月起任现职。 (陈 晓)

周新生

常州市金坛区人民政府副区长。

1965年10月生,江苏金坛人。1987年7月参加工作。大学本科学

历。1987年7月至1995年4月任金坛市财政局科员。1995年5月至1997年4月任金坛市沙西乡科技副乡长。1997年4月至1998年3月任金坛市审计局副局长。1998年3月至2006年8月任金坛市财政局副局长。2001年9月至2009年8月任金坛市工贸公有资产经营有限公司监事会主席。2006年8月至2009年8月任金坛市经济贸易局副局长、乡镇企业管理局局长。2009年8月至2010年4月任金坛市粮食局局长。2010年4月起任金坛市统计局局长。2012年3月至2015年5月任政协金坛市委员会副主席、金坛市统计局局长。2015年5月至2016年6月任政协常州市金坛区委员会副主席、区统计局局长。2016年6月至7月任金坛区人民政府副区长、政协常州市金坛区委员会副主席、区统计局局长。2016年7月至2017年2月任金坛区人民政府副区长，区统计局局长。2017年2月起任现职。

（师　梓）

王晓航

常州市金坛区人民政府党组成员、副区长，中共常州市金坛区委政法委副书记，常州市公安局金坛分局党委书记、局长、督察长。

1972年6月出生，辽宁黑山人。大学学历。1990年10月参加工作，2000年5月加入中国共产党。1990年10月至1991年12月常州无线电厂工作。1991年12月至1993年3月在常州欧信电线有限公司工作。1993年3月至1994年3月在常州经济技术开发区物资公司工作。1994年3月至1995年8月在常州高新技术产业开发区远东高技术公司工作。1995年8月至1997年7月为常州市公安局巡警支队钟楼大队民警（其中1992年9月至1996年7月在常州市电子工业职工大学财务会计专业大专学习）。1997年7月至12月为常州市公安局郊区分局红梅派出所民警。1997年12月至2000年8月任常州市公安局禁毒处任民警。2000年8月至2001年1月任常州市公安局禁毒处缉毒大队副大队长。2001年1月至2003年12月任常州市公安局天宁分局站前派出所所长（其中2001年8月至2003年12月中央党校函授学院法律专业大学学习）。2003年12月至2011年12月历任常州市公安局公交分局副局长、出租车管理（卡口）大队大队长，常州市公安局技防处处长，常州市公安局技防处处长、治安支队副支队长。2011年12月至2013年12月常州市公安局天宁分局政委。2013年12月至2014年9月常州市公安局技术侦察支队支队长、天宁分局政委。2014年9月至2016年12月任常州市公安局技术侦察支队支队长。2016年12月起任现职。（陈　晓）

周文俊

常州市金坛区人民政府党组成员、副区长，区住房和城乡建设委员会主任。

1968年7月生，江苏金坛人。1989年8月参加工作，1994年12月加入中国共产党。大学本科学历。1986年9月至1989年6月就读上海机械专科学校管理工程系工业企业财务会计专业。1989年8月至1993年6月金坛县统计局办事员。1993年6月至1995年6月任金坛市统计局农调科副科长。1995年6月至1998年4月任金坛市统计局农调科科长。1998年4月至1999年1月任金坛市人民政府办公室秘书。1999年1月至2001年2月任金坛市政府办公室综合科副科长（其中1999年3月至2001年8月江苏广播电视大学党政管理专业本科学习）。2001年2月至2002年4月金坛市政府办公室调研科科长。2002年4月至2003年12月任金坛市政府办公室综合科科长。2003年12月至2008年9月任金坛市人民政府办公室党组成员、副主任。2008年9月至2010年4月任金坛市委农村工作办公室主任。2010年4月至2011年9月任金坛市茅山风景旅游区党工委副书记，薛埠镇党委副书记、镇长。2011年9月至2012年1月任金坛市朱林镇党委书记、人大主席。2012年1月至2015年7月任金坛市朱林镇党委书记。2015年7月至2016年5月任常州市金坛区朱林镇党委书记。2016年5月至2016年6月任常州市金坛区人民政府党组成员。2016年6月至2017年2月任常州市金坛区人民政府党组成员、副区长。2017年2月起任现职。

（陈　晓）

朱　霞

常州市金坛区人民政府党组成员、副区长，常州市金坛区水利局党委书记、局长，常州市金坛区水务局局长。

女，1977年10月出生，汉族，江苏

金坛人。2000 年 9 月加入中国共产党。1995 年 8 月参加工作,在职研究生学历。1992 年 9 月至 1995 年 6 月在江苏建筑材料工业学校工业会计专业学习。1995 年 8 月至 2002 年 8 月任金坛市旅游局财务科科员(其中 1996 年 9 月至 1999 年 7 月在江苏广播电视大学财务会计专业学习)。2002 年 8 月至 2008 年 9 月任金坛市旅游局旅游管理科科长(2003 年 9 月至 2006 年 7 月中央广播电视大学法学专业学习)。2008 年 9 月至 2010 年 4 月任金坛市旅游局党组成员、副局长。2010 年 4 月至 2011 年 3 月任金坛市发展和改革局党委委员、副局长。2011 年 3 月至 2012 年 1 月任金坛市儒林镇党委委员、副镇长,长荡湖旅游度假区党工委委员、管委会副主任。2012 年 1 月至 2014 年 12 月任金坛市儒林镇党委副书记、镇长,长荡湖旅游度假区党工委副书记(2010 年 9 月至 2013 年 7 月在江苏省委党校政治经济学专业读研究生)。2014 年 12 月至 2015 年 7 月任金坛市工商业联合会党组书记、主席。2015 年 7 月至 2017 年 1 月任常州市金坛区工商业联合会党组书记、主席。2017 年 1 月至 2017 年 2 月任常州市金坛区人民政府党组成员、副区长。2017 年 2 月起任现职。 (夏 冰)

黄克洪

政协常州市金坛区委员会党组副书记、常州市国土资源局金坛分局党委书记,局长。1962 年 4 月生,江苏金坛人。1980 年 11 月参加工作,1984 年 10 月加入中国共产党。江苏省广播电视大学党政管理专业本科学历。1980 年 11 月至 1988 年 11 月历任步兵 252 团 100 炮连战士、文书、100 炮连司务长、政治处副连职干事(其中 1983 年 9 月至 1985 年 2 月为石家庄陆军学校财会专业学员)。1988 年 11 月至 1993 年 12 月历任金坛县税务局水北所岸头组专管员、副政治指导员、指导员。1994 年 1 月至 12 月任金坛市税务局薛埠所所长。1995 年 1 月至 1998 年 5 月历任金坛市国税局办公室主任、直溪分局局长(副科级)。1998 年 5 月至 2001 年 9 月历任金坛市经济委员会党委委员、副主任(其中 1998 年 9 月至 2001 年 3 月在江苏广播电视大学党政管理专业本科学习)。2001 年 9 月至 2002 年 9 月任金坛市社头镇党委副书记、人大主席;2002 年 9 月至 2006 年 8 月任金坛市建昌镇党委副书记、镇长。2006 年 8 月至 2009 年 12 月历任金坛市直溪镇党委书记、人大筹备组主要负责人、人大主席。2009 年 12 月至 2015 年 7 月任金坛市国土资源局党委书记、局长(2009 年 7 月起享受副处级待遇)。2015 年 7 月起任常州市金坛区国土资源局党委书记、局长。2016 年 1 月至 5 月任政协金坛市委员会副主席,常州市国土资源局金坛分局党委书记、局长。2016 年 5 月至 2017 年 1 月任政协常州市金坛区委员会党组成员、副主席,常州市国土资源局金坛分局党委书记、局长。2017 年 1 月起任现职。 (陈 晓)

葛惠明

政协常州市金坛区委员会副主席。

汉族,江苏金坛人, 1962 年 7 月出生, 1981 年 3 月参加工作,1983 年 6 月入党。大学文化。1981 年 3 月至 1982 年 9 月任金坛县儒林乡后庄村会计。1982 年 10 月至 1985 年 2 月任金坛县儒林乡团委副书记、党委秘书。1985 年 3 月至 1986 年 4 月任金坛县县委组织部科员。1986 年 4 月至 1991 年 3 月任共青团金坛县委员会副书记(其中 1987 年 9 月至 1989 年 7 月在江苏青年管理干部学院管理学系管理专业学习)。1989 年 7 月至 1991 年 3 月借到金坛县委组织部。1991 年 3 月至 1992 年 6 月任金坛县涑渎乡党委副书记。1992 年 6 月至 1997 年 11 月任金坛县涑渎乡党委书记。1997 年 11 月至 1998 年 8 月任金坛市体制改革委员会干部。1998 年 8 月至 2000 年 10 月任平安保险常州支公司金坛办事处主任(其中 1997 年 8 月至 1999 年 12 月中央党校函授学院经济管理专业学习)。2000 年 10 月至 2001 年 9 月任金坛市体制改革委员会副主任。2001 年 9 月至 2005 年 1 月任金坛市经济体制改革委员会办公室副主任、主任。2005 年 1 月至 2008 年 2 月任金坛市发展和改革局党组成员、副局长(正科级)。2008 年 3 月至 2009 年 8 月历任金坛市人民政府办公室党组成员、副主任,市政府法制办公室主任,市委对外宣传办公室(市政府新闻办公室)副主任。2009 年 8 月至 2010 年 4 月任金坛市发展和改革局党组书记、局长。2010 年 4 月至 2011 年 3 月任金坛市发展和改革局党委副书记、局长,市物价局局长。2011 年 3 月至 2011 年 9 月任金坛市发展和改革局党委副书记、局长,市物价局局长,市滨湖新城党工委副书记、管委会主任,市华罗庚科技园管委会主任,市建设资产经营有限公司董事长。2011 年 9 月至 2014 年 9 月先后任金坛市人民政府党组成员,市滨湖新城党工委副书记、管委会主任,市建设资产经营有限公司董事长(享受副处级待遇)。2014 年 9 月至 2016 年 5 月任金坛市人民政府党组成员,金坛国有资产投资控股有限公司董事长、总经理。2016 年 5 月至 2017 年 1 月任常州市金坛区人民政府党组成员、江苏金坛投资控股有限公司董事长。2017 年 1 月起任现职。

(夏 冰)

朱亚群

政协常州市金坛区委员会副主席、学习文史委员会主任，民盟金坛区委员会副主任委员。

女，汉族，1969年12出生，江苏金坛人。1992年8月工作，2000年7月参加中国民主同盟。1988年9月至1992年6月在苏州大学中文系汉语言文学教育专业学习。1992年8月至1995年8月在金坛市城东中学任教。1995年8月至2003年10月在金坛市第一中学任教。2003年10月至2007年8月任金坛市教育局副局长。2007年8月至2012年1月任民盟金坛市委员会副主任委员。2012年1月至2017年1月任政协金坛市委员会学习文史委员会主任、民盟金坛市委员会副主任委员。2017年1月起任现职。

（夏　冰）

卢建新

政协常州市金坛区委员会副主席、江苏省金坛经济开发区管委会副主任、金坛区工商业联合会主席。

1965年3月生，汉族，江苏常州人，大学文化。1985年8月参加工作。1981年9月至1985年7月在苏州大学数学系数学专业学习。1985年8月至1988年7月在常州市物资学校任教。1988年8月至1992年12月任金坛县计划委员会综合计划信息科科员。1992年12月至1999年11月任金坛县计划委员会综合计划信息科副科长兼任县投资公司融资部经理。1999年11月至2001年9月任金坛市计划委员会社会发展科科长。2001年9月至2005年1月，任金坛市发展计划局经贸流通科科长。2005年1月至2008年9月任金坛市发展和改革局服务业科科长。2008年9月至2013年5月任金坛市发展和改革局副局长。2013年5月至2016年8月任江苏省金坛经济开发区管委会副主任、华罗庚科技园管委会主任。2016年8月至2017年1月任江苏省金坛经济开发区管委会副主任。2017年1月起任现职。

（夏　冰）

·新任金坛区检察长·

王　强

常州市金坛区人民检察院党组书记、检察长，中共常州市金坛区委政法委员会委员。

1970年3月生，江苏常州人。1998年11月加入中国共产党，1993年8月参加工作。大学学历。1990年9月至1993年7月在江苏石油化工学院科技秘书专业大专学习。1993年8月至1999年3月在武进县人民检察院工作。1999年3月至2007年1月历任武进市人民检察院助理检察员、控告申诉检察科副科长、控告申诉检察科科长（其中2004年7月北京大学法学专业本科毕业，2005年5月明确副科级）。2007年1月至2009年12月任常州市武进区人民检察院侦查监督科科长（其中2007年10月获大连海事大学法律专业硕士学位，2007年11月明确正科级）。2009年12月至2010年9月任常州市武进区人民检察院公诉科科长。2010年9月至2012年1月任常州市武进区人民检察院党组成员、政治处主任。2012年1月至2016年12月常州市武进区人民检察院党组成员、副检察长（正科级）。2016年12月任金坛区人民检察院党组书记、副检察长、代理检察长，区委政法委员会委员。2017年1月起任现职。

（陈　晓）

·残奥会冠军·

徐夕涵

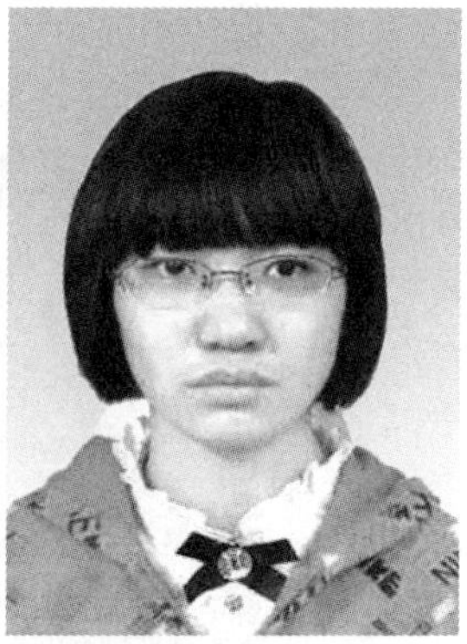

2016年9月11日凌晨5时（北京时间），在里约残奥会上以43秒62的成绩，夺得女子S5级50米蝶泳比赛金牌，打破了亚洲纪录。

女，2000年4月出生，常州市金坛区人。13个月大时因车祸导致左半身偏瘫，被鉴定为肢残二级。在母亲徐国芳的鼓励和引导下，其游泳天赋得到发掘。通过刻苦训练，在2012年常州市残疾人青少年游泳锦标赛上脱颖而出。2013年4月，被常州市残联和金坛区残联推荐至江苏省残疾人游泳队，开始专业残疾人运动员生涯。经过省队集训，她游泳成绩大幅提升。2013年参加全国残疾人（22周岁以下）锦标赛，获S6级100米自由泳第三名；2014年9月参加江苏省第九届残疾人运动会，获S5级50米自由泳、100米自由泳、50米仰泳三项第一；2014年4月获全国残疾人游泳锦标赛S5级50米蝶泳第一名；2015年参加巴西残疾人游泳公开赛S5级,取得优异成绩;2015年9月参加全国第九届残疾人运动会,获S5级50米自由泳银牌、S5级100米自由泳铜牌、S5级100米蛙泳第五名;2016年4月参加德国世界游泳公开赛,获女子S5级50米蝶泳第二名。从真正开始接触游泳到成为全国冠军,徐夕涵只用了两年时间。又花两年时间,终于登上残奥会冠军领奖台。喜讯传来,中共常州市委、市政府和中共金坛区委、区政府给中国体育代表团发去贺电,对徐夕涵夺冠表示热烈祝贺。

(陈书明)

·国家级荣誉获得者·

刘菊香

女,1964年11月出生,中共党员,研究生学历。中共常州市金坛区委老干部局局长。2016年被中共中央组织部授予“全国老干部工作先进工作者”荣誉称号。

她在工作岗位中默默无闻,踏实工作,政治素质高,认真贯彻落实党的老干部工作方针和政策,思想上与党中央保持一致。爱岗敬业,忠于职守,不断创新,认真落实老干部政治待遇、经济待遇,扎实做好老干部老干部思想政治建设和离退休干部党支部建设,把老干部当作自己的父母一样孝敬,用心用情服务老干部,注重文化养老,丰富他们的精神生活;搭建老有所为平台,充分发挥老干部的正能量,使老干部心情愉快,安度晚年。她2001年被评为中共常州市委“优秀党务工作者”,2008年被中共金坛市委、市政府评为“2007年度法制金坛建设工作先进个人”,2004年、2009年、2010年受金坛市人民政府嘉奖。

潘小平

江苏金坛人,1965年9月生,高级经济师。金坛市园林大酒店、长荡湖园林华电湖船总经理。2016年12月5日,全国先进个体工商户表彰大会暨纪念中国个体劳动者协会成立30周年座谈会在北京人民大会堂召开,潘小平被授予“全国先进个体工商户”称号。

“卫生第一、顾客满意、员工自豪、政府放心”是潘小平衡量经营酒店的重要理念,“每一道菜品都是给家人享用”是他诚信做食品的生动注解。按照他的要求,每天酒店有仓管、采供、分管副总按标准联合验货。十多年来,潘小平坚守诚信做食品的道德底线,坚持“每一道菜品都是给家人享用”的标准,确保卫生和放心。他不仅自身坚持诚信经营,而且对行风建设、行业规范起到了重要的示范作用。潘小平不拖欠一分钱货款,每年春节与供货商进行座谈,不定期召开供货商会议,始终强调货品的首要标准就是货真价实。园林大酒店这种确保食品卫生与安全的做法成为一种成功的经营模式,被相关部门广泛宣传推广。金坛区园林大酒店也获评江苏省诚信经营示范企业、中华餐饮名店等荣誉称号。作为金坛区餐饮商会的主要负责人之一,潘小平在行风建设中积极发挥表率作用,并与环保部门商谈,共同促进商会的会员单位全面落实节能减排工作,对规范金坛餐饮市场,促进行业规范作出突出贡献,曾获江苏省百名诚信之星等荣誉称号。

(夏 冰)

·省部级劳动模范、先进生产(工作)者·

周国平

1966年12月出生,金坛尧塘人。1983年6月参加工作,1987年5月入党,大专学历。2016年6月被中共江苏省委授予“全省优秀共产党员”称号。

1983年6月至1986年3月任尧塘镇兴隆村五金厂厂长。1986年3月至1993年9月任尧塘镇兴隆村党支部副书记、副大队长兼五金厂厂长。1993年9月至2001年4月任尧塘镇兴隆村党支部书记、村委会主任,2001年4月至2004年12月任尧塘镇谢桥村党总支书记。2004年12月起任尧塘镇谢桥村党总支书记、村委会主任,2012年1月起任尧塘街道经济发展服务站站长。2001年9月起任江苏尧塘园林绿化有限公司党委书记、董事长。

周国平有较高的党性修养和政策理论水平。对谢桥村村级经济发展、百姓生活改善作出显著贡献,工作能力强、态度认真,工作有思路、有谋划,有魄力,统筹协调能力强,人脉资源丰富。他制定谢桥村美丽乡村建设、产业示范点长远规划,并逐步付诸实施,带领村民共同致富。2010年曾被国务院授予“全国劳动模范”称号。

吴 寅

1962年11月生,江苏金坛人,1980年2月参加工作,1990年3月加入中国共产党,大学本科学历。现任常州市金坛区环境保护局党组书记、

局长兼区太湖水污染防治办公室主任。2016 年 4 月被江苏省人民政府评为“2013 ~ 2015 年度太湖治理工作成绩突出个人”。

自担任区环保局局长以来，他以过硬的政治素质、强烈的事业心和责任心，带出一支业务能力强、服务水平高的环保干部队伍；以与时俱进的创新意识、敢为人先的精神风貌，开创了太湖综合治理工作新局面；以奋发有为的工作状态、舍我其谁的拼搏精神，为全区环境改善和工业污染防治工作作出了积极贡献。2014 年区环保局荣获全区机关绩效管理考核优胜单位称号，2015 年常州市政府综合考评金坛区生态文明在行动工作成绩为辖市区第一名，2016 年全区 2 个太湖考核断面中丹金溧漕河别桥断面均达到考核目标要求，同时，区环保局再获全区机关绩效管理考核优胜单位。

近年来，组织编制长荡湖、丹金溧漕河、中干河、尧塘河水环境整治方案，对各类污染源作出系统全面分析，确保治水工作科学、有序展开。加大污染源监管力度，全面实施环境监察“网格化”管理，构建多层次、全覆盖、网格化的环境监管责任体系，做到环境监察的方式、时段、范围的全覆盖。坚持“既要守住环保底线和红线，又要积极服务经济发展”的要求，全力服务全区“两个加快”。在他的带领下，2015 年区环保局被区委、区政府授予“重点项目组织推进奖”“招商引资工作先进集体”，2016 年又获“项目工作推进集体三等功”。　（王　洁）

狄欣荣

1965 年 10 月出生，本科学历，中共党员。金坛地方税务局党组书记、局长。2016 年被授予江苏省劳动模范。

1982 年进入税务部门工作，先后任溧阳市地税局所长、分局长、副局长，常州市地税局征管科技处副处长、处长、办公室主任。2002 年被授予“常州市劳动模范”称号。2014 年调任金坛地方税务局党组书记、局长。狄欣荣从事税务工作 34 年，忠诚税收事业，处处以身作则，率先垂范，始终保持一颗平常心和清醒头脑，尤其在金坛工作的两年中，坚持践行“规范执法就是最好的服务”的工作理念，营造公开、公正、公平的税收环境。平时倾情带队，最大限度地激发广大干部税员干事创业的热情，金坛地税局先后荣获国家级荣誉 2 个、省级荣誉 3 个，连续 2 年获“组织收入贡献奖”“服务地方经济发展贡献奖”。狄欣荣曾立二等功 1 次、三等功 3 次。

戚建国

1962 年 12 月出生，江苏大学经济管理专业毕业。现任江苏常州朗博密封科技股份有限公司董事长兼总经理，金坛十四、十五、十六届人大代表、常委。2016 年被授予江苏省劳动模范。

他从事密封件制造工作 30 余年，创导并坚持企业自主创新，率领员工将企业发展为一家集高新技术于一体，拥有自营进出口经营权的科技型公司。公司资产总额近 3 亿元，2015 年实现销售收入 1.8 亿元，利税达 7000 万元，经营业绩在同行业中领先踞优。他关爱职工，自觉维护职工权益。他勇于担当社会责任，热心慈善事业，为家乡修建医院、修桥筑路，帮贫济困等捐款 1000 余万元。曾先后获江苏省“光彩之星”、常州市明星企业家、常州市劳动模范等荣誉称号。

李林芳

1957 年 10 月出生，大专文化，中共党员，金坛区朱林镇朱林村委党总支第一书记。2016 年被授予江苏省劳动模范。

任职以来，坚持以服务“三农”为宗旨，团结带领全村党员干部群众发展特色农业。全村无节水芹种植面积达 2000 多亩，畅销省内外并出口日本、韩国，朱林村的无节水芹获“中国地理标志”称号。创办江苏省农民专业合作示范社——江苏苏南畜牧专业合作联社，整合全镇养殖专业合作社农产品，参加各类农展会，为农产品营销市场提供优质服务，为农民增收、农业增效、村级经济发展作出了应有贡献。积极争取项目资金，做实做强招商引资工作，2 个亿万以上规模企业落户本镇（村）。在拆迁征地、土地流转、电子商务、党建党务、工会活动等工作中，全镇考评第一。村级集体收入由原来每年不足 10 万元现提升为 100 万元。2014 年，他被朱林镇党委、政府评为招商引资先进个人，2015 年被金坛区授予“优秀党务工作者”称号，2016 年被评为金坛区为民服务先进个人。

姚伟忠

1980 年 7 月出生，中共党员，研究

生学历。常州亿晶光电科技有限公司一车间主任。2016 年被授予江苏省劳动模范。

他自大学毕业进入亿晶光电科技有限公司工作,经历了从一线操作员工到一线管理人员的转变。在平凡的一线岗位上,任劳任怨,吃苦耐劳,潜心钻研,舍小家顾大家,赢得大家一致好评;被公司提升为生产管理人员后,凭着一腔热血,求真务实精神,以身作则,抓管理、促效益、求创新,降耗增效,成功实施“机器换人”“光伏领跑者计划”等项目,为公司发展贡献力量。姚伟忠拥有发明专利 9 项,实用新型专利 5 项。因工作突出,曾多次被公司评为“优秀员工”,被中共尧塘镇党委评为“十佳创业创新党员新标兵”,曾被评为金坛区“杰出青年英才”“劳动模范”,被评为“常州市劳动模范”。

吕水庚

1956 年 9 月出生,大学本科毕业。中国民盟会员、中学正高级教师、金坛区华罗庚实验学校校长。2016 年被授予江苏省劳动模范称号。

作为教师,他一贯秉承“以人格影响人格,以学问提升学问”的从教格言,始终站在教学第一线。作为校长,他奉行管理是一种规范,更是一种引领,始终以弘扬华罗庚精神为主线,在传承中谋发展,在创新中显特色。他尊重并珍惜每一位教师,让每个教师“快乐地工作,幸福地生活”,这种思维与胸怀塑造了新生代校长的风格,成就了他治校的力度与速度。学校先后被评为全国群体工作先进单位、江苏省文明单位与文明学校。学校办学经验被《江苏教育》“名校生长点”栏目作题为《生长》的报道;《江苏教育》还将吕水庚做封面人物,介绍他的办学思想。吕水庚先后获得江苏省正高级教师、江苏省特级教师、江苏省教科研先进个人、常州市劳动模范、常州市专业技术拔尖人才、常州市名教师工作室领衔人。

李 靖

1976 年 1 月生,团员,大学本科学历。卓郎(常州)纺织机械有限公司专业技术人员。2016 年被授予江苏省劳动模范。

2003～2008 年在公司研发部从事产品设计工作。2006 年参与设计的双面吸尘多筒滤尘器获国家新型专利。2008 年调入公司营销部主持工程部工作,承担销售产品的工艺流程标准化制定与技术支持,以及用户的技术咨询、方案拟定、流程设计等。他应客户所需,经常到生产现场进行布局设计,每年为一百多家客户绘制工艺图纸或清梳联施工图纸,急用户所急,经常利用周末或晚上加班加点,为用户提供迅捷的技术支持,最紧张时一天为 3 家客户提供上门服务。2015 年参与国家“一带一路”重点工程——新疆利泰丝路投资有限公司设计工作,并兼任布局与物流组组长。他对 2000 亩园区整体布局到各个单体厂户的流程配置、设备排列及各工序设备配台数和自动化、智能化、信息化的配置选型进行精心设计,规划择最佳方案;对园区及各单体厂房的人流、物流路径进行详细规划。2014 年获常州市劳动模范称号。

赵新坤

1980 年 4 月出生,初中文化。晨风(江苏)服装有限公司检验员。2016 年被授予江苏省劳动模范。

1999 年进入晨风(江苏)服装有限公司工作。作为生产一线的普通员工,他虚心学习,钻研技术,2003 年公司引进一整套世界先进设备,只有初中文化的他迎难而上,刻苦攻关,为顺利实现技术升级,快速投产做出了贡献。十余年间,严把品质关,对制衣的各道流程工序反复钻研,屡破难关,做到对各个技术环节了然于胸。同时,集常年工作经验,多次发明改进工艺部件,帮助公司实现了产量和质量的全面提升,在公司树立了技术能手、品质标兵的权威形象。作为生产一线班组长,团结职工,构建团队,积极落实传、帮、带工作机制,为公司培养了一大批技尖人才。体恤外来务工人员,关心职工疾苦,主动指导年轻职工学习与技能的提升。赵新坤多次被集团(公司)评为“先进工作者”“技术能手”“文明职工”“优秀班组长”。

逝 世 人 物

于 今

(1920.4—2016.1.1)

国家发展和改革委员会正局级离休干部,原共青团中央常务书记胡克实夫人。

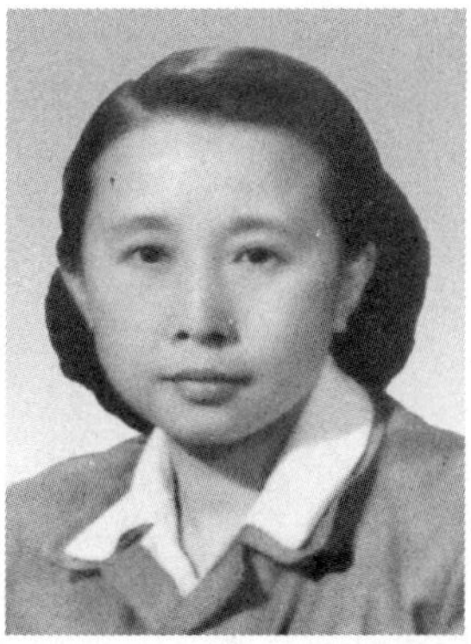

女，江苏金坛人。1920年4月生于山西省太原市，在太原读小学和初中。1935年年初在太原女中上学时，参加中共地下党外围组织红色妇联。1936年就读于武昌艺术专科学校师范班时，参加地下党的外围组织秘密学联。1937年在西安女师上学时参加中华民族解放先锋队，寒假参加该组织举办的冬令营进行政治、军事训练。1937年年底至1938年5月，参加中共中央青委在陕西泾阳县举办的安吴堡青训班，在学习期间，于1938年3月加入中国共产党。1938年5月分配到西北青年救国会西安办事处做少年儿童工作，并到延安参加西北青年救国会第二次代表大会，被选为该会执行委员。会后返安吴堡青训班干部队学习，被选为学生会主席。1939年夏在延安中共中央青委组织部做少年儿童工作。1940年春调至前方抗日根据地晋绥边区西做青年工作，曾任晋西青干校儿童队指导员、二分区青年组织部部长、河曲县青联主席、三分区抗联青年部长，曾兼任离石县抗联主任，后调任三地委研究室调研员、方山县委秘书、吕梁党校三地队队委并参加土改工作团工作。1948年春到晋绥边区党委工作。1948年冬赴北平参加全国新民主主义青年团第一次代表大会。

1949年到中南地区工作，历任中华团校教育科长、中南团工委研究室主任、铁道部衡阳铁路管理局团委组织部部长、武昌铁路分局团委书记。1950年被派往武昌铁路车辆工厂组建党委并任党委书记。1954年任铁道部机车车辆制造局劳资处长、一机部机车车辆制造局办公室主任。1957年任铁道部工厂总局计划处处长。1960年调任国家计划委员会机械制造局交通运输机械制造处处长。1965年任第一机械部十局副局长。在“文化大革命”中受到冲击，1969年春被下放到河南罗山一机部五七干校劳动。1972年秋回到北京。1975年至1979年在北京市委研究室任工业组负责人。1977年2月至9月在中央党校学习。1979年底调任国家机械委员会科技局副局长。1982年12月离休。享受正部级医疗待遇。2016年1月1日在北京医院逝世，享年96岁。

（陈书明）

王丹一

（1919—2016.7.19）

中国共产党优秀党员、中央党校原政策研究室副局级离休干部（副部长级医疗待遇）。

女，原名王珠凤，江苏金坛人，1919年出生。从上小学时就受到反封建和爱国思潮的熏陶，12岁走出家乡，随父亲北上太原，开始了追求真理、拯救中华的革命生涯。1932年9月，王丹一考入山西省立太原女子中学初中，参加了红色妇联抗日救亡工作。1935年9月考入北平私立志成女子中学高中，积极参加了“一二·九”爱国学生运动。1937年7月转入湖北省立女子二中，并参加平津流亡同学会的抗日活动。1937年11月，她诀别环境优渥的家庭，奔向延安，正式参加革命工作。她参加了西安中华民族解放先锋队总队部办游击战训练班学习，随后转入安吴堡青训班学习。1938年4月进延安陕北公学总校二期14队学习，并加入中国共产党。1938年7月参加创建陕北公学关中分校，先后任37队政治干事和班长。1938年12月在陕北公学干部队学习。1939年5月进入延安马列学院四支部学习，任文娱委员。1941年4月在中央研究院宣传研究室学习。1942年1月在中央宣传部宣教工作调研组工作。1943年2月在中央研究院及中央宣传部参加整风。1943年10月至1944年8月在中央组织部招待所审干并参加大生产运动。1944年7月，与我国著名马克思主义哲学家、教育家和革命家艾思奇结婚。1944年8月在中央党校三部文艺室工作。1945年10月在解放日报社工作。1947年8月参加中央土改试点工作团北庄工作组工作。1948年10月在正定县华北大学一部任主任秘书兼党总支部委员。1948年12月到马列学院一部学习后在图书馆工作。1949年6月至1962年1月，先后在中共中央组织部组织指导处、党员管理处、基层处任组织员、巡视员。1963年9月调中央党校政策研究室工作，任党支部委员。1966年3月，时任中央党校副校长艾思奇因常年积劳成疾，突发心脏病逝世。受邓颖超、李培之、郭明秋等人嘱托，王丹一化悲痛为力量，开始整理艾思奇的遗留文稿。“文化大革命”期间受到冲击，她托张雷平将军把艾思奇重要文稿送至东风基地保护起来。1969年年底下放到河南五七干校劳动。1973年因病回京。1977年中央党校复校后，在胡耀邦的支持下，她正式开展艾思奇文稿整理工作，主持出版了《艾思奇文集》两卷本。1982年11月离职休养。此后继续组织开展研究艾思奇学术思想工作，参与整理并主持出版了560万字的《艾思奇全书》八卷本等一系列著作。她五十年如一日，在马克思主义哲学的教育、普及和史学研究方面潜心耕耘，从无懈怠。

2016年7月19日，王丹一在北京逝世，7月29日在八宝山革命公墓举行其告别仪式。习近平等党和国家领导人送了花圈，对王丹一逝世表示悼念，对其家属表示慰问。（陈书明）

（编辑 夏 冰）

金坛区获得综合荣誉一览表

表61

荣誉称号	授予单位	授予时间
全国休闲农业与乡村旅游示范县	农业部	2016.11
全国首批基本实现主要农作物生产全程机械化示范县(市、区)	农业部	2016.06
第二批"国家全域旅游示范区"	国家旅游局	2016.11
"金坛雀舌茶道会"获最美中国·首批最具影响力特色节庆	新华网、第四届旅游业融合与创新论坛	2016.11
全域自驾游试点单位	长三角自驾游产业论坛组委会、长三角自驾游专家委员会	2016.11
2016年全域旅游品牌营销示范单位	长三角旅游全媒体联盟	2016.11
2016十大长三角自驾游线路(中线)城市	长三角自驾游产业论坛组委会、长三角自驾游专家委员会	2016.11
2016年中国年度最佳投资休闲目的地(长荡湖旅游度假区)	中国(国际)休闲发展论坛组委会、《小康》杂志社	2016.11
2014~2015年全省法制建设示范县(市、区)	省委、省政府	2016.09
江苏省2015年度平安县(市、区)	省综治委	2016.08
第十四届江苏名特优农产品(上海)交易会县(市、区)最佳展团	省名特优农产品交易会办公室	2016.11
2015年度江苏省土地执法先进县(市、区)	省国土资源厅	2016.04
2015年度江苏省国土资源节约集约利用进步奖	省国土资源厅	2016.06
全省人民防空先进城市(区)	省国防动员委员会	2016.09
2015年度"生态文明在行动"优胜单位	常州市人民政府	2016.03

金坛区获省条线先进集体一览表

表62

单位名称	荣誉称号	授予单位	授予时间
区委宣传部	2015年度全省基层党员冬训工作示范县(市、区)	省委组织部、省委宣传部	2016.07
区环保局	2013~2015年度太湖治理工作成绩突出单位	省人民政府	2016.04
区环保局	2015年度环境信访工作成绩突出单位	省环保厅	2016.03
区环保局	2016年度"生态文明建设宣传一条街"活动优秀奖	省环保厅	2016.09
区农林局	2015年度全省农经农业系统工作效能建设成效显著单位	省农委	2016.03

续表62

单位名称	荣誉称号	授予单位	授予时间
区农林局	挂县强农富民工程绩效考评优秀单位	省农委	2016.02
区动物疫病预防控制中心	全国基层畜牧技术推广示范站	全国畜牧总站	2016.12
区水产技术指导站	江苏省现代渔业建设先进单位	省海洋与渔业局	2016.01
区水产技术指导站	江苏省“十二五”渔业科技入户工作先进集体	省海洋与渔业局	2016.04
区水产技术指导站	江苏省局门户网站信息报送先进单位	省海洋与渔业局	2016.01
区知识产权局	2016年度江苏省知识产权工作先进集体	省科学技术厅、省知识产权局	2017.01
区知识产权局	2016年度江苏省知识产权宣传培训工作先进单位	省知识产权局	2017.01
区知识产权局	2016年度江苏省专利行政执法工作先进集体	省知识产权局	2017.01
区旅游局	江苏省旅游系统先进集体	省人社厅、省旅游局	2016.12
区环境卫生管理处	2014~2015年度全省城市环境综合整治先进集体	省城市环境综合整治工作推进小组	2016.04
区供销合作总社	创新工作优胜单位	省供销合作总社	2017.02
区供销合作总社	基层社建设先进单位	省供销合作总社	2017.02
区供销合作总社	综合服务社提升工程先进单位	省供销合作总社	2017.02
朱林供销合作社	千个乡镇基层社推进为农服务工作先进单位	省供销合作总社	2017.02
直溪供销合作社	全省基层供销合作社建设标兵	省供销合作总社	2017.02
区农工办	全省农经农业系统工作效能建设成效显著单位	省农委	2017.01
区农工办	全省扶贫系统工作先进集体	省扶贫工作领导小组办公室	2017.01
金坛移动公司	江苏省文明单位	省文明办	2016.09
金坛电信分公司	2013~2015年度江苏省文明单位	省文明办	2016.12
金坛电信分公司	存量经营标杆单位	中国电信江苏分公司	2016.12
金坛经济开发区管委会	统计工作先进单位	省商务厅	2016.12
金坛经济开发区管委会	统计规范化建设合格单位	省商务厅	2016.12
区发改委	2016年度工作先进单位	省发改委	2017.02
区物价局	2016年度全省价格工作先进单位	省物价局	2017.02
儒林镇人民政府	江苏省妇女儿童工作先进集体	省妇女儿童工作委员会	2016.12
常州市花山国防教育训练中心	江苏省文明单位	省文明委	2016.09
区公安分局刑警大队	全省公安机关打击侵财犯罪质效提升年活动成绩突出集体	省公安厅政治部	2016.06
区人民检察院民事行政检察科	全省检察机关民事行政虚假诉讼监督专项活动先进集体	省人民检察院	2016.01
区人民检察院未检室	江苏省维护妇女儿童权益示范岗	省妇联	2016.11
区教育局	江苏省促进义务教育均衡发展先进单位	省人民政府	2016.03
区教育局	江苏省示范性县级教师发展中心	省教育厅	2016.12
区教育局	江苏省级社区教育示范区	省教育厅	2016.12
华罗庚实验学校	江苏省文明校园	省文明委	2016.09
西城实验小学	江苏省教育工作先进集体	省教育厅	2016.06
西城实验小学	江苏省健康教育促进学校	省教育厅、省卫计委	2016.05
金沙高级中学	江苏省艺术特色学校	省教育厅	2016.07
第四中学	江苏省教育工作先进集体	省教育厅	2016.06
区国土局	全省国土资源系统2014~2015年度预防职务犯罪工作先进集体	省国土资源厅	2016.01

续表 62

单位名称	荣誉称号	授予单位	授予时间
区地税局	江苏省法治税务示范基地	省地方税务局	2016. 11
区地税局	绩效管理先进单位	省地方税务局	2016. 11
区文联	江苏省基层文联工作先进单位	省文联	2016. 12
区旅游局	江苏省旅游系统先进集体	省人社厅、省旅游局	2016. 12
金城镇人民政府	江苏省文明乡镇	省文明委	2016. 09
金城镇南瑶村	江苏省森林生态示范村	省林业局	2016. 11
金城镇庄城村	江苏省绿化示范村	省林业局	2016. 11
金城镇南瑶村	江苏省文明村	省文明委	2016. 09
金城镇冯庄村	江苏省文明村	省文明委	2016. 09
朱林镇	江苏省标准社区教育中心	江苏省教育厅	2016. 07
朱林镇黄金村	江苏省先进基层党组织黄金村	中共江苏省委	2016. 07
朱林镇唐王村	江苏省文明村	江苏省文明委	2016. 07
朱林镇红旗圩村	江苏省级绿化示范村	江苏省农林厅	2016. 11
朱林镇沙湖村	江苏省生态森林示范村	江苏省农林厅	2016. 11
朱林镇沙湖村	江苏江苏省民主法治示范村	江苏省依法治省领导小组	2016. 12
朱林镇朱林村	江苏省巾帼电商服务示范基地	江苏省妇女联合会	2016. 07
朱林镇唐王村	江苏省巾帼农家乐示范基地	江苏省妇女联合会	2016. 07
薛埠镇上阮村	民主法治示范村	省民政府厅、省司法厅	2016. 02
儒林镇湖头村	江苏省农村电子商务示范村	省商务厅	2016. 07
儒林镇司法所	2014～2015 年度江苏省优秀司法所	省司法厅	2016. 02

金坛区获常州市级先进集体一览表

表 63

单位名称	荣誉称号	授予单位	授予时间
区人民检察院	2011～2015 年法治宣传教育先进集体	常州市委、市政府	2016. 10
区人民检察院	2015 年度常州市“五一”劳动奖状	常州市委、市政府	2016. 04
区委宣传部	“六五”普法先进单位	常州市委	2016. 10
区委宣传部	2011～2015 年法治宣传教育先进集体	常州市委、市政府	2016. 10
区政法委	常州市“六五”普法工作先进集体	常州市委、市政府	2016. 10
区纪委	常州市“六五”普法工作先进集体	常州市委、市政府	2016. 10
区税务局	2011～2016 年法治宣传教育先进集体	常州市委、市政府	2016. 10
区税务局	2011～2015 年度常州市普法工作先进单位	常州市委、市政府	2016. 10
朱林镇	常州市双拥模范镇	常州市委、市政府、市军分区	2016. 12
朱林镇	常州市“六五”普法先进单位	常州市委、市政府	2016. 12
朱林镇长兴村	常州市和谐社区优胜单位	常州市委、市人民政府	2016. 12
朱林镇黄金村	常州市农业产业化经营龙头合作社	常州市人民政府	2016. 08
薛埠镇	常州市“六五”普法先进单位	常州市委、市政府	2016. 05

金坛区获省条线先进个人一览表

表 64

姓 名	单位职务	荣誉称号	授予单位	授予时间
徐洪庆	朱林畜牧兽医站站长	全国最美基层兽医	中国兽医协会、中国兽药协会	2016.11
杨文卫	区动物疫病预防控制中心主任	2014～2016 年度全国农牧渔业丰收奖农业技术推广贡献奖	农业部科技教育司	2016.12
邵美林	区林业技术指导站	2016 年度林业统计工作先进个人	省林业厅	2016.12
马 骧	区林业技术指导站副站长	2016 年江苏省绿化好新闻三等奖	省林业局、省绿化委	2016.11
张金彪	区水产技术指导站站长	“十二五”全省渔业科技入户工作优秀专家	省海洋与渔业局	2016.04
罗 明	区水产技术指导站	“十二五”全省渔业科技入户工作优秀专家	省海洋与渔业局	2016.04
张 清	区农林局防火办主任	2013～2016 年度森林防火工作先进个人	省森林防火指挥部	2016.11
于 斌	区农林局园艺科科长	“送科技、比服务、促增收”活动表现突出个人	省农委办公室	2016.02
李建平	金坛区担保中心主任	全省扶贫系统先进工作者	省扶贫工作领导小组办公室	2016.10
李新梅	区农产品质量检验检测中心	江苏省“五一”创新能手	省总工会	2016.11
周忠俊	区农机化技术推广服务站	全省“平安农机通”先进个人	省农机安全协会、省移动总公司	2016.10
袁庆华	区农机化技术推广服务站	全省“平安农机通”先进个人	省农机安全协会、省移动总公司	2016.
刘宏宾	区城管局监察室主任、城管行政执法大队副大队长	全省城市环境综合整治先进个人	省城市环境综合整治工作推进小组	2016.04
汤爱兵	云产品支撑经理	第三届“江苏技能状元”大赛网管类三等奖	省人社厅	2016.12
赵月婷	政企客户经理	政企行业大咖	中国电信江苏分公司	2016.12
胡 磊	政企客户经理	政企行业大咖	中国电信江苏分公司	2016.12
王 琪	办公室秘书	《江苏邮电报》优秀通讯员	中国电信江苏分公司	2016.12
史冠桦	金坛高新技术创业服务中心副主任	2016 年度知识产权工作先进个人	省科学技术厅、省知识产权局	2017.01
薛金华	区环保局副局长	中国环境报宣传工作先进个人	中国环境报社	2016.09
葛春琴	区妇儿工委办公室副主任	全省妇女儿童工作先进个人	省妇女儿童工作委员会	2016.12
唐文武	区发改委副主任	2012～2015 年度省价格系统先进个人	省物价局	2017.02
李 辉	指前镇人武部部长	优秀专武干部标兵	省军区	2016.12
夏乙平	区民防局综合科科长	“十二五”全省人民防空先进个人	省民防局	2016.12
周 炯	区公安局法制大队教导员	个人二等功	省公安厅	2016.02
丁利强	区公安局督察大队中队长	全省公安机关立案突出问题专项治理工作成绩突出个人	省公安厅政治部	2016.03
马国盛	区公安局治安大队副大队长	2015 年全省打击食品药品环境犯罪“利剑行动”成绩突出个人	省公安厅政治部	2016.03
王志清	茅麓派出所副所长	2016 年度全省公安调研工作成绩突出个人	省公安厅政治部	2016.06
黎爱华	区公安局政治处副主任	全省公安机关优秀教育工作者	省公安厅	2016.08
高国富	区公安局办公室民警	全省公安机关警务保障工作成绩突出个人	省公安厅政治部	2016.10
唐晓辉	区公安局经侦大队副大队长	全省公安机关猎狐 2015 专项行动成绩突出个人	省公安厅政治部	2016.10
陆旭东	区公安局交警大队秩序中队指导员	江苏省最美警察、个人一等功	省公安厅	2016.12
王 成	第一中学	江苏省优秀教育工作者	省教育厅	2016.05
卞铁军	儒林中学	江苏省优秀教育工作者	省教育厅	2016.05

续表64

姓　名	单位职务	荣誉称号	授予单位	授予时间
曹国强	西旸小学	教育工作先进个人	省教育厅、省委教育工委	2016.06
戴振华	西城实验小学副校长	江苏省特级教师	省教育厅	2016.09
季　俊	区地税局	江苏省地方税务局稽查局区域稽查分局先进个人	省地方税务局	2016.03
罗　琪	区地税局	全省地税系统政务信息工作先进个人	省地方税务局	2016.03
杨振海	朱林镇	江苏省最美家庭	江苏省妇女联合会	2016.07
严清华	朱林镇黄金村	江苏省脱贫致富奖	江苏省扶贫办公室	2016.10
张留斌	薛埠镇农服站站长	2013～2016年全省森林防炎工作先进个人	省森林防火指挥部	2016.11

金坛区获常州市级先进个人一览表

表65

姓　名	单位职务	荣誉称号	授予单位	授予时间
陈锁龙	区委常委、宣传部部长	“十佳”双拥先进个人	常州市委、市政府	2016.07
汤华伟	区城管局法制科科长	2011～2015年全市普法工作先进个人	常州市委、市政府	2016.10
朱　蔚	区环保局科员	2011～2015年法治宣传教育先进个人	常州市委、市政府	2016.11
朱锁良	薛埠镇方麓村党支部书记	六五普法先进个人	常州市委、市政府	2016.05

（编辑　钱国新　汤芬娣）

金坛刻纸《牡丹仙子》（作者　杨兆群）

中共常州市金坛区委员会
常州市金坛区人民政府
关于印发《常州市金坛区儒林镇扩权强镇工作实施方案》的通知

坛委发〔2016〕18 号

2016 年 4 月 21 日

各镇党委和人民政府，开发区、茅山旅游度假区、长荡湖旅游度假区党工委、管委会，各街道党工委、办事处，区各部委办局，区直各单位：

现将《常州市金坛区儒林镇扩权强镇工作实施方案》印发给你们，请认真贯彻落实。

常州市金坛区儒林镇扩权强镇工作实施方案

根据《常州市委办公室市政府办公室〈关于推进市级中心镇扩权强镇工作的意见〉的通知》（常办发〔2014〕60 号），特制定本实施方案。

一、总体目标

通过优化规划编制、创新体制机制和加强要素集聚，切实提升儒林镇在经济发展、城镇建设和社会事业等方面统筹协调、自主决策、依法行政和高效服务的能力；通过强化保障激励和增强辐射带动，推动儒林镇发展成为特色鲜明、产业集群、人口集聚、设施完善、环境优美、社会和谐、富裕繁荣的现代旅游新城和金坛城市副中心，并带动周边镇发展。力争经过三年左右的努力，在儒林镇初步建立起行为规范、运转协调、公正透明、廉洁高效的基层行政管理体制和运行机制，全面提升社会管理能力和公共服务能力，增强城镇发展动力和活力。

二、扩权内容

（一）下放事权。区政府及其相关工作部门按照“依法下放，能放则放，充分授权，权责统一”的原则，通过委托、交办、机构延伸等方式，依法赋予与儒林镇经济社会发展相适应的县级行政审批权、行政处罚权以及其他行政执法权和管理服务权，具体权力事项由区委、区政府及相关部门根据儒林镇的实际需求研究确定，分批分期下放。

（二）扩大财权。按照财权与事权相匹配的要求，进一步扩大儒林镇财政自主权，提高其财政保障能力。自实施扩权强镇工作起 3 年内，完成常州市级中心镇建设年度考核目标，按年度享受如下财税政策激励：

1. 以 2013 年儒林镇级税收收入为基数，对超基数形成的新增财力给予全额返还。

2. 镇域范围内土地出让收益，除按规定上缴国家、省部分外，全额返还儒林镇。

3. 区设立的中心镇发展专项资金，重点支持儒林镇中心镇基础设施和产业园区等重点创新创业平台建设。

4. 对儒林镇城乡一体化建设和社会事业项目,将优先给予支持。

(三)推进金融创新

1. 鼓励银行等各类金融机构在儒林镇设立分支机构,区政府对金融机构在儒林镇设立分支机构给予政策支持,儒林镇政府对其在土地征用等环节给予支持。

2. 鼓励和支持儒林镇通过项目融资,吸引社会资本参与城镇建设和经营,形成多元化的投入机制。

3. 积极推进农村集体资产依法抵押融资,拓展农业保险覆盖面和风险保障水平。

(四)改革人事权

1. 规范部门挂职和派驻干部人事管理。放权职能部门选派到儒林镇挂职的人员经费按原渠道保持不变,业务上接受上级职能部门的指导,日常管理以儒林镇为主,党组织关系实行属地管理,年度考核由镇党委提出等次建议,选派部门确认,干部任免应事前书面征得儒林镇党委同意。省以下垂直管理部门派驻在镇的机构负责人的任免,也应事前书面征求镇党委意见。

2. 探索实施采用年薪制面向社会公开招聘经济社会发展急需的专业人才。

3. 探索实施镇行政事业单位人员统一使用、分类管理,畅通机关、事业、社会人员交流机制。

4. 探索实施在上级政策框架内积极创新收入分配机制,实施绩效考核与薪酬激励制度。

(五)保障用地

1. 区政府每年集中预留的新增建设用地指标,优先向儒林镇重点项目建设倾斜。

2. 支持鼓励儒林镇开展村庄整治、工矿废弃地复垦等措施取得城乡建设用地增减挂钩指标,全部留归儒林镇使用。

(六)优化机构设置

按照"统一、精简、高效"的原则,儒林镇政府内设机构总数为1办7局1中心,分别为:

1. 党政办公室。主要负责综合协调、文秘机要、宣传统战、工青妇及法制建设、后勤保障等方面工作。

2. 组织人事和社会保障局。主要负责机构编制、干部人事、劳动管理、就业培训以及社会保障等方面工作。

3. 财政和资产管理局(挂"审计所""政府采购和招投标中心"牌子)。主要负责财政保障服务、国有资产管理、投融资以及招标投标、公共资源交易等方面工作。

4. 规划建设和环境保护局。主要负责规划管理、村镇建设、环境保护以及城镇绿化管理等方面工作。

5. 科技和经济发展局(挂"招商办公室""统计办公室""安全生产监督管理办公室""食品安全委员会办公室"牌子)。主要负责产业发展、招商引资、项目服务、科技创新、安全生产监督、市场监督管理以及统计监测等方面工作。

6. 社会管理和社会事业局(挂"民政办公室""社会治安综合治理办公室""司法所"牌子)。主要负责民政、老龄、残联、教育、文化、体育、卫计、社会综合治理以及信访维稳等方面工作。

7. 农村工作局。主要负责农经、农林等工作的综合管理与统筹协调,以及农村改革、新农村建设和指导、监督农村集体资产经营管理等方面工作。

8. 综合执法局(挂"城管中队"牌子)。主要负责行使镇政府依法享有的行政处罚权,以及区下放的行政处罚权,并履行与之相关的行政强制措施权和监督检查权。

9. 便民服务中心。主要负责行政审批或代办服务、涉及企业生产和群众生活各类事项的办理和服务。

税务、国土、公安、水利、交通、供电、市场监管等部门,可通过对在儒林镇已设置或增设的派驻机构充分授权,实现管理下移。

原有镇属事业单位保留牌子,职责与相关办、局、中心整合归并,人员统一使用、分类管理。

三、保障措施

(一)加强组织领导

由区扩权强镇工作领导小组(区分管领导任组长,区委办、区政府办、组织部、农工办、编办、法制办、发改委、财政局、人社局、经信局、住建委、国土局、民政局、政管办等部门和相关镇的主要负责人为成员),全面负责儒林镇扩权强镇工作的指导和协调,其他涉及的区相关职能部门要积极参与配合儒林镇扩权强镇工作。区扩权强镇工作领导小组办公室具体负责扩权强镇工作的牵头和日常协调工作,办公室设在区编办。儒林镇要建立相应的组织机构,落实专门工作人员,组织实施扩权强镇工作方案,及时研究、汇报工作推进过程中出现的问题。

(二)健全工作机制

区扩权强镇工作领导小组要根据儒林镇扩权强镇工作实施方案,统一协调区相关职能部门做好权力下放工作,并严格按照常州市明确的时间要求,把握工作进度,强化监督指导,及时协调解决工作推进过程中出现的问题,保证各项政策措施落实到位。区相关职能部门要从各自职能出发,出台下放权力细则,加强行政指导、业务培训、监督检查。儒林镇对下放的权力做好承接工作,合理调配工作人员,强化业务培训,取得相应资格,确保下放权力承接到位。

四、实施步骤

为积极稳妥地推进儒林镇扩权强镇工作,整个工作分三个阶段进行:

(一)组织准备阶段(2016年3月31日前)。拟定《儒林镇扩权强镇工作实施方案》,并上报常州市编办审批。各相关部门清理下放事项,明确第一批下放事项,并与儒林镇做好对接,各部门将下放事项汇总后报区编办备案。区机构编制部门要立足中心镇事权和人员实际,按照机构设置综合、管理扁平高效、运行机制灵活的原则,对中心镇内设机构进行优化设置。责任部门:区编办、区相关部门、儒林镇

(二)指导实施阶段(2016年4月

起)。区相关部门委派业务骨干对儒林镇的相关工作人员进行业务知识、政策法规等相关培训,并参与扩权事项的办理工作,进行现场指导,使儒林镇相关工作人员能尽快熟悉业务流程、掌握相关政策法规,能顺利办理相关业务。儒林镇依法按要求独立实施扩权事项。责任部门:区相关部门、儒林镇

(三)考核督查阶段(2016年三季度)。儒林镇按照扩权强镇实施意见确定的工作目标,紧扣自身特点和发展实际,理顺职能,强化工作推进,确保通过上级部门的考核验收。责任部门:儒林镇。

中共常州市金坛区委员会
印发《关于加强区委巡察工作的实施办法(试行)》的通知

坛委发〔2016〕57号
2016年10月31日

各镇党委、街道党工委、园区党工委,区委各部委办局,区各委办局党委(党组),各区管国有公司、区直属单位党委(支部):

《关于加强区委巡察工作的实施办法(试行)》已经区委常委会研究通过,现予以印发,请遵照执行。

关于加强区委巡察工作的实施办法(试行)

为深入贯彻落实中共十八大和十八届三中、四中、五中、六中全会精神,强化各级党委党要管党的政治责任,推动全面从严治党和巡察监督向基层延伸,实现巡视巡察全覆盖,根据《中国共产党章程》和《中国共产党党内监督条例》《中国共产党巡视工作条例》《中国共产党问责条例》等规定,按照省委《关于加强市县党委巡察工作的意见(试行)》《关于贯彻〈中国共产党巡视工作条例〉实施办法》和常州市委《关于加强市和辖市区党委巡察工作的实施办法(试行)》要求,结合实际,制定本办法。

一、指导思想和工作原则

1.指导思想。区委巡察工作以邓小平理论、"三个代表"重要思想、科学发展观为指导,深入贯彻习近平总书记系列重要讲话精神,坚持从严治党、依规治党,突出党的领导,抓住党的建设,紧扣党风廉政建设和反腐败斗争,落实中央巡视工作方针,构建省委巡视与市县巡察联动工作格局,发现问题,形成震慑,进一步营造风清气正的政治生态。

2.工作原则。坚持统一领导、分级负责,实事求是、依规依纪,群众路线、发扬民主的原则。从实际出发、与时俱进,严格在《党章》《党内监督条例》《巡视工作条例》《问责条例》等党规以及中央和省委规定的范围内组织实施。坚持充分依靠基层党组织和党员干部的支持和参与,调动和保护人民群众的积极性,着力增强巡察监督的力度、广度和深度。

二、范围、任务和方式

3.巡察范围。区委工作部门领导班子及其成员,区政府部门、人民团体党组织领导班子及其成员,区管国有公司、区直属单位党组织领导班子及其成员;镇(街道)党政领导班子及其成员,人大主席(工委主任)、副主席(工委副主任),政协工委主任、副主任;区委需要巡察的其他单位党组织领导班子及其成员。

对各类园区党组织领导班子及其成员的巡察,按干部管理权限确定。

4.巡察任务。巡察组对被巡察党组织执行《党章》和其他党内法规,遵守党的纪律,落实党风廉政建设主体责任和监督责任等情况进行监督,结合基层特点,紧盯党的领导弱化、党的建设缺失、全面从严治党不力等问题,着力发现违反"六项纪律"方面的问题和线索,上级党委巡视(巡察)反馈意见整改和移交问题线索办理中存在的问题,以及区委要求了解的其他问题。

5.巡察方式。按照"机动灵活、务实高效"的原则,采取常规巡察、专项巡察等方式进行,根据实际需要,合理确定巡察工作时间。对已巡察过的单位可适时安排"回头看",检查整改情况,形成"再震慑"。

三、机构和人员

6.成立区委巡察工作领导小组(以下简称领导小组)。领导小组在区委的统一领导下,全面领导全区巡察工作,对区委负责并报告工作。巡察工作领导小组下设办公室(以下简称巡察办),为其日常办事机构,主要承担综合协调、组织指导、制度建设、监督管理、服务保障等工作。巡察办设在区纪委,对领导小组负责。

7.设立区委巡察组。根据实际需要,设若干巡察组,在领导小组领导下开展巡察工作。巡察组实行组长负责制,组长根据每次巡察任务确定并授权。

8.加强巡察队伍建设。按照忠诚、干净、担当的要求,采取选拔任用、内部调剂、带编入职、抽调借调等方式,选调专兼职巡察干部,充实巡察干部队伍。建立组长库、专业人才库,加强业务培训,提升履职能力。严格落实回避制度,定期对巡察干部进行轮岗交流,对不适合从事巡察工作的人员,及时予以调整;对违纪违法的,严肃处理。

四、程序与方法

9.制定工作规划。区委制定工作规划,确保每届任期内巡察一遍,实现全覆盖。区委常委会把巡察工作列入年度工作要点,每年研究巡察工作不少于2次。书记专题会议及时听取每轮巡察情况汇报、研究决定巡察成果的运用。区委书记听取汇报时的讲话、巡察工作计划和总结、重要工作安排以及其他重要事项,及时书面上报市委巡察办备案。

10.规范巡察程序。开展集中巡察前,纪检监察、审计、财政、政法机关和组织、信访等有关单位应支持配合巡察工作,提供被巡察单位领导班子及其成员相关情况,为巡察组提供信息、人员、专业支持。巡察组进驻后,向被巡察党组织通报巡察任务,按照《巡视工作条例》规定的工作方式和权限开展工作,对反映被巡察党组织领导班子及其成员的重要问题和线索可以进行深入了解。巡察结束后,各巡察组要及时向领导小组汇报巡察工作情况,向领导小组组长汇报发现重点问题线索情况,及时向被巡察党组织领导班子及其主要负责人反馈巡察情况,指出问题,提出整改意见。巡察进驻、反馈、整改等情况应当以适当方式公开,接受党内外监督。

11.明确成果运用。落实各类成果运用主体的责任,被巡察党组织特别是主要负责人对巡察整改工作负责,纪检、组织和相关职能部门对巡察组移交的专题报告、有关材料和移交事项要认真研究,提出办理、处置意见,处理结果及时向巡察办报告。组织部门在领导班子调整、干部选拔任用时,应注意听取巡察办(组)的意见。

12.抓好整改落实。被巡察党组织要认真落实巡察反馈意见,完善问题清单和整改责任清单,及时将整改情况报告、主要负责人组织落实情况报告和移交问题线索办理情况报告报送巡察办。对整改问题实行台账管理,通过巡察回访、专项检查等方式,加大督促力度。对办理不力或整改不到位的,抓住典型、严肃问责。

13.加强工作联动。区委巡察办向上级主管部门汇报工作要经常化、制度化,探索建立巡视工作与巡察工作协调联动机制,实现巡视巡察有效对接,强化监督效果。对中央巡视组、省委巡视组、常州巡察组提出的整改意见和移交事项,协助有关部门加强跟踪、及时报告,配合做好回访督查等工作。

五、专项巡察向基层延伸

14.下设基层党组织的区级机关、区管国有公司、区直属单位和镇(街道)按照干部管理权限和党风廉政责任制规定,围绕"六大纪律"执行情况、群众反映强烈的民生难点问题、专项资金管理使用、工程建设等内容,对所属基层党组织开展专项巡察。

六、加强组织领导

15.区委巡察工作领导小组加强对全区巡察工作的领导,经常听取相关工作情况汇报,定期研究工作,促进政治巡察、巡察组织机构、巡察任务全覆盖得到全面落实。区委巡察办、巡察组要坚持问题导向,坚持务实高效,精心组织实施每轮巡察,切实发挥巡察的"利剑"和震慑遏制治本作用。

16.下设基层党组织的区级机关、区管国有公司、区直属单位和镇(街道)党组织要认真履行职责,强化党委主体责任和纪委监督责任,建立组织机构,完善工作机制,深入推进巡察工作向基层延伸。

本办法自颁布之日起实施。

中共常州市金坛区委办公室
常州市金坛区人民政府办公室
关于做好当前结对帮扶工作的意见

坛委办字〔2016〕4号

(2016年1月15日)

各镇党委和人民政府,开发区、茅山旅游度假区、长荡湖旅游度假区党工委、管委会,各街道党工委、办事处,区各部委办局,区直各单位:

为深入贯彻落实中共十八届五中全会和中央、省委扶贫开发工作会议精神,健全结对帮扶工作机制,落实精准帮扶、精准脱贫责任与措施,加大对经济薄弱村和低收入户的帮扶力度,促进经济薄弱村的健康发展和困难群众生活的明显改善,现就做好当前结对帮扶工作提出如下意见:

一、深刻认识做好当前结对帮扶工作的重要性和紧迫性

做好当前结对帮扶工作，是贯彻落实党的十八届五中全会和中央、省委扶贫工作会议精神最具体的实践和最直接的体现，是践行“三严三实”的最基本要求。全区上下要深刻领会习近平总书记扶贫战略思想和重要论断，切实增强新时期做好扶贫开发工作的思想自觉、政治自觉和行动自觉。要认真总结我区结对帮扶工作取得的宝贵经验，高度重视存在的突出问题，着力推动扶贫工作实现战略性转变，用更高标准、更深举措、更大力度做好新阶段扶贫各项工作，在减少相对贫困、缩小收入差距、促进共同富裕上取得更大成效。2015年是我区实施第四轮结帮扶活动的第二年，也是全区农村建档立卡人均纯收入低于6500元农户实现脱贫的关键之年。由于秋粮收购价格下跌，广大农村弱势群体的生产、生活受到了一定程度的影响。各级党委、政府和广大党员干部要从密切党和群众血肉联系、维护社会稳定的高度，从讲政治、讲党性、讲大局的高度，进一步认清做好当前扶贫帮困工作的极端重要性，增强使命感和责任感，把它作为一项重大的政治任务切实抓紧抓好。

二、扎扎实实开展好送温暖活动

各级党员干部，特别是党员领导干部要牢牢把握群众利益无小事的原则，结合当前开展的“三严三实”专题教育活动，深入基层、深入群众，特别要深入到困难多、问题多、矛盾多的地方，倾听群众的呼声，体察群众的情绪，关心群众的疾苦。近期，以16个经济薄弱村为单元，由各帮扶组长单位牵头，抓紧时间对挂钩经济薄弱村和低收入群众的生产生活情况作一次全面调查摸底。在此基础上，组织组内帮扶部门、企事业单位，在春节前集中开展送温暖活动，帮助经济薄弱村和低收入群众解决一些实际问题，让每位困难群众过上欢乐祥和的新春佳节。

三、优先安排好帮扶资金和物资

第四轮结对帮扶确定以项目推进结对帮扶的工作思路。去年年初确立的69个帮扶项目已完成53个，其余正在跨年度实施中，项目总投入2070余万元，其中各帮扶单位已到账部分帮扶资金。尽管如此，经济薄弱村的发展仍存在资金缺乏等一系列突出问题，迫切需要各级各部门大力帮扶和长效帮扶。一方有难、八方支援，是中华民族的传统美德；帮助困难群众解决实际问题，是全社会的共同责任。区财政将安排年度专项扶持资金80万元，用于补助经济薄弱村资金困难。各级党组织要认真做好结对帮扶各项活动的组织实施；教育、民政、人社、卫计等部门以及工、青、妇、残联等群团组织，要充分发挥各自职能作用，扎实开展好“助医、助学、助残、助困”活动。各镇（街道）、村也要多方筹集救助资金，规范救助办法，做到公正公开，使困难群众真正体会到社会主义大家庭的温暖。

四、切实加强帮扶工作的组织领导

做好扶贫帮困工作，切实解决好当前经济薄弱村和低收入户群众的生产生活问题，是党和政府义不容辞的重要职责。要注重整体帮扶和到村到户精准扶贫协同推进，全面落实精准扶贫、精准脱贫措施，找准扶贫对象、摸清致贫原因、落实帮扶措施；要着力增强经济薄弱村的发展能力，动员社会力量参与结对帮扶工作。各镇（街道）、各部门要分块分条层层落实帮扶责任制，在出台政策、制定规划、安排资金时，统筹考虑结对帮扶工作；在安排部署结对帮扶工作时，明确责任，细化任务，强化考核，做到任务明确到人，责任落实到人，确保帮扶对象“一个不少、一户不落”实现脱贫目标，努力开创我区农村结对帮扶工作新局面。

中共常州市金坛区委办公室
常州市金坛区政府办公室

关于深化农村社区股份合作制改革的实施意见

坛委办字〔2016〕9号

（2016年3月3日）

各镇党委和人民政府，开发区、茅山旅游度假区、长荡湖旅游度假区党工委、管委会，各街道党工委、办事处，区各部委办局，区直各单位：

近年来，随着农村改革的深化和城镇化进程的加快，我区农村集体经济实力不断增强，一些地方积极探索农村社区股份合作制改革，既提升了农村集体经济的服务能力，又较好地维护了农村集体经济组织及其成员的合法权益，为加强基层组织建设、发展农村经济、构建和谐社会发挥了积极作用。为深入推进我区农村经济体制改革,不断完善新形势下农村集体经济的有效实现形式和分配方式,着力解决当前一些地方农村集体经济组织存在的产权模糊、功能退化、机制不活、监督不力等问题,切实维护集体经济组织及其成员的合法权益,增加农民收入,维护农村稳定,现就深化农村社区股份合作制改革工作提出以下意见:

一、总体要求

推进农村社区股份合作制改革,是新形势下深化农村改革的一项重要措施。改革的指导思想是:坚持以党的十八大和十八届三中、四中、五中全会精神为指导,以创新机制体制、明晰产权主体、保障农民权益、规范经营管理为核心,坚持因地制宜、分类推进、确保稳定的原则,逐步建立"归属清晰、权责明确、保护严格、流转顺畅"的农村集体经济产权制度,不断提高集体资产的运行质量,为加快城乡发展一体化,促进集体经济发展和农民收入持续增长,确保农村社会长期稳定奠定坚实基础。

二、目标任务

1. 改革范围。凡是有经营性净资产、集体收入能维持正常管理费用和公益性开支、集体收入有一定盈余的村(社区),都要实行资产固化量化,把集体经济组织的经营性资产,折股量化到每个集体经济组织成员,组建股份合作社,年终按股份合作社章程,进行股份分红;村集体经营性净资产少或集体可支配收入仅能维持正常管理费用和公益事业性开支的村(社区),采取"固化不量化"的办法,先确定股权,界定社员资格,明确享受股权的人员,推选社员代表,只设集体股,暂不设个人股,暂不分红,待股份合作社经济发展壮大具备条件后,再设置个人股和按股分红;对土地、水面、山岭等资源性资产,清理登记其数量,资源性资产暂不量化,待其征(使)用后再追加股份合作社的股本金。与此同时,鼓励集体经济组织牵头,吸收农民以房产物业、闲散资金或劳务入股组建投资性物业合作社(富民合作社)或劳务合作社,增加农民财产性收入和工资性收入。

2. 时间要求。全区计划用3年左右时间,基本完成村级社区股份合作制改革,确保农村居民人人持股、变权为利。从2016年上半年起,每镇(街道)分别选择1~2个以上的村开展"资产折股量化"和"资产、人员双固化"试点,在试点取得经验的基础上,下半年全面推开,确保到2018年底前全面完成改革任务。

三、主要环节

1. 组织清产核资。清产核资的范围:包括村、组两级所有的资源、资产、资金。清产核资的程序:(1)确定清产核资基准日,一般与股东资格界定截止日一致;(2)开展"三资"集中盘点。以村组两级财务账面数为依据,对集体土地、货币、实物资产、债权债务进行核对,按实进行调整;(3)清查结果张榜公示。村组两级资产情况要公布到组,公示时间不少于7天,接受村民监督;(4)清查资产确认。公示结果村民无异议后,村级资产由村务监督委员会成员签字确认,组级资产由各组民主理财小组成员签字确认。

2. 搞好股权设置。在清产核资的基础上,依照各村的实际情况,合理确定折股量化的范围和股权设置的种类。折股量化的范围,原则上为村集体经营性净资产,公益性资产和资源性资产暂不列入折股量化范围。土地资源暂不量化,今后土地征用补偿后可追加股份合作社股本金。股权设置的基本原则是,村集体经济组织成员人人有股,按贡献大小适当体现差距。股权类型一般可以设置人口基本股和劳动贡献股两种,根据发展需要可以增设现金投入股,但严禁强制要求组织成员现金入股。股权中一般不设集体股,确需设立集体股的,集体股比例一般不超过30%。

3. 界定股东资格及股份量化。(1)明确截止日期,股东资格界定截止日与清产核资基准日一致;(2)搞好人口调查,摸清人员情况,调查对象包括本村组在册农业人口、农转非人口、现役军人、大中专在校生、劳教劳改人员等;(3)界定股东资格,坚持"尊重历史、承认现实,遵守法律、民主决策,立足长远、维护稳定"原则,宜宽则宽、应享则享。人口基本股量化,凡符合条件的集体经济组织成员,不论年龄大小,一律按人口平等享有股份。劳动贡献股量化,主要根据村民在村的实际劳动年限,实行分期分级定档的办法,确定村民劳动贡献股份。村改革工作组拟订股东资格界定方案,报镇(街道)改革领导小组审核同意。依据规定召开成员代表会议,以到会人员三分之二以上通过提出名单,并在村务公开栏(包括网上村委会)公示7天;(4)建立股东名录。村将汇总公示无异议的成员名单进行计算机集中采集,备份(包括纸质、U盘)后分别上报镇(街道)和区级农经部门备案。

4. 制定管理办法。股份量化到人的工作结束后,由社区股份合作组织向持股成员出具集体资产记名股权证书,作为享受收益分配的凭证。村股份合作社股权实行相对稳定的静态管理,一般不再随人口的增减而变动,如需调整须在届满后经股东代表大会讨论通过。个人股股权经理事会讨论同意可在本社内进行继承、馈赠与转让,但不得退股提现和抵押。五保户股权由股份合作社托管,股权收益归集体,用于供养五保户,股权不得继承、馈赠、抵押和转让,本人去世后,股权划归集体股或增加集体积累。

5. 制定章程草案。章程是股份合作社的总纲,在制订章程时,可参照示范章程,结合本社实际,拟订章程草案。在章程草案中应明确股份合作社的目的、性质、股东资格界定、股东的权利和义务、股权设置、资产量化、股权管理、组织机构设置及运作、资产经营、财务管理、收益分配等内容。章程自股东代表大会讨论通过后生效。

6. 酝酿代表人选。股东代表人数原则上控制在股东数的10%左右,按比例分配到各村民小组,由各村民小组通过户代表会议选举产生。股东数超过1000人的村，股东代表比例可适当下降，但股东人数最少不得低于100人。股东代表也可由有股东资格的村民代表兼任。

7. 召开预备会议。会议内容主要是产生理事会和监事会成员候选人名单，讨论拟定股东代表大会《选举办法》，候选人名单由村党组织提名，经过股东代表充分酝酿后民主讨论产生。讨论产生的候选人名单和股东代表大会《选举办法》须报镇（街道）党（工）委、政府（管委会）审核同意。

8. 召开成立大会。会议议程：(1)村改革工作组负责人作筹备工作报告；(2)审议通过《股份合作社章程》和《选举办法》，《股份合作社章程》须经到会三分之二以上股东代表同意才能通过，选举时实行一人一票；(3)选举产生理事会和监事会成员，从候选人中选举产生理事会和监事会正式成员，候选人以获得到会代表过半数赞成票始得当选；(4)选举产生理事长和监事长，在理事会和监事会成员中选举产生理事长和监事长；(5)理事长宣布股份合作社成立，并进行就职发言。

9. 搞好建章立制。围绕股权管理、股东管理、资产运营、收益分配、财务监督等重点，建立健全内部监督管理机制，确保有章可循、照章理事、按章办事。

10. 开展建档立卡。各镇（街道）指导村股份合作社将股东股权情况集中进行计算机采集，建立信息化数据库，备份后分别上报镇（街道）和区级农经部门进行信息比对，确认无误后存档。

11. 组织备案登记。村股份合作社成立后，各村改革工作组应将改革资料报镇（街道）农经部门备案，并按规定进行申报登记，取得法人资格，依法开展资产经营管理活动。

四、工作措施

1. 加强组织领导。各镇（街道）要成立由党政主要领导、分管领导任正副组长，农经、财政、劳动、公安、税务、国土等站所负责人为成员的镇（街道）农村社区股份合作制改革领导小组，负责改革工作的领导和组织、协调工作，领导小组办公室设在镇（街道）农经站。村要成立由党组织书记任组长，村主任、村会计等村干部为成员的改革工作组，负责村改革工作的组织、协调和实施工作，并明确职责，分工到人。

2. 深入宣传发动。深化农村社区股份合作制改革工作政策性强、涉及面广，事关广大农民的切身利益，事关集体经济的发展壮大和农村社会的稳定和谐。各镇（街道）各有关部门要采用各种形式加强对农村社区股份合作制改革工作的宣传，提高广大干群对深化改革重要性的认识，消除部分干部和群众的思想顾虑，为改革工作营造良好的舆论氛围。各村要召开村、组两级干部和党员会议，宣传区、镇有关改革的政策精神和业务操作要求，统一思想认识，使村组干部、党员了解和掌握改革的具体操作程序和办法；同时，印发宣传资料，由村民组长发放到农户手中，使广大村民了解改革政策规定，积极参与和支持改革。

3. 科学编制方案。各镇（街道）要对照区改革目标和要求，结合自身实际，拟定本地农村社区股份合作制改革实施方案，明确目标任务、基本原则、实施步骤、工作要求，指导各村有条不紊地开展工作。各镇（街道）改革方案须报区委农工办备案。

4. 强化考核督查。区农经主管部门要切实履行改革的指导、协调和督查职能，加强配套政策研究和业务指导，抓好改革试点、面上推进和督查考核工作。各相关部门要密切配合，各司其职，做好相关服务工作，合力推进农村社区股份合作制改革工作。

5. 维护社会稳定。各镇（街道）在深化改革实施过程中，必须严格执行国家有关法律法规和政策规定，规范操作，稳步推进，在清产核资、股东界定、股权设置、股权管理、机构设置等环节中，要坚持按规定程序进行，防止出现偏差。要积极稳妥地处理好各种关系，及时调解改革中出现的矛盾和纠纷，确保农村社会长期稳定。

常州市金坛区人民政府
关于加快发展养老服务业完善养老服务体系的实施意见

坛政发〔2016〕97号

（2016年10月24日）

各镇人民政府、街道办事处、园区管委会，区各委办局，各区管国有公司、区直属单位：

为贯彻落实《国务院关于加快发展养老服务业的若干意见》（国发〔2013〕35号）、《关于加快发展养老服务业完善养老服务体系的实施意见》（苏政发〔2014〕39号）及《市政府关于进一步完善养老服务体系加快发展养老服务业的实施意见》(常政发〔2014〕123号)的精神,现就推动我区养老服务业加快发展、进一步完善养老服务体系,提出如下实施意见。

一、总体思路、基本原则和发展目标

(一)总体思路

深入贯彻落实中共十八大、十八届三中、四中、五中全会精神,认真贯彻落实《江苏省养老服务条例》,以不断满足老年人日益增长的养老服务需求为出发点和落脚点,充分发挥政府主导作用,强化城乡各类困难老年人托底保障功能;充分发挥市场在资源配置中的决定性作用,坚持深化体制改革,激发社会活力,使社会力量成为养老服务业的发展主体;大力发展各种类型的养老服务和产品,健全具有金坛特色的养老服务体系,满足多层次、多样化的养老服务需求,努力使养老服务业成为积极应对人口老龄化、保障和改善民生的重要举措,成为扩大内需、增加就业、促进服务业发展、推动经济转型升级的重要力量。

(二)基本原则

1. 政府主导,统筹规划。坚持政府主导,将养老服务业发展、养老服务体系完善纳入全区国民经济和社会发展总体规划,完善政策,健全机制。统筹发展居家、社区和机构等多种养老形式,实现普遍与个性的结合;统筹推进城乡养老设施建设,提高农村老年人的受惠率,推进养老服务城乡一体化;统筹利用各种资源,实现相关领域的良性互动,做到人人担责任,人人享服务。

2. 社会参与,市场运作。充分发挥市场在养老服务资源配置中的决定性作用,引导社会力量逐步成为发展养老服务业的主体,积极培育养老服务龙头企业,打造产业链长、覆盖领域广、经济社会效益显著的产业集群,为满足老年人多样化、多层次的需求提供各类养老服务和产品,营造平等参与、公平竞争的市场环境。

3. 突出重点,发挥优势。结合我区养老服务业发展实际,着力在推进养老服务社会化和市场化、构建养老产业格局、推动医养融合发展、探索长期护理保险制度、建设养老人才队伍等方面实现重点突破,推动我区养老服务业快速发展。

(三)发展目标

到2020年年底,全面建成以居家为基础、社区为依托、机构为补充、医养融合发展的养老服务体系。

——服务网络更加健全。生活照料、健康管理、康复护理、精神慰藉以及紧急呼叫与救援等服务覆盖城乡所有老年人。符合标准的社区居家养老服务中心覆盖所有城乡社区,农村区域性养老服务中心覆盖率达到100%。养老床位总数达到每千名老年人50张以上,护理型床位占养老床位总数达到60%以上,社会力量举办或经营的养老床位占比达60%以上,养老护理员岗前培训率达到100%、持证上岗率达到95%以上。"虚拟养老院"服务半径持续扩大,服务内容不断延伸,养老服务信息管理系统实现区到镇(街道)的互联互通,居家呼叫服务和应急救援服务信息网络实现城乡全覆盖。

——基本服务全面保障。加大对养老服务的投入,统筹城乡、区域养老服务资源,促进基本养老服务均衡发展。以政府为主导,充分发挥社会力量作用,面向所有老年人提供基本养老服务。建立健全经济困难老年人养老服务补贴制度,着力保障困难老年人的养老服务需求,确保人人享有基本养老服务。家庭、个人承担应尽养老责任。

——产业规模显著扩大。推动以老年生活照料、老年产品用品、老年健康服务、老年体育健身、老年文化娱乐、老年教育、老年金融服务、老年旅游等为主的养老服务业全面发展,养老服务业增加值在服务业中的比重显著提升。建立我区养老产业招商对接平台,培育带动力强的生产养老服务产品和提供养老服务的企业。建设茅山颐园和茅山南湖养生园医养一体产业园建设,打造养老产业新高地。

——发展环境不断优化。建立养老服务准入、退出和监管机制,规范行业标准,健全养老服务业制度体系,提高养老服务质量。增强全社会积极应对人口老龄化的意识,鼓励企业、社会组织、个人积极参与养老服务运营和管理。全面弘扬敬老、爱老、助老优良传统,开展志愿服务,鼓励和吸引更多的社会工作者、社会工作专业人才进入养老服务领域。

——体制机制充满活力。进一步转变政府职能,切实做到服务及时、监管有力。不断加大政策支持和引导力度,激发各类服务主体活力,充分调动企业、社会组织、个人和其他社会力量开展养老服务的积极性。充分发挥市场在资源配置中的决定性作用,不断提高社会力量举办或经营的养老机构床位数量。

二、提升养老服务能力

(一)不断强化居家养老服务功能。强化居家养老基础性地位,以"一率四化"(居家养老服务中心覆盖率,标准化、规范化、社会化、市场化)为抓手,构建区、街道、社区三级居家养老服务网络。大力推进城乡社区居家养老服务中心建设,做到有人员、有场地、有经费、有具体服务项目。鼓励、扶持专业服务机构以及其他组织和个人,为居家的老年人提供餐饮家政、紧急救援、医疗护理、精神慰藉、心理咨询等多种形式的服务。大力推进"老年助餐工程",采取政府扶持、社会参与、市场运作的方式,鼓励和发展连锁老年助餐企业,实行公司化运营,标准化制作,统一配餐。对已建成并运行正常的老年日间服务中心、助餐点等为老服务实体,按规模、功能分别予以一次性建设补贴,同时建立考核制度,根据年度考核情况实行以奖代补。到2016年底,城乡社区居家养老服务中心实现全覆盖,培育和扶持规模性老年助餐企业,老年助餐点覆盖城市社区率达40%;到2020年底,城市社区老年助餐点实现全覆盖,城乡标准化社区居家养老服务中心建成率分别达80%、40%。

（二）着力办好公办保障性养老机构。公办养老机构要充分发挥托底功能，制定金坛区公办养老机构入院评估标准，保障无劳动能力、无生活来源又无法定赡养、扶养义务人或者其法定赡养、扶养义务人无赡养、扶养能力的老年人的养老服务需求。最低生活保障家庭、最低生活保障边缘家庭中的失能、失智、高龄、独居、重度残疾的老年人和计划生育特殊家庭、优抚对象、劳动模范等老年人，申请入住公办养老机构的，应当优先收住。公办养老机构要实用、适用，合理投入，避免铺张浪费，做好福利院（中心）、敬老院等公办养老机构的改扩建工作，增强公办养老机构的服务功能，提高服务水平，发挥公办养老机构的示范引领作用。

（三）大力扶持社会力量举办养老机构。引导各类所有制投资主体进入养老服务领域，推动形成一批具有知名品牌和较强竞争力的养老机构。进一步降低准入门槛，简化手续，并在土地保障、规费减免、购买服务等方面给予优惠，通过合资、入股以及公办民营、民建公助等多种形式，鼓励引导社会力量举办养老机构。出台社会力量举办养老机构补贴政策，从2016年起，对以租赁房产新办养老机构的给予每床2500元的一次性改造补贴，对以自建产权用房新办的养老机构由第三方专业机构进行评审后根据不同等级分别给予每床5000元、5500元、6000元的一次性建设补贴。以上补助根据养老机构运行情况在5个财政年度内支付到位（具体办法由区财政局会同民政局制定）。对社会力量举办的养老机构，按照本地户籍入住老年人的数量，每月分别给予自理80元、介助100元、介护120元的日常运行补贴。到2016年年底，养老床位总数达到每千名老人40张，社会力量举办或经营的养老机构床位数占比达50%以上；到2020年年底，养老床位总数达到每千名老人50张，社会力量举办或经营的养老机构床位数占比达60%以上。

（四）加快推进护理型床位建设。重点扶持护理型养老机构发展，推动医疗、养护、康复融合发展。统一公办和其他所有制性质，以护理型床位为主的养老机构补助标准。从2016年起，对使用自建产权用房新办符合护理型养老机构的，每张护理型床位给予不低于1万元的一次性建设补助；对使用租赁用房且租期5年以上，新办符合护理型养老机构的，每张护理型床位给予不低于5000元的一次性改造补助。以上补助根据养老机构运行情况在5个财政年度内支付到位（具体办法由区财政局会同区民政局制定）。对医疗条件达到一定水平的乡镇卫生院、社区卫生服务中心和社会力量举办的医疗机构兴办养老机构或将床位转型为养老床位的，经财政、民政、卫计、人社等部门验收合格后，按政府补贴办法给予相应补贴（补贴办法另行制定）。到2016年年底，全区护理型床位占养老床位总数达到40%以上；到2020年底，护理型床位占养老床位总数达到60%以上。

（五）统筹发展农村养老服务业。按照城乡一体化要求，统筹推进农村养老服务业发展。切实加大农村养老服务的投入，推动公共资源向农村养老服务倾斜。加大农村敬老院“三有三能六达标”改造升级力度，拓展服务功能，扩大服务范围，提升服务质量和管理水平，逐步向集“五保”供养、社会寄养、日托照料等功能于一体的区域性养老服务中心转型。到2016年年底，全区所有农村敬老院完成“三有三能六达标”改造，全部达到省星级标准，全区80%以上镇（街道）建立区域性养老服务中心；到2020年年底，全区所有镇（街道）建立区域性养老服务中心。

（六）全面推进医疗卫生与养老服务融合发展。积极构建养老、医疗、护理、康复、临终关怀服务相互衔接的服务模式，促进医疗卫生资源进入居民家庭、城乡社区和养老机构，逐步构建政府引导、社会参与、全民关怀、市场化运作的医养融合服务体系。加快推进家庭医生、家庭病床制度，大力推广“虚拟养老院”建设，方便老年人在家接受康复护理、健康查体、保健咨询等服务。有条件的社区养老服务中心要配备医务室、康复室；条件不具备的按照就近原则与社区卫生服务中心（站）建立契约合作机制。支持养老机构配备全科医师和专业护理人员开展康复医疗服务，支持有条件的养老机构自办医疗服务机构。对于养老机构内设的医疗机构，符合城镇职工基本医疗保险和城乡居民基本医疗保险定点医疗机构准入条件的，相关部门应将其纳入定点范围，入住的参保老年人按规定享受相应待遇。鼓励有条件的综合医院开设老年病房，开展老年康复业务。探索医疗机构与养老机构合作新模式，支持建立人员互派、定期巡诊、转诊优先等医疗服务协作关系。引导建设医养融合型服务机构，提供治疗期住院、康复期集中护理、稳定期居家照料的一体化医养融合服务。

（七）切实提高养老服务信息化水平。充分利用信息手段和互联网技术，整合人口管理系统等信息资源，建立区、镇（街道）互通互联的养老服务信息管理系统。创新社区居家养老服务模式，发展老年电子商务，大力推进“智慧社区”建设，不断拓展“虚拟养老院”的服务领域和服务功能。到2020年，养老服务信息管理系统、老年人居家呼叫服务系统和应急救援服务网络基本实现城乡全覆盖，开通远程医疗等功能。

三、完善养老服务制度

（一）健全养老服务监管制度。按照民政部《养老机构设立许可办法》《养老机构管理办法》和《江苏省养老服务条例》等相关规定，进一步健全养老服务市场的准入、监管和退出机制，认真执行养老服务设施建设标准和老年人社会福利机构基本规范，细化生活照料、康复护理、医疗保健、心理关爱等各项具体服务项目的内容和标准。建立养老服务联席会议制度，明确各部门职责，加强协调沟通。

民政部门要加强日常管理,联合消防、卫计、安监等部门,定期对各类养老服务机构进行检查,加强监督,规范管理和服务。积极推广城市安全消防远程监控系统,对未安装火灾自动报警系统的场所,鼓励安装简易喷淋、独立式感烟火灾探测报警器等实用安全设施。对养老服务机构和组织达不到要求的责令限期整改;对不执行整改或整改后仍达不到要求的,停止享受政府的各种扶持和补贴政策,并向社会公布处理结果;对盗用名义骗取各种补贴的,行业主管部门有权中止并追回相应的补贴资金;对养老机构中途改变性质或歇业的,应向行业主管部门退还按养老机构等级和床位数给予的一次性补贴资金(运行未满5年的,每年退还20%),同时向相关部门补交土地出让金和减免的规费;对违反法律法规的要依法追究有关法律责任。价格主管部门要对养老服务进行价格监督和指导,除由政府主办且经营的养老机构实行政府定价和政府指导价外,其余的实行市场定价。到2020年,全面营造平等参与、公平竞争的市场环境,形成政府、市场和社会各尽其责的发展局面。

(二)建立养老服务调查评估制度。以区为单位,建立健全养老服务质量评估制度,定期组织专家或者委托第三方专业机构,对养老机构和其他养老服务组织的人员配备、设施设备条件、管理水平、服务质量、服务对象满意度、社会信誉等进行综合评估。科学确定老年人服务需求类型、照料护理等级和养老服务补贴领取资格等。完善评估指标体系,严格评估流程,综合利用评估结果,加强对评估工作的监督。到2018年,全面建立科学合理、运转高效的长效评估机制,实现养老服务评估科学化、常态化和专业化。

(三)建立和完善养老服务补贴制度。建立政府购买养老服务制度,采用发放服务券等形式,为城市"三无"人员和农村"五保"对象中的老年人、低收入老人、经济困难的失能、半失能老人和其他困难老人入住养老机构、接受社区居家养老服务提供无偿或低收费的养老服务。对已建成并运行正常的居家养老服务中心,按服务每户每年给予200元运行补贴;对当地无子女照顾年满60周岁市以上劳模,年满70周岁归国华侨、属于介助和介护对象的离休老干部(遗孀),每人每月给予价值200元的援助服务。根据老年人或其家庭意愿到养老服务机构接受服务的,其养老服务补贴支付给相应的机构;居家接受服务的,其养老服务补贴支付给提供服务的企业、组织和个人。

(四)完善老年人政策性保险制度。鼓励按照机构投保、保险公司运作、政府支持的原则,全面实施养老机构综合责任保险,提高养老机构责任风险的应对能力和善后处置能力。鼓励老年人投保健康保险、意外伤害保险等人身保险。探索建立长期护理保险制度,鼓励45周岁以上人员参保,加强养老保障,提高老年人抵御风险能力。对符合条件的养老机构投保养老机构综合责任险,以及70周岁以上的经济困难老年人投保老年人意外伤害险,各镇(街道)、村(居)可给予一定补贴。

(五)建立养老服务人员激励制度。制定老年服务与管理类专业毕业学生入职奖补办法,对入职金坛区养老服务机构,连续从事养老服务、康复护理工作满5年的高等院校、高职、中等职业技术学校毕业生,分别给予1万元、7000元、5000元的一次性奖励。将养老服务岗位纳入公益性岗位范畴。对取得国家养老护理员技师、高级工、中级工、初级工职业资格证书后,在本区养老机构护理岗位连续从业2年以上的人员,分别给予每人3000元、2000元、1000元、500元一次性补贴。适时发布养老服务人员的工资指导价位,积极推动养老服务机构依法开展工资集体协商,提高职业待遇。

(六)健全养老服务人员职业发展制度。建立养老服务人员职称评定、继续教育工作机制。实行资格认证,鼓励持证上岗。在养老机构就业的专业技术人员,执行与医疗机构、福利机构相同的执业资格、注册考核制度。社会力量举办或经营的养老机构和养老服务企业在技术职称评定、继续教育、职业技能培训等方面与公办养老机构享受同等待遇。

(七)深化老年心理关爱制度。积极开展老年心理关爱行动,注重老年精神关怀和心理慰藉。建立老年人心理关爱服务组织,加强老年人生活和思想交流,开展心理讲座和培训,提供专业心理咨询、辅导和康复服务。鼓励志愿者和老年人结对,重点为孤寡老人、空巢老人、农村留守老人提供生活救助和照料服务。

四、发展养老服务产业

(一)促进多种产业融合发展。积极延伸养老服务产业链,促进养老产业与医疗卫生、生物医药、生态农业、休闲旅游等产业的融合发展。倡导动态养老服务,积极开发老年旅游产业,规范老年旅游市场秩序,完成老年旅游产业标准化建设,提高服务水平,营造良好的旅游环境,推出适宜老年人的旅游线路和服务项目,不断推进老年旅游产业的发展。搭建养老产业招商会平台,通过"推出一批养老资源,引进一批投资、管理团队,举办高端论坛",有效吸引社会资本发展养老产业,强化资本、人才、项目、企业等有效对接,进一步促进养老服务业发展,提升养老服务水平。

(二)扶持壮大养老企业规模。推广养老机构连锁经营模式,扶持建设一批具有一定规模的优秀养老服务企业,形成规模效应和品牌效应。优先支持养老服务业企业品牌和标准化建设,对列入国家和省级服务业标准化计划的项目,由省级现代服务业发展专项引导资金给予20万元一次性奖励,对获得驰名商标的养老服务企业给予100万元一次性奖励。对采用先进技术、创新能力强的养老服务企业,支持其创建"现代服务业创新示范企业"。被评为省级"现代服务业创新示范企业”的，由省级现代服务业发展专项引导资金给予100万元一次性奖励。

（三）大力发展老年教育产业。镇（街道）、村（社区）要逐步举办老年学校，支持社区养老服务中心、养老机构等开展老年教育活动，扩大老年教育覆盖面。有效利用广播、电视、互联网等现代传媒开展老年远程教育，构建本区老年大学和镇（街道）老年学校、村（居）老年教学点、远程教育相结合的老年教育网络体系。

（四）积极推进老年文体产业。充分发挥公共文化为老服务功能，加强老年人文体活动基础设施建设，深入开展多种形式的老年人特色文体活动。鼓励专业技术型老年人才参与科学文化知识传播，开展咨询服务，鼓励更多的老年人老有所为。

五、强化养老保障措施

（一）编制养老服务业发展规划。根据常州市级规划和本区域实际编制本区养老服务业发展规划（2015—2020年），并制定养老服务设施布局规划。

（二）保障养老服务设施建设用地。把各类养老服务设施建设用地纳入城乡建设规划、土地利用总体规划和年度用地计划，用地计划指标优先保障养老服务设施建设用地，并向养老服务相对滞后地区倾斜。挖掘现有用地潜力，将清理出来的批而未用土地或闲置土地优先安排用于养老服务项目建设。按照2016年每千名老年人养老床位数不低于40张、2020年不低于50张的目标，预留养老服务设施建设用地。按照2016年人均用地不少于0.3平方米，2020年不少于0.4平方米的标准，分区、镇（街道）和社区（村）三级设置养老服务设施。新建住宅小区要按每百户20～30平方米标准规划配建社区居家养老服务用房，已建成的住宅区要按每百户15～20平方米的标准调剂解决。符合规划要求的社会力量投资建设的非营利性养老服务机构，与公办养老服务机构，皆可采取划拨方式供地。社会力量投资建设的营利性养老服务机构建设用地，按照国家对经营性用地的规定，依法办理有关用地手续，优先保障供应。探索政府以土地使用权作价入股，鼓励社会力量投资建设养老服务机构，实行优惠地价。严禁养老设施建设用地改变用途、容积率等土地使用条件搞房地产开发。养老项目选址须符合生态红线管控要求，并符合周边项目卫生防护距离要求。

（三）加大财政金融支持力度。加大政府资金对养老服务业的投入，福利彩票公益金用于养老服务业不得低于50%，并随老年人口的增加逐步提高投入比例。支持养老服务设施建设及无障碍改造。加大金融对养老服务项目的支持力度，增加养老服务企业项目信贷投入，放宽贷款条件，降低担保条件，并提供优惠利率；对于规模大、前景好、市场急需的养老服务项目，给予贷款贴息补助。凡列为我区城乡居民创业小额贷款扶助对象的人员兴办的养老机构、居家养老服务组织，可以申请100万元小额担保贷款，养老机构、居家养老服务组织规模较大的贷款额度可以放宽到200万元，同时享受城乡居民创业小额贷款有关优惠政策。鼓励和引导金融机构创新金融产品和服务方式，拓宽信贷抵押担保范围，探索信用担保等方式。探索开展老年人住房反向抵押养老业务试点。商业性担保机构为养老服务机构融资担保，享受省级融资担保风险补偿政策。

（四）落实税费优惠政策。对依照民政部《养老机构设立许可办法》（民政部令第48号）设立并依法办理登记的为老年人提供集中居住和照料服务的各类养老机构提供的养老服务免征增值税。非营利性养老服务机构自用的房产、土地免征房产税、城镇土地使用税。非营利性养老服务机构符合免税条件的收入免征企业所得税。对企事业单位、社会团体和个人通过慈善总会等机构向非营利性养老服务机构的捐赠，符合相关规定的，准予在计算其应纳税所得额时按税法规定比例扣除。对非营利性养老服务机构建设要免征有关行政事业性收费，对营利性养老服务机构建设减半征收有关行政事业性收费。各类养老服务机构用电、用水、用气按居民生活类价格执行，减免固定电话、有线（数字）电视、宽带互联网一次性接入费用。养老服务机构的有线（数字）电视基本收视维护费按居民用户的收费标准减半收取。营利性养老服务机构享受国家省市区扶持发展服务业的相关税费优惠政策。

（五）建立健全重点工作推进制度。建立养老服务业重点项目跟踪督查制度，督促社会参与养老事业、加快养老服务设施建设、推进医养融合、促进多产业互动、推广“虚拟养老院”、扶持养老服务产业壮大发展、加强专业人才队伍建设、建立市场监管机制等养老服务业重点工作落实到位，切实加快养老服务业发展，不断完善养老服务体系。区民政局、发改委、财政局等部门要抓紧研究提出促进养老服务业综合改革的具体措施和意见。区民政局、发改委和老龄办加强对本方案执行情况的监督检查，及时向区政府报告，区政府适时组织专项督查。

（六）支持社会力量参与养老服务。支持企业、社会组织、个人参与管理运营养老机构和社区养老服务，开展养老教育培训、咨询评估、标准制定、质量监督及第三方认证等服务。鼓励保险机构以商业化运作模式参与养老服务机构和养老社区建设。鼓励社会力量捐资设立养老服务类非公募基金会。积极培育发展为老服务公益慈善组织。积极扶持发展各类为老服务志愿组织，开展志愿服务活动。倡导机关干部和企业事业单位职工、大中小学学生参加养老服务志愿活动。支持基层群众自治组织开展居家养老互助服务。支持老年群众组织开展自我管理、自我服务和服务社会活动。弘扬敬老、养老、助老优良传统，支持窗口行业开展“敬老文明号”创建活动。

常州市金坛区人民政府办公室
关于提高城乡低保、农村“五保”供养、城市“三无”老人供养、孤儿养育和困难群众医疗救助保障标准的通知

坛政办发〔2016〕92 号
(2016 年 8 月 29 日)

各镇人民政府、街道办事处、园区管委会,区各委办局,各区管国有公司、区直属单位:

为进一步完善新型城乡社会救助体系,更好地保障困难群众的基本生活,促进社会稳定和经济社会协调发展,经区政府研究,决定从 2016 年 7 月 1 日起,提高我区城乡低保、农村“五保”供养、城市“三无”老人供养、孤儿养育和困难群众医疗救助保障标准。现将有关事项通知如下:

一、城乡低保标准提高至每人每月 670 元,城市低保所需资金由区财政承担,按月发放;农村低保所需资金由区财政和镇(街道)财政各承担 50%,按月发放。

二、农村“五保”集中供养标准提高至每人每年 9500 元,分散供养标准提高至每人每年 8500 元。农村“五保”供养所需资金由区财政承担,按季发放。

三、城市“三无”老人供养标准提高至每人每月 1430 元(已享受退休待遇的人员,实行差额发放),城市“三无”老人供养所需资金由区财政承担,按月发放。

四、孤儿集中养育和分散养育标准分别提高至每人每月 1790 元和 1430 元,孤儿养育所需资金由区财政承担,按月发放。

五、城乡低保、农村“五保”、孤儿、城市“三无”老人、困境儿童和重度残疾人等社会救助对象因病在本区一级定点医疗机构治疗的,救助比例提高至 75%;在本区二级定点医疗机构治疗的,救助比例提高至 70%;在本区以外定点医疗机构治疗的,救助比例提高至 65%。城乡低保、农村“五保”、孤儿、城市“三无”老人和困境儿童对象年度累计救助限额提高到 5.5 万元/人;重度残疾人等其他社会救助对象,年度累计救助限额提高至 4.5 万元/人。所需资金由区财政统筹安排。

各镇(街道)、区各有关部门要切实做好城乡低保、农村“五保”、孤儿和城市“三无”老人等社会救助对象的调查核实工作,严格执行标准,实行动态管理,做到应保尽保,更好地保障困难群众的基本生活。

(编辑　盛南萍)

金坛刻纸《月芙蓉仙子》　(作者　杨兆群)

统计资料

金坛区 2015～2016 年人口、劳动力一览表

表 66

项　　目	单位	2015 年	2016 年	项　　目	单位	2015 年	2016 年
年末总户数	万户	20.28	20.17	社会劳动力	百人	3621	3707
年末总人数	万人	54.93	55.04	按登记注册分			
其中:男性	万人	27.25	27.27	(一)全部职工人数	百人	810	775
女性	万人	27.68	27.78	其中:在岗	百人	759	751
出生人数	人	4710	5092	(二)国有经济单位	百人	193	187
死亡人数	人	4355	3937	其中:在岗	百人	190	178
出生率	‰	8.54	9.26	(三)城镇集体经济单位	百人	25	26
死亡率	‰	7.9	7.16	按三次产业分			
自然增长率	‰	0.64	2.1	第一产业	百人	635	576
				第二产业	百人	1783	1869
				第三产业	百人	1203	1262

金坛区城镇非私营单位从业人员工资及农村居民人均可支配收入一览表

表 67

项　　目	2015 年	2016 年
一、职工		
1. 职工工资总额(万元)	467722.4	500716
其中:国有	149774.2	174379
城镇集体	12406.9	14217
2. 年末职工人数(人)	80951	77515
其中:国有	19267	19373
城镇集体	2542	2600
3. 年平均工资(元)	59088	63464
其中:国有	77813	90370
城镇集体	49253	54976
年平均工资按行业分(元)		
1. 农、林、牧、渔业	79771	85947
2. 采矿业		
3. 制造业	55299	57397
4. 电力、燃气及水的生产和供应业	88719	61480

续表 67

项　　目	2015 年	2016 年
5. 建筑业	48242	44733
6. 交通运输、仓储及邮政业	48869	59692
7. 信息传输、计算机服务和软件业	64585	51614
8. 批发和零售业	44722	55223
9. 住宿和餐饮业	46053	69213
10. 金融业	118641	111687
11. 房地产业	45654	52850
12. 租赁和商务服务业	52180	54898
13. 科研、技术服务和地质勘查业	54534	60404
14. 水利、环境和公共设施管理业	45436	49048
15. 居民服务和其他服务业	45625	60364
16. 教育	76268	93683
17. 卫生、社会保障和社会福利业	74907	87656
18. 文化、体育和娱乐业	71415	58412
19. 公共管理和社会组织	85342	101197
二、农村居民人均可支配收入(住户调查)(元)	20427	22265

金坛区 2015～2016 年主要社会经济指标一览表

表 68

项　　目	单位	2015 年	2016 年
一、国内生产总值(当年价)	亿元	525.49	600.02
第一产业	亿元	32.32	33.83
第二产业	亿元	266.11	302.26
第三产业	亿元	227.06	263.93
二、工农业总产值(当年价)	亿元	1174.73	1401.92
工业总产值	亿元	1108.37	1332.16
农业总产值	亿元	66.36	69.76
三、交通运输			
货物运输量	万吨	583.0	505.0
旅客运量	万人	843.0	801.0
港口货物吞吐量	万吨	201.0	190.0
四、固定资产投资额	亿元	336.23	403.68
五、商业、外贸			
社会零售总额	亿元	222.61	252.38
自营出口	亿美元	11.46	13.2
六、财政收入	亿元	123.13	154.78
财政支出	亿元	114.24	141.01
七、金融			
年末存款余额	亿元	674.88	871.88
其中:储蓄存款	亿元	321.65	344.40
年末贷款余额	亿元	521.79	603.33
八、教育			
普通中学在校学生数	人	18736	18319
小学在校学生数	人	25871	25876
九、卫生			
床位数	张	2466	2820
卫生技术人员数	人	3022	2936

金坛区 2015～2016 年工业企业单位数及工业总产值一览表

表 69

项　　目	2015 年	2016 年
一、企业单位数(家)	3581	3635
1. 经济开发区	1297	1356
2. 镇级工业	2284	2279
其中:私营个体	3415	3473
二、工业总产值(当年价)(亿元)	1108	1332
1. 经济开发区	579	716
2. 镇级工业	529	616
其中:私营个体	701	853

金坛区 2015～2016 年市、镇两级工业产品产量一览表

表 70

项　　目	单位	2015 年	2016 年	项　　目	单位	2015 年	2016 年
纱	吨	67046	66218	化学农药(折原药)	吨	7879	8228
布	万米	1350	1066	涂料(油漆)	吨	13360	14205
呢绒	万米	1250	1294	电动工具	台	577485	546491
铸钢件	吨	554826	570631	变压器	千伏安	202902	509940
服装	万件	17934	18768	发电量	万千瓦小时	20834	23915
化学纤维	吨	5933	4773	轴承	万套	15865	17048
盐酸	吨	68792	78396	泵	台	39138	63669
纸制品	吨	9798	9767	原盐	吨	4300757	4602414
烧碱	吨	179138	179339	民用钢质船舶	综合吨	5585	4263
钢材	吨	230297	169412	铜材	吨	22179	20977
小麦粉	吨	177659	190335	合成洗涤剂	吨	736	867
塑料制品	吨	22826	18252				
水泥	万吨	429	309				

金坛区 2015～2016 年农业总产值及主要农产品产值一览表

表 71

单位:万元

项　　目	2015 年	2016 年	项　　目	2015 年	2016 年
农业总产值(当年价)	663609	697586	农业增加值(当年价)	346829	364431
其中:农业	284513	292865	其中:农业	175271	179025
林业	3856	3955	林业	2663	2759
牧业	129847	133450	牧业	40311	43661
渔业	204160	221477	渔业	105026	112914
服务业	41233	45839	服务业	23558	26072

金坛区 2015 ~ 2016 年全社会外向型经济主要指标一览表

表 72

项　　目	单位	2015 年	2016 年
一、自营出口总额	万美元	114564	131985
其中:三资企业自营出口	万美元	57959	60101
二、新增工商登记注册外资	万美元	8286	46700
三、实际到帐注册外资	万美元	6756	32000
四、投产开业的三资企业	个	286	287
五、新签对外承包劳务合同额	万美元	21300	14200
六、对外承包劳务实际完成营业额	万美元	18600	17100

金坛区 2015 ~ 2016 年供电、供水情况表

表 73

项　　目	2015 年	2016 年
一、全社会用电总量(万千瓦时)	488231	495278
1. 农、林、牧、渔业	9052	10404
2. 工业	408611	401835
3. 建筑业	4458	3695
4. 交通、运输、邮电业	1169	1250
5. 商业、餐饮、物资	11586	13221
6. 其他事业	15197	19147
7. 城乡居民用电	38158	45726
其中:农村	21245	25071
城市	16913	20655
二、城镇全年供水总量(万吨)	2577	2884
其中:生产用水量	727.53	922
生活用水量	858.79	894
年末自来水厂生产能力(万吨/日)	5	5
人均日生活用水量(升/日)	221	198
用水普及率(%)	100	100

(赵　峰)

(编辑　汤芬娣)

金坛刻纸《常州如此多娇》 (作者　杨兆群)

附录

重要文件索引

·中共金坛区委·

坛委发〔2016〕1号　关于落实创新发展理念深入实施农业现代化工程加快建成更高水平小康社会的意见

坛委发〔2016〕2号　关于表彰2015年度工业经济工作先进集体和先进个人的决定

坛委发〔2016〕3号　2016年度镇综合工作考核意见

坛委发〔2016〕4号　关于同意召开2016年度全区公安工作会议的批复

坛委发〔2016〕5号　关于表彰2015年度"三农"工作先进集体和先进个人的决定

坛委发〔2016〕10号　中共常州市金坛区委关于巡视整改情况的通报

坛委发〔2016〕12号　关于认真做好镇领导班子换届工作的通知

坛委发〔2016〕13号　关于成立镇领导班子换届工作领导小组的通知

坛委发〔2016〕14号　关于印发《金坛区实名推荐领导干部人选办法(试行)》的通知

坛委发〔2016〕15号　2016年度镇、区重点工作考核意见

坛委发〔2016〕16号　2016年度西城街道工作考核意见

坛委发〔2016〕17号　2016年度经济开发区工作考核意见

坛委发〔2016〕18号　关于印发《常州市金坛区儒林镇扩权强镇工作实施方案》的通知

坛委发〔2016〕22号　关于区严肃换届纪律工作常委联系挂钩和成立督导组的通知

坛委发〔2016〕23号　关于召开中国共产党常州市金坛区第十三次代表大会的请示

坛委发〔2016〕24号　关于选举产生中国共产党常州市金坛区第十三次代表大会代表的通知

坛委发〔2016〕25号　关于印发《金坛区科级非领导职务干部管理暂行办法)》的通知

坛委发〔2016〕26号　关于同意召开中国共产党金城镇第十五次代表大会的批复

坛委发〔2016〕27号　关于同意召开中国共产党薛埠镇第十五次代表大会的批复

坛委发〔2016〕28号　关于同意召开中国共产党直溪镇第十六次代表大会的批复

坛委发〔2016〕29号　关于同意召开中国共产党朱林镇第十五次代表大会的批复

坛委发〔2016〕30号　关于同意召开中国共产党指前镇第十五次代表大会的批复

坛委发〔2016〕31号　关于同意召开中国共产党儒林镇第十六次代表大会的批复

坛委发〔2016〕32号　中共常州市金坛区委批转区工商联《关于认真做好基层商会换届工作的意见》的通知

坛委发〔2016〕35号　区委批转区科协《关于召开金坛区科学技术协会第九次代表大会的请示》的通知

坛委发〔2016〕36号　关于区委常委工作分工的通知

坛委发〔2016〕37号　关于区四套班子领导挂钩联系重点板块的通知

坛委发〔2016〕38号　关于成立区委全面深化改革领导小组的通知

坛委发〔2016〕39号　关于成立区国有企业工作领导小组的通知

坛委发〔2016〕40号　关于印发《中共常州市金坛区委

常委会议事决策规则》的通知

坛委发〔2016〕41 号　关于印发《中共常州市金坛区委书记专题会议议事规则》的通知

坛委发〔2016〕42 号　关于印发《常州市金坛区党政联席会议议事规则》的通知

坛委发〔2016〕43 号　关于确定常州市金坛区出席中国共产党江苏省第十三次代表大会代表候选人推荐人选的情况报告

坛委发〔2016〕44 号　关于表彰 2016 年抗洪抢险救灾先进集体和先进个人的决定

坛委发〔2016〕45 号　关于明确金坛华罗庚科技产业园开发建设有关事项的意见

坛委发〔2016〕46 号　关于明确江苏省金坛长荡湖旅游度假区开发建设有关事项的意见

坛委发〔2016〕47 号　关于做好全区区、镇两级人民代表大会换届选举工作的意见

坛委发〔2016〕48 号　关于成立区、镇换届选举领导小组的通知

坛委发〔2016〕49 号　关于印发《关于在全区公民中开展法治宣传教育的第七个五年规划》的通知

坛委发〔2016〕50 号　关于表彰 2011～2015 年全区法治宣传教育先进集体和先进个人的决定

坛委发〔2016〕51 号　中共常州市金坛区委批转团区委《关于筹备召开共青团常州市金坛区第二十四次代表大会的请示》的通知

坛委发〔2016〕52 号　关于调整区委党的建设工作领导小组的通知

坛委发〔2016〕53 号　关于印发区“十三五”政府性重点工程(项目)实施计划清单(交通类)的通知

坛委发〔2016〕54 号　中共常州市金坛区委批转常州市金坛区归侨侨眷联合会《关于召开金坛区第五次归侨侨眷代表大会的请示》的通知

坛委发〔2016〕55 号　关于同意召开中国共产党国网江苏省电力公司常州市金坛区供电公司第一次代表大会的批复

坛委发〔2016〕56 号　区委转发区委组织部、区委统战部《关于政协常州市金坛区第十届委员会人事安排工作的意见》的通知

坛委发〔2016〕57 号　区委印发《关于加强区委巡察工作的实施办法(试行)》的通知

坛委发〔2016〕58 号　关于印发《区“十三五”政府性重点工程(项目)实施计划清单(城区民生事业类)》的通知

坛委发〔2016〕59 号　关于印发《区“十三五”政府性重点工程(项目)实施计划清单(水利类)》的通知

坛委发〔2016〕60 号　关于成立区惩治和预防腐败体系建设工作领导小组的通知

坛委发〔2016〕61 号　中共常州市金坛区委批转区委统战部《关于工商联(总商会)换届工作的实施方案的请示》的通知

·金坛区人民政府·

坛政发〔2016〕6 号　常州市金坛区人民政府关于表彰 2015 年度建筑业优秀企业和优秀个人的决定

坛政发〔2016〕9 号　常州市金坛区人民政府关于印发《常州市金坛区国民经济和社会发展第十三个五年规划纲要》的通知

政发〔2016〕10 号　常州市金坛区人民政府关于切实做好第三次全国农业普查工作的通知

坛政发〔2016〕16 号　常州市金坛区人民政府关于公布 2013～2014 年度金坛区金沙英才奖获奖名单的通知

坛政发〔2016〕17 号　常州市金坛区人民政府关于公布 2015 年度金坛区科技进步奖项目的通知

坛政发〔2016〕19 号　常州市金坛区人民政府关于印发《金坛区 2016 年城市环境综合整治行动方案》的通知

坛政发〔2016〕23 号　常州市金坛区人民政府关于印发《2016 年度金坛区重点规划编制计划清单》的通知

坛政发〔2016〕24 号　常州市金坛区人民政府关于印发《2016 年度金坛区政府性投资项目安排计划清单》的通知

坛政发〔2016〕25 号　常州市金坛区人民政府关于印发《2016 年度金坛区经济发展主要目标任务清单》的通知

坛政发〔2016〕26 号　常州市金坛区人民政府关于印发《2016 年度金坛区重点产业项目实施计划清单》的通知

坛政发〔2016〕31 号　常州市金坛区人民政府关于印发《城市环境综合整治行动接续实施方案(2016～2017)》的通知

坛政发〔2016〕42 号　常州市金坛区人民政府关于成立江苏省金坛长荡湖国家湿地公园管理中心的通知

坛政发〔2016〕60 号　常州市金坛区人民政府关于印发《金坛区城镇生活污水处理统一运行管理实施意见》的通知

坛政发〔2016〕71 号　常州市金坛区人民政府关于表彰 2014～2015 年度常州市金坛区优秀科技工作者的决定

坛政发〔2016〕72 号　常州市金坛区人民政府关于授予史洪富等 8 位同志常州市见义勇为先进分子荣誉称号的决定

坛政发〔2016〕83 号　常州市金坛区人民政府关于进一步加强农产品质量安全监管工作的意见

坛政发〔2016〕85 号　常州市金坛区人民政府关于表彰金坛区十佳青年教师和金坛区优秀教育工作者的决定

坛政发〔2016〕97 号　常州市金坛区人民政府关于加快发展养老服务业完善养老服务体系的实施意见

坛政发〔2016〕100 号　常州市金坛区人民政府关于印

发《常州市金坛区深化医药卫生体制综合改革工作实施方案》的通知

坛政发〔2016〕114 号　常州市金坛区人民政府关于表彰 2015 年度征兵工作先进单位和先进个人的决定

坛政发〔2016〕119 号　常州市金坛区人民政府 2017 年长荡湖封湖禁渔通告

·中共金坛区委办公室·

坛委办字〔2016〕1 号　关于开展“讲党性、守底线、强担当”专题教育活动的通知

坛委办字〔2016〕3 号　关于做好 2016 年新春期间双拥工作的通知

坛委办字〔2016〕4 号　关于做好当前结对帮扶工作的意见

坛委办字〔2016〕5 号　关于调整金坛区劳动竞赛委员会组成人员的通知

坛委办字〔2016〕6 号　关于印发《常州市金坛区档案馆收集档案范围实施细则》的通知

坛委办字〔2016〕7 号　关于开展 2016 年春节走访慰问活动的通知

坛委办字〔2016〕8 号　关于进一步加强农村集体“三资”管理工作的意见

坛委办字〔2016〕9 号　关于深化农村社区股份合作制改革的实施意见

坛委办字〔2016〕10 号　关于转发区委组织部、区委农工办、区财政局《关于加强全区农村会计队伍建设的意见》的通知

坛委办字〔2016〕11 号　关于表彰“十二五”期间人口和计划生育示范、先进镇(街道)、村(社区)的决定

坛委办字〔2016〕12 号　关于转发区关心下一代工作委员会《2016 年关心下一代工作意见》的通知

坛委办字〔2016〕13 号　关于印发《2016 年法治金坛建设工作要点》的通知

坛委办字〔2016〕14 号　关于印发《2016 年全区法治宣传工作要点》的通知

坛委办字〔2016〕15 号　2016 年区委理论学习中心组专题学习意见

坛委办字〔2016〕16 号　关于印发《第七届“金坛读书月”活动实施方案》的通知

坛委办字〔2016〕17 号　金坛区新一轮扶贫开发建档立卡工作实施方案

坛委办字〔2016〕18 号　关于印发《镇纪委书记、副书记提名考察办法(试行)》的通知

坛委办字〔2016〕19 号　关于调整金坛区营业税改征增值税试点工作领导小组的通知

坛委办字〔2016〕20 号　关于印发《第三届中国·金坛雀舌茶道会活动方案》的通知

坛委办字〔2016〕21 号　关于 2016 年度全区“两个加快”目标管理考核的实施意见

坛委办字〔2016〕22 号　关于印发《2016 年金坛区生态文明在行动工作方案》的通知

坛委办字〔2016〕23 号　关于印发《2016 年金坛区生态文明在行动督查考核办法》的通知

坛委办字〔2016〕24 号　关于印发《金坛区农村土地承包经营权确权登记颁证工作考评奖励办法》的通知

坛委办字〔2016〕25 号　关于表彰 2015 年度全区党政信息工作优胜单位、先进个人的通知

坛委办字〔2016〕26 号　印发《关于在全区党员中开展“学党章党规、学系列讲话,做合格党员”学习教育的实施方案》的通知

坛委办字〔2016〕27 号　关于做好“交汇点新闻”客户端推广使用工作的通知

坛委办字〔2016〕28 号　关于印发《关于常州市〈对金坛区落实党风廉政建设责任制检查考核的反馈意见〉整改落实工作方案》的通知

坛委办字〔2016〕29 号　关于启用“中共常州市公安局金坛分局委员会”“常州市公安局金坛分局”印章的通知

坛委办字〔2016〕31 号　关于印发《领导干部干预司法活动、插手具体案件处理的记录、通报和责任追究实施办法》的通知

坛委办字〔2016〕32 号　关于做好上半年工作总结和下半年工作打算的通知

坛委办字〔2016〕33 号　区委办公室转发常州市委宣传部、组织部《关于在全市县处级及以上领导干部中开展“深入学习党中央治国理政新理念新思想新战略”专题读书调研活动的通知》的通知

坛委办字〔2016〕34 号　关于印发《2016 年度西城街道工作考核细则》的通知

坛委办字〔2016〕35 号　关于印发《2016 年度镇综合考核“科技创新与人才工作”“社会民生”“党群和精神文明建设”考核细则》的通知

坛委办字〔2016〕36 号　关于贯彻习近平总书记“七一”重要讲话精神的通知

坛委办字〔2016〕37 号　关于做好 2016 年“八一”双拥工作的通知

坛委办字〔2016〕39 号　关于印发《中共常州市金坛区委书记约谈暂行办法》的通知

坛委办字〔2016〕40 号　关于认真做好村(社区)党组织换届工作的意见

坛委办字〔2016〕42 号　关于印发《常州市金坛区安全生产网格化监管实施方案》的通知

坛委办字〔2016〕43 号　关于学习宣传贯彻区第十三次党代会精神的通知

坛委办字〔2016〕45 号　关于印发《全区统一战线凝心聚力“十三五”四大服务行动计划》的通知

坛委办字〔2016〕46 号　关于调整区机构编制委员会组成人员的通知

坛委办字〔2016〕47 号　关于转发常州市金坛区慈善总会《关于开展 2016 年度“慈善一日捐”活动的意见》的通知

坛委办字〔2016〕48 号　关于做好区行政中心搬迁期间保密工作的通知

坛委办字〔2016〕49 号　印发《关于党员干部带头推动殡葬改革的实施意见》的通知

坛委办字〔2016〕50 号　关于成立常州市金坛区第十一届村民委员会和第五届社区居民委员会换届选举工作领导小组的通知

坛委办字〔2016〕51 号　关于加强村级集体资产和财务审计工作的意见

坛委办字〔2016〕52 号　关于做好全区第十一届村民委员会和第五届居民委员会换届选举工作的意见

坛委办字〔2016〕53 号　关于开展非公有制经济代表人士综合评价工作的通知

坛委办字〔2016〕54 号　关于调整区非公有制经济代表人士综合评价工作领导小组的通知

坛委办字〔2016〕55 号　关于成立中共常州市金坛区委巡察工作领导小组的通知

坛委办字〔2016〕58 号　关于下达 2016 年军队转业干部和随军随调家属安置计划的通知

坛委办字〔2016〕59 号　关于建立金坛区农村集体产权交易平台的意见

坛委办字〔2016〕60 号　区委办公室区政府办公室印发《金坛区农村产权交易管理办法》的通知

坛委办字〔2016〕61 号　关于印发《儒林镇机构改革实施细则》的通知

坛委办字〔2016〕62 号　关于印发《金坛华罗庚科技产业园党工委、管委会主要职责、内设机构和人员编制规定》的通知

坛委办字〔2016〕63 号　关于成立金坛区“金沙文化名人”评选工作领导小组的通知

坛委办字〔2016〕64 号　关于印发《常州市金坛区党风廉政建设责任清单(试行)》的通知

坛委办字〔2016〕65 号　关于调整区落实党风廉政建设责任制领导小组成员的通知

坛委办字〔2016〕66 号　关于印发金坛区“金沙文化名人”评选办法(试行)的通知

·金坛区人民政府办公室·

坛政办发〔2016〕23 号　常州市金坛区人民政府办公室关于印发金坛区不动产统一登记工作实施方案的通知

坛政办发〔2016〕25 号　常州市金坛区人民政府办公室关于做好困境儿童分类保障工作的通知

坛政办发〔2016〕26 号　常州市金坛区人民政府办公室关于整合金坛区城乡居民基本医疗保险管理体制的实施意见

坛政办发〔2016〕28 号　常州市金坛区人民政府办公室关于印发金坛区全面推开营业税改征增值税试点工作方案的通知

坛政办发〔2016〕29 号　常州市金坛区人民政府办公室关于印发常州市金坛区深化小型水利工程管理体制改革实施方案的通知

坛政办发〔2016〕41 号　常州市金坛区人民政府办公室关于印发《金坛区石灰生产企业专项整治实施方案》的通知

坛政办发〔2016〕42 号　常州市金坛区人民政府办公室关于印发《金坛区全面清理整治环境保护违法违规建设项目工作方案》的通知

坛政办发〔2016〕43 号　常州市金坛区人民政府办公室关于印发《金坛区县道路域环境整治行动方案》的通知

坛政办发〔2016〕44 号　常州市金坛区人民政府办公室关于印发《金坛区“四好农村路”建设实施意见》的通知

坛政办发〔2016〕50 号　常州市金坛区人民政府办公室关于印发《常州市金坛区突发地质灾害应急预案》的通知

坛政办发〔2016〕53 号　常州市金坛区人民政府办公室关于印发《常州市金坛区危险化学品安全专项整治实施方案》的通知

坛政办发〔2016〕56 号　常州市金坛区人民政府办公室关于做好村庄河塘清淤整治工作的意见

坛政办发〔2016〕61 号　常州市金坛区人民政府办公室关于印发《常州市金坛区城市景观照明管理暂行办法》的通知

坛政办发〔2016〕63 号　常州市金坛区人民政府办公室关于印发《金坛区工业企业污水接入城镇生活污水处理厂管理办法》的通知

坛政办发〔2016〕77 号　常州市金坛区人民政府办公室关于印发《金坛区推进政务服务中心标准化工作实施意见》的通知

坛政办发〔2016〕84 号　常州市金坛区人民政府办公室关于开展全区关停化工企业专项整治工作的通知

坛政办发〔2016〕90 号　常州市金坛区人民政府办公室关于印发《常州市金坛区“十三五”知识产权发展规划》的通知

坛政办发〔2016〕92 号　常州市金坛区人民政府办公室关于提高城乡低保、农村“五保”供养、城市“三无”老人供养、孤儿养育和困难群众医疗救助保障标准的通知

坛政办发〔2016〕94 号　常州市金坛区人民政府办公室关于印发《常州市金坛区河湖管理范围划定工作实施细则》的通知

坛政办发〔2016〕97 号　常州市金坛区人民政府办公室关于推进粮食生产全程机械化的实施意见

坛政办发〔2016〕98 号　常州市金坛区人民政府办公室关于印发《常州市金坛区自然灾害救助应急预案》的通知

坛政办发〔2016〕102 号　常州市金坛区人民政府办公室关于实施全民参保登记计划的通知

坛政办发〔2016〕118 号　常州市金坛区人民政府办公室关于印发《常州市金坛区新孟河工程建设管理办法》的通知

坛政办发〔2016〕125 号　常州市金坛区人民政府办公室关于印发《常州市金坛区长荡湖网围(捕捞)整治实施方案》的通知

坛政办发〔2016〕128 号　常州市金坛区人民政府办公室关于开展畜禽养殖污染整治工作的实施意见

坛政办发〔2016〕129 号　常州市金坛区人民政府办公室关于推进低效产业用地再开发促进产业转型升级的实施意见

坛政办发〔2016〕133 号　常州市金坛区人民政府办公室关于推进农业一二三产融合发展的实施意见

坛政办发〔2016〕137 号　常州市金坛区人民政府办公室关于印发《常州市金坛区长荡湖以船为家渔民上岸安居工程实施方案(2016~2017 年度)》的通知

坛政办发〔2016〕143 号　常州市金坛区人民政府办公室关于推进公立医院管理体制改革试点工作的实施意见

坛政办发〔2016〕146 号　常州市金坛区人民政府办公室关于印发《常州市金坛区城市建成区违法建设治理工作五年行动方案》的通知

坛政办发〔2016〕150 号　常州市金坛区人民政府办公室关于印发《金坛区 2016 年成品油市场集中专项整治实施方案》的通知

坛政办发〔2016〕178 号　区政府办公室关于印发《常州市金坛区全民科学素质行动计划纲要实施方案(2016~2020)》的通知

坛政办发〔2016〕191 号　区政府办公室关于印发《常州市金坛区地震应急预案》的通知

金坛刻纸《三兔飞天藻井图》（作者　杨兆群）

金坛区紧急电话、常用电话、部分网站

紧急电话

匪警	110
火警	119
急救中心	120
社会求助中心	122

信息服务电话

电信黄页	96886
号码信息查询	118114/114
移动客服	10086
邮政客服	11185
电信客服	10000
联通客服	10010
气象问询	96121

交通旅游电话

城市公交查询	0519－82331456
交通事故处理	0519－82852440
汽车东站问询	0519－82337718
汽车北站问询	0519－82822384
交通热线	96196
运输管理	0519－82823297

生活服务电话

供电热线	95598
自来水热线	0519－82332211
港华燃气报修	0519－82881009

市民热线服务(投诉)电话

工商	12315
质监	12365
物价	12358
税务	12366
司法	12348
环保	12369
政府服务平台	12345
人力资源社会保障	12333
建设	0519－82692438
邮政	0519－82320000
卫生监督	0519－82886879
旅游(投诉)	0519－82831888

部分网站

金坛区人民政府门户网站	http://www.jsjt.gov.cn/ZGJT/
金坛区城建档案管理处	http://www.jtcjda.com/
金坛区残疾人联合会	http://www.jtcl.org.cn/
金坛区科学技术协会	http://www.czjtkx.cn/
住房公积金管理中心	http://www.jsjt.gov.cn/zgjt_gjj/
金坛交通	http://www.jsjt.gov.cn/zgjt_jtj/
金坛教研网	http://www.jtjy.cn/
金坛文联网	http://wl.jt000.com/
金坛网	http://www.jintanwang.com/
金坛山水网	http://3sjt.com/
金坛信息港	http://www.jintan.ccoo.cn/
金坛区人力资源市场网	http://www.jtrsrc.com/

(编辑　李华琴)

金坛刻纸《醉八仙》　(作者　杨兆群)

说　　明

一、本索引采用主题分析法编制，按标引词的第一个字的汉语拼音字母（同音字按声调）顺序排列；同音同调，按第二个字的音序排列，以此类推。

二、标引词后的阿拉伯数字表示内容所在页码，数字后的拉丁字母 a、b、c 分别表示该页的左、中、右栏。标引词后的第二个页码起，表示参见内容所在位置。

三、年鉴的特载、大事记、荣誉栏、文件选编、统计资料、彩页等均未作索引。

四、为方便读者检索，在金坛的企事业单位以及在金坛发生的事件名称前的“金坛”、“金坛区”，除易产生歧义者外，均予省略。

条目索引

A

B

C

D

E

F

G

H

J

K

L

M

N

P

Q

R

S

T

W

X

Y

Z

表格索引

C

D

G

H

J

M

N

P

Q

R

S

W

X

Y

Z

(编辑　方　骊　李华琴)

强基础 抓创新
全区档案工作实现新跨越

2016年，金坛区档案局依法履职，开拓创新，档案工作实现了新跨越，被评为“十二五期间”江苏省档案系统先进集体。

一、档案事业发展环境有新气象。探索整合全区档案资源新路径，构建大档案格局，建筑面积16000平方米的新馆正式启用，近8万卷档案资料的搬迁工作顺利完成。增设机关档案管理科，新增派遣制人员8名，负责指导49家进驻单位档案管理工作。国家、省、市档案局及区委、政府领导先后多次视察区档案工作。

二、档案资源体系建设有新成效。全区88家立档单位2010年以前形成的各种载体的档案接收进馆，馆藏总数达到了81001卷，402361件。开展特色档案资源收集，有效整合全区重要档案资源，区城建、人社、全区干部、不动产中心和国土档案全部集中到新档案馆。

三、档案利用体系建设有新亮点。做好政务信息公开工作，设置信息公开查阅中心；建好档案陈列馆，充分发挥档案馆的文化和教育功能。全年共接待查档4006人次，调阅档案5617卷，提供复制6500余页。

四、档案依法监督能力有新加强。全面推进农村土地承包经营权确权登记颁证档案的收集整理、归档和数字化工作，成为全省各地参观学习的示范。2016年，共有57家单位开展档案工作星级测评和复查工作。

五、档案宣传培训有新拓展。利用“国际档案日”组织开展以“档案与民生”为主题的征文活动，充分利用网站、电子显示屏、宣传橱窗等，刊登、播放档案宣传标语，提高社会对档案工作的关注度。强化队伍培训，举办全区档案人员业务培训、档案人员网上岗位培训和继续教育培训。

六、档案信息化建设有新进步。投入255万元，采购了曙光服务器等一整套信息化设备，用于新馆的查档、备份等工作，新的馆室一体化平台已建成试运。

天道酬勤，慰然于心；展望未来，任重道远。围绕“强体系、抓提升”的主题，强化档案资源、利用和安全体系建设，努力提升档案基础业务、信息化和法制建设水平，为全区经济社会发展提供优质的档案服务。

中央档案馆副馆长、国家档案局副局长杨继波视察金坛档案工作。江苏省档案局副局长、江苏省档案馆副馆长欧阳旭明，常州市档案局局长、常州市档案馆馆长李传奇，金坛区委副书记、组织部部长刘国新，副区长刘明江陪同。

常州市政府副市长张云云、市政府副秘书长吴小华、市档案局局长李传奇、副局长张敏等在刘明江副区长陪同下调研金坛区档案工作。

常州市档案局副局长张步东，副局长刘承旺带领市局办公室主任潘正月，法制宣教处副处长邱北海一行视察金坛区档案局（馆）工作。

金坛区委副书记刘国新在局党组书记、局长周庭凯等人的陪同下视察区档案局（馆）工作，查看了办公用房、档案库房、查档中心以及金坛历史文化档案陈列馆建设情况。

区人大视察档案工作情况汇报会

常州市金坛区信访局

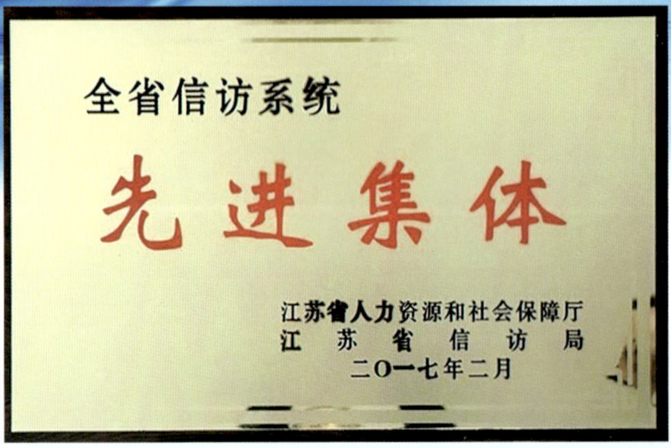

区委、区政府领导调研信访工作

金坛区信访局设办公室、接访科、办信科、督办科等科室。主要职能为接待群众来信来访，交办、转办和督办群众来信来访，承办上级部门和区委、市政府领导交办、批办的信访案件，与基层信访部门协调解决群众来信来访，做好超前预测预防工作，及时反馈信访信息，为领导提供决策依据，维护社会政治稳定。

近年来，区信访局紧紧围绕“阳光信访、法治信访、责任信访”的工作思路，不断改善接访工作环境，建立健全信访工作网络，畅通信访工作渠道，完善信访工作机制，切实履行好信访工作职责，妥善处理各类社会矛盾，努力把问题解决在基层，把矛盾化解在萌芽状态，为维护人民群众的合法权益，维护全区改革、发展、稳定大局，发挥了积极的作用。2016年被常州市精神文明建设指导委员会评为“2013-2015年度常州市文明单位”，被江苏省人社厅、江苏省信访局评为全省信访系统先进集体。

信访工作会议

阳光信访系统操作业务培训班

信访接待窗口

全省人民防空先进城市（县、市、区）

金坛区民防局是区政府负责民防工作的职能部门，主要负责国家和中央军委有关人民防空方针政策的贯彻执行；负责对《中华人民共和国人民防空法》《江苏省实施<中华人民共和国人民防空法>办法》等法律法规的贯彻实施；负责全区人民防空工程和民防设施建设的管理；负责全区人防指挥通信建设和民防知识的宣传教育。

2016年，金坛区民防局积极应对人民防空发展的新形势、新特点，以军事斗争、人民防空准备为主线，以人民防空方针政策和法律法规为依据，主动融入城市建设、经济发展和服务民生，深入推进民防工作改革创新，有效提升战时防空、平时服务、应急支援的能力水平，继续保持民防事业又好又快发展。

省人防工程质监站站长李治国检查指导区人防409工程

区民防局向五叶村赠送救援物资

项目化推进 内涵式发展 加快实现教育现代化新跨越

常州市委书记阎立视察金坛学校建设工作

常州市副市长方国强视察区教育项目建设工程

政府性教育项目快速推进

省成人教育学会常务副会长视察农科教结合富民示范基地

教育系统党员干部春季培训班

2016年，金坛教育以全面推进教育现代化为目标，实施项目化管理，促进内涵式发展，全区教育改革进一步深入，教育质量进一步提升，教育发展方式进一步转型升级。

持续优化教育布局。2016年，段玉裁中小学、华罗庚实验学校新城分校（殷雪梅小学）、新城实验幼儿园4所新校建设项目主体已完工；良常实验学校、尧塘中小学3所新校建设项目完成施工图设计招标，7个项目总投入14.25亿元。制定了“十三五”教育重点工程计划清单，确定学校建设项目50个，预计总投入117亿元。

持续推进教育均衡。2016年财政性教育经费支出11.02亿元，年增长28.56%；83名骨干教师赴农村支教，247名城乡教师“双向交流”；金坛高考本二以上达线率81.7%，比去年增长4.8个百分点，实现五年持续增长；各级各类教育协调发展，区教育局被授予“江苏省促进义务教育均衡发展先进单位”称号。

持续加强队伍建设。与厦门大学、复旦大学等名校携手，组织校长（园长）、机关科室负责人进行理论素养和业务培训，11名校长赴国外考察学习，27位园长参加省级岗位任职资格培训和园长挂职培训；强力推进师德建设，17位教师获常州市师德模范称号；加强对名教师工作室、小学、初中骨干教师研修班、草根工作室的管理，形成“点面结合，项目推进”的塔式研训体系，《江苏教育报》头版作专题报道。

持续提升教育品质。启动教育内涵发展工程，注重学校特色化发展，对13所学校课程建设和9个校长课程建设项目给予100万元经费扶持，分阶段在5所学校举办面向市内外的课程建设展示交流活动；致力于学校教学常规的优化，围绕备课、上课、作业布置与批阅、学科辅导等内容开展为期3年的中小学教学常规达标考核活动；组建9个中小学德育校际联盟，实施德育资源共享、管理共鉴、优势互补、合作共赢；注重学生素质个性化培养，“小小数学家”评选、艺术节、科学节等活动成为学生展示个性的舞台。

副区长刘明江到常州市金坛中小学生综合实践基地调研

幼儿游戏小角落 快乐无极限

戏剧特色课程

中小学生艺术节舞蹈比赛

2300余名学生坐上“大鼻子”校车

科技创新大赛

庆祝第32个教师节文艺晚会

民政为民　民政爱民

全区民政和残疾人工作会议

区领导调研民政工作

常州市民政局领导调研金坛民政工作

2016年金坛区民政工作坚持“民政为民、民政爱民”的服务理念，出台《常州市金坛区临时救助实施细则》，进一步完善和规范临时救助工作申请、审核、公示、审批流程。提高城乡低保保障标准，全年保障城乡低保4428户7265人、保障资金3751万元。建立自然灾害综合保险参保制度，兑现7月份特大洪涝灾害理赔金额140.975万元。

根据金坛优抚对象抚恤补助标准增长机制，落实全区享受国家抚恤、定期定量补助优抚对象5951人的保障工作。做好拥军优属、义务兵家庭优待金核发工作，审核并发放2015年度金坛籍现役军人一次性立功荣誉金24.8万元。积极走访慰问残疾军人、复退军人，对部分重点优抚对象进行上门体检、巡诊等服务。

完成西城街道丹阳门社区、金城镇南瑶村等27个城乡社区的提档升级工作。指导各镇（街道）与村（社区）签订“政社互动”协议书，全区“政社互动”覆盖率100%。共创成国家级和谐示范社区1个、省级和谐示范镇2个、示范社区26个、市级和谐示范社区24个，全区城乡社区省和谐建设达标率100%。顺利完成全区120个村（社区）两委换届选举工作。新增社会工作持证人员96人。

全力推进全区养老机构消防安全专项治理，全面做好养老机构消防安全工作。大力推进医疗卫生和养老服务融合发展。深入开展地名普查工作，全面完成普查信息外业登记和审改工作，做好地名命名工作，新增各类地名命名24个，完成滨湖新城和华科园道路预命名54个。开展武金线界桩联检工作，召开联检工作会议，签订新一轮平安边界创建责任书，平安边界创建合格率100%。

发展社会组织488家，其中2016年新增38家，每万人拥有登记社会组织数达8个以上，获得评估等级的社会组织212家，占应评社会组织总数比例的52%。推进“公益310”工程,建立区级“金沙益站”社会组织培育发展中心。积极推进部门购买社会组织进社区服务，“松柏护林人”——金坛区老年社工能力提升等项目分获2个一等奖、1个二等奖，创下金坛创投申报的最好纪录。

完善全区未成年人（困境儿童）区、镇（街道）、社区（村）三级社会救助保护网络体系，出台《关于做好困境儿童分类保障工作的通知》，将全区困境儿童基本生活纳入保障范围，2016年，共保障困境儿童303人次，发放保障金25.97万元。建立流浪乞讨人员救助管理工作联席会议制度，落实流浪精神病人和流浪未成年人的接返工作，全年救助站接待各类求助人员396人次。殡葬改革进一步深化，出台《常州市金坛区推行文明绿色生态葬工作实施办法（试行）》等文件。

地名文化保护会议

周氏志成冠军扶贫助学金发放仪式

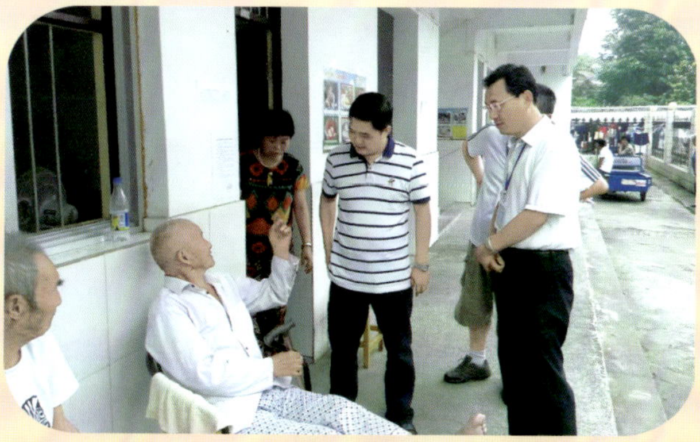

慰问洪涝受灾群众

参观黄金村

常州市国土资源局金坛分局

原国土资源部副部长胡存智视察金坛国土资源工作

国土资源部调研组调研金坛土地节约集约利用工作

2016年，常州市国土资源局金坛分局以保障发展为工作核心，以保护资源为工作宗旨，以“双提升”为努力方向，科学谋划、主动作为，为全区快速发展提供持续有力的国土资源服务和保障。全年争取各类建设用地指标866.67公顷；实施占补平衡项目31个，新增耕地面积141.4公顷；增减挂钩项目46个，新增耕地面积78.73公顷；工矿废弃地复垦项目18个，新增耕地面积2.26公顷。获金坛区项目推进工作集体三等功。

全面完成各项工作。组织《金坛市土地利用总体规划》一般性修改，共调整面积193.33公顷；完成城镇周边3613.33公顷永久基本农田划定工作；深入推进节约集约利用，加强闲置和低效利用土地处置力度，强化批而未供土地处置工作，建立城镇土地使用税调节机制，共盘活存量建设用地423.07公顷，盐穴地下空间利用模式被列入全国国土资源节约集约“四个创新一百例”之一；创新土地执法模式，对全区5个露天在采矿山运行“慧眼守土”综合动态智能监管，无人机服务执法巡查进入常态化。地质灾害防治工作取得新成效，成功创建全国地质灾害防治高标准“十有县”。挂牌成立不动产登记交易中心金坛分中心，自主开发建设不动产登记交易系统并顺利通过国土资源部验收，为全国不动产登记工作提供可复制、可推广样本。

全力加强队伍建设。不断加强党风廉政建设，切实增强队伍廉洁从政和依法行政意识；组织开展各项业务培训与考核，努力提高全系统人员的业务水平；加强系

省国土资源厅副厅长祖耀升视察金坛国土资源工作

省国土资源厅副厅长李如海视察金坛国土资源工作

统能力作风建设，不断提升服务发展、服务群众的能力。

地址：金坛区清风路1号市民中心A座5楼。
电话：0519—82821477
传真：0519—82820977
邮编：213200

区委书记狄志强、区长沈东调研永久基本农田建设

常州市国土资源局班子成员调研金坛国土资源工作

常州市不动产登记交易中心金坛分中心正式成立

成功举行突发地质灾害应急演练

"两学一做"学习教育动员

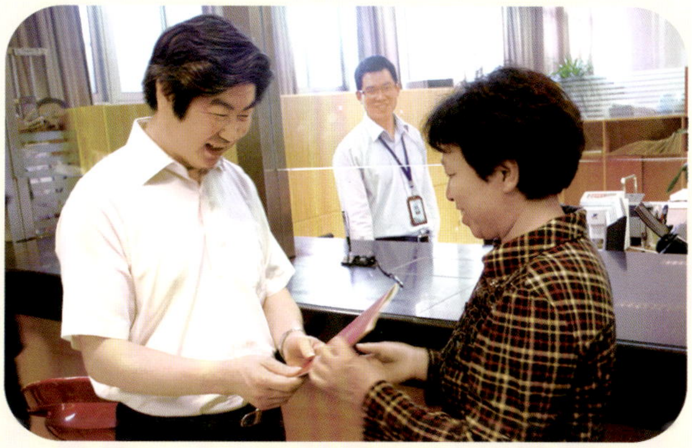

常州市副市长张耀刚颁发金坛区第一本不动产证书

政协委员视察交通重点工程

2016年交通重点工程推进大会

“两学一做”知识竞赛活动

2016年全区交通运输系统围绕“两个加快”，打好交通项目建设攻坚战，以加快交通基础设施建设为重点，突出抓好交通行业管理，着力推进交通依法行政，着力改革创新，构建和谐交通，努力推动全区交通各项工作全面协调发展。

推进交通发展规划。2016年完成了完善规划、明确项目和推进前期的“三步曲”。全年先后完成《“十三五”综合交通发展规划》《金坛区县道公路网规划（2014-2020）》送审稿的编制和《金坛区乡村道公路网规划(2016-2020)》初稿评审，并收集整理了《常州市干线航道网规划修编》（2016-2030）的修编意见。

农村公路争创“四好”。围绕“建好、管好、护好、运营好”农村公路的总体目标，提请区政府出台《金坛区“四好农村路”建设实施意见》。以建立农村公路“建、管、养、运”长效体制机制为重点，结合金坛乡村地域特点，重点打造茅山旅游、长荡湖区、尧塘绿化景观和直溪红色教育基地等四大特色板块，全年争创“四好农村路”39公里。金坛“四好农村路”创建被确定为全省仅有的两个“四好农村路”督导调研县之一。

金坛首次使用新材料进行大中修工程建设

推进民生交通发展。全年完成公路客运量801万人次，公路客运周转量3.94亿人公里；完成公路货运量76万吨，公路货运周转量0.9亿吨公里；完成水路货运量428万吨，水路货运周转量8亿吨公里。高效优质完成春运、高考、“G20”峰会、“十一”黄金周等运输保障任务。

做好全区交通运输系统在文明城市创建和城市长效管理、行业维稳和综合治理、新闻宣传、交通战备、财务审计、档案创建等方面工作，先后获项目引进先进集体、项目推进先进集体、综合考核优胜单位、常州市“2011-2015年全市普法工作先进单位”、全省交通运输行业“十二五”镇村公交发展工作先进集体、江苏省文明单位等荣誉称号

区领导抗洪一线指导工作

党员义务服务队活动

S241沥青摊铺

S265大桥箱梁架设

参加S241指前集镇抗洪抢险

15辆新能源公交车投入运营

常州市金坛区水利局

新孟河延伸拓浚工程

龙山水利枢纽

江苏省水美乡村直溪镇排年村

2016年，全区水利系统秉承“节水优先、空间均衡、系统治理、两手发力”的工作方针，科学谋划，乘势而上，完成水利投资9亿元，争取各类建设补助资金3.8亿元，融资规模70亿元。扎实推进新孟河延伸拓浚、龙山水利枢纽、长荡湖清淤（一期）、太湖流域水环境综合治理、小农水重点县、农村河道综合整治、圩区防洪除涝灾后修复、水库移民后期扶持及小水库自主搬迁项目建设，并在抗御2016年特大洪涝灾害中发挥了重大作用，抗洪抢险救灾工作成效显著。

河东防洪、补水、换水工程石桥水利枢纽

河湖管护体制机制创新，大力推进实施河道“河长制”管理、河湖和水利工程管理与保护范围划界、水利工程长效管护、水生态文明建设工作。精心组织开展水生态文明城市创建、法治水利建设等部、省级试点示范创建，3座小型水库创建成省级规范化管理水库，4个村创成全省“水美乡村”，11个社区（学校）创成省、市级节水型单位。

直溪镇工业园区直里水利枢纽

一号农场智能化节水灌溉示范园

茅东水库大坝新姿

水利工程长效管护

丘陵山区水源工程横山坝改造工程

常州市金坛区农林局

省农委副主任徐惠中带队调研区“互联网+农业”发展情况

第三届中国·金坛雀舌茶道会

金坛农林系统自觉践行“创新、协调、绿色、开放、共享”发展新理念，紧扣“山水金坛、多彩农林”这一主题，攻坚农业供给侧结构性改革，厚植产业发展新优势，扎实推进国家现代农业示范区建设。金坛区成为“全国首批率先基本实现主要农作物生产全程机械化示范县（市、区）”，并列入“全省首批粮食生产全程机械化示范县（市、区）”和全省唯一“全国主要农作物生产全程机械化主题示范区”创建单位。

突出“五个坚持”，在优化产业结构上谋求新突破。坚持以政策扶持激励为风向标。 牵头制定了强农惠农富农新政策，为现代农业发展指明方向、探明路径。**坚持以稳定粮食生产为压舱石。** 整建制推进稻麦绿色高产增效创建，水稻集中育秧供应大田面积首超10万亩，微喷灌旱地硬地育秧、机插水稻侧深施肥、小麦条（匀）播和稻麦封闭除草等先进适用农艺加快普及，全力压减种粮成本“地板效应”。抗灾应变措施有力，

创建国家森林城市——生态金坛

最大限度减少了粮食因灾损失。**坚持以市场需求为导航灯。**大力实施“2222工程”（到2020年，全区基本形成23万亩优质稻米、23万亩生态林业、22万亩现代园艺、21万亩高效渔业的产业格局），打好“特色牌”，唱好“四季歌”，刷新城市名片。新增高效设施农、渔业面积近万亩，打造了申莆农业科技、鑫田智能农业等一批现代农业发展新亮点。农产品出口创汇逆势上扬，实际总量超8000万美元。**坚持以确保农产品质量安全为生命线。** 充分运用现代移动终端技术，实现了农产品质量安全“网格化”监管镇、村全覆盖；全省唯一试点政府购买农产品质量安全村级监管服务，全力破解农产品质量安全监管最先一公里难题。全区8家不合格生猪屠宰场全部关闭到位，3家获证企业完成设施设备提档升级，高标准通过省级验收，有力推进了“放心肉”工程的实施。**坚持以六次产业融合发展为助推器。**成功创建“全国休闲农业和乡村旅游示范县”，使农业加快成为“胃”“心”和“肺”都舒服的产业。天牧禽业和三德利牧业优质家禽自动化、清洁化屠宰加工项目建成投产，构筑了畜牧发展全产业链。大力实施“互联网+农业”行动计划，渔业物联网技术指导实现了主导品种全覆盖，培育形成年销售额超千万元的农业电商6家，新增市级以上农村（农产品）电子商务示范村4家。

加速实现耕地良田化、全程机械化、科技实用化、产业品牌化、业态低碳化，在转变发展方式上取得新进展。

局长：邓九胜

地址：清风路1号

电话：0519-80189218

金坛区水产站获国家海洋局级和省海洋与渔业局级青年文明号

中国渔业协会蟹业分会会长李国平在长荡湖大闸蟹北京推介会上接受采访

朱林兽医站站长徐洪庆当选全国最美基层兽医

水稻灾后管理复产现场会

郑州大学西亚斯国际学院毕业生就业实习基地挂牌仪式

2016年茅山登山健身大会

一、强化文体惠民，公共服务日趋完善。在全区范围内开展基层综合文化服务中心建设，确立了23个省级试点村。全年承办10多项文艺展览，组织开展送文艺下乡、进社区演出190多场，送电影下乡1664场。组织“欢乐金沙•广场文艺月月演”6场次，举办免费文艺培训班30个。新增全民健身路径20条，为8个村（社区）配建室内健身器材，建成多功能运动示范场地5个。

二、强化管理指导，体育活动蓬勃开展。积极备战十九届省运会，注册金坛籍运动员共16个项目215人。承办2016年中国山地自行车公开赛江苏常州金坛茅山西海湖站、中国体育彩票杯2016年国际女排对抗赛、全国围甲联赛保朴园站等大型体育赛事。组织开展“体育大超市”“休闲体育四季联赛”等全民健身系列活动。

三、强化政策引导，文体产业蓄势发力。扶持两个项目获省级体育产业发展专项资金170万元。全年新增网吧8家、电影放映单位3家、高危体育项目4个、娱乐

广场月月演专场演出

场所1家、营业性演出场所1家。华罗庚艺术团演出400多场，观众人数达40万人次。金沙影城全年放映约184部影片、9200多场次，观影人数达24万多人次。体彩销售9千多万元。奥体公司全年实现营业总收入近200万元。

四、强化品牌意识，艺术精品硕果累累。儿童剧《寻找红头发》获得省艺术基金项目资助。儿童剧《黎明的河边》通过了2015年度国家艺术基金资助项目结项验收。音乐儿童剧《田梦儿》被上海优秀儿童剧作品（文本）评审会评为优秀作品奖。全年获得国家、省、市等各级奖项的各类优秀文艺作品达30余件。

五、强化传承发展，遗产保护富有成效。完成第一次可移动文物普查，建立可移动文物信息管理系统及数据共享平台，并举办了成果展。公布增补16名金坛区级非遗项目代表性传承人。编撰出版《风韵水土——金坛圩村文化生态资源纵览》。联合有关单位创作摄制了以非遗传承为主题的微电影——《守望》。

六、强化履职尽责，文化市场繁荣发展。完成重要时间节点广播电视安全生产和安全播出工作。组织开展2016年“扫黄打非”专项行动，开展农村集贸市场大棚演出、微领域有害信息和校园周边环境等文化娱乐市场集中整治活动。

文化下乡

元宵节专场文艺演出

2016省青少年篮球锦标赛

2016国际女排对抗赛

2016全国山地自行车公开赛

2016年，卫计系统紧扣目标，立足争先，克难奋进，实现了“十三五”的良好开局。

推进公立医院改革。调整了金坛区公立医院管理委员会，印发了《关于推进公立医院管理体制改革试点工作的实施意见》和《常州市金坛区公立医疗机构绩效考核方案》。积极发挥公立医院管理委员会的作用，重点推行按病种付费与总额预付相结合的混合支付方式改革。确定45种疾病72个“单病种”、20种疾病25个按“日间手术”病种收付费。

加强计划生育目标管理。顺利实施两孩政策，全区2016年出生5127人，人口出生率8.71‰，自然增长率2.12‰，出生政策符合率达99.75%。全年办理生育登记4344件，办理再生育审批129件。发放农村部分计划生育家庭奖励扶助金22240人，计划生育特别扶助对象1327人，城镇非从业居民一次性奖励52人，财政发放持证退休企业职工一次性奖励2943人。金坛区获“十二五”期间省人口协调发展先进区，2014-2016年度全国计划生育优质服务先进单位荣誉称号。

省政协副主席何权到区二院考察工作

提升公立医院服务能力。全区两所公立医院均通过县级公立医院二甲复评。共创建成省重点专科1个、常州市重点专科6个、金坛区重点专科18个。创建成江苏省卫生应急示范区。加强医联体建设，人民医院与南京医院、常州一院、常州二院、常州三院开展多项技术合作。中医医院的心内科与省人民医院建立了技术合作。

党员干部冬训班

全区卫生计生工作会议

“学习系列讲话　强化四个意识”专题讨论会

卫计局组织“爱护生命 健康幸福”广场月月演活动

“你参与　我服务　共建示范市场“义诊活动

“智慧阅读 健康生活”读书月启动仪式

卫计局领导汛期带领疾控人员对环境整治工作进行督察

“两学一做”学习教育动员会

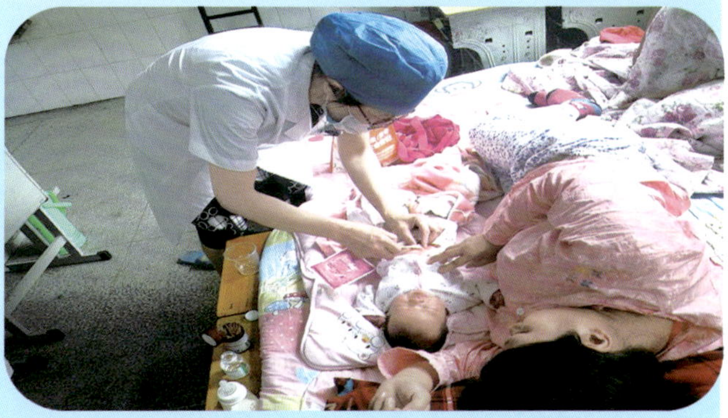

卫计局组织医务人员到抗洪安置点关爱产妇

融入地方全面发力 服务发展担当有为

食品安全宣传周启动仪式

走进政风热线

“两学一做”学习教育活动

2016年，金坛区市场监管局坚持以服务“两个加快”为中心，一手抓“宽进严管”，一手抓“服务维权”，不断提升监管服务效能，为区经济社会发展作出了积极贡献，被区委区政府考核为优胜单位，获“两个加快”项目推进工作先进集体。

市场准入。积极推进商事制度改革，认真落实企业“多证合一、一照一码”和个体工商户“两证整合”改革举措，加快推广应用全程电子化登记，严把食品、药械行业准入关口。全年颁发“多证合一”营业执照6396份、“两证整合”营业执照341份，运用全程电子化登记颁发营业执照9份，发放食品经营许可证740份，受理药品零售企业审批事项84件。

监管执法。全面推进科学监督管理，不断强化商品质量监测、企业信用监管和违法行为查处。全年完成对食品、药械、农资、成品油等重点商品的抽检2424批次，合格率为95.87%；推动8115家企业、618家农民专业合作社、18232家个体工商户通过企业信用信息公示系统填报信用信息，占应报数的82.95%；立案查处违法行为118起，案值1189.28万元。

促企发展。大力推进质量强区工作，实施品牌、标准化和质量管理三大战略。组织企业申报省著名商标5件、市知名商标7件，新增省名牌产品6个、市名牌产品11个，成功申报常州市农业地方标准8只，推动2家企业申报常州市市长质量奖；组织开展守合同重信用活动，新增国家级“守重”企业2家。发挥动产抵押登记职能，办理登记122件，帮助企业融资26.28亿元。

服务民生。深入推进消费维权工作，积极开展放心消费创建活动，新创放心消费一条街3条和市级放心消费先进单位16家，长荡湖水街成功创建为省级放心消费示范街区；大力开展“两免费”检定工作，对全区31个集贸市场在用的1518台计量器具进行免费强制检定，调试后合格率100%。不断畅通消费者维权渠道，全年共受理消费者投诉、举报880件，为消费者挽回经济损失100余万元。

国际消费者权益日活动

特种设备监管培训

“两个加快”工作推进会

发放全区首张“两证整合”营业执照

“讲党性、守规矩、晒心得、谈体会”活动

人大调研《特种设备安全法》实施情况

强化汛期食品安全监管

把握机遇 强化监督
在金坛经济社会大发展中履好责

“两学一做”教育活动

党组理论中心组学习

2016年，金坛区审计局依法全面履行审计监督职责，充分发挥审计在政府治理中的基石和重要保障作用。

全年完成审计项目37个（不含区领导临时交办的跟踪审计项目），审计总金额730.54亿元，发出审计处理决定9份，审计查出违规金额9672.39万元，调账处理3293.66万元，提出审计建议134条。发出移送处理6份，移送处理事项6个，移送处理金额79.74万元。政府投资项目审计产生效益7.12亿元，其中完成2152份工程结算，核减项目投资额或工程款6.20亿元，核减率为18.06%。对58个工程开展了跟踪审计，提出审计建议108条，节约建设资金0.92亿元。提交审计工作报告、专报等68份，撰写信息及论文261篇，被有关部门采用443篇次，其中国家审计署采用56篇，省审计厅采用144篇。

审计局获得2013—2015年度江苏省文明单位、常州市文明单位标兵、区学习型党组织基层示范点称号。金坛市2014年度财政预算执行情况及其他财政收支审计项目、金坛市2012-2014年度民政社会救助专项资金审计被常州市审计局表彰为全市优秀审计项目。

财务审计现场

赴先进地区学习

现场审计调查

现场工程审计

革命传统教育

关爱留守儿童

同创生态文明 共建美丽金坛

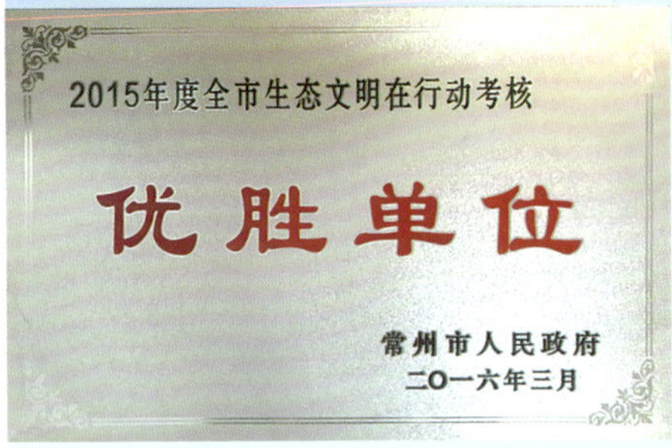

省环保厅总工程师刘建琳带队视察儒林石灰窑整治工作

常州市委督查组到金坛了解区生态文明建设工程实施情况

2016年，金坛区环保局工作以改善环境质量为目标，以服务项目建设为重点，以强化环境执法为保障，坚持“促转变、提质量、保安全”的原则，在生态环境质量改善方面开展了一系列扎实有效的工作，生态文明建设成效显著。被省政府评为“2013-2015年度太湖治理工作成绩突出单位”。

生态建设进一步推进。编制《金坛区“十三五”环境保护和生态建设规划》，制定《环保工作目标责任书》《生态文明在行动工作方案》《生态文明在行动督查考核办法》等文件。落实全区生态文明建设工作会议精神，明确生态文明建设目标任务，细化工作责任。实施14个生态细胞创建工程，1所省级绿色学校、5所常州市级绿色学校创建工作通过验收，2个国家级生态文明示范生态村、1个绿色机关的创建工作完成年度目标。

服务效能进一步提升。建立健全“一个领导负责、一个窗口统揽、一套机制运行、一条龙到底”服务模式，建设项目“容缺受理”提升为“容缺审批”，全年共审批建设项目212个。强化源头管控，对高耗能、高污染、资源性项目从严审批，全年共否决、劝退不符合环保要求和国家产业政策项目6个。全面完成环保违法违规建设项目清理整顿工作，共清理违法违规建设项目731个。其中，整顿规范项目67个；完善备案项目554个；淘汰关闭项目110个。

清水蓝天工程进一步推动。推动太湖水污染防治工程，2016年列入省太湖治理目标责任的14个重点任务项目均完成或达到年度建设目标要求。推进农业面源整治，完成清华生态农业园等3个种植业生态循环农业工程、永康农牧科技有限公司畜禽粪便处理工程。

区长沈东、副区长周文俊带队督查
中干河江步桥断面和丹金溧漕河别桥断面

2016年秋季秸秆综合利用和禁烧工作会议在区政府召开

区环保局领导走进“政风热线”直播间

第45个世界环境日宣传活动在金沙广场举行

由区环保局和区文广体局联合主办的
“改善环境质量，推动绿色发展——绿水青山就是金山银山”
文化专场演出在金沙广场举行。

区环保局全体干部职工向灾区群众捐款

开展思想作风纪律教育整训

整治城市长效管理重难点区域

强化环卫精细化保洁

2016年，区城管局以“创优人居环境，服务经济发展”为目标，完善管理体制，强化基础管理，狠抓环境整治，严抓队伍建设，城市管理各项工作顺利推进。

实事工程提品质惠民生。实施“931”城市环境综合整治工程，完成131个“九整治”项目、“三规范”项目，华城四村、下塘河等城市薄弱地段环境得到有效整治。华城路、电胜社区分别成功创建常州市城市管理示范路、示范社区。进一步完善环卫基础设施，提标改造城区公厕19座，薛埠、元巷垃圾中转站建成投入使用。

市容环境强整治促长效。深化市容网格管理模式，定人、定岗、定位、定责任、定目标，开展各类专项整治500余次，有效维护市容环境秩序。全年清运生活垃圾14.24万吨、粪便1.01万吨，清运和无害化处理率达100%。启动违法建设五年治理行动，全年拆除违建面积约0.8万平方米。受理处置各类案件5万余件，常州考评核查问题1592处，核查通过率99.24%。

城市管理提效能优服务。开展思想作风纪律教育整训活动，改革执法管理模式，着力提升城管队伍的政治、业务水平与执法效能。全年处理投诉举报3700余起，登记率、处理率、回复率100%。承办25件人大代表建议和政协委员提案，按时办结率和走访联系率100%。

开展“话中秋•知民俗”系列活动

城管队员在抗洪抢险中勇当先锋

推进依法治安　保障安全发展

金坛区安监局党组书记、局长韩巧生率队深入企业生产一线开展安全生产大检查

开展第十五个“安全生产月”广场宣传咨询活动

举行安全生产应急预案演练，提高事故应急救援实战能力

金坛区安监局下设办公室、综合科、监督管理一科、监督管理二科、职业健康科5个职能科室和监察大队、培训中心，监察大队下设3个中队。全局在职人员29人，其中，行政编制12人、行政附属编制2人、参公事业编制15人，主要依法实施安全生产综合监督管理。

组织起草全区安全生产规范性文件，拟订安全生产政策和规划，协调全区安全生产工作。分析安全生产形势，发布安全生产信息，研究解决重点难点问题，监督考核并通报安全生产控制指标执行情况。

组织全区安全生产大检查和专项督查，指导协调和监督安全生产行政执法工作。根据区政府授权组织事故调查处理和办理结案工作，组织指挥和协调安全生产应急救援工作，综合管理全区生产安全事故和安全生产行政执法统计分析工作。

抓实工矿商贸行业安全生产监督管理。按照分级、属地原则，监督检查安全生产法律法规执行情况及其安全生产条件和有关设备（特种设备除外）、材料、劳动防护用品的安全生产监督管理工作。

开展非煤矿山、危险化学品、烟花爆竹生产经营单位安全生产监督管理工作。监督检查危险源监控和重大事故隐患排查治理工作。开展生产经营单位作业场所职业卫生监督检查工作，组织查处职业危害事故和违法违规行为。

监督检查职责范围内新建、改建、扩建工程项目的安全设施与主体工程同时设计、同时施工、同时投入使用情况，承担相关建设项目安全设施设计审查和竣工验收工作。

组织指导全区安全生产宣传教育工作，组织指导并监督特种作业人员（特种设备、建筑作业人员除外）和工矿商贸生产经营单位主要负责人、安全生产负责人、安全生产管理人员安全资格培训考核工作。监督检查工矿商贸生产经营单位安全生产培训和职业安全培训工作。

指导协调全区安全生产检测检验工作，监督管理安全生产社会中介机构和安全评价工作。指导协调安全生产信息化建设、安全生产重大科学技术研究和推广工作。组织开展安全生产方面的交流与合作。

常州市金坛区政务服务管理办公室

常州市金坛区政务服务管理办公室（以下简称“政务办”）是区政府派出机构。2017年3月21日，“一办四中心”（政务服务管理办公室，下辖政务服务中心、公共资源交易中心、电子政务中心和公共服务中心）组织体系物理组合完成，主要负责全区政务服务、公共资源交易、电子政务、公共服务等各项工作的组织、协调、管理、监督和指导服务，成为我区“行政效率最高、服务态度最佳、服务效能最优”的综合性政务平台。

政务服务中心共有28个区级机关部门和14个公用事业单位、中介机构进驻，共设248个窗口。行政许可事项161项，管理服务事项190项，上报件89项向“中心”集聚。另设人社、供电两个分中心。“中心”不断创新服务机制，优化服务环境，提升服务效能，实施集中办理制、并联审批制、工业项目扎口收费制、重点项目绿色通道制、重点工业建设项目竣工联合验收制度，形成了“一站式”和“一条龙”服务机制。其中，竣工联合验收制度被写进《常州市全面推行建设项目审批“五联合、一简化”有效降低企业制度性交易成本》，得到国务院总理李克强的重要批示。2016年，“中心”共办理各类行政审批服务事项66.8万件，其中即办件61.2万件，

常州市人大常委会领导调研政务办工作

区长沈东调研政务办工作

区人大副主任王新辉调研政务办工作

常州市政务服务系统年会在金坛召开

占91.6%；各类办件收费（含契税、车购税、各类基金等）10.8亿元，同比增长30.5%。

公共资源交易中心主要承担工程建设（含建设、交通、水利等工程）招投标、土地和矿业权出让、农村产权交易、国有产权交易、政府采购、医药采购、教育装备采购等交易活动的现场服务和依法统一管理工作。

电子政务中心主要承担全区电子政务的规划、审批、建设、运维和管理工作，负责区、镇（区、街道）、村（居）三级网络平台的规划、建设、管理和运维，在政务办的领导下履行电子政务外网、内网、部门业务专网、设备网的运行维护，保障各项业务安全稳定运行。

公共服务中心坚持整合资源、统一平台，统筹规划、分步实施，上下联动、分级负责，便民利民、规范高效的原则，整合区级政府各职能部门和具有公共服务职能的企事业单位服务热线，建立以“12345”为统一对外号码的政府公共服务平台。2016年，热线受理各类诉求计41401件，同比增长12.8%。向部门派发任务单7599件，办结7553件，办结率为99.4%，满意率98.3%。

全区“一办四中心”建设工作动员大会

区政务办2016年度表彰暨2017年度党员春训动员大会

“12345”热线争创省级巾帼文明岗

区政务办召开第一次妇女代表大会

2016年3月26日，被国家旅游局誉为中国闲养度假区旅游产品的“4.0”代表作品——东方盐湖城盛大开城

省领导许津荣在龙控集团董事长沈波陪同下实地考察获“2016年中国年度最佳休闲小镇”的东方盐湖城•道天下景区

省四星级乡村旅游区一号农场正朝着努力打造华东地区最大的一站式有机生活服务商而努力

“乡村的年味就是与众不同”。这里是集“文化展演、年俗体验、美食品鉴、特产年会、旅游扫描”金坛茅山仙姑乡村过大年现场

江苏省首家自驾游协会“金坛自驾游协会”正式成立

由区旅游局、人社局、区总工会联合举办的2016金坛导游（讲解员）技能比赛落幕，13名优秀导游（讲解员）公开亮相

12月10日，中国微电影大典金蜂鸟奖颁奖盛典在东方盐湖城举行

4月9日，区旅游局组织策划的“2016乡村旅游节暨春到上阮赏花季”吸引八方来客

休闲、度假、养生的最佳目的地——仙都金坛

畅游江苏，乐在常州，驾游金坛

常州市金坛区国家税务局

营改增专题局长办公会

金坛区国家税务局成立于1994年9月，主要负责全区增值税、消费税、所得税、车购税等税种的税收政策管理，落实减、免、退税等各项税收政策，以及增值税专用发票和增值税防伪税控系统的各项管理工作。全局内设科室7个、直属机构1个（稽查局）、事业单位1个（信息中心）、派出机构6个。现有在职干部179名，其中研究生学历6人，具有“三师”资格12人，占全局干部比例的6.7%。

2016年，区国税局围绕大局履职尽责，完成了深化国地税征管体制改革、全面推开“营改增”试点、“金税工程”三期上线等一系列重点工作，确保了税制平稳转换和所有行业税负只减不增的目标。全年组织各项国税收入35.29亿元，同比增长9.83亿元，增幅38.61%；组织公共财政预算收入14.11亿元，同比增长6.99亿元，增幅98.31%。办理各类退税8.12亿元，固定资产抵扣6.02亿元。413户小微企业共享受增值税优惠287万元，940户企业享受所得税优惠683万元。全年累计入库改征增值税3.78亿元，营改增减税效应达2.18亿元，四大行业减税面超过97%。

金坛区国税工作会议

赴企业一对一服务，答疑解惑

与金坛地税联合举办绩效管理主题辩论赛

深化国地税合作暨"营改增"政策新闻发布会

"两学一做"主题党日活动

志愿者赴启智学校爱心帮扶

志愿者赴区社会福利院服务

与武警常州市支队二中队开展篮球友谊赛

金品税和

/金/坛/地/税/

铸金立品 兴税至和

2016年，面对错综复杂的经济形势与繁重艰巨的改革任务，区地税局主动适应经济新常态，围绕组织收入中心工作，以“项目化管理”为引擎，以重点工作为抓手，全面推改革、强法治、兴人文、抓管理，充分释放队伍活力与征管效能，圆满完成了各项目标任务。全年共组织税费收入46.30亿元，同比增收7.93亿元，增长20.66%。其中税收收入30.9亿元，同比增收7.66亿元，增长32.97%。社保费入库13.31亿元，征缴率达99.02%。税收总量占常州地区比重由2015年的8.26%提升至2016年的10.01%。获得国家级荣誉2个、省级荣誉6个、市级荣誉26个。

区长沈东主持召开全区财税审计工作会议

常州市地方税务局局长钱俊文走访重点税源企业

国地税联合举办青年辩论会

国地税联合召开深化国地税合作新闻发布会

税妈妈关爱项目斩获全国大奖

为企业提供上门服务

赴启智学校开展爱心活动

赴井冈山接受爱国主义教育

常州市住房公积金管理中心金坛分中心

结对帮扶

对单位经办人员进行业务培训

2016年，常州市住房公积金管理中心金坛分中心以“立足住房保障、促进地方发展”为总要求，不断深化作风建设，强化内部管理，严格执行各项业务操作规范，全面推行业务管理服务标准化，为促进住房保障建设、服务地方经济发展作出了应有的贡献。

2016年，金坛分中心共归集住房公积金6.34亿元，提取4.08亿元，发放住房公积金贷款1643户5.75亿元，向17户低保困难家庭发放贷款贴息7.38万元。新增开户186个单位，新增人员7288人。截止2016年12月31日，全区住房公积金归集余额为16.62亿元，住房公积金个人贷款余额为7797户16.48亿元。住房公积金资金使用率为99.18%。

2016年，金坛分中心获得“常州市文明单位”荣誉称号，张芸获得江苏省住房和城乡建设系统“五一巾帼标兵”荣誉称号。

主　　任：朱小君

地　　址：常州市金坛区南环一路116号

网　　址：www.jtgjj.com

电　　话：0519-82836313

服务热线：12329

邮　　编：213200

窗口柜员利用业余时间进行业务培训

区政府召开住房公积金管理工作会议

区分中心举办首届厨艺大赛

在区人才市场宣传交纳、使用住房公积金政策法规

通过“道德讲堂”提升员工道德水准

在金沙广场开展宣传活动

常州市金坛区住房保障办公室

2016年，常州市金坛区住房保障办公室在保障性住房项目推进、争取补助资金、棚户区改造融资、保障性住房安置等方面取得成效。

一、保障性住房完成情况

公共租赁住房竣工项目：2016年，完成公共租赁住房建成项目1304套，完成全年建成目标1210套任务的107.8%。其中，薛埠镇东进村宿舍楼66套；朱林镇园区标准厂房职工宿舍120套；常州嘉华新型合金材料科技有限公司职工宿舍70套；直溪镇集中工业区服务区624套；江苏久诺建材有限公司职工宿舍64套；晨风金城服装厂职工宿舍360套。

棚户区改造项目：全年完成棚改建成项目3164套，完成全年建成目标2100套任务的150.7 %。其中，金江东苑二区946套已达到基本建成标准；金江东苑二村1044套、金江东苑三村1139套已竣工建成；茅麓茶场八工区征收35套。

二、积极向上争取资金

以国家、省对保障性住房政策支持为契机，积极主动向上争取中央及省财政补助资金，支持金坛保障性住房项目建设。2016年，区住房保障办主动与省厅对接，为开发区、薛埠镇争取配套基础设施建设中央预算内投资补助资金4130万元；争取保障性安居工程中央、省级财政专项资金3094.18万元。

三、保障性住房安置工作

举行2016年度经济适用住房实物安置选房顺序摇号仪式，对经过“三审三公示”审核程序后符合保障条件的105户家庭进行公开摇号，产生选房顺序号。同时，摇号结果在金坛区政府门户网、金坛住建委网、各社区予以公布，接受社会监督。

南洲花园保障房小区

廉洁自律承诺书签字仪式

保障房选房活动现场

一切围绕职工 一切服务职工

常州市金坛区人民法院

2016年，区法院以审判为中心，坚持司法为民、公正司法工作主线，狠抓执法办案和队伍建设，推进司法改革，各项工作取得了新进展，为金坛经济社会发展创造了良好的法治环境和公正的社会秩序。全年区法院共受理各类案件13726件，同比上升12.61%；结案10811件，同比上升6.28%，结案率78.75%。

院长宋文良作法院工作报告

向人大代表汇报《企业破产法》贯彻实施情况

区法院首批员额法官庄严宣誓

金坛法院召开司法改革工作部署会议

金坛法院主动邀请区人大代表旁听一起不服工伤认定案件

召开律师座谈会，加强法官和律师的沟通交流

法治文化建设和法治宣传工作

走进中央电视台《法治天下》
节目，传递法治声音

邀请书法艺术家授课，加强法院文化建设

院长宋文良带队到众泰汽车走访调研，
切实践行“延伸审判职能，能动服务经济发展”

区法院薛埠人民法庭正式恢复设立

执行法官发放执行款——工资

党委书记、院长　苏建华

金坛人民医院移址新建工程奠基仪式

2016年末，金坛人民医院移址新建工程在滨湖新城破土动工。新医院占地250亩，总床位1600张，是一所集医疗、科研、教学、预防保健为一体的三级医院。

近年来，该院加快发展步伐，拓宽合作领域，在与常州二院技术合作的基础上，继续与常州三院、法国枫丹白露大区中心医院合作，全面提升医疗技术水平，增强医院综合实力。医院新技术、新项目稳步开展，常州市重点专科、金坛区重点专科逐年增加。该院自主完成的全脑血管造影加支架植入术，跻身常州市前列。微创手术硕果累累，逆行弹道造影（ERCP）与喷门早癌内镜下粘膜剥离术（ESD）成功开展；脊椎外科、关节外科等外科微创手术已成趋势，有效提高了就医群众的满意度。

该院在自身发展的同时，积极将医疗资源下沉，为集团内的尧塘医院投入医疗设备近百万元，并定期派医疗技术骨干赴集团医院进行查房、教学指导。

医院文化建设有序开展，通过整合提炼形成新的医院精神、院训、服务理念。丰富文化内涵，改善群众就医感受，充分发挥管理效能，深化改革创新，保障医院行稳致远。

常州市临床重点专科现场评审会

二甲复评调研性评估
问题分析会
常州市金坛区人民医院

2017年金坛区人民医院迎新春暨颁奖晚会

常州市金坛区中医医院

常州市金坛区中医医院成立于1958年，“文革”期间停办，1976年恢复重建，现已发展成为一所集中医、中西医结合临床、教学、科研、康复保健为一体的综合性中医医院。1995年被国家中医药管理局评为“二级甲等中医医院”，2008年成为南京中医药大学教学医院。2013年9月顺利通过了省中医药局组织的“二甲”复评。

医院现有正式职工576人，其中高级职称131人，硕士研究生41名，常州名中医3人，金坛名医6人。医院现开放11个住院病区及一个重症监护病房、一个急诊小区，实际开放住院床位440张。医院拥有1.5T磁共振、128层螺旋CT、DR、中小C臂X光机、胃肠机、彩色多普勒、全自动生化分析仪等大中型诊疗设备。

2016年，皮肤科创成江苏省中医重点临床专科，骨伤科、心血管病科为常州市重点中医临床专科，脑病科、肺病科（呼吸科）、脾胃病科（消化科）、妇科、肿瘤科、肛肠科为金坛重点临床专科。骨伤科、针灸理疗康复科先后被国家中管局确定为全国农村医疗机构中医特色专科建设单位；肺病科（呼吸科）为江苏省中医特色专科建设单位；脑病科、心血管病科为常州市“十二五”中医重点临床专科建设单位；肺病科、妇科、肛肠科为常州市中医特色专科建设单位。近5年来，区中医院共获常州市、金坛区科技进步奖14项，获国家专利9项。

党总支书记、院长：吴杰

地址：金坛区金城镇沿河西路60号

联系电话：0519-82822351　0519-82101351

邮箱：jtzyyy@163.com

网址http://www.jtzyyy.com/

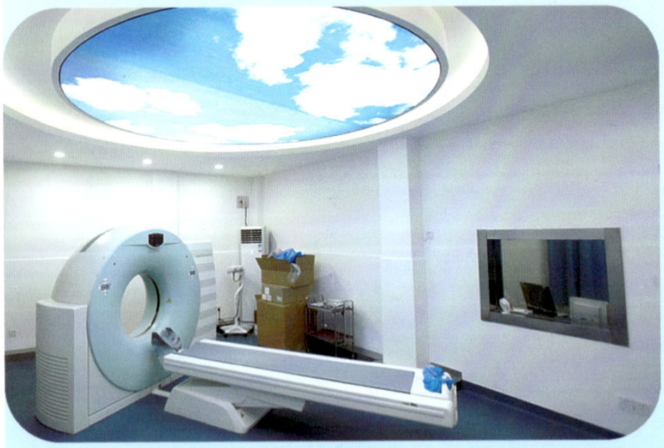

CT室

健康体检中心

杏林文化长廊

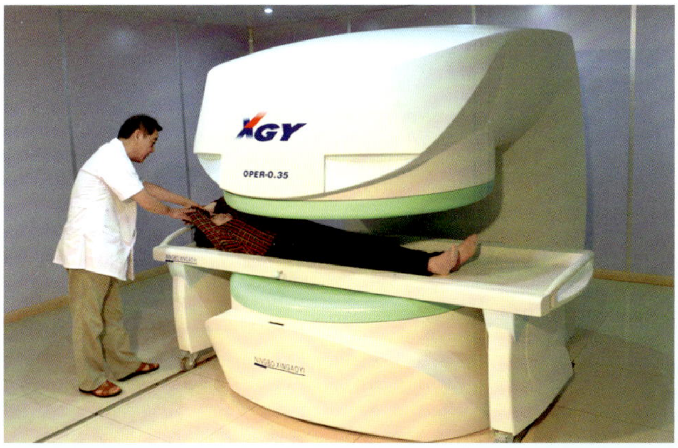

核磁共振

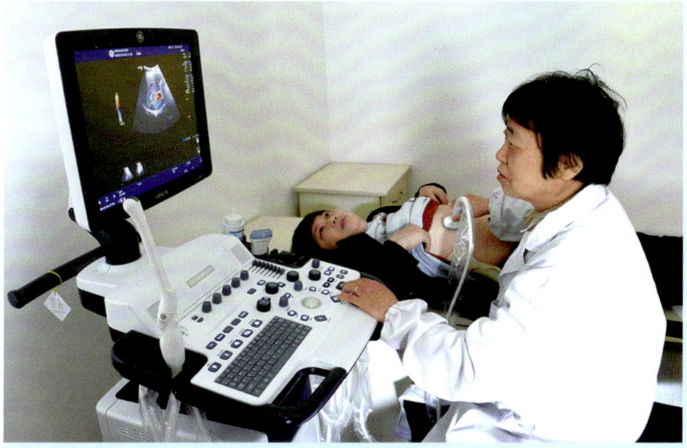
B超室

金坛金沙医院•老人山骨科医院地处金坛区金宜路6号，环境宜人，交通便捷。医务人员师资力量雄厚，不仅拥有本地区的名家，而且还聘请了一些省内外专家坐诊，是一所以老人山祖传骨科为特色，手足创伤显微外科中心、皮肤科为重点的综合型医院。医院专科特色明显，医疗设备先进，基础设施齐全，管理规范。医院开设老人山骨科、手足创伤显微外科中心、普外科、内科、妇科、眼科、耳鼻、咽喉康复科、皮肤科、中医科、肛肠科特色专科。同时还开设绿色通道急诊科、人性化输液室、呵护生命体检中心、血透中心等。目前病房大楼开设床位66张，净化层流手术间三间。医院具有GE16排螺旋CT、进口三维彩超、全自动生化分析仪、五分类全自动血液细胞分析仪、多功能监护仪、全能麻醉机、日本高清数字胃、肠镜、动态心电图等大型医疗设备。

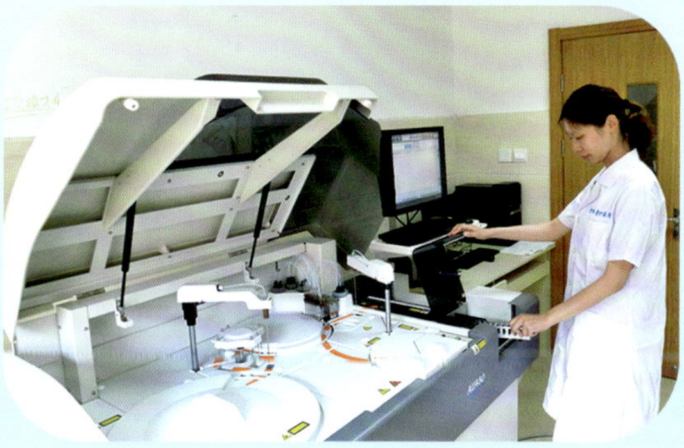
全自动生化分析仪

兴业银行

INDUSTRIAL BANK CO.,LTD.

兴业银行股份有限公司（简称：兴业银行）成立于1988年8月，总行设在福建省福州市，是经国务院、中国人民银行批准成立的首批股份制商业银行之一，也是中国首家赤道银行。开业二十多年来，兴业银行始终坚持“真诚服务，相伴成长”的经营理念，致力于为客户提供全面、优质、高效的金融服务，坚持走差异化发展道路，经营实力不断增强。

兴业银行金坛支行成立于2013年11月7日，始终秉持总行所提出的“科学、可持续”发展理念，依法、稳健、文明经营，以“真诚服务，相伴成长”的服务理念，充分发挥自身优势，为金坛的企业和个人的发展提供强有力的支持；为金坛的产业结构调整与升级，为地方重大项目发展提供高效、满意的金融服务。截至2017年3月末，支行存款余额超30亿元。

地址：金坛区东门大街233-3号

联系电话：0519-82689955

行　长　庄海鹰

中国光大银行股份有限公司金坛支行成立于2014年，位于南环一路557号，为南京分行下辖的县域支行，负责金坛地区的业务拓展和机构经营管理工作。现有在职职工17人。银行秉承“诚信为本、创新为先、团队合作、卓越执行、和谐发展”的价值观，深化与金坛企业的合作，积极创新金融产品服务于金坛地方经济建设。至2016年年末，全支行人民币各项存款余额21亿元，比上年增加8.9亿元。其中对公存款时点18.7亿元，比年初增长10.6亿元；日均存款17亿元，比年初增加7.9亿元。对私存款时点余额2.3亿，日均余额2.2亿元，比年初增1亿元，其中核心存款时点0.8亿元、日均余额1.1亿。

【公司业务】光大银行金坛支行的对公业务在2016年取得了突飞猛进的发展，存款和贷款业务双双实现了飞速的增长，发展速度位于金坛地区股份制银行的前列。光大银行通过高效的服务意识、积极的创新精神为金坛地区的多个城镇化建设项目提供了金融支持，为金坛地区的发展添砖加瓦；在服务民营企业方面，为旺胜合金、瑞科停车等中小企业量身打造了金融服务方案，解决了企业在发展中遇到的融资困难，获得服务企业的一致好评。在新的一年，支行将继续结合行内的政策，为金坛地区的众多企业提供更为便捷有效的金融服务。

【个人业务】2016年，支行秉承“精细化管理、精准性营销”的观念，继续推行“以客户为中心”的管理理念，把工作的重心放在夯实客户基础上来。年末，零售客户九项资产达2.5亿元，当年引入客户4000多户。批量代发工资、代发拆迁款、代发海外劳务等款项共计3.2亿元，成为年度引入客户的一大亮点。继续深入推进“走进社区、走进企业”等外拓活动，全年共进行阳光理财讲座、公民道德讲堂、反洗钱和防电信诈骗宣传等50余场次。

江南农村商业银行
JIANGNAN RURAL COMMERCIAL BANK

江南农村商业银行金坛支行位于金坛区横街3号，金坛地区共有38家网点，在职员工369人。2016年，金坛支行始终坚持稳中求进的工作总基调，以改革创新为统领，以转变发展方式为主线，不断创新工作方法，加大转型力度，强化管理深度，开创了我支行转型提质步伐加快、业务平稳较快发展的良好局面。截至2016年年末，金坛支行存款总量达197.54亿元，比年初增加35.61亿元，增幅为22%；各项贷款余额129.81亿元，比年初增加8.18亿元，增幅6.73%。存贷款规模均位居金坛区18家同业金融机构首位。

近年来，金坛支行始终坚持“聚焦三农、聚焦中小企业”的双聚焦战略和“服务三农、服务中小企业、助推城乡一体化”的市场定位，持续加大对“三农”、小微企业的投入，不断满足实体经济需求，努力推动民生金融发展。同时，我支行以实实在在的信贷投放，加大对金坛区重点项目的支持，积极促进区域经济建设和发展。

2016年，支行在江苏省联社开展的“优服务、助转型、控风险、促发展”劳动竞赛活动中，获综合奖第一名；获金坛区金融行业2016年度青年员工业务技能比赛团体第一名；获总行“技高一筹 创优江南”全员业务技能比赛团体第一名。连续2年荣获总行创新评奖活动“集智奖”一等奖；连续六年被评为“常州市单位治安保卫工作先进集体”且连续获得两轮平安金融创建活动先进单位。

地址：金坛区横街3号

电话：0519-82839323、0519-82889915

晨会风采

特色党日活动

公民道德宣传

“江南银行杯”徒步活动

“关爱左邻右里”进社区公益活动

重阳节朱林敬老院慰问

百人登山来庆生 昂首阔步新征程

中国农业发展银行常州市金坛区支行

2016年，农发行常州市金坛区支行紧紧围绕区政府提出的“强基础、快发展、增亮点、创一流”的工作基调和“紧前不松后”的工作原则，面对国内经济不断下行、同业竞争日益激烈，全行上下开拓创新、迎难而上、上下协调，全年投放各类贷款17.3亿元，年末贷款总额24.2亿元，各项存款余额9.74亿元，存款业务再创新高。

近年来，农发行常州市金坛区支行充分发挥政策性职能作用，坚持“早投放、早见效”的工作思路。切实履行好夏秋两季粮食收购基本职能，将金坛区政府关切、农民关心、社会关注的重大项目作为信贷支持重点。坚持“做好项目营销、做足项目储备、做实贷款投放”的信贷业务发展主体思想，不遗余力地开展项目营销工作。农发行常州市金坛区的续贷项目共4个，金额达20.8亿元；储备项目共4个，贷款额度达46.5亿元。在维护好现有的贷款规模的同时，金坛农发行将聚焦精准扶贫、精准脱贫的客观需要，准确认定符合条件的扶贫项目贷款，扩大贷款规模，拓展贷款种类，最大程度的发挥政策性银行的业务职能。

相知多年，值得托付

宽敞明亮的服务大厅

2016年是机遇与挑战、困难与挫折并存的不平凡一年，公司业务经历前几年的快速增长后迎来了瓶颈期与调整期。中国人寿保险股份有限公司金坛支公司紧紧围绕市分公司“强化对标、冲刺3A”的责任使命，上下一心，奋力拼搏，坚定信心，统一思想，不放弃不抛弃，为实现各项工作目标努力奋斗。

2016年，金坛支公司实现总保费3.62亿元，同比增长13.17%；长险新单保费1.63亿，基本与去年持平；首年标准保费3506万元，同比增长10%；首年期交保费9531万元，同比增长19%，其中10年期及以上首年期交保费4333万元，同比增长37%；短险保费2610万元，同比增长7%。各类给付2.2亿元，营销员持证人数928人。

PICC 中国人民保险

中国人民财产保险股份有限公司常州市金坛支公司成立于1981年，公司下设综合部、销售管理部、理赔管理部、农险业务部、运营支持部五个管理部门，直销业务部、代理业务部、电子商务部、营销业务部等六个业务部内设展业部门，以及尧塘、薛埠、环城、社头、直溪营业部五个外设分支机构，经营网点覆盖五个镇。金坛支公司有干部职工80人，其中大专及以上学历占85%，中高级专业人才占员工总数的45%，可以为客户提供业务咨询、险种设计、保险方案建议、防灾防损等专业化的保险服务。

2016年，公司完成保费收入15302万元，市场份额占有率为36.12%，在辖区内财产险市场份额排名第一。全年共处理各类赔案15747件，支付赔款9966万元。公司保持了连续32年无刑事、经济案件，荣获2013-2015年度“常州市文明单位”称号及2016年度金坛区平安金融创建先进单位，继续保持了“常州市放心消费创建先进单位”和“江苏省放心消费创建先进单位”称号。在宏观经济持续下行、连续大灾严峻考验的背景和形势下，公司持续践行“以客户为中心”的经营宗旨，以“做人民满意的保险公司”为共同愿景，秉承“风雨同行、至爱至诚”的核心价值观，遵循“主动、及时、准确、合理”的理赔原则，竭诚为广大客户提供最优质的保险服务。

募　捐

车　展

志愿者公益服务活动

快乐健康行徒步活动

2016年，常州亿晶光电科技有限公司实现营业收入超50亿元，较上年同期增长5.05%；营业利润约3.98亿元，较上年同期增长78.72%；净利润3.59亿元，较上年同期增长53.86%。公司加大技改投入，使单晶电池的转换率达21.4%，顺利突破20%大关；多晶电池的转换率达19.8%。公司荣获2016年度领跑技术创新贡献大奖，被评为省级文明单位、全国守合同重信用企业。

4月6日，上海交大——“亿晶光电亮灯工程”落成典礼

5月10日，德国埃森市经济促进局局长一行来公司考察

9月13日，江苏省副省长马秋林来公司调研

9月13日，国际产业技术考察团来亿晶实地考察

12月1日，国家能源局总工程师韩水等来公司100MW渔光一体光伏电站调研

江苏金坛国发国际投资发展有限公司

华城路

江苏金坛国发国际投资发展有限公司成立于2010年12月，公司秉承“诚信、简洁、实效、创新”的企业精神，以自然资源、社会资源和品牌资源为主要经营领域，围绕增强投融资功能、管理服务能力和实体经济发展的需要，奋力促进事业发展，积极参与社会进步实践，致力于成为富有实力并充满活力的金融资本和实业资本高度融合的综合性现代化企业集团。

地址：金坛区华城中路168号

电话：0519-82360551

科教路

腾创科技园厂房

腾创科技园鸟瞰图

青年公寓

金田花苑

东方新都三区

国际工业城鸟瞰图

常州万容新材料科技有限公司

董事长　王国芳

常州万容新材料科技有限公司成立于2014年1月，位于江苏省常州市金坛区薛埠镇工业产业园内。企业地理位置优越，交通便利，是华东地区大型环保新材料科技高新技术企业之一。

公司总投资5000万元，占地2万平方米，拥有多条专业先进的长、短丝纤维生产线，是专门从事聚四氟乙烯环保新材料研发、生产和销售的高新技术企业，公司年产聚四氟乙烯膜裂长丝纤维800吨、牵伸短丝纤维600吨。公司产品主要有聚四氟乙烯（PTFE）长纤维、短纤维、基布等，产品主要用于钢铁冶金、水泥、火力发电、建筑的粉尘和烟气净化等行业。产品质量达到行业先进水平，具有良好的社会经济效益和环保效应！

企业依托良好的地理优势和人文环境，拥有多重内外技术支持和政府部门大力扶持。公司将以国家环保产

领导视察

员工培训

瓦屋山郊游

业发展为契机，积极寻求与国内外同行业、中下游企业展开合作，建立产业链，形成可持续发展的良好局面！

企业始终本着“用专业的心做专业的事”的经营理念，“急客户之所急，想客户之所想”“用质量求生存、用事实来说话”倡导“精诚求合作，携手共双赢”的客户服务理念，携手国内外优秀合作伙伴，为国家环保产业做出新贡献。

“与万物合、与天地容”万容真诚期待与您合作！

地址：江苏省常州市金坛区薛埠镇工业园区公园路68号
电话：0519-82660996
传真：0519-82660995
邮箱：sales@czwanyon.com
网址：//www.czwanyon.com

生产车间

检测实验室

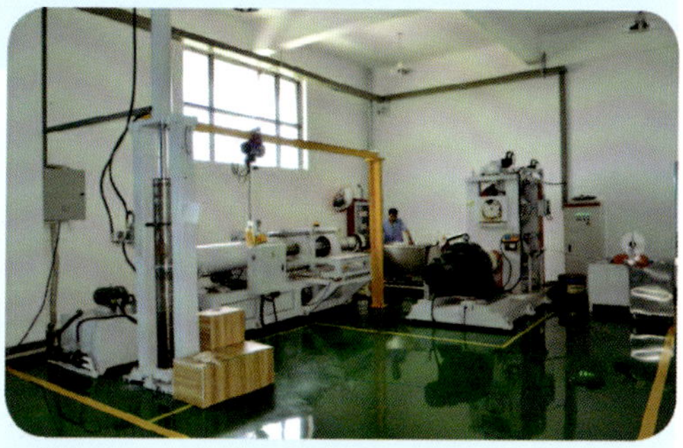

压延

成品包装堆放

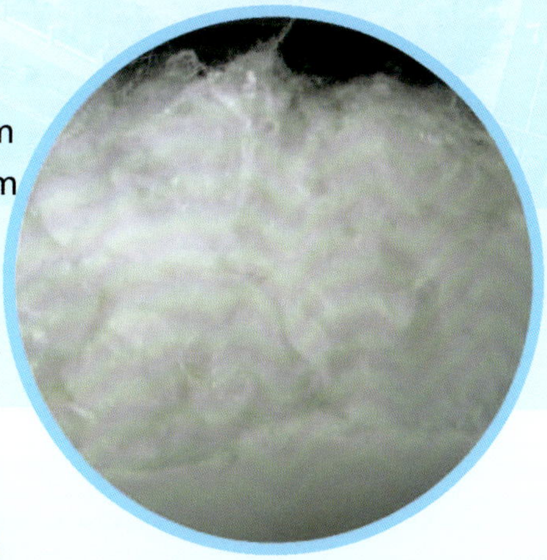

PTFE 短纤维

PTFE 基布

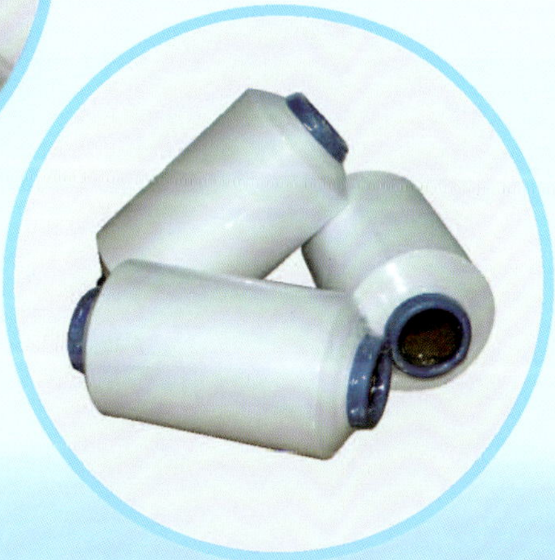

PTFE 长丝

海润太阳能电力（常州）有限公司简介

中铁建项目剪彩

海润太阳能电力（常州）有限公司为香港上市公司华君控股全资子公司，位于江苏省常州市金坛区，地处江苏省南部，为宁、沪、杭三角地带之中枢。公司成立于2014年，注册资本10000万元，总占地面积51.34亩。公司引进当今国际最先进的生产设备，以高性能太阳能组件的研发和生产为基础，着力拓展全球光伏电站开发、建设与运营业务。公司用于新能源项目建设的总投资达到40000万元，年产太阳能光伏电池组件2GWP，日合格率高达99.96%，在业内享有良好声誉。2015年和2016年分别实现开票销售3.6亿元和11.8亿元人民币。2016年被认定为江苏省高新技术企业。

高起点、高投入、高品质是海润常州的技术发展战略。公司先后通过ISO9001质量管理体系、ISO14000环境管理体系、QC080000职业健康管理体系、OHSAS18001有害物质管理体系认证，使公司的管理水平不断提高，产品质量稳步上升；公司产品通过了德国的VDE和TUV认证、北美的CSA和国内的CQC认证。

光伏扶贫

华君集团在金坛拥有从拉晶、切片、电池制备、组件到发电系统安装完整的产业链。

公司秉承“善良、正直、务实、精进”的核心价值观，倡导中华传统文化的学习和传播，引导员工树立正确的人生观和价值观，提高全员凝聚力和向心力，为公司快速、健康、持续的发展提供源源不断的精神动力；倡导艰苦奋斗、戒骄戒躁的工作态度和作风，致力于用诚实的劳动和创造获取社会公平公正的评价和认可。

户用系统展示

五栅多晶组件

五栅半片多晶组件

中石化川气东送天然气管道有限公司
金坛储气库

川气东送天然气管道有限公司金坛储气库是国家重点工程川气东送管道工程的配套工程，是中石化首座盐穴地下储气库，主要用于川气东送管道的储气调峰和应急保障。储气库位于江苏省常州市金坛区盐矿西南部，拥有采卤站、注采站、110千伏变电站、5座集配气站、36口储气库井及配套采卤、输气、采气等工艺设施。全部建成后储气规模为11.79亿立方米，可调峰气量为7.9亿立方米，日注气量450万立方米，日采气量600万立方米，应急采气为每天1500万立方米。2016年5月，金坛储气库一阶段工程已经建设完成并投产，为长三角天然气用气安全提供了坚实的保障。储气库二、三阶段工程正在抓紧建设，大批储气井将逐步建成投产，其储气调峰能力不断增强，对苏、浙、沪地区的平稳安全供气、管网优化、能源战略储备等具有重要的意义。

中航锂电（江苏）有限公司

奠基仪式

省委书记李强在中航锂电调研

2015年8月18日，江苏省人民政府与中国航空工业集团公司在南京签署《关于共同推进高端制造业发展战略合作框架协议》，决定在金坛华罗庚科技产业园内合作共建规划用地3平方公里的中航绿色电源科技园。首个重大合作项目总投资125亿元、占地1050亩的中航锂离子动力电池项目于2016年1月8日正式开工建设。

该项目一期工程投资25亿元、年产2.5GW锂离子单体电池和模块集成，已于2017年1月开始试生产，创造12个月建成投产的国内领先速度。二期工程投资40亿元、年产能7GW，三期工程投资超60亿元、年产能12GW以上正在规划之中，计划于2018年开工建设。全部建成后，中航锂电（江苏）有限公司年产值将超200亿元。

常州市丁纯市长来公司调研

公司年会

三八节女职工展风采

江苏瑞东农药有限公司
JIANGSU RUIDONG PESTICIDE CO., LTD.

瑞东

水稻田除草剂优势企业/磺酰脲类除草剂出口型企业

江苏省著名商标

瑞气东来 泽生万物

企业简介

江苏瑞东农药有限公司是一家集科研创新、原药生产、制剂加工、国内外销售为一体的国家农药生产定点企业，也是国内磺酰脲类新型除草剂生产最多的企业之一，并拥有自营出口权，在除草剂、原药合成及新剂型农药复配加工方面有较强的优势，产品远销欧美及东南亚国家和地区，赢得了合作伙伴的高度赞誉和信赖。愿与国内外朋友共谋发展，共创辉煌！

出口原药类

95%双草醚TC
97%甲磺隆TC
98%氯嘧磺隆TC
98%吡嘧磺隆TC
96%烟嘧磺隆TC
99%砜嘧磺隆TC
96%苯磺隆TC
96%苄嘧磺隆TC
95%噻吩磺隆TC
98%甲嘧磺隆TC
96%氯磺隆TC
85%二氯喹啉酸TC
95%氰氟草酯TC
95%三环唑TC
95%苯醚甲环唑TC
96%吡蚜酮TC
98%环嗪酮TC

出口剂型类

10%/40%双草醚SC
20%/40%双草醚WP
10%吡嘧磺隆WP/25%WDG/75%WDG
20%/60%甲磺隆WG
20%/60%甲磺隆WP
75%苯磺隆WG
60%苄嘧磺隆WG
75%氯嘧磺隆WG
25%氯嘧磺隆WG
25%氯嘧磺隆WP
75%噻吩磺隆WG
75%三环唑WP
20%氰戊菊酯EC
2.5%高效氯氟氰菊酯EC
25%砜嘧磺隆WDG
15%炔草酸WP/EC
75%烟嘧磺隆WDG
4%烟嘧磺隆SC
75%甲嘧磺隆WDG
14%苄·乙WP
36%/40%/45%苄·二氯WP
51%/68%吡·二氯WP
15%甲基磺草酮SC
25%/50%吡蚜酮WDG
10%/18%氰氟草酯EC
30%苯醚·丙环唑SC
10%苯醚甲环唑WDG

制剂类

10%氰氟草酯EC
20%双草醚WP
40%双草醚SC
40%双草醚WP
31%吡·扑·西草净WP
60%噁草·丁草胺EC
68%吡嘧·二氯喹啉酸WP
10%吡嘧磺隆WP
50%二氯喹啉酸WP
30%苄嘧磺隆WP
40%二氯·苄WP
36%苄嘧·扑草净WP
14%苄·乙WP
15%炔草酯WP
68%苯噻吡WP
50%吡蚜酮WDG
10%精喹禾灵EC
108克/升高效氟吡甲禾灵EC
38%莠去津SC
10%苯磺隆WP
100克/升联苯菊酯EC
30%苯醚·丙环唑EC
75%三环唑WP
75%苯磺隆WG
25克/升丙环唑EC
10%苯醚甲环唑WG
20%氰戊菊酯EC
25克/升高效氯氟氰菊酯EC
70%吡虫啉WG
10%乙羧氟草醚EC
75%烟嘧磺隆WG
75%噻吩磺隆WG

正在登记的产品

18%氰·氟OF
96%甲基二磺隆TC
3.6%甲基二磺隆WG
95%双氟磺草胺TC
5%双氟磺草胺SC
60%环·敌WG
96%环嗪酮TC
75%环嗪酮WG
25%砜嘧磺隆WG
27%氰·双OF
50%噻·敌WP
50%噻苯隆WP
75%氯吡嘧磺隆WG
50%嘧菌脂WG
24%乙氧氟草醚EC
95%双氯磺草胺TC
84%双氯磺草胺WG
56%烟·异丙·莠WP
10%唑草酮WP
40%唑草酮WG
70.5%唑草酮·二甲WP
30%苄嘧·嘧草醚WP
10%嘧肟 氰氟草脂EC
30%硝·烟·莠去津OD
66%烟·砜·麦草畏WG
50%双氟·二甲磺隆OD

地址：江苏省常州市金坛区良常东路12号　原药部:0519-82351988　内贸部:0519-82302373
外贸部:0519-82302388　传真：0519-82335798　网址：www.ruidong.com.cn　E-meil:ruidong@vip.163.com

港华储气有限公司

港华金坛储气库为港华集团的重点项目及常州市重点招商引资项目，是国内城镇燃气第一个大规模地下盐穴储气项目及商业储气项目，由全球500强之一的香港中华煤气有限公司与中盐金坛盐化有限责任公司（以下简称盐化公司）合作投资和建设。该项目地面工程总投资约7亿元人民币（含垫底气投资），主要建设注采站一座、高压输气管线和约22公里集气管线、10口盐穴井场。2015-2017年为一期建设，建设3口井，储气库库容约1.4亿立方米，其中有效工作气量为约8000万立方米，最大供气能力为200万立方米/日，计划于2017年7月建成投产；2017年至2021年为二期建设，建设7口井，2021年全部完成。项目建成后储气库总储气量约4.4亿立方米，其中有效工作气量约2.5亿立方米，最大供气能力为500万立方米/日。

2015年5月，储气库项目建设全面展开。至2017年4月底，储气公司办公大楼、宿舍楼及生产辅助用房等建筑工程相继完工并通过主体验收；一期13.8公里高压输气及集气管线工程建设完工，注采站安装工程进入尾声，并已通过防雷、消防检测等验收，7月开始对一期2口井进行注气排卤。储气库项目将利用国家石油天然气交易中心平台，供气业务将扩展至全国范围，并探索多种经营模式，开展进口LNG、储气空间租赁等业务，实现项目效益最大化，助推金坛经济快速发展。

園林大酒店

YUANLIN HOTEL

金坛园林大酒店成立于2001年，立足本地生活服务市场，为市民提供优质、卫生、安全的食品，获得了老百姓的认可。“园林”关注文化，常年举办各类书画、刻纸等艺术作品展览并对市民免费开放，是一块金坛市民喜闻乐见的文艺阵地。

酒店旗下的长荡湖园林华电湖船，主营以长荡湖八鲜为代表的湖鲜美食，其代表作品多次登上央视荧幕。华电湖船有300个餐位，并可棋牌娱乐、垂钓，可饱览洮湖风光、美味，是自驾休闲、商务宴请的理想去处。

2010年，园林大酒店积极响应金坛市委市政府建设开放式公园的号召(当年十大惠民工程)，放弃补偿，无条件搬迁新址，并于2016年再次升级。目前酒店拥有营业面积6000平方米，8个多功能宴会厅、1800个餐位。

奉行“工匠精神”的园林人成功打造了“江鲜品鉴美食节”“龙虾文化美食节”“海参养生美食节”等美食节庆。在做好传统宴席市场的前提下，园林人正在打造能够满足“老饕”们的园林美食。

现在的金坛园林大酒店，是“中华餐饮名店”“江苏餐饮业最具影响力品牌”“江苏省餐饮业十佳婚宴酒店”。酒店总经理潘小平以“诚信”为个人和企业的立身之本，历年来被评为“江苏好人”“江苏省百名诚信之星”“常州市道德模范”，2016年被评为“全国先进个体工商户”，受到李克强总理的接见。

关注园林、品味生活，金坛园林大酒店期待您的光临！

地址：常州市金坛区华城路97号

美食品鉴热线：0519-82821117 82822779

江苏省激素研究所股份有限公司

江苏省激素研究所成立于1978年，2002年7月改制，2009年股改更名为江苏省激素研究所股份有限公司。现公司实收资本1.15亿元，总资产6.08亿元，固定资产1.62亿元，年销售10亿元。有员工630余人，占地面积21.47公顷。下设江苏省农用激素工程技术研究中心有限公司、连云港华颐精细化工科技发展有限公司、盐城泰和化学有限公司3个子公司。

公司融科研开发、工业化生产、进出口贸易为一体，主要从事杀虫剂、除草剂、植物生长调节剂、化工中间体等精细化工产品的研究、生产和剂型加工。产品有6大类70多个品种，尤其在除草剂方面，在国内具有举足轻重的地位。公司名列中国农药生产企业50强。

公司拥有一支高素质的科研队伍。“九五”以来，先后完成国家重大科技攻关项目6个、省部级项目18个、市级项目35个，开发农药新产品65个。获国家重大科技级科技成果奖励7项，申请国家专利73项，其中专利授权34项。2008年起被认定为新版高新技术企业，公司通过ISO9001、ISO14000和OHSMS1800的管理体系认证，安全标准化二级企业认定，石油和化工企业质量检验机构A级认证、知识产权管理体系认证等。2012年，“金珠”商标被认定为中国驰名商标，其产品被认定为江苏省名牌产品。

董事长：孔繁蕾
地　址：经济开发区环园北路95号
电　话：051982802981
邮　编：213200

质量部一角

标准化生产车间

图说 我们的价值观

友 诚 敬 爱 法 公 平 自 和 文 民 富
善 信 业 国 治 正 等 由 谐 明 主 强

金坛 杨兆群剪纸

福人家门
须靠节俭

常州百涛实业公司

原省委书记罗志军来基地考察

总经理　沈怀荣

副省长黄莉新到公司考察

连云港泥鳅养殖基地

常州百涛实业公司成立于2008年9月，主营食品和农产品进出口业务。公司拥有各类固定资产1亿多元人民币，年出口5000多万美元。公司在全国设立了5大农副产品出口、收购和加工基地：

1. 江苏连云港赣榆泥鳅韩国出口基地
2. 江苏常州大闸蟹港澳台出口基地
3. 广东顺德活鱼供港出口基地
4. 广西东盟农产品进口保税基地
5. 山东青岛海产品进出口基地

上述5大出口货源基地建设保证了公司稳定的出口数量和质量。

公司于2014年12月在韩国投资成立韩国江山株式会社，在韩国平泽港建设了30亩左右的保税物流仓库，专门用于本公司出口韩国产品的储运，批发和分销。同时承接国内其他企业进出口及转口商品的储运业务。

公司长期坚持以外贸出口为导向，采取股份合作，工贸结合的经营方式, 积极实施“市场全球化、外贸实业化、经营多元化、发展集团化”的发展战略，不断开拓并做大做强国际市场。在十几年外贸经营中，公司在农产品国际市场营销、自主品牌打造、进出口业务操作等领域进行诸多的探索与实践，积累了丰富的实战经验，练就了一支“有理论、有经验、会操作、能创新”的专